0歳児の年間指導計画

第二厚生館愛児園（神奈川県 川崎市）

CD excel → 0歳 → 年間 → 0歳年間

年間目標

◎甘えや欲求を十分に受け止め、保育士との信頼関係を築く。
◎ひとりひとりの生活リズムを大切にした生活を送る。
◎人とのかかわりのなかで、周囲の言葉への興味・関心を育てる。

※12か月未満は、3つの視点（身体的発達に関する視点「健やかに伸び伸びと育つ」、社会的発達に関する視点「身近な人と気持ちが通じ…

1期（4〜5月）

ねらい（養護・教育）
- 個々の授乳や睡眠などの生活リズムを家庭と連携しながら把握し、無理なく新しい環境に慣れるよう配慮する。
- 保育士と信頼関係を築き、生理的欲求を満たし気持ちよく安心して過ごせるようにする。
- 初めての集団生活となるので家庭と連絡を密にとりながら、健康に過ごす。

2期

- ひとりひとりの要求や思いを丁寧に…感をもてるようにする。
- 水や砂・泥などさまざまな感触のも…
- 特定の大人と情緒的なきずなが深ま…
- 家庭との連携をとり、体調に留意…

個々の発達に沿った指導計画

3か月〜6か月未満

子どもの姿（発達過程）
- 授乳・睡眠のリズムが徐々に一定になってくる。
- 離乳食が少しずつ始まり、味覚が広がってくる。
- 自分の意思で手を動かせるようになり、さまざまな物を触ったり握ったり、口に入れたりなめたりする。
- 人と物との区別がつき始め、注視したり追視したりする。また、外の世界への関心が広がってくる。
- 感情表現が豊かになり、さまざまな表情をするようになる。
- 機嫌のよいときには声を出して笑ったり、語りかけに声を出してこたえたりする。
- 寝返りをするようになり、移動運動が始まる。

保育士のかかわりと配慮（環境構成）
- ◆SIDSの予防として睡眠チェックを定期的に行う。せきや姿勢に変化がある場合は、注意深く観察し記録していく。
- ◆個々の発達に十分留意しながら、睡眠・授乳のリズムを整える。
- ◆離乳食は健康状態に合わせ、ゆったりとした雰囲気のなかで食べられるようにする。🍚
- ◆個々の発達に合わせ、握ったりなめたりできるようさまざまなおもちゃを用意して十分に楽しめるようにする。使ったおもちゃはその都度、洗浄・点検・消毒し、衛生面には十分配慮する。
- ◆一対一のふれあいあそびなどを特定（担当）の保育士と行い、安心して過ごせるようにする。
- ◆子どもたちの気持ちや要求に応じてたくさん話しかけたり、あやしたりして応答的にかかわり、発語を促していく。
- ◆子どもたちと、寝返りや腹ばいを一緒に楽しむ。
- ◆職員間の連携を図り、個々の状態に沿って働きかけを行う。

家庭との連携
- ・各家庭とコミュニケーションを多くとり、子どもたちや保護者が無理なく園生活に慣れるようにしていく。
- ・語りかけや、スキンシップをとることの大切さを伝えていく。
- ・子どもの姿に沿った離乳食の進め方を知らせ、ともに無理なく進められるようにする。
- ・感染症発生時には園での状況を速やかに伝え、予防方法を知らせていく。

6か月〜9か月未満

子どもの姿（発達過程）
- 授乳・睡眠・排せつのリズムが確立してくる。
- 歯が生え始め、物を口に運び、盛んにかんだりする。
- 離乳食に慣れ始め、2回食を喜んで食べる。
- ひとりで座るようになる。
- 寝返りや腹ばいやはいはいで移動することが増える。
- 目の前の物に手を伸ばし、つかんで口に運んだりす…
- 人見知りが始まり、見慣れない大人に対し泣いた…を後追いしたりする。
- 「マンマ、マンマ」など反復的な喃語を発する。

保育士のかかわりと配慮
- ◆個々…
- ◆それ…した雰囲気のなかで食事ができるようにする。🍚
- ◆個々の発達に応じ、さまざまな形状・食感の食材を…さるようにし、食べることへの意欲を育む。🍚
- ◆お座りの際は転倒しないように注意し、倒れても…いようクッションなどを利用する。
- ◆はいはいやお座りなどさまざまな体勢で過ごせるよう…
- ◆口に入れても安全なものを準備し、清潔には十分留…
- ◆わらべうたやふれあいあそびを通し、特定（担当）の保育…かわりやふれあいを十分もてるようにし、信頼関係を深め…
- ◆子どもの思いを十分くみ取り、発語や喃語にこたえ…

家庭との連携
- ・衛生面や健康状態など、情報を共有し連絡を取り合…
- ・離乳食の進み具合や喫食状況など連絡を取り合い…く進めていく。
- ・歯が生えてきたら口腔内を清潔に保つ方法を知らせ…

※「🍚」印は、食育に関連する項目

1歳児の年間指導計画

旭川保育所（北海道）

CD excel → 1歳 → 年間 → 1歳年間

年間目標

- ◎保育士との温かいかかわりと安定した生活のなかで、自分でしようとする気持ちを大切に育てる。
- ◎いろいろなあそびを通して、保育士や友達とかかわることを喜ぶ。
- ◎思いや欲求を身振りや言葉で伝え、保育士や友達と簡単なやり取りを楽しむ。
- ◎家庭での子育てを支えながら、保護者との信頼関係を作っていく。

●子どもたちの確かな育ちのために

1歳児期は、歩行の確立を始めとする運動機能の発達、片言から簡単な会話への言葉の発達、他者への関心の広がり、食事、排せつ、着脱などの基本的生活習慣への関心の芽生え、自分自身を表現する自我の伸長など、大きな変化を見せるときです。しかし、個人差が大きいので、保育士はひとりひとりの子どもの成長の様子や気持ちを受け止め、個々の子どもに合わせて、丁寧な援助をしていくことが大切です。子どもが安心して過ごせる和やかな環境と興味・関心をひき出すような環境を用意し、「保育所大好き」「先生大好き」と感じられるよう、子どもの育ちに常に寄り添って保育し、見守りながらかかわっていきたいと思います。また、保護者との連絡を密にとり、信頼関係を大切にして、子どもの成長の様子を園と家庭とで共有し、喜び合いながら一年を過ごしていきたいと思います。

※「ねらい」及び「内容」は、5領域（健康、人間関係、環境、言葉、表現）の観点を意識して作成する。

子どもの姿〈発達過程〉

1歳〜	1歳3か月〜	1歳6か月〜	2歳〜	2歳6か月〜3歳
●離乳完了期へ移行する。保育士の働きかけで、手づかみで食べたり、スプーンを持ち、よくかんで食べる。 ●保育士がそばにつくと、安心して睡眠がとれるようになる。 ●排尿間隔が空いてきて、排せつ量がまとまってくる。 ●伝い歩きから一人立ち、一人歩きを始める。 ●少し高い台や階段、スロープに手をついて上り下りする。 ●興味や関心のあるものを指さしで伝える。 ●自分の名前がわかり、呼ばれると表情やしぐさで応える。 ●「いただきます」「ごちそうさま」などの身振りをまねる。 ●「マンマ」「ブーブー」など、少しずつ意味のある言葉が出てくる。 ●保育士が歌うと体を揺すったり、リズムをとって楽しむ。 ●保育士の絵本の読み聞かせに耳を傾ける。	●食事は、こぼしながらも自分でスプーンを持って食べたり、おわんやコップを持ったりして、汁やお茶を飲もうとする。 ●午後の一定時間、ぐっすりと寝るようになる。 ●保育士の誘いに応じ、トイレに向かう。 ●歩けることを喜び、自分の行きたい所へ行く。 ●指先を使いながら、つまむ、めくる、引っ張るなどのあそびを繰り返す。 ●名前を呼ぶと声を出して返事をしたり、手を挙げたりする。 ●自分の思いを表情、身振り、片言で保育士に伝えようとする。 ●言葉の意味がわかり始め、一語文を話し始める。 ●手あそびの曲や歌に合わせて、体を動かす。 ●絵本を通して、簡単なやり取りを楽しむ。	●スプーンを使って食べることに慣れ、いろいろな食べ物を喜んで食べるようになる。 ●寝るとき、自分の布団がわかり、自分から布団に入る。 ●決まった時間に排尿を促すと、便器に座ってしようとする。 ●安定して歩けるようになる。 ●手をついて階段を上れるようになり、滑り台などで繰り返しあそぶ。 ●保育士を仲立ちに自分の気持ちを言葉で伝えようとする。 ●保育士や友達に関心をもち、かかわろうとするが、ぶつかり合いが起きる。 ●音楽に合わせて保育士や友達と体を動かすことを楽しめるようになる。 ●保育士に絵本を読んでもらうことを喜ぶ。	●スプーンやフォークを上手に使い、ひとりで食べることを喜ぶ。 ●保育士に見守られていると、安心してひとりで眠ろうとする。 ●トイレで嫌がらずに排せつする。 ●パンツやズボン、靴下など、簡単な着脱をしようとする。 ●散歩でたくさん歩いたり、体を動かしたりしてあそぶことを喜ぶ。 ●クレヨンやフェルトペンを使い、なぐりがきを楽しむ。 ●話すことを喜び、二語文、三語文が出てくる。 ●友達や保育士と簡単な言葉のやり取りをして楽しむ。 ●友達と一緒に過ごすことを喜び、親しみをもつ。 ●自分の欲求や主張を強く通そうとする。 ●お気に入りの曲に合わせて、歌ったり、踊ったりする。 ●絵本に興味をもち、「読んで！」と要求する。	●食器を持ち、はしを使って食べようとする。 ●保育士に見守られて、安心して眠りに入れるようになる。 ●尿意を感じると事前に知らせ、自分からトイレで排尿する。 ●走る、跳ねる、階段を上り下りするなど、体の動きが活発になってくる。 ●ちぎる、ひねる、丸めるなどの指先を使うあそびをする。 ●はさみで一回切りをする。 ●あそびのなかで、子ども同士でやり取りを楽しむ。 ●気の合う友達と一緒にごっこあそびをする。 ●子ども同士のぶつかり合いが増えるが、保育士の適切な受け止めと仲立ちにより、気持ちを切り替えようとする。 ●保育士や友達と一緒に、さまざまな歌あそびを楽しむ。 ●絵本の内容がわかってきて、友達と一緒に見て楽しむ。

	1期（4〜6月）	2期（7〜9月）	3期（10〜12月）	4期（1〜3月）
養護 教育 （ねらい）	◎新しい環境に慣れ、安心して過ごす。 ◎個々のリズムに合わせた生活環境のなかで、快適に過ごす。 ◎保育士とのふれあいを喜び、好きなあそびを見つけて楽しむ。 ◎園庭や散歩などで、自然にふれて楽しむ。	◎食事や着脱など身の回りのことに興味をもち、保育士と一緒にしようとする。 ◎保育士や友達の言葉に興味をもち、まねて言ってみることを楽しむ。 ◎水・砂・土の感触を味わったり、保育士や友達と体を動かすあそびを楽しむ。 ◎保育士と一緒に夏野菜の収穫を楽しむ。	◎身の回りのことを保育士と一緒に行い、健康に過ごす。 ◎保育士や友達と言葉を使って、簡単なやり取りをしながら過ごす。 ◎保育士や友達と一緒に、リズムあそびやごっこあそびを楽しむ。 ◎秋から冬の自然にふれ、季節の変化を感じる。	◎簡単な身の回りのことを自分でしようとし、できた喜びを味わう。 ◎伝承あそびに興味をもってあそんだり、雪あそびを十分に楽しむ。 ◎保育士や友達と簡単な会話をしながら、一緒にあそぶことを楽しむ。 ◎一つ大きいクラスになることを喜ぶ。
内容 （経験 する事 がら）	○新しい環境のなか、保育士とのふれあいを通して安心して過ごすようになる。 ○保育士の援助でこぼしながらも手づかみやスプーンで自分で食べようとする。 ○保育士とふれあいあそびをしたり、自分の好きなあそびを楽しんだりする。 ○保育士の絵本の読み聞かせを聞き、喜ぶ。 ○保育士や友達と一緒に過ごすなかで人や物に興味をもってかかわろうとする。 ○保育士と一緒に探索活動や野菜の苗植え、水やりをする。	○食事や着脱など、身の回りのことを保育士に援助されながら、一緒にする。 ○トイレに誘うと、便器に座る。 ○保育士と水・砂・泥あそびや、音楽に合わせて体を動かすことを楽しむ。 ○保育士と一緒に絵本を見たり、手あそびを楽しむ。 ○保育士や友達が言ったことをまねたり、見たものを言葉で伝えようとする。 ○保育士と一緒に畑へ行き、水やりや収穫をする。	○食事や着脱など自分でしたいという意欲が出てきて、自分でしようとする。 ○保育士と一緒に、気温に合わせて衣服の調節をする。 ○自分の要求を伝え、保育士に言葉で言い替えられ、生活やあそびのなかで簡単なやり取りをする。 ○音楽に合わせて楽器を鳴らしたり、ごっこあそびを楽しむ。 ○落ち葉や木の実などにふれながら、散歩や戸外あそびを十分に楽しむ。	○食事、排せつ、睡眠などで、自分でできることはしようとする。 ○尿意を感じると保育士に知らせ、トイレで排せつする。 ○雪や氷にふれたり、そり滑りなどをして存分に楽しむ。 ○自分の気持ちを少しずつ言葉で表し、友達と同じあそびを楽しむ。 ○2歳児クラスで食事をしたり、あそんだりして、進級を楽しみにする。
保育士のかかわりと配慮（環境構成）	◆ひとりひとりの情緒や生活リズムを把握し、子どもの要求や不安な気持ちを受け止め、信頼関係を築くようにする。 ◆ひとりひとりの食事量、食べ方、好き嫌いを把握し、少人数ずつ援助する。🍴 ◆家庭と同じようなおもちゃを用意したり、好きなあそびを保護者から聞き取ったりして、保育に取り入れる。また、子どもの手の届く所に遊具を用意しておき、保育士がそばで見守りながら安心してあそべるようにする。 ◆歩行が確立していない子もいるので、保育室内をはじめ子どもがあそぶ場所は安全のために、常に片付けておく。 ◆野菜の苗植えを子どもの間近で行い、興味をもてるようにする。🍴	◆子どもの自分でしようとする気持ちをくみ取って見守り、やり方を伝えたりしてかかわり、自分でできた達成感を味わえるようにする。 ◆汗の始末や水分補給をこまめに行い、快適に過ごせるようにする。 ◆個々の排尿間隔を把握してトイレに誘い、無理なく便器に慣れるようにする。 ◆体調に十分留意して、夏のあそびを安全かつのびのびと楽しめる環境を作る。 ◆子どもの伝えたいことを言葉にして返し、気持ちの表現の仕方を伝え、言葉の表現へとつなげていく。 ◆子どもが喜ぶ音楽をかけて、保育士が踊ったり動いたりしてあそびに誘う。 ◆夏野菜の生長を伝え、一緒に収穫して、取り立てを味わえるようにする。🍴	◆「自分で」という気持ちを大切にし、一人でできるようさりげなく介助する。 ◆気温に応じて言葉をかけながら衣服の調節をしたり、体調の変化に留意したりしながら、健康に過ごせるようにする。 ◆保育士や友達と楽器を鳴らしてあそんだり、絵本をまねたあそびを楽しむ様子を大切にし、楽しさを共感しながらのびのびと表現していく。 ◆友達とのかかわりのなかで、自己主張やトラブルが見られるときは、保育士が互いの気持ちをくみ取り、言葉で伝えて仲立ちをする。 ◆子どもの興味をもつ自然物を一緒に拾い、「きれいだね」と共感したり、気温の変化を伝えたりして季節の移り変わりを知らせる。	◆自我の育ちを見守り、身の回りのことをしたい気持ちを受け止めて言葉をかけたり、褒めたりして、意欲と自信につなげる。 ◆ひとりひとりの排せつ前のサインを見逃さずにトイレに誘う。 ◆友達とのかかわりのなかで、「順番」「貸して」などの生活やあそびに必要な言葉がわかってくるので繰り返し伝え、覚えられるようにする。 ◆天候や体調、安全に十分留意し、雪あそびを存分に楽しめるようにする。 ◆行事食やクッキングを通して、みんなで食べることを楽しめるようにする。🍴 ◆2歳児クラスであそぶ機会を設け、進級への期待がもてるようにする。
家庭との連携	・保護者の状況を理解して、日々のあいさつや登降園時の直接の会話、連絡ノートでのやり取りを大切にし、保育所での様子を丁寧に伝えていく。 ・クラス懇談会や個人懇談で子どもの様子を話し、成長の姿を共有していく。	・子どものやりたい気持ちを伝え、簡単な着脱などができるように働きかける。 ・月齢によって、暑い時期に戸外に出る経験が初めての子もいるので、夏の過ごし方や病気の予防、衣服の調節などについて丁寧に知らせる。	・薄着で過ごす習慣がつくよう衣服の用意や調節について伝える。 ・自我の芽生えや、個々の発達に合わせた援助の仕方などについて知らせる。 ・保育参加やクラス懇談会を通して、子どもの成長を確かめ合い、ともに喜ぶ。	・健康状態や、冬に流行する病気についての情報を丁寧に連絡し合う。 ・クラス懇談会や毎日のやり取りのなかで、一年間のひとりひとりの子どもの育ちを喜び合い、進級に向けて必要なことを話し合う。

※「🍴」印は、食育に関連する項目

保育所保育指針改定に当たって

指導計画に いかしたい POINT

平成30年4月から、
新しい保育所保育指針が
施行されることになりました。
改定の意図を理解し、
指導計画にいかすにはどう考えたらよいのか、
解説します。

増田まゆみ
元東京家政大学・大学院教授

指導計画にいかしたいPOINT

1 3歳未満児の保育に関する、改定の背景とポイント

今回の改定では、保育所保育指針（以下、保育指針）における3歳未満児についての記述が手厚くなりました。その理由と背景を押さえ、ポイントを理解しましょう。

「3歳未満児の保育に関する記載の充実」の背景

平成30年施行の保育指針「改定の方向性」として、「中央説明会資料」及び「保育指針解説」※では、以下の5項目が示されています。

> (1) 乳児・1歳以上3歳未満児の保育に関する記載の充実
> (2) 保育所保育における幼児教育の積極的な位置づけ
> (3) 子どもの育ちをめぐる環境の変化を踏まえた健康及び安全の記載の見直し
> (4) 保護者・家庭及び地域と連携した子育て支援の必要性
> (5) 職員の資質・専門性の向上

注）
※幼保連携型認定こども園教育・保育要領 幼稚園教育要領 保育所保育指針 中央説明会資料（保育所関係資料）平成29年7月 内閣府 文部科学省 厚生労働省→「保育指針解説」序章4 改定の方向性（4〜7ページ）

なぜ、1つ目に「3歳未満児の保育に関する記載の充実」があげられたのでしょう。その背景として、平成27年にスタートした、全ての子どもに質の高い教育・保育を提供することを目標にした「子ども・子育て支援新制度」のもと、1、2歳児を中心に保育所等の利用児童数が大幅に増加している状況があります。

また、小規模保育所、家庭的保育、事業所内保育等保育の場と保育を担う人が多様化している状況があります。

さらに、国内・国外の研究により、乳幼児期の教育・保育の質が、その後の育ちや人生に大きく影響することが明らかとなってきています。特に、アタッチメントに関する研究の進展、また、乳児期から非認知能力を育むことの大切さなどが提示され、こうした知見をいかした、質の高い保育が求められているのです。

前述の「改定の方向性」では、「乳児から2歳児までは、心身の発達の基盤が形成される上で極めて重要な時期である。また、この時期の子どもが、生活や遊びの様々な場面で主体的に周囲の人や物に興味を持ち、直接関わっていこうとする姿は、『学びの芽生え』といえるものであり、生涯の学びの出発点にも結びつくものである」と述べられています。

●非認知能力とは……
好奇心、忍耐力、自己コントロール力、自己肯定感、社会性、他者への思いやり、楽観的であることなど。困難な状況にあっても立ち直って生きていくために役立つ力。

2歳児の年間指導計画

中央保育園〈佐賀県〉

年間目標

- ◎自分の思いや欲求を出し、安心して過ごす。
- ◎生活に必要な身の回りのことを自分でしようとする。
- ◎保育士や友達とかかわり、あそぶことを楽しむ。
- ◎生活やあそびを通して、言葉のやり取りや表現する楽しさを味わう。

●自立心の芽生え、友達関係の芽生えをはぐくむ

2歳児は、生活のなかで必要な言葉がわかるようになるとともに、歩く、走る、跳ぶなどの基本的な運動機能や、指先の機能が発達してきます。まさに劇的な変化を遂げる節目の時期です。好奇心や探求心がおう盛になり、身の回りのことをなんでも自分で確かめてみたいという思いから、自分でしたいという気持ちが強くなります。食事、衣服の着脱など身の回りのことや、あそびのなかでも「ジブンデ」という思いにあふれ、大人の手を借りずに意欲的に行動しようとします。「ジブンデスル」という自己主張を大切にするとともに、ときどき見せる「デキナイ シテ」という甘えにも十分こたえ、励ましながら意欲をはぐくんでいきます。そして、「ジブンデ デキル」という自信が自己肯定感につながるよう、また、自立心の芽生えも援助していきます。同時に、行動範囲が広がり、語いも豊かになり、友達への関心が高まるときです。保育士の仲立ちを基に、友達と一緒に、この時期の大きな特徴である「ごっこあそび」を楽しめるような環境の工夫にも力を注ぎます。家庭と共に子どものあるがままを温かく受け入れ、友達関係や学びの芽生えをはぐくんでいきたいと思っています。

※「ねらい」及び「内容」は、5領域(健康、人間関係、環境、言葉、表現)の観点を意識して作成する。

	1期(4〜5月)	2期(6〜8月)	3期(9〜12月)	4期(1〜3月)
子どもの姿	●新しい環境のなかで、不安や緊張はあるものの、持ち上がりの保育士や顔見知りの友達、あそび慣れたおもちゃであそんでいる。 ●落ち着いて食事をする子もいれば、手づかみや立ち歩きをする子どももいる。 ●保育士に誘われてトイレで排せつするが、ときには嫌がることもある。 ●簡単な衣服の着脱を自分でしようとするが、できないときは知らせてくる。 ●滑り台や砂場など、好きなことを見つけて体を動かしてあそんでいる。 ●園庭や散歩で見つけた草花を持ち帰ったり、小動物を見たり触ったりして喜ぶ。	●園生活に慣れ、落ち着いて生活し、行動範囲も広がってきている。 ●暑くなってきて食欲が落ち、水分を多く欲しがる子どもが増えてくる。 ●トイレで排せつし、パンツに移行する子どもが増えている。 ●自分で好きな服を選んで着替えようとするが、思うようにできない子もいる。 ●水や泥あそびなどを思い切り楽しむが、なかには汚れることを嫌う子もいる。 ●「友達と一緒」がうれしく、同じことをしようとするが、物の取り合いをしたり、思い通りにならないときは泣いたりたたいたりすることもある。	●運動量が増え、自分で意欲的に食事をしている。 ●嫌いな物も保育士に励まされ、少しずつ食べようとする。 ●尿意・便意を感じ自分から知らせ、トイレに行くようになる。 ●行動が活発になり、いろいろなあそびに興味を示し、しようとする。 ●気の合った友達とのあそびが持続するようになってくるが、自己主張によるぶつかり合いも多い。 ●保育士や友達と曲に合わせて体を動かしたり、歌をうたったりして喜ぶ。	●気の合う友達と一緒に食べることを喜び、はしにも興味をもっている。 ●自分で布団に入って眠ったり、トイレに行ったり着替えたりするなど、身の回りのことがほぼ身についている。 ●友達とのかかわりが活発になり、大勢であそぶことを楽しむようになる。 ●異年齢の子どもたちに関心をもち、まねをして一緒にあそんでいる。 ●語い数が増え、楽しかった体験などを保育士や友達に言葉で伝えようとする。 ●少し寒くても元気にあそんでいる。
ねらい(養護・教育)	◎新しい環境に慣れ、安心して、生活したりあそんだりする。 ◎保育士に手伝われながら、簡単な身の回りのことをしようとする。 ◎春の自然のなかで、のびのびと体を動かしてあそびを楽しむ。	◎適切に休息をとりながら、梅雨時季や暑い時期を健康で快適に過ごす。 ◎保育士に見守られながら、身の回りのことを自分でしようとする。 ◎夏のあそびを十分に楽しみ、開放感を味わう。 ◎保育士や友達とかかわってあそびながら、興味や経験を広げていく。	◎簡単な身の回りのことを自分でしようとする。 ◎十分体を動かしてあそぶことを楽しむ。 ◎保育士や友達と一緒に、模倣や表現あそびを楽しむ。 ◎秋の自然にふれ、関心をもつ。	◎身の回りのことをする喜びを感じる。 ◎ごっこあそびや集団あそびなどを通して、友達とあそぶ楽しさを味わう。 ◎自分の思いを言葉で伝えようとしたり、やり取りをしながらあそぶ。 ◎冬の自然現象に興味をもち、ふれて楽しむ。
内容	○家庭的で温かい雰囲気のなかで安心して過ごす。 ○保育士や友達と喜んで食事をする。 ○保育士に誘われて、一緒にトイレに行き、排せつしようとする。 ○簡単な着脱や身の回りのことに興味をもち、保育士と一緒にしようとする。 ○保育士や友達と好きなあそびを楽しむ。 ○わらべうたや季節の歌をうたったり、手あそびをしたりする。 ○のびのびと体を動かしてあそんだり、春の自然のなかで小動物や草花にふれたりする。	○必要に応じて休息や水分をとり、心地よく過ごす。 ○簡単な朝の準備や衣服の着脱など、身の回りのことでできないところを保育士に手伝われながら行う。 ○楽しい雰囲気のなかで、スプーンを使って自分で食事をする。 ○自分から尿意を知らせ、トイレで排せつしようとする。 ○水・砂・泥などにふれながら夏のあそびを十分に楽しむ。 ○いろいろな素材にふれ、保育士と一緒に作ったものを見立てたり、それを使ってあそぶ。 ○保育士や友達とごっこあそびや見立てあそびを楽しむ。	○季節の変化に応じて快適に過ごそうとする。 ○楽しく食事をしながら、さまざまな食品を食べようとする。 ○自分からパンツやズボンを下げて排せつしようとする。 ○簡単な衣類の着脱を自分でしようとする。 ○気の合う友達や保育士と一緒にごっこあそびを楽しむ。 ○保育士や友達と一緒に歌をうたったり、踊ったり、体を動かしたりして表現してあそぶ。 ○戸外あそびや散歩を通して、秋の自然物にふれてあそぶ。	○保育士と一緒に手洗いをしたり、うがいをしたりする。 ○はしに興味をもち、徐々に使うことに慣れ、さまざまな食べ物を食べる。 ○尿意や便意を感じ、自分でトイレに行き、後始末や手洗いをしようとする。 ○年上の子と一緒に食事をしたり、あそんだりする。 ○簡単なルールを理解して、集団あそびや追いかけっこなどで、保育士や友達と一緒に体を動かしてあそぶ。 ○簡単な物語を聞き、イメージしながら見たり聞いたりすることを楽しむ。 ○あそびのなかでイメージを広げ、言葉のやり取りを楽しみながらあそぶ。 ○冬の自然事象(霜・氷・雪)や移りゆく季節を感じる。
保育士のかかわりと配慮(環境構成)	◆ひとりひとりの不安や緊張を受け止め、ゆったりとした雰囲気のなかで過ごせるように、生活やあそびの場を清潔で安全に整える。 ◆自分で食べようとする意欲を大切にし、楽しい雰囲気作りを心がける。🍴 ◆ひとりひとりの排尿間隔を把握し、タイミングよくトイレへ誘うようにする。 ◆簡単な身の回りのことを一緒にしやすいように、タオル掛けやロッカー、衣類かごに個人用マークをはるなどの工夫をする。 ◆興味をもつようなあそびや、あそび慣れたおもちゃを準備しておき、安心してあそべるように配慮する。 ◆散歩のときや食事前に季節の歌をうたって楽しんだり、眠るときに子守歌を心地よく過ごし、ゆったりとかかわる。 ◆天候や気温のよいときをとらえて散歩に出かけ、春の自然にふれたり、体を動かしてあそぶ機会を多くもつ。	◆風通しや室温、健康状態などに気を配り、水分補給や休息を十分に行う。 ◆自分でできたときは一緒に喜び、手伝いが必要なときはさりげなく手を添え、自分でしようとする気持ちを大切にし、さらに意欲をはぐくんでいく。 ◆保育士も一緒に楽しく食事をしながら、体調や食事の量の個人差にこまめに対応していく。また、スプーンを使って食べるので、使い方を見ていく。🍴 ◆トイレに子どもの好きな動物の壁面飾りをはり、明るい雰囲気を作り、ひとりひとりの排尿間隔に合わせて声をかけ、自分でトイレに行けるようにする。 ◆水あそび用の手作りおもちゃなどを用意し、十分楽しめるようにする。 ◆紙皿やストロー、カラーポリ袋などの素材を豊富に準備し、子どもとあそびに必要な物を作り、見立てやごっこを楽しむようにする。 ◆友達とかかわって楽しめるように、保育士も一緒にあそび、言葉の足りないときは代弁したりしながら、相手の気持ちに気づくように根気強くかかわる。	◆全身を使った活発なあそびが多くなるため、安全な環境を整え、必要に応じて水分や休息を十分にとれるように配慮する。 ◆自分で身の回りのことがしやすいように環境を見直すとともに、意欲を大切にし、ひとりひとりに応じて手助けをし、できたことを十分に認めていく。 ◆友達とかかわるあそびが多くなり、ぶつかり合いも増えるので、互いの気持ちを受け止め、話をよく聞いて仲立ちをし、かかわり方を丁寧に知らせる。 ◆イメージを広げてごっこあそびを十分に楽しめるように、保育士が仲間に加わり、遊具や場の工夫をして、あそびが発展するように援助していく。 ◆運動会や発表会などを通して、年上の子の活動に興味を示しまねをするので、曲に合わせて体を動かして、異年齢で一緒に楽しめるようにする。 ◆室内外で、秋の自然にふれて簡単な製作やドングリ・落ち葉集めなどをしたり、見立ててレストランごっこなどが楽しめるように環境を準備する。	◆手洗いやうがいなど風邪の予防に努め、室温や湿度を確認したり、換気に気を配ったりする。 ◆食事では、個人差を配慮し、ひとりひとりに応じた援助をし、自信につなげながら基本的生活習慣が身につくようにする。🍴 ◆年上の子との交流を増やすことで、クラス担任同士で連携をとりながら、幼児クラスの生活を知らせ、安心できるようにする。 ◆一緒にあそびながら、集団あそびや追いかけっこの楽しさに共感していく。 ◆子どもが意欲的に、模倣やごっこあそびが楽しめるように、絵本の読み聞かせをしたり、大好きな絵本を再現してあそべるようなコーナーを用意する。 ◆子どもの話したいことや、やりたいことを聞いて意欲をくみとり、言葉で表現しようとする気持ちを満たすようにする。 ◆戸外あそびや散歩をしながら、冬の自然にふれて楽しむ機会を大切にする。
家庭との連携	・新しい環境に対する不安や緊張がある子どももいるので、日々の様子を丁寧に伝え、ともに子育てを楽しんでいけるように信頼関係を築いていく。 ・進級・入園式やふれあい遠足など、直接ゆっくり話し合う時間を大切にする。	・子どもの体調について情報交換し、水あそびへの参加の有無を確認する。 ・家庭でも楽しくできるような夏のあそびを紹介したり、保育参加や夏祭りを通してスキンシップをしたり、親子でかかわる大切さについて知らせていく。	・園で簡単な身の回りのことを喜んでいる姿を伝え、着脱しやすい衣服を準備するよう話し、見守ることの大切さを確認し合う。 ・運動会や発表会はともに楽しめる内容にし、子どもの成長の喜びを共有する。	・冬に流行する病気を知らせ、うがいや手洗いの大切さを伝えながら、保護者と連携して体調管理を徹底し、健康に冬が過ごせるようにする。 ・一年間の成長を喜び合うとともに、進級についてゆっくり話す機会を作る。

※「🍴」印は、食育に関連する項目

はじめに 「第2版」刊行に当たって

　初版が出された平成25年以降、多くの園の保育者の方々が、お読みくださり、実際の計画作成にいかしていただいております。それは、本書の二つの特長によるのではないかと思います。一つは、計画、実践、振り返り（評価・改善）という「保育の過程」に着目し、保育の展開に具体的にいかすことにつながる、指導計画と関連のある多彩な保育資料（生活・あそび・保護者支援）が写真や図表も含めて、わかりやすく提示されていることです。二つには、保育を振り返り、子どもの内面の変化や子ども同士の関係、子どもと保育者との関係などを具体的に記したエピソードから、保育を思考することにつながることです。

　今回、「第2版」を刊行するにあたり、平成30年度より施行される、新たな保育所保育指針、幼稚園教育要領、そして幼保連携型認定こども園教育・保育要領で、これまでと変わったことを、新たに書き加えました。

　新保育所保育指針では、「3歳未満児の記述の充実」が改定のポイントの第1に示されています。全体的な計画（旧保育課程）や指導計画の作成に際して、重要な「ねらい」や「内容」の示し方が、これまで、全年齢を通じて5領域で示されていましたが、「乳児保育」、「1歳以上3歳未満児保育」、「3歳以上児の保育」に区分されています。

　「保育」とは、ともに主体である子どもと保育者とが、互いにかかわりをもちながら創造していく営みです。保育者は、子どもとともに生活をするなかで、一瞬一瞬姿を変え、育ちゆく多様な子どもの姿に、心動かされ、驚き、「何に関心をもっているのだろう」とわくわくしながら、子どもとかかわっています。この子どもの育ちを保護者と共有し、子育ち・子育ての喜びを実感しつつ、保育者は、改定（改訂）されても変わらない、「子どもの最善の利益を第一義にした保育」に向けて、保育の質の向上を図っています。

　保育の質を高めていくには、まずは、「わたしの保育」や「わたしの園の保育」のよさ・工夫を認識し、そのうえで保育の質の向上に向けて課題を明らかにすることが大切です。そこで、わたしの保育の計画や実践を、どうしようかと悩んだりわからなくなったときに、また、同僚とともに話し合い、学び合う機会に、本書をそれぞれの目的に合わせて活用していただくことを願っています。監修者として、保育の質の向上に努めている各園の保育への取り組みが、手応えのある学びと保育の改善につながることを期待いたします。

増田まゆみ

CONTENTS

- ●年間指導計画（0歳.1歳.2歳） 巻頭
- ●指導計画にいかしたいPOINT

- ●0歳児の保育環境　第二厚生館愛児園 …… 2
- ●1歳児の保育環境　旭川保育所 …… 4
- ●2歳児の保育環境　中央保育園 …… 6
- ●はじめに …… 9
- ●0〜5歳児の姿 …… 12
- ●0.1.2歳児の姿 …… 14
- ●0.1.2歳児クラスの保育のポイント …… 22

指導計画の使い方 …… 25

0歳児の指導計画と保育資料

- ●執筆園紹介 …… 27
- ●月間指導計画 …… 28
- ●保育資料
  - 計画と振り返り …… 52
  - 健康 …… 54
  - 食事 …… 58
  - 安全管理 …… 62
  - 散歩 …… 64
  - 手作りおもちゃ …… 66
  - 手あそび・歌あそび …… 67
  - 屋外あそび …… 72
  - 屋内あそび …… 78
  - 製作あそび …… 81
  - つなげて展開する保育 …… 82
  - 進級 …… 86
  - 保護者とのかかわり …… 90

1歳児の指導計画と保育資料

- ●執筆園紹介 …… 95
- ●月間指導計画 …… 96
- ●保育資料
  - 健康 …… 120
  - 食事 …… 122
  - 安全管理 …… 124

本書では、「保育士」と「保育者」という言葉が出てきます。「保育士」は、資格・免許を有し、職種を限定している場合に用い、「保育者」は、保育教諭、看護師、栄養士、調理師、養護教諭、また資格を有さない職員も含め、保育にかかわるすべての方を指す場合に用いています。主に、指導計画の中では「保育士」を、そのほかのページではさまざまな職種の方々が見ることを踏まえて、「保育者」という言葉を用いています。

CD-ROMについて

ページの上部にCDマークがついているものは、付属のCD-ROMに掲載内容が収録されていることを示しています。図のように、順にクリックすると、そのページに記載されているもののデータを見ることができます。CD-ROMを使用する前に、必ずP.246の「CD-ROMをお使いになる前に必ずお読みください！」をお読みください。使い方はP.247〜255で解説しています。

重視される「養護」と「発達の特徴」

今回の改定で3歳未満児の保育に深く関連するのは、以下の2点、6つの事項（ポイント）です。

(1) 養護の重要性が強調─第1章総則に記載

保育所における保育において、「養護と教育が一体となって行われる」という基本的な考え方は、長年にわたって変わっていません。改定により、これまで第3章「保育の内容」で示していた「養護」が、第1章総則「1 保育所保育に関する基本原則」に続く「2 養護に関する基本的事項」として、「(1) 養護の理念」「(2) 養護に関わるねらい及び内容」が示されています。また、幼保連携型認定こども園教育・保育要領（以下、教育・保育要領）においても総則に示されています。

保育において、「生命の保持」と「情緒の安定」という養護の視点が、保育の場がどこであろうと、保育の基盤である重要なものとして位置づけられたのです。特に3歳未満児の保育では、発達の特性から、保育者など大人による養護的かかわりなしに、生活はなりたちません。

これまでの保育指針は、第3章保育の内容に、養護と教育のねらいや内容等が示され、養護と教育の一体性が読み取りやすかったといえます。今回の改定により、養護に関するねらいや内容等は第1章総則に、教育に関するねらいや内容等は第2章保育の内容に分断していますが、第2章の前文に「実際の保育においては、養護と教育が一体となって展開されることに留意する必要がある」と明記してあることを、強く認識することが大切です。

(2) 発達の特徴を重視─3歳未満児の「保育内容」を、「乳児」と「1歳以上3歳未満児」に区分

平成2年施行の保育指針から、全年齢を通して、養護に関わるねらいと教育に関わるねらい（5領域）で示し、3歳未満児は発達が未分化であるという特性から、内容や配慮事項は領域で区分せずに示されていました。

平成21年施行の保育指針は、それまでの局長通知、すなわち<u>国が示すガイドラインとしての保育指針から、告示化され、法的拘束力をもつようになりました</u>。そこで大綱化が図られ、「保育の内容」を発達過程区分ごとに示さず、解説書に具体的な記述をすることになったのです。

平成30年施行の保育指針では、前述したように、3歳未満児の保育へのニーズが高まる中で、発達過程に即して、「ねらい及び内容」を「乳児」、「1歳以上3歳未満児」、「3歳以上」と区分して示され、特に、3歳未満児の記述の充実が図られたのです。

なお、これまで「第2章子どもの発達」で発達過程として示されてきた内容は、それぞれの区分の中で、「基本的事項」に示されています。また、前述した「養護と教育が一体となって展開すること」も同様に「基本的事項」に示されています。

注）
ここでは、保育所保育指針の原文を掲載します。解説の参考としてご覧ください。

（原文）
第1章総則 2 養護に関する基本的事項
(1) 養護の理念
保育における養護とは、子どもの生命の保持及び情緒の安定を図るために保育士等が行う援助や関わりであり、保育所における保育は、<u>養護及び教育を一体的に行うことをその特性とするものである</u>。保育所における保育全体を通じて、養護に関するねらい及び内容を踏まえた保育が展開されなければならない。

第2章 保育の内容
この章に示す「ねらい」は、第1章の1の(2)に示された保育の目標をより具体化したものであり、子どもが保育所において、安定した生活を送り、充実した活動ができるように、保育を通じて育みたい資質・能力を、子どもの生活する姿から捉えたものである。また、「内容」は、「ねらい」を達成するために、子どもの生活やその状況に応じて保育士等が適切に行う事項と、保育士等が援助して子どもが環境に関わって経験する事項を示したものである。
保育における「養護」とは、子どもの生命の保持及び情緒の安定を図るために保育士等が行う援助や関わりであり、「教育」とは、子どもが健やかに成長し、その活動がより豊かに展開されるための発達の援助である。本章では、保育士等が、「ねらい」及び「内容」を具体的に把握するため、主に教育に関わる側面からの視点を示しているが、<u>実際の保育においては、養護と教育が一体となって展開されることに留意する必要がある</u>。

下線は著者

指導計画にいかしたいPOINT

（原文）
第2章 保育の内容　1 乳児保育に関わるねらい及び内容
(1) 基本的事項
ア　乳児期の発達については、視覚、聴覚などの感覚や、座る、はう、歩くなどの運動機能が著しく発達し、特定の大人との応答的な関わりを通じて、情緒的な絆が形成されるといった特徴がある。これらの発達の特徴を踏まえて、乳児保育は、愛情豊かに、応答的に行われることが特に必要である。
イ　本項においては、この時期の発達の特徴を踏まえ、乳児保育の「ねらい」及び「内容」については、身体的発達に関する視点「健やかに伸び伸びと育つ」、社会的発達に関する視点「身近な人と気持ちが通じ合う」及び精神的発達に関する視点「身近なものと関わり感性が育つ」としてまとめ、示している。
ウ　本項の各視点において示す保育の内容は、第1章の2に示された養護における「生命の保持」及び「情緒の安定」に関わる保育の内容と、一体となって展開されるものであることに留意が必要である。

2　1歳以上3歳未満児の保育に関わるねらい及び内容
(1) 基本的事項
ア　この時期においては、歩き始めから、歩く、走る、跳ぶなどへと、基本的な運動機能が次第に発達し、排泄の自立のための身体的機能も整うようになる。つまむ、めくるなどの指先の機能も発達し、食事、衣類の着脱なども、保育士等の援助の下で自分で行うようになる。発声も明瞭になり、語彙も増加し、自分の意思や欲求を言葉で表出できるようになる。このように自分でできることが増えてくる時期であることから、保育士等は、子どもの生活の安定を図りながら、自分でしようとする気持ちを尊重し、温かく見守るとともに、愛情豊かに、応答的に関わることが必要である。
イ　本項においては、この時期の発達の特徴を踏まえ、保育の「ねらい」及び「内容」について、心身の健康に関する領域「健康」、人との関わりに関する領域「人間関係」、身近な環境との関わりに関する領域「環境」、言葉の獲得に関する領域「言葉」及び感性と表現に関する領域「表現」としてまとめ、示している。
ウ　本項の各領域において示す保育の内容は、第1章の2に示された養護における「生命の保持」及び「情緒の安定」に関わる保育の内容と、一体となって展開されるものであることに留意が必要である。

POINT 1　乳児保育は、「3つの視点」を意識

乳児期の発達の特徴を踏まえた「ねらい及び内容」として、3つの視点が示されました。「**健やかに伸び伸びと育つ～身体的発達に関する視点**」、「**身近な人と気持ちが通じ合う～社会的発達に関する視点**」、「**身近なものと関わり感性が育つ～精神的発達に関する視点**」とし、それぞれの「ねらい」「内容」「内容の取扱い」では、具体的に保育がイメージできるように示されています。

例えば、「身近な人と気持ちが通じ合う」の「内容の取扱い」にある、「保育士等との信頼関係に支えられて生活を確立していくことが人と関わる基盤となることを考慮して、子どもの多様な感情を受け止め、温かく受容的・応答的に関わり、一人一人に応じた適切な援助を行うようにすること」は、乳児保育において、保育者の援助の基本といえます。また、「保育の実施に関わる配慮事項」で「一人一人の子どもの生育歴の違いに留意しつつ、欲求を適切に満たし、特定の保育士が応答的に関わるように努めること」は、緩やかな担当制をとり、継続的なかかわりにより、人への基本的信頼感を形成するなど、乳児保育の方法の基本が示されています。

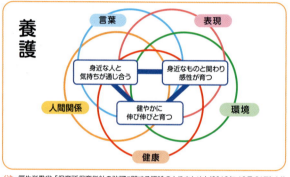

※生活や遊びを通じて、子どもたちの身体的・精神的・社会的発達の基盤を培う。

（注）厚生労働省「保育所保育指針の改訂に関する議論のとりまとめ」（2016年12月21日）より

POINT 2　1歳以上3歳未満児の保育は、「5領域」の観点を意識

3歳以上児の保育内容と同様に、「**健康、人間環境、環境、言葉、表現**」**の5領域から構成**されています。「乳児」の3つの視点から、「1歳以上3歳未満児」の5領域へとつなげてとらえることが必要になります。

領域「健康」には、「健康な心と体を育て、自ら健康で安全な生活をつくり出す力を養う」、領域「人間関係」には、「他の人々と親しみ、支え合って生活するために、自立心を育て、人と関わる力を養う」、領域「環境」には、「周囲の様々な環境に好奇心や探究心をもって関わり、それらを生活に取り入れていこうとする力を養う」、領域「言葉」には、「経験したことや考えたことなどを自分なりの言葉で表現し、相手の話す言葉を聞こうとする意欲や態度を育て、言葉に対する感覚や言葉で表現する力を養う」、領域「表現」には、「感じたことや考えたことを自分なりに表現することを通して、豊かな感性や表現する力を養い、創造性を豊かにする」と示されています。しかし、領域ごとに分けて子どもを見るのではなく、それぞれが重なり合っていることを意識しましょう。

「1歳以上3歳未満児」の「内容の取扱い」において、基本的に大切なことが示されています。例えば「健康」で、「①心と体の健康は、相互に密接な関連があるものであることを踏まえ、子どもの気持ちに配慮した温かい触れ合いの中で、心と体の発達を促すこと。特に、一人一人の発育に応じて、体を動かす機会を十分に確保し、自ら体を動かそうとする意欲が育つようにすること」と、保育者の温かな関わりの中で、子どもの主体性が育ま

れていくことが示されています。

「人間関係」で、「②思い通りにいかない場合等の子どもの不安定な感情の表出については、保育士等が受容的に受け止めるとともに、そうした気持ちから立ち直る経験や感情をコントロールすることへの気付き等につなげていけるように援助すること」と、この時期の子どもの揺れ動く気持ちに寄り添うことで、自律性の芽生えが育っていくことが示されています。

「表現」で、「④身近な自然や身の回りの事物に関わる中で、発見や心が動く経験が得られるよう、諸感覚を働かせることを楽しむ遊びや素材を用意するなど保育の環境を整えること」と、子どもの内からわき出ることや感覚を駆使してあそびを楽しむための環境の在り方が示されています。

こうした保育の内容を、計画作成にいかしていく保育者の専門性が求められます。

POINT 3　愛着・信頼関係の形成

第2章「1 乳児保育に関わるねらい及び内容」の「(1) 基本的事項」アの中で、「特定の大人との応答的な関わりを通じて、情緒的な絆が形成される」と示し、「(2) ねらい及び内容」の「イ 身近な人と気持ちが通じ合う」で、「受容的・応答的な関わりの下で、何かを伝えようとする意欲や身近な大人との信頼関係を育て、人と関わる力の基盤を培う」と示しています。

また、「2 1歳以上3歳未満児の保育に関するねらい及び内容」の「イ 人間関係」「(ウ) 内容の取扱い」の中で「①保育士等との信頼関係に支えられて生活を確立するとともに、自分で何かをしようとする気持ちが旺盛になる時期であることに鑑み、そのような子どもの気持ちを尊重し、温かく見守るとともに、愛情豊かに、応答的に関わり、適切な援助を行うようにすること」などが示されています。

3歳未満児、特に乳児保育においては、「愛着・信頼関係の形成」を保育の基本としてとらえ、具体的には「緩やかな担当制」に取り組むことが求められます。乳児保育は複数担任であり、長時間保育の中でローテーション勤務となっているため、柔軟な形でのグループ担当制（緩やかな担当制）を工夫することにより、特定の保育者との絆を基盤に次第に人との関わりを広げていくようになります。継続的なかかわりを大切にし、スキンシップを十分とりながら、子どもの欲求に丁寧に応答することにより、基本的信頼感や自己肯定感が育まれていくのです。

また、こうした子どもの育ちを保護者と共有していくことで、信頼関係を形成し、保護者と協働して行う保育へつながります。連絡帳や保育経過記録についても、可能な限り継続して記録することで、見通しをもって子どもや保護者と関わることを可能にします。

●可能な限り同じ人が担当に
抱っこの仕方、ミルクの飲ませ方ひとつとっても、人により違う。
頻繁に関わる人が替わり、やり方が異なれば、子どもの生理的欲求は満たされても、情緒は安定しにくくなる。

指導計画にいかしたいPOINT

POINT 4　乳児保育は「非認知能力」、「社会情動的スキル」を育む基盤

前述の「中央説明会資料」の「改定の背景及び経緯」の中で、「様々な研究成果の蓄積によって、乳幼児期における自尊心や自己制御、忍耐力といった主に社会情動的側面における育ちが、大人になってからの生活に影響を及ぼすことが明らかとなってきた。これらの知見に基づき、保育所において保育士等や他の子どもたちと関わる経験やそのあり方は、乳幼児期以降も長期にわたって、様々な面で個人ひいては社会全体に大きな影響を与えるものとして、わが国はもとより国際的にもその重要性に対する認識が高まっている」と示しています。

3歳未満児の保育を担う保育者が、非認知能力の育ちの意味を十分認識し、保育の計画作成や日常保育の中で、子どもや保護者へかかわることが求められます。

POINT 5　学びの芽生え－保育所は幼児教育を行う施設として積極的に位置づける

保育所保育においては、子どもが現在を最も良く生き、望ましい未来をつくり出す力の基礎を培うために、環境を通して養護及び教育を一体的に行っています。今回の改定では、保育所が幼児教育の一翼を担う施設として、第1章総則「4 幼児教育を行う施設として共有すべき事項」が新たに示されています。「育みたい資質・能力」として、豊かな体験を通じて、感じたり、気付いたり、分かったり、できるようになったりする「知識及び技能の基礎」、気付いたことやできるようになったことなどを使い、考えたり、試したり、工夫したり、表現したりする「思考力、判断力、表現力等の基礎」、心情、意欲、態度が育つ中で、よりよい生活を営もうとする「学びに向かう力、人間性等」が、保育活動全体によって育むものとして示されています。

さらに、「幼児期の終わりまでに育ってほしい姿」として「健康な心と体」、「自立心」、「協同性」、「道徳性・規範意識の芽生え」、「社会生活との関わり」、「思考力の芽生え」、「自然との関わり・生命尊重」、「数量や図形、標識や文字などへの関心・感覚」、「言葉による伝え合い」、「豊かな感性と表現」の10の事項が示されています。

こうした教育にかかわる内容は、乳児期からの連続した生活、保育の中で育まれていくことを、全職員が共通理解していることが大切です。

特定の大人との愛着・基本的信頼感を基盤に、情緒が安定することで、子ども自身が周囲に働きかけ、人や物とのかかわりを通して、「おもしろそう」「なぜなの」「不思議だな」など、興味や意慾を次第に広げていきます。乳児期から育まれるこうした学びの芽生えが、生涯の学びの出発点となるのです。

（原文）
第1章総則　4 幼児教育を行う施設として共有すべき事項
(1) 育みたい資質・能力
ア　保育所においては、生涯にわたる生きる力の基礎を培うため、1の(2)に示す保育の目標を踏まえ、次に掲げる資質・能力を一体的に育むよう努めるものとする。
（ア）豊かな体験を通じて、感じたり、気付いたり、分かったり、できるようになったりする「知識及び技能の基礎」
（イ）気付いたことや、できるようになったことなどを使い、考えたり、試したり、工夫したり、表現したりする「思考力、判断力、表現力等の基礎」
（ウ）心情、意欲、態度が育つ中で、よりよい生活を営もうとする「学びに向かう力、人間性等」

●「10の姿」と5領域の関係を表した図
主に対応している領域だけでなく、第2章保育の内容「ねらい及び内容」に基づく、活動全体を通して育まれることに留意しましょう。

POINT 6 3歳未満児の保育の充実から、保護者支援・子育て支援へ

前述の中央説明会資料「改定の要点」の中で、「(4)子育て支援」として下記のように示しています。

> 改定前の保育所保育指針と同様に、子育て家庭に対する支援についての基本的事項を示した上で、保育所を利用している保護者に対する子育て支援と、地域の保護者等に対する子育て支援について述べる構成となっている。
> 基本的事項については、改定前の保育所保育指針の考え方や留意事項を踏襲しつつ、記述内容を整理するとともに、「保護者が子どもの成長に気付き子育ての喜びを感じられるよう努める」ことを明記した。また、保育所を利用している保護者に対する子育て支援については、保護者の子育てを自ら実践する力の向上に寄与する取組として、保育の活動に対する保護者の積極的な参加について記載するとともに、外国籍家庭など特別なニーズを有する家庭への個別的な支援に関する事項を新たに示した。
> 地域の保護者等に対する子育て支援に関しても、改定前の保育所保育指針において示された関係機関との連携や協働、要保護児童への対応等とともに、保育所保育の専門性を生かすことや一時預かり事業等における日常の保育との関連への配慮など、保育所がその環境や特性を生かして地域に開かれた子育て支援を行うことをより明示的に記載した。

保育所における保育は、保護者との協働による取り組みが必須です。特に、乳児保育では、多くの保護者が第1子である我が子を保育所に託し、子育てと就労等の両立を目ざす生活の中で、様々な不安を抱えています。

入所している保護者への支援は実に多様です。日常的な、登降園時の挨拶や会話、連絡帳のやり取り、保育参加、さらには個別の相談に応じることにより、保育指針に示される「保護者が子どもの成長に気付き子育ての喜びを感じられるように」、「保護者の子育てを自ら実践する力の向上」につながります。

子育て支援を必要としている家庭のほとんどが3歳未満児である状況から、乳児保育の充実が、保育所が取り組む地域の子育て支援の多様な取り組みを可能にします。

（原文）
第4章子育て支援 1 保育所における子育て支援に関する基本的事項
(1) 保育所の特性を生かした子育て支援
ア 保護者に対する子育て支援を行う際には、各地域や家庭の実態等を踏まえるとともに、保護者の気持ちを受け止め、相互の信頼関係を基本に、保護者の自己決定を尊重すること。
イ 保育及び子育てに関する知識や技術など、保育士等の専門性や、子どもが常に存在する環境など、保育所の特性を生かし、保護者が子どもの成長に気付き子育ての喜びを感じられるように努めること。

2 改定で「変わったこと」、大切にしたい「変わらないこと」

保育の拠り所となるのが、「全体的な計画」であり、指導計画です。今回の改定で、指導計画については特に変化はありません。

変わらないこと

新たな三法令※において、「子どもの主体性を尊重する保育」、「環境を通して行う保育」、「遊びを通しての総合的な指導」という保育の基本は変わっていません。変えてはならない、重要な考え方だからです。

指導計画を作成する上で、改定保育指針を保育実践（保育の過程〜実態把握－計画－実践－評価、改善）とつなげて理解することが大切です。

注）
※保育所保育方針、幼稚園教育要領、幼保連携型認定こども園教育・保育要領

指導計画にいかしたいPOINT

変わったこと

①保育指針の全体構成の変化

今回の改定では、教育要領、教育・保育要領との整合性が図られ、保育指針はこれまでの7章編成から5章編成に変わりました。※

②「保育課程」から「全体的な計画」へ

平成21年以降、保育所保育の根幹となる「保育課程」を編成してきました。今回、幼稚園、保育所、こども園が共通した「全体的な計画」に変わり、保育指針においては、これまで第4章「保育の計画及び評価」で提示されていた内容が、「第1章総則 3 保育の計画及び評価」に提示されました。

全体的な計画は、保育所保育の全体像を示すもので、これに基づく指導計画、保健計画、食育計画などを通じて、各保育所が創意工夫して保育できるよう作成されなければなりません。つまり、「全体的な計画」に基づき、具体的な保育が適切に展開されるよう、指導計画を作成することが必要になるのです。

そして、今回新たに示された3つの「資質・能力」、「幼児期の終わりまでに育ってほしい姿」の10の事項を0歳からどのように育んでいくかを意識しなければなりません。

③PDCAサイクルを大切に―カリキュラム・マネジメント

自分と園の保育を振り返って評価し、次の保育にいかすのは保育の基本です。これまでも、園長の責任のもと、自己評価に基づく園の評価を園全体で取り組んできました。

今回の教育要領、教育・保育要領の改訂で、「カリキュラム・マネジメント」という言葉が登場しました。保育の過程すなわち、指導計画作成、実践、振り返り、評価、改善を、保護者支援・地域の子育て支援を含めて検討し、改善につなげることです。保育指針には「カリキュラム・マネジメント」という言葉は使われていませんが、同様の趣旨は前述の総則に示されています。

子どもの最善の利益を第一義にした保育、保護者支援、地域の子育て支援を包括的に全職員で主体性をもって評価し、より質の高い保育につなげていくことが求められます。

注)
※7章編成（1章 総則、2章子どもの発達、3章 保育の内容、4章 保育の計画及び評価、5章 健康及び安全、6章 保護者に対する支援、7章 職員の資質向上）から5章編成（1章 総則、2章 保育の内容、3章 健康及び安全、4章 子育て支援、5章 職員の資質向上）に変更。

（原文）
第1章総則 3 保育の計画及び評価
(1) 全体的な計画の作成
ア 保育所は、1の(2)に示した保育の目標を達成するために、<u>各保育所の保育の方針や目標に基づき、子どもの発達過程を踏まえて、保育の内容が組織的・計画的に構成され、保育所の生活の全体を通して、総合的に展開されるよう、全体的な計画を作成しなければならない。</u>
イ 全体的な計画は、子どもや家庭の状況、地域の実態、保育時間などを考慮し、子どもの育ちに関する長期的見通しをもって適切に作成されなければならない。
ウ 全体的な計画は、保育所保育の全体像を包括的に示すものとし、<u>これに基づく指導計画、保健計画、食育計画等を通じて、各保育所が創意工夫して保育できるよう、作成されなければならない。</u>

(5) 評価を踏まえた計画の改善
ア 保育所は、評価の結果を踏まえ、当該保育所の保育の内容等の改善を図ること。
イ 保育の計画に基づく保育、保育の内容の評価及びこれに基づく改善という一連の取組により、保育の質の向上が図られるよう、全職員が共通理解をもって取り組むことに留意すること。

下線は著者

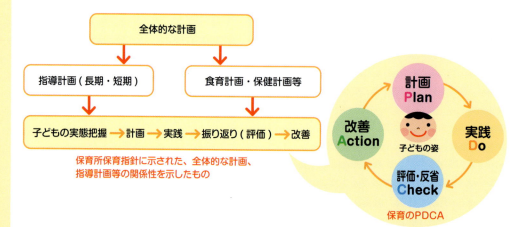

保育所保育指針に示された、全体的な計画、指導計画等の関係性を示したもの

保育のPDCA

発達が見える!

0.1.2歳児の指導計画と保育資料

第2版

Gakken

0歳児の保育環境

0歳児がのびのびと楽しく活動できる保育環境を、紹介します。

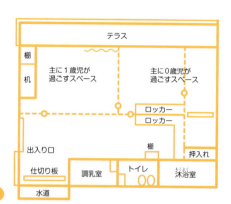

第二厚生館愛児園（神奈川県 川崎市）

3つの保育スペース

0歳と1歳は同室。保育室の間にはさくがあり、3つに分かれている。さくが低いほうは主に0歳児が過ごす保育室。顔が見やすいような高さなので、部屋全体も見渡しやすい。それぞれあそびスペースや食事や睡眠といった生活スペースを時間帯などによって分け、落ち着いた空間を作れるよう工夫している。1歳児との交流も盛ん。

おもちゃを置く棚は、4月ごろは低い位置に。自由に触ったり取り出したりできるようにしている。立っちができる子が多くなる時期にはこの位置も少し高めにする。

保育室を仕切るさくも高さが異なる。つかまり立ちなどの発達を考慮し、立った時につかまりやすい高さになっている。

興味・関心を広げる長い廊下

保育室をつなぐカーブのある長い廊下で、はいはいやつたい歩き。装飾を見ながらゆったり園内散歩を楽しむ。興味・関心を広げる探索活動にぴったりの場所になっている。お兄ちゃんお姉ちゃんのお部屋をのぞいて、かかわり合うことも（P.64、67参照）。

廊下にある凹凸のある小窓からは外の光が差し込む。光が透ける装飾をすると、雰囲気も出て、0歳児も散歩をしながら興味津々に。

保護者との会話が生まれる掲示

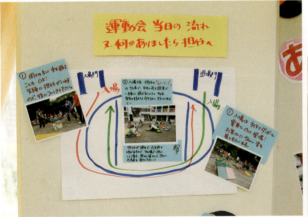

季節や行事によって、子どもの写真や作品などを飾って、保育室に変化をつける工夫も。運動会の時期には競技に取り入れるあそびを日ごろから楽しんでいる様子の写真を飾った。

保護者への掲示資料は出入り口付近だけでなく、送迎時の会話につながるように、ロッカーの近くや保育室の奥などいろいろな場所に掲示する。運動会の前には忙しい保護者が不安のないように、配置やあそび方などの説明を順序を追って掲示。

お知らせと出欠表は配布するだけではなく掲示して、保護者が送迎時に気軽に閲覧、記入できるようにしている。

1歳児の保育環境

1歳児がのびのびと楽しく活動できる保育環境を、紹介します。

旭川保育所 (北海道)

整理整とんされた広い保育室

子ども達がのびのび安全にあそべるように常に整理整とんが行き届くようにして、広いスペースを確保している（P.124参照）。

パネルヒーターを使用しないときは、指を挟まないようにカバーを掛けて事故を未然に防ぐ工夫も。

使用していないときは、机を畳み、いすと一緒にまとめてカバーを掛けて収納しておく。

出入り口付近の動線

登降園時に子どもがかばん掛けの前で身支度している間、保護者がおしぼりを（かご）に入れるので、保護者の目線が掲示版やお便りポケットに向くように工夫。掲示は整理してわかりやすく。

登園したら保護者と一緒に手洗いとうがい。台を置いて、自発的にできるように工夫している。

絵本に親しむ環境

「おひさま文庫」は親子がいつでも自由に借りられる絵本。園の玄関前付近と廊下にコーナーを設置している。テーマ（作家・季節・行事など）を設けて、年数回お勧めの絵本を紹介している。1歳児も保護者と降園する際に、「読んで」と保護者に持っていく姿も。親子のかかわりを深めていくきっかけに。

1歳児の保育室の本棚は、子どもが自分で絵本を取り出せる高さに。子どもたちが絵本を見つけやすく、選びやすい。お気に入りの絵本は、劇あそびに発展することもあるので、絵本を子どもの目の留まりやすい高さに表紙を向けて置いている。

2歳児の保育環境

2歳児がのびのびと楽しく活動できる保育環境を、紹介します。

中央保育園（佐賀県）

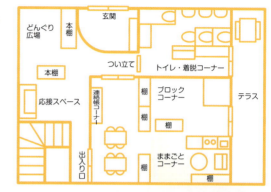

発達・興味に合わせたあそび環境

ままごとコーナー

4月にはキッチングッズと1歳児クラスから持ってきた赤ちゃん人形や布団などを設置（P.188参照）。興味関心に合わせて、グッズや配置も変化する。手指の発達に合わせて、夏以降は製作あそびのスペースになったり、進級前には年上の子どもからの影響を受けて、レストランごっこのスペースに変化したり（P.228参照）。

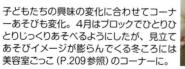 ブロックコーナー 春

 美容室コーナー 冬

子どもたちの興味の変化に合わせてコーナーあそびも変化。4月はブロックでひとりひとりじっくりあそべるようにしたが、見立てあそびイメージが膨らんでくる冬ころには美容室ごっこ（P.209参照）のコーナーに。

動線を意識したトイレ・着脱コーナー

保育室からトイレへの道のりは線路をえがいて楽しめるようにした。シュッシュッポッポと友達同士で誘い合って。

着脱コーナー

牛乳パックで作った低い手作りのいすを着脱コーナーに設置。床に座るよりもはきやすくなるので、低月齢児も、「はけた！」とにっこり。

着脱コーナーはテラス（写真右奥）につながっているので、夏場のプールの後などは、テラスで体をふき、着脱コーナーから保育室へとスムーズに移動できる。

トイレのスリッパは同じ色の足形をはって、自分で並べられるように工夫している。

交流が深まるテラス

机とベンチを設置。おやつを食べて、お茶でひと息。テラスはとなりのクラスともつながっているので、1歳児が仲間入りすることもしばしば。

夏場は日陰になるテラスで、こまめに水分補給ができるように。アサガオなどを育てて、緑のカーテンを作ることも。

応接スペース

台

思い思いに過ごせるどんぐり広場

0〜5歳の共用スペース。普段はシンプルで開放的な作りにしておき、七夕には笹、クリスマスにはツリー、ひな祭りにはひな人形など、季節や行事に合わせて装飾をしたり、子どもの興味に合わせて思い思いにあそべるようスペースを分けたりして、いろいろな用途で活用している。
窓際に台を置くことで、2歳児でも登園後に外を見て保護者にバイバイできるようになっていて、毎朝大にぎわい。

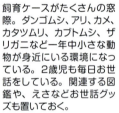

飼育ケースがたくさんの窓際。ダンゴムシ、アリ、カメ、カタツムリ、カブトムシ、ザリガニなど一年中小さな動物が身近にいる環境になっている。2歳児も毎日お世話をしている。関連する図鑑や、えさなどお世話グッズも置いておく。

応接スペースは2歳児にとっても落ち着ける場所。食事の後、お気に入りの絵本を読んで過ごす子どもも多い。気持ちの不安定な4月ごろは、登園後の気持ちを立て直す場所としても活躍。

ソファを置くこともあれば、いすとテーブルを置いて雰囲気を変えてみることも。保護者同士がつながる場所でもあるので、自然と会話が生まれ、くつろげるようなスペース作りを心がけている。

｜　屋外あそび ……………………………… 127
｜　手作りおもちゃ ………………………… 132
｜　手あそび・歌あそび …………………… 136
｜　製作あそび ……………………………… 141
｜　劇あそび ………………………………… 146
｜　行事 ……………………………………… 148
｜　つなげて展開する保育 ………………… 150
｜　保護者とのかかわり …………………… 153
｜　進級 ……………………………………… 162

2歳児の指導計画と保育資料

- ●執筆園紹介 ………………………………… 163
- ●月間指導計画 ……………………………… 164
- ●保育資料
  ｜　環境 ……………………………………… 188
  ｜　健康 ……………………………………… 192
  ｜　安全管理 ………………………………… 196
  ｜　散歩 ……………………………………… 198
  ｜　歌あそび ………………………………… 202
  ｜　水あそび ………………………………… 203
  ｜　ごっこあそび …………………………… 204
  ｜　つなげて展開する保育 ………………… 210
  ｜　製作あそび ……………………………… 216
  ｜　行事 ……………………………………… 218
  ｜　計画と記録 ……………………………… 222
  ｜　保護者とのかかわり …………………… 224
  ｜　進級 ……………………………………… 227

指導計画と「振り返り」のヒント集

- ●Special対談
  　増田まゆみ先生・秋田喜代美先生
  　感じ、考え、「気づく」保育を目指して ……… 232
- ●指導計画の書き方Q&A ………………… 236
- ●保育に生かすエピソード記録 …………… 241

CD-ROMをお使いになる前に必ずお読みください! ……… 246
CD-ROMの使い方 ……………………………… 247

< ⚠ ご使用の前に、必ずお読みください >
- ●作ったものは、本来の目的以外には使用しないでください。
- ●首から下げるものは、装着したまま走ったり遊具であそばせたりしないでください。ちっ息の危険があります。
- ●ひもを使う場合は、22cm未満が望ましいです。誤使用によるちっ息の危険があります。
- ●刃物や小さなものを扱う際は、必ず保育者の付き添いの下で行ってください。けがや誤飲、誤えんの危険があります。
- ●工作物は子どもの口に入らない大きさに作ってください。

0〜5歳児の姿

執筆・高辻千恵
（こども家庭庁成育局成育基盤企画課 教育・保育専門官）

見通しをもって保育をするために、0〜5歳児の発達の流れを、各年齢の特徴的な姿を追って見ていきます。

	6か月未満	6か月以上〜12か月未満	1歳
生活	●眠って、飲んで 睡眠とほ乳を中心とする生活リズムの安定	●「もぐもぐ」してみよう 離乳の開始と幼児食への移行	●「やってみたい！」 「自分でしたい」という意欲の芽生え
体	●体を使って世界と出合う 体の発育と姿勢の変化	●「あ！ いいもの、見つけた！」 移動の開始と探索活動の活発化	●「あっちに行きたい！」 歩行の開始 ●スプーンですくって 道具の使用
言葉と理解	●「あーあー」「ぶーぶー」 泣きと喃語による発信 ●じっと見つめて 周囲に対する興味や関心の始まり	●「わんわん、いるね」 指さしによるコミュニケーションと言葉の始まり ●「いないいない、ばあ！」 対象の永続性の成立と象徴機能（イメージ）の芽生え	●「マンマ、食べる」 言葉の獲得 ●「かごを持って、お買い物」 ふりや意図・つもりの育ち
人とのかかわりと心	●この人は自分を守ってくれる 身近な大人との関係の形成	●「知らない人、やだ〜！」 人見知りと愛着の形成	●「お友達、何してるのかな？」 周囲の人への関心と自我の芽生え
発達の特徴	睡眠を基盤としながら、次第に生活のリズムが整っていく時期です。首がすわっていくとともに、うつ伏せで寝ている姿勢から手をついて頭を上げられるようになっていきます。周囲に対する興味が生まれ、機嫌のよいときには、盛んに声を出したり手足をよく動かしたりして楽しむ様子が見られます。また、人にあやされると喜んで笑います。	はいはいから伝い歩きへと行動範囲が広がります。活発に動き回って、興味をもったものを見つけると近づいていきます。身近にいる大好きな大人とのかかわりを通して、愛着が形成されるとともに、人と同じものを見てそれを共有する関係も生まれてきます。「伝えたい」という思いを指さしで示すなど、コミュニケーションの土台が培われる時期です。	身の回りのことを自分でしたいという気持ちが膨らんでいきます。上手にはできないことも多いものの、スプーンを使って食事をしたり、スコップで砂を運んだりと、道具を使うこともできるようになります。歩行と言葉の獲得によってあそびの世界が大きく広がり、行動の主体としての育ちが著しい時期です。大人だけでなく、ほかの子どもに対しても親しみをもち、興味を示し始めます。

※12か月未満は3つの視点（身体的発達に関する視点「健やかに伸び伸びと育つ」、社会的発達に関する視点「身近な人と気持ちが通じ合う」、精神的発達に関する視点「身近なものと関わり感性が育つ」）、1歳からは5領域（健康、人間関係、環境、言葉、表現）の観点を意識して、子どもの姿から発達をとらえていきましょう。

2歳

- 「一人で食べられたよ」
  基本的生活習慣の自立への一歩

- 「見ててね、のぼれるよ」
  全身運動の発達

- 「さあ、早く寝ましょうね」
  イメージの世界の広がり

- 「自分で」と「いやいや」
  自我の育ちと自己主張

手指の操作や運動能力が発達し、食事や排せつなど基本的な生活習慣の自立が進み始めます。自我の育ちや言葉の発達とともに「自分で」「いやいや」と大人に対して自己主張や反抗が強くなります。身近な人や生き物に興味をもって、行動や身振り、言葉などを盛んにまねてあそぶ姿がよく見られます。また、簡単なごっこあそびも楽しむようになります。

3歳

- 「自分でできたよ」
  身辺の自立と基本的生活習慣の形成

- 「見て見て、こんなこともできるよ!」
  運動の広がり

- 「きょうね、先生がね…」
  言葉のやり取りを楽しむ

- 「なぜ? どうして?」
  知的好奇心が活発になる

- 「一緒にあそぼう」
  友達との関係をつくる

- 「ぼく」「わたし」
  自己の認識の明確化

身の回りの簡単なことは自分でできるようになります。子ども同士の関係がつくられ、言葉でのやり取りをしながら一緒にごっこあそびなどを楽しみます。身近な事物や現象に強い好奇心をもち、盛んに「なぜ?」と尋ねたり直接ふれたりしようとして、積極的に知ろうとします。また、「ぼく」「わたし」といった一人称を使うなど、自己の認識がより明確になってきます。

4歳

- 「次、これしよう」
  生活の流れを理解し、行動する

- 「～しながら…する」
  体を巧みに使って活動する

- いつ・どこで・だれが
  経験を語る

- 「ザリガニは何を食べるの?」
  身近な環境に対する興味と理解が深まる

- 「ぼくが○○ヒーローだ!」
  イメージを膨らませ、友達と共有する

- 「代わってあげる」
  他者の気持ちに気づき、自分をコントロールする

一日の生活の流れを見通して行動するようになります。ケンケンしながら前に進むなど、複数の動きを組み合わせて滑らかにできるようになり、体を活発に使って新しい運動に挑戦します。友達と言葉で思いを伝え合い、イメージを共有しながら一緒にあそぶことを楽しみます。時には葛藤を経験しながら、次第に他者の気持ちに気が付き、譲ったり我慢するなど自分をコントロールする力もついていきます。

5歳

- 「きょうはわたしがお当番だからね」
  生活をつくり上げていく力の育ち

- 「竹馬、できたよ!」
  より複雑、複合的な運動が可能になる

- 「ああして、こうして…」
  言葉を使って考える

- 「わたしの名前、こうやって書くんだよ」
  読み書きの始まり

- 「色水、混ぜてみたらどうなる?」
  思考力の芽生え

- 「でも、小さい子には優しいんだよね」
  他者の気持ちや立場の理解

役割を分担したり目標を共有したりしながら、生活やあそびを同じクラスの仲間たちとともに進めていく力が育っていきます。自分の思いを言葉で表現すると共に他者の気持ちや立場を理解してかかわることができるようになり、協同的な集団活動を展開します。また、頭の中で思考することや言葉あそび、簡単な読み書きを楽しむこともできるようになっていきます。

0.1.2 歳児の姿

執筆・高辻千恵
（こども家庭庁成育局成育基盤企画課 教育・保育専門官）

0～5歳児の発達の流れを踏まえ、0.1.2歳児の姿と保育を行ううえでのポイントを解説します。

6か月未満

- あーあーぶーぶー
- じっと見つめて
- この人は自分を守ってくれる
- 体を使って世界と出合う
- 眠って、飲んで

生活

眠って、飲んで
睡眠とほ乳を中心とする生活リズムの安定

　生後1か月ころまでの新生児期は昼夜の区別なく一日の約90％を眠って過ごしますが、起きている間の意識がはっきりとしている状態のときには、周囲の様子を見たり聞いたり、手足を動かしたりしています。この時期からすでに、自分を取り巻く外界に適応しようとし始めているのです。睡眠は、主に消化器系のリズムに基づいているため、おなかがすくと目が覚めて泣き、満腹になると眠ってしまうということを繰り返します。1回のほ乳の量が増えてくると、睡眠の回数も徐々に減っていきます。

　その後少しずつ目覚めている時間が増えて生活リズムが整っていくとともに、身近な大人に顔を向けてじっと見たり、あやしてもらうとほほえんだり、おむつがぬれると泣いたりして、自分からかかわりを求めているような様子が見られるようになります。

体

体を使って世界と出合う
体の発育と姿勢の変化

　生まれて間もない時期は、中枢神経系がまだ十分に成熟していないため、外界からの刺激に対しては反射的な反応（原始反射）が見られます。原始反射は月齢が進むにつれて消失し、次第に自分の意思で体を動かすことができるようになっていきます。

　この時期は寝ている姿勢が基本ですが、4～5か月ごろには首が座り、縦に抱っこされて周囲に興味津々で目を向ける様子が見られます。生後半年ごろになると、寝返りをしたり、支えられるとお座りもできるようになります。同時に、がらがらなど目でとらえたものに手を伸ばして、つかむこともできるようになっていきます（目と手の協応）。

言葉と理解

「あーあー」「ぶーぶー」
泣きと喃語による発信

　「泣き」は乳児にとって大切なコミュニケーションの手段の一つです。泣き方にも個性がありますが、生後2か月ごろになると、おなかがすいたときやおむつがぬれて不快なときなど、泣き声にも場面によって変化が出てきます。こうした泣きに対して身近な大人がその都度あたたかく適切にかかわることで、「泣けば来てくれる」と人に何かを伝えようとする気持ちや相手に対する信頼感の基礎となるものを培っていきます。

　また、2～3か月ごろになると、「アー」「バー」など、さかんに音声を発するようになります（喃語）。この音声自体には意味はありませんが、そばに人がいるときに特に活発になることから、発声の練習としてだけではなく、人とのコミュニケーションの芽生えとしての意味ももつと考えられます。大人がタイミングよく声をかけて応じることで喃語はさらに盛んになり、しだいに異なる音節を組み合わせて発声したり、音の出し方が多様になっていったりしていきます。

じっと見つめて
周囲に対する興味や関心の始まり

　生後間もなくから、子どもはあらゆる感覚を使って外界の刺激を取り入れようとしています。なかでも、人に対する関心が特に強いようです。見える範囲や視力は限られているものの、新生児でもより複雑な図形や人の顔に似た図形などを好んで長く見ようとします。また、日常のさまざまな音のうち、人の声にとりわけ反応しやすい様子も見られます。5か月を過ぎるころには、音のする方向を振り向いてじっと見つめるなど、感覚間の結びつき（協応）も育ってきます。

人とのかかわりと心

この人は自分を守ってくれる
身近な大人との関係の形成

　生後2～3か月ごろになると、単に気持ちがよいときだけでなく、明確に人に対してほほえむようになります。目を合わせてのぞきこむと、うれしそうに声を出して笑ったりします。こうした笑いは、最初はだれにでも向けられますが、次第に保護者や保育者など、日常見知った身近な人にだけ向けられるようになっていきます。生後半年になるころには、こうした選択的なほほえみを盛んにするようになります。なじみのある人とそうでない人を区別し、自分にとって大切な存在との間に愛着関係を築いていくための基礎がつくられ始める時期です。

0.1.2歳児の姿

6か月以上12か月未満

生活

「もぐもぐ」してみよう
離乳の開始と幼児食への移行

　乳児期後半になると、離乳食が始まります。保育者にスプーンで少しずつ食べさせてもらいながら食べ物の味や舌ざわり、飲み込むことに慣れていき、「食べる」ということに徐々に親しんでいきます。離乳が進み幼児食へと移行してくるにつれて、自分で手を伸ばし手づかみで食べようとしたり、コップを持って飲もうとしたりします。さらに、スプーンやフォークを握って自分で食事を口に運ぼうとする姿も見られるようになります。子どものなかで「自分自身で食べたい」という自立の欲求が生まれてくる時期です。

体

「あ！ いいもの、見つけた！」
移動の開始と探索活動の活発化

　7か月前後には左右に寝返りをうてるようになり、その後、一人座り→はいはい→つかまり立ち→伝い歩きと、運動機能がぐんぐん発達していきます。興味をもった人や物を目標に自分で移動して近づいていくことができるようになり、自分を取り巻く周囲の環境へいっそう関心を広げていきます。
　手指の機能も発達し、左右の手でおもちゃを持ち、それらを持ちかえたり打ち合わせたりすることができるようになります（手と手の協応）。1歳を迎えるころには、手に持った物をひっくり返したり、両手で引っぱったり、小さい物を親指と人差し指を使ってつまんだりと、身近な物に活発にふれて楽しむ姿が見られます。

言葉と理解

「わんわん、いるね」
指さしによるコミュニケーションと言葉の始まり

　大人に何か要求したいときに喃語（なんご）を発して注意をひこうとするなど、しだいに「言葉」を使って意思を伝えることの芽生えが見られるようになります。さらに大人が「そうね、マンマ食べようね」など語りかけることを繰り返すなかで、状況や事物と音声とが結びつくことに気がつき、少しずつ大人の話しかけている言葉の意味がわかりはじめます。子ども自身が意味のある最初の言葉（初語）を発するようになるのは、個人差もありますがおおむね1歳前後のことです。

　また初語の出現に先立ち、10か月前後の時期に「指さし」や「物の受け渡し」などのように、物を介して他者とやり取りをする様子が見られます（三項関係）。「あそこに犬がいるよ」「『そのボールをちょうだい』『どうぞ』」と、人と同じ対象を同時に見て伝えあうというコミュニケーション（共同注意）が成り立っていると言えます。

　日々のかかわりのなかで、身近な大人が子どもの状態に応じて繰り返し語りかけ、やり取りを楽しむ経験を通じて、言葉によるコミュニケーションの土台が培われていきます。

「いないいない、ばあ！」
対象の永続性の成立と象徴機能（イメージ）の芽生え

　乳児期の後半になると、「ものが見えなくなっても、なくなったわけではなく存在している」ということがわかりはじめます（「対象の永続性」の理解）。持っていたものが手から離れて見えなくなると探そうとしたり、あそんでいるおもちゃに布をかぶせて隠すと、めくって探し出したりします。

　また、大人の動作を模倣して楽しむ姿も見られるようになります。最初は大人が目の前でしてみせた「バイバイ」などのしぐさをそのまままねる形が多いですが、1歳に近づくころには、次第に、日ごろ見ている大人の動作を思い出してまねるようになっていきます。身近な人の行動を見て、それを記憶に留め、時間がたってからまねる（延滞模倣）力が育ちつつあるといえます。このように目の前に存在する現実の世界だけでなく、象徴（イメージ）の世界も少しずつ育ちはじめる時期です。

人とのかかわりと心

「知らない人、やだ～！」
人見知りと愛着の形成

　7～8か月ごろの子どもは、日ごろよく見知っている人には笑いかけ「あ、あ」と声を出して呼びかける一方、初めて会う人やあまりなじみのない人が現れると不安そうな顔をしてじっと見つめ、近づいたり抱き上げようとすると泣き出してしまいます。これは、自分にとって身近な人とそうでない人を明らかに区別して認識できるようになったということと、特定の人（親や保育者）に対して愛着を向けるようになってきたことのあかしです。

　愛着を向けている相手が部屋から出て行こうとするとはいはいで後を追いかけようとしたり、姿が見えなくなると大泣きしたりすることもあります。

　子どもにとって愛着のある人の表情は、心のよりどころでもあります。あそびのなかで初めてふれるものに出会ったとき、親や保育者の顔をちらっと見て、笑顔を向けられているとわかると安心してあそび始め、厳しい表情を見ると不安そうに手を引っ込める姿などがよく見られます（社会的参照）。身近な大人との関係に支えられて、周囲のさまざまな事物や人への興味・関心を大きく膨らませ、世界を広げていくのです。

0.1.2歳児の姿

1歳

生活

「やってみたい！」
「自分でしたい」という意欲の芽生え

　まだ未熟で大人からの援助は必要なものの、自分でしたいという意欲をもってスプーンを使って食べようとしたり、衣服の脱ぎ着をしようとしたりします。身近な大人が子どもの思いを受け止めて、できるところは自分でするという経験をつくることで、子どもは「できた」という満足感を味わい、少しずつできることを増やしていきます。実際にはうまくいかない場面も多く、泣き出してしまったり怒り出したり、大人から見るともどかしさを感じたりすることもありますが、「自分で」という気持ちの育ちを大切にしたい時期です。

　生活リズムの面では、午睡が1回になり、食事や間食をほかの子どもたちと一緒にとるようになってきます。個々のリズムに配慮しつつ、同じクラスの子どもたちとともに楽しく生活することを体験していきます。

体

「あっちに行きたい！」
歩行の開始

　1歳3か月前後になると、立って歩くことが始まります。1歳半ごろまでには歩き方も安定するようになり、積極的に探索して活動の範囲を広げようとします。斜面や階段などの不安定な場所でも、少しずつ慎重にはい上がったりするなど、姿勢を変えて移動することもできるようになります。

スプーンですくって
道具の使用

　手指の操作が発達してきて、1歳後半ごろからは、スプーンですくって食べたりシャベルで土を掘ったりと、途中でこぼすなど失敗を繰り返しながらも次第に道具が使えるようになってきます。また、クレヨンを握ってなぐりがきを楽しんだり、積み木を積んで喜んだりする姿も見られます。

言葉と理解

「マンマ、食べる」
言葉の獲得

　大人と片言で会話をかわすことを楽しみます。語彙はまだ少なく、一語文が多いですが、指さしや身振りなどを一緒に用いて、自分の思いや要求などを伝えようとします。大人の言っていることについての理解も進んできて、1歳半ごろになると、問いかけに対して「うん」「いや」と首を振ったり言葉で答えたりします。「これなあに？」と聞くと指をさしながら一生懸命答えようとしたり、「○○を持っておいで」というと指示に従ったりすることもできます。
　子どもの発する言葉に大人が「そうだね、○○だね」と共感をこめて丁寧に返していくことを繰り返すなかで、子どもは「わんわん、いる」「マンマ、たべる」のような二語文を獲得していきます。

「かごを持って、お買い物」
ふりや意図・つもりの育ち

　この時期、身近な生活用具などを使って見立てあそびやふりあそび（かごを持って買い物に出かける、お風呂に入って頭を洗うなど）といったイメージを膨らませてのあそびを楽しむ姿が盛んに見られるようになります。また、子どもなりに「こうしたい」という思いや意図をもっている様子もうかがわれます。目の前にないものを頭の中で思い浮かべる象徴機能が発達しつつあることの現れです。

人とのかかわりと心

「お友達、何してるのかな？」
周囲の人への関心と自我の芽生え

　この時期の子どもたちは、身近な大人に加えて、毎日一緒に過ごしているほかの子どもに対しても興味や親愛の気持ちを示し始めます。物の取り合いなどからかみつきなどのぶつかり合いが起きたりすることもありますが、ほかの子どもがあそんでいる様子に目を留めて、そちらのほうへ向かっていこうとしたり、同じ行動をしようとしたりする姿なども見られます。
　1歳後半になると、「○○ちゃんの」と言って友達からおもちゃを取り上げようとするなど、自分の名前や自分の所有物（と思っている物）をはっきり示そうとするようになってきます。同時に、友達の名前を聞いてその子どもを正しく指すことができるなど、ほかの子どもの名前も理解するようになります。「自分」と「他者」の違いを明確に意識して、自己主張をはじめる時期です。大人に対しても、「いや」「自分で」と主張を始めます。

19

0.1.2 歳児の姿

2歳

生活

「一人で食べられたよ」
基本的生活習慣の自立への一歩

　食事のときに、食器を用いて自分で食べることができるようになります。ただし、ほかの子どもたちの様子などに気をとられて途中で手を止めてしまったり、食器や料理であそびながら食べたり、食べ残しが多かったりするなど、保育者の配慮や援助が必要な場面は多々あります。食事を楽しみながら、少しずつ身辺の自立やしつけを図っていく時期の始まりです。

　排せつの面でも自立が進みます。間にあわず失敗することもあるものの、大人が気長に見守りながら、うまくいったときには十分に認めることを繰り返すなかで、トイレに行きたいときは自分で予告して、用を足すことができるようになってきます。ときには保育者に甘えてやってもらいたがったり、頑として自分でやることを押し通そうとしたりと、さまざまな気持ちの揺れを見せながら、手洗いやパジャマなどの衣服の着脱も行うようになります。

体

「見ててね、のぼれるよ」
全身運動の発達

　歩く力が増し、園外に散歩に出かけてある程度の距離も安定して歩くことができるようになります。走る、跳ぶ、斜面をのぼる、階段の上り下りをするなど、全身を使った運動の幅が大きく広がっていきます。音楽やリズムに合わせて体を動かしたり、三輪車に乗ったりと、さまざまなあそびを楽しむ姿が見られます。

　手指の操作もより巧みになり、指先を使ってボタンの掛け外しをしたり、粘土を丸めたりてのひらで伸ばしたりしながら形を作っていくなど、細かな動きが可能になってきます。

言葉と理解

「さあ、早く寝ましょうね」
イメージの世界の広がり

　身近な人や生き物などに興味をもち、その対象になりきって行動や身振り、言葉などをまねてあそぶ姿がよく見られます。「○○と○○は模様が一緒だね」「大きい○○だね」など、事物の共通性や大小・長短などの関係性をとらえたり、「手を洗ってタオルでふいて、自分の席につく」など、物事のつながりを理解したりすることができるようになります。こうした育ちにともなって、保護者が日ごろ自分にするのと同じように人形をあやしながら布団に寝かせたり、粘土などで作った物を商品に見立てて買い物袋に入れたりと、初歩的なごっこあそびが始まります。さらに、イメージの世界を豊かに広げながら周囲の人たちとやり取りを楽しむなかで、言葉も盛んに使うようになっていきます。

　この時期には語彙が飛躍的に増加し、三語や四語の発話も出てきます。また、「もっとお水ちょうだい」「これやりたいの」など言葉で自分の要求を伝えたり、「さっきね、○○だったよ」などと今、目の前のことではないようなことも話題にするようになります。うまく表現できなかったり、大人が言語化することを手助けしないと内容がわかりづらいことも多いものの、ほかの人と会話を楽しむことができるようになってきます。

人とのかかわりと心

「自分で」と「いやいや」
自我の育ちと自己主張

　あそびや生活全般において、「自分でしたい」という意欲を強く示して自己主張するようになります。大人の援助を借りずに何でも自分でしようとして、思うようにいかなかったり途中で大人が手を出したりすると、泣いて怒る姿がよく見られます。大人からの提案や要求に対して、どんなことでもとにかく「いやいや」を繰り返すこともあります。子どものなかで、「自分」という存在が大きく育っていく時期です。

　一方で、「見ててね」と求めてくることもさまざまな場面で見られます。自分でしたいという思いや実際にできたことの喜びを、大好きな大人に受け止めてほしいという強い気持ちも抱えていることがうかがわれます。身近な大人に認めてもらったり、ときには「それはだめ」と行動の「枠」を提示されたりしながら、自分への自信を深めるとともに、気持ちを収めることやしてはいけないことなども、少しずつ体験的に学んでいきます。

0歳児クラスの保育のポイント

　0歳児の保育では、基本的に3名の子どもに対して保育士が1名配置される体制がとられています。心身の機能の多くが未熟であり、月齢による発達差や個人差も大きいため、ひとりひとりに応じた細やかな配慮が欠かせない時期です。また、出生時の状況やこれまでの生育歴、家庭での養育環境などが子どもの発育・発達や心身の健康状態に及ぼす影響も特に大きいことから、保育中だけでなく子どもの一日の生活全体を見通し、家庭と密に連携をとりながら保育を行っていくことが大切です。

　一方、この時期は人生のなかでも極めて急速かつ著しく発育・発達する時期でもあります。個々の子どもの発達の姿を捉え、その育ちを支え促していくような環境構成や援助が求められます。子どもと一対一で、温かく丁寧なかかわりを心がけながら、養護と教育両方の視点をもって保育を行います。

● ゆったりと居心地のよい環境のなかで

　乳児期を通して、子どもは日々の生活のリズムを確立していきます。個々の子どもの睡眠と覚醒、食事（授乳・離乳食）、排せつ、あそびのリズムやタイミングを十分に把握し、それぞれが落ち着いて心地よく一日の生活を過ごすことができるよう、環境面での配慮や工夫が特に重要です。保育室の温度や湿度、換気、採光、音、設備や備品の素材・感触・色などは定期的に確認しましょう。

　視界や動ける範囲が広がってくると、体を使ったダイナミックなあそびも少しずつ入れられるようになります。ほかの子どもの様子も視界に入れながら、子どもたちがのびのびとあそべるよう空間のとり方を工夫したり、子どもが自分で好きな物を手に取ることができるよう手の届く所におもちゃを置いたりするようにします。全身や五感をいっぱいに働かせて楽しめる環境づくりが重要です。

　また、計画はひとりひとりの生活リズムに応じて、できるだけゆったりと幅をもたせることが大切です。子どもが活発に目覚めているときには、保育者や自分の身の回りのさまざまなものとのふれあいを十分に楽しめるように、ゆとりのある一日の流れを心がけます。

● 保育者と子どもの関係づくり

　0歳児の保育では、10名前後のクラス制であっても、基本的には個別または2～3人の少人数での生活が中心となります。保育者間での連携を図りつつ、できるだけ特定の保育者が継続的に子どもにかかわることを心がけます。園の環境になじみ、いつも自分の世話をしてくれる保育者との間に安定した関係を築くことで、子どもの生活や情緒は安定し、自分を取り巻く周囲のさまざまな人や物に興味や関心をもって働きかけていこうとする意欲が生まれます。安心できる保育者を心のよりどころにしながら、子どもは人とのかかわりや行動範囲を自ら広げていこうとするのであり、そのことが、この時期の心身の発達を支え促す原動力となります。声や表情、動きなどから子どもの状態を読み取り、目を合わせて気持ちを十分に受け止めながら、表情豊かに優しく語りかけましょう。

1歳児クラスの保育のポイント

　歩行の発達とともに行動範囲が大きく広がり、探索活動がとても活発になります。「やってみたい」「やってみよう」という思いも大きく膨らみます。ただ、未熟な面がまだ多いため実際にはほとんどの場面で大人の援助が必要で、思わぬ事故などが起こることのないよう目が離せない時期でもあります。子どもの目線や動線を考え、安全や衛生面に配慮したうえで、子どもの好奇心を引き出しのびのびと活動できる環境を作り出していくことが求められます。

　睡眠や食事は、おおむねほかの子どもたちと同じときにそろってとれるようになってきますが、まだ発達差や個人差もあり、個別の対応が求められる場面も多くあります。ひとりひとりの状態を丁寧にとらえながら、子どもが友達の存在を認識し、一緒に生活することの楽しさを味わえるような経験も大切にしていきましょう。

子どもと共感し合うかかわりの大切さ

　1歳児クラスの子どもたちは、日常のさまざまな場面で保育者とやり取りをすることを楽しみます。少しずつ増えていく言葉とともに、手に持った物を見せようとしたり、指をさして示したり、「見て」「ほら」と言っているような表情でじっと顔を見つめたりして、自分の身近にある物や人、出来事、思いなどを大人に一生懸命伝えようとしてきます。それに対して、保育者が共感を込めて言葉や表情で返したり、「すごいね」と褒めたりすると、子どもは実に嬉しそうな顔を見せます。また、ときには箱をひっくり返して中の物を全部ばらまく、ティッシュを全部箱から出してしまうなど、大人が困るようなことをわざとして、相手の顔を見て笑うといった行動をとることもあります。

　その一方で、散歩のときに手をつなぐのをいやがるなど、1歳後半以降になると「自分で」という思いも次第に強くなってきます。自他の区別がはっきりしてくるなかで、他者に対する関心が高まり、身近な大人とさまざまな形でかかわり合うことを楽しむとともに、「自分」という存在を強く意識し、「自分のもの」「自分でしたい」という思いが膨らんでいく時期です。

　こうした子どもの心の動きを保育者が受け止め、目標や関心を共有して一緒に行動したり、「わあ、大きいね」「きれいだね」と感動や楽しさを分かち合うことによって、子どものなかに自分に対する肯定感や主体的に行動しようとする意欲が育まれていきます。

子ども同士のいざこざへの対応

　周囲の人や物への関心が高まるとともに、「自分」という意識も明確になってくるこの時期、物の取り合いなどによる子ども同士のぶつかり合いが生じることも出てきます。言葉では思いをうまく表せないため、時にはかみつきなどに至ってしまう場合もあります。

　保育者は、ひとりひとりの子どもの意図や欲求をくみ取りながら、「○○ちゃん先に使ってたんだよ」と言葉で状況を伝えたり、ほかの物であそぶことを提案したり、一緒にあそべるようにしたりして、まだ自分たちだけではやり取りが成立しにくいこの時期の子どもたちが、同じ場でともに楽しく過ごすことができるよう働きかけていきます。子どもたちがそれぞれにのびのびとあそべるように、おもちゃの数や空間のとり方など、環境面での条件を整えることも重要です。

2歳児クラスの保育のポイント

　見た目も行動も、「赤ちゃん」から「幼児」へと大きく移り変わっていく時期です。食事や排せつなど、自分でできることも増えていきます。子ども自身も、「自分でしたい」という思いをよりいっそう強くもつようになります。

　一方で、感情もより分化して複雑なものになってきます。保護者や保育者に対する愛情や甘えたい気持ち、不安、恐怖など、さまざまな感情が強まり、情緒的に揺れ動きやすい姿を見せる時期でもあります。

　「自分で」と「甘えたい」という思いの間を行ったりきたりしながら、思うようにいかないと激しい抵抗や怒りを示す子どもに、大人が対応に苦慮する場面も出てきます。大人から見れば「反抗期」ですが、子どもにとってもうまく自分をコントロールして周囲の環境に適応していくことが何かと難しい、大変な時期です。子どもの言動の背後にある状況や文脈を理解し、あの手この手で試行錯誤しながらその子どもに合ったかかわり方を探っていくことが必要になります。こうした子どもと保育者相互のかかわりが、子どもの「その子らしさ」や「その子と保育者の関係のあり方」をつくっていきます。

● 生活の流れの見通しをもてるように

　2歳ころになると、生活のさまざまな場面で「こういう場合にはこうする」「こういうことはしてはいけない」というルールを身につけていくということが少しずつ始まります。人がその属する社会で生きていくために必要な行動の基準を、その場で指示されたり禁止されたりしなくても自分の内面にもてるようになっていくための大人のかかわり、いわゆる「しつけ」の始まりです。「こうすると気持ちがいいね」など言葉で丁寧に伝えたり、保育者が実際に行動で示したりしながら、子どもは状況に応じて求められる振る舞い方を自分の内に取り入れていきます。

　一方で、この時期子どもは毎日繰り返す生活習慣について、自分なりに見通しをもち、「○○したら○○する」という流れにそって行動することも次第にできるようになってきます。わかっているけれども気持ちをうまく調整できなかったり、注意がそれてしまったりして行動に移せない場面もまだ多くありますが、子どもが主体となって自らの暮らしをつくっていく最初の一歩を踏み出す時期と言えるでしょう。

　生活のなかで子どもたちのひとつひとつの体験を見守り、その時々の気持ちに寄り添いつつ、見通しをもちながら行動できる力の育ちを支えていくことが求められます。

● ほかの子どもとの関係の仲立ちをする

　2歳児クラスの子どもたちにおいても、物の取り合いはよく生じます。相手が泣き出すのを見て、譲ったり、一緒に使おうとしたりする姿も見られますが、まだ多くの場合、保育者の援助が必要です。保育者が双方の子どもの思いを十分に受け止め、互いの気持ちを言葉にして仲立ちをしながら、子ども同士の関係を支えていくようなかかわりが求められます。

　2歳児クラス後半になると、少しずつ順番や交替であそぶといった方法もわかるようになってきます。子ども自身の意思を尊重しながら、友達と一緒にあそぶことの楽しさを感じられるよう心がけた援助を行います。自分の思いを大事にすることと友達の気持ちを受け止めることの大切さの両方を伝えながら仲間関係を育てていくことによって、3歳児クラス以降の本格的な集団生活への準備が進んでいきます。

指導計画の使い方

●巻頭とじ込み 年間指導計画

この一年、どのように育ってほしいかという保育者の願いのもと、子どもの姿・発達過程を予測し、年間を見通して立てた計画です。

※期の分け方や、項目の表現や順序は、執筆園により異なります。ここでは2歳児を例に挙げます。

年間目標
全体的な計画を踏まえ、子どもの成長と発達過程を見通し、この一年間で育てたい子ども（およびクラス全体）の姿を挙げています。

執筆園より
この一年、各年齢の子どもたちの予想される姿と、それに対して保育者がどのような願いをもって保育を進めていくか、各執筆園の一年間の保育における姿勢や方針を表しています。

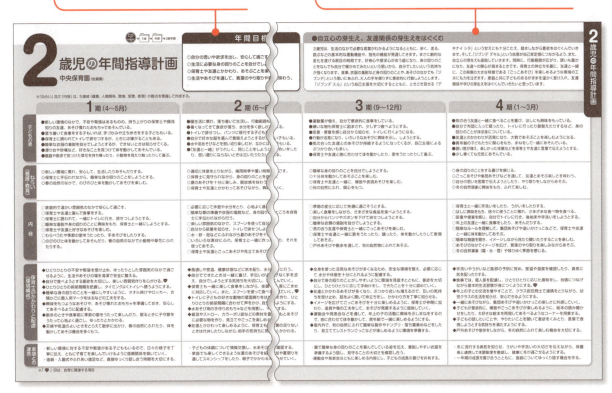

子どもの姿…●
期ごとに予想される子どもの姿。年齢ごとの発達過程を踏まえ、クラス全体のなかでその時期によく見られる姿を挙げています。

内容…○
その期の「ねらい」を達成するために必要な体験を挙げています。

家庭との連携
その期の保育、子どもの育ちを考えるうえで必要な家庭との連携について、特に留意すべき事柄を挙げています。

ねらい（養護・教育）…◎
「子どもの姿」を受け、その期に保育者が育てていきたい子どもの姿を表しています。

保育士のかかわりと配慮（環境構成）…◆
その期の「子どもの姿」「ねらい」「内容」を受け、子どもの育ちに必要な体験・経験をするために保育者が行う環境構成・援助・配慮のポイントを挙げています。

●月間指導計画

それぞれの子どもの育ちに寄り添いながら、個々へのかかわりを考える個別の計画を基本としています。
※0・1歳児では、低月齢、中月齢、高月齢、3人の子どもの個別計画を、2歳児はクラス全体の計画と個別計画を紹介しています。

月のねらい（養護・教育）
「子どもの姿」（4月は「4月当初」にとらえた姿）、年間計画を踏まえ、その月の保育の重点、クラス運営の柱を挙げています。

教材資料
その月の保育に取り入れたい手あそび、絵本など。その時期の子どもの様子や季節に合ったものを毎月選んで紹介します。

詳細はP.00
指導計画と保育資料は連動しています。それぞれ表記されている対応ページに、その計画に基づいた実践を紹介し、保育資料の各タイトル横には、関連する指導計画上のページを表記しています。

子どもの姿（●）
「子どもの姿」をとらえたうえで、成長や変化が顕著に見られたいくつかの側面から、その時期の子どもの特徴を挙げています。

内容（○）
「子どもの姿」を受け、「○月のねらい」を踏まえたうえで、その子どもにどのように育ってほしいかを挙げています。

保育士のかかわりと配慮（◆）（環境構成）
「子どもの姿」、「内容」を受け、子どもがよりよく育つためにどうしたらよいか、具体的な保育者の援助を挙げています。

家庭との連携（■）
個々の子どもの育ちを踏まえながら、家庭とともに、どう子どもの育ちを支えていくかについて示しています。

環境の工夫
0～2歳児では、特に環境を通した保育が重要です。子どもが自ら環境にかかわることができるよう、個々の子どもの状態を踏まえ、クラス全体の環境構成のポイントを挙げています。

健康・安全のために
その時期の気候や子どもの状態を踏まえ、健康・安全管理のポイントを挙げています。

職員間の連携
ひとりひとりの生活リズムや心身の状態、家庭の状況を把握し、丁寧に対応していくために、職員間でどのように連携を図ればよいか、そのポイントを挙げています。

評価の観点と振り返り
その月の保育を見直し、次につなげるための観点と、振り返っての反省点が述べられています。主に「月のねらい」を反映する形で挙げています。

0歳児の指導計画と保育資料

指導計画と保育資料は連動しています。

執筆園紹介

社会福祉法人 厚生館福祉会
第二厚生館愛児園
（神奈川県 川崎市）

園長・船津篤子
乳児担当 主任・新出絢子
0歳児担当 藤井明美（副主任看護師）
樋口美佳・藤倉麗奈・泉 恵智子
船津篤子・藤井明美・谷岡将行・國分美和（第2版）

法人の理念「至誠」～まごころこめて～を基に全職員が全園児ひとりひとりの発達に留意し、愛情を込めてこの6年間の成長を見守っていくよう心がけています。また、子どもと保育士との信頼関係をしっかりと築き、子どもが主体的にさまざまな活動・あそびのなかで五感を使い、たくさんの経験ができるようにしながら、「健康な心と体」「思いやりの心」「豊かな感性」をはぐくんでいます。

総園児数（在籍数） 140人
総職員数（正規職員） 27人
0歳児園児数 1クラス12人

（2013年初版執筆当時）

0歳児 4月の指導計画

4月のねらい（養護・教育）

◎ひとりひとりの子どもに合った生活リズムを把握し、丁寧にかかわる。
◎子どもたちが安心して園生活を送れるよう、環境を整え、声かけやかかわり方に配慮する。
◎家庭との連携を図り、信頼関係作りに努める。

※12か月未満は3つの視点（身体的発達に関する視点「健やかに伸び伸びと育つ」、社会的発達に関する視点「身近な人と気持ちが通じ合う」、精神的発達に関する視点「身近なものと関わ

	こういち（6か月・男児）	ひろみ（8か月・女児）
4月当初の子どもの姿	●人見知りをして、保育士からミルクを飲むのを嫌がることがある。 ●睡眠時間帯は決まっていないが、1時間程度安心して眠る。 ●あお向けで過ごすことが多く、足を動かして移動する。 ●音の鳴るおもちゃを握り、上下に振っては笑顔を見せ、繰り返し楽しむ。 ●人見知りをするが、特定（担当）の保育士とかかわることには安心感をもっている。	●よく食べるが、まだ自分で手づかみ食べはしない。後ろを向くなど、いすに座る姿勢が安定しない。 ●布団では長時間眠らず、おんぶや抱っこで眠ることが多い。 ●名前を呼ぶとわかって笑ったり、手を上げたりする。 ●保育士が抱っこしていると安心し、興味のある物や好きなおもちゃに手を伸ばしてあそぶこともある。
内容	○安心して保育士からミルクを飲む。 ○生活リズムに合わせて、一定時間睡眠をとる。 ○うつ伏せや腹ばいの姿勢をしようとする。 ○さまざまな物をしっかり握ってあそぶ。 ○保育士とのかかわりを深め、安心して過ごす。	○手づかみ食べを十分に経験し、食べることを楽しむ。 ○安定した姿勢で落ち着いて食べる。 ○布団で安心して一定時間眠る。 ○保育士とのやり取りを楽しみながら、かかわりを深めていく。 ○周りのさまざまな物に興味をもつ。
保育士のかかわりと配慮（環境構成）	◆授乳ではゆったりとした雰囲気のなかで目と目を合わせ、優しく声をかけながら安心して飲めるようにする。 ◆体を十分に動かすなどしてあそぶ。また、眠いときのサインをしっかり受け止め、眠りやすい姿勢や環境作りをし、安心して一定時間眠れるようにする。睡眠チェック表に記録し、チェックする。 詳細はP.56、57 ◆うつ伏せの姿勢でいる機会を多くもつようにし、興味のある物を見せたり、呼びかけたりして、寝返りや腹ばいの動きにつながるよう働きかける。また、体を動かそうとしているときには安全に留意するとともに、姿勢を変えやすいように手を添えて援助する。 ◆好きなおもちゃや場所が見つかるようにし、握ってあそべる発達に合わせた手作りおもちゃを用意する。 詳細はP.66 ◆保育士との信頼関係を築くことができるよう、特定（担当）の保育士がかかわるようにし、ふれあいあそびなどを通して安心して過ごせるようにする。 詳細はP.68、69	◆食事は小皿に取り分けたり、形状や大きさなどを考慮したりし、手づかみ食べの機会を多くもつようにする。また「おいしいね」などと声をかけたり、保育士も食事をする姿を見せたりして、楽しい雰囲気で食べられるようにする。 詳細はP.58、59 ◆食事中の姿勢については周りの環境に注意したり、いすが体に合っているか確認し、集中して食べられるようにする。また、持ちやすい食材を手渡しし、食べ方を伝えていく。 詳細はP.58、59 ◆布団で安心して一定の睡眠時間がとれるよう、家庭での入眠の仕方を聞いたり、生活リズムや体調に配慮して、安心できる姿勢や場所などを工夫していく。 詳細はP.56 ◆特定（担当）の保育士がかかわりながら、ふれあいあそびなどを取り入れていく。 詳細はP.68、69 ◆視線の先をよく見て、子どもが興味をもっている物や思いを察し、共感し、言葉にして返す。また、周りの物に目を向けられるよう、好きな音の鳴るおもちゃをそばに置いたり手渡したり、新しいおもちゃであそんで見せたりする。
家庭との連携	■睡眠の乱れがあるので、家庭での様子を聞きながら、無理なく少しずつ生活リズムを整えられるように話をする。 詳細はP.56 ■人見知りをするが、特定（担当）の保育士と着実に関係を深めていることをしっかり伝えていき、保護者が安心するように配慮していく。	■準備保育を終えた後は、送迎が祖母になるため、母親との連絡は連絡帳に記載したり、電話で伝えたりして、信頼関係を築いていく。 ■体調や睡眠の様子、食事の量や食べ方などを丁寧に伝え、家庭での様子も共有していく。 詳細はP.54、55

※🍚印は、食育に関連する項目

教材資料

うた
大きなたいこ
（作詞＝小林純一　作曲＝中田喜直）
むすんでひらいて
（作詞＝不詳　作曲＝ルソー）

うたあそび
ジージーバー
いちりにり

絵本
あっ！（金の星社）
めんめんばあ（福音館書店）

詳細はP.69

4月の予定

・入園式
・誕生会
・ふれあい動物園
・避難訓練
　詳細はP.62、63
・全体懇談会
・クラス説明会

り感性が育つ」）、1歳からは5領域（健康、人間関係、環境、言葉、表現）の観点を意識して作成する。

かいと（1歳児・男児）

- 保育士に援助されながら食べることが多いが、自分で食べたい気持ちが強く、小皿に取り分けると手づかみ食べをしようとする。
- 興味のある物の所へはいはいで移動し、短い時間ではあるが、自分で選んだおもちゃであそんでいる。
- つかまり立ちや屈伸をする姿がよく見られる。
- 機嫌がよいと喃語を発したり、名前を呼ばれると振り向き、笑顔を見せたりする。

- 食べることに興味をもち、手づかみ食べを十分に経験する。
- さまざまな物に興味をもち、探索活動を活発に楽しむ。
- はいはい・つかまり立ち・伝い歩きなどを十分に楽しむ。
- 保育士とのやり取りを楽しみながら、身振りや行動で思いを表そうとする。
- 喃語を発することを楽しむ。

◆食事は小皿に取り分けたり、手でつかみやすい形状などを考慮したりし、手づかみ食べの機会を多くもつようにする。また、口の動きに合わせてよくかむように声をかけたり、保育士も食事をする姿を見せたりする。　詳細はP.58、59

◆さまざまな物に興味がもてるよう、種類の異なるおもちゃを子どもの手が届く所に準備していく。また、興味をもったらあそびたい気持ちを受け止め、じっくりあそべるよう見守ったり、保育士があそぶ姿を見せたりしてかかわっていく。

◆はいはい・伝い歩きなどの移動運動を十分に行えるよう、安全な環境設定（保育室や廊下など）に留意するとともに、探索することも十分楽しめるように声をかけたり、好きなおもちゃで誘いかけていく。　詳細はP.64

◆子どもの目線や興味をもっているものを察し、「ワンワンいたね」などと言葉に表し、丁寧に伝える。また、喃語を発している際には「ブーブー、車がいたね」と共感しながら受け止め、返していき、やり取りを楽しめるようにしていく。

■手づかみ食べをより経験できるよう、家庭での食事の様子を聞きながら、園で行っている際の様子や声かけについて伝える。また、形状や大きさなどは栄養士も交えて確認し合い、つかみやすい物にし、食べる意欲を大切にする。　詳細はP.58、59

■連絡帳に記載する以外にも、送迎時にその日の様子を口頭で伝えるなど、コミュニケーションをとるようにし、保護者が安心できるようにする。

0歳 指導計画

環境の工夫

・窓を開けて換気したり、室温計や湿度計を置いたりして、気候・気温に合った環境を整えられるよう配慮する。
・家庭であそんでいるおもちゃや発達に合ったおもちゃを用意したり、ふれあいあそびを取り入れたりしながら、スキンシップをとり、安心できるようにする。　詳細はP.66、68、69
・子どもたちが手の届く位置におもちゃのかごや絵本を用意し、子どもが好きな物を探してあそべるようにする。
・室内を広々と使えるように机・いすを配置することで、安全に楽しめるあそびスペースを確保する。

健康・安全のために

・初めての集団生活のため、保護者へ健康・保健について、丁寧に話す。
・家庭とこまめに連絡を取り合い、受け入れ時は健康観察を十分に行い、降園時に様子や変化を伝える。　詳細はP.54
・離乳食・ミルクなどを用意する際は、個々の名札を付け、間違えないようにする。ミルクの量は一覧表で確認する。
・おもちゃはこまめに消毒・点検し、安全な物を提供する。
・感染症予防のため、乳児室に入る際には必ず石けんによる手洗い・消毒を行い、発生時には掲示などにて周知していく。
・予防接種の確認をし、未接種があれば受けるよう伝える。

職員間の連携

・ひとりひとりの生活リズムを把握し、職員間で確認し合う。
・発熱した際や体調が優れないときの対応を確認する。　詳細はP.55
・一日を振り返り、必要な情報をノートに記入しておく。活動開始前には、情報ノート、連絡帳や保護者からの情報を職員間で周知しておく。伝達ボードなどを活用し、朝・夕延長保育の職員への引き継ぎもしっかり行う。
・授乳・離乳食は栄養士も保育室に入って子どもの様子を見たり、援助したりする等して、連携しながら進めていく。日々健康状態については、看護師と情報を共有する。
・4月は特にミーティングや職員会議（全体）など、全職員で各クラスの状況、子どもの様子や家庭の状況など伝え合い、スムーズに連携がとれているか確認していく。　詳細はP.52

評価の観点と振り返り

「ひとりひとりに合った生活リズム」について

入園時には、家庭での1日の過ごし方やミルク・離乳食、睡眠などについて、保護者と特定（担当）の保育士・看護師・栄養士が面談することで、家庭に近い状態にできるよう配慮した。園生活が始まってからも、家庭での生活リズムを職員間で把握し、進めていった。個々のリズムを尊重し、十分な睡眠時間を保障できるよう、寝るスペースと活動スペースを分け、丁寧に対応したことで安心して過ごせるようになった。また、体調や機嫌などを見ながら外へ出たり、室内でゆっくり過ごしたりと、その子どもに合った活動をすることで安心して過ごすことができるようになった。

「家庭との連携」について

職場へ復帰したばかりの保護者は、新しい生活を始めるので、不安や心配をできる限り取り除けるよう、送迎時に話す機会を多くもつようにした。連絡帳だけでなく、意識して顔を合わせるよう心がけ、子どもの様子を丁寧に伝えることで、信頼関係作りに努めた。次第に子どもにも保護者にも笑顔が増え、緊張がほぐれてきた。今後もかかわりを深め、ともに成長を見守っていきたい。

0歳児

5月の指導計画

5月のねらい（養護・教育）

◎外気にふれ、気持ちよく過ごせるようにする。
◎環境を整え、ひとりひとりの育ちに合わせたあそびや保育士とのふれあいを楽しめるようにする。
◎探索が楽しめるような環境を整え、体を動かせるようにする。

※12か月未満は3つの視点（身体的発達に関する視点「健やかに伸び伸びと育つ」、社会的発達に関する視点「身近な人と気持ちが通じ合う」、精神的発達に関する視点「身近なものと関わ

	こういち（7か月・男児）	ひろみ（9か月・女児）
子どもの姿	●保育士からの授乳に慣れてきて、1回に飲むミルクの量が増える。 ●登園後に眠そうにしていることが多い。 ●あお向けの姿勢から自分で寝返りをうち、うつ伏せの姿勢になることもある。 ●保育士が顔を近づけたり、声をかけたりすると笑って喜ぶ。	●手づかみ食べを始めるが、飽きるとあそび食べを始め、食べる量にむらがある。 ●はいはいでの移動が盛んになり、つかまり立ちができるようになる。 ●砂にふれることに対して、抵抗感を感じ嫌がることがある。 ●人見知りをするが、特定（担当）の保育士とのふれあいを喜ぶ。
内容	○安心して保育士からミルクを飲み、満足感を得る。 ○生活リズムに合わせて、安心して一定時間眠る。 ○自分で寝返りすることが増える。 ○保育士とのふれあいを楽しむ。	○意欲的に手づかみ食べをする。 ○つかまり立ちや伝い歩きを楽しむ。 ○戸外でいろいろなものにふれて、楽しく過ごす。 ○特定（担当）の保育士とのふれあいあそびやかかわりを十分に楽しむ。
保育士のかかわりと配慮（環境構成）	◆授乳中は、「ごくごくだよ」「おいしいね」などと優しく語りかけていき、引き続きゆったりとした環境のなかで、安心してミルクを飲めるようにしていく。🍚 ◆家庭での生活リズムを把握し、眠いときのサインをきちんと受け止め、保育士も一緒に寝つくまで布団に横になるなどして、眠りやすい環境を整えていく。また、午前寝した場合は、起きている時間に十分に体を動かしてあそべるようにする。 詳細はP.56 ◆子どもの向きと反対側から声をかけたり、興味を引くようなおもちゃを用意したりして、寝返りを促す。そのなかで、さまざまな姿勢で過ごせるようにしていく。 ◆わらべうたやふれあいあそびを通して、一対一のかかわりを多くもつようにし、保育士との信頼関係を深めていく。 詳細はP.68、69	◆手づかみ食べが十分に行えるよう、形状・大きさに留意し、小皿に取り分けていく。また、あそび食べが続く際は「ごちそうさまね」と言葉をかけ、切り上げるようにする。🍚 詳細はP.58、59 ◆移動運動や探索活動が十分できるよう、安全な環境を整え、複数の保育士で確認し、見守っていく。　詳細はP.64、67 ◆天候や体調に留意し、戸外でも安心して過ごせるように興味をもっているおもちゃを用意する。砂にふれることは無理強いせず見守るようにし、ほかの子が楽しそうにあそぶ姿や保育士が砂をすくう姿を見せるようにする。 ◆保育士と一対一でかかわる時間をもち、「じーかいてポン」「いちりにり」などのふれあいあそびや、絵本を読み聞かせながら、簡単なしぐさの模倣や、言葉のやり取りを楽しめるようにする。 詳細はP.68
家庭との連携	■体調を崩しやすいので、送迎時や連絡帳を利用し、家庭での様子を聞くとともに園での様子も伝えていき、体調に配慮し、受診を勧めていく。 ■両親ともに忙しく、子どもにかかわる時間が少ないようなので、かかわりが増えるようなきっかけ作りとして、お迎え時にふれあいあそびの様子を見せて、園での姿やどのようなあそびを楽しんでいるのかなどを伝えていく。	■園での様子を連絡帳に記載したり、送迎の際に母親や祖母に伝えたりし、保護者が安心できるようにする。 ■ミルクの飲み方や離乳食の進め方など、家庭と園での進め具合を話し合って、子どもの生活リズムを整えていく。🍚

※🍚印は、食育に関連する項目

教材資料

 うた
おつかいありさん
（作詞＝関根栄一　作曲＝團 伊久磨）

 うた あそび
にぎりぱっちり
ちゅちゅこっこ
ばくさん　ばくさん　詳細はP.67

 絵本
ころころまるちゃん　きえちゃった
（教育画劇）

5月の予定

・避難訓練
　詳細はP.62、63
・健康診断
・誕生会

り感性が育つ」）、1歳からは5領域（健康、人間関係、環境、言葉、表現）の観点を意識して作成する。

かいと（1歳1か月・男児）

- ●食べたい気持ちが強く、よくかまずに飲み込み、次の食べ物を催促する。
- ●コップやおわんに手を伸ばす。
- ●保育士に支えられながら、数歩前進する。
- ●喃語を盛んに発し、指さしや身振りで自分の思いを伝えようとする。
- ●保育士の姿をまねて自分の口元に手を当て、「あわわ」と声を発することを楽しむ。

- ○ひと口ずつ、ゆっくりよくかんで食べる。
- ○保育士と一緒にコップやおわんを両手で持ち、飲もうとする。
- ○保育士が手をとり、立ったり歩いたりすることを楽しむ。
- ○喃語を盛んに発し、保育士とのやり取りを楽しむ。
- ○わらべうたあそびやふれあいあそびを楽しむ。

- ◆ひと口量を小皿に取り分け、保育士がよく口を動かして食べる姿を見せたり、「かみかみだよ」などと声をかけたりしていく。　詳細はP.58、59
- ◆保育士が手を添え、両手で持つ経験を重ねていく。また、コップを持って飲んでいる姿を見せたり、傾け方を知らせたりして、自分でやってみようという気持ちが芽生えるよう働きかける。　詳細はP.58、59
- ◆安全面に十分に留意しながら、広い空間のなかで保育士が手をとったり、自分で手押し車を押したりしながら、歩く経験を重ねられるようにする。　詳細はP.76
- ◆喃語や指さし、身振りで思いを伝えている際は、しっかりと思いを受け止め、言葉や表情で丁寧に返し、喃語を引き出していく。
- ◆保育士と一対一でふれあうなかで、わらべうたなどで模倣ができるようなあそびを繰り返し、子どもの興味に合わせて楽しめるようにしていく。　詳細はP.68～71

- ■家庭での食事の様子を聞いたり、昼食・おやつの様子や保育士の介助の仕方を詳しく伝え合えるようにする。
- ■甘えが強い姿に対し、思いをくみ取ったり、受け止めたりする大切さや、園ではどのように声をかけているかなどを伝えていく。

環境の工夫

・個々の興味や育ちに合わせたおもちゃや、手作りのおもちゃを準備する。また、かごやつかみやすい物も用意して、出し入れなどが楽しめるようにする。　詳細はP.66
・それぞれの発達に応じて、はいはいやつかまり立ちなどが行えるように、広い空間を確保し、環境を工夫していく。　詳細はP.64、67
・食事やあそびで座ることが安定するよう、発達に合わせて2種類のいすを使用する。　詳細はP.58
・子どもの体調・機嫌などさまざまなことに配慮し、室内・戸外と2グループに分かれて過ごすなど、ひとりひとりに合わせて活動できるようにしていく。

健康・安全のために

・手に取った物を口に入れるので保育室を入念に点検し、子どもの周りに危険な物を置かないよう常に配慮する。
・体調や天候に配慮しながら戸外に出かける機会を設け、十分に外気浴をする。その際は帽子を着用して直射日光を避け、こまめに水分補給をする。
・気温に応じて衣服の調節を行っていく。
・連休明けは家庭での様子を聞いて体調の変化に十分配慮し、個々に合ったペースで生活できるようにする。
・定期的な健康診断後はその結果を踏まえ、家庭と連携して、子どもの体調の変化に気を付け、病気の早期予防に努める。

職員間の連携

・ひとりひとりの健康状態や離乳食の状況など、情報を確認し合い、保育士間だけでなく、看護師や栄養士とも共通理解をもって対応していく。　詳細はP.59
・入園1か月がすぎ、保護者が抱えている不安な気持ちや悩みが出てくるので、職員間で話し合い、丁寧に応えていく。
・職員会議（全体）や朝のミーティングでクラスの様子や、ひとりひとりの育ちや援助の方法などを話し合い、全職員が子どもや保護者に対して共通の声かけや対応ができるようにする。

評価の観点と振り返り

「保育士とのふれあい」について

少しずつ園の雰囲気に慣れてきているので、信頼関係が深められるよう、ひとりひとりとじっくりかかわることを意識した。特に静かな場で、保育士のひざの上に載せてゆっくり過ごすことで、少しずつ周囲に興味をもち始め、新しいおもちゃに手を伸ばすことが多くなった。子どもにとっては家庭と同様、安心できる大人がそばにいることや、自分を大切に見てくれているという安心感を得ることが大切で、愛着が確立して、外界への興味や意欲につながっていくことを実感した。

「探索が楽しめるような環境」について

特定（担当）の保育士がいると安心し、自ら探索活動をしている。はいはいやずりばいで移動する子が多くなり、運動量も増えてきたので、クラスだけでなく園内のさまざまな場所で活動してみた。特に他クラスへの移動時に通る長い廊下は、個々のペースで移動できる場所なので、大いに利用した。廊下で、保育士が同じ姿勢になって見せると喜んではいはいを楽しむようになったので、ともに楽しんでいる。今後は巧技台やマット、園内にある階段を利用しながら、個々の様子に合わせて探索活動や移動運動を重ねられるようにしたい。

0歳児 6月の指導計画

6月のねらい（養護・教育）

◎体調や清潔に配慮し、梅雨時季を快適に過ごす。
◎ひとりひとりの興味・関心に応じたあそびを楽しめるようにする。
◎保護者の思いや不安を受け止め、懇談会などで話し合い、連携しながら保育を進める。

※12か月未満は3つの視点（身体的発達に関する視点「健やかに伸び伸びと育つ」、社会的発達に関する視点「身近な人と気持ちが通じ合う」、精神的発達に関する視点「身近なものと関わ

	こういち（8か月・男児）	ひろみ（10か月・女児）
子どもの姿	●園での授乳に慣れ、一回食が始まる。 ●座位が安定してくる。 ●見慣れない人がいると、保育士の後追いをしたりする。 ●「ぞうきん」「いっぽんばし」「じーかいてポン」など、ふれあいあそびを喜び、声を発して笑うことがある。	●自分から食材を手に取って感触を確かめたり、食べようとしているが、保育士の援助で食べることが多い。 ●つかまり立ちでの屈伸や伝い歩きが増えてくる。 ●保育士と一緒に戸外で過ごし、周りの物に興味をもち、ふれようとする。 ●特定（担当）の保育士に甘える姿があり、ほかの子を抱っこしていると泣いて訴えることがある。 ●ボールを持ったり、放したりする。
内容	○離乳食の味に慣れ、唇を閉じて飲み込む。 ○うつ伏せの姿勢や座位で過ごす時間が増える。 ○不安や甘えを受け止められ、安心して過ごす。 ○保育士とふれあうなかで「アー」「ウー」など、声や喃語を発することを楽しむ。	○自分で食べる経験を重ね、意欲的に食べる。 ○伝い歩きでの移動や保育士と一緒に手をつないで歩くことを楽しむ。 ○砂や植物に興味をもち、ふれようとする。 ○甘えながらも安心して過ごす。 ○手先を使ったあそびを楽しむ。
保育士のかかわりと配慮（環境構成）	◆「おいしいね」「もぐもぐだよ」などと語りかけて、口を動かすよう促し、楽しい雰囲気のなかで食事ができるようにしていく。また、食べる様子を見て、無理のないように進めていき、1さじずつ丁寧に援助していく。　詳細はP.58、59 ◆子どもに合わせて無理のないように、体勢を変えられるよう援助していく。座っている際は子どもの後ろ側に保育士が付き、安全面に配慮していく。 ◆抱っこをしたり、子どもと同じ姿勢になったりとスキンシップをとり、甘えを受け止める。また、保育室では目と目を合わせてほほ笑みかけたり、優しく語りかけたりして安心できるようにする。　詳細はP.67～69 ◆子どもが声を発している際は、丁寧に受け止めていき、言葉や表情で返していくことで、発声や喃語を引き出し、十分に楽しめるようにしていく。　詳細はP.68、69	◆つかみやすいよう小皿などを多めに用意し、食べるペースを大切に見守りつつ一定量を食べられるように、保育士も一緒に食べながら援助する。　詳細はP.58、59 ◆自ら伝い歩きをしたいと思えるよう、安全な環境を整える。また、手を伸ばすなど立ちたい気持ちが表れているときには、保育士が正面から手を支え、歩く喜びに共感していく。 ◆子どもが安心して動けるように保育士がそばに付き、戸外で探索を楽しみ、自然にふれられるようにする。また、興味をもっているおもちゃを介して、砂などにもふれる経験ができるようにしていく。 ◆ふれあいあそびのほか、ひざの上に座らせて絵本の読み聞かせをするなど、一対一のかかわりをもち、安心感をもてるようにする。　詳細はP.68、69 ◆絵本をめくる、葉っぱをちぎるなど、手先を使ったあそびを保育士と一緒に楽しめるよう工夫していく。
家庭との連携	■離乳食開始にあたり、口の動きや食べ具合などを栄養士とともに見ていき、園と家庭で子どもの様子を伝え合いながら、無理なく食事を進めていく。　詳細はP.58、59 ■おむつかぶれなどもあるので、おむつ替えのときは丁寧に温かい布おむつでふき取ったり、シャワーを浴びたりすることを伝え合っていく。	■母親が送迎に来ることがほとんどないため、祖母への伝達をしっかり行う。また、母親と直接会った際には、伝達事項や園での様子などを丁寧に確認し、関係作りに努めていく。 ■子どもが入院していたため、日々の体調の変化や様子、気を付けなければならないことなどを細かく確認していく。

※🍚印は、食育に関連する項目

教材資料

- かえるの合唱
  （作詞＝岡本敏明　作曲＝ドイツ民謡）
- あまだれぽったん（作詞・作曲＝一宮道子）
- 水遊び
  （作詞＝東 くめ　作曲＝瀧 廉太郎）

- いっぽんばし
- じーかいてポン

詳細はP.68

- けろけろ ぴょん（福音館書店）
- がたんごとん がたんごとん（福音館書店）

6月の予定

- クラス懇談会　詳細はP.90
- 健康診断
- 歯科検診
- 育児講座　詳細はP.91
- 避難訓練　詳細はP.62、63
- プール開き
- 誕生会

り感性が育つ」）、1歳からは5領域（健康、人間関係、環境、言葉、表現）の観点を意識して作成する。

かいと（1歳2か月・男児）

- ●意欲的に手づかみ食べを行い、食べるペースが一定になってくる。
- ●保育士が渡すと、スプーンを握る。
- ●保育士が抱っこをすると安心して眠りにつく。
- ●ひとり歩きが始まり、いろいろな所を歩くようになる。
- ●保育士の動きをよく見て、まねようとする。
- ●園内散歩などで行きたい方向を指さしして伝えたり、見つけたりした物を「あっ、あっ」と伝えようとする。

- ○手づかみ食べを十分に行うなかで少しずつ一口の量がわかる。
- ○スプーンに興味をもち、握る。
- ○保育士と一緒に布団に横になって眠ろうとする。
- ○歩行を楽しみながら探索活動をする。
- ○簡単なしぐさをまねる。
- ○指さしや喃語で、自分の思いや要求を伝えようとする。

- ◆一口の量がわかるように小皿に取り分ける。少し大きめの形状の食べ物を勧め、前歯でかみ切る経験を重ね、十分にそしゃくして飲み込む様子を見守りながら援助する。
- ◆スプーンに興味をもち、握ろうという気持ちを受け止め、保育士が手を添えながら、スプーンを握って一緒に食事ができるようにする。
- ◆入眠前は絵本を読み聞かせたり、子守歌を聞かせたりして、落ち着いた静かな雰囲気を作って、布団で横になれるようにする。
- ◆広いスペースを用意していき、のびのびと歩く経験ができるよう環境を整えていく。
- ◆音が鳴る物（カスタネットなどの楽器）を大きな動作でゆっくりと鳴らし、保育士自身が楽しんでいる姿を見せることで、模倣へとつなげていく。
- ◆子どものしぐさをよく見て、喃語をよく聞き、思いや気持ちをくみ取り、「○○だね」など言葉に表し、返していく。

- ■長期入院していたので、日々の体調や園での様子をこまめに伝え合い、安心して園の生活リズムに戻れるように配慮していく。
- ■成長の見通しがもてるよう、園での姿を伝える際には、どのような面が育ってきているか、また、今後予想される姿などを具体的に伝え、不安にならないようにしていく。

環境の工夫

- ・探索活動が盛んになるため、特定（担当）の保育士は0歳児クラス内だけでなく、他クラスへの移動も予想し、園全体の環境を留意する。
- ・保護者へ日中の様子を発信するために、子どもがあそんでいる写真を保育室内や、ほかのクラスの保護者も興味がもてるよう廊下にも展示する。懇談会では、プロジェクターなどを使って、視覚的にわかりやすく伝える。　詳細はP.90
- ・室内であそぶことが多くなるので、発達に合わせたおもちゃや遊具を用意し、いつでも繰り返しあそべるようにする。
  詳細はP.66、78

健康・安全のために

- ・食中毒が出やすい時期なので、子どもも職員も手洗いを徹底し、食品の取り扱いに十分注意する。
- ・蒸し暑い時期を気持ちよく過ごせるように室温や湿度に留意し、こまめに水分補給、衣服の調節を行う。
- ・感染症が増えてくるので、子どもの手にふれる玩具、棚、壁などの消毒や布団干しや手洗いを徹底し、清潔面に配慮する。
- ・懇談会では、健康面で留意することや園生活への協力を呼びかけ、ともに体調に気を付けていく。

職員間の連携

- ・離乳食を食べる子が増え、個人差が出てくるので発達をしっかり確認し合い、ひとりひとりに適切な援助をしていく。
  詳細はP.58、59
- ・梅雨時季の子どもの生活リズムを職員間でも把握し、体調の変化、病気の前兆が見られた際は早めの受診を勧める。
- ・活発になってきたので、活動時間を長くとるため、朝の会→おやつ→身支度や食事の準備などがスムーズに行えるよう、職員の役割を再確認し、可能な限りの事前準備を行っていく。
- ・懇談会のテーマを確認し、いかにわかりやすく伝えるか、時間配分や実施方法を話し合っておく。　詳細はP.90

評価の観点と振り返り

「興味・関心に応じたあそびを楽しむ」について

活動量が少しずつ増え、おもちゃであそぶ以外にも「体を動かしたい」欲求が強くなってきた。つかまり立ちや伝い歩きの子とは園内をゆっくりと探索し、手押し車を押したりするなど、ひとりひとりに合わせたおもちゃやあそびを取り入れたので、さらに動く意欲が増したようだ。また、ビニールトンネルくぐりを楽しむ姿から、段ボール箱も用意すると、はいはいや腹ばいの子も自分から中に入ったり、穴をのぞき込むなどして繰り返し楽しんでいた。今後も子どもの姿をよく観察し、さまざまなあそびを展開し、発達を促していきたい。

「懇談会」について

連絡帳や送迎時に直接会って、子どもの日中の姿を伝えることで少しずつ信頼関係ができてきている。懇談会では、普段、保育士の言葉を聞いて保護者がイメージしていたことを視覚的に確認できるように、入園時からの写真を見せ、子どもの成長や保育士のかかわりを具体的に伝え、共感し合うことで、ともに喜び合うことができた。クラスに日々の保育の様子や行事の際の写真を掲示しておいたが、これも好評だった。行事後のアンケートの感想や要望には、保護者の思いをくみ取りながら返答し、その後の保育に生かし、一緒に成長を見守る姿勢を伝えるよう努めた。

0歳　指導計画

0歳児 7月の指導計画

7月のねらい（養護・教育）

◎衛生的で安全な環境のなかで、気持ちよく過ごす。
◎砂や水、泥などさまざまな感触を楽しむ。
◎表情や喃語(なんご)を受け止め、子どもの思いに共感する。
◎夏季保育での情報共有を職員間でしっかり行い、ひとりひとりの様子を把握する。

※12か月未満は3つの視点（身体的発達に関する視点「健やかに伸び伸びと育つ」、社会的発達に関する視点「身近な人と気持ちが通じ合う」、精神的発達に関する視点「身近なものと関わ

	こういち（9か月・男児）	ひろみ（11か月・女児）
子どもの姿	●2回食が始まる。離乳食をうまく飲み込むことができず、口から出すことがある。 ●自らうつ伏せになり、おもちゃに手を伸ばしたり、保育士が声をかけると上体を起こしたりする。 ●保育士と目が合うと体を上下に動かしたり、手をパチパチとたたきながら「アーアー」と声を発したりしている。 ●保育士が声をかけると、目を見つめてうれしそうに手足をバタバタと動かす。	●自分の好きな物を選んで、手づかみで食べる。 ●つかまり立ちや伝い歩きを盛んにしている。 ●簡単なしぐさの模倣を楽しみながら行おうとする。 ●ブロックを積み上げたものを倒すことを喜んでいる。また、2段ほど自分でつなげる。 ●絵の具あそびの後の手洗いで、水にふれることを楽しんでいる。
内容	○さまざまな味やペースト状の食材に慣れる。 ○自らさまざまな姿勢で過ごすことを楽しむ。 ○喃語やしぐさで人とのやり取りを楽しむ。 ○思いを身振りやしぐさで表そうとする。	○手づかみ食べをしながら、完食する。 ○伝い歩きでの移動を喜び、楽しむ。 ○保育士とともに食事のあいさつのまねをしようとする。 ○少しずつ保育士から離れ、興味のあるあそびを見つけ、一人で楽しむ。 ○水あそびや沐浴(もくよく)を喜び、自分からも水にふれようとする。
保育士のかかわりと配慮（環境構成）	◆保育士と向き合って食べ、舌を上下に動かして食べているかなど口の動きを見ながら、保育士も一緒にもぐもぐと口を動かす姿を見せていく。また、保育士が飲み込む量を調節して援助することで、一口の量を覚えられるようにする。　詳細はP.59 ◆保育士がそばで見守り、同じ目線で座ったり、うつ伏せや腹ばいになったりしてあそぶことで、さまざまな姿勢で過ごすことを楽しめるようにする。 ◆ほほえんだときや声を発している際には、感情に合わせて表情や言葉を用いて丁寧にこたえていく。また、特定（担当）の保育士を介してほかの子と向かい合ったり、保育士が笑いかけたりしてかかわり、人とのかかわりや、やり取りの楽しさを感じられるようにしていく。 ◆子どもの気持ちを受け止め、その都度保育士が「うれしいね」などと子どもの思いを言葉で表すなど、代弁していく。	◆子どものペースや自分で食べる経験を大切に援助する。　詳細はP.59 ◆移動運動を楽しむなかで手押し車を押して歩いたり、保育士に支えられて立ったりすることを子どものペースに合わせて少しずつ経験できるようにしていく。安全面に配慮した環境で、一人で立つことを楽しんでいる際には、ほかの子とぶつからないように留意する。 ◆保育士も食事の前後で手をふくしぐさや、いただきます、ごちそうさまのあいさつの際に手を合わせてお辞儀をして、子どもが一緒に楽しんで行えるようにしていく。 ◆さまざまなあそびを提供し、好きなあそびをじっくりと行えるように、時間や場所を整える。また、離れているときにも声をかけたり、視線を送ったりして、いつも見ていることを伝え、安心してあそべるようにする。 ◆興味を示しているおもちゃを介して、水にふれることを楽しめるようにしていく。また、慣れてきたら、少しずつ砂や泥などの感触も楽しめるようにしていく。　詳細はP.72～75
家庭との連携	■父母以外の迎えが多いので、父母と直接話をする際は伝えたいこと、聞きたいことをまとめて話せるように準備しておく。連絡帳でも様子を伝え合い、安心できるようにする。 ■せき・鼻水の症状が続いているため、乳児健診での見解や園での様子を伝え、必要に応じて受診を勧める。また、受診後は診断結果、服薬の有無などを聞き、家庭と一緒に対応していく。	■母親の就業形態が変わり、母親の送迎が少しずつ増えてきている。送迎の際には、できるだけ担任が普段連絡帳だけでは伝えきれない子どもの様子を直接話し、信頼関係を築くように努める。 ■園の育児講座に両親で参加しているので、保育士を交えて親子でふれあうなかで家庭での様子を聞いたり、リズムあそびを通して園での様子を伝えたりする。　詳細はP.91

※ 🍚印は、食育に関連する項目

教材資料

うた
たなばたさま（作詞＝権藤はなよ 補詞＝林 柳波　作曲＝下総皖一）
ジャブジャブ音頭（作詞・作曲＝上園賢一）
うみ（作詞＝林 柳波　作曲＝井上武士）

うた あそび
ちょち ちょち あわわ
うえから したから
うみだ

絵本
おやすみなさい おつきさま（評論社）
おふろ（偕成社）

7月の予定

・七夕
・健康診断
・避難訓練
　詳細はP.62、63
・夕涼み会
・誕生会
・第一期終了
・夏季保育
・育児講座
　詳細はP.91

り感性が育つ」）、1歳からは5領域（健康、人間関係、環境、言葉、表現）の観点を意識して作成する。

かいと（1歳3か月・男児）

● 片手にスプーンを持ち、もう一方の手で手づかみをして食べる。
● 歩行ができるようになり、歩いて移動することを楽しむ。
● 保育士が行うしぐさを見て、手を合わせたりお辞儀をしたりして、あいさつをしようとする。
● 食事の前やあそびたいときなどに、泣いたり声を発したりして、自分の欲求を保育士に伝える。
● 水や泥にふれることを嫌がる。

○ 手づかみ食べを十分に行いながら、保育士と一緒にスプーンを使って食べようとする。
○ 保育士と一緒に、ひとり歩きを楽しむ。
○ 保育士のしぐさを喜んでまねをする。
○ 自分の欲求が保育士に伝わる喜びを味わう。
○ 水や泥の感触に興味をもち、ふれて楽しむ。

◆ 手づかみ食べの経験を重ねるとともに、スプーンに一口量を載せ、手を添えてスプーンで食べる経験もできるようにする。無理強いせず楽しく食べられるようにする。　詳細はP.59
◆ 安全に留意し、「あんよ、あんよ」と声をかけたり、歌をうたいながら保育士も同じペースで進んだり、ときには先に歩いて「おいで○○ちゃん」などと名前を呼んで待ったりして歩きたい気持ちを高め、さらに歩行を楽しめるように促す。
◆ 「いただきます」「ごちそうさま」などのあいさつを、しぐさを交えて保育士が行い、模倣を楽しめるようにする。できた際には十分に褒め、喜びを感じられるようにする。
◆ 怒ったり泣いたりする感情を受け止め、「○○がしたかったんだよね」などと思いをくみ取り、共感していく。
◆ 周りの子があそぶ様子を安心できる場所から見ることから始め、少しずつ水にふれられるようにする。ホースの穴から出る水にふれたり、水まきをしたりしながら「楽しいね」「気持ちいいね」と言葉にして、水の心地よさを伝えていく。
　詳細はP.72～75

■ 子どもが長期入院していたため、甘えが強くなっていることを保護者が気にかけているので、不安を受け止め、安心できるように園での対応を具体的に伝え、信頼関係を築いていく。

環境の工夫

・室温や湿度をこまめに確認し、定期的に換気や冷房の調整を行い、心地よく過ごせるよう留意する。
・水あそびが始まり、活発にあそぶようになるので、子どもたちがあそんでいる姿や行った活動の様子の写真を掲示し、保護者が目で見てわかりやすい伝え方を工夫していく。
・室内や水あそびで使用する用具の点検や整理整頓をしっかり行い、安全や清潔を保って活動できるようにする。
　詳細はP.74、75
・夏季保育中にさまざまな職員がクラスに入るので、担任以外の保育士にも慣れるよう、かかわる機会を増やす。

健康・安全のために

・ひとりひとりの健康状態を十分把握し、個々に合わせて沐浴、水あそびを行い、快適に過ごせるようにしていく。できない際は清拭や着替えをして清潔にする。　詳細はP.73
・戸外では帽子を着用し、ひとりひとりの水分補給をこまめに行うとともに、摂取量や排尿の有無もしっかり確認する。
・室温や気温に合わせた衣服の調節をし、汗をかいたときは着替えをすることで、あせもやおむつかぶれを予防していく。
・戸外に出る際には天然素材の虫除けスプレーを保育士がてのひらにかけ、それを子どもの肌に塗っていく。また、虫に刺された場合には塗り薬を使用する。　詳細はP.73

職員間の連携

・夏季保育に入るにあたって職員の配置を決める。各クラスの情報を共有できるよう、受け入れ時に情報交換し、連絡帳、夏季保育ノートを活用し、職員間で周知する。
・第1期の終了にあたり、保育の質を高められるように職員会議（全体）で保育環境や保育の見直しをテーマに話し合い、改善できるようにし、今後に生かしていく。　詳細はP.52、53
・夏季保育でいろいろな職員が子どもとかかわるので、子どもの日常の姿をとらえて活動を計画し、様子を見ながらあそびを展開していく。また、ひとつのあそびを繰り返し行うなかで、ひとりひとりの子どもに受容的、応答的にかかわり、あそびの積み重ねを大切にしていけるよう確認し合う。

評価の観点と振り返り

水あそびを楽しめるように

シャワーや水あそびが初めての子もいたので、水に親しめるような活動を取り入れた。まずはビニールプールに慣れるよう、小さなボールやおもちゃ、水風船などを浮かべてふれられるようにし、水の冷たさや感触を感じられるようにした。抵抗感を示す子には、初めはプールの外からボールにふれたり、保育士が抱っこして水に入ったりして、個々の姿に合わせて繰り返しあそぶ機会をもった。すると、水風船におもしろがって触る子が増えていった。ひとりひとりに合わせて遊具を選び、誘い方を工夫する大切さを改めて実感した。

さまざまな職員との情報交換

夏季保育期間は、担任以外の職員がかかわるので、職員間で情報を周知できるよう保育終了後、夏季保育ノートに特記事項を記し、情報を共有していった。主な内容は子どもの体調の変化や家庭からの情報、保護者の様子である。また、離乳食の状況など生活面についても共有することで、クラス全体の様子を把握し、配慮していくことができた。また、夏季保育の実施に伴い、クラスの伝達ノートの記載事項を増やしたことで、担任間での振り返りがしやすくなった。

0歳 指導計画

35

8月の指導計画

8月のねらい（養護・教育）

◎ひとりひとりの体調や生活リズムに配慮し、ゆったりと過ごす。
◎沐浴や水あそびなどを楽しみ、心地よく過ごす。
◎夏季保育を通して、いろいろな保育士や友達に興味を広げられるように仲立ちをする。

※12か月未満は3つの視点（身体的発達に関する視点「健やかに伸び伸びと育つ」、社会的発達に関する視点「身近な人と気持ちが通じ合う」、精神的発達に関する視点「身近なものと関わ

	こういち（10か月・男児）	ひろみ（1歳・女児）
子どもの姿	●初めはあまり食べたがらなかったが、少しずつ離乳食の味に慣れてくる。 ●腹ばいで少しずつ前に進もうとする。 ●うれしいと声を出したり、手をたたいたりして喜びを表現する。 ●水面をたたいたり泥を手でつかんだりと、水や泥にふれることを楽しんでいる。	●自分で食べたいという気持ちが高まり、保育士の援助を嫌がる。 ●ひとりで立ち上がり、数歩あるく。 ●保育士が行う手あそびや歌に合わせて体を動かしたり、簡単なしぐさをまねようとしたりとする。 ●特定（担当）の保育士がそばにいると、ほかの保育士に近づいていく。 ●たらいの中に手を入れて水面をたたいたり、顔に水しぶきがかかったりすることを楽しんでいる。
内容	○舌を上下に動かして意欲的に食べる。 ○腹ばいやはいはいでの移動運動を楽しむ。 ○手あそびや歌を、体を揺らすなどして楽しみ、喃語を盛んに発する。 ○自ら水や泥にふれ、全身で感触あそびを楽しむ。	○自分で食べることを喜ぶ。 ○立ったり、歩いたりすることを楽しむ。 ○わらべうた、手あそびなどで保育士の模倣をして楽しむ。 ○さまざまな保育士に興味をもち、少しずつ自分からかかわろうとする。 ○保育士や友達とともに、水あそびや感触あそびを楽しむ。
保育士のかかわりと配慮（環境構成）	◆「モグモグゴックンしようね」などと言葉をかけたり、保育士がゆっくり口を動かす姿を見せたりしながらそしゃくを促していく。また、子どもが食べたい物を声やしぐさで伝えてきた際には十分にこたえていく。 詳細はP.59 ◆自由に移動運動が楽しめるように広いスペースと安全な環境を整えていく。また、保育士も子どもと同じ目線となって名前を呼びかけるなどして、移動を促していく。 ◆子どもの好きな歌をうたいながら、手を使った簡単なしぐさを一緒に楽しめるようにしていく。絵本の読み聞かせも行い、声を発した際には言葉を繰り返すなどして、十分にこたえていく。 ◆保育士も一緒に水や泥であそび、楽しい雰囲気づくりに努める。そのなかで、手足だけでなく全身で楽しめるように、様子を見ながら体に泥を付けたり、泥の上に座ったりしてあそぶ。その際、目や耳に水や泥が入らないよう十分配慮する。 詳細はP.75	◆自分で食べようとする気持ちを大切にしながらも、あそび食べにならないよう見守り、あそび食べをしたときは様子を見て「ごちそうさま」をする。 詳細はP.59 ◆保育士が手をとって一緒に歩いたり、手押し車を用意したり、ひとりで歩くことを楽しみながら経験を重ねられるよう、広いスペースでの活動を設定し、安全面に留意する。 詳細はP.76、77 ◆わらべうた、手あそびなどは好きな物や子どもの姿に合わせて選び、繰り返し一緒に楽しむ。模倣が見られる際にはその姿を受け止め、視線を合わせて「上手ね」と褒めていく。 詳細はP.70 ◆ほかの保育士にも興味や親しみをもてるよう、子どもの好きなあそびを通してかかわる機会を設ける。あそびのなかでは特定（担当）の保育士が仲立ちをし、一緒にあそぶ楽しさを感じられるような雰囲気づくりや声かけをしていく。 ◆保育士が楽しんで水や泥などにふれながら、さまざまな感触が楽しめるようなおもちゃを用意し、環境を整えていく。 詳細はP.75、79
家庭との連携	■家庭の都合から、土曜保育の受け入れを始める。子どもが無理なく過ごせるよう配慮していきながら、異年齢児とのかかわりを含め、子どもの土曜保育の様子を伝え、安心できるようにする。	■食事について話す際には、どのような食品を食べているかや、アレルギー源となりやすい食品を食べたときの様子についてしっかり確認する。また、牛乳についても確認し、園でもミルクから移行していくことを伝える。 詳細はP.61 ■退院後の定期的な受診の様子を聞き、対応などを話し合うとともに、園で楽しく過ごしている様子も具体的に伝え、より安心できるようにする。

※印は、食育に関連する項目

0歳 指導計画

教材資料

- **うた** 手をたたきましょう
  （訳詞＝小林純一　作曲＝外国曲）
  パンやさん（作詞・作曲＝不詳）
- **うたあそび** たった たった
  うまはとしとし
- **絵本** かおかお どんなかお（こぐま社）
  れいぞうこ（偕成社）

8月の予定

- 避難訓練
  詳細はP.62、63
- 健康診断
- 夏季保育

り感性が育つ）、1歳からは5領域（健康、人間関係、環境、言葉、表現）の観点を意識して作成する。

かいと（1歳4か月・男児）

- ●スプーンを持つが、自ら進んで持つことは少ない。
- ●衣服をかぶせると、自分でも頭を出そうとする。
- ●階段や斜面などをはいはいで上ったり、歩いたりしながら探索を楽しんでいる。
- ●ビニールプールの中で座り、水面を手でたたいて「あーあ」などと声を発している。
- ●ほかのクラスの保育士に手を振ったり、持っているおもちゃを見せようとしたりする。

- ○自分からスプーンを使ったり手づかみをしたりして、食べようとする。
- ○自分で手足を動かして着ようとする。
- ○広いスペースで歩くことを楽しむ。
- ○水や泥にふれ、その感触を楽しむ。
- ○さまざまな保育士や友達とかかわり、親しむ。

- ◆ままごとなどあそびのなかでスプーンを持つことや、口まで運ぶことを楽しみながら経験できるようにしていく。食事中に保育士が一緒にすくうなど子どもの気持ちに合わせて援助し、自分でやってみようという気持ちを引き出す。
- ◆着替えをする際は「汚れたからきれいにしようね」と理由を伝えて行うようにし、援助するときは「あんよ、出てくるかな」などと声をかけ、スキンシップをとって楽しく行う。
- ◆子どもの気持ちや体力に合わせて、広いスペースで歩く経験が重ねられるようにする。手押し車などを準備したりして、足腰が強くなるようにしていく。　詳細はP.76、77
- ◆水、泥あそびの機会を多く設け、声をかけて一緒に水面をたたいたり、ペットボトルをシャワーのように使ったりして水しぶきを楽しめるように工夫していく。　詳細はP.75
- ◆さまざまな保育士、異年齢の友達とかかわることができるよう、同じ活動場所でのあそびを設定し、一緒にあそぶ機会を増やして、保育士が仲立ちをしていく。

- ■7月に引き続き、体調不良のため欠席が重なっている。家庭での様子をしっかり確認し、園生活のなかで体調が崩れそうなサインを見逃さないようにするとともに、1日の様子を丁寧に伝え合っていく。

環境の工夫

- プールの水温30～35℃、気温25℃を目安に確認し、水あそびを行う。保育士は温度計のみでなく必ず事前に水の中に手を入れて温度を確認する。
- エアコンは外気温との差を考慮して設定する。※
- 直射日光を避けられるよう、活動は日陰やテントを利用して行う。また、テラスにはすだれを設置し、室温の上昇を避け、涼しく過ごせるように工夫する。　詳細はP.74、75

健康・安全のために

- 暑さや水あそびなどで体力を消耗するので、休息や睡眠時間をしっかりとるなど生活リズムにも気を配る。
- 汗をかいた後は着替えたり、体をふいたりして心地よく過ごせるようにし、水分補給もこまめに行う。
- 水あそびの際には特に、ひとりひとりの健康観察をしっかり行い、体調を確認する。また、あそんでいるときはプールの水を飲まないように気を付ける。
- 砂場の道具には素肌でふれるので、破損など危険のないよう点検し、安全面と衛生面に注意する。また、転倒やけがのないよう見守る。　詳細はP.73、74
- 水あそびの際などには虫よけ対策をし、虫にさされた場合は早めの対応を行い、とびひなどにならないようにしていく。　詳細はP.73
- 長期の休み明けには、体調や様子をしっかり聞き、子どものペースで園生活を送れるようにする。

職員間の連携

- 夏季保育中の職員体制、配置を事前に確認する。また、異年齢児とかかわりがもてるように合同で活動する機会をもち、他クラスの保育士とも事前に話し合い、連携を図る。
- 職員が夏休みをとる際には、同年齢の担任同士が重ならないように配慮し、クラスや子どもの様子をつかめるようミーティングで伝えたり、伝達ノートに記録したりして、翌日への引き継ぎをしっかり行う。

評価の観点と振り返り

夏の戸外あそびを楽しむために

準備や移動に時間がかかるが、できる限り戸外での活動時間を長くもちたい。そこで担任が考えたのは、クラスの部屋から出られるテラスの活用だ。すだれを付けると、日陰ができたので涼しくなった。広くはないが、たらいやビニールプールが収まるスペースだったので、水あそびの機会を多くもてた。子どもはテラスのプールを見て喜び、自分から移動する姿も見られ、たっぷりと楽しんでいた。今ある環境を工夫してあそびを展開すること。アイディアを出し合ってクラス運営をする大切さ。この2つを実感することができた。

夏季保育を振り返って

7月から夏季保育が始まり、クラスには担任以外の保育士が入った。0歳児には普段からいろいろな保育士がかかわっているが、子どもに接する機会は少ないので、初めはなじめない子が多かった。そこで、特定（担当）の保育士は好きなあそびを通してほかの保育士ともかかわれるよう時間を設けたり、仲立ちをしたりして丁寧にかかわっていった。夏季保育後は、ほかの保育士と0歳児の関係も深まり、保護者たちの安心も増してきたようだ。こうした経験は職員間で子どもをさらに知ることや保育の振り返りにつながり、よい学び合いの場になった。

※室温設定については、地域によって違いがある。また、節電などにも配慮する。

9月の指導計画

9月のねらい（養護・教育）

◎夏の疲れに気を付け、休息と運動のバランスをとり、体調を整えていく。
◎個々の発達・興味に合う全身運動や探索を楽しむ。
◎ひとりひとりの興味や関心をはぐくみ、周囲の物や人に意欲的にかかわれるようにする。

※12か月未満は3つの視点（身体的発達に関する視点「健やかに伸び伸びと育つ」、社会的発達に関する視点「身近な人と気持ちが通じ合う」、精神的発達に関する視点「身近なものと関わ

	こういち（11か月・男児）	ひろみ（1歳1か月・女児）
子どもの姿	●食べ物に自ら手を伸ばして、手づかみで食べようとする。 ●さくにつかまり立ちをし、上下に屈伸することを繰り返し楽しんでいる。 ●興味のある物を見つけると、声やしぐさで伝えようとする。 ●保育士のまねをして両手をパチパチと打ち合わせたり、「バイバイ」と手を振ったりすることを楽しんでいる。	●食べたくない物は皿の外や床に落とし、首を振って嫌がる。 ●衣服の着脱の際、促されると自分から手足を動かす。 ●バランスをとりながら歩行するが、戸外では嫌がる。 ●友達が行っていることに興味をもって見ている。 ●カーテンや物陰に隠れて"いないいないばあ"を楽しむ。 ●欲しい物や見つけた物などを指さしで知らせようとする。
内容	○手づかみで食べることに慣れる。 ○伝い歩きや立つことを十分に楽しむ。 ○見つけた物を声や指差しで伝えようとする。 ○保育士と一緒に歌や手あそびなどを楽しむ。	○苦手な物も少しずつ食べようとする。 ○保育士と一緒に楽しく着替えを行う。 ○広いスペースで歩いたり、探索したりすることを楽しむ。 ○保育士と一緒に友達とかかわろうとする。 ○保育士や友達とふれあってあそぶ。 ○自分の気持ちや発見したことを指さしや声で知らせる。
保育士のかかわりと配慮（環境構成）	◆スティック状の野菜など、手に持って食べやすい物を小皿に取り分けておき、こぼしながらも手でつかんで食べる経験ができるようにする。 詳細はP.60 ◆危険がないように環境を整えていくなかで、保育士が両手を支えたり、さくや手押し車を使用したりすることで立ったり歩いたりする経験を十分に行えるようにしていく。その際、子どもの目線の先に立ち、歩く喜びに共感しながら声をかけていく。 詳細はP.76、77 ◆子どもが興味を示している際には「○○だね」などと丁寧に言葉を返していき、思いを受け止めていくようにする。また、さまざまな物に興味が広がるよう、物とその名前が一致するように知らせていく。 ◆模倣することを楽しんでいるので、保育士が動作を大きくゆったりと見せたり、言葉に抑揚を付けて読み聞かせたりすることで、まねをしながら手あそびやリズムあそび、絵本などを楽しめるようにしていく。 詳細はP.70	◆苦手な食品は、小皿に取り分ける際に小さくしておいたり、保育士がおいしそうに食べる姿を見せたりして工夫する。また、様子を見て無理強いせず、切り上げていく。 詳細はP.60 ◆着替えの援助をする際には「おてて、どこかな」などと声をかけたり、スキンシップを十分にとったりして行い、楽しみながら着替えられるようにする。 ◆戸外での歩行は砂を嫌がる姿もあるので、室内で広いスペースを確保するとともに、手押し車を用意し、楽しく歩く経験を重ねられるようにしていく。 ◆友達があそんでいる姿を見ながら、「○○しているね」などと様子を伝え、見ることや模倣することが楽しめるようにする。 ◆保育士や友達と一緒に隠れたり、くぐったりしてあそぶことをさらに楽しめるよう、のれんなどの遊具を用意しておき、友達とふれあってあそべるようにする。 詳細はP.76、77 ◆子どもが指さしで知らせた際はその気持ちを受け止め、目を合わせて「あったね」「○○だよ」などと共感し、しっかりと言葉で返すことで、伝わった喜びが感じられるようにする。
家庭との連携	■食事形態の移行期となるため、家庭での食事の様子やアレルギーの有無を再度確認していく。 詳細はP.61 ■朝食を食べずに登園することが多い。朝食の大切さを伝えていくとともに、朝の時間の使い方や生活リズムを一緒に見直していく。	■肺炎で入院していたため、園生活で無理のないよう、引き続き体調に気を付けていく。 ■園での着脱の様子を伝え、家庭でも実践できるようにし、成長の姿を共有しながら進めていく。 ■家庭で行っているあそびも取り入れ、楽しめるようにする。

※🍚印は、食育に関連する項目

0歳 指導計画

教材資料

うた 大きな栗の木の下で
（訳詞＝寺島尚彦　作曲＝外国曲）

うた あそび うまはとしとし
ゆすりゃ ゆすりゃ　詳細はP.67

絵本 だれかな？だれかな？（福音館書店）
くつくつあるけ（福音館書店）

9月の予定

・二期始業
・避難訓練
　詳細はP.62、63
・健康診断

り感性が育つ」）、1歳からは5領域（健康、人間関係、環境、言葉、表現）の観点を意識して作成する。

かいと（1歳5か月・男児）

- ●手づかみ食べが減り、スプーンですくって食べようとする。
- ●「着替えよう」と声をかけると、保育士と一緒に行おうとし、自分でも手足を動かす。
- ●保育士が歌うと足を屈伸させて、全身でリズムをとる。
- ●段差や傾斜は手をつないだり、つかまったりしながらも上り下りをしようとする。
- ●保育士が「おいしいね」「もう1回」などのしぐさをすると、その意味がわかり、一緒にしようとする。

- ○スプーンを使って、自分で食事をすることに慣れる。
- ○保育士と一緒に着替え、自分でそでやズボンに手足を通そうとする。
- ○全身を動かしてリズムあそびを楽しむ。
- ○段差や傾斜を上り下りすることを楽しむ。
- ○保育士や友達と一緒に模倣ややり取りをすることを楽しむ。

- ◆食べ物を小皿に取り分ける際は、スプーンですくいやすい食材や大きさを確認する。また、引き続き保育士も一緒に食べながら「スプーンでね」などと声をかけ、楽しい雰囲気でスプーンを使うことに慣れるようにしていく。🍚　詳細はP.60
- ◆保育士と一緒に着替えを行うなかで、子どもが自ら手足を動かしているときは見守ったり、動作に合わせて言葉をかけたりして、自分で行う経験を大切にしていく。
- ◆リズムあそびを行う機会を多く取り入れていく。十分にスキンシップをとりながら保育士が歌い、率先して体を動かす姿を見せ、楽しめるようにする。　詳細はP.67、70、71
- ◆ひとりで歩きたい気持ちも受け止めながら、上り下りともに危険のないよう見守り、しっかりと手をつないだり、手すりなどを握れるように声をかけたりしていく。　詳細はP.76、77
- ◆「おいしいね」「ちょうだい」などと言う際に簡単なしぐさを付け、子どもがまねをしたときは、しぐさと言葉が結び付くように「そうね。"ちょうだい"ね」などと言葉を添える。また、模倣を楽しむなかで、保育士や友達との簡単なやり取りが楽しめるようにしていく。

- ■軟便や下痢が続いている。家庭での様子を聞くとともに、園の食事形態を確認し、お迎え時に様子を伝える。また、おなかの調子が優れないときの配慮の仕方を伝える。🍚
- ■リズムあそびを楽しむ姿を伝え、運動会でも親子で楽しめるようにしていく。　詳細はP.67

環境の工夫

・個人差に配慮しながら、発達や興味に合わせておもちゃを用意し、子どもが自由にあそべるように環境を工夫していく。
　詳細はP.76、77
・手指を使うことに興味をもつ子も増えてくるので、破る、引っ張る、めくるなどの仕掛けを作り、より興味をもってあそべるようにしていく。
・保育士や友達への興味が広がるように、ほかのクラスの子どもの様子を見る機会も多くもつようにする。
・歩行をする子が増えるので、全身運動がのびのびと行えるよう、活動スペースを十分に確保する。

健康・安全のために

・夏の疲れが出てくるので、長い休み明けには体調や様子をよく聞き、子どものペースで園生活を送れるようにする。
・感染症予防のため、職員だけでなく、送迎の保護者にも手洗い、うがいを勧め、手指のアルコール消毒を徹底する。
・9月は比較的子どもの体調が落ち着いているので、タイミングを見て、保護者に予防接種を受けるようお便りや口頭で勧める。
・汗をかいたらシャワーや清拭をし、こまめに着替えを行い、皮膚を清潔に保ち、とびひなどにならないようにしていく。
・避難訓練では、避難靴や移動用のベビーカー（避難車）を準備し、経路や役割分担を確認する。また、0歳児に無理のないように雰囲気に配慮していく。　詳細はP.62、63

職員間の連携

・乳児会議（月1回）では、1期に行った自己評価の結果を話し合い、2期の目標をクラス、個人別に立て、保育を進めていく。
　詳細はP.52、53
・運動会に向けて子どもの姿に合わせた無理のない行事への参加の仕方などを十分に話し合い、写真を使って取り組みの過程をわかりやすく保護者に伝えていく。
・個人差が顕著になるので、ひとりひとりの子どもの育ちを振り返り、かかわり方や援助の仕方を再度確認し合う。
・ほかのクラスと保育を見合うことで、さまざまな職員と子どもの育ちや保育の振り返りができるようにする。

評価の観点と振り返り

「個々の発達に合った全身運動や探索を楽しむ」ために

9月に入り、個人差が顕著になってきたので、担任間で話し合い、ひとりひとりの発達や興味をとらえ、それに沿った活動内容やおもちゃを何種類か用意し、環境を整えていった。しかし、実際にあそび始めると保育士がよいと思った物ではなく、まったく違う物に興味を示すこともあったので、様子を見ながら新たに遊具を設定していくようにした。また、自ら興味のある所へ行き、物を触ったり、のぞいたりする探索行動も増えてきた。ひとりひとりの「なんだろう」「触ってみたい」などの気持ちを受け止め、保育士も同じ目線になって共に探索を楽しみ、子どもが発見した喜びに共感していくようにした。0歳児の部屋に布で隠した物や箱の中に入れた物を置いたり、1歳児の部屋に破る、引っ張る、めくるなど手指の運動ができるおもちゃを仕掛けたりして、探索しながら、見つけたり、あそんだりすることが存分に楽しめるように工夫してみた。子どもは喜んで、夢中になって探索を楽しんでいた。今後も個々の発達、興味に合わせ、室内外でさまざまな体験ができるよう、環境設定を工夫していきたい。

10月の指導計画

0歳児

10月のねらい（養護・教育）

◎外気にふれながら全身を使って探索活動を楽しむ。
◎保育士や友達と一緒に模倣あそびを楽しむ。
◎保育参観を通して、保護者とひとりひとりの育ちを確認していく。

※12か月未満は3つの視点（身体的発達に関する視点「健やかに伸び伸びと育つ」、社会的発達に関する視点「身近な人と気持ちが通じ合う」、精神的発達に関する視点「身近なものと関わ

	こういち（1歳・男児）	ひろみ（1歳2か月・女児）
子どもの姿	●友達が食べている姿を見て自分で食べようとしたり、コップやおわんを自分で持とうとしたりする。 ●夜泣きすることが多々あり、午睡中も目覚めることがある。 ●保育士やさく・机につかまり、時折一人で立ち、歩こうとする。 ●音楽や歌を聞くとリズムに合わせて屈伸をしたり、保育士の振りをまねたりする。 ●興味があるものに対して指をさしたり、声を発したりする。	●スプーンに興味をもち始め、保育士と一緒に持って食べようとする。 ●自分の靴下を出したり、着替えを持ってきたりする。 ●戸外でも少しずつ歩こうとする姿が見られる。 ●友達があそんでいる姿を見たり、そばに近寄っていったりして、興味を示している。 ●散歩に出かけた際、植物やバスを見つけると指をさしたり、声を発したりする。
内容	○こぼしながらもコップやおわんを自分で持って飲む。 ○安心して一定時間眠り、睡眠時間を十分にとる。 ○バランスをとりながら数歩歩く。 ○簡単なしぐさをまねることを楽しむ。 ○声や喃語を発することを楽しむ。	○スプーンを持って食べることを楽しむ。 ○自分から手足を動かして、保育士と一緒に着脱をする。 ○靴をはいて、戸外でも体を動かす。 ○あそびを通して、保育士や友達との簡単なやり取りを楽しむ。 ○自分の気持ちを声や喃語で表現する。
保育士のかかわりと配慮（環境構成）	◆両手でコップやおわんをしっかりと持って口へ運べるように持ち方や傾け方を知らせ、飲むことに意識を向けられるようにそばで見守っていく。また、量を調節しながらこぼさずに自分で飲む経験を重ねられるようにしていく。 ◆家庭での環境や体調などを気にかけ、戸外で日光を浴びて体を動かすようにし、昼夜ともに睡眠を十分にとれるよう配慮していく。 ◆転倒などをしないように見守るとともに、ほかの子どもとぶつからないように環境を整えていく。また、子どものペースで立つこと、歩くことの経験を重ねられるように配慮していく。 ◆手あそびやリズムあそび、絵本を見るなど、楽しい雰囲気を共有する。そのなかで、子どもの興味に合わせて保育士や友達と同じ動作を楽しめるようにする。　詳細はP.70 ◆自分の思いを指さしや声で伝えてきた際は、「そうだね、○○いたね」などと言葉を添えたり、言葉のリズムを楽しめるようなあそびを取り入れ、楽しめるようにしていく。	◆子どもがスプーンを使おうとする気持ちにこたえていき、握り方を見せながら、自分で食べたい気持ちを大切に、さりげなく援助していく。 ◆保育士と一緒にズボンに足を入れてから、自ら足を動かして通せるように声をかけていく。 ◆子どものペースを大切にしながらも、手押し車を用意したり、巧技台で坂や段差を作ったりし、楽しみながら戸外でも歩いたり体を動かしたりできるようにする。　詳細はP.76、77 ◆ままごとでは、保育士と食事をするまねをしたり、友達と「どうぞ」「どうも」としぐさでのやり取りをしながら楽しめるよう、皿やスプーン、エプロンなどを用意し、仲立ちをしていく。　詳細はP.80 ◆自分で発見したことを指さしや声で知らせるので、声や喃語でのやり取りが盛んになるようこたえていく。また、見つける楽しさを感じられるように、散歩や探索あそびをたくさん取り入れていく。　詳細はP.65
家庭との連携	■かき壊しからとびひになっていたので、悪化しないようガーゼで覆うなどの対処法を伝え、園でも配慮しながら様子を見ていく。 ■母親が仕事で疲れている様子なので、保育士から声をかけ、気持ちが少しでも和らぐようにすることで、子どもにゆったりした気持ちでかかわれるようにしていく。	■食事の様子はこまめに伝え、スプーンで食べることが増えるようにかかわり方を工夫し、家庭や園でうまくいったことを伝え合うようにする。 ■保育参観で友達や保育士とのやり取りの様子を伝え、家庭でもやり取りを楽しめるようにしていく。　詳細はP.92

※🍚印は、食育に関連する項目

教材資料	10月の予定
うた　さんぽ （作詞＝中川李枝子　作曲＝久石 譲） 松ぼっくり （作詞＝広田孝夫　作曲＝小林つや江） うた あそび　めぇるめぇる　詳細はP.70 絵本　もこ もこもこ（文研出版）詳細はP.85 さつまのおいも（童心社）	・運動会 ・避難訓練 　詳細はP.62、63 ・健康診断 ・保育参観 　詳細はP.92、93 ・焼き芋 　パーティー

環境の工夫

・クレヨンやシールを使った指先や手首を使うあそびを行うなど、個々の興味や発達に合ったおもちゃや遊具、あそびを用意していく。
・運動あそびをいかして、運動会につなげる。　詳細はP.76
・季節の自然物にふれる機会をもてるように、探索を楽しみながら拾い集めたり、集めた自然物を部屋に飾ったりして興味がもてるようにする。また、焼き芋パーティーへの参加など、旬の食材を見たりふれたりする機会もつくる。
・戸外でもでこぼこ道や坂道など変化のある場所をはう、歩くなどの活動が楽しめるようにし、個々のペースに合わせて探索活動も楽しめるようにしていく。　詳細はP.65
・室内では指先を使うあそび、戸外では体を動かすリズムあそびなどを取り入れ、静と動の活動をバランスよく楽しめるようにする。

健康・安全のために

・気温の変化があるため、体調に合わせて衣類を調節する。
・戸外に出ることが多くなるので、足に合った靴や靴下の準備を家庭に伝え、安全に歩行が楽しめるようにする。
・感染症予防のため引き続き、おもちゃの消毒や室内の清潔を徹底して行う。また、戸外あそびの後は必ず子どもと一緒に手洗いを丁寧に行い、清潔を保つ。

職員間の連携

・保育参観で設定する活動の意図や、ひとりひとりの成長と保護者に伝えたい姿を職員間で確認しておく。　詳細はP.92
・食欲が出てきたので、栄養士と子どもの様子だけでなく、食に関する保護者の悩みや困っていることなどについても話し合い、今の子どもの様子に合わせたひとりひとりへの対応や課題を確認し合っていく。　詳細はP.93
・運動会や焼き芋パーティーなど園全体の行事への参加の仕方について、子どもたちが無理なく雰囲気を楽しめるように確認し合い、工夫する。

り感性が育つ」）、1歳からは5領域（健康、人間関係、環境、言葉、表現）の観点を意識して作成する。

かいと（1歳6か月・男児）

●自分でスプーンを持ち、こぼしながらも口に運ぶ。
●上着を頭にかぶせると、自分で頭や腕を出そうとしている。
●保育士が歌うと体を揺らしたり、手の動きをまねたりする。
●室内では、ひとりで探索しながら歩くことを楽しんでいる。
●一緒にあそぼうと近くに来た子や、持っているおもちゃに触ろうとした子の手をかもうとする。

○スプーンを下握りで持ち、自分ですくって食べようとする。
○自分の衣服をロッカーから出したり、自分で手足を通して着替えてみようとする。
○保育士の姿を見ながら、模倣することを楽しむ。
○砂場やでこぼこ道など、変化のある場所を歩くことを楽しむ。
○友達とかかわって、一緒にあそぼうとする。

◆スプーンを上握りで持って食べている際は、タイミングを見計らってさりげなく下握りに直し、できるだけ下握りでスプーンを使って食べる経験ができるようにしていく。🍚
◆自分でそで口や襟元に手足や首を入れようとしているときには、通し方を知らせる。また、「ズボンどこかな？」などと声をかけ、ロッカー内から着替えを一緒に出したりして、場所や出し方を伝えていく。
◆子どもが普段から楽しんでいるリズムあそびなど、体を動かすあそびを取り入れていく。保育士が繰り返し行って興味を引き出し、模倣へとつなげていく。　詳細はP.70、71
◆砂場やでこぼこ道など、戸外でも変化のある場所へ誘っていき、ペースに合わせて歩くことをさらに楽しめるようにしながら、足腰を強くしていく。　詳細はP.65
◆一緒にあそぶ楽しさを感じられるように、相手が嫌がることは言葉や表情で繰り返し伝えていく。また、ひとりであそびたそうな様子が見られるときは静かに見守ったり、保育士と一対一でかかわるようにする。

■思い通りにならないとかむことや、甘えたい気持ちが強く、不安な様子が見られるので、子どもの思いを受け止めるかかわり方などを具体的に話し合う。園での対応を伝えるとともに母親の不安も受け止め、様子を見ていく。
■夕食前の間食が控えられるように気分転換の仕方を話し、夕食をしっかり食べられるように様子を伝え合う。🍚

評価の観点と振り返り

「模倣あそびを楽しむ」について

焼き芋パーティーへの参加に向けて、クラスで芋掘りをテーマにした絵本を読んだ。「♪うんとこしょ　どっこいしょ」と歌ったり、保育士同士で体を前後に倒して、イモを掘る姿を表現して見せた。初めはじーっと見ていたが、何度か続けると笑顔で体を揺らして楽しむようになり、回を重ねると保育士の歌だけで体を動かし、大好きなあそびになった。模倣あそびでは、子どもたちが模倣したくなるよう、子どもたちの「興味のあるもの」や「身近にあるもの」を大切にして、動きや表現を楽しむようにしていきたい。

「保育参観」について

保護者から食事の悩みについて聞いたり、保育士が気になることも多かったりしたので、保育参観のなかに昼食の時間を含めた。食材の切り方や量、保育士の食事中の言葉かけやかかわり方などを実際に目にしたことは、とてもよかったようだ。参観後、保護者から「食事の介助の様子がよくわかりました」「家では量が多すぎたのかも」などという声が多く聞かれた。働きながら食事づくりをする保護者の大変さや思いをくみ取り、子どもの発達を交えながら、今のこの子にとって必要なこと、配慮すべきことをしっかりと伝える大切さを改めて感じた。

0歳児 11月の指導計画

11月のねらい（養護・教育）

◎散歩や戸外あそびで、のびのびと体を動かして楽しむ。
◎保育士や友達と一緒にあそびを通して、異年齢児とのかかわりをもてるようにする。
◎工夫された環境のなかで秋の自然物にふれて楽しむ。

※12か月未満は3つの視点（身体的発達に関する視点「健やかに伸び伸びと育つ」、社会的発達に関する視点「身近な人と気持ちが通じ合う」、精神的発達に関する視点「身近なものと関わ

	こういち（1歳1か月・男児）	ひろみ（1歳3か月・女児）
子どもの姿	●コップやおわんを両手で支えて持ち、ほとんどこぼすことなく食べている。 ●一定時間午睡するが、時折うつ伏せ状態になる。 ●ひとりで歩く際、両手を上に上げてバランスをとっている。 ●保育士のまねを楽しみ、喃語を発している。 ●姉がいることもあり、異年齢児とのかかわりのなかでも笑顔を見せている。	●保育士がスプーンに一口量を載せると、スプーンを持って食べる。 ●ズボンに興味をもち、はき口に足を入れようとする。 ●靴をはいて戸外で歩くことを楽しむ。 ●保育士が動物のしぐさをしている姿を見て喜び、まねしようとする。 ●音楽や歌に合わせて、自分から体を動かす。
内容	○自分で食べる喜びを感じながら、手づかみ食べの経験を重ねる。 ○安心して、十分に睡眠をとる。 ○ひとりで歩いたり、体を動かしたりすることを楽しむ。 ○保育士の言葉やしぐさをまねながら、わらべうたを楽しむ。 ○保育士やいろいろな友達とふれあうことを楽しむ。	○スプーンを自ら持とうとし、すくって食べようとする。 ○保育士と一緒にズボンをはこうとする。 ○ひとりで歩くことを楽しむ。 ○模倣することを保育士と一緒に楽しむ。 ○好きなあそびを通して、体を動かす楽しさを感じる。
保育士のかかわりと配慮（環境構成）	◆保育士が食べる姿を見せていくことで、楽しい雰囲気のなかで食べる喜びを感じられるようにする。また、手づかみで食べやすいよう、形状や取り分け方などに配慮する。　詳細はP.60 ◆睡眠チェックをこまめにしながらそばで見守り、うつ伏せになっているときはあお向けに直し、SIDS予防を行う。　詳細はP.57 ◆保育士が手を取って歩いたり、子どものペースで歩けるようそばで見守ったり、少し離れた所から名前を呼んだりして、歩く経験を重ねられるようにしていく。 ◆子どもが好きなお手玉あそびのわらべうたを楽しむなかで、まねしやすいしぐさや言葉を繰り返し、言葉の語尾などを少しずつまねられるようにしていく。　詳細はP.69〜71 ◆保育士とふれあうことを楽しみながら、友達ともかかわれるように仲立ちしていく。異年齢児とかかわるときは安全面に留意し、「○○君だよ」と名前を伝え、好きなあそびを一緒に行えるように仲立ちしていく。　詳細はP.86、87	◆保育士がスプーンに一口量を載せたり、すくいやすいように手助けする。また、食材の大きさや形を工夫して、子どもがスプーンを使って食べる経験を重ねられるようにしていく。　詳細はP.58、60 ◆保育士がズボンのはき口を広げ、子どもが足を通しやすいようにしていく。また、「ギュッギュしようね」などと手助けしながら言葉もかけ、楽しみながら行えるようにする。 ◆引き続き手押し車を用意し、靴をはいて広い場所で安全にのびのびと歩けるようにし、歩行がさらに楽しいと感じられるようにする。 ◆しぐさの模倣や「貸して」「どうぞ」などの簡単なやり取りを楽しめるよう保育士が行って見せたり、異年齢児とのふれあいのなかでも一緒に行ったりしていく。　詳細はP.86、87 ◆好きなリズムあそびを保育士や友達と一緒に楽しむ機会を多くもち、「楽しかったね」などと共感する声をかけていく。また、屈伸や前傾姿勢、腕を動かすなど、さまざまな動きを取り入れ、そのなかで足腰も強くしていく。　詳細はP.70、71
家庭との連携	■子どもの健康状態に合わせ、園での牛乳の摂取を始める。飲み具合などを丁寧に見ていくとともに、摂取後の体調や排便の状態などについても、直接保護者に伝えていく。 ■母親が昼食のメニューに興味をもっていたので、栄養士が作成したレシピを勧め、家庭での食事の様子を聞き、子どもの成長を伝え合えるようにしていく。	■引き続き祖父母による送迎が多い。母親が掲示物などを確認できていないこともあるため、直接声をかけるなどして掲示内容が伝わるよう配慮していく。 ■喃語だけでなく「ワンワン」など言葉を発する姿が増えている。家庭であそぶ様子を聞き、園でも言葉を引き出したり、模倣したりすることが楽しめるように話し合っていく。

※🍚印は、食育に関連する項目

教材資料

うた
オバケなんてないさ
（作詞＝槇 みのり　作曲＝峯 陽）
山の音楽家
（作詞＝水田詩仙　作曲＝ドイツ民謡）

うた
あそび
せんべ せんべ
詳細はP.71

絵本
ねないこだれだ（福音館書店）
やさいさん（学研）

11月の予定

・避難訓練
　詳細はP.62、63
・懇談会
・誕生会
・健康診断

0歳 指導計画

り感性が育つ」）、1歳からは5領域（健康、人間関係、環境、言葉、表現）の観点を意識して作成する。

かいと（1歳7か月・男児）

- スプーンで皿をたたいたり、食べ物やコップを落としたりするなど、あそび食べをすることがある。
- 衣服に興味をもち、自らズボンをはこうとしたり上着をかぶろうとしたりする。
- 排便後に気持ち悪そうな表情を見せることがある。
- 転ぶことが減り、周りの物にも気づきながら歩く。
- かみつきがほとんどなくなり、自分から友達の隣に座ったり、一緒にあそぼうとする。

○ 食べることを楽しみ、スプーンですくうことに慣れる。
○ 保育士が援助するなかで、自分で衣服を着脱しようとする。
○ 排せつ後の不快を感じ、表情などで伝えようとする。
○ 散歩の距離が少しずつ延び、歩くことを楽しむ。
○ 保育士や友達と簡単なやり取りをしながら、一緒にあそぶことを楽しむ。

◆ スプーンですくえた際には褒め、楽しい雰囲気のなかで継続して使えるように配慮する。あそび食べをしている際には、「大きなお口でかっこいいな」などと言葉と表情で気持ちを切り替えられるように伝え、援助する。　詳細はP.58、60
◆ 上着やズボンの着脱では、自分で手足を動かせるよう保育士が手伝いながら、着脱する機会を増やしていく。また、できたときには十分に褒め、意欲的に行えるようにする。
◆ 排せつやおむつ替えのときは「チー出たね」「気持ち悪いね」などと声をかけ、不快を代弁していく。替えた後は「すっきりしたね」と気持ちのよいことを知らせる言葉をかける。
◆ 散歩車に乗るだけでなく、歩いて散歩する機会を多くもつ。季節の自然物を見つけたり、ふれたりすることを楽しむとともに、体をたくさん動かし、空腹感を感じられるようにする。　詳細はP.65
◆ 保育士や友達と手をつないで歩いたり、子どもが好んでいる歌をうたったり、声をかけたりして、友達とかかわることの楽しさを感じられるようにする。

■ 肺炎になってから定期的に病院に通院している。その健診の際に、子どもが貧血の傾向があるとの報告があった。家庭での対応を聞きながら、園で手伝えることやよりよい過ごし方を話し合っていく。

環境の工夫

・自分で好きなあそびを始めたり、楽しんだりできるよう、室内のおもちゃ棚をその時期に興味のあるおもちゃに入れ替えていく。
・はいはいやひとり歩きなどの移動運動が十分に行えるよう、保育室内はできるだけ物を置かないようにして広いスペースを確保し、廊下や階段なども整理し安全に留意していく。
・ひとりひとりの興味に合わせて、秋の自然にふれることを楽しめるように、ゆったりとした時間での散歩を多く取り入れる。　詳細はP.65

健康・安全のために

・朝・夕の気温差により体調を崩しやすいので、子どもの体調の変化に十分配慮し、体調や気温によっては暖房を入れたり衣服の調整をしたりして、快適に過ごせるようにする。
・個々の体調に合わせて散歩先や活動を設定していき、事故やけががないよう活動場所の安全面に十分に注意していく。
・感染症に注意し、おう吐・下痢をした際は、すぐに処理を行えるように処理セット（使い捨てのマスク・ゴム手袋・予防着など）を近くに用意しておく。また、消毒をする際は、適切な使用濃度（おう吐や下痢の処理の場合、次亜塩素酸ナトリウム濃度0.1％）で使用する。

職員間の連携

・個々のあそびや生活面においての発達を理解し、指導計画を見直しながら振り返り、乳児会議でも十分に話し合う。
詳細はP.52、53
・この時期に流行する水痘（すいとう）や下痢・おう吐などについて、看護師の指導のもと、症状や感染予防、汚れ物の処理の仕方などを確認していく。
・戸外への散歩が多くなるので、人数確認や安全確認を徹底し、共通理解をもって取り組めるようにする。

評価の観点と振り返り

「異年齢児とかかわってあそびを楽しむ」について

今月は幼児クラスの「お店屋さんごっこ」に、0歳児もお客さんとして参加した。前月からままごとあそびを取り入れたことで、保育士や友達と「どうぞ」「どうも」としぐさでやり取りをするようになっていたので、当日はお店で保育士のやり取りの言葉に合わせて、「どうも」と仕草で表現する姿も見られた。年上の友達から名前を呼ばれたり、買い物が終わると"バイバイパッチン"と手を合わせてもらったりしたので、とてもうれしそうだった。見通しをもって取り入れたあそびが、0歳児なりに行事を楽しむことにつながったようだ。

「室内で自然物にふれる工夫」について

散歩では、移動時間や安全面への配慮から、散歩先で自然物にふれてあそぶ時間が限られている。そこで、じっくりふれられるように、色とりどりの葉や実を透明な容器に入れて室内のコーナーに用意した。振ったり転がしたりしてあそんだあと、口に入れないよう気を付けながら容器から出し、直接ふれる機会をもってみた。実際に自分で触ることで、葉がクシャクシャと音をたてたり、ちぎれたりする様子に驚いていた。また、葉にひもを通してつるして飾ると、指をさして「（はっ）ぱ！」と言ったり、風で揺れる様子を喜んで見たりしていた。戸外だけでなく、その場に合わせて工夫して取り入れたことで、自然物に興味をもち、ひとりひとりがじっくりふれたり見たりすることを楽しめた。

0歳児 12月の指導計画

12月のねらい（養護・教育）

◎感染症が流行し始め、体調を崩しやすくなるため、個々の体調の変化に配慮する。
◎自分で食べようとする意欲を引き出し、食事を楽しめるようにする。
◎保育士や友達としぐさや言葉の模倣を楽しむ。

※12か月未満は3つの視点（身体的発達に関する視点「健やかに伸び伸びと育つ」、社会的発達に関する視点「身近な人と気持ちが通じ合う」、精神的発達に関する視点「身近なものと関わ

	こういち（1歳2か月・男児）	ひろみ（1歳4か月・女児）
子どもの姿	●自分で食べようとする意欲はあるが、かまずに飲み込んでしまうことが多い。 ●ふれあいあそびをすると、リズムに合わせて楽しむ。 ●保育士が行う手あそびをまねようとする。 ●友達と目が合うと笑う。	●保育士の援助を嫌がり、自分で手づかみ食べをする。 ●食べられる食品が増え、よくかんでいるため、年少幼児食へと移行する。 ●転ぶことも多いが、歩いて散歩に出かけることを喜ぶ。 ●手や足に絵の具が付くことを嫌がる。 ●「きらきらぼし」の歌に合わせて時折声を発し、保育士が鳴らす楽器に興味をもっている。
内容	○手づかみ食べで、よくかんで食べる。 ○リズムあそびを通して、体を動かす。 ○絵本を見たり手あそびを一緒に行ったりするなかで、模倣を楽しむ。 ○身近な友達に興味を示し、一緒にあそぼうとする。	○自分でスプーンを持ち、こぼしながらも食べようとする。 ○保育士や友達と手をつなぎ、戸外を歩くことを楽しむ。 ○歩行での探索を楽しむ。 ○絵の具に興味をもち、少しずつ手や指でふれようとする。 ○楽器に興味をもち、自分で鳴らしてみる。
保育士のかかわりと配慮（環境構成）	◆自ら食べようとする気持ちを大切にしていく。小皿に少量ずつ食材を入れ、「もぐもぐしようね」などと言葉かけをしながらそしゃくをきちんと行い、食べられるようにしていく。　詳細はP.60 ◆好きなリズムの歌を繰り返し歌い、楽しみながら十分に体を動かしていく。また、楽器の音にもふれられるように、音を出しているときは誘っていき、新しい音にも親しめるようにしていく。 ◆子どもの興味や成長に合った絵本を選んで読む。言葉の模倣を楽しめるように、繰り返し出てくるフレーズを一緒に口ずさんだり、同じしぐさをしたりしていく。 ◆保育士も一緒にあそぶなかで、友達の姿にも目を向けられるようにする。また、「○○ちゃんも一緒だね」「楽しいね」などと簡単な言葉やしぐさで気持ちを代弁し、仲立ちしていく。	◆スプーンを持つように声をかけ、保育士もスプーンを使って食べる姿を見せる。子どもの気が向いたときに持てるようにするなど、まずは自分でスプーンを使って食べる意欲を大切にしていく。また、年少幼児食への移行は家庭と連携をとり、少しずつ進める。　詳細はP.58、60、61 ◆戸外に出かけて保育士と手をつないで歩いたり、子どものペースで歩いたりすることを楽しみ、経験を重ねられるようにする。また、周りの景色にも目を向け、さまざまな発見を楽しめるように声をかけていく。　詳細はP.65 ◆保育士や友達が楽しむ姿を一緒に見ることで、少しずつ絵の具に興味をもてるようにする。また無理強いはせず、子どものペースに合わせながら、少しずつ指先でふれる経験や感触を楽しめるようにする。　詳細はP.81〜83 ◆保育士の歌に合わせて体を動かす以外にも、声を発したり体を動かしたりして雰囲気を楽しめるようにする。また、楽器に興味をもつので、保育士が鳴らす姿を見せてから、自分で音を出すことも楽しめるようにする。
家庭との連携	■父母の仕事の都合により、延長保育に入る。通常保育よりも保育時間が延びるため、子どもの様子に配慮しながら過ごしていき、お迎えの際に様子を伝える。また、体調面だけでなく夕方の延長保育での異年齢児とのかかわりの様子なども直接伝え、保護者が安心できるようにする。	■食事の進みがよくないことが多いので、クリスマス会で、家庭で作ってくださったお弁当を食べる時の、よく食べている様子を掲示や連絡帳で伝えることで、安心できるようにする。 ■両耳とも中耳炎にかかったので、園での様子を詳しく伝え、受診後には情報をしっかりと確認していく。

※🍚印は、食育に関連する項目

教材資料

うた	ヤッター！ サンタがやってくる （作詞・作曲＝中川ひろたか） きらきらぼし （訳詞＝武鹿悦子　作曲＝フランス民謡）
うたあそび	とんぼ いちばんぼしみつけた
絵本	わんわん わんわん（理論社） でてこい でてこい（福音館書店）

12月の予定

- もちつき大会
- 誕生会
- 健康診断
- 避難訓練
  - 詳細はP.62、63
- クリスマス
- 第二期終了
- 冬季保育

環境の工夫

- ※室温20～23℃、湿度50～60％を目安とし、暖房、床暖房、加湿器を調節する。暖房を使用する際は、活動の切り替え時など1時間に1回、10分間ほど換気し、風通しをよくする。
- 園内全体に、クリスマスの製作物やツリーなどを飾り、季節感や行事の雰囲気を楽しめるようにする。　詳細はP.81
- 子どもたちだけでも楽しめる楽器（鈴、ペットボトルのマラカス、おもちゃのラッパなど）を手の届く棚に用意する。また、ほかの楽器についても身近な場所に置き、保育士が鳴らす姿を見せ、ふれる機会を多くもつ。

健康・安全のために

- 感染症が流行するので、ひとりひとりの子どもの体調をしっかりと把握する。感染症の症状や潜伏期間などを園と家庭で共有できるよう「ほけんだより」を発信し、保育室に入る際には、必ず手洗いやうがいをするように再度保護者に伝え、体調が悪い際はマスク使用を呼びかけていく。
- 暖かい時間帯になるべく戸外へ出て、外気にふれる。
- 友達とのかかわりが増えてくるので、つめが伸びているときは連絡帳に記載したり、直接保護者に切るように伝え、けがなく過ごせるようにする。

職員間の連携

- 感染症発生時は、毎日（出勤前・昼・退勤時）検温をするなど健康管理への意識をいつも以上に高くもつようにする。
- 子どもの体調を見て、インフルエンザの予防接種を勧める。また、予防接種したことを健康記録に記載し、職員間で把握していく。職員間でも予防のため、接種を行う。
- 温湿計を確認した際は書面に記載をして周知し、引き継ぎをしっかり行うようにする。

0歳 指導計画

り感性が育つ」）、1歳からは5領域（健康、人間関係、環境、言葉、表現）の観点を意識して作成する。

かいと（1歳8か月・男児）

- ●肉などを食べるのを嫌がり、苦手な物は首を横に振って食べないことが多い。
- ●おむつ替えの際に「チー」と言ったり、おむつを指さしたりする。
- ●歩くことだけでなく、小走りをすることもある。
- ●「きゅーきゅーしゃ」など一語文を発する姿が増える。
- ●泣いている子を見つけると、頭をなでている。

- ○保育士の声かけで、苦手な物も少しずつ食べようとする。
- ○オマルに興味をもち、座ってみようとする。
- ○保育士に追いかけられたり、走ったりすることを楽しむ。
- ○絵や物を指さし、簡単な単語や名前を言おうとする。
- ○保育士と一緒に友達とかかわることを楽しむ。

- ◆かみごたえのある肉類は、様子を見ながら小さく切って食べやすくする。保育士や友達が食べる姿を見せたり、「おいしいね」と声をかけたりし、食べてみようという気持ちを引き出していく。　詳細はP.60
- ◆まずオマルに座ることに慣れるため、服を着たままでオマルの役割やあそぶものではないことを伝え、座る動作を繰り返してみる。座る動作を自らできることを、次の段階に進む目安にしている。
- ◆「まてまて」や「よーい、どん！」と保育士がきっかけになる声をかけ、走ったり追いかけたりする。また、普段から広い場所で繰り返しあそぶことで、ペースに合わせてのびのびと歩くことや走ることを楽しめるようにする。
- ◆絵本や物を介して「○○あったね」「これは何かな？」などと言葉をかけていく。また、ひとつひとつの言葉を聞き取りやすいようにゆっくりと正しい発音で語りかけ、繰り返しのなかで発語を促し、物と言葉がつながるようにする。
- ◆保育士が仲立ちをして、おもちゃを「どうぞ」と渡したり、手をつないだりして、一緒にあそんで楽しめるようにする。

- ■昼食で食べられた苦手な食品やメニューを調査表や連絡帳などを使って伝え合うことで、園と家庭で並行して進め、少しずつ食べられるようにする。　詳細はP.61
- ■母親の気持ちにゆとりが出てきたので、子どもの欲求も少しずつ満たされ、甘えが落ち着いてきた様子を伝える。

評価の観点と振り返り

「食べる意欲」について

食事の移行に伴って、保護者や栄養士と移行後の様子を調査表や記録表を使って伝え合うなどして、情報交換を心がけていった。成長に伴い全身を動かしてあそぶようになり、少しずつ体力がついてきたので、個々の運動量と食欲のかかわりについても配慮した。空腹を感じることで"自分で食べたい"という気持ちをもてるようにしていき、特に苦手な食品を食べた際は、援助の工夫や言葉かけ、メニューなどを具体的に保護者に伝えたところ、子どもの食べる意欲をうまく引き出せ、保護者との連携もうまくいった。

「さまざまな模倣を楽しむ」について

ままごとで保育士が皿の中に食べ物を入れる姿や、スプーンを使って「あーん」と食べさせたりする姿をじーっと見るようになってきた。同じようにやってみたいという気持ちが育ってきたようだ。保育士がわかりやすく、まねしやすいしぐさとそれに合わせた言葉かけをするよう心がけた。例えば、手洗いは2～3人ずつ行うようにし、隣で保育士が「ごしごし（洗う）」「ぱっぱっぱっ（洗った後、水を切る）」といったしぐさを声をかけて繰り返し見せたことで、同じように行うようになった。また、声かけの言葉のリズムや響きをおもしろがり、言葉も模倣していた。生活の基本的な習慣は、子どもたちが楽しみながら身につけられるよう、工夫を忘れてはならないと強く感じた。

※室温設定については、地域によって違いがある。また、節電などへも配慮する。

1月の指導計画

0歳児

1月のねらい（養護・教育）

◎生活リズムや体調に留意し、冬を健康に過ごす。
◎ひとりひとりの興味や発達を見直し、指先を使ったあそびを十分に楽しむ。
◎声やしぐさで自分の思いを伝えようとし、思いが伝わる喜びを感じる。

※12か月未満は3つの視点（身体的発達に関する視点「健やかに伸び伸びと育つ」、社会的発達に関する視点「身近な人と気持ちが通じ合う」、精神的発達に関する視点「身近なものと関わ

	こういち（1歳3か月・男児）	ひろみ（1歳5か月・女児）
子どもの姿	●スプーンに興味を示し、自分で持とうとする。 ●保育士がズボンのはき口を広げると、足を動かして通そうとする。 ●巧技台で坂道や段差を作ると興味をもっているが、足腰の力がまだ弱く、四つんばいで上ることが難しい。 ●興味がある物を見つけて指さしたり、「おいしい」「ありがとう」の語尾をまねしている。 ●箱やかごの中にボールを入れることを喜んでいる。	●好きな食べ物についてはスプーンを使うことが少しずつ増えたが、あそび食べをして、食べ終わるまでに時間がかかる。 ●顔や体が汚れると自分でぬぐおうとする。 ●わらべうたあそびでは、保育士と一緒に歌に合わせて布を動かすことを楽しんでいる。 ●友達に興味をもち、自分から近づくことが増える。
内容	○保育士と一緒にスプーンを持って食べようとする。 ○自分でズボンに足を通し、引き上げようとする。 ○はいはいでの坂道や段差の上り下りを十分に経験する。 ○自分の思いを片言やしぐさで伝えようとする。 ○指先を使ったあそびを楽しむ。	○あそび食べが減り、食べることに集中する。 ○鼻水が出たら、しぐさや言葉で知らせようとする。 ○お手玉や布を使って、わらべうたあそびを模倣しながら楽しむ。 ○友達の存在を意識しながら、その場であそぶことを楽しむ。
保育士のかかわりと配慮（環境構成）	◆保育士が手を添え、スプーンを口へ運ぶ経験を重ねられるようにする。また、一口分の量をスプーンに載せておき、自分で口へ運ぶ機会も多くもつようにしていく。　詳細はP.60 ◆「あんよ、こんにちはできるかな？」「ぎゅっぎゅっだよ」などと言葉をかけたり、はき方を知らせたり、ときには見守ったりすることで、少しずつ自分でできる部分を増やしていく。子どもが自分からやろうとするときは時間がかかっても待ち、「自らはこう」とする気持ちを大切にしていく。 ◆坂道や階段の上り下りをする経験を重ねていくなかで、足腰の力を十分につけられるように、体を支えたりしながら無理のないように進めていく。 ◆語尾をまねたり、しぐさで思いを伝えようとしているので、言おうとしていることを察して言葉に替えたり、共感を示したりすることで、さらに言葉を引き出していく。 ◆新聞紙をちぎったり丸めたりし、それを袋やかごの中に入れることを楽しめるようにする。また、破いた紙をおにぎりに見立てて、「おにぎりぎゅっぎゅっ」などと声をかけながら、ままごとあそびに展開していく。　詳細はP.84	◆食事の姿勢や食べ物の配分、量に配慮していく。そのなかで「かばさんのお口できるかな」「かっこよく食べられたね」などと声をかけ、食べることに気持ちを向けていく。また、友達が食べている姿を知らせることで、自分でも食べようという気持ちをもてるようにしていく。　詳細はP.60 ◆不快感などを言葉やしぐさで知らせることができるよう、鼻水が出ている際やふいてきれいになったときの気持ちをその都度、言葉や表情で伝えるようにする。自分から伝えてきたときには十分に褒め、「きれいにしようね」と声をかけ、清潔を保つ心地よさを共感していく。 ◆お手玉や布を子どもたちの手が届く場所に用意するなど、したいと思ったときにできる環境を整えていく。また、布は親指と人差し指でつまむように持つなど、細かい動きもまねられるように見せ、わらべうたあそびの雰囲気や楽しさを感じられるように声をかけていく。　詳細はP.69 ◆友達と一緒にあそぶことを楽しめるよう、おもちゃを使用して仲立ちとなったり、「○○ちゃんどこかな？」などと、友達の存在を意識できるような言葉かけをしたりしていく。
家庭との連携	■懇談会で紹介した絵本を家庭でも園と同じような読み方で読み聞かせたところ、子どもが言葉の語尾やしぐさをまねしているとの報告があった。今後も丁寧な伝え合いを大切にしていく。	■休み明けは甘える姿も多いので、日中の様子や友達とあそんでいる姿を見せ、保護者が安心できるよう配慮していく。 ■「たのしい会」では、舞台から姿が見えない位置に座れるように工夫し、泣いてしまう場合もあることなどを事前に保護者に伝え、ありのままの姿を伝えていく。　詳細はP.94

※🍚印は、食育に関連する項目

教材資料

豆まき（絵本唱歌）
ホ！ホ！ホ！
（作詞＝伊藤アキラ　作曲＝越部信義）
幸せなら手をたたこう
（訳詞＝木村利人　作曲＝スペイン民謡）

ゆきはいっしょう
だるまさん
カクカク
詳細はP.69

やさいのおなか（福音館書店）
といれ（偕成社）

り感性が育つ）、1歳からは5領域（健康、人間関係、環境、言葉、表現）の観点を意識して作成する。

1月の予定

- もちつき大会
- 誕生会
- たのしい会
  詳細はP.94
- 健康診断
- 避難訓練
  詳細はP.62、63
- 第二期終了
- 冬季保育

環境の工夫

- ※室温20〜23℃、湿度50〜60％を目安に、午睡時間に乾燥し、室温が上昇しすぎないよう定期的に換気や調節を行う。
  詳細はP.56
- 「たのしい会」に向けて雰囲気や舞台に慣れるよう、舞台上であそぶ機会を多くもつようにする。
  詳細はP.94
- 室内のおもちゃや活動などは、子どもの興味に合わせたり、発達の見通しをもって選ぶ。また、子どもに合わせておもちゃの出しやすさや片付けやすさにも配慮していく。

健康・安全のために

- 休み明けは生活リズムや体調が崩れることも予想されるため、登園時にひとりひとりの様子を十分に把握し、対応する。
- せき・鼻水が出るなど体調の変化に配慮し、受け入れ時に家庭での様子を聞き、冬の感染症などの早期発見に努める。
- 職員がうがいなどの感染症予防を率先して行い、子どもが健康に過ごせるようにする。
- 皮ふの乾燥予防のために、手洗い後は十分に水気をふき取る。
- 歩行を始め、活発になるので、室内や遊具、おもちゃなどの消毒、点検を複数の職員で行う。

職員間の連携

- 長い休み明けなので、無理のない活動になるよう、共通認識をもって保育を進める。
- 「たのしい会」当日、子どもたちが普段と同じようにのびのびと過ごし楽しめるよう、当日までの進め方の工夫や配慮などについて話し合う。
  詳細はP.94
- 取り組んでいる保育内容をお互いに見合うことで、意見を交換し合い、子どもがより楽しめるように工夫していく。
- 個々の成長に差があるので、担任間で話し合い、進級までの具体的な見通しを再確認し、個々に合わせて配慮する。

かいと（1歳9か月・男児）

- 苦手な食べ物も小さく刻むことで食べている。
- オマルや便器に興味をもち、座ろうとする。
- 「○○しない」「いらない」などと自分の嫌な気持ちを言葉で伝えることが増える。
- 体や指先を使っての絵の具あそびでは、保育士が行っている姿を見て、友達にも塗ってあげたりする姿が見られる。

○さまざまな食べ物の味に慣れ、自分で食べる。
○オマルや便器に自分から座る。
○自分の思いや要求を言葉やしぐさで伝え、思いが伝わる喜びを感じる。
○生活やあそびのなかで、友達とかかわろうとする。

◆苦手な物を食べられた際には、「えらいね」などと十分に褒め、いろいろな食材を自分で食べる楽しさに共感していく。
詳細はP.60

◆オマルや便器に座る経験を重ねていくなかで、「ここでチーするよ」「チー出るかな？」などと声をかけていき、無理なく排せつへとつなげていく。また、トイレの壁面に動物の装飾などをすることで、自ら行ってみたいと思える環境を整える。

◆「そうだね、○○だったね」などと子どもの思いに寄り添いながら受け止め、思いを伝えることや、相手に伝わる喜びを感じられるようにしていく。

◆絵の具あそびでは、友達と同じペースで楽しめるように工夫する。また、さまざまな活動のなかでかかわることを楽しめるように仲立ちとなり、生活のなかでも、「○○ちゃんもしているね」などと友達の姿を知らせ、意識が向くような声をかけながら見守っていく。
詳細はP.82、83

■トイレトレーニングについて母親から相談がある。子どもの様子を知らせるとともに、ぼうこうの発達に伴って自ら排尿できることを説明し、見通しがもてるように話をする。
■父親の送迎が増えたので、なるべく直接話をして、子どもの甘えや父親のかかわり方について聞いていく。

評価の観点と振り返り

「指先を使う」について

てのひらでつかんだり握ったりするだけでなく、少しずつ指を器用に動かせるようになってきているので、活動のなかに絵の具あそびやシールあそびを多く取り入れた。また、布を使うわらべうたあそびでは、模倣を楽しんでいたので、保育士が手指の動きをしっかりと見せることを意識したことで、正方形の布の両端を親指と人差し指でつまんで持つようになってきた。子どもたちの発達はそれぞれ異なるが、個々の姿を予想してさまざまなあそびを準備しておいたので、それぞれの育ちをとらえてかかわることができ、じっくりと見守ってあそべた。

「思いが伝わる喜び」について

手あそびの後に「もう（い）っかい」と言ったり、いやなときは首を横に振ったりする姿が盛んに見られる。最初は保育士が子どもの表情やしぐさから思いをくみ取り、動作を大きく、わかりやすい言葉や表情でこたえることで、子どもの思いに共感するよう心がけていった。そうすることで、子どもとのやり取りが増えたので、子どもが「受け止めてもらえた」という安心感を得ていたように感じられた。今は友達同士のかかわりも見られるので、「いやだ」「貸して」「一緒に行こう」など、自分の思いを表すしぐさや言葉をその都度伝え、子どもがしていることや持っている物などを言葉で表すようにかかわっている。少しずつだが、友達同士でやり取りをする姿が増えてきた。

※室温設定については、地域によって違いがある。また、節電などへも配慮する。

0歳児 2月の指導計画

2月のねらい（養護・教育）

◎身の回りのことを少しずつ自分で行おうとする。
◎あそびや生活のなかで、自分の思いを声やしぐさで伝えたり、保育士や友達とのかかわりを楽しむ。
◎子どもの姿を保護者と伝え合い、ともに成長を喜び合う。

※12か月未満は3つの視点（身体的発達に関する視点「健やかに伸び伸びと育つ」、社会的発達に関する視点「身近な人と気持ちが通じ合う」、精神的発達に関する視点「身近なものと関わ

	こういち（1歳4か月・男児）	ひろみ（1歳6か月・女児）
子どもの姿	●保育士がスプーンに一口分の量を載せると、自分で口に運ぶ。 ●「おしっこ出たかな？」と声をかけると、おむつ交換場所に行ったり、オマルに座ろうとしたりする。 ●ズボンに足を通すと両手で腰の位置まで引き上げる。 ●自分が興味のあるものを見つけると、それに向かって小走りする。 ●ちぎった花紙を袋に出し入れすることを繰り返し楽しむ。	●食べることに集中するようになり、保育士に励まされながらも自分で食べている。 ●排せつの際、保育士の声かけによって自分のおむつを持ってきたりして、トイレに興味をもっている。 ●台紙からシールをはがし、紙や自分が着ている服にはることを楽しむ。 ●保育士が歌うと、友達と手をつなごうと手を差し出す。
内容	○自分でスプーンを持ち、すくって食べようとする。 ○オマルに座ることに興味をもつ。 ○ズボンやパンツ、上着など、衣服の着脱を自分で行うことが増える。 ○追いかけあそびなど、体を動かすあそびを楽しむ。 ○指先の動きをまねして楽しむ。	○意欲的にスプーンを使い、ひとりで完食するようになる。 ○少しずつトイレの雰囲気に慣れ、オマルや便器に座ってみようとする。 ○指先を使ったさまざまなあそびを楽しむ。 ○友達と一緒にあそぶ楽しさを感じる。
保育士のかかわりと配慮（環境構成）	◆保育士が手を添えて声をかけながら、丁寧にすくい方を知らせていく。また、自分ですくおうとしている際には十分褒め、自分でやろうとする意欲を高めていく。　詳細はP.60 ◆オマルに興味をもち、排せつを意識するようになってきたので、オマルに座ったときは、「上手に座れるね。シーするのかな」などと言葉をかける。 ◆自分で行っている際には見守り、褒めていくとともに、上着の頭だけ通すなど途中まで手伝うようにする。また、自分でも最後まで取り組めるように励まして、意欲をもてるように言葉をかけていく。 ◆まだ歩行が定まらないので、注意して見守り、「まてまて」と追いかけ、楽しみながら体を十分に動かせるようにしていく。 ◆引っ張り出したり、丸めたりする指先の動きをまねられるように、保育士がやってみせながら、まねをして楽しめるようにあそびを工夫する。　詳細はP.84	◆友達や保育士と一緒に楽しい雰囲気のなかで食事をし、保育士が褒めたり励ましたりしながら、ひとりで完食できるようにする。また、食前に少し量を減らし、完食する喜びを味わえるようにする。　詳細はP.60 ◆気分によってはトイレに入ることを嫌がることもあるので、子どもの好きな装飾をしたり、保育士が一緒に入ったりし、少しずつその場所に慣れるように配慮する。また、便器やオマルに座ってみようと思えるように、排尿間隔をつかんで、引き続き誘いかけていく。 ◆シールははがしやすいように台紙から半分はがしておき、自分で選んではったり、はがしたりして楽しめるようにする。ほかにも、ちぎったり、指先で引っ張り出したりすることを楽しめるようさまざまなあそびを準備し、誘いかけていく。　詳細はP.79、84 ◆友達とかかわりたい気持ちにこたえ、リズムあそびやわらべうたあそびなどを楽しみ、一緒にあそべるように仲立ちをして、友達とあそぶ楽しさを十分に感じられるようにする。　詳細はP.70、71
家庭との連携	■胃腸炎になった際に、家族に感染することがあった。子どもの下痢などが続いている際には、便の処理方法を再度伝え、感染を防ぐようにする。 ■衣服の着脱を自分でしている姿を伝え、成長を喜び合う。	■保護者の就業状態や勤務時間の変更が多いので密に連絡を取り、互いに確認し合うようにする。変更がある場合には、必ず伝達するように伝えていく。

※🍚印は、食育に関連する項目

教材資料

うた
ひなまつり
（作詞＝山野三郎　作曲＝河村光陽）
どんな色がすき（作詞・作曲＝坂田 修）

うた あそび
いちじくにんじん
シュッシュッポッポッ

絵本
うずらちゃんのかくれんぼ（福音館書店）
ねないこだれだ（福音館書店） 詳細はP.85
もこ もこもこ（文研出版） 詳細はP.85

2月の予定

・豆まき
・懇談会
・作品展 詳細はP.85
・健康診断
・誕生会
・避難訓練 詳細はP.62、63

り感性が育つ」）、1歳からは5領域（健康、人間関係、環境、言葉、表現）の観点を意識して作成する。

かいと（1歳10か月・男児）

- ●食事をするなかで、「おいしいね」や「ぴかぴか」と言葉を発する。
- ●コップを逆さにして、中身をこぼすことを楽しむ。
- ●保育士の援助を嫌がり、自分でズボンをはこうとする。
- ●氷あそびでは、自ら手でふれ、「冷たい」と顔の表情で表現している。
- ●室内や廊下などで、友達と手をつないで歩こうとする。

○完食することの喜びや満足感を味わう。
○食器ではあそばずに、食べることや飲むことに集中する。
○自分でやろうとすることが増える。
○感じたことを表情などで表現する。
○自分から友達とかかわろうとしたり、一緒にあそんだりすることが増える。

- ◆「おいしいね」と言葉を発している際には共感し、言葉を返していく。また、苦手な物は量を調節して進んで食べ、完食する喜びを感じられるようにする。🍚 詳細はP.60
- ◆食器や食べ物であそんでいる際は、言葉と表情でしてはいけないことを繰り返し伝えていく。また、食器の扱い方は保育士をまねできるようにし、できた際に褒めることで、正しく持つことができるようにする。🍚
- ◆着脱など身の回りのことを自分でやろうとしている際は見守る。また、子どもの気持ちを受け止めながら、できない部分はさりげなく援助したり、できないときは「"やって"だよ」と伝えたりしていく。
- ◆保育士が「大きいね」「見つけた」「びりびり」などの言葉に表情をつけて表し、言葉と表現が結びつくようにしていく。また、絵本などを介して、言葉を発しながら表情を変えることで表現の楽しさを伝えていく。 詳細はP.84、85
- ◆「○○ちゃんに"どうぞ"だよ」「○○先生どこかな？」などと、人と名前が一致するように声をかけながら、友達と一緒にあそぶ機会を多くもつようにする。

- ■貧血傾向と診断されたことを受け、家庭や園で配慮すべきことを確認し、園でできることは協力することを伝える。
- ■園での身の回りの援助の様子を伝え、家庭でも必要に応じた援助ができるようにし、自分でできることを増やしていく。

環境の工夫

- ・氷や雪など、季節ならではのものにふれられるような活動を取り入れ、環境を工夫する。
- ・室内で過ごすことが多いが、暖かい日にはテラスなどを利用して外気にふれて過ごす機会を設ける。
- ・いすは個々の食事の様子に合わせながら、少しずつ1歳児クラスで使用するいすへと移行していく。 詳細はP.88
- ・懇談会は和やかな雰囲気で行い、終了後に使用した写真を園内に展示し、異年齢の友達や保護者が見たり、子どもたちが自分や友達の姿を見つけたりして楽しめるようにする。
- ・パジャマ袋を入れるかごを用意し、子どもたちが取り出したり、片付けたりできるようにする。 詳細はP.89

健康・安全のために

- ・感染症にかかりやすい時期なので、個々の健康状態の把握をしっかり行う。鼻水などはこまめにふき、清潔を保つよう配慮する。また、長引いているときは、受診を勧める。
- ・気温や体調に応じて、衣類の調節を行い、厚着にならないようにする。また、活動の妨げにならないように配慮する。
- ・下痢・おう吐などの症状があった場合には、手袋やマスクを着用して、正しく処理を行い、感染拡大を防ぐ。

職員間の連携

- ・着脱や手洗いなどをやろうとする姿が出てきているが、個人差があるので、必要に応じて援助し、自分でできた喜びに共感していけるよう、担任間で共通理解しておく。
- ・懇談会に向けて保護者と子どもの姿を話し合い、当日は進級に向けて見通しをもてるような話をするようにしていく。
- ・進級に向けて、ひとりひとりの生活の仕方を担任間で確認し、進め方や具体的な取り組みを1歳児の担任とも話し合い、連携しながら進めていく。 詳細はP.88、89

評価の観点と振り返り

「友達とのかかわりを深めるあそび」について

友達とのかかわりをより深めたいと担任同士で話し合い、自分で発見するおもしろさや共感する楽しさを感じられる、氷あそびや花紙あそびなどを設定した。どちらのあそびも子どもたちにとって初めての経験だったので、予想した以上に興味をもつ姿が見られた。保育士だけでなく友達にも、驚きや喜びを伝えようと声を出したり、保育士の仲立ちで「○○ねー」などと友達と共感し合うことができた。あそびを設定するときは、子どもの反応を予想することも大切だが、反応を見てから工夫していくのも保育のだいご味なのではないかと感じた。

「"自分で"を育てる」について

着脱など身の回りのことに強く興味を示すようになったので、保護者に昼寝用のパジャマと手作りのパジャマ袋を用意してもらったところ、パジャマ袋は着替え時以外にも持ち歩くほど愛着をもった。「持ってきてね」と声をかけると、箱から探し出すようになり、何度か繰り返すうちに「着替えるよ」の声かけで、袋からパジャマを取り出す姿も見られた。その後は褒めることで、"もっとやってみよう"という意欲につなげていった。今回は手作りのパジャマ袋が子どもの気持ちをとらえたが、子どもの姿をどうとらえ、どのように気持ちを高めていくかが大切で、子どものよいところをより伸ばすためには、さまざまな工夫が必要だと改めて感じた。

0歳 指導計画

0歳児 3月の指導計画

3月のねらい（養護・教育）

- ◎自分でやりたい気持ちを受け止め、十分に満足感を得られるようにする。
- ◎年上の子を模倣したり、絵本の言葉をまねたりしながら、言葉やあそびを広げていく。
- ◎異年齢児やほかの保育士と交流し、無理なく進級できるようにする。

※12か月未満は3つの視点（身体的発達に関する視点「健やかに伸び伸びと育つ」、社会的発達に関する視点「身近な人と気持ちが通じ合う」、精神的発達に関する視点「身近なものと関わ

	こういち（1歳5か月・男児）	ひろみ（1歳7か月・女児）
子どもの姿	●スプーンですくうこともあるが、手づかみで食べることが多い。 ●オマルや便器を指さして、座ることに興味を示している。 ●自ら靴下や靴をはこうとする。 ●友達が持っている物を取ろうとしたり、嫌なときには相手を押しのけたりすることが増える。 ●首を横に振り、「イヤイヤ」と嫌なことを保育士に伝える。	●スプーンを使って、ひとりで食べることが増える。 ●保育士の手伝いを嫌がり、着脱など自分でしようとすることが増える。 ●新しい部屋で過ごすことを嫌がることがある。 ●自分の名前を言ったり、保育士の言葉をまねしようとしたりする。 ●クレヨンを握り、腕を左右に動かして線をかく。
内容	○スプーンですくって食べる楽しさを感じる。 ○オマルや便器の座り方を知り、座ることに慣れる。 ○靴下や靴のはき方を知り、自分でやってみようとする。 ○保育士や友達とかかわることや簡単なやり取りを楽しむ。 ○自分の要求や思いを声やしぐさで伝えようとする。	○ひとりでスプーンを使って、楽しみながら完食する。 ○保育士の援助により、自分でできた喜びを感じる。 ○保育士や友達と一緒に、少しずつ新しい部屋や生活に慣れる。 ○言葉の模倣を楽しみ、少しずつ発語が増える。 ○腕だけでなく、手首を動かしてかくことを楽しむ。
保育士のかかわりと配慮（環境構成）	◆保育士が一緒にスプーンを持ち、繰り返しすくい方を知らせる。また、ひとりですくう経験を重ねられるように、すくいやすい形の食材を用意し、すくう楽しさを伝えていく。　詳細はP.60 ◆靴下のはき口を広げてはきやすいようにしたり、靴の中に足を入れる方法を実際に保育士が行って見せることで、模倣できるようにする。また、はいた後は戸外であそぶなど、楽しみにつなげていく。 ◆引き続き保育士が仲立ちをしながら、友達と追いかけあそびなどを楽しめるようにする。また、物の取り合いをしている際は、「貸して」「どうぞ」「どうもありがとう」などと実際のやり取りを通して、かかわり方を知らせていく。 ◆快・不快を伝えてきた際はその気持ちに共感し、言葉を返していく。また、思いを受け止めることで、言葉やしぐさが伝わった喜びを感じられるようにする。	◆スプーンを使う姿を褒めたり励ましたりして、ひとりで完食する喜びを感じられるようにする。　詳細はP.60 ◆"自分でしたい"気持ちをくみ、取り組む時間や場所を十分に設けていく。自分でしているときは見守り、様子に合わせて方法を伝えていく。また、できた際には十分に褒め、いろいろなことへの意欲につなげていく。 ◆新しいことに慣れるのに時間がかかるので、無理なく過ごせるよう、担任保育士がそばに寄り添いながら新しい部屋で安心して楽しめるようにする。また、不安になって抱っこを求めてきた際は、十分に受け止める。　詳細はP.88 ◆発音しやすい言葉は、模倣できるように、ゆっくり繰り返して伝える。また、絵本を読み聞かせたり、あそびや生活のなかでやり取りを楽しんだりして、子どもの話したい気持ちを十分に受け止め、発語を引き出していく。 ◆保育士もそばで線や点を手首を使ってかき、腕だけでなく手首を動かすことを子どもがまねられるようにし、自由にかくことを楽しめるようにしていく。
家庭との連携	■靴をはこうとしている姿を知らせ、子どもが自分ではきやすいように、靴の左右がわかるような印やかかとにひもをつけてもらえるように依頼し、引き続き取り組みの様子を伝えていく。	■進級に向けて1歳児の部屋で過ごしている様子を伝え、安心できるようにする。また、移行に関することは掲示をするだけでなく、登降園時に口頭でも伝えるなどの配慮をしていく。　詳細はP.89

※🍚印は、食育に関連する項目

教材資料

うた
- みつけたのだあれ（作詞・作曲＝阿部直美）
- アブラハムの子（外国曲　訳詞＝加藤孝広）
- ライオンのうた（作詞・作曲＝峯 陽）

うたあそび
- このぶたちびすけ
- いちにの

絵本
- はらぺこあおむし（偕成社）
- たちねぶたくん（角川学芸出版）
- やさいさん（学研）
- くだものさん（学研）

3月の予定
・ひな祭り
・避難訓練
　詳細はP.62、63
・誕生会

り感性が育つ」）、1歳からは5領域（健康、人間関係、環境、言葉、表現）の観点を意識して作成する。

かいと（1歳11か月・男児）

- オマルや便器に自分から座ることが増え、タイミングが合うと排尿する。
- 「アブラハムの子」を歌うと、歌に合わせて手や足を上げる。
- ブロックの型をはめて積み重ねたり横につなげたりし、「でんしゃ」「きゅうきゅうしゃ」「（ひ）こうき」と言って、物に見立ててあそぶ。
- 年上の友達がすることに興味をもち、手を洗うことや食事の仕方をまねしようとしたりする。
- 人形を抱っこしたり、食べ物をあげたりしてあそぶ。

○オマルや便器で喜んで排尿する。
○すすんで全身を動かし、あそぶことを楽しむ。
○人とのやり取りやかかわりを楽しみながら、発語する。
○年上の友達とかかわるなかで、楽しみながら生活やあそびの模倣をする。
○保育士と一緒に見立て・つもりあそびを楽しむ。

◆「チー出るかな？」とタイミングを見て誘いかけながら、オマルや便器で排尿したときは「できたね」「上手だね」と褒めて、次の意欲につなげていく。
◆運動会で年上の子が行った踊りなどを、保育士や年上の子どもたちと一緒に踊る機会をもつことで、"やってみたい"という気持ちを引き出し、模倣しながら全身を動かすことを楽しめるようにしていく。　詳細はP.86、87
◆ブロックや積み木を使って年上の友達と同じ場であそぶなかで、イメージが広がるように保育士が言葉をかけ、発語につなげていく。　詳細はP.86、87
◆一緒に過ごすなかで生活やあそびの模倣から、自分で身の回りのことをしようとするので、意欲がもてるように褒めたり励ましたりする言葉をかけていく。　詳細はP.86、87
◆見立てやつもりあそびから、ままごとなどへ発展できるようにする。子どもが料理を作るまねをしていたら、「何を作っているのかな。おいしそうですね」などと子どもの見立てやつもりに共感する言葉をかけていく。　詳細はP.80

■子どもが好んでいる手あそびを、お迎えの際に実際に一緒にやって見せ、家庭でも楽しめるようにする。

環境の工夫

・進級に向けて新しい環境で安心して過ごせるよう、安全であそびやすい環境になっているか確認する。　詳細はP.88
・異年齢の友達と、わらべうたあそびやおもちゃを介したやり取りなどをする機会を設ける。　詳細はP.86、87
・子ども同士の不必要なぶつかり合いを未然に防げるように、あそびによっては過ごす場所を少人数に分けたり、人数分のおもちゃを用意したりして工夫する。
・暖かい日には戸外あそびや散歩をし、自然にふれて季節を感じたり、のびのびと体を動かしたりする機会を設ける。

健康・安全のために

・季節の変わり目なので、気温や体調に合わせて衣服を調節する。動きやすく、自分で着脱しやすい衣服を保護者に用意するよう伝える。
・行動範囲が広がりさらに活発にあそぶので、子どもの目線になって室内外の危険箇所を確認するとともに、次年度への対策や工夫などを話し合う。
・進級に向けて徐々に手洗いの習慣が身につくように、機会を増やし、丁寧に洗い方を伝えていく。　詳細はP.89
・予防接種、既往歴、健康状態を再度確認し、個々の正確な情報を新担任に引き継ぐようにする。

職員間の連携

・担任間では新年度への移行の見通しを確認し合いながら、新しい環境に慣れるように配慮する。　詳細はP.88
・新しい担任に個々の姿を詳しく引き継ぎ、実際に来年度担当をするクラスに入って保育をし、子どもたちが安心してスムーズに移行できるようにする。　詳細はP.88
・担任同士や乳児会議で年間を通しての振り返りを行い、次年度の保育に生かせるように話し合っていく。　詳細はP.52、53

評価の観点と振り返り

「模倣を楽しみながら言葉やあそびを広げていく」について

絵本への興味が広がってきたので、ストーリーがあり、新しい言葉やリズムのある言葉が出てくる絵本を選んで、繰り返し読み聞かせをした。数日たつと指さしをしたり、言葉をまねしたり、保育士の動作をまねたりする姿が見られたので、絵本の読み聞かせの途中から、模倣しながら体を動かすあそびを展開していった。絵本を最後まで読み聞かせることにこだわらず、子どもの姿に合わせて一緒に楽しむことで、子どもたちの言葉や動作が自然に広がっていくのが感じられた。

「異年齢児やほかの保育士との交流」について

1歳児クラスの保育室が隣なので、普段から刺激を受けたり、一緒にあそんだりしながら過ごせるように工夫してきた。次年度への移行もこうした積み重ねがあったからこそ、無理なく進められたと思う。また、ほかのクラスの保育士との交流についても特別なものではなく、早朝から夕方からの保育や土曜保育などを通して、普段から全職員が連携をとり、いろいろな子どもとのかかわりを大切にしてきたので、そのこともスムーズな移行につながったと感じている。このような保育園ならではの保育や、人とのかかわりを保護者に伝えたところ、一年を通した園の取り組みに、より共感したようだった。

0歳の保育資料

計画と振り返り

乳児会議 指導計画 P.29、35、39、43、51

当園では、子どもや保護者の様子を把握して情報を共有し、職員間の連携やコミュニケーションを深めるため、毎月1回、0〜2歳児担当保育者で会議を開いています。

年度の最初に

● **会議の年間予定を立てる**
毎月の会議の予定と議題を決め、一覧表にします。年度途中で検討が必要な事項が出てきた場合、予定になかったことでも柔軟に取り上げるようにします。

● **年間目標を書く**
保育者ひとりひとりが、年間目標を立ててシートに記入します。定期的に保育の振り返りを行う際に使用します。

● 年間目標の記入例

●乳児会議　年間予定表の例

日程 進行・記録	内容	日程 進行・記録	内容
3月16日 進行：新出 記録：吉見	●乳児会議のもち方（年間の議題について）●新年度に向けての変更点など（改修掃除）●各クラスの伝達事項	10月12日 進行：橋本 記録：須藤	●保育参加（0、1歳児）●カンファレンス（子）
4月13日 進行：樋口 記録：橋本	●新入園児報告（0、1歳児）●各クラス状況（運営の工夫・保護者傾向など）●人権について●振り返りについて（プリント配布）	11月16日 進行：吉見 記録：立川	●自己評価（中間）
5月11日 進行：渡邊 記録：岡崎	●個人のふりかえりノート●人権について●あそび（育てたいこと・ねらい・展開の仕方など）	12月14日 進行：相良 記録：藤倉	●二期反省（いいところみつけ）●たのしい会に向けて（経過報告）
6月15日 進行：小平 記録：三森	●水あそびについて●カンファレンス（子）	1月11日 進行：渡邊 記録：山下	●たのしい会（発信の仕方・工夫など）
7月13日 進行：藤倉 記録：立川	●夕涼み会について●一期反省●環境の見直し	2月15日 進行：須藤 記録：立川	●カンファレンス（子）
8月末日 進行：須藤 記録：藤倉	●運動会に向けて（経過報告）※進行状況などによる	3月15日 進行：吉見 記録：三森	●年度見直し●自己評価（ふりかえりノート）
9月14日 進行：相良 記録：山下	●運動会（発信の仕方）●カンファレンス（保護者支援）	<備考> ●各クラス伝達・保健については、毎回時間を設ける。●内容については予定であるので、加えたいものがあれば、進行orクラスのリーダーに事前に挙げておく。	

年度の最初に、年間の議題を職員全員で話し合って決める。

その月の行事についてもふれておく。

期の終了時にはテーマを決めて話し合う。

4つの観点から目標を立てる。

定期的に保育全体の反省や振り返りをする。

項目をいくつか立てて、具体的にわかりやすくする。

会議の進め方

●グループに分かれて

グループに分かれて、1つのテーマで話し合います。事前に議題を確認して考える時間を設け、全員が発言できるようにします。午後の時間を利用して45分間を目安に行い、内容は議事録に残します。

●乳児会議録の例

○年11月△日（水）／会議室にて

テーマ　年間ふりかえりシートを基に、中間反省を行う

●3グループに分かれて、項目別に話し合いを行う。
＜子どもとのかかわり＞
・子どもとかかわるなかで、今何が子どもたちに必要かを考え、活動の節目に切り換えが出来るように、声かけをもっと工夫できるとよかった。
・禁止語「だめよ」「いけないよ」と言うのではなく、言わないように保育を工夫することが必要。
・ひとりひとりの発達をとらえ、見極めていくようにしなければならない。
・活動やあそびのときだけでなく、食事の際にもどんな声かけをしたらよいか考えていく。
・子どもたちが安心して過ごせるように考え、保育する。
・あそびがマンネリ化してしまうことが多かったため、広い視野をもってあそびを展開するようにしていく。
・あいさつの言葉（「おはよう」「ありがとう」など）乳児期から言葉を知らせるようにする。
・焦らず、自分のなかにゆとりをもつことで、落ち着いて子どもとかかわることができる。
・子どもとかかわるためには、保育者同士で情報を共有することが大切である。

＜保育環境について＞
・いちご組は、グループを合同にして生活したりする機会が増えたことで、活動の幅が広がった。
　⇒しかし、低月齢の子どもたちがその活動についていけたかどうか？
　⇒月齢が高い子どもと一緒に生活することで、刺激を受けて成長している。
　　子どもひとりひとりが十分満足して活動することができたかが大事である。
・安全点検、年齢に適した遊具なのかを考えて配置できなかった。（特にイスの置き方）
・おもちゃふきを、パートの先生にお願いすることが多いが、担任が改めておもちゃをチェックすることが必要である。
・「この環境は子どもにとってどうなのか」を振り返る必要がある。
・着替えのスペースを広くする、おもちゃ棚の中身を変えるなど、子どもの年齢、そのときに興味があるものをくみ取って環境設定をしていく。
・環境設定を改善するためには、気づいたことを話し合う場をもっていく。自分のクラスの環境面に疑問をもち、見直す目が大切。

＜ほかの保育者とのかかわり＞
・クラスの状況を把握していき、お互いにこうした方がよかったという意見が言えるようになってきた。わからないことがあった際はメモに残し、その場で聞くようにしている。
・ざくろグループとあんずグループの職員が入れ替わってみて、どう感じたのかを話し合うことが大切なのではないか。聞くだけでなく、見て感じることも大事である。わからないことや疑問に思うことを出し合うことで、新たな気づきにつながると思う。
・保育者同士の注意は、子どもの前ではできるだけ言わないようにしている。
・話し合いをもつ時間がなかなか取れないことがあるので、それぞれの悩みなどを個人的に話すようにしている。
・1週間に1回子どもについて話していくようにする。13時15分までには連絡帳を終わらせるようにし、時間を作っていく。
・表を作って子どもの話をしていくようにする。

●定期的に自己評価を

半期や年度末など、定期的に保育全体を振り返る会議を設けます。年度始めに書いた年間目標を基に自己評価を行います。

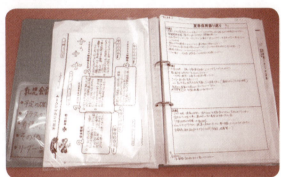

全員の年間目標のシートを1つのファイルに保存し、個々のねらいをだれでも閲覧できるようにすると、職員の意識が高まる。毎月の会議の議事録も同じファイルに保存する。

年度の最初に記入した「年間目標」のテーマに沿って話し合う。

反省や指摘だけでなく、今後の保育に生かしていくことを意識して話し合う。

実践者より

互いのクラスの保育や運営の仕方を知ったり、乳児クラスや園全体としての課題を見つけたりして、よりよい環境作りに生かすことができました。特に年度途中での振り返りは、保育を再確認し、その後の見通しをもつよい機会になりました。クラス単位での保育ではなく、個々が互いに目を向けて、チームワークを大切にしながら保育するという意識が高まったようです。ほかのクラスの職員から助言を受けるだけでなく、認められたり、「よかった」と評価されたりする点も多く、自信や向上心にもつながりました。活発に意見交換が行われるなか、職員間でもっと時間の使い方を工夫して、話し合いの時間を作ることが大切だと感じました。

0歳　保育資料

0歳の保育資料

健康

朝の健康チェック　指導計画 P.28、29

新しい環境で体調を崩す子どもが多くなり、毎朝の健康観察が重要になります。登園前に家庭でも体調を確認できるよう、チェック項目をプリントにして伝えていくとよいでしょう。

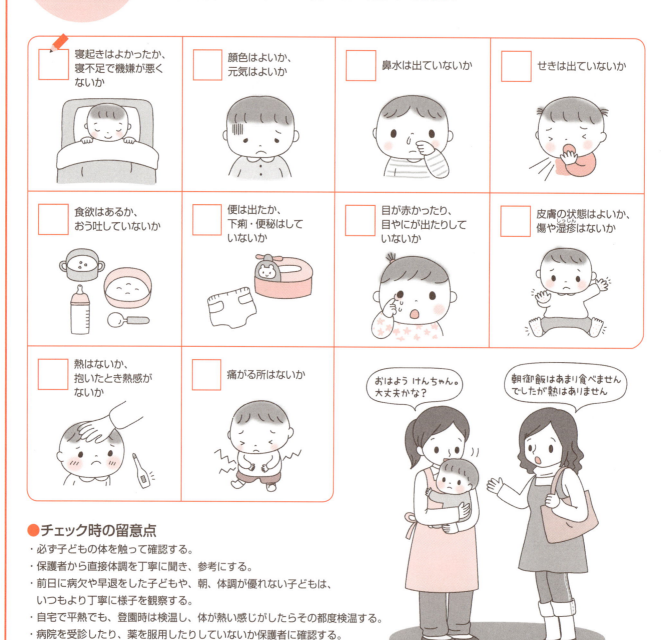

- ☐ 寝起きはよかったか、寝不足で機嫌が悪くないか
- ☐ 顔色はよいか、元気はよいか
- ☐ 鼻水は出ていないか
- ☐ せきは出ていないか
- ☐ 食欲はあるか、おう吐していないか
- ☐ 便は出たか、下痢・便秘はしていないか
- ☐ 目が赤かったり、目やにが出たりしていないか
- ☐ 皮膚の状態はよいか、傷や湿疹はないか
- ☐ 熱はないか、抱いたとき熱感がないか
- ☐ 痛がる所はないか

おはよう けんちゃん。大丈夫かな？

朝御飯はあまり食べませんでしたが熱はありません

● チェック時の留意点
・必ず子どもの体を触って確認する。
・保護者から直接体調を丁寧に聞き、参考にする。
・前日に病欠や早退をした子どもや、朝、体調が優れない子どもは、いつもより丁寧に様子を観察する。
・自宅で平熱でも、登園時は検温し、体が熱い感じがしたらその都度検温する。
・病院を受診したり、薬を服用したりしていないか保護者に確認する。

発熱時の対応 指導計画 P.28、29

0歳 保育資料

月齢が低い子どもは、前日に熱が出た、普段より体温が高めなど、体調がすっきりしないことが多いもの。子どもの状態をしっかり把握し、園での様子を保護者に確実に伝えるようにします。

チェックポイント

体調の優れない子どもを受け入れるときは、発熱に備え、通常の健康チェックに加えて、次のようなことを確認します。

- □ 発熱したときの時刻、持続時間、体温
- □ 発熱以外の症状はあったか
- □ 病院を受診したか
- □ 薬を使用したか
- □ 現在の熱と症状

くすり

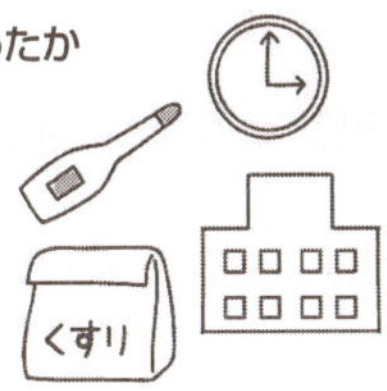

園での対応

- 日中はこまめに検温し、発熱記録表に経過を記録する。
- 職員の入れ替わり時には、今までの経緯を説明し、発熱記録表を渡す。
- 引き継いだ職員は記録を基に迎えにきた保護者と話をし、話した内容（その後の様子や受診の有無など）をその後担任に報告する。

●発熱記録表の例

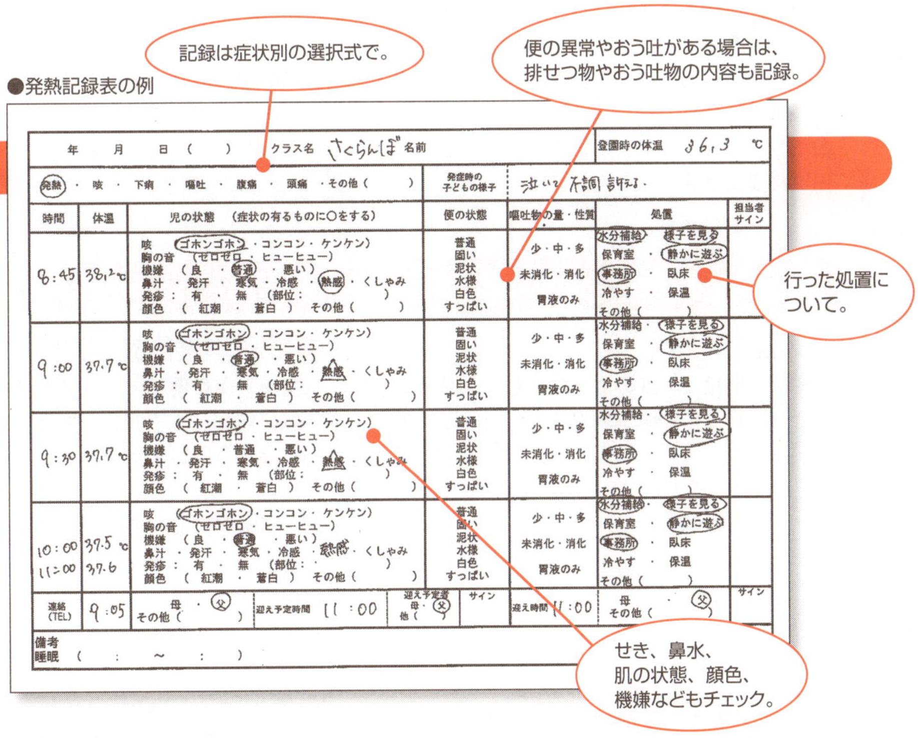

記録は症状別の選択式で。
便の異常やおう吐がある場合は、排せつ物やおう吐物の内容も記録。
行った処置について。
せき、鼻水、肌の状態、顔色、機嫌などもチェック。

年　月　日（　）　クラス名 さくらんぼ 名前　　登園時の体温 36.3 ℃

発熱・咳・下痢・嘔吐・腹痛・頭痛・その他（　）　発症時の子どもの様子：泣いて不調訴える。

時間	体温	児の状態（症状の有るものに○をする）	便の状態	嘔吐物の量・性質	処置	担当者サイン
8:45	38.2℃	咳（ゴホンゴホン・コンコン・ケンケン） 胸の音（ゼロゼロ・ヒューヒュー） 機嫌（良・普通・悪い） 鼻汁・発汗・寒気・冷感・熱感・くしゃみ 発疹：有・無（部位：　） 顔色（紅潮・蒼白）その他（　）	普通 固い 泥状 水様 白色 すっぱい	少・中・多 未消化・消化 胃液のみ	水分補給・様子を見る 保育室・静かに遊ぶ 事務所・臥床 冷やす・保温 その他（　）	
9:00	37.7℃	咳（ゴホンゴホン・コンコン・ケンケン） 胸の音（ゼロゼロ・ヒューヒュー） 機嫌（良・普通・悪い） 鼻汁・発汗・寒気・冷感・熱感・くしゃみ 発疹：有・無（部位：　） 顔色（紅潮・蒼白）その他（　）	普通 固い 泥状 水様 白色 すっぱい	少・中・多 未消化・消化 胃液のみ	水分補給・様子を見る 保育室・静かに遊ぶ 事務所・臥床 冷やす・保温 その他（　）	
9:30	37.7℃	咳（ゴホンゴホン・コンコン・ケンケン） 胸の音（ゼロゼロ・ヒューヒュー） 機嫌（良・普通・悪い） 鼻汁・発汗・寒気・冷感・熱感・くしゃみ 発疹：有・無（部位：　） 顔色（紅潮・蒼白）その他（　）	普通 固い 泥状 水様 白色 すっぱい	少・中・多 未消化・消化 胃液のみ	水分補給・様子を見る 保育室・静かに遊ぶ 事務所・臥床 冷やす・保温 その他（　）	
10:00 11:00	37.5℃ 37.6	咳（ゴホンゴホン・コンコン・ケンケン） 胸の音（ゼロゼロ・ヒューヒュー） 機嫌（良・普通・悪い） 鼻汁・発汗・寒気・冷感・熱感・くしゃみ 発疹：有・無（部位：　） 顔色（紅潮・蒼白）その他（　）	普通 固い 泥状 水様 白色 すっぱい	少・中・多 未消化・消化 胃液のみ	水分補給・様子を見る 保育室・静かに遊ぶ 事務所・臥床 冷やす・保温 その他（　）	

連絡（TEL）	9:05	母・父 その他（　）	迎え予定時間 11:00	迎え予定者 母・父 他（　）	サイン	迎え時間 11:00	母・父 その他（　）	サイン

備考
睡眠（　:　～　:　）

保護者への伝え方

- 登園前は平熱で食欲もあり元気だった場合でも、保護者には、もし具合が悪化したら迎えに来てもらえるよう、あらかじめ伝えておく。
- お迎え時に保護者に１日の子どもの様子を話し、受診に役立てられるよう、発熱記録表を参考にしながら熱の経過を伝える。
- 次の登園日に、家庭での子どもの様子を保護者に確認する。

0歳の保育資料

健康

睡眠の環境と安全管理

指導計画 P.28、30、42、47

0歳児は睡眠が1日の多くの時間を占めます。季節や月齢に合わせて睡眠環境を整えるとともに、しっかりと安全管理をしていきましょう。

環境を整える

●温度
温湿度計を各部屋に設置し、10分ごとに計測・記録をします。夏期は27～28度、冬期は20～23度ぐらいになるようにします。

●湿度
乾燥と感染症の予防のため、湿度は夏期は60～65％、冬期は50～60％ぐらいを保つようにします。湿度が低い場合(主に冬期)は必要に応じて加湿器を使用し、合わせて霧吹きをしたり、ぬれタオルを掛けたりします。

●明るさ
照明を消し、カーテンを閉めて、子どもの顔が見えるくらいの暗さにします。

●布団
まくら、柔らかい敷き布団は使いません。子どもの表情が見えるように、位置や布団の掛かり具合を調節します。頭ジラミなどの感染予防のため、布団は顔や頭に掛からないようにします。

●周囲の安全
布団の上に、よだれかけ、タオル、おもちゃなどの物を置いたままにしたり、周囲に転倒・落下の危険性がある物を置いたりしないようにします。

家庭との連携

●入園時に聞く
入園時の面接で、次のようなことを保護者に聞き、家庭での睡眠環境や様子を把握します。

- ☑ 1人で寝ているか
- ☐ どうやって寝かせているか（おんぶ、抱っこ、添い寝など）
- ☐ 寝つきはよいか
- ☐ どのような姿勢で寝ているか（うつ伏せ、あお向け、横向きなど）
- ☐ 寝るときの癖はあるか(指しゃぶり、おしゃぶり、タオル、その他)
- ☐ 睡眠の回数と時間（1日何回、1回何分など）
- ☐ 1日の流れ（時系列で）

●毎日連絡帳で伝え合う
保護者と保育者が、それぞれ家庭での睡眠、園での昼寝について毎日連絡帳に記載し、子どもの生活リズムを把握して、体調の変化に気づいていけるようにします。

●休み明けの対応
休暇明けや病気欠席後などは、生活や睡眠のリズムが崩れていることも。連絡帳だけでなく、直接話を聞いて確認し、その子のペースで無理なく園のリズムに戻していくようにします。

●夜泣きについて
夜泣きを心配する保護者の思いや、大変さなどを受け止めながら、ひとりひとりの様子や状況に応じて、相談にのったり助言をしたりします。

最近、夜泣きがひどくて……

大変ですね。最近、何か変わったことはありませんでしたか？ 園では○○ちゃんが眠そうであれば、ゆっくりと寝られる環境をつくっていきますね

低月齢児への対応

●個々に合った入眠方法で

4～5月ごろの様子
保護者から離れることに慣れておらず、寝入るまで時間がかかり、眠りも浅い。布団では眠れない子もいる。睡眠リズムもまだ確立していない。

対応
保育者が抱っこするなど、ひとりひとりに合わせて対応し、安心して入眠できるようにする。

6月ごろの様子
園に慣れ始め、保育者との信頼関係もできてくる。抱っこから少しずつ布団で寝るようになる。

対応
泣いて起きたときは、すぐにそばに寄って背中をさするなどして、安心して眠れるようにする。

●こまめに睡眠中のチェックを

SIDS（乳幼児突然死症候群）などを予防するため、次のような項目を確認し、表にチェックします。

- [ ] うつ伏せ、横向きになってないか（あお向けにする）
- [ ] 顔色に異常がないか
- [ ] 呼吸に異常がないか（鼻と口の前に手を当てて確認する）
- [ ] 体に布団が掛かっているか。掛かりすぎていないか（布団は首から下に掛け、手足が出ていたら布団の中に入れる）
- [ ] おう吐してないか
- [ ] せき、鼻づまり、いびきはないか（せきが多いときは、上体を少し高くして呼吸がしやすい姿勢にし、せきが続いて目覚めたときは水分補給をして様子を見る）
- [ ] 熱はないか
- [ ] 汗をかいてないか。暖か過ぎないか（汗をかいたときは、寝起きの水分補給を十分にする）

●0歳児睡眠チェック表の例

SIDSチェック表（睡眠チェック）　　○年 △月 □日（×）

- 5分ごとに観察しましょう。（呼吸・顔色・せき・鼻閉・いびき・体熱感）
- うつ伏せ、横向きはあお向けにしましょう。
- 確認する際には体にふれて軽い刺激を与えましょう。
- 顔に掛け物がかからないよう、また、掛けすぎに注意しましょう。
- 周囲の危険物は除去しましょう。
- 異常を発見した場合は、大きな声で周囲に知らせましょう。

	室温	湿度
12:30	23.6	56
13:00	24.3	58
13:30	23.7	61
14:00	23.7	63
14:30	23.4	70

名前 時間	A	B	C	D	E	F	確認サイン	備考
7:00								
:05								
:10								
:15								
:20								
10:00								
:05								
:10						12	山下	
:15					✓		〃	
:20					✓		〃	
:25					✓		〃	
11:00					✓		〃	
:05					✓		〃	
:10					10		〃	
:15		17			✓		〃	
:20	23	✓		20	✓		〃	
:25	✓		25	✓			〃	

名前 時間	A	B	C	D	E	F	確認サイン	備考
12:00	✓	✓		✓	✓			〃
:05								〃
:10			13					〃
:15			✓					〃
:20			✓					〃
:25			✓					〃
13:00								
:05								
:10							フジタ	
:15			17	17			〃	
:20	22		✓	✓			〃	
:25	✓		✓	✓			〃	
14:00	✓		✓	✓			〃	
:05	✓		✓	✓			〃	
:10	✓		✓	12			〃	
:15	✓		✓				〃	
:20	✓						〃	
:25	25						〃	

チェックのポイント
- 子どもの体調の急変に気づけるように5分ごとに行う。タイマーを使っても。
- 視診とともに必ず触診を行う。体にふれて軽い刺激を与えることで、呼吸を確認し、深い眠りにならないよう軽く覚せいを促す。
- 緊急時に速やかに子どもに対応したり、ほかの職員に伝えたりできるよう、複数の保育者で行う。

0歳の保育資料

食事

離乳食 指導計画 P.28〜36、42〜44

0歳児は月齢によって食事の内容や食べ方が違います。保護者とともに対応を考え、子どもが安心して食事ができる環境と、ひとりひとりの発達に合った援助を行います。

食事環境の工夫

皿とスプーンは2種類。

- 座る姿勢が安定している子は、テーブルが付いていないいすを使用し、保育者の向かいに。
- テーブルを挟んで、子どもと保育者が向かい合うように座る。
- 食べこぼし用の台ふき。
- 自分で食べる子は、重みがあってずれにくい陶器皿と、握りやすい太く短いスプーン（写真左）を使用。
- 職員用の手ふきタオル。
- 保育者が援助する子は、プラスチック皿と細長いスプーン（写真右）を使用。
- 座る姿勢が安定しきっていない子は、テーブルが付いていて、またを支えられるいすを使用し、保育者の隣に。
- 皿に名前が書いてあるクリップを付ける。盛り付けや配膳時の間違いを防ぐ。
- 雑きんとポリ袋を入れたバケツ。食べこぼしを掃除するために使う。子どもから離れて洗いに行く時間を短縮できる。
- メニューによっては、手づかみをする子どもの席の下にレジャーシートを敷く。

いすは2種類。個々の体の大きさなどに合わせ、必要に応じて背中や足元に支えを用意する。

クリップを付けた皿。

援助のポイント

●栄養士と連携する
保育者と栄養士が相談し、ひとりひとりの子どもに適した内容や形状の食事を準備する。栄養士は実際に保育者の援助を見たり、自ら援助したりして、子どもの食べる様子を観察する。

●子どものペースに合わせる
食材の名前を語りかけながら、その子の食べるペースに合わせて、適量を口に入れる。

●手づかみ食べを見守る
汚してもよいように環境を整えながら、手づかみ食べを十分に経験できるように見守る。

●飽きないようにする
保育者が食べる姿を見せたり、食べる順序を工夫したり、言葉かけをしたりして、できるだけ飽きずに食事が続けられるようにする。

●無理強いをしない
いやいやをしたり、皿やスプーンであそび始めたりしたら、無理強いをせず、様子を見ながら切り上げる。

子どもとしっかり向き合って援助することで、保育者が食べる姿や、口の動かし方を見せることができる。

0歳の保育資料

食　事

年少幼児食
指導計画 P.36、38、39、42〜50

1歳半を目安に、徐々に離乳食から年少幼児食へ移行していきます。
栄養士や家庭と相談しながら、個々の発達に合わせて移行計画を立て、食事の内容や形態を工夫します。
自分で食べる楽しさを感じ、さらに食べたいという意欲につながるようにすることが大切です。

離乳食と年少幼児食の違い

個々のそしゃくの様子や発達を踏まえて、栄養士と連携しながら移行時期や食事内容を考え、保護者にも話していきます。

離乳食 → 年少幼児食

- 食材の切り方が大きくなり、種類が増える。
- 子どもがすくいやすいように、皿の縁が高くなっている。当園では、御飯とおかずは仕切りの付いた1枚の皿に入れる。
- 御飯は団子状にし、手づかみで食べる。または、保育者がスプーンで口に運ぶ。
- 御飯、汁物、おかずの3皿に小分けにする。
- 発達に合わせて御飯の形状を変えていく。

一口量がわからない場合は少し大きめのおにぎりにして、前歯でかじりとるように。

●ポイント

・手づかみ食べの経験を十分に行い、目、手、口の協応が行えるようになってからスプーンですくって食べるようにしていく。
・移行した初日は、特に食べ進み具合や食べ方などを細かく見ていき、その様子を連絡帳や送迎時などで保護者に伝えていく。
・子どもが好みの食べ物ばかりを選ばないように、個々の姿に合わせて量を調節しながら援助して、食べる意欲を引き出していく。

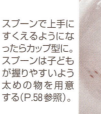

おいしいね

スプーンで上手にすくえるようになったらカップ型に。スプーンは子どもが握りやすいよう太めの物を用意する(P.58参照)。

計画を立てる

●年度始めに

年度初めに個々の月齢と発達を考慮して、栄養士や家庭と相談しながら、おおよその移行時期を想定し、計画表に書き込みます。移行時期の目安がわかり、スムーズに進めることができます。

●離乳食計画表の例

（離乳食の時期（ピンク色）と、離乳食から年少幼児食への移行時期（灰色）を色分けし、一目でわかりやすく。）

（月齢と個々の発達に合わせて、移行時期をずらしていく。）

※登園では、ステップ1＝5、6か月、ステップ2＝7、8か月、ステップ3＝9～11か月、ステップ4＝12～18か月を目安にしている。

●食事調査用紙の例

＜年少幼児食への移行について＞

（家での食事状況について。）

（食べられる食材について。）

（悩み、質問、子どもの様子などが記入されていた場合は直接話し合う。）

●移行前に

離乳食から年少幼児食への移行前に保護者に、食事調査の用紙を渡し、食べられる食材や家庭での食事状況を把握します。年少幼児食のなかに、まだ家庭で試していない食材があった場合は、離乳食で代替します。家庭で試して、アレルギーなどの症状が見られないと判断できてから、園でも試していくようにします。

記録をつける

食事の移行がスムーズに進んでいるか確認するため、毎月、個々の離乳食の経過を記録しています。この記録を基に栄養士と相談し、食事の内容や移行時期を決めていきます。

手づかみしたり、スプーンを使ったりしながら。

●離乳食個人経過記録の例

（月齢、発達、食事摂取基準に基づいて、離乳食の計画を記入する。）

（間食（特にミルク・牛乳の量）も記録する。）

（食事のときの子どもの様子を記入する。）

（家庭への連絡事項を記入する。）

0歳 保育資料

0歳の保育資料

安全管理

避難訓練

指導計画 P.29、31、33、35、37、39、41、43、45、47、49、51

当園では、毎月1回避難訓練を実施し、避難の仕方や職員間の連携をしっかり確認しています。また、2011年3月の東日本大震災後、改めて災害への対応を見直しました。職員の動きや子どもたちの様子をその都度振り返ることが大切です。

年間計画

災害にはさまざまな場面で遭遇する可能性があり、避難では多くのことを実行しなくてはなりません。1年間の避難訓練計画を立て、1枚のプリントにまとめて、毎月の訓練内容がひと目でわかるようにし、ひとつひとつ確実に実践できるようにします。

災害想定
地震、火災、揺れの強い場合、出火場所が保育室の場合、隣家の場合など、毎回いろいろな想定で実施する。

時刻
災害はいつも同じ時刻に起こるとは限らない。朝、昼、夕方など、それぞれの時間帯の場合を訓練しておく。

ねらい
毎回、どの部分を重点的に訓練するか決めることで、1つずつ確実にできるようにしていく。

●避難訓練年間計画表の例

○年度避難訓練年間計画

目標: 非常事態の発生に備えて、段階的にいろいろな場合の訓練を行い、子ども達に不安を与えないように人命安全を第一とした訓練を行う。

月・日	災害想定	時刻	ねらい	子どもへの指導内容
4月13日(火)	予備段階	10:00～	合図を知り聞き分ける	・火災と地震の合図の違いに留意させる。 ・火災と地震について話し、具体的な動作で知らせる。 ・防災ずきんのかぶり方を知らせる。 ・避難靴を履く。
5月7日(金)	地震	10:00～	地震時の避難方法を知り、園庭まで避難する	・机の下や押し入れに頭を低くして避難し、防災ずきんを被る。また、避難靴も履く。 ・0、1歳→非常用滑り台より ・2歳→トイレ側出口より ・3～5歳→正面玄関より　避難する。
6月8日(火)	火災 (隣家より)	10:00～	火災時の避難方法を知り、園庭まで避難する	・保育者のところに集まること、煙を吸わないように保育者の指示を聞くことを知らせる。 ・0、1歳→非常用滑り台より ・2歳→トイレ側出口より ・3～5歳→正面玄関より　避難する。
7月13日(火)	地震	14:45～	昼寝中での避難方法を知る	・保育者の指示をよく聞いて行動することを知らせる。 ・災害はいつ起こるかわからないことを伝える。
8月3日(火)	火災 (給食室より)	10:00～	火災時の避難方法を知り、園庭まで避難する	・避難経路について確認する。 ・0、1歳→非常用滑り台より ・2歳→トイレ用出口より ・3～5歳→2階園庭より　避難する。
9月7日(火)	強度の地震	15:15～	強度の地震の避難方法を知る	・強度の地震のときには、揺れ返しがあることを知らせていく。 ・保育者の指示を聞いて行動することを再確認していく。 ・防災ずきんを被る。
10月12日(火)	火災 (はなの部屋より)	9:45～	園外に避難する	・火災時の避難方法を確認し、煙を吸わないように行動していくことを伝えていく。 ・園外への避難では、保育者の指示をよく聞いて行動していくことを知らせていく。
11月9日(火) 消防署員来園	地震からの出火	10:00～	地震から火災の過程を経験する	・火災の恐ろしさ、地震に関心をもてるような視聴覚教材を用意して話をしていく。 ・地震から火災になることも知り、保育者の指示をよく聞いて行動していくことを知らせる。
12月7日(火)	地震	17:45～	夕刻時の避難方法を確認する	・どんな場所にいてもそばにいる保育者の指示をよく聞いて行動していく。
1月11日(火)	火災 (ことりの部屋より)	16:30～	出火場所に応じた避難経路を知り、避難する	・担任以外の指示で速やかに行動する。 ・火災時の避難方法を確認する。
2月9日(火)	地震	8:40～	担任以外の人や、いつもと違う場所での避難を経験する	・担任以外の指示で速やかに行動する。 ・落下物のないところに避難することを知らせる。
3月8日(火)	火災 (隣家より)	8:30～	担任以外の人や、いつもと違う場所での避難を経験する	・保育者の指示に従い約束を守り避難する。

※つきの部屋は、2階突き当たり奥の未使用部屋。はなの部屋(1歳児クラス)と、ことり・かぜの部屋(ともに3歳児クラス)は2階、うみの部屋(2歳児クラス)は1階にある。

0歳児避難のポイント

・年齢によって避難経路を分け、0、1歳児は非常用滑り台を利用するようにする。
・最初は訓練の雰囲気や非常ベルの音、防災ずきんの着用に慣れることから始める。そばについて、安心できる言葉をかける。
・寝ている子どもは起こさず、参加できる子どもだけで行うなど、その都度様子を見て、無理のないように行う。
・状況に応じて、抱っこやおんぶで避難する。

子どもへの指導内容・留意点
訓練で子どもに伝えたいことや、伝えるときに意識したい点。

職員の消火訓練
どこでいつ出火しても、速やかに消火活動ができるよう、消火器の扱いや消火手順などを確認し、実際の操作を練習しておく。

訓練の前に

・訓練内容、避難経路、各職員の役割分担などを、事前に職員間で話し合い、確認しておく。
・防災ずきん、避難靴、ヘルメット（職員用）、避難リュック、避難車（避難時の移動用の乗り物）の有無を事前に確認しておく。
・おんぶひも、ヘルメット、防災ずきんを決まった場所にまとめて置いておき、いつでもすぐに使用できるようにする。
・保護者の緊急連絡先、送迎者、送迎時間、職場から園までのルートや時間などの情報を、全職員がわかるように記載してまとめ、すぐに対応できるようにしておく。また、園のメールアドレスを保護者に事前に周知し、災害時や緊急時に連絡をとれるようにしておく。
・日ごろから、歌やリズムあそびなど物を使用しない活動を意識して取り入れ、おもちゃがない状況でも、普段通りに過ごすことができるようにしていく。

※避難靴は、家庭に呼びかけて各自用意する。
※職員は常時、笛を携帯しておく。

第二厚生館愛児園

子どもへの留意点	消火訓練内容（職員対象）	確認	幼児指導
・合図を繰り返し聞かせていく。 ・年齢に合わせた方法で、火災と地震の話や訓練の必要性を知らせていく。	・園内の消火器の設置場所を確認する。		・おしゃべりしない。 ・合図があったら職員の指示に従う。 ・勝手に飛び出さない。 ・落ち着いて放送を聞く。
・地震時の避難方法をわかりやすく知らせていく。	・消火器の操作方法を知る。		
・火災時の避難方法をわかりやすく知らせていく。 ・避難経路については、わかりやすく伝えていく。	つきの部屋より出火	備え付けの消火器を模擬操作していく	職員の行動（火災時） ・窓を閉める ・煙を吸わないように口に手をあて、床を這う ・子どもたちの誘導 ・人数確認・報告
・どのような状況であっても話を聞き、約束を守る大切さを知らせていく。	調乳室より出火	備え付けの消火器を模擬操作していく	
・出火場所により避難経路が違うことを知らせていく。 ・約束事を再度確認する。	給食室より出火	備え付けの消火器を模擬操作していく	職員の行動（地震時） ・窓を開ける ・ヘルメットを被る ・火の元確認 ・子どもの誘導 ・人数確認、報告
・揺れが止まっても危険な状況もあることを知らせていく。 ・どのような状況でも、避難できるように伝えていく。	地震により会議室より出火	備え付けの消火器を模擬操作していく	
・火災時の避難方法・避難経路を伝えていく。 ・園外への避難のため、速やかに避難するには、保育者の話をよく聞いて行動するように伝えていく。	はなの部屋より出火	消火器を移動し、模擬操作していく	職員訓練 ・園内放送の仕方（災害時、園内に放送して状況を知らせる） ・消火訓練【月1回】（係を中心に毎月行い、年に1回消防署員の指導を受ける。） ・通報訓練（係を中心に行う。年1回消防署員と電話119番に直接かける。）
・地震から火災になることを伝え、保育者の指示により速やかに行動していくように伝えていく。	・実際に消火器を操作して消火していく。（消防署員に指導を依頼する）		
・保育者の話を聞く大切さを再確認していく。 ・明確に指示をし、落ち着いて避難できるようにしていく。	地震によりかぜの部屋より出火	消火器を移動し、模擬操作していく	
・保育者は、すばやく判断し、適切な指示を出して、落ち着いて避難できるように伝えていく。	ことりの部屋から出火	出火から消火までの一連の動きを模擬操作を含めて行う	
・保育者の話を聞く大切さを再確認していく。 ・どのような場所でも避難できるように、保育者は適切な指示を出していく。	うみの部屋から出火	出火から消火までの一連の動きを模擬操作を含めて行う	
・出火場所により避難経路が異なるため、適切な指示のもと、速やかに避難していくように伝えていく。	隣家より出火	消火器を移動し、速やかに消火活動を行う	

職員の基本行動
地震や火災が発生した瞬間から、子どもたちを避難させるまでの、一連の行動を確認する。

●避難リュックの中身の例

緊急連絡表　救急セット　レジャーシート　水　ティッシュペーパー　タオル　レジ袋　おんぶひも　おもちゃ（シャボン玉や風船など）

そのほかの職員訓練
毎月の避難訓練以外に、消火訓練や通報訓練、消防署員の指導、園内放送の流し方などを、定期的に訓練していく。

※年少幼児食に移行していない子どもがいる場合を想定して、常時リュックの中にミルク（キューブ状やスティック状の物）の準備をしておく。
※毎月、中身を確認し、子どもたちの状態に合わせて、着替えやおむつ、おしりふきを多めに入れるなどの調節をする。

0歳の保育資料

散　歩

園内探険　指導計画 P.29〜31

はいはいやずりばい、四つばい、伝い歩きなどもするようになり、部屋の外の世界にも興味をもつようになってきた子どもたち。廊下や空いている部屋へあそびに行き、移動運動や探索活動を楽しめるようにしました。

廊下へ

長い廊下を移動する途中、周囲のさまざまなものに目を向けられるように、廊下の天井に装飾をつるしたり、言葉かけを工夫したりしています。まだ、はいはいをしない子も、保育者が抱っこしたり、移動用のおもちゃに乗ったりして一緒に移動して楽しみます。

天井装飾の作り方

実践者より

子どもと同じ視線になって、「何が見えたかな」「あ、あったね!」と子ども自身が興味や関心をもつよう言葉をかけていきます。しばらく装飾を目で追うなどの姿を見守り、「揺れているね」などと声をかけながら抱っこして手を伸ばしたり、触って感触を確かめたりします。廊下は見通しがよいので、自分で天井の飾りを見つけ、風に揺れる様子を見上げたり、指さしたりする姿が見られました。その後、クラスの室内にもモビールなど揺れる物を用意して楽しみました。

ほかの部屋へ

廊下を移動しながら、ほかのクラスをのぞくこともあります。入口の下窓から一緒に中の様子を見ながら、言葉かけをします。

実践者より

下窓を一緒にのぞきながら、「何をしているのかな」「あれは何かな」と、まず子どもに問いかけます。そして、中でやっている曲や歌に合わせて、保育者が手をたたいたり、「一緒にしたいね」などと声をかけたりして、子どもの興味に寄り添い、一緒に楽しい気分を味わえるようにします。「○○組さんだね」「○○しているね」などと、だれが何をしているかを伝えていくのもよいでしょう。

楽器あそびをしていた4歳児の部屋をのぞく。この後、保育者が仲立ちとなって4歳児に楽器を貸してもらい、あそぶ姿も。

園外散歩

指導計画 P.40、41、43、44

年度後半になり、歩行もしっかりしてきたら、園外に行く機会を増やしていきます。広い場所でのびのびとあそんだり、自然物に触って季節を感じたり、地域の人とふれあったりして、外の空気を満喫します。

ひとりひとりの発達に合わせて、散歩車に乗ったり、保育者と手をつないだり。無理をして遠出をせず、ゆったりと歩きながら、さまざまな発見を楽しむ。

足元の自然物や視線の先にある景色に興味をもち、ふれたり言葉を発したりする姿も。同じ目線になって、その喜びに共感したい。

保育者が近所の人にあいさつしたり、バスやゴミ収集車に手を振ったりするなど、さまざまな人とかかわる楽しさを伝えていく。

公園では、はう、しゃがむ、歩く、段差を上る、小走りするなど、のびのびと体を動かす。また、落ち葉を踏んで音や感触を楽しむ、草花にふれるなど、自然を味わう。

実践者より

散歩車に乗っている子どもも少しずつ歩く経験ができるよう、保育者と手をつないだり、名前を呼びかけたりし、歩いて散歩する楽しさを感じられるようにしています。道中、保育者が地域の人にあいさつする姿を見て、自然と子どもたちが語尾やしぐさをまねる様子も見られました。また、戸外で体を動かしてあそぶことで体力が少しずつつき、おなかが十分にすいて食事もよく進むようになりました。午睡時のスムーズな入眠にもつながっているようです。

エピソード記録
わたしだけの靴

歩くことを嫌がるRちゃん

天気のよい日が多く、子どもたちの体調も安定して、散歩の機会が増えてきました。回を重ねていくうちに、「お出かけするよ」と言うと、帽子を自分で出し始める姿も。けれども、Rちゃんは歩くことに抵抗を示し、なかなか歩こうとしません。そこで、新しい靴をはけば戸外でも歩くことが楽しめるかなと期待し、保護者に靴の用意をお願いしました。

靴を履くことで変化が

ある日、散歩に出かけるときのこと。Rちゃんはぴかぴかの自分の靴を見つけると指をさし、それを教えるように保育者に向かってにっこりとほほえみました。靴をはいてもなお、「わたしの靴だよ」と言うように保育者の所まで歩いてきて、見せようとします。そして、今まで戸外で歩くことを嫌がっていたことがうそのように、一歩ずつ歩き始めたのです。また、歩くことだけでなく、飛行機や車を見つけて「あ！」と言葉を発したり、「（はっ）ぱ」と言いながら落ち葉を手で拾ったり足で踏んだりして、感触や音を楽しむ姿も見られるようになりました。

機をとらえた環境作りを

その後、靴以外にも、靴下や帽子も手の届く引き出しに用意したところ、自ら取り出したりはこうとしたりするようになりました。友達と一緒に出かけるという楽しい雰囲気もあって、Rちゃんの気持ちにも変化が出てきたのでしょう。保育者の環境作りによって、気持ちをさらに高めたり、切り替えたりできるということの大切さを改めて実感しました。

0歳の保育資料

手作りおもちゃ

少しずつ部屋に慣れてきた子どもたちは、はいはいで探索して、棚に手を伸ばしたり、引き出しの中身を引っ張り出したり、ラックのひもをいじったり、いろいろな物に興味を示し始めます。思い思いに触ってあそべるおもちゃを用意しました。

箱積み木

指導計画 P.28、29、31、33

作り方

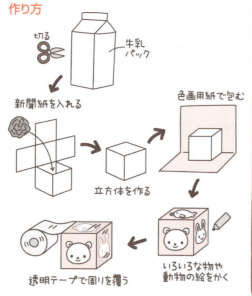

握ったり、離したり、保育者の積んだ物を崩したりして、思い思いにあそぶ。

実践者より

低月齢の子は、手に持ったり、口に入れてなめ回したりして感触を楽しんでいるようでした。保育者が「高い高い」などと声をかけながら、積み上げた積み木を崩してやり取りも楽しみます。高月齢の子どもは、保育者が積む様子をじっと見て、見よう見まねで積もうとする姿も。大好きな積み木になるように、側面には親しみやすい絵柄を入れました。

あそびひも

指導計画 P.28、29、31、33

長さや質感、色に変化をもたせ、飽きずに楽しめるようにする。

作り方

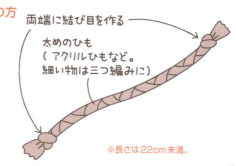

両端に結び目を作る
太めのひも（アクリルひもなど。細い物は三つ編みに）

※長さは22cm未満。

実践者より

思わず引っ張りたくなるような、手触りがよく、ちょっと太めのひもを用意しました。触ったり、なめたり、振ったり、握ったりして感触を楽しみます。なかには保育者と引っ張りっこをして笑顔を見せる子も。

※おもちゃはこまめな洗浄・消毒を心がけ、誤飲などしないよう安全面には十分気をつける。

手あそび・歌あそび

移動や運動を楽しむ

一緒にはいはいしながら体にふれたり、抱っこして大きく揺らしたり、いろいろな動きを楽しみながら、スキンシップを深めていきます。

0歳 保育資料

ばくさん　ばくさん

指導計画 P.30〜32

あそび方

歌いながらはいはいをして、「どう、どう」「もう、もう」のところで、保育者が自分や子どものおしりを片手で軽くたたく。

「○○ちゃん、おいでおいでー」。言葉をかけながら、追いかけたり、追いかけられたりを楽しんで。

実践者より

長い廊下を子どもたちと一緒にはいはいしながら、繰り返し歌ってあそびました。名前を呼んだり、「まてまて」と追いかけたり、保育者が先に行って隠れて「いないね、どこにいるかな」と声をかけたりして、子どもたちの進むペースを大切にしながら、はいはいすることが楽しめるような雰囲気を心がけます。保育者がはいはいする姿をみて、子どもたちも意欲的にはいはいしようとするようになり、そのうち、少しの段差を経験したり、階段登りを楽しんだりする姿も見られるようになりました。

♪ばくさん　ばくさん　　　　わらべうた

1. ばくさん、ばくさん、うしとうんまと、かえまいか、はい、どう、どう。
2. ばくさん、ばくさん、うんまとうしと、かえまいか、はい、もう、もう。

ゆすりゃ　ゆすりゃ

指導計画 P.32、39

あそび方

子どものわきの下に手を入れ、腕が抜けないように胸の部分をしっかり支えて抱く。節を付けて歌いながら揺らす。

①ゆすりゃ　ゆすりゃ〜　かきのきまで　ゆす

歌に合わせて左右に揺らす。

②りゃ〜

正面から右回りに1周する。
※遊具やほかの子にぶつからないように気をつける。

実践者より

普段から子どもが大好きなあそびで、運動会の親子参加プログラムにも取り入れました。子どもの様子を見ながら、小さく揺らしたり大きく揺らしたりなどの変化をつけると、声をあげて喜びます。怖がる子には無理強いしないようにしましょう。

67

0歳の保育資料

手あそび・歌あそび

ふれあいを楽しむ

園の雰囲気や保育者に慣れてきた子どもたち。安心して過ごすようになり、「ブーブー」などの声を出すことも増えてきます。より信頼関係を深められるように、ひとりひとりじっくりとかかわり、穏やかな声で語りかけながらふれあうようにしています。

じーかいてポン

指導計画 P.28〜33

あそび方（保育者のひざの上に乗ったり、向かい合って座ったりして行う）

① じーかいて

子どもの片方の手を持ち、てのひらに数字の「1」を書くように、人差し指で2回なぞる。

② ポン

保育者のてのひらを重ねるように軽く置く。
※「ポン」は、子どもによくわかるように、高い音でゆっくり歌うようにする。

③ じーかいてポン

もう片方の手を取って、同じようにする。

バリエーション　いろいろな部位や姿勢で

おなかで

足の裏で

午睡前に横になりながら

実践者より

保育者のすることに興味をもって、じっとてのひらを見つめたり、てのひらをなぞるとき、くすぐったそうな表情をしたりします。何回か行うと、「ポン」で笑ったり、保育者の顔を見たりする姿も。1〜2か月ほど繰り返し楽しんでいると、片方の手を終えた後、「こっちもね」と声をかけると、自分からもう片方の手を出すようになりました。また、ふれあいあそびを通して保育者への愛着が深まり、安心することで、少しずつ周りの世界にも興味が出始め、ほかのおもちゃであそぶ姿も見られるようになりました。

ジージーバー

指導計画 P.28〜32、42、46

あそび方（綿素材などの柔らかい布を使って）

実践者より

「ジージー」で少し止まって子どもの反応を待つと、期待が高まって喜びます。子どもが布に手を伸ばし、持つようになってきたら、保育者が歌だけうたうと、それに合わせて、つかんだ布を上下に動かしてまねをします。大人がやってみせるなかで、子どもは自然とまねをし始めました。月齢が上がれば、厚手の物や大きな布を使っても。

カクカク

あそび方

①カクカク　カクレンボ　チャワンニ　オタフク　スッペラ

歌に合わせて、服やエプロンのポケットから布をのぞかせたり、引っ込めたりする。

②ポーン

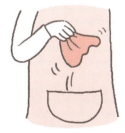

布をすべて見せ、ひらひらと揺らす。

何が出てくるのかという期待感や動きを楽しんだり、出てきたときの喜びを感じたりする。そでや裾など、隠す場所を変えて、簡単な言葉のやり取りを楽しんでも。

0歳の保育資料

手あそび・歌あそび

模倣を楽しむ

徐々に歩行が安定し、立ったり座ったりなどいろいろな動きができるようになってきます。また、保育者や年上の子どもたちの行動、生活のしぐさなどに興味を示すような姿も。リズムに合わせて、模倣あそびを楽しみます。

めぇる めぇる

指導計画 P.31、36、38～42、48

あそび方

① めぇる　めぇる

② めええるー

リズムに合わせて「めえええるー」のところで前傾姿勢になり、床に手を着いて、またの間からのぞく。

実践者より

立っちや歩行が安定して、屈伸をするようになったころに行います。「いないいないばあ」のように、顔を見せることに期待感をもってやると喜びます。子どもたちが慣れてきたら、保育者が子どもと背中合わせに立って同じようにやり、またの間からお互いの顔をのぞくとさらに楽しめます。

うさぎ

指導計画 P.31、36、38～42、48

あそび方

ぴょんぴょんぴょん　ぴょこぴょこぴょん

リズムに合わせて歌いながら、ウサギのまねをしてジャンプしたり、屈伸したりする。

実践者より

3～5歳児クラスでピアノを使ってやっているのを見たり聞いたりして関心をもち、音を聞くと反応するようになりました。0歳児の保育室では、保育者のまねをして、体を揺らして楽しんでいます。

今度はアヒルになってみましょう。
子どもは手を横に広げてしゃがみ、歩きます。
保育者と一緒に、あひるをイメージしながら進みます。

よちよちあひるさん　かわいいな（2回繰り返す）

実践者より

後半の時期になってできるようになるあそびです。実際にはそれほど進めませんが、体をゆらしアヒルになりきって、楽しんでいる姿がかわいらしいですよ。

かえる

指導計画 P.31、41～43、45、48

あそび方

しゃがんで両手を床につき、「かえるの合唱」に合わせて床をたたく。

こま

指導計画 P.31、41～43、45、48

あそび方（ゆっくりなテンポで）

① 両手を横に上げて、保育者が「くるくる　くるる～　くるくる　くるる～　くうるるる～」と歌いながら回る。

② 最後は「ぱったん～」で、床に寝転ぶ。子どもに合ったテンポで行う。

実践者より
年上の子どもたちがリズムあそびを楽しく行う姿を見て興味をもったようです。その姿を受け止め、模倣あそびとして簡単な動作にしてみました。

せんべ　せんべ

指導計画 P.31、41～43、45、48

あそび方（手をせんべいに見立てて）

せんべ　せんべ　やけた
どの　せんべ　やけた
この　せんべ　やけた

① 音楽に合わせて、てのひらで机の上を軽くたたく。

② 「やけた」の後に、「くるっ」と言いながら両てのひらを返す。てのひらを上にして、もう一度最初から繰り返す。

③ 歌い終わった後に、「おいしいおせんべ、やけたね」「いただきます」などと言って、手をせんべいに見立てて食べるまねをする。

実践者より
朝の会や食事を待っているときに行います。模倣や、見立てあそびを楽しむとともに、手をうまく返すなど手や腕の育ちにもつなげていきます。

♪ せんべ　せんべ　　　　わらべうた

せんべせんべ　やけた、　どのせんべ　やけた、　このせんべ　やけた.

0歳　保育資料

0歳の保育資料

屋外あそび

水あそびの準備　指導計画 P.34、35、37

無理なく水に慣れていくように、水あそびの環境や水の感触に少しずつ親しめるようにします。また、水あそびを元気に楽しめるよう、準備や体調管理などをしっかり行っていくことが大切です。

水あそびに慣れる

用意する物
ビニールプール、かご、ボール（カラーボール、ビーチボール、ゴムボールなど）、ポリ袋や水風船、水あそび用のおもちゃ（じょうろ、バケツ、スポンジなど）

● **環境に慣れる**
ビニールプールに入ることに慣れていきます。

ビニールプールの中に、さまざまなボールを入れ、保育者も一緒に入ってプールごっこ。ビニールプールの中で過ごすことに慣れるように。

ボールを通して、握る、両手で挟む、投げる、転がす、などいろいろな運動を体験する。プールの外で「まてまて」と声をかけながら、ボールの追いかけあそびをすることも。

保育者がかごからボールを出し入れする姿を見て、同じようにかごやプールからボールを出し入れする。「どうぞ」「ありがとう」のやり取りも。

● **感触に慣れる**
水の感触や冷たさを体験していきます。

ポリ袋や水風船の中に水を入れて、むぎゅむぎゅ。水そのものとは異なるが、冷たく柔らかい感触に慣れることができる。

バケツに水を少しだけ入れ、水の感触を楽しむ。

実践者より

初めてのビニールプールに興味をもって「なんだろう？」と寄って来る子や、不安な表情を見せる子もいましたが、保育者が入る姿を見せたり、一緒に中に入って抱っこをしたりすると、少しずつ慣れて笑みを浮かべる姿も。また、大きさや感触の異なるボールを数種類用意したことで、それぞれが興味のある物を両手で転がしたり、下から上に投げたりして、いろいろなあそび方で楽しめました。ボールを介してやり取りを行うなかで、友達に興味をもっている様子が見られたら、保育者が仲立ちとなって、やり取りを楽しめるようにしていきました。

準備物を伝える

家庭に泥んこパンツと体ふきタオルを準備するよう伝えます。水あそびを始める前月の懇談会で見本を見せながら説明し、時期が近くなったら掲示板でも知らせるようにします。

見本を見せながら……

専用のタオル入れに……

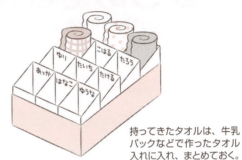

持ってきたタオルは、牛乳パックなどで作ったタオル入れに入れ、まとめておく。

健康チェックをする

夏の間は登園チェック表の代わりに、水あそびチェック表を使い、保護者と十分に連絡をとり合って、子どもの体調を把握するようにしています。

※原則として記入がない場合は、元気であっても水あそび、泥んこあそび、シャワーをすることはできないことを伝える。
※○印がついていても、日中の様子によっては水あそびを控える場合もあることを伝えておき、その際は連絡帳や口頭で知らせていく。

●水あそびチェック表の例

名前	7/2 月曜日		7/3 火曜日		7/4 水曜日	
	体温	水遊び	体温	水遊び	体温	水遊び
○○ ○○	36.5	○	36.7	△	36.8	×
●● ●●	36.4	○	36.5	○	36.8	△
□□ □□	36.8	×	36.8	×	36.6	△

登園時に保育者が記入することにより、水あそびや健康についての関心がより高まる。

その日の子どもの体調に合わせて、保護者が次の印を記入する。
○……水あそび、泥んこあそび、ともに可能
△……シャワーのみ可能
×……水あそび、泥んこあそび、シャワーすべて不可（→清拭を行う）

虫除け対策をする

戸外での水あそびには虫刺されがつきもの。天然素材で肌に優しい虫除け剤を手作りして使用しています。

※事前にアレルギーの有無を必ず確認し、保護者の了承を得て塗布する。

ハーブオイルの虫除け剤の作り方

※液が傷むのを防ぐため蜂蜜や酢を数滴入れるが、2〜3日で使い切るようにする。

※虫除け対策として、蚊香龍（かころん）というハーブを園庭に植えたり、保育室の窓際に置いたりしている。

0歳 保育資料

0歳の保育資料

屋外あそび

夏のあそび環境作り　指導計画 P.34〜37

子どもたちが園庭や室内で安心してのびのびとあそぶことができるよう、暑さや安全への対策を整え、確認や点検をしっかりしていくようにします。

戸外あそび

日陰
体を休めることができるようにネットやテント、藤棚などで日陰を作る。

自然物にふれる機会を
園庭の草花や野菜などにも興味をもち、ふれる機会をもてるようにする。

ござ
直射日光を避けた場所にござを敷いて戸外の雰囲気に慣れ、無理せず個々のペースに合わせながら水や泥にふれる機会をもつ。

危険物の確認
はだしで過ごすことが増えるので、いつも以上に注意し、危険物が落ちていないか、こまめに確認する。

掘り起こし
月に2回砂場の掘り起こしを行って、異物がないか点検し、清潔を保つ。

おもちゃの棚
ままごとのおもちゃ（コップ、皿、シャベル、バケツなど）、縄、ボールなどを、子どもたちが自ら興味をもって取り出してあそべるよう、手が届く棚に収納する。特に0歳児がよく使うおもちゃは下段に置いておく。

ティッシュペーパー、ぬれタオル、お茶
手や体が汚れた際にすぐにふけるようティッシュペーパーやぬれタオルを用意する。また、こまめに水分補給できるようお茶を用意する。

消毒
砂場は月に1回、次亜塩素酸ナトリウムの殺菌消毒剤で消毒する。おもちゃは、使用後は流水で洗って日光消毒をする。また、破損などがないかひとつひとつ十分に点検する。

いつ、だれが、どのような消毒をしたかを記録し、定期的に忘れないように実行していく。

●点検表の例

74

水あそび

●テラス

保育室のすぐ横のテラスを使用することで、水あそびの機会を多くもてるようにしています。ビニールプールやたらいで、ひとりひとりがじっくりあそびます。

すだれ
0歳児クラスのテラスやベランダにはすだれを設置し、直射日光を避けて涼しく過ごせるようにしている。すだれには、子どもたちの好きなキャラクターの絵をラミネート加工した装飾を付け、楽しい雰囲気を出している。

水面をたたいてしぶきをつくるのが大好き。保育者がやるとまねをして、自分の顔にかかると声をあげて楽しむ様子も。

ござ
テラスやベランダはぬれると滑りやすいので、ござを敷いて滑りにくくする。

じょうろやバケツのほかに、スポンジ積み木、ビーチボール、ペットボトルなどの空き容器、シャンプーのポンプ式容器などいろいろな素材を準備した。好きな物で思い思いにあそぶ。

水深が1cmであっても、事故が起こる可能性があるので、十分注意する。また、見守り役の保育者を1人配置する。

実践者より
ペットボトルなどの空き容器は、穴を開けてシャワーのようにしてあそんだり、草花などを入れて色水にして見せたりしました。じょうろやペットボトルを使ってシャワーのように水を降らせると、手を伸ばして喜び、じょうろやペットボトルを保育者に渡して「もう1回やって」と何度も催促する姿が見られました。

●砂場

砂場に水をまいて泥んこ状態にし、水と土が混ざった独特の感触を、全身で味わいます。だんだんと汚れを気にせず大胆に。

バケツに泥を入れて触ったり、保育者が穴を掘って作った水たまりに入ったり、興味のまま自由にあそぶ子どもたち。

実践者より
手足で砂にふれる機会を積み重ね、慣れてきたところで砂場に水たまりを作るようにしました。最初はきょとんとして、少し不安そうにする子どももいましたが、手足でふれたり、おもちゃを使ってくすぐったりするなかで、おなかや背中などに泥を付けても嫌がらなくなりました。泥に触ることが苦手な子がいたので、最初は砂場のわきに敷物を敷いて、雰囲気に慣れながら様子を見て参加できるような配慮も。砂場では1歳児と一緒になることが多く、おもちゃを貸してもらったり、名前を呼んでもらったりなどのやり取りも楽しむことができました。

シャワーセット
おむつ、衣服上下、体ふきタオルをセットにして1人ずつかごに入れ、シャワー場所近くに置いておく。だれの物かすぐわかるよう、記名済みのおむつを一番上に置くようにする。

0歳 保育資料

0歳の保育資料

屋外あそび

運動あそび
指導計画 P.31、36〜40

立っち、はいはい、歩行など、さまざまな発達段階の子どもたちがのびのびとあそべるように、戸外の日陰を利用してシートを敷き、運動コーナーを作りました。運動会でも0歳児の親子参加種目に取り入れました。

じょうずに立っち

巧技台に鉄棒を渡して、つかまり立っち。鉄棒に沿って伝い歩きも。鉄棒が動かないように保育者が押さえている。

巧技台で上り坂

巧技台に板を立てかけ、周囲にマットを敷く。上り坂で、はいはいの練習。

のれんくぐり

ひもを左右に渡して、透ける生地で手作りしたのれんをつり下げる。「いないいないばあ」を楽しんだり、手押し車を押しながらくぐったり。

おもちゃあそび

いつも保育室であそんでいる、手押し車や馬乗り、ボールプールなども、シートを敷いて屋外でのびのびと楽しむ。

●運動会につなげるポイント

・どのような姿を見せたいか担任間で話し合って、あそびの候補を挙げ、そのなかから普段子どもたちが楽しんでいるものや興味のあるものを選ぶ。
・運動会の場所を想定し（小学校の校庭や体育館など）、室内や戸外などさまざまな場所であそぶ経験を積んでおく。
・当日、子どもたちが無理なく行えるよう、保育者も一緒に楽しみながら、あそびの機会を重ね、慣れていく。
・保護者が見通しをもって参加できるよう、運動会前にお便りなどで、あそびの内容や当日予想される子どもひとりひとりの姿を伝えておく。

 実践者より

子どもたちがあちこちで盛んにつかまり立ちを楽しんでいる姿を見て、「じょうずに立っち」のコーナーを設定しました。担任を中心に職員同士で意見を出し合いました。また、運動会で行うことによって、園での普段の取り組みや、子どもたちの興味や発達が保護者によく伝わったようです。運動会では、大勢の観客に驚いて不安になったり、泣いたりしてしまったときに気分転換できるよう、シャボン玉などを用意しておくとよいでしょう。

エピソード記録
のれんで「ばあっ！」

カーテンが好きな子どもたち

0歳児の保育室には大きなカーテンがあります。最近、ますます探索心がおう盛になってきた子どもたちは、かくれんぼが大好き。子どもがカーテンの後ろに隠れる姿を見つけ、「あれ〜？○○君、どこに行ったのかな？」と、聞こえるように声をかけると、「ばあっ！」と目をキラキラさせてカーテンから顔を出し、楽しむ姿がありました。

手作りの大きなのれんに……

そこで、このあそびをもっと楽しめないかと考え、大きな布でのれんを作りました。どんなふうにあそぶかな……と少々不安になりながらも保育室につるしてみると、子どもたちは「なんだろう」と不思議な表情を浮かべて近づいてきました。まず保育者がのれんをくぐる姿を見せました。すると、まねして、はいはいしたり歩いたりして近づき、「ばあっ！」とのれんをめくったり、くぐり抜けたりして何度も楽しんでいました。最初は不織布などでのれんを作っていたのですが、子どもたちのあそぶ様子を見ているうちに、向こう側が少し透けて見えるほうが楽しいのではないかと考え、透ける素材に替えてみました。すると、のれん越しに保育者や友達の姿を見つけて、相手のうれしそうな表情がよくわかり、期待をもってくぐるようになりました。

「自分たちの保育」を

日常のあそびのなかで、子どもたちにとって何がおもしろいのかということに気づき、考え、そしてそれを発展させ、「自分たちの保育」を創造するということの大切さを改めて感じました。

0歳の保育資料

屋内あそび

段ボールあそび 指導計画 P.33

いろいろな姿勢になったり、はいはいをしたり、あちこちに動いて探索をするようになってきたら、段ボールの空き箱を利用し、出たり入ったりを屋内でも楽しめるように工夫しています。

入ってあそぶ

電車に見立てた大きな段ボールに友達と一緒に入り、保育者がゆっくりと引っ張って揺れや動きを楽しむ。子ども同士でお互いを意識する姿も。
※危険がないように十分配慮しながら引っ張る。

段ボールに切り込みを入れて窓を作り、「いないいないばあ」。
※切り口にビニールテープをはってけがのないように。

 実践者より

大小の箱を用意して、友達と一緒に入る楽しさや、1人で入る満足感を味わえるようにしました。歌にクラスや子どもの名前を入れるなどして、楽しい雰囲気をつくるようにします。

くぐってあそぶ

あえて穴を作る。トンネルをくぐりながら探索中。外からは「あっ見えた！」

テラスでのびのびとトンネルくぐり。「こっちだよ、おいでおいでー」

 実践者より

トンネルの向こうから保育者がのぞくと、安心してくぐります。名前を呼んだり、人形やシャボン玉で誘ったり、ひとりひとりの興味やペースに合わせながら、繰り返し楽しめるようにしました。

シールはりあそび 指導計画 P.48

後半になってくると、0歳児クラスには1歳を過ぎる子どもが増えてきます。手指を使ったあそびを取り入れていきましょう。

0歳 保育資料

1歳半ばになってくると、同じシールはりあそびをしていても、ひとりひとりに"こだわり"が出てくる。好きなシールの色や形を選んで、カラフルな作品を製作中。

視線と指先を合わせて、シールに集中！

画用紙だけでなく、壁や窓にもシールをはって楽しむ。

実践者より

保育者が子どもにシールをわたし、見本を示します。ときには子どもと一緒に行いながら、はがす、はるあそびを繰り返し楽しみました。子どもたちは"はる"感覚が楽しいようで、気づいたら何十枚も集中してはりつけていました。そして、「できたよー」と言わんばかりに、満足げにたくさんのシールをはりつけた画用紙を、担任に見せていました。そのうれしそうな姿が、とてもかわいらしかったです。

0歳の保育資料

屋内あそび

ままごとあそび 指導計画 P.40、51

子どもたちは、家庭で見る保護者の姿や園での体験から、料理をすることや食べることに興味をもつようになってきます。また、1歳前後になると「ちょうだい」などのしぐさがいろいろな場面で見られるようになります。友達や保育者と一緒にままごと道具にふれ、見立てあそびを楽しみましょう。

エプロンやバンダナを身に着け、見立てあそびの楽しい雰囲気を味わって。

実践者より

普段から保育者と食べ物が載っている絵本を見ながら、繰り返し食べ物の名前を発したり、絵を指でつまんで食べるまねをしたりしていたところ、ままごとあそびで実際に食べ物のおもちゃにふれて、同じように食べ物の名前の一部を発したり（「(り)んご」「み(かん)」など）、食べるまねをしたりする姿が見られました。また、新聞紙を使って、丸めておにぎりにしたり、最後に保育者がほうきを作って子どもと一緒に掃除をしたりしました。ままごとという生活に密着したあそびをするなかで、かばんを持って出かけるなど、子どもが家庭で見る保護者の姿をまねする場面もありました。

食べ物を食べるまね、手を包丁に見立ててトントンと野菜を切るまねなど、家庭での姿を交えながら。

ままごと道具を介して、保育者や友達と「どうぞ」「ありがとう」のやり取り。お互いを意識しながら。

エピソード記録

お母さんに変身！

料理のシーンをまねして

　トントントン……。ある日、ままごとあそびをしている最中に音がする方を見てみると、机の上で料理をしているMちゃんを発見！頭にはバンダナの三角きんをかぶり、体にはエプロンを着けて、その姿はまるでお母さんのようです。おもちゃの食べ物を、包丁を使って真剣な表情でトントンとたたいたり、スプーンを使って、大きな口を開けてもぐもぐとおいしそうに食べるまねをしたりと、ひとりあそびを楽しんでいます。

声かけからやり取りへ

　そこへ保育者が近寄り、「何を作っているのかなー。先生にもちょうだい」と声をかけると、「はい！」と言って食べさせてくれました。その姿を見て「僕も」「わたしも」と友達も近づいてきては、みんなでおいしそうにもぐもぐ。Mちゃんが満面の笑みでほおに手を当てて「(おい)しーねー」と言葉を発すると、友達もその姿を見て同じようにほおに手を当て、「ねー」と返す場面もありました。

まねすることを楽しんで

　子どもたちひとりひとりの姿に合わせて声をかけることが、友達の姿に興味をもつことや、見て模倣することへつながっていく過程を改めて感じることができました。身近な大人の姿をよく見てまねることも増えつつあります。あそびのなかから、子どもたちの家庭での姿もとらえながら、さらに楽しさを共有していきたいと考えています。

製作あそび

子どもたちと一緒に飾りを作って保育室に飾り、クリスマスの雰囲気を楽しみました。なぐりがきや手形押しなど、子どもたちの発達に合わせて保育者が援助していきます。

ちびっこツリー

指導計画 P.45

作り方

保育室に飾って。1つのツリーの3つの三角形は、それぞれ違う子どもの作品になっている。

家庭に返却する際は、テープをはずしてばらばらにし、1つずつに星と幹をはりつけて渡す。小さくなって家庭でも飾りやすいサイズになるので好評だった。

サンタさん、くるかな？

指導計画 P.44、45

作り方

実践者より

絵の具を触ることに抵抗を感じる場合は、最初に保育者が行ってみせ、必要に応じて子どもと一緒にかいたり、タンポを用意したりして、楽しい雰囲気のなかで行うようにしました。少しずつてのひら全体でかくようになり、保育者が手形を押すと「(ぺっ)たん！」と言いながらまねていました。

0歳　保育資料

0歳の保育資料

つなげて展開する保育①

前の活動で作ったりやったりしたことを次の活動に生かすなど、活動の内容を関連させて、一連の流れのある保育を展開しています。

絵の具あそび　指導計画 P.47

物を口に入れることが少なくなり、「口に入れないよ」という保育者の声かけも理解するようになってきたら、絵の具あそびを行っています。手や足、体全体で、絵の具や紙の感触を楽しみます。

用意する物・準備

絵の具、皿、筆（短めの物）、模造紙（2枚）、汚れてもよい服（園で用意）、ビニールシート（床に敷く）、ぞうきん（2～3枚）、バケツ

環境の設定

●ポイント

・下半身が薄着になるので、体温、室温には十分配慮する。
・最初は保育者が子どものてのひらや足の裏に筆で絵の具を塗り、手足を使って模造紙に色を付ける楽しさを伝えていく。
・絵の具が体に付くのを嫌がる子には無理強いはしない。まずは指先に絵の具が付く感触を楽しいと感じられるよう、保育者と一緒に少しずつ進めていく。

・慣れてきたら、歌（「大きなたいこ」「かえるの合唱」など）に合わせて太鼓をたたくようにして、両手を使って模造紙にペタペタすることを楽しむ。
・活動後はかいた紙をすぐに飾り、「ペッタンしたね」「だれのおててかな」などと、やり取りを楽しむようにする。
・子どもが筆を使う場合は、危険がないように十分に注意する。

最初はどうしてよいかわからない子どもたちも、保育者がやっている姿を見てまねていく。

「ほら、○○ちゃんの足、水色でぺったん」。保育者と一緒に、絵の具が手足に付く感触や、模造紙に色が付くことを楽しんでいく。

保育者のまねをして、保育者や友達の手足に筆で色を塗る姿も。筆を使う楽しさに共感していく。「先生のおててにぬりぬりしてごらん」「上手上手。ピンク色、きれいだね」。保育者が一緒に楽しみ、言葉を交わしながら。

実践者より

保育者も素足になり、手足に絵の具を付けてあそび、率先してダイナミックに楽しむ姿を見せました。そうすることで、子どもたちもそれぞれに絵の具に興味をもったようです。まねをして腕や太ももに付ける子、自分で絵の具を手足に付け全身で絵の具あそびを楽しむ子など、いろいろな姿が見られました。また、「ペッタンしようね」と繰り返し声かけを行っていったことで、「（ぺ）ったん」と語尾をまねて発する姿もありました。

エピソード記録

ぬりぬり、楽しいね

大好きな絵の具あそび

絵の具やクレヨンであそぶのが大好きな子どもたち。お絵かきのとき着る絵画服を見ただけで歓声をあげ、喜びを保育者に伝えるほどです。紙からはみ出す勢いでお絵かきを楽しむ子どもたちの姿を見て、大きな模造紙を用意しました。まず、保育者が筆で手に絵の具を塗ると、K君は顔を近づけて興味津々。「ぼくもー」と自分の手を伸ばして塗ってほしい気持ちをアピールします。早速、K君の手を塗ると、その手を見て目を丸くし、笑顔で自慢げに「みてみて～」と保育者や友達に手を見せていました。

友達にもぬりぬり

その姿を見て、周りにいた子どもたちもやりたい気持ちが高まり、楽しい雰囲気のなか、模造紙での絵の具あそびが始まりました。大好きな歌をうたいながら紙の上に手形を付けたり、足踏みをして足跡をたくさん付けたり、大胆にあそびを展開。歌の語尾をまねしたり、音楽のリズムに合わせて体を揺らしたり、全身で表現を楽しんでいる姿が印象的でした。保育者が筆で色を塗る姿を見て、筆を持ちたい様子を見せたK君。自分の手足だけでなく、保育者や友達にも「ぬりぬり～」と言いながら筆で塗ることを楽しんでいるようでした。

自ら楽しむ、友達と楽しむ

子どもが興味をもち、子ども自身があそびを楽しんでいけるよう、保育者が一緒に楽しみ、工夫していくことが大切だと思いました。また、ひとりあそびから友達とのかかわりが生まれ、友達に何かをしてあげようとする姿が増えてきていることに成長を感じました。

0歳の保育資料

つなげて展開する保育②

花紙あそび　指導計画 P.46、48、49

物を「握る」から、次第に「指先でつまむ」ようになってきます。物を引き出すことを存分に楽しみ、ちぎる、丸める、入れるなど、さまざまに発展できる花紙あそびを楽しみます。

引っ張りペーパー

用意する物
ティッシュペーパーの空き箱、花紙(数色)

作り方

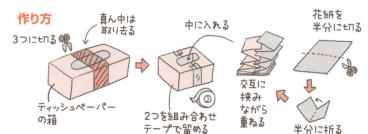

実践者より

保育者が、「くしゃくしゃ」「びりびり」などと言いながら、花紙を丸めたりちぎったりする姿を見せ、子どもがまねしながらあそべるようにしました。丸めた物をお団子やおにぎりに見立てて食べるまねをし、声をかけると、自分でも食べるまねをしたり友達や保育者にあげようとしたりする姿が見られました。また、上から紙を降らせると、両手を広げてつかもうとし、「もういっかい」と言って繰り返し楽しんだり、自分でもすくい上げて降らせ、降ってくるのを喜んだりしていました。

※誤飲しないよう十分注意する。

普段はあまりできないティッシュペーパーを引き抜くあそびが思いきりできる。さまざまな色の紙が次々と出てくるおもしろさを楽しんで。

出した後は、丸めたり、ちぎったりしてあそんだ。保育者が上から降らせたり、息を吹きかけたりすると、ひらひらと舞う様子を喜んで見ていた。

おばけ作り

用意する物
ポリ袋(1人1枚)、色画用紙、花紙(数色)

作り方

ポリ袋を1人1枚ずつ用意し、その中へ丸めたりちぎったりした花紙を自分で拾って入れる。「ないないしようね」と声をかけながら楽しい片付けを。

保育者が形を整えておばけの完成。

※子どもが袋をかぶらないように注意する。

つなげて展開する保育③

作品展 指導計画 P.41、49

当園では、毎年2月に作品展を行っています。保護者が作品を通して普段の保育の様子や子どもの心身の成長について知ったり、年上の子の作品にふれて発達の見通しをもったりできるように工夫しています。この年の作品展のテーマは「こどもの世界～おはなしから想像を膨らませて～」でした。

0歳 保育資料

●「花紙あそび」から

絵本『ねないこだれだ』（福音館書店刊）をイメージして、「花紙あそび」（P.84参照）で作ったおばけを天井からつるした。

●「絵の具あそび」から

「絵の具あそび」（P.82～83参照）で手形や足形を付けた大きな模造紙を、絵本『もこ もこもこ』に出てくる絵をかたどって切り、絵本の文章とともに展示した。

製作中の子どもの写真も一緒に展示した。「これ、○○ちゃんだね。ぺったんしたよね」「ぬりぬり楽しかったね」と、写真を指さしながら子どもたちと話した。

参考図書
『もこ もこもこ』
作＝谷川俊太郎
絵＝元永定正
文研出版刊
定価＝1,300円
（税別）

『もこ もこもこの世界』

自分の体よりも大きな紙の上、手足に絵の具をたっぷり付けてあそびました。最初はその感触を嫌がる子どももいましたが、保育者も一緒に足に塗って見せたり、歌ったりすることで、歌に合わせて手足を動かして手形や足跡をつけて楽しめるようになりました。「ぺったんだよ～」と声をかけると、「ったん！」と声を出したり、喃語でおしゃべりしたりしながら行いました。

また、慣れてくると保育者のまねをして筆を握り、保育者やお友だちの手に塗る姿も……。大胆に描いた作品は、大好きな絵本『もこ もこもこ』のように切り取りました。さてどのページかわかりますか？

作品には紹介文も添えた。好きなお話や作るきっかけとなった出来事、製作過程での子どもの姿、その年齢の発達段階などを伝えた。

エピソード記録
「花紙あそび」をきっかけに

引っ張り出して楽しんで

指先を使って新聞紙をびりびり破ったり、てのひら全体を使ってくしゅくしゅ丸めたりして楽しむようになった子どもたち。花紙をティッシュペーパーの空き箱に入れて取り出せるようにしてみました。箱を見て、「本当に引っ張り出してもいいの？」と保育者の表情をうかがうRちゃん。「いいんだよ」と言うと理解して引っ張り出しました。出した1枚を両手で持ち、じっと眺めた後に床に置くと、さらにもう1枚。床に並べ、色とりどりの花紙に大喜びです。取り出した紙を保育者が丸めておにぎりに見立てて食べるまねをすると、子どもたちもまねをします。周りの友達がやっている姿を見て、Rちゃんも保育者や友達の口に「あーん」と運んでくれました。

大好きなおばけを作って

たっぷりあそんだ後は、子どもが各自ポリ袋を持ち、丸めた紙をすべてその中へ。最後に保育者が袋の口を絞り、目と口を付けると……おばけの出来上がり！ いつも絵本や歌、ごっこあそびでおばけに変身することを楽しんでいるので、Rちゃんも自分のおばけに満面の笑みです。手を下にぶらぶらと揺らし、おばけのまねっこを楽しんでいました。

子どもの目線であそびを発展

花紙という一つの素材で、ちぎる、丸める、袋に入れる、何かに見立てるなど、さまざまなあそびができました。日々の保育のなかではついあそびが固定化しがちですが、視点を変えながら、子どもの目線になって発展させていくことが大切だと思いました。また、保育者も楽しみ、やりたいと思えることを行っていくことが、子どもたちの楽しみにもつながっていくのだと改めて感じました。

0歳の保育資料

進級

異年齢であそぼう　指導計画 P.42、51

模倣が増え、いろいろな人や物に興味を示すようになる進級前の時期。人とかかわる喜びや一緒にあそぶ楽しさを感じ、あそびの幅が広がるように、異年齢児との活動をできるだけ多く取り入れています。

子どもの姿と活動のねらい

●子どもの姿
・保育者と一対一の関係が深まり、友達への興味が増している。

・模倣が増え、いろいろな人や物に興味を示している。

・手先も器用になって1歳児が行うあそびをよく見ては興味を示し、そばに近づいて一緒にあそぼうとする。

●ねらい
・同じクラスだけでなく、ほかのクラスの友達ともあそびを共有し、一緒にあそんだりふれあったりする楽しさを感じる。
・保育者が仲立ちとなって、ほかの子とのかかわり方を伝え、かかわりを広げていく。
・模倣を楽しむなかでさまざまな刺激を受け、あそび方、身の回りのこと、言葉などを自然に身につける。

環境の工夫

●ほかのクラスと相談をしながら

週案を立てるときには、ほかのクラスと話し合って、ホールや別の保育室、長い廊下などを利用し、年上の子とふれあったり、一緒にあそべたりするように設定する。

●早朝や夕方からの保育や土曜保育で

早朝や夕方からの保育や土曜保育などで全体の登園児数が少ないときは、異年齢で一緒に過ごすようにする。

こんな交流を

●おなまえ なあに?
保育者が仲立ちして、いろいろな方法でコミュニケーションをとり、言葉やしぐさでのやり取りを楽しみました。年上の子が「(この子の)お名前は?」と興味をもって保育者や0歳児に聞くと、0歳児も笑顔を見せる姿が。同時に、言葉を発することも増えました。

「おねえちゃん、こんにちは。つんつん」。保育者が仲立ちとなり、互いにふれあったりおしゃべりしたり。

●一緒にいただきます
年上の子と一緒に食事をしてまねをすることで、スプーンの握り方や食器に手を添えるのをまねする姿が見られるようになりました。年上の子が、手の洗い方やスプーン、おしぼりの使い方を教える場面も。自分でできた喜びを感じ、手洗い、食事、着脱などを自分で喜んでやろうとするようになりました。

●どこに行こうかな
一緒に園内を散歩したり、部屋を移動したりしました。年上の子どもたちに「ゆっくりと歩こうね」と伝えてあったため、0歳児と歩幅やペースを合わせて歩く姿が見られました。また、手をつなぎながら0歳児の顔や表情を見て気にかける様子も。

「どっちにいこうか?」。0歳児の歩調に合わせて園内を散歩。

「お口、ふきふき」。年上の子の行動をまねして。

●おもちゃであそぼう
保育者が仲立ちとなり、おもちゃを介してのやり取りを楽しみました。年上の子があそぶ様子を見たりまねしたりすることで、あそび方も広がり、やってみようという意欲が増しました。

●手あそびをまねっこ
年上の子同士が0歳児にやって見せたり、0歳児の手をとったり、お手玉や布を使ったりして、「いっぽんばし」「ちゅっちゅっこっこ」「コメコメ」「おふたつ」「みつけたのだあれ」などの手あそびを楽しみました。年上の子の様子をじっと見つめ、言葉を聞いて、まねしようとする姿が見られました。

「コメコメ」
あそび方

① コメ コメ コッチヘコウ
片手で持ったお手玉を、リズムに合わせて、もう片方の手のひらに載せる。

② アワ アワ アッチユケ!
お手玉をリズムに合わせて、相手に向けて振る。

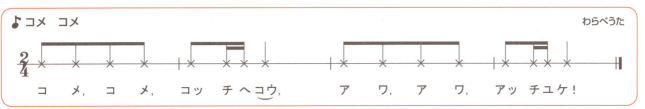

♪コメ コメ　　　　　　　　　　　　　　　　　わらべうた

0歳 保育資料

0歳の保育資料

進級

進級の準備　指導計画 P.49〜51

新年度を迎えるにあたり、新しい環境で安心して過ごすことができるように、事前にしっかりと計画を立て、無理のないように移行していくようにします。

保育室・担任の移行

保育室と担任の移行は、子どもに無理のないように、時間をかけて徐々に進めていくようにします。

段階	目的	活動内容と配慮
ステップ1	1歳児クラスと一緒に活動したり、新しい保育室で過ごしたりする。	・現担任と1〜2名の0歳児と1歳児と一緒に活動する。 ・慣れてきたら、1歳児の朝の会にも参加する。
ステップ2	少しずつ新しい保育室で生活をしてみる。	・保育の内容は0歳児のままであるが、新しい保育室で現担任と一緒に一日生活をすることで、部屋に慣れる。
ステップ3	新しい担任が保育に入り、慣れる。	・子どもが新しい担任に慣れるように、最初は現担任と一緒に保育に入り、生活の流れや個々の配慮すべきことなどを確認しながら進める。
ステップ4	できるだけ新しい保育室で生活をする。	・現担任と一緒に新しい保育室で過ごし、部屋の雰囲気や生活の仕方に慣れていく。 ・新しい担任も一緒に保育に入ることで、新年度の生活を予想し、スムーズに進められるようにする。
ステップ5	保育室の入れ替えを行う。	・年度始めに入れ替えについて話し、保護者の協力の下で行う。 ・入れ替えが速やかに行えるよう、保護者が持ち帰る私物などのお知らせを掲示で伝えておく。

食事環境

個々の様子を見ながら食事の環境も移行していきます。1歳児と一緒に食事をすることで、少しずつ慣れていくようにします。

段階	目的	活動内容と配慮
ステップ1	食事環境を見直す。	・0、1歳児は3種類のいすを使用しているので、個々に合ったものを再度確認していき、合っていない場合は、徐々に移行していく。
ステップ2	1歳児と一緒におやつを食べる。	・現担任と1〜3名くらいの子どもの少人数ずつで進める。 ・進級すると、食事の場所と午睡の場所が別になるため、移動の流れに慣れる。 ・一緒に食べる楽しさや自分で食べる楽しさを感じたり、1歳児のスプーンの持ち方やすくい方を見たりできるよう、席の配置は0歳児と1歳児が混ざるようにする。

生活習慣

子どもたちの個々の様子に合わせて、生活の身の回りのことができるようにしていきます。

・手や口を自分でふく。
・保育者と一緒に、自分のロッカーからパジャマ袋を取る。
・手洗いやトイレに慣れるよう、経験を重ねる。
・異年齢児と一緒にあそび、手をつないで歩いたり、おもちゃの貸し借りなど物を介してのやり取りをしたりする。

家庭との連携

2月ごろから、懇談会、送迎時、連絡帳、写真掲示などを通して、保護者に進級への取り組みについて伝えていきます。

・新しい部屋の構造や、進級後の生活の仕方などの移行内容について話をしていく。特に朝の準備については、保護者が登園時に慌てないよう、事前に伝えていく。
・移行にともなう子どもたちの姿や保育者の援助方法、子どもへの配慮なども伝えていく。
・実際に過ごしている写真を掲示して、移行への取り組みの様子を伝えるなど、保護者が安心できるような工夫をする。
・過去にあった質問から、保護者が不安に感じそうな点について担任間で確認し、前もって保護者に話をして理由などを伝えていく。その後に出てきた質問については、その都度丁寧に対応する。

0歳 保育資料

進級すると担任も替わりますが、2月から新しい担任と交流してきたので、○○ちゃんも少しずつ慣れているようですよ。最初は新しい環境に少し不安になるかもしれませんが、園全体でひとりひとりを見ているので安心してくださいね。何か心配があれば、その都度おっしゃってください

エピソード記録

いちご組さんと一緒に

1歳児クラスの保育室で

進級に向けて1歳児クラスのいちご組の保育室で一緒に過ごすことが増え、2歳になった1歳児とのかかわりを多くもつようになりました。一日をともに過ごすことで、手の洗い方やスプーンの持ち方など、生活の一つ一つの動きを模倣し、1歳児とのふれあいを楽しんでいるようでした。

教わった手あそびで

子どもたちがお気に入りの手あそび「みつけたのだあれ」も、おやつ後や朝の会の後のちょっとした時間に、1歳児クラスの友達から教わったことの一つです。イチゴの様子を歌ったかわいいフレーズとしぐさに、子どもたちもすぐに興味を示し、まねをするように。終わると「もういっかい！」と何度もリクエスト。大好きな手あそびとなりました。繰り返し楽しむなかで、次第に「まっか」「いちご」「はっぱ」「おいしい」などの言葉を発する姿も見られるようになりました。子ども同士で「こうするんだよ」などと伝え合う姿も見られ、異年齢同士で育ち合うすばらしさを改めて感じました。

人とのかかわりのなかで

日常生活のなかの短い時間や、ちょっとしたふれあいのなかでも、2歳になった1歳児とのかかわりをもつことで、互いに意識し、よい刺激となったようです。今後さらに興味が広がり、自我が強くなることも予想されますが、そのひと時ひと時を子どもの気持ちに寄り添いながら過ごしていくとともに、保護者とも育ちを共有し、見守っていきたいです。

0歳の保育資料

保護者とのかかわり

初めての懇談会 [指導計画 P.33]

保護者が園での生活やクラスの一日の流れを理解し、安心できるように、6月初旬の平日の夕方、約1時間半を目安に懇談会を行っています。子どもたちの様子が正確にいきいきと伝わるよう、説明の方法を工夫しています。

● **名札を付ける**
保護者が着ける名札は、子どもの顔がわかるよう写真付きにし、保護者同士がコミュニケーションをとりやすいようにする。

子どもの顔と名前が入った名札

● **園のあそびを紹介する**
普段あそんでいる物（お手玉や手作りおもちゃなど）を保護者が手に取れる場所に置いておき、実際にそれを使って、わらべうたあそびなどを紹介できるようにする。

● **視覚的に伝える**
子どもひとりひとりの園生活の様子を、普段の写真を見せながら伝える。写真は、保護者の不安を解消できるよう、その子が楽しんでいる様子がわかるものを選ぶようにする。プロジェクターなどを使って写真を投影し、視覚的にわかりやすく伝えていく。

● **保健や食事について伝える**
保健師や栄養士も参加して、実際に子どもが食べている昼食を用意し、保護者が食事の形状を見たり、味見したりできるようにする。

※使用する写真については、事前に保護者の了承を得ておく。

育児講座 　指導計画 P.33〜35

当園ではほぼ毎月1回、育児講座を開いています。保護者対象の救急法、親子対象のクッキングやリズムあそびなどがあり、家庭での親子のふれあいのきっかけになったり、保護者同士の情報交換の場になったりしています。園での子どもの姿や活動を伝えることで、保育への安心感や信頼感にもつなげていきます。

●年度初めに
1年間の育児講座の日程と内容についてのお便りを配布し、参加を働きかけています。

●当日に
その日に行うふれあいあそびなどを載せた資料を配り、園で体験したことを家庭でも楽しめるようにします。

●終了後に
保護者にアンケートを配ったり、口頭で感想を聞いたりして、意見を次の活動へ生かしていくようにします。

●育児講座の案内の例

講座「親子リズム」の場合
・ひとつひとつのあそびが、さまざまな感覚を刺激し、どのように子どもの身体的な発達を促しているのか伝える。
・あそびを通して子どもの力が伸びるよう、あまり手助けしないことを伝える。
・月齢が低く、まだできないあそびがある場合は、月齢の高い子が行っている姿を見ながら、成長の見通しがもてるような話をする。

鍵盤ハーモニカの音に合わせて、わらべうたを歌いながら、床に寝そべったり、ごろごろ転がったりする。

「うみだー、うみだー♪」。歌に合わせて大きな布を上げ下げ。

ペットボトルの周りにシールをはり、あらかじめ細かく切っておいたストローを中に入れ、オリジナルのマラカスを作った。家に帰ってもあそべるように。

0歳　保育資料

0歳の保育資料

保護者とのかかわり

保育参観　指導計画 P.40、41

子どもが園の生活に慣れて落ち着きを見せ、保護者も少しほっとして余裕が出てくる10月ころ。当園では、一週間をかけて午前中を利用し、保育参観を行っています。気候もよくて保護者が参加しやすく、運動会や夕涼み会を経験した子どもたちの成長した姿を見られるよい機会になりました。

ねらい

- 園で過ごす子どもの姿を伝え、保護者が成長を感じられるようにする。
- 園の取り組みや、保育者の思いや願いを伝える。
- 保護者が子どもへのかかわり方、言葉のかけ方などを参考にできるようにする。

保護者に伝えたい子どもの姿

- 好きなあそびをする姿
- 探索や発見を楽しむ姿
- 保育者や友達とのかかわり
- 手づかみ食べの姿や保育者の援助

事前に

- 保護者に伝えたい子どもの姿を、担任間でしっかり話し確認し合う。
- さまざまな場所での活動を楽しむ様子を参観できるように、ほかのクラスの担任とも話し合い連携して、活動や場所を設定していく。
- 保護者には事前にお便りなどで、保育参観のねらいや、活動内容を知らせる。

（園と家庭では子どもの様子が違う場合があることを伝え、保護者が安心できるように。）

（参観の方法や注意点について。）

●保護者へのお知らせの例

保育参観について

○年10月6日
第二厚生館愛児園

涼しい風が吹き、過ごしやすい季節となってきました。春夏は愛児園の中をいっぱい探検したこどもたち。園生活にも慣れ、運動会という大きな行事にも参加し、園での様子が垣間見えたのではないでしょうか。保育参観では、日々成長しすっかり"愛児園っ子"になった子どもたちの姿をぜひご覧下さい。

保育参観とは？
　園での生活を見て頂き、その成長を感じて頂くために乳児では、年に1度行っています。0歳児クラスでは自然な姿を見て頂きたいと考え、子ども達からは保護者の方が見えないように工夫しておりますので、ご協力をお願いします。

日時：10月18日(月)～22日(金)　9:00～11:30頃（給食終了まで）

〈活動内容〉

18日(月)	室内(リズム)	今まで紹介してきた"ふれあい遊び"だけでなく、『どんぐりころころ』やぬめるぬめる等のリズム遊びも楽しめるようになってきました。保育士の姿をじっと見る姿、真似してみようとする姿…どんな姿が見られるでしょうか。
19日(火)	つき(巧技台)	運動会でも登場した巧技台。足腰が少しずつ強くなってきており、普段は斜面や段差を登って楽しんでいます。つきの部屋までは、ハイハイや伝い歩き、手押し車を押して歩く等、積極的に探検へ出掛けていきます。
20日(水)	☀園庭	外では砂や草花に触れる等、新しい発見もいっぱいです。ボールや手押し車、追いかけっこ等、広い場所で伸び伸びと身体を動かしたり、砂場のおままごとに興味を持ったりしています。
	☂室内(おままごと)	お皿やスプーンで食べる真似をしたり、時には保育士や友だちに『あーん』と食べさせてくれたりしています。"やりとりすること"の楽しさに少しずつ気付いてきます。
21日(木)	☀2階テラス(トンネル等)	様々な素材で遊ぶことを心がけ、トンネルもダンボールで作ります。潜ったり、家て見立てて中に入ってみたり、そこから顔を出したりと遊び方も様々です。
	☂つき(探検ごっこ)	自分の手で出したり、引っ張ったりすることが楽しい時期。自分で見つける楽しさを感じたり、手指を動かしたり出来るような遊びを展開していきます。
22日(金)	室内(製作)	手指が少しずつ器用に使えるようになってきました。クレヨンをしっかり握ってなぐり描きをしたり、指先でつまんでシールをはがしたりします。さてどんな作品が出来るでしょうか…。

（保育参観のねらいについて。）

（一週間毎日活動内容を変え、保護者の都合がよい日に参観できるように。）

（あそびの内容や予想される子どもの姿、参観のポイントなどを具体的に。）

（外あそびの場合は雨天時の内容も。）

園生活と家庭での違い…

普段、保護者の方と話していて、『園と家庭とでは姿が違う』というご意見を聞くこともあります。両親と離れ、集団の中で生活する中で身につく力が0歳児にも育っています。両親と離れていても、子ども達なりに楽しく過ごしている様子を見て安心して頂くと共に、家庭での甘えももしっかり受け止めていけるとよいですね。

☆ 室内での活動は、外から部屋をのぞき込んで頂く形となっています。砂場横にある非常階段から上がって頂いて、乳児室テラスよりご覧下さい。
☆ テラスから参観される方は、寒くなる事もありますので暖かい服装でお越し下さい。
☆ 活動場所により、お子様が先に移動してから保護者の方を誘導させて頂きます。
☆ その日の状況によりグループに分かれ活動することもあります。

参観を振り返る

●アンケートで
保育参観後に保護者にアンケートを配布し、感想や意見を聞く。

> リョウタは毎朝泣いているので、園で楽しく過ごせているか心配でしたが、友達とも仲よくしていたのでホッとしました。普段は先生からお話をお聞きして姿を想像するだけなので、実際に園での姿を見ることができて安心できます。さくらんぼ組の参観では、一人でコップで飲んでいる姿を見て驚きました。家では床の汚れが気になり、つい食べさせてしまいますが、ゆとりのあるときは自分で食べさせてあげたいと思うようになりました。

> 天候不良のため、予定していた屋外あそびを参観できず残念でしたが、室内あそびを間近で見られて、園長および家庭とは違う一面を確認できてよかったです。ミキ先生の毛布、温かい麦茶の差し入れにも心温まりました。感謝いたします。
> 昼食の与え方も一皿に全部盛るのではなく、一口分ずつ小皿に分けて渡しているのを初めて知りました。一食の量もよくわかり、家庭での参考になりました。欲を言えば、おかずの味付けの参考に、一口味見できると大変助かります。保育は午前中のみなのですが、希望者だけでもお昼寝のさせ方の参考にすべく、寝入るときまで参観させていただけるとうれしいです。

> 愛児園での生活が、子どもにとってとても楽しいということがとてもうれしかったです。家庭ではしてあげていないたくさんのことをしていただいて、本当にありがとうございます。親以外にも先生方にたくさんの愛情を注いでもらって、ヒナコはとても幸せな子だと感じました。歌あそびや段ボールの作り物など、見せていただいた物を参考にして、家でもあそんだり作ったりしてみようと思いました。あと、いちばん驚いたのは、食事をちゃんとゆっくりとしていたことです。家だと5〜10分で終わってしまうので……。

食事している姿が家と違って驚いたこと、あそびや食事の援助が参考になったことなどの感想が多く見受けられた。

●職員会議で
・アンケート結果や、参観後の個別の話、連絡帳や普段の会話などから、保護者の要望や気づきなどを受け止め、0歳児クラスで共有し、次の保育につなげていくようにする。

・0歳児クラスで振り返りをした後に、職員会議で当日の様子を報告して情報共有し、意見交換をして、今後の保育や参観に生かしていく。

> 午睡の寝入りを見たいという保護者がいました

> 参観期間でなくても個別に相談を受ければ対応できそうですね

> 園と家庭での食事の姿が違うので驚く保護者が多かったようなので、援助の仕方も参考になりそうですね

> アンケートに、昼食を味見したいという要望があったので、11月の懇談会のときに実施してはどうでしょう

> 懇談会でも食事の話題提供をして、保護者同士で情報交換ができるようにしたらよいと思います

0歳 保育資料

0歳の保育資料

保護者とのかかわり

たのしい会
指導計画 P.46、47

当園では、子どもたちの一年間の成長や、歌やあそびを楽しんでいる様子を保護者に伝える場として、毎年1月に「たのしい会」を行っています。

● **内容**
- 園のホールで、0～1歳児、2～3歳児、4～5歳児の三部構成で行う。
- 会のために練習したり、発表を意識したりするのではなく、普段子どもたちが楽しんでいる姿を保護者に伝える。
- 毎年内容を変え、子どもの姿に合わせて各担任を中心に話し合う。職員会議でも議題にあげ、ほかの職員の意見も聞きながら内容を決めていく。
- 子どもたちが舞台上でのびのびと楽しみ、観客からも見やすいように、0歳児クラスを2グループに分け、少人数で行う。

● **ポイント**
- 当日の会場となるホールの雰囲気や舞台に慣れるよう、普段からホールであそんだり、舞台上で過ごしたりする機会を設け、回数を重ねていくようにする。
- 保育者が舞台で楽しむ姿を見せて、子どもたちが自ら舞台に上がり、あそぶことが楽しいと感じていけるようにする。
- 保護者が会を楽しみにし、子どもの成長を感じられるよう、事前にクラス便りや掲示を利用して、会の内容や見所を伝えていく。

● **衣装作り**
会の雰囲気をより楽しくするため、手作りの衣装を用意しました。

●「たのしい会」を知らせるお便りの例

- 会の主旨と担任の思いを最初に。
- 時間、場所、持ち物、服装、観覧方法などの連絡事項をわかりやすく。
- なぜこのあそびを取り上げるか意図を説明。
- 見てほしい点を具体的に。
- 当日の予想される子どもの姿。

ベストの作り方

2枚合わせて切る
前面のみ切る
フェルト地を二つ折りにする

毛糸がぎりぎり通るくらいの穴を開ける
あきを内側に折り込んで縫う

4本指に毛糸を50回巻き、中央を縛って輪を切る

穴に通して裏にこぶを作る

94

1歳児の指導計画と保育資料

指導計画と保育資料は連動しています。

執筆園紹介

公益財団法人 鉄道弘済会
旭川保育所
（北海道）

中山美知子・澤木和代・藤原由紀子
辺見智子（第2版）

本保育所は、北海道旭川市にあり、寒暖の差が大きく、四季の移り変わりがはっきりした自然豊かな地域にあります。保育所に地域子育て支援センターを開設後20年が経過し、地域と保護者の子育て支援に役立ちたいと力一杯頑張っています。また、幅広い視野と保育を学ぶために、特別支援保育を実施し、「どの子もともに育ちゆく保育」を目指しています。

総園児数（在籍数）……………………106人
総職員数（正規職員）……………………29人
1歳児園児数………………………1クラス13人
（2013年初版執筆当時）

1歳児 4月の指導計画

4月のねらい（養護・教育）

◎ ひとりひとりの不安や甘えを受け止め、安心して快適に過ごせるようにする。
◎ 好きなあそびを見つけてじっくりあそべるように環境を整える。
◎ 保護者と子どもの様子を丁寧に伝え合う。

※「ねらい」及び「内容」は、5領域（健康、人間関係、環境、言葉、表現）の観点を意識して作成する。

	りょうた（1歳1か月・男児・新入園児）	ゆうすけ（1歳5か月・男児・進級児）
4月当初の子どもの姿	●食べたくない物は「いや」と首を振ることがあるが、食べたい物は手づかみで口に運ぶ。 ●スプーンやフォークを渡すと、手に持って食べようとする。 ●はいはい、つかまり立ち、伝い歩きが盛んで、興味のある物、場所へ移動する。 ●保育室に入り、周りを見て、不安になると大きな声で泣き出す。 ●保育士とふれあうなかで笑顔が見られるようになる。	●スプーンやフォークを持って食べようとするが、手づかみで食べることが多い。 ●苦手な物があると、口に入れようとしない。 ●保育士に誘われるとトイレに行こうとする。 ●保育士や友達のしているあそびを見て、まねをしてあそぶ。 ●保育室や保育士が変わり、不安で泣いたり、0歳児のときの担任保育士のそばに寄っていくことがある。
内容	○こぼしながらも手づかみで食べたり、スプーンやフォークを持って食べようとする。 ○はいはいやつかまり立ち、伝い歩きでの移動を十分に楽しむ。 ○園の環境や保育士に慣れ、安心して過ごす。 ○保育士とのふれあいを喜ぶ。	○スプーンやフォークを持って食べようとする。 ○いろいろな味に慣れる。 ○便器に座ることに慣れていく。 ○保育士や友達と同じ場であそび、かかわりを楽しむ。 ○新しい保育室に慣れ、担任保育士と一緒にいることで安心して過ごす。
保育士のかかわりと配慮（環境構成）	◆自分で手づかみやスプーンで食べようとする気持ちを大切にしながら、園の食事の味に慣れるように、必要に応じて援助する。🍚 ◆穏やかに声をかけてはいはいを促したり、手を添えて移動するなどして、保育室内やプレイルームで体を動かす楽しさを味わえるようにする。 ◆新しい環境、保育士に慣れて安心して過ごせるよう、不安な気持ちをくみ取り、優しく声をかけたり、抱っこやひざの上に座らせたりして、一対一のかかわりを大切にする。 詳細はP.137、138 ◆一対一でのふれあいあそびをしたり、興味をもちそうなおもちゃを用意し、一緒にあそぶなどして、楽しく過ごせるようにしながらかかわっていく。 詳細はP.133、137、138	◆自分で食べようとする気持ちを大切にし、スプーンですくえるよう手を添えたり、食べたときは「食べられたね」「おいしいね」などと一緒に喜ぶ。🍚 ◆苦手な食べ物は小さく切り分けたりし、一口でも食べられるようにする。また、保育士が食べる姿を見せて、「おいしいね」などと、食べてみようとする気持ちをもてるようにする。🍚 ◆排尿間隔を見て、優しく声をかけ、トイレに誘っていく。 詳細はP.127 ◆子どもの喜びそうなふれあいあそびを繰り返し楽しんだり、興味をもちそうなおもちゃやぬいぐるみを用意して、保育士も一緒にあそび、かかわりを深めていく。 詳細はP.133、137、138 ◆不安な気持ちを受け止め、前担任と連携しながら無理なく抱っこしたり保育士のひざの上に座らせたりして、一対一でのふれあいを大切にしていく。 詳細はP.137、138
家庭との連携	■登降園時の直接の会話と連絡ノートで、生活リズムを整えられるよう、子どもの食事や睡眠の様子を伝え合う。 詳細はP.153 ■園での生活の様子を伝え、持ち物の準備などについては丁寧に説明をして、理解を得られるようにする。 ■4月当初よりも、少しずつ保育士や園の生活に慣れてきていることを知らせ、喜び合う。	■環境が変わり、不安な様子が見られるので、一対一のかかわりを大切にしていることを話し、安心できるようにする。また、子どもの好きなおもちゃや歌やあそびを聞き、保育に取り入れていく。 ■園のトイレに慣れてきて、誘うと気が向いたときにはトイレに行く様子を伝え、喜び合う。

※🍚印は、食育に関連する項目

教材資料

うた
ちょうちょう
（作詞＝野村秋足、稲垣千頴　スペイン民謡）
おはながわらった
（作詞＝保富庚午　作曲＝湯山 昭）

うたあそび
トントントン ひげじいさん
小さいお庭

絵本
たまごのあかちゃん（福音館書店）
もこ もこもこ（文研出版）

4月の予定

・入園式
・クラス懇談会　**詳細はP.154**
・避難訓練　**詳細はP.126**
・誕生会
・園内研修
・地域の子育て支援（園開放）

環境の工夫

・居場所を見つけてひとりひとりが安心して過ごせるよう、手作りおもちゃやぬいぐるみやブロック、ままごとなど、家庭でも楽しんでいるようなおもちゃを用意する。**詳細はP.133**
・昼食時は、明るい色のテーブルクロスなどを準備するとともに、楽しく食事ができるように「おいしそうだね」「あむあむしよう」と言葉かけをしていく。
・保育室内やプレイルームでリズム感がある明るい音楽をかけて、のびのびと体を動かしてあそべるようにする。
・子どもの手の届く場所に絵本を用意し、いつでも手に取れるようにする。また、スキンシップを大切にしながら、一対一での読み聞かせをしていく。

健康・安全のために

・登園時の会話や連絡ノートで、子どもの健康状態や体調を把握していく。**詳細はP.153**
・体調や天候に応じてあそびを変更したり、衣服の調節を行う。
・新しい環境で、生活リズムが変わるので、休息や睡眠をひとりひとりに合わせて、十分にとれるよう配慮する。
・はいはいや伝い歩きの子もいるので、保育室内やホール内で安全にあそべるようスペースを取り、遊具やおもちゃの消毒や破損箇所がないか、点検を行う。

職員間の連携

・ひとりひとりの体調や保護者からの連絡事項を、職員全員が確認し、家庭での様子や健康状態を把握しておき、同じように対応できるようにする。**詳細はP.153**
・栄養士とともに食事の様子を見て、量や形、食べ方などを相談しながら、ひとりひとりに応じた食事を用意する。
・保護者とアレルギーの有無や対応について確認した内容を共有する。
・毎朝登園時に看護師とともに子どもの健康状態を把握し、体調に十分配慮して、保育内容の調整を行う。
・一日の終わりにミーティングを行い、子どもや保護者の様子、保育の流れ、活動内容を確認し、翌日の準備を行う。
・初めての懇談会は内容やねらい、役割分担を打ち合わせ、ひとりひとりの様子を把握して共有する。**詳細はP.154**

かんな（1歳10か月・女児・進級児）

●スプーンやフォークを使って食べるが、手づかみになることもある。
●ズボンを自分で下ろそうとしたり、エプロンの出し入れを保育士と一緒にしようとする。
●保育士や友達のまねをしたり、新入園児に関心を示して、そばに行って顔を見たりしている。
●環境の変化で不安も見られるが、興味のあるおもちゃであそんだり、保育士と一緒に絵本を見たりして楽しむ。

○スプーンやフォークを使い、こぼしながらも自分で食べようとする。
○保育士に手伝われ、簡単な身の回りのことをしようとする。
○保育士や友達とあそぼうとする。
○好きなぬいぐるみやおもちゃ、絵本などを手にしてあそび、安心して過ごす。

◆子どもの気持ちを大切にして、さりげなくスプーンに手を添えたり、こぼしてもいいように、食べこぼしを入れる容器を置くなどして環境を整え、「おいしいね」などの言葉かけをして、楽しく食べられるようにする。
◆身の回りのことを自分でしたいという気持ちをくみ取り、そばで見守ったり、援助したりしていく。また、ズボンの上げ下ろしは、やり方を覚えられるように繰り返し同じやり方を伝えていく。
◆子どもの好きなあそびやふれあいあそびを、友達を誘って繰り返し楽しむ。また、友達が持っているおもちゃと同じ物を多めに用意し、一緒に楽しめるようにする。
◆不安な気持ちをくみ取り、「○○したかったのね」と代弁し、一対一でのかかわりやスキンシップを十分にする。また、好きなあそびを保育士も一緒に楽しみ、安心できるようにする。そのなかで、やったことのないあそびも勧めてみる。

■友達のしていることに関心を示している様子を伝え、成長を喜び合う。
■家庭でもふれあいあそびが楽しめるように、やり方を伝える。
■保護者が話しやすい雰囲気作りを心がける。

評価の観点と振り返り

「安心して過ごせる配慮」について

新しい環境に戸惑い、不安そうな子どもには、不安や甘えを十分に受け止めるようにした。一対一のかかわりをもちながら、ひとりひとりの生活リズムに合わせて、ゆったりと生活やあそびを進めることで、安心して過ごせるようになった。あそびでは、ひとりひとりの好きなあそびを一緒に繰り返し楽しんだり、ふれあいあそびを多く取り入れ、保育士への信頼する気持ちをもてるようにしていった。なじめない子への対応は、ひとりひとりの様子を見ながら、原因を探っていきたい。

「保護者との丁寧な伝え合い」について

保護者も新しい環境や担任に不安や戸惑いがあったので、日々の連絡ノートのやり取りや短い時間でも直接話をすることを大切にし、子どもの様子を保護者に丁寧に伝えていった。また、クラス懇談会では、保護者に家庭でもできる絵本の読み聞かせやふれあいあそびを紹介したことで、園での楽しい雰囲気を感じてもらうことができた。保護者からは、入園や進級した喜びが話され、これからの成長への期待を感じることができた。

1歳児 5月の指導計画

5月のねらい（養護・教育）

◎連休中や連休明けの様子などを把握し、体調や生活リズムを整え、安心して過ごせるようにする。
◎友達への関心をはぐくみ、かかわりをつなげるよう仲立ちをしていく。
◎安全に楽しく探索ができるように環境を整える。

※「ねらい」及び「内容」は、5領域（健康、人間関係、環境、言葉、表現）の観点を意識して作成する。

	りょうた（1歳2か月・男児・新入園児）	ゆうすけ（1歳6か月・男児・進級児）
子どもの姿	●保育士にエプロンを着けられたり、おしぼりで顔をふかれることで食事の時間がわかり、楽しみにしている。 ●食べることを喜び、スプーンやフォークを持って食べているが、手でつまんで食べることが多い。 ●しりもちをつきながらも、歩く姿が見られる。 ●保育士に名前を呼ばれたり、話しかけられたりすると視線を向け、笑顔を見せる。 ●身近な物を指さし、「ブーブー」などと言う。	●スプーンやフォークを持って食べるが、こぼしたり、手づかみになることもある。 ●食べ物を口にためて、飲み込むのに時間がかかる。 ●保育士がトイレに誘うと、ズボンを下げようとする。 ●不安で泣いていることもあるが、保育士に抱っこされることで泣きやみ、安心する。 ●友達のあそんでいるおもちゃを欲しがる姿が見られる。 ●保育士と一緒に園庭であそぶことを楽しんでいる。
内容	○自分で意欲的に食べようとする。 ○歩くことを喜び、保育士と一緒に探索を十分楽しむ。 ○保育士や友達とのふれあいを通して、かかわりを楽しむ。 ○周りの人や物に興味をもち、言葉と物の名前が結び付くようになる。	○スプーンやフォークを使って、喜んで食べる。 ○食べ物を適量口に入れ、よくかんで飲み込もうとする。 ○自分でズボンを下げ、便器に座って排尿してみる。 ○保育士や友達と一緒に生活するなかで、安心して過ごす。 ○友達とのかかわりを楽しむ。 ○体をのびのびと動かして、戸外あそびを楽しむ。
保育士のかかわりと配慮（環境構成）	◆自分のペースで食べる満足感が得られるように、食事の量や食材の大きさなどを調節する。また、スプーンの柄を上握りでしっかり握るように援助していく。🍚 ◆室内でも戸外でも活発な探索行動を温かく励ましながら、草や砂、土などを口に入れたりしないように見守る。 ◆保育士と一対一で、子どもの喜ぶふれあいあそびを繰り返し楽しみ、安心感をもてるようにする。 詳細はP.137、138 ◆友達と一緒にするわらべうたあそびでは、保育士に促されて周りを見たり、友達に関心をもったりできるように援助する。 ◆指さしや発語に「そう、ブーブー。車だね」と物と言葉が結び付くよう一つ一つを確認し、状況に合わせて言葉を返していく。	◆食材はスプーンやフォークで食べやすい形状にし、子どもが自分で食べられるようにする。子どもの負担にならないよう、少しずつ口に入れ、「あむあむしてね」「ごっくんだよ」などと、よくかむことを促していく。🍚 ◆タイミングを見計らってトイレに誘い、便器に座っているときはそばについて見守り、「おしっこ出るかな。出たね。よかったね」などと安心感がもてるように言葉をかける。 詳細はP.127 ◆登園時に泣いているときは、「お母さんがよかったの。寂しいね」と気持ちを受け止め、「○○してあそぼうか」などと声をかけて気分転換を図る。 ◆同じおもちゃを多めに用意しておき、友達のおもちゃを欲しがるときは"貸して"って言おうね」などと言葉で気持ちを伝えられるように話し、仲立ちをしていく。 ◆虫や草などを保育士と一緒に見つけたり、滑り台やトンネルなどで体を動かして楽しめるようにする。 詳細はP.128
家庭との連携	■保育士とのふれあいを喜び、機嫌よく過ごすことが多くなってきたことを伝え、保護者が安心できるようにしていく。 ■仕事と子育ての両立の大変さを共感し、日々の会話を積み重ね、話しやすい雰囲気を大切にしながら、信頼関係を築いていく。 ■歩行が増え、行動範囲が広がってくるので、子どもの動きについて話し、家庭でも安全な環境作りをするよう伝える。	■登園時に泣いていてもしばらくすると泣きやむことや、楽しくあそんでいる姿を伝え、安心できるようにする。 ■食事や保育士とのかかわりの様子などを、送迎時に直接話したり、連絡ノートで具体的に伝えたりしていく。 詳細はP.153 ■戸外あそびを多くすることを知らせ、歩きやすい靴を準備するよう伝える。

※🍚印は、食育に関連する項目

教材資料

うた
ぞうさん
（作詞＝まど・みちお　作曲＝團 伊玖磨）
つくしがでたよ（作詞・作曲＝不詳）
トマト（作詞＝荘司 武　作曲＝大中 恩）

うたあそび
おはなしゆびさん
つんつんつん・とんとんとん

詳細はP.137

絵本
あなたはだあれ（童心社）
たべたのだあれ（文化出版局）

5月の予定

・こどもの日
・避難訓練
　詳細はP.126
・誕生会
・保育内容説明会
・健康診断
・園内研修
　詳細はP.161
・地域の子育て支援
　（園開放）
　詳細はP.160

環境の工夫

・好きなあそびを見つけられるよう部屋にござを敷き、コーナーあそび（ブロック、ままごとなど）の場所を作る。
・戸外活動を多く取り入れ、虫や草花を見つけるなど園庭探索が楽しめるようにする。また、夏野菜の苗に水やりをするため、小さいペットボトルやじょうろを用意しておく。
　詳細はP.128
・こどもの日集会を楽しめるように、園庭のこいのぼりを掲げ、それを見ながら「こいのぼり」の歌をうたう。
・友達と一緒に絵本を楽しめるように、午前のおやつ後や午睡前に絵本の読み聞かせをする時間を設け、場所を確保する。

健康・安全のために

・連休明けは体調を崩しやすいので、ひとりひとりの様子を把握し、休息や睡眠をとり、ゆったり過ごせるようにする。
・戸外あそびをするので、朝の受け入れ時に戸外あそびの可否を連絡ノートや口頭で伝え聞き、体調を把握する。
・探索活動をする機会が増えるので、子どもが園庭であそぶ際、遊具や砂場などに危険な物がないか、汚れていないかなどを毎朝点検し、清掃したり、チェックリストやヒヤリハット記録を参考に気を付けていく。
　詳細はP.124
・戸外から戻った後は、保育士と一緒に手洗いやうがいを行い、手洗い・うがいを習慣づけていく。
・汗をかくのでこまめに着替え、清潔にし、水分補給をする。
　詳細はP.120

職員間の連携

・連休明けは生活リズムを取り戻せるように、あそび内容や個々の食事ペースや午睡時間などを確認し合い、対応する。
・子どもの行動範囲が広がってくるので、あそぶスペースを十分にとり、危険な場所はないか確認する。また、保育士のつく位置などを決めておき、子どもの様子を見ながら声をかけ合う。
　詳細はP.124
・健康診断前に家庭で気になっていることを保護者から聞き取り、看護師と話し合い、嘱託医に伝えておく。
・食事についての対応（アレルギー食や食材の大きさの調整など）を栄養士と話し合い、連携をとっていく。

かんな（1歳11か月・女児・進級児）

●保育士が食事の準備を始めると、保育士と一緒にエプロンを身に着けたり、自分でおしぼりで顔をふいたりする。
●「散歩に行くよ」と声をかけると、自分の靴下や帽子をロッカーから出そうとする。
●新しい環境や保育士に慣れるが、不安な表情をしたり、甘えたりする姿も見られる。
●保育士や友達とのふれあいを喜ぶが、おもちゃの取り合いをする。

○保育士と一緒に、エプロンの準備や食事の片付けをする。
○帽子や靴下、靴などの戸外へ行くときの準備を保育士と一緒にする。
○甘えや不安、要求などを十分に表現し、安心して過ごす。
○自分の気持ちを片言や動作で伝えようとする。

◆子どもがエプロンをかごから出したり、自分で着けようとしたりする姿を見守り、「エプロンあったね」「御飯、食べようね」と一緒に準備をし、食後に「袋にしまおうよ」「ないない、できたね」などと片付けをする姿を認めていく。🍚
◆帽子や靴下、靴などの準備を子どもと一緒にしながら、やり方を知らせ、できたときは十分に褒める。
◆子どもの甘えや要求、不安などそのときの気持ちを受け止め、ふれあいあそびなどでスキンシップをとったり、一対一でかかわったりするなど、場面に合ったかかわりや対応をし、安心感をもてるようにしていく。
　詳細はP.137、138
◆子どもの伝えたいことを保育士が言葉で伝えたり、補ったりして、やり取りを楽しめるようにする。

■保育士や友達に関心をもってかかわっている姿から、新しい環境に慣れ、安心して過ごしている様子を伝えていく。
■家庭で自己主張する様子を聞き、子どもへのかかわり方を保護者と一緒に考え、子どもの気持ちを受け止めながら、はぐくむ援助ができるようにしていく。
■戸外に出る機会が多くなってくることを伝え、帽子や靴、上着などを用意するよう伝える。

評価の観点と振り返り

「友達とのかかわりをつなげる仲立ち」について
5月に入り、安定して保育室で過ごせるようになると、友達に関心をもつようになってきた。そこで保育士が、「○○ちゃんも、一緒だね」「△△ちゃん、○○しているね」などと友達への興味が高まるよう促した。友達とかかわる様子を見ていると、友達のおもちゃを取ったり、場所の取り合いから、押す、かみつくなどの行為が見られるようになる。そうした場面では、子どもの気持ちをくみ取り、「貸してって言おうね」「○○ちゃんが使っているから待っていてね」などとやり取りの仕方を伝え、子ども同士をつなぎ、見守ることを大切にしていきたい。

「安全に楽しく探索ができるような環境」について
戸外あそびが多い時期なので、ひとりひとりの体調を把握するとともに、園庭の清掃や遊具の点検などを入念に行い、安全にあそべるよう配慮した。滑り台やトンネル、砂場あそびに興味を示し始めたので、保育士が一緒にあそびながら楽しさを伝えた。また、遊具であそぶ際は必ずそばで見守り、援助することで、子どもも安心してあそぶようになっていった。

1歳 指導計画

1歳児

6月の指導計画

6月のねらい(養護・教育)

◎体調を把握し、梅雨時季を健康に過ごす。
◎好きなあそびを楽しみながら、保育士や友達とのかかわりを楽しむ。
◎行事や懇談会を通して子育ての楽しさを共有し、親子のきずなが深まるよう工夫する。

※「ねらい」及び「内容」は、5領域(健康、人間関係、環境、言葉、表現)の観点を意識して作成する。

	りょうた(1歳3か月・男児・新入園児)	ゆうすけ(1歳7か月・男児・進級児)
子どもの姿	●コップを両手で持てるように保育士が手を添えると、こぼしながらも飲もうとする。 ●「おいでー」と呼ぶと、保育士の所まで歩いてくる。 ●保育士や友達のしている手あそびやわらべうたあそびを見てうれしそうにしたり、友達のおもちゃを欲しがったりする。 ●名前を呼ばれると「はい」と声を出して返事をしたり、食事の準備時に「マンマ」と伝えてきたりする。 ●保育士が絵本を読み始めると、絵本に視線を向けて見る。	●スプーンやフォークを使って食べるようになってきたが、口にたくさん入れ過ぎて、出したりする。 ●便器に座るがタイミングが合わず、排尿しないことが多い。 ●自分でズボンやパンツを脱ごうとする。 ●不安で泣くことが少なくなり、保育士に抱きついたり、笑顔を見せるなど、かかわろうとするようになる。 ●コーナーで手指を使ってあそぶことを喜んでいる。 ●戸外に行くことを喜び、固定遊具に興味をもっている。
内容	○両手でコップを持ち、汁物やお茶を飲もうとする。 ○歩行が安定し、自分の行きたい所まで行く。 ○保育士や友達のしているあそびに関心をもち、同じあそびをしようとする。 ○保育士とのふれあいのなかで、喃語や片言で気持ちを伝えようとする。 ○保育士の読み聞かせや言葉のリズムに興味をもつ。	○食べ物をスプーンやフォークで適量すくって、食べる。 ○タイミングが合えば、トイレで排尿する。 ○ズボンやパンツを自分で脱いだり、保育士と一緒にはこうとしたりする。 ○園での生活に慣れ、保育士に親しみ、安心して過ごす。 ○なぐりがきや小麦粉粘土などで、指先を使ってあそぶ。 ○戸外あそびや散歩で、のびのびと体を動かしてあそぶ。
保育士のかかわりと配慮(環境構成)	◆自分でコップを持って飲もうとする気持ちを大切にして、そっと手を添えて、「飲めたね」などと言葉をかける。🍚 ◆歩く歩数が多くなってくるので、「歩けたね」「あと少しだよ」などと励ましの言葉をかけたり、手をつないだりして、歩けることを一緒に喜び合う。 ◆保育士や友達のしているあそび(わらべうた、段ボールあそび、製作あそびなど)に「一緒にしよう」と誘い、手をつなぎながらあそびを楽しめるようにする。　詳細はP.139、141 ◆子どもの身振りや片言で伝えようとする気持ちをくみ取り、「○○がしたいの?」「○○だね」と言葉にしたり、同じ身振りや表情をするなど、共感しながらかかわる。 ◆絵本は子どもの表情や視線を見て反応に応えながら、はっきりした口調でときには間をおいて、ゆっくりと読み進める。途中で、保育士の読み聞かせの言葉をまねできるようなやり取りも楽しめるようにし、言葉への興味をより育てていく。	◆子どもの食べようとする気持ちを大切にしながら、スプーン(フォーク)ですくう量を保育士が手を添えて調節し、適量を口に入れられるように援助する。🍚 ◆午睡明けやパンツにおしっこが出ていないときには、「トイレに行こうか」と言葉かけをしてトイレへ誘い、「出ていないときは教えてね」と伝える。　詳細はP.127 ◆「上手だね」「ここに足を入れるんだよ」などと状況に合った言葉かけをして、着脱の意欲を引き出していく。 ◆保育士とふれあいあそびや絵本、おもちゃで一緒に楽しみ、スキンシップをたくさんとる。　詳細はP.137、138 ◆小麦粉粘土であそぶ際は、子どもの前で粘土を作る過程を見せ、興味を引き出していく。 ◆園庭の固定遊具などであそぶときは、体のバランスがまだ不安定なので、使い方を丁寧に伝えながら保育士がそばで見守り、安全に楽しめるようにする。　詳細はP.128
家庭との連携	■園生活に慣れ、歩くことを喜んでいる姿を伝え、日々の子どもの姿に成長を感じられるようにする。 ■子どもの表情や喃語、片言に込められた気持ちをくみ取り、受け止めていくかかわりについて、送迎時に保護者と話し合い、家庭でもコミュニケーションがとれるようにする。 ■親子遠足の内容を丁寧に知らせ、期待感をもてるようにして、参加を呼びかけていく。　詳細はP.155	■生活リズムが安定し、安心して過ごせるようになったことを保護者に伝え、喜び合う。 ■園や家庭でのスプーンの使い方や口に入れる量、食べられる量など食事の様子を伝え合い、同じかかわり方ができるようにする。🍚 ■保護者が子どもと身振りや片言でのやり取りを楽しめるように、かかわり方を伝えていく。

※🍚印は、食育に関連する項目

教材資料

うた
- おべんとうばこのうた（作詞・作曲＝不詳）
- さくらんぼ（作詞・作曲＝登坂 鹿立）

うた あそび
- バスごっこ
- くまさん くまさん
  詳細はP.141

絵本
- ぼくのおべんとう（アリス館）
- ねないこだれだ（福音館書店）
- にんじん（福音館書店）
- コップちゃん（ブロンズ新社）

6月の予定

- 親子遠足　詳細はP.155
- 誕生会
- 避難訓練　詳細はP.126
- 歯科検診
- 個人懇談
- 園内研修
- 地域の子育て支援（園開放）

かんな（2歳・女児・進級児）

- スプーンやフォークを使って喜んで自分で食べようとするが、苦手な物は食べようとしない。
- 排尿間隔が長くなり、ときどきトイレで排尿する。
- ズボンやパンツ、靴下、靴などの着脱を自分でしようとするができないところもあり、「やって」と援助を求めてくる。
- 戸外で興味や関心のあるものを見つけて、あそんでいる。
- あいさつや自分の名前を言おうとするなど、言葉で伝えようとすることが増え、簡単な言葉でのやり取りを楽しむ。

○苦手な食材も保育士の援助や励ましで少し食べようとする。
○タイミングが合うとトイレで排尿する。
○保育士に援助されながら、着脱をしてみようとする。
○探索を楽しんだり、自分のやりたいことを見つけたりしてあそぶ。
○保育士の話がわかり、思いを簡単な言葉で伝えようとする。

◆自分で食べようとする意欲を認め、嫌いな物を食べようとしないときは「○○ちゃんも食べているね」などと友達が食べる姿に気づかせながら、自分も食べてみようという気持ちになるように援助する。🍚
◆排尿間隔を把握し、トイレに誘う。できたときは十分に褒め、自信につなげていく。
◆着脱する姿を見守りながら、ズボンなどをはきやすい向きに置いたり、靴下や靴を一緒に持ってはけるようにする。
◆戸外では遊具を安全に使えるよう見守ったり、砂の誤飲がないよう、子どものそばについて楽しめるようにする。散歩時は、子どもの歩くペースに合わせて歩き、草花や虫を見つけるなど探索を楽しめるようにする。　詳細はP.128
◆子どもの伝えようとすることをくみ取って言葉で返したり、言葉と動作が一致するように繰り返し伝え、やり取りを楽しめるようにしていく。

■「わがままで言うことを聞かない」と相談があったので、子どものわがままをどう受け止めたらよいか一緒に考え、ふさわしいかかわりができるよう、家庭と連携をとる。
■子どもと会話をする楽しさや子どものかわいらしいつぶやきを伝え、家庭でも子どもとのやり取りを楽しめるようにする。
■園でのトイレの誘いかけや子どもの排尿する様子を伝え、成長を喜び合い、保護者とともに見守っていく。

環境の工夫

・保育士との戸外あそびを喜ぶので、砂場に道具を用意する。
・手指を使うことを喜んでいるので、コーナーになぐりがきや小麦粉粘土などじっくりとあそべる環境を用意する。テーブルは少人数の配置にし、落ち着いてあそべるようにする。
・夏野菜に興味をもつので、じょうろを用意し、実がついたことを知らせながら、水やりを楽しめるようにする。
　詳細はP.128
・絵本を一緒に見たり、お弁当の製作あそびを楽しんだりしながらバスに乗ることや家族と出かけることを知らせ、親子遠足を楽しみにできるようにする。　詳細はP.155

健康・安全のために

・戸外から戻った後やトイレでの排尿後には、手洗いやうがいをするよう、保育士がそばについて援助する。
・気温差が大きいので衣服の調節や着替えをこまめに行う。また、戸外には着替えを持参し、帽子をかぶせ、水分補給などもこまめに行う。　詳細はP.120、121
・梅雨時季は細菌が繁殖しやすいので、ふき掃除や布団干し、おもちゃの消毒などをこまめに行うようにする。
・園庭の安全や汚れなどを毎朝点検し、清掃をする。また、固定遊具ではそばにつき、安全にあそべるようにする。
　詳細はP.124
・散歩の際は、散歩ルートの確認や散歩先でのあそび方を知らせ、安全にあそべるようにする。　詳細はP.125

職員間の連携

・戸外あそびのときは、外に出る保育士と室内に残る保育士とを決め、あそびの前後は、必ず子どもの人数確認を行う。
・親子遠足で親子が楽しく過ごせるよう、遠足先での過ごし方や準備について打ち合わせを丁寧に行う。　詳細はP.155
・個人懇談で保護者と話し合ったことを担任間で伝え合い、記録するとともに、必要に応じて職員会議などで全職員に知らせ、子どもや保護者への対応を一致させる。
・栄養士とともに食事の様子を見守り、食欲が増すような盛り付けや提供の仕方について話し合う。　詳細はP.122
・看護師と栄養士と食中毒などの衛生管理について入念に話し合い、予防をする。

評価の観点と振り返り

「梅雨時季の体調管理」について

朝夕と日中の気温差が大きいので、衣服の調節をこまめに行った。保護者には着替えを多く持ってくるようお願いするとともに、日中の様子を伝え、ともに体調を把握できるよう配慮した。また、散歩時には、麦茶を持参し、こまめに水分補給をするとともに、着替えも用意し、快適にあそべるようにした。看護師や栄養士とも連携して、ひとりひとりの体調を把握することで、今後も健康に過ごせるよう配慮していきたい。

「保護者と子どもの成長を喜び合えるかかわり」について

個人懇談では、園と家庭での子どもの生活やあそびの姿について、送迎時の会話や連絡ノートでは伝えきれない丁寧な話し合いをするよう心がけた。30分でも、ゆっくりと話し合うことで、保護者は子どもの成長している姿を振り返って喜び、これからの子どもの育ちを期待する様子がうかがえた。保育士は家庭での子どもの様子、保護者が子育てのなかで困難に感じていることを知り、保護者の気持ちを理解することができた。今後も保護者の思いに寄り添い、信頼関係を深めていきたい。

1歳　指導計画

1歳児 7月の指導計画

CD excel → 1歳 → 月間 → P102_1歳7月

7月のねらい（養護・教育）

◎食事や着脱など、身の回りのことを自分でやりたい気持ちを大切に受け止め、見守る。
◎砂、土、水あそびを安全に楽しめるよう工夫する。
◎子どもの姿を丁寧に伝え、保護者同士のかかわりをつなぐ。

※「ねらい」及び「内容」は、5領域（健康、人間関係、環境、言葉、表現）の観点を意識して作成する。

	りょうた（1歳4か月・男児・新入園児）	ゆうすけ（1歳8か月・男児・進級児）
子どもの姿	●苦手な物も食べようとするが、かみくだかないうちに口から出すことがある。 ●着脱のとき、声をかけると手足を動かす。 ●保育士に身振りや片言で要求を伝えようとする。 ●保育士の手あそびや歌を喜んだり、絵本を持ってきて読んでほしいと要求したりする。 ●砂あそびや水あそびなど、保育士や友達のしているあそびに関心をもち、あそびに加わろうとする。	●自分で食べることが多いが、苦手な物を食べたり、口に多く入れすぎたりしたときは飲み込むのに時間がかかることもある。 ●尿がパンツに出ていないときに、トイレに誘うと排尿する。 ●ズボンやパンツの着脱を「自分で」と言って、ひとりでしようとする。 ●おもちゃが欲しいときは、声に出して訴えるようになる。 ●ミニカーやブロックなどの好きなあそびを楽しんだり、水あそびに興味をもち、水にふれようとする。
内容	○苦手な物もよくかんで、保育士の援助で食べようとする。 ○手伝われながらズボンに足を通したり、腕を動かして手を入れたりしようとする。 ○保育士の言葉かけに表情や身振りでこたえ、やり取りをする。 ○手あそびをしたり、絵本を見たりして、保育士と一緒にゆったりと過ごす。 ○砂、土、水、絵の具の感触に慣れ、保育士と一緒にあそぼうとする。	○好きな物は自分で進んで食べ、苦手な物は保育士の言葉かけや手伝いで食べようとする。 ○保育士の促しでトイレに向かい、排尿の感覚をつかむ。 ○ズボンやパンツなどの着脱を、自分からしようとする。 ○自分の気持ちを動作や言葉で伝えようとする。 ○保育士と一緒に好きなあそびや砂、土、プール、絵の具を使ったあそびを楽しむ。
保育士のかかわりと配慮（環境構成）	◆子どもの食べる意欲に共感し、しっかりそしゃくができるように、「あむあむ、ゴックンだね」などと言葉をかけ、よくかんで飲み込むよう見守る。 ◆「ここに、足を入れるんだよ」「手はここだよ」などと子どもの動作に合わせて言葉をかけ、できたことを喜び合う。 ◆子どもの伝えようとする気持ちをとらえ、「○○したかったの？」「○○だったね」などと受け止める言葉をかけたり、「○○しようか」と気持ちを代弁し、やり取りをしていく。 ◆子どもがあそびやすく、繰り返し楽しめるような手あそびや歌を一緒に楽しんだり、「絵本を読んで」という気持ちに応え、一対一で読み聞かせをしたりして、安心して過ごせるようにする。 ◆プールに入ると不安そうにするので、横にたらいを置き、友達と一緒におもちゃで水あそびを楽しめるようにする。	◆自分で食べる姿を見守り、「次は○○を食べようか」「おいしいね」などと言葉をかけたり、苦手な物は「○○ちゃんと同じだね」と伝え、食べる意欲をもてるようにする。 ◆排尿のタイミングをみてトイレに誘い、排尿したときは「すっきりしたね」などと言葉をかけて喜び合う。　詳細はP.127 ◆ズボンをはきやすい向きに置いたり、片方のそでを抜くなど、子どもが自分でやりやすいようにする。 ◆保育士や友達に伝えようとする気持ちを受け止め、じっくり聞き取り、言葉を補ってやり取りの仕方を伝えていく。 ◆水に慣れるまではプールの水量を少なくして、じょうろやバケツなどのおもちゃを十分に用意し、楽しめるようにする。 ◆フィンガーペインティングでは、手で感触を確かめられるよう保育士も一緒にあそび、「プルプルしているね」と感触を味わったり、大きな紙に「ペタペタ、おもしろいね」と手形を押したりして、興味を引き出していく。　詳細はP.150
家庭との連携	■暑くなり食欲にむらが出るので、食べやすいメニューのレシピを紹介したり、十分な水分補給と休息について保護者に伝え、園と家庭で同じようなかかわりができるようにしていく。　詳細はP.122 ■水着やバスタオルなどの準備をお願いするとともに、水あそびの様子などを伝えていく。　詳細はP.129	■親子でやり取りを楽しめるよう、園での言葉かけを伝える。 ■プールあそびの前日は、健康チェックについてのお便りを参考に確認をするように伝え、健康状態を把握していく。　詳細はP.129 ■きょうだいとのあそびが活発になり、就寝時間が遅くなりがちなので、生活リズムについて保護者と話し合う。

※ 印は、食育に関連する項目

教材資料

うた
水遊び（作詞＝東くめ　作曲＝瀧廉太郎）
うみ（作詞＝天野蝶　作曲＝一宮道子）
アイスクリーム
（作詞＝田中ナナ　作曲＝岩河三郎）

うたあそび
さかながはねて　詳細はP.135

絵本
どろんこおばけ（ＢＬ出版）
どろんこどろんこ！（福音館書店）
あーいいきもち（フレーベル館）
ぞうくんのさんぽ（福音館書店）

7月の予定

・誕生会
・避難訓練
　詳細はP.126
・こどもみこし
　詳細はP.151
・夏の夜祭り
　（父母の会主催）
・園内研修
・地域の子育て支援
　（園開放）

かんな（2歳1か月・女児・進級児）

● 自分で食器具を使って食べるが、途中であそび食べをする。
● 保育士に言葉をかけられると、おしぼりを片付ける。
● 排尿間隔が長くなり、パンツに排尿しないことが増えてくる。
● 衣服の着脱やプールあそびの準備、片付けに関心をもち、保育士と一緒にしようとする。
● 保育士や友達に「あそぼう」などと盛んに話しかけて楽しむ。
● 保育士や友達と一緒に絵本を見ることを喜ぶ。
● 保育士と一緒に夏野菜を見て、楽しんでいる。

○ 食器に手を添え、最後まで自分で食べようとする。
○ 食事の準備や片付けを自分でしようとする。
○ パンツに排尿したときは、表情や言葉で保育士に知らせたり、保育士に誘われてトイレで排尿したりする。
○ 衣服の着脱に関心をもって、自分でしようとする。
○ あそびのなかでやり取りの言葉の使い方を知り、楽しむ。
○ いろいろな絵本を見ることを喜ぶ。
○ 夏野菜に関心をもって、保育士と一緒に水やりを楽しむ。

◆ 子どもが意欲をもって食器具を使おうとする姿を認め、食事に集中して食べるように励ます。🍚
◆ 食事の準備や片付けなどを見通しをもってできるようにし、できたときは「自分でできたね」などと認めていく。🍚
◆ トイレで排尿したときは「おしっこ出たね」と一緒に喜び合い、おしっこがしたくなったら知らせるように伝える。
◆ 自分で着替えようとする気持ちを大切にし、できない部分は言葉をかけて援助していく。
◆ 自分の思いを言葉で伝えられるように「そうだね。あそぼうか」などと気持ちを受け止めて言葉かけをする。また、やり取りを楽しめるように、ままごとなどのコーナーの充実を図る。
◆ いろいろな絵本を見られるように、読み聞かせの機会を増やし、絵本の言葉を繰り返したりして楽しむ。
◆ 毎日水やりをすることで、子どもが「トマトなった」「赤くなった？」などと気づいたことに共感していく。　詳細はP.128

■ あせもがあるのでこまめに着替えたり、髪の毛を結び、首回りをすっきりさせるとよいことを伝える。　詳細はP.121
■ 家庭で、子どもが「友達の名前を話すようになった」という話を聞いたので、友達と楽しくあそんでいる様子を伝え、かかわりをもてるように保護者同士もつないでいく。
■ 排尿の様子を伝え合い、園と家庭で一緒に進めていく。

環境の工夫

・衣服の着脱をする機会が増えるので、自分でやりたい気持ちを大切にし、十分に取り組めるようスペースを確保し、時間に余裕をもつ。
・砂、土、水、絵の具などの手触りや肌触りを楽しめるあそびの素材を用意する。　詳細はP.150
・朝にプールの水を張り、適切な水温であそべるようにする。
・水あそびができない子や水あそび後のために、絵本やブロックでゆったりとあそべるコーナーやおもちゃを用意する。

健康・安全のために

・気温や子どもの様子を見ながら、水分補給をこまめにする。特に体をよく動かして汗をかく子は、多めに補給をする。
　詳細はP.120、121
・部屋からベランダへの出入りやプール周りには滑らないよう人工芝を敷き、子どもの動きや水位にも留意する。
・汗をかいたらこまめに着替え、必要に応じてシャワーをかけるなどして、清潔を保てるようにする。　詳細はP.121
・快適に過ごせるよう、室内を温度20〜24℃※、湿度40〜60％を目安にエアコンなどで調節していく。　詳細はP.121
・戸外に出るときは必ず帽子をかぶり、木陰やパラソルの下で過ごせるよう設置し、熱中症に気を付ける。　詳細はP.121

職員間の連携

・登園時に連絡帳と保護者からの連絡を必ず担任保育士間で確認し、子どもの体調の変化を見落とさないようにする。
・トイレで排尿する子が増えるので、排尿の有無や汚れ物などを必ず伝え合い、保護者への連絡をきちんとする。
・プールあそびでの衛生面や安全面、プールに入れない子の確認を保育士間で共有していく。
・フィンガーペインティングを使ったおみこし作りでは、担任保育士間で事前に打ち合わせや準備をして、スムーズに活動できるようにする。　詳細はP.151
・看護師と夏に流行しやすい病気の症状や予防方法、夏の過ごし方などを話し合い、全職員で情報を共有する。
・食欲が落ちやすい時期なので、食欲をそそる盛り付け方や食べやすい量を栄養士と話し合う。　詳細はP.122

評価の観点と振り返り

「自分でしたい気持ちを大切にするかかわり」について
着替えの機会が多いときに、子どもの興味・関心をとらえ、自分でしようとする子どもの意欲を大切にかかわってきた。あくまでも「自分でできた」という満足感を感じられるように、ひとりひとりが真剣に取り組む姿に、「上手にできたね」などと子どもの気持ちに共感する言葉かけをするように心がけたことがよかったようだ。どの子も着替えに関心をもつようになり、自分からしようとするようになってきた。

「保護者同士がかかわりをもてる配慮」について
子ども同士がかかわりをもつようになると、保護者も「○○ちゃんの名前をよく言っています」「○○ちゃんはどの子ですか？」などと自分の子と一緒にあそぶ子や、どんなあそびをしているのか関心をもつようになってきた。そこで、友達とかかわる姿を保護者に詳しく伝えていくように、送迎時や夏祭りなど保護者が顔を合わせる機会には、保育士が「○○ちゃんのお母さんです」と紹介していった。保護者同士をつなぐきっかけを作っていくことを大切にしていきたい。

1歳　指導計画

※室温設定については、地域によって違いがある。また、節電などへも配慮する。

1歳児 8月の指導計画

8月のねらい（養護・教育）

◎夏の暑い時季を健康で快適に過ごせるようにする。
◎保育士や友達とかかわりながら水あそびを楽しむ。
◎子どもの自分でやりたい気持ちを保護者と共有し、家庭においても子どもの気持ちを尊重したかかわりができるよう見守っていく。

※「ねらい」及び「内容」は、5領域（健康、人間関係、環境、言葉、表現）の観点を意識して作成する。

	りょうた（1歳5か月・男児・新入園児）	ゆうすけ（1歳9か月・男児・進級児）
子どもの姿	●暑さで食欲が落ち、水分や汁物、果物など、のどごしのよい物を欲しがって食べる。 ●歩行が安定してきて、保育室内やプレイルーム、園庭などを歩き回る。 ●保育士が話した言葉の語尾を「（○○だ）ね」「（○○だ）よ」などとまねして言おうとする。 ●保育士や友達と顔を見合わせて笑い合ったりする。 ●水あそびで水にふれ、おもちゃを使ってあそぶことを喜ぶ。	●好きな物は急いで手づかみで食べようとし、保育士の援助を拒むことがある。 ●トイレで排尿した後に「出た」と知らせる。 ●保育士の言葉かけで、自分のプールバッグを持ってくる。 ●指先を使うおもちゃに興味をもって、友達のあそぶ姿を見ている。 ●気になる友達のそばに行って笑いかけたり、「先生！ ○○ちゃん、いた」などと保育士に知らせたりするようになる。
内容	○食べられる物から意欲的に食べる。 ○自分の興味のある所や行きたい場所へ歩いて行く。 ○保育士の言葉をまねて楽しむ。 ○保育士や友達があそんでいる様子を見て、興味をもって近づき、かかわろうとする。 ○保育士や友達と一緒に水あそびを喜ぶ。	○スプーンやフォークを使い、ゆっくりよくかんで食べる。 ○トイレで排尿することが増えてくる。 ○ズボンや服などをロッカーから出してくる。 ○保育士と一緒に指先を使ったあそびを楽しむ。 ○保育士や友達と動作や簡単な言葉を使って、かかわろうとする。
保育士のかかわりと配慮（環境構成）	◆食事が進まないときは、無理強いせずにのどごしのよい物や子どもが自分で食べられる物を勧め、食欲が落ちないように配慮する。 詳細はP.122 ◆そばについて危険のないよう見守りながら歩き、歩くことを十分に楽しめるように「こっちだよ」「ここまで来られるかな？」などと、少し離れた所から声をかけて励ましていく。 ◆まねした語尾の言葉を保育士も繰り返し、やり取りを楽しめるようにし、言葉の表出を促していく。 ◆友達の様子を見ているときは「○○ちゃんと一緒にあそぶ？」「一緒にしたいの？」などと言葉をかけ、保育士も一緒にあそび、友達とのつながりがもてるよう働きかける。 ◆ビニールプールに入って、不安なく水あそびを楽しめるよう、保育士もおもちゃを使って一緒にあそんだり、子どものあそぶ姿をそばで見守ったりする。 詳細はP.129	◆食べようとする姿を見守りながら、「かみかみだよ」「ごっくんしてからね」などと言葉をかけながら、ゆっくりと食事を進める。 ◆排尿を確かめて「出たね」「すごいね」と褒め、出たことを一緒に喜び、次につながるようにする。 詳細はP.127 ◆バッグや衣服など自分の持ち物がわかり、持ってこられるように見やすく、取りやすくロッカーの中を整理しておく。 ◆子どもの親しみやすい題材を選び、シールはりやすずらんテープで製作あそびをするなど、指先を使って楽しめるようにする。 詳細はP.142 ◆友達への関心が高まり、笑いかけたり片言で話しかける姿を見守り、伝わり切らないときは保育士が代弁するなどして、友達とのかかわりを十分に楽しめるようにする。
家庭との連携	■暑さで体調を崩しやすい時季なので、朝の受け入れのときは、健康状態や食欲の有無などを口頭や連絡ノートで細かく伝え合う。 詳細はP.153 ■食事や着脱を、少しずつ自分でしようとする姿があることを伝え、言葉かけやかかわり方を保護者と話し合い、園と家庭でのかかわりに生かすようにする。	■連絡ノートや送迎時の話から、親子でコミュニケーションをとっていることが、保育所で保育士や友達とやり取りを楽しむ姿につながっていることを知らせ、喜び合う。 ■「自分で」と自己主張をする姿を伝え合い、年齢的な特徴であり、自立の芽をはぐくむ大切なときであることを伝え、丁寧な話し合いをしていく。

※🍚印は、食育に関連する項目

教材資料

うた ワニのうた（作詞＝上坪マヤ　作曲＝峯 陽）

うたあそび あたまのうえでパン　むすんでひらいて

絵本 ノンタンおしっこしーしー（偕成社）　こぐまちゃんのどろあそび（こぐま社）

8月の予定

- 七夕祭り　詳細はP.142（旧暦の8月に開催）
- 誕生会
- 避難訓練　詳細はP.126
- 園内研修
- 地域の子育て支援（園開放）

かんな（2歳2か月・女児・進級児）

- ●スプーンやフォークを使い、こぼすことが少なくなってくるが、最後まで食べないことがある。
- ●自分のプールバッグを持ってきて、水着に着替えようとするが、できなくて「できない」「やって」と保育士に援助を求めてくる。
- ●保育士と体操や追いかけっこをして楽しむ。
- ●パズルなど手指を使うおもちゃで一定時間あそんでいる。
- ●夏野菜の色付きに気づき、保育士や友達と収穫を楽しむ。

- ○食器に手を添え、最後までひとりで食べようとする。
- ○着脱では、できない部分を援助されながら自分でしようとする。
- ○プールあそびでは、水をすくったり、おもちゃで水を移し替えるなどして楽しむ。
- ○体を動かすことを喜ぶ。
- ○パズルやシールはりなどの製作あそびを楽しむ。
- ○保育士と一緒に収穫した夏野菜を喜んで食べる。

- ◆食事の様子を見守り、食べ終わらないときは「もう少しでお皿ピカピカだね」などと言葉をかけて、励ましていく。🍚
- ◆着脱で困っているときは、「一緒にする？」と声をかけ、やり方やコツを知らせ、苦手な部分を克服できるようにする。
- ◆夏のあそびや体を動かすあそびを友達と十分楽しめるよう配慮する。また、暑さやプールあそび、運動あそびで体力を消耗しやすいのでこまめに水分補給をし、体を動かした後はゆったりとあそべるおもちゃやコーナーを設定する。
- ◆子どもと一緒にパズルであそんだり、8月に行う七夕祭りの飾り製作の手順を丁寧に知らせ、子どもが関心をもって指先を使うあそびに取り組めるようにする。　詳細はP.142
- ◆「緑が赤になったら採ろうね」「あ、3個だったのが4個に増えたよ」と色の違いを見せたり、数をかぞえたりして、色付きや実りの様子がわかるように伝えていく。また、一緒に夏野菜を収穫できるように手を添えて収穫をする。

- ■子どもがあそんでいる手作りおもちゃを紹介し、作り方を丁寧に知らせ、家庭でも楽しめるようにする。
- ■子どもに対する思いや期待を、七夕の短冊に書いてくるよう伝え、七夕祭りへの参加を呼びかける。　詳細はP.142
- ■子どもができることを喜ぶと、意欲につながることを伝え、「自分で」の気持ちを受け入れられるように話し合う。

環境の工夫

- ・ロッカーには名前やマークを付け、肌着やズボン、服などを同じ場所に整理して置き、子どもがわかるようにする。
- ・暑さや日差しが強くなるので、プールあそびをするときは日よけをして涼しさを感じられるようにする。また、室内でも涼しさを感じられるよう風鈴やモビールなどを飾る。
- ・水あそびが楽しめるよう、じょうろやバケツ、手作りのペットボトルのシャワーなどを多めに用意する。　詳細はP.129
- ・気温の高い日も涼しい場所で体を十分に動かしてあそべるように、保育室やプレイルームで運動あそびをして過ごす。
- ・保護者が手作りおもちゃや七夕の短冊作りに関心をもてるように、子どものあそぶ様子を伝え、保育室に飾っておく。

健康・安全のために

- ・ひとりひとりの健康状態を把握するとともに、皮膚に異常がないか、つめは切ってあるかなどを水あそび前に確認する。　詳細はP.129
- ・プールの水は少量でも危険なので、転倒しないよう必ずそばにつく。また、子どもがプールの水を飲まないよう留意する。
- ・活発にあそんだ後や午睡後は汗をかいていることが多いので必ず水分補給をし、着替えをして清潔にする。　詳細はP.120、121
- ・プールや運動あそびなど活発なあそびを楽しむので、保育士が子どものそばにつき、安全にあそべるようにする。

職員間の連携

- ・プールあそびは、準備や片付けなどがスムーズに行えるように役割分担について事前に話し合い、随時確認をしていく。
- ・食事や着脱など、自分でしようとする子どももいるので、ゆったりとできる時間配分を考える。また、ひとりひとりのペースや発達段階に合った援助や見守りができるよう担任間で話し合い、一致したかかわりをしていく。
- ・夏の食事のメニューを保護者にどう伝えるかを栄養士と考えるとともに、食中毒の症状や予防法、発生した場合の対応を全職員で話し合う。　詳細はP.122

評価の観点と振り返り

「暑さ対策をして快適に過ごせる配慮」について

暑さが厳しいので保育室内を適温適湿に保つようエアコンを使用し、換気に配慮してきた※。汗をかく子どもが多く、こまめに水分補給や着替えなどをして、脱水や皮膚異常が起こらないようにしたが、あせもができる子が多かったので、保護者とも話し合い、連携して進める必要を感じた。夏バテ対策として子どもの体調や機嫌を把握し、食事や睡眠、あそびの内容を担任間や栄養士、看護師と丁寧に話し合い、対応に努めてきたので、体調を崩す子は少なく、食欲のむらもあまりなかった。しかし、体調に合わせた過ごし方やあそびには個人差があるため、今後は保護者とも話し合い、快適に過ごせるよう努めていきたい。

「水あそびを十分に楽しめるようなかかわり」について

水あそびを十分に楽しめるようにペットボトルや洗剤の容器を利用した手作りおもちゃを用意した。保育士が子どもと一緒におもちゃを使ってあそぶことで、水にふれることを喜ぶ子どもが増え、「○○もしたい」などとおもちゃを使い、自分や保育士の手足に水をかけたりしてあそぶ子もいた。また、水がかかることを嫌がっていた子も、保育士や友達が楽しくあそぶ様子を見せ、楽しい気持ちに共感する言葉かけを多くしたことで、次のプールあそびを楽しみにする姿が見られた。

※室温設定については、地域によって違いがある。また、節電などへも配慮する。

1歳 指導計画

1歳児 9月の指導計画

9月のねらい（養護・教育）

- ◎体調や生活リズムを整えながらゆったりと過ごす。
- ◎保育士や友達と一緒に、秋の自然を感じながら体をたくさん動かしてあそぶ。
- ◎行事や懇談会を通して子どもの成長を伝え、保護者と喜びを共有する。

※「ねらい」及び「内容」は、5領域（健康、人間関係、環境、言葉、表現）の観点を意識して作成する。

	りょうた（1歳6か月・男児・新入園児）	ゆうすけ（1歳10か月・男児・進級児）
子どもの姿	●食欲が出てきて、自分でスプーンやフォークで食べようとするが、野菜類や肉類などは飲み込めずに口から出す。 ●ズボンを下げたり、ズボンに足を入れたりする。 ●保育士を追いかけて走ろうとしたり、傾斜のある所を四つんばいになって上り下りすることを喜ぶ。 ●戸外で歩くことを楽しんでいる。 ●友達のおもちゃを取ろうとして、「欲しい」と泣いて訴える。 ●保育士と一緒に絵本を見て指をさしたり、声を出して楽しむ。	●食事を喜び、スプーンやフォークを使って食べようとする。 ●保育士の言葉かけでトイレに行くことを思い出す。 ●衣服の着脱を自分でやりたがり、夢中になってやっている。 ●保育士を追いかけたり、段差などを何度も上り下りしたりする。 ●覚えたフレーズを保育士と歌ったり、体操のまねをしたりする。 ●保育士と一緒にブドウを収穫して喜んでいる。
内容	○スプーンやフォークを持って食べようとする。 ○苦手な物や食べにくい物を少しずつ食べようとする。 ○着脱に関心をもち、できることをしようとする。 ○保育士と歩いたり追いかけっこをしてたくさん体を動かす。 ○保育士と手をつないで、散歩を楽しむ。 ○身振りや片言で思いを伝えようとする。 ○絵本に関心をもち、保育士とのやり取りを楽しむ。	○スプーンやフォークを下から握って食べようとする。 ○トイレに行くことを喜び、トイレで排尿する。 ○衣服の着脱などを意欲的に自分でしようとする。 ○走ることや変化のある場所を歩くことを楽しむ。 ○保育士や友達がする運動会の体操や歌などに関心をもつ。 ○ブドウを食べたり、スタンプあそびをしたりして楽しむ。
保育士のかかわりと配慮（環境構成）	◆「フォークはどこかな？」などとスプーンやフォークを使えるよう言葉をかける。苦手な物は小さく切って少しずつスプーンに載せたり、「あむあむだね」「ごっくんできたかな？」などとかむことや、飲み込むことを促していく。 ◆自分で着脱する姿を見守り、「足、入ったね」「ズボンを引っ張ってごらん」などと意欲的に取り組めるような言葉をかける。 ◆運動あそびを楽しめるように保育士があそぶところを見せたり、「こっちだよ」などとあそびに誘ったりする。 ◆散歩や小遠足では、子どもの歩くペースに合わせて探索をしながらゆっくりと歩き、楽しめるようにする。 ◆子どもの要求する気持ちをくみ取り、「○○が欲しいの？」「ちょうだい、だね」「どうもありがとう、ってするんだよ」などと言葉と動作を見せながらかかわり方を伝えていく。 ◆一緒に絵本を見て、「○○（物や動物の名前）あったね」「これは？」など、やり取りを繰り返し楽しめるようにする。	◆上手に使えるようにスプーンやフォークの持ち方を見せたり、保育士が手を添えたりして丁寧に知らせていく。 ◆「おしっこ、しようか」「トイレの○○（装飾）、見に行こうか」などと、トイレに行こうと思えるような言葉かけをし、「したいときは教えてね」と伝える。　詳細はP.127 ◆子どもが自分でしようとする意欲を見守りながら、できないところは一緒に行い、やり方を知らせていく。 ◆子どもが保育士に向かって走ってくるときは両手を広げて待ったり、「こっちだよ」と言葉をかけたりする。また、子どもひとりで上り下りするときは、そばについて見守る。 ◆音楽をかけて保育士や友達と一緒に体操をしたり、歌をうたったりして楽しめるようにする。 ◆みんなでブドウを食べたり、スタンプあそびで表現したりすることを楽しめるようにする。　詳細はP.143
家庭との連携	■スプーンの使い方や口に入れる量などについて家庭での様子を聞きながら、同じかかわり方ができるように話し合う。 ■初めての運動会に不安のないよう、子どもの発達や興味に合わせた活動にしていることなどを伝え、参加を呼びかける。	■着脱など身の回りのことを子どもが自分でやろうとしているときは、時間がかかっても見守るよう伝えていく。 ■運動会に向けてかけっこや体操を楽しんでいることをクラス便りなどで知らせ、当日に一緒に楽しめるようにする。

※ 印は、食育に関連する項目

教材資料

うた
- トコトコトコちゃん
（作詞・作曲＝鈴木克枝）
- 運動会のうた
（作詩＝小林久美　作曲＝峯 陽）
- あきのそら
（作詞＝まど・みちお　作曲＝渡辺 茂）

絵本
- よういどん（福音館書店）
- おいしいおとなあに？（あかね書房）
- なにしてるなにしてる（こぐま社）

9月の予定

- 運動会
  詳細はP.152
- 小遠足
- 避難訓練
  詳細はP.126
- 誕生会
- 園内研修
- 地域の子育て支援
  （園開放）

かんな（2歳3か月・女児・進級児）

- ●「パッタン、パッタン」と言いながら、自分で使ったおしぼりを畳んだりして配膳を待つようになる。
- ●自分で手を洗おうとするが、そでをぬらすことがある。
- ●保育士や大きい子のする体操や踊りをまねしたり、体を活発に動かす運動あそびに興味をもっている。
- ●自分の要求を保育士や友達に言葉で伝えることが多くなる。
- ●ひとりで見たり、保育士とやり取りをしながら絵本を見る。
- ●野菜やブドウに興味をもって、見たりふれたりしている。

- ○食事の流れをわかり、落ち着いて配膳されるのを待つ。
- ○保育士と一緒に丁寧に手洗いをする。
- ○保育士や友達と全身を動かして、のびのびとあそぶ。
- ○生活やあそびのなかで保育士や友達と簡単な言葉でのやり取りを楽しむ。
- ○絵本の読み聞かせを喜び、内容をわかろうとしながら見る。
- ○保育士と一緒に野菜やブドウを収穫することを喜ぶ。

- ◆子どもが自分で気づいて顔をふいたりする姿を受け止め、「上手にふけたね」「手はおひざで待つんだよね」と言葉で返して自信につなげていく。🍚
- ◆子どもが手を洗う姿を見守り、衣服のそでがぬれないようにまくったり、洗い残しがないか確かめながら一緒に洗う。
- ◆子どものやりたい気持ちや発達段階に合わせて、走る、上る、くぐるなど、体を動かすことを喜んであそべるように工夫する。
- ◆自分の気持ちを言葉で伝えられないときは、保育士が言葉を補足したり、相手の言葉を理解できないときは仲立ちをしたりして、子ども同士のやり取りを楽しめるよう援助する。
- ◆子どもの興味・関心に合った絵本を用意し、やり取りを楽しめるようにする。
- ◆野菜やブドウの収穫では、子どもが自分で採れたと思えるよう、手を添えて収穫する。また、製作あそびを楽しめるよう「ブドウの実、あったね」などと声をかけていく。

詳細はP.143

- ■食事の準備などが自分でできることを喜び、自信につながってきていることを伝え、成長を喜び合う。🍚
- ■言葉でのやり取りが増えてきたことを伝え合い、たくさん話したり聞いたりして、言葉をはぐくむよう話し合う。

環境の工夫

- ・トイレに興味がもてるよう、トイレの壁に子どもが親しみをもつ絵をはり、明るい雰囲気作りをする。
- ・運動あそびは子どもの発達段階に合わせて行う。プレイルームで普段のあそびに運動用具やマットを組み合わせた運動あそびを取り入れたり、園庭で追いかけっこをしたりするなど体を十分使ってあそび、徐々に慣れていけるようにする。
- ・活発にあそんだ後は、体を休めながらあそべるおもちゃ（パズル、人形など）やスタンプあそびを用意したり、絵本の読み聞かせなどでゆったりと過ごせるようにする。

詳細はP.134、143

- ・運動会の雰囲気に慣れていけるよう、親しみのあるライオンみこしであそんだり、年上の子の練習する様子を見たりして、楽しめるよう工夫していく。

詳細はP.152

健康・安全のために

- ・気温の変化が激しいので、日差しが強いときは日よけを使用し、室温・湿度の調節、水分補給をして快適に過ごせるようにする。
- ・戸外あそびや排せつ後は手洗い・うがいを行い、清潔にする。
- ・戸外で体操、運動あそびなどを楽しむようになるので、小石を拾ったり土をならすなど園庭整備をする。跳び箱なども使うので、セッティングや用具の破損箇所の確認をしておく。
- ・散歩や小遠足では、事前に歩くルートや危険箇所、公園内の遊具などの点検を行い、安全に過ごせるようにする。

詳細はP.125

職員間の連携

- ・子どもの食欲が増してきているので、食事量について栄養士と話し合い、量を加減できるよう、別皿に用意しておく。
- ・戸外あそびや体操、運動あそびをする際は、ひとりひとりの発達に応じた援助や子どもの動きについて十分に話し合い、保育士がそばについて安全に行えるようにする。
- ・運動会やクラス懇談会では役割分担し、必要な用具や保護者向けのお便りの作成、当日の進め方などを十分話し合う。

評価の観点と振り返り

「体調や生活リズムを整え、体をたくさん動かす」について

夏の疲れから体調を崩しやすいので、保護者からの連絡に注意し、担任間で子どもの体調の変化をこまめに伝え合うようにした。一日のなかでは活発なあそびとパズルや絵本の読み聞かせ、製作あそびなどのじっくり取り組めるあそびをバランスよく取り入れ、疲れが残らないよう心がけた。気候がよいので、戸外あそびや散歩なども楽しめるようにした。しかし、月齢差があるので、運動あそびの内容や散歩先では、ひとりひとりがやってみたいと思えるような働きかけや援助が必要だと感じた。今後も担任間で話し合い、考えながら進めていきたい。

「行事や懇談会を通して成長を伝える」について

1歳児クラスの半年が過ぎ、子ども同士のかかわりも増えてきたので、子ども同士が身振りや片言でやり取りをする場面や身の回りのことをする様子を写真やビデオにまとめ、懇談会で保護者と共有した。保護者たちからは笑みがこぼれ、和やかな雰囲気のなかで我が子の成長を喜んだり、自分の子以外の子どもたちの成長を一緒に喜ぶ機会となった。普段から連絡ノートや送迎時に子どもの成長の姿を丁寧に伝えていたが、クラスの保護者が一緒に子どもの成長を喜び合う機会をもったことで、保育士と保護者、保護者同士の関係が深まったことを実感した。

1歳 指導計画

1歳児 10月の指導計画

※「ねらい」及び「内容」は、5領域（健康、人間関係、環境、言葉、表現）の観点を意識して作成する。

10月のねらい（養護・教育）

◎意欲や満足感をもって、簡単な身の回りのことを自分でできるようにかかわる。
◎保育士の仲立ちでやり取りやあそびを楽しみながら、友達とのかかわりをもてるようにしていく。
◎自然物にふれながら散歩や戸外あそびを楽しむ。

	りょうた（1歳7か月・男児・新入園児）	ゆうすけ（1歳11か月・男児・進級児）
子どもの姿	●好きな物は自分で食べるが、苦手な野菜や食べ慣れていない物は残す。 ●ズボンを自分ではこうとする。 ●園庭の固定遊具や滑り台を楽しんでいる。 ●散歩で保育士や友達と手をつないで歩くようになる。 ●保育士に指さしや片言で、見たものを伝えようとする。 ●「むっくりくまさん」「たけのこいっぽんおくれ」などのわらべうたあそびに興味をもって見ながら、友達の動きをまねている。	●スプーンやフォークを下から握って食べるようになるが、ときどき上から握って食べるときもある。 ●トイレに誘われると「ウサギ、行く？」とトイレのドアにはってある絵を思い出し、喜んで行く。 ●部屋の移動や散歩のとき、「手、つなごう」と友達を誘う。 ●絵本を見ながら、「これは？」「ピーポーピーポー」などと保育士や友達とやり取りを楽しんでいる。 ●戸外に行くことを喜び、すすんで身支度をする。
内容	○保育士の促しや手伝いで苦手な物も少し食べようとし、いろいろな味やメニューに慣れる。 ○ひとりでズボンやパンツの着脱をしようとする。 ○園庭遊具や散歩などを喜び、たくさん体を動かす。 ○保育士や友達と手をつないで散歩を楽しむ。 ○自分の気持ちを動作や片言で表現しようとする。 ○保育士や友達と一緒に、わらべうたあそびを楽しむ。	○スプーンやフォークを下から持って食べることに慣れる。 ○あそびの途中でも誘われるとトイレに行く。 ○友達とふれあいながら、かかわりを深める。 ○保育士や友達とやり取りを楽しみながら、自分の思いを言葉に表す。 ○保育士と戸外で木の実を拾ったり、落ち葉を使った製作あそびを楽しむ。
保育士のかかわりと配慮（環境構成）	◆保育士が実際に食べ、「おいしい。ニンジンさんの色、かわいいね」「ウサギさんもニンジン、好きだよね」など、食べようとする気持ちが芽生えるよう言葉をかけていく。🍚 ◆自分でズボンやパンツを脱ぎ着しようとする姿を受け止め、子どものやりたい気持ちを認め、徐々に手伝いの手を離して見守るようにする。 ◆固定遊具の階段の上り下りをする際は、バランスを崩して転ばないように手をつなぐ。散歩先では探索を楽しめるようにしながらそばについて見守る。 ◆子どもが動作や片言で伝えようとする気持ちを受け止め、じっくり聞き取り、「そうだね、○○だね」と共感し、やり取りを通して子どもの話したい意欲を高めていく。 ◆友達が楽しくあそぶ姿を保育士と一緒に見たり、「りょうたくんも一緒にしよう」と誘ったりして、みんなで行うおもしろさを経験できるようにする。 　詳細はP.139	◆スプーンやフォークを下から持つことに子どもが気づけるように「くまさん（スプーンの絵柄）が見えるように持ったかな」と意欲を損なわないように言葉をかけていく。🍚 ◆あそんでいても、トイレに向かえるよう「先生がおもちゃを持っているよ」と気持ちを切り替え、安心してトイレで排尿できるように配慮する。 ◆同じわらべうたあそびに誘って楽しみ、子どもが保育士や友達とかかわりを深められるようにしていく。　詳細はP.139 ◆絵本を一緒に見ながら子ども同士のやり取りから伝えたい思いや言葉をくみ取り、「○○なのかな？」「そうだね。○○だね」と言葉の使い方を伝え、言葉を増やしていく。 ◆戸外では子どもが興味をもつように「葉っぱが落ちてたよ」「きれいだね」などと話しかけながら、落ち葉や木の実拾いを楽しみ、秋の自然に親しめるようにする。また、集めた自然物は子どもと一緒にのりを使った製作あそびに使ったりして楽しめるようにする。　詳細はP.144
家庭との連携	■食事の好みや食べ具合を伝え合い、いろいろな食材の味に慣れるよう、調理方法やかかわり方を丁寧に話し合う。🍚 ■体を活発に動かすあそびや散歩を友達と楽しむ姿を話し、活動がしやすいように、気温差に対応できる衣服の補充と足に合った靴を用意するよう伝えていく。	■友達とのかかわりを喜ぶ保護者に共感し、成長を喜び合う。 ■薄着で過ごす意味を看護師と保健便りで知らせ、調節しやすい衣服を用意するよう伝える。その際、子どもが着脱しにくい素材や活発な活動の妨げになるような衣服（フードやひも、装飾の多い物など）は避けるように伝える。

※🍚印は、食育に関連する項目

教材資料

うた
どんぐりころころ
（作詞＝青木存義　作曲＝梁田 貞）
松ぼっくり
（作詩＝広田孝夫　作曲＝小林つや江）

うたあそび
むっくりくまさん
たけのこいっぽんおくれ　詳細はP.139

絵本
おおきなかぶ（福音館書店）
しろくまちゃんのほっとけーき（こぐま社）　詳細はP.156

10月の予定

・健康診断
・芋煮会
・避難訓練　詳細はP.126
・誕生会
・子どもまつりとバザー（父母の会主催）
・園内研修
・地域の子育て支援（園開放）

かんな（2歳4か月・女児・進級児）

● 食事を楽しみに待ち、意欲的に食べるが、こぼしやすい。
● 食後に口の回りや手の汚れを気にしている。
● 鼻水が出ると、「はな、出た」と保育士に伝えてくる。
● 園庭で「キャー」と声を出して、勢いよく走ってあそぶ。
● 友達を誘い、手を取って一緒に歩いたり、あそんだりする。
● 保育士の読み聞かせをまねして絵本を持ち、覚えている絵本の言葉を友達に聞かせて楽しむ。
● 保育士や友達と喜んで芋煮会に参加する。

○ 皿に手を添えたり、持ったりして食べる。
○ 食後に、口や手の汚れを、おしぼりでふく。
○ 保育士と一緒にはなをかみ、はなのかみ方を知る。
○ 秋の自然を感じながら、戸外で十分に体を動かしてあそぶ。
○ 友達と同じことをすることを喜ぶ。
○ 保育士や友達と話すことを喜び、言葉でやり取りをする。
○ 芋煮会では、できたての芋煮を喜んで食べる。

◆ 子どもが持ちやすい大きさや重さの食器にし、「お皿持ってね」と皿に手を添えて食べられるよう言葉をかける。🍚
◆ 食後に口や手の汚れをふくことが習慣になるよう、「お口はこれでふくよ」「おててはきれいかな？」と働きかける。
◆ 鼻水が出たときはすぐに「鼻水出たね、ティッシュでふこうか？」とふいたり、「フン、ってするんだよ」とはなのかみ方を保育士がやって見せ、ふき方を知らせる。
◆ 戸外あそびでは、園庭で追いかけっこをしたり、「こんなの落ちていたよ」と落ち葉や木の実を一緒に拾い、秋の自然を身近に感じながら、体を動かしてあそぶようにする。
◆ 友達とあそびたい気持ちを大切にし、同じおもちゃであそぶことやわらべうたあそびを楽しめるようにする。　詳細はP.139
◆ 保育士の読み聞かせに合わせて、声を出して楽しめる絵本を用意する。友達と見ているときはかかわりを見守っていく。
◆ 芋煮会では、園庭で大きななべからよそわれることを喜ぶ気持ちに「おいしいね」「お外で食べるの、うれしいね」などと共感する言葉かけやかかわりをする。🍚

■ 言葉でやり取りすることが増え、相手の話を聞いて答えたり、自分からたくさん話したいことを伝えるようになってきた様子を喜び合う。
■ 子どもまつりとバザーへの参加を呼びかけ、保護者同士の交流のきっかけになるように働きかけていく。

環境の工夫

・保育士や友達とかかわることを喜ぶ子が増えたので、一緒に簡単なやり取りをして楽しめるようなわらべうたあそびを行う機会を多くもち、「楽しかった」「またしたい」と友達とあそぶ楽しさを感じられるようにする。　詳細はP.139
・バザーで保護者が品物のやり取りをする様子を見て楽しんでいたので、幼児クラスのお店ごっこに保育士と参加し、異年齢児との交流を楽しめるように仲立ちする。
・保育室でもお店屋さんごっこを楽しめるように場を作る。保育士も一緒にあそんだり、子ども同士のやり取りをつないだりして、楽しめるようにする。
・クッキング活動や芋煮会では、1歳児にも参加できることを考え、作ることや作った物を食べる経験を通して、食事への興味・関心が高まるようにする。　詳細はP.123

健康・安全のために

・朝夕と日中の気温差や空気の乾燥などで体調を崩したり、インフルエンザが流行したりしないよう、保育室の換気や温度・湿度調節、手洗い、うがい、衣服の調節をこまめにする。　詳細はP.120
・空気が乾燥して肌が荒れる子も出てくるので、保護者と相談して、必要に応じて保湿剤を塗るなどしていく。
・活発になってきているので、固定遊具や階段の上り下りの仕方を伝え、必ず子どものそばについて歩く。また、露で遊具がぬれていることがあるので、子どもがあそぶ前にしっかりと水気をふき取り、安全を確認する。

職員間の連携

・友達に関心をもってかかわる子どもの姿や、主張が強くなる姿への理解を共有する。
・栄養士とともに、クッキング活動や芋煮会の準備や役割分担を事前に打ち合わせをしておく。当日は、子どもの動きを予測し、声をかけ合ってけがのないようにする。　詳細はP.123
・避難訓練では事前に訓練の内容（火災や地震など）や避難場所、子どもへの配慮事項などを話し合い、実施後は必ず振り返りを行う。　詳細はP.126

評価の観点と振り返り

「"自分で"の気持ちを受け止めて見守るかかわり」について

保育士が食事や衣服の着脱を手伝おうとすると「自分で」と主張する姿が増えてきた。つい手を出してしまうが、できないところをさりげなく手伝うなどして、子どもの気持ちを大切にしてきた。そばで見守っていると、ひとりで食べられたときや服を着られたときは「先生、食べた」「ひとりでできた」とうれしい気持ちを言葉に表し、満足感を感じている様子が多く見られるようになったので、待つことの大切さを実感した。今後も子どもたちが満足感や達成感を得られるように見守りたい。

「友達とのかかわりをもっていく」について

友達と手をつなぐことを楽しんでいる子、同じ場で友達のまねを楽しんでいる子など、友達とかかわりたい姿が多く見られる。一緒にいて楽しい、あそんで楽しい経験を積み重ねられるように、わらべうたあそびやごっこあそびなどで友達とやり取りをする楽しさを伝えられるように担任間で考え、取り入れてきた。しかし、かかわりを深めるには、ぶつかり合いも起こり、その経験も必要なので、子どもの気持ちの受け止め方や対応の仕方を、担任間で一致させていくことを今後も大切にしていきたい。

1歳 指導計画

1歳児 11月の指導計画

CD excel → 1歳 → 月間 → P110_1歳11月

11月のねらい（養護・教育）

◎保育士に見守られながら、身の回りのできることを自分でしようとする。
◎保育士や友達と絵本を楽しみ、劇あそびへ発達させていく。
◎保育参加日を通して、保護者と子どもの成長を喜び、保護者同士のつながりも深める機会にしていく。

※「ねらい」及び「内容」は、5領域（健康、人間関係、環境、言葉、表現）の観点を意識して作成する。

	りょうた（1歳8か月・男児・新入園児）	ゆうすけ（2歳・男児・進級児）
子どもの姿	●保育士に手伝われながら、苦手な物も少しずつスプーンやフォークで食べる。 ●保育士の言葉かけで自分で衣服をかごから出し、時間はかかるが自分で着ようとする。 ●プレイルームや室内で、体を動かしてあそぶことを喜ぶ。 ●友達のおもちゃを黙って取ることが多いが、「貸してだね」と保育士に促されると、身振りや片言で伝えようとする。 ●保育士や友達とお面を着け、劇あそびを繰り返ししている。	●スプーンを下から持つことを意識するようになり、「先生、こう？」と、ときどき保育士に聞きながら食べる。 ●ズボンや服を後ろ前に着たときに、保育士が「後ろ前だよ」「反対だね」と言葉かけをすると、「こっち？」と確かめる。 ●友達が登園してくるとかけ寄って、手をつなごうとする。 ●自分の好きな動物のお面作りでは、「黄色は、これ？」などと保育士に色を確かめたりする。 ●好きな絵本を持ってきて、読み聞かせの言葉をまねる。
内容	○スプーンやフォークに興味をもつ。 ○ズボンやパンツを自分で脱いだり、保育士に手伝われながら、一人で服を着ようとする。 ○プレイルームや室内でリズムあそびや追いかけっこなどをして、体を動かしてのびのびとあそぶ。 ○保育士や友達に身振りや片言で気持ちを伝えようとする。 ○保育士や友達と一緒に楽しく生活発表会に参加する。	○スプーンを下から持って食べることが習慣になる。 ○保育士と一緒にズボンや服の前や後ろを知り、着脱をする。 ○友達とかかわることを喜び、やり取りをしようとする。 ○劇あそびでする自分の動物の役がわかり、クレヨンで動物のお面の色塗りを楽しむ。 ○絵本に関心をもち、保育士や友達と一緒に覚えた絵本の言葉を言ったり、動作をつけてあそぶことを楽しむ。
保育士のかかわりと配慮（環境構成）	◆子どもが一人で食べる姿に、「○○（食材）食べられたね」「スプーン（フォーク）で食べるの、上手になったね」などと苦手な物や、スプーンやフォークで食べる姿に共感し、一人で食べることの喜びを感じられるようにする。 ◆着脱は保育士の援助を必要とするが、子どもの「自分で」という気持ちをくみ取って見守り、必要に応じてできないところを手伝っていくようにする。 ◆子どもの好きな音楽をかけてリズムあそびをしたり、バスタオルを持って「まてまて～」と追いかけたりして、体をたくさん動かしてあそべるようにする。 ◆「一緒にしたいの？」「○○ちゃん、何しているんだろうね？」などと、そのときどきに応じて必要な言葉かけをして、わかってもらえたという満足感がもてるようにしていく。 ◆生活発表会では、無理のないように保育士が援助し、一緒に参加することで、普段のように劇あそびを楽しめるようにする。 詳細はP.146、147	◆スプーンの持ち方を聞いてきたときには、「下から持つの、上手だね」「合っているよ」などと子どもの姿を受け止めた言葉をかけていく。 ◆自分で着ようとする姿を見守り、服やズボンに付いている絵やポケットなどを目印にして「クマさんの付いているこっちが前だね」とわかりやすく伝えていく。 ◆「○○ちゃんと一緒でうれしいね」「おいで、ってしたんだね」などと言葉をかけて、子どもが言葉でやり取りをする姿を見守り、「友達と一緒で楽しいね」「今度は何してあそぶのかな？」と友達とかかわる喜びに共感していく。 ◆お面作りでは、子どもが楽しみながらクレヨンで色塗りができるように、「この色にする？」「ここも、塗ってみようか」と子どもの意欲を大切にしながら言葉をかけていく。 ◆絵本の言葉を言ったり、劇あそびの動作を友達と一緒にしたりして、保育士も一緒に楽しみながら、生活発表会に向けて準備をしていく。 詳細はP.146、147
家庭との連携	■家庭で自己主張が強くなり、受け入れてもらえないと大きな声を出すようなので、子どもの要求の受け止め方や満足できるかかわりについて、丁寧な話し合いをしていく。 ■初めての保育参加日を楽しみにできるように、子どもの発達に合った活動をしていることや、保育士や友達と楽しんでいる様子、プログラムなどを知らせる。 詳細はP.156	■食事や着脱など、できることが増えてきたことを喜ぶ保護者の思いに共感し、園でもいろいろなことをしようとする子どもの姿を話し、保育士の援助や見守りの様子も伝える。 ■友達とのかかわりを喜び、自分から話しかけたり、気持ちを言葉で伝えようとする姿を伝え、保護者が子どもの成長をうれしく感じられるようにする。

※🍚印は、食育に関連する項目

教材資料

うたあそび
- てんぐのはな
- 一丁目のドラネコ
- ごんべえさんの あかちゃん
- ぞうさん列車

絵本
- もりのおふろ（福音館書店） 詳細はP.147
- パオちゃんのみんなではみがき（PHP研究所）
- ぶくちゃんのいただきまあす（アリス館）
- おおきなかぶ 詳細はP.146

11月の予定

- 保育参加日 詳細はP.156
- 生活発表会 詳細はP.146、147
- 個人懇談
- 避難訓練 詳細はP.126
- 誕生会
- 園内研修
- 地域の子育て支援（園開放）

かんな（2歳5か月・女児・進級児）

- ●食事中「これなあに？」と聞きながら食べたり、保育士にスプーンの持ち方を聞いたり、友達に教えたりする。
- ●手の汚れに気づいて洗おうとする。
- ●友達や保育士と言葉でのやり取りが増えてくる。
- ●絵本の読み聞かせでは「次は、○○が出てくるね」と話したり、保育士の声に合わせて一緒に声を出したりしている。
- ●保育士や友達とする劇あそびやダンスを喜び、言葉に簡単な動きをつけて言ったり、保育士をまねて踊ったりする。

- ○会話をしながら、いろいろな食材を食べようとする。
- ○スプーンやフォークを下握りで持って食べようとする。
- ○手や顔、衣服の汚れに気づき、きれいにしようとする。
- ○いろいろな言葉を使い、たくさんおしゃべりを楽しむ。
- ○絵本のストーリーがわかり、絵本に出てくる動物になり、動作や言葉を楽しもうとする。
- ○生活発表会で劇あそびやダンスを友達と一緒に楽しむ。

- ◆メニューや食材への関心を示したときは、「これは○○だよ。おいしいね」などと、食べ物への興味や関心を育てられるよう言葉かけをする。🍚
- ◆「こうやって持つんだよね」などと、スプーンやフォークを下握りにして食べているときは、「上手に持てたね」「友達にも教えてあげたんだね」などと、子どもの姿を認める言葉をかけていく。🍚
- ◆普段から着替え、手洗い、うがいの仕方を丁寧に伝え、こまめに行えるように声をかけ、清潔を保てるようにする。
- ◆あそびのなかでおしゃべりが楽しめるように、保育士が仲立ちをし、ままごとやごっこあそびにつなげていく。
- ◆絵本の内容がわかり、親しみやすく、ごっこあそびに発展していくような絵本を用意し、繰り返し読み聞かせをする。
- ◆保育士や友達と一緒にお面などを作って身に着け、なり切って楽しめるようにする。発表会当日は、普段どおりにあそべるようにスキンシップをとっていく。 詳細はP.146、147

- ■友達に関心をもつが、互いに思いを通そうとするのでぶつかり合いが多いことも伝え、相手の気持ちに気づけるようなかかわりや子どもの心の成長について話し合う。
- ■外気温の低下や空気の乾燥などで体調を崩したり、インフルエンザが流行するので、子どもの体調について、こまめに連絡を取り合う。 詳細はP.120

環境の工夫

- ・保育参加日では、保護者に園での普段の子どもたちの生活やあそび、保育士や友達とかかわる様子を保護者が見ながら親子であそんだり、親子で一緒にできるクッキングなどの活動を設定して楽しめるようにする。 詳細はP.156
- ・天候が安定せず室内あそびが多くなる季節なので、プレイルームを年齢ごとに時間を分けて使用したり、じっくりあそべる指先を使ったパズルを用意したりする。 詳細はP.134
- ・読み聞かせをして、子どもたちの好きなお話を劇あそびにできるようにする。動物のお面を用意し、「一緒だね」などと友達とやり取りをできるよう仲立ちをしていく。 詳細はP.146、147
- ・保育所内で流行している風邪やインフルエンザなどの情報をリアルタイムで保育室に掲示し保護者に伝え、家庭でも体調に注意できるようにする。 詳細はP.120

健康・安全のために

- ・寒さで厚着になりやすいため、薄着の大切さを保護者に伝え、理解を得て、なるべく薄着で過ごせるようにする。
- ・はな水が出たときは、「フンッてするよ」と言葉をかけ、方法を伝えていき、不十分なところをふいて衛生面に留意する。
- ・プレイルームでの活発な運動あそびでは、けがのないようにあそぶ前に「靴下脱ぐよ」などと伝える。また、担任間で予想される子どもの動きなどを確認して、十分注意する。

職員間の連携

- ・個人懇談の内容について打ち合わせを行い、より具体的に子どもの姿や育ちへの理解が一致するよう話し合いをする。
- ・感染症の流行が心配されるため、保護者と子どもの体調について密に連絡をとり合うとともに、対応の仕方を看護師を含め職員間で話し合い、一致させておく。 詳細はP.120
- ・保育参加日の昼食の試食内容について栄養士と打ち合わせ、当日は栄養士から保護者に昼食の内容についての説明をする。 詳細はP.156

評価の観点と振り返り

「保育士や友達と言葉のやり取りを楽しんであそぶ」について

友達と同じあそびをしたり、しぐさや簡単な言葉で"一緒にあそぼう"と誘ったりする姿が見られるこの時期、友達と一緒にするとより楽しい経験として、やり取りが楽しめる「劇あそび」を取り入れた。そのなかで、なかなかあそびに入れなかった子が、友達が手を取りあそびに誘ったことで、うれしそうにあそびに加わる姿が見られた。保育士が誘ったときはうつむいたままだった子も、友達の誘いには応じることがわかり、子ども同士のかかわりを喜んでいる姿に成長を感じた。

「保護者が子どもを理解する手助けを」について

子どもと過ごす時間が少なくなりがちな生活のなかで、「子どもと一緒にあそぶことが楽しい」「子どもの姿がかわいい」と感じられるよう、保育参加日の内容を考え、取り組みやすいクッキングを取り入れてみたところ、親子だけでなく、保護者同士の会話も弾み、好評だった。また、個人懇談では、保護者が日々の子育てのなかで困っていることを話し合ったが、自己主張を始めた子どもの姿への対応に戸惑っている話が多く聞かれたので、普段から子どもの育ちに見通しがもてるようなアドバイスの仕方を考え、日々伝えていく必要があると思った。

1歳 指導計画

1歳児 12月の指導計画

12月のねらい（養護・教育）

◎冬の身支度を保育士と一緒に喜んでしようとする。
◎保育士や友達と一緒にあそびながら、自分の気持ちや要求を言葉で伝え、伝わる喜びを感じていく。
◎冬ならではの行事やあそびの経験から、親子での言葉のやり取りを増やし、つながりが深まるようにする。

※「ねらい」及び「内容」は、5領域（健康、人間関係、環境、言葉、表現）の観点を意識して作成する。

	りょうた（1歳9か月・男児・新入園児）	ゆうすけ（2歳1か月・男児・進級児）
子どもの姿	●ズボンやパンツ、靴下などの脱ぎ着をしようとするが、うまくいかず、「できない」と泣いて訴えてくる。 ●室内や戸外あそびを喜び、興味や関心のあるものや友達があそんでいる所に行ってあそぼうとする。 ●保育士の踊りを興味深そうに見たり、手拍子などをする。 ●クリスマス会の曲を聞くと、保育士と一緒に音楽に合わせて鈴を鳴らしたりする。 ●雪あそびでは、雪のなかを歩いたり、雪をつかもうとする。	●保育士がトイレに誘うと、「持ってて」とおもちゃを保育士に預けてトイレに向かうことが増える。 ●ボタンの掛け外しがうまくできず、「やって」と援助を求める。 ●保育士や友達に「何してるの？」などと盛んに話しかける。 ●音楽に合わせて鈴を鳴らし、「もう1回」と言う。 ●手袋を「これ〜」とうれしそうに保育士に見せるなど、関心をもっている。 ●張り切って身支度をして、雪を触ってあそぶ。
内容	○衣服の脱ぎ着を保育士と一緒にしようとする。 ○保育士や友達と一緒に好きなあそびを楽しむ。 ○保育士や友達と一緒に、リズムあそびを楽しむ。 ○いろいろな行事に参加し、楽しい雰囲気を感じる。 ○保育士と一緒に雪にふれてあそぶことを楽しむ。	○トイレの立ち便器で排尿してみる。 ○ボタン掛けをして、防寒着を保育士と一緒に身に着ける。 ○保育士や友達と盛んに簡単な言葉のやり取りをする。 ○保育士や友達と一緒に音楽に合わせて鈴を鳴らしたり、ダンスで体をたくさん動かしてあそぶ。 ○タンポを持って、手袋のスタンプあそびを楽しむ。 ○寒さに慣れて、雪のなかであそぶ。
保育士のかかわりと配慮（環境構成）	◆着脱では、「服どこかな？」「ズボンあった？」などとかごから出す物を知らせたり、ズボンをはきやすい向きに置くなどして、子どもが自分ではきやすいようにする。 ◆友達への関心が高まってきている子どもの姿を理解し、「"入れて"って言うんだよ」「りょうたくんも、入れてほしいって」などと子ども同士のやり取りができるよう仲立ちし、友達と同じあそびをする楽しさを知らせていく。 ◆ダンスや楽器を鳴らすことに関心をもてるよう言葉かけをしたり、保育士が楽しむ姿を見せたりする。　詳細はP.148 ◆さまざまな行事に不安にならないよう、保育士がそばについて「楽しいね」「おもち、ぺったんぺったんしているね」「サンタさん来たよ」などと言葉かけをして、楽しく参加できるように援助する。　詳細はP.148、149 ◆雪あそびの際は戸外の寒さが気にならないよう身支度を整え、「冷たいね」「ふわふわしているね」などと雪の感触を言葉で伝え、雪にふれてあそべるようにする。　詳細はP.130	◆立ち便器で排尿できるよう、「立っておしっこできるの、かっこいいね」などと繰り返し言葉をかけ、関心を向ける。嫌がるときは、「また今度ね」と少しずつ慣らしていく。 ◆防寒着の着脱をする姿に「えらいね、自分で着るの？」などと言葉をかけて見守り、ボタンの掛け外し方を知らせていく。　詳細はP.130 ◆自分から友達にかかわる姿を見守り、思いをくみ取って言葉を補足したり、やり取りができるようにし、一緒に同じあそびをすることに満足できるよう援助する。 ◆鈴の音を一緒に聞いたり、「みんなでするの、楽しいよ」と誘ったりして、友達と行う楽しさを伝えていく。　詳細はP.148 ◆製作あそびでは、実物の手袋を見せ、関連する絵本を読み聞かせるなどして、関心をもてるよう工夫する。　詳細はP.145 ◆雪のなかを歩いたり走ったりして楽しく過ごせるように、「ここまで、来られるかな？」と追いかけっこに誘い、寒さに慣れながら楽しくあそべるようにする。　詳細はP.130
家庭との連携	■生活発表会に初めて参加した姿から成長を喜び合い、冬ならではの行事（もちつきやクリスマス会）がまたあることを知らせ、親子で楽しみに待てるよう働きかける。 ■雪あそびに必要な持ち物について丁寧に知らせ、用意をするよう伝えたり、実際に雪に興味をもって、戸外で過ごす様子を知らせていく。　詳細はP.130	■子どもの成長を喜ぶ半面、より「自分で」と主張する姿にどう対応してよいか困っているので、子どもの主張を受け止める大切さとかかわりについて、丁寧な話し合いをする。 ■園でしているダンスやスタンプあそびの様子から、子どもがどのようなことに関心をもってあそんでいるのかを伝え、子どもへの理解が深まるようにする。

※🍴印は、食育に関連する項目

教材資料

うた あわてん坊のサンタクロース
（作詞＝吉岡 治　作曲＝小林亜星）

うた / あそび おもち モチモチ
サンタが町にやってくる

絵本 てぶくろ（福音館書店）
とらたとおおゆき（福音館書店）
まどからのおくりもの（偕成社）

12月の予定

・もちつき　詳細はP.149
・避難訓練　詳細はP.126
・誕生会
・クリスマス会　詳細はP.148
・園内研修
・地域の子育て支援（園開放）

かんな（2歳6か月・女児・進級児）

- スプーンの持ち方を意識し、保育士に確認して持ち直す。
- 手を洗うときに、洗い残しやふき残しがある。
- 友達を誘ってあそぶことが多いが、自分の気持ちを強く主張するので、ぶつかり合いになることもある。
- 保育士の言葉をじっと聞いたり、まねをして使ったりする。
- 「ここにはろうかな？」と製作あそびを楽しんでいる。
- もちつきやクリスマス会の行事の数日前になると、「あと、○個寝たらだね」と楽しみに待つ姿がある。

○スプーンを正しく持ち、こぼさずに食べようとする。
○自分で洗い流したり、保育士と一緒に丁寧にふいたりする。
○保育士の仲立ちで友達の気持ちを知る。
○保育士や友達に自分の経験を話し、おしゃべりを楽しむ。
○クリスマスを楽しみにしながら、製作あそびをする。
○もちつきやクリスマス会でのダンスを楽しむ。

- ◆「持ち方が一緒だね」「いろいろ食べられるようになったね」などと共感する言葉を繰り返し、自信につなげる。🍚
- ◆手洗いのときは事前にそでをまくることを伝えたり、「泡、なくなったかな？」「ふきふき、できた？」などと子どもが自分で気づけるような言葉かけをしていく。
- ◆友達とかかわりながらあそぶ姿を見守り、ぶつかり合いが生じたときは、お互いの気持ちを整理しながらわかりやすく伝えていき、楽しくあそべるよう援助する。
- ◆生活やあそびのなかで多くの言葉を覚えていくので、じっくり話をし、うまく表現できないときは「○○のこと？」「それは△△って言うんだよ」などと丁寧に伝えていく。
- ◆製作あそびには子どもが扱いやすい大きさの素材を用意し、喜んで行う姿に「かわいくできたね」「クリスマス、楽しみだね」と共感する言葉をかけ、楽しみに待てるようにする。
- ◆もちつきやクリスマス会の絵本を見たり、絵にかいてわかりやすく伝え、楽しみに待てるようにする。　詳細はP.148、149

■いろいろな言葉を覚えて、その日の出来事を話すようになった子どもの姿を送迎時や連絡ノートで詳しく伝え、成長を喜び合う。
■厚着をしやすいので、室内が暖かいことやあそびの内容によっては動きにくくなることを伝え、衣服を調節したり、薄着の習慣がつくように保護者の理解を求めていく。

環境の工夫

・ファスナーやボタンに興味をもつ子が多いので、ファスナーやスナップ留めであそべるおもちゃを十分用意して、指先を使ってあそべるようにする。　詳細はP.133、135、136
・生活発表会後も絵本を見てゆったり過ごせるように、テーブルといすを必要に応じて用意しておく。
・保育室でクリスマス会に行うダンスや、鈴を鳴らすことを繰り返し楽しめるように、CDプレーヤーを用意しておく。　詳細はP.148
・クリスマス会当日の午後のおやつでは、テーブルにクリスマスツリー（卓上用）を子どもと一緒に飾ったり、三角帽子をかぶったり、「サンタが町にやってくる」などの曲を流し、楽しい雰囲気を作る。　詳細はP.148
・雪あそびの準備について、ジャンパーや手袋、帽子などをかいた絵を保育室に掲示し、雪あそびに関心をもてるようにしていく。　詳細はP.130

健康・安全のために

・保育室の温度や湿度を毎日記録し、換気をしたり、ぬらしたバスタオルを干すなどして湿度を保つ。また、手洗い、うがいをこまめに行い、感染症の予防に努める。　詳細はP.120
・朝の受け入れの際に、保護者から健康状態を丁寧に聞いたり、体温や機嫌の観察をしっかりと行う。　詳細はP.120
・ダンスをしたり、楽器を使ってあそぶので、転倒や友達とぶつかるなどしてけがをしないように安全面に留意する。

職員間の連携

・行事当日は、いつもと違う雰囲気で不安になることもあるので、受け入れや保護者とのやり取りを職員間で打ち合わせ、ひとりひとりに合わせて丁寧に対応できるようにする。
・子ども同士であそぶ姿が増え、ぶつかり合いが増えるので、担任間で子どものあそびや動きを確認し合い、トラブルが起きたときは適切に対応できるようにする。
・おう吐や下痢の処理のため、保育室に「汚物処理セット」を用意し、看護師と職員全員で手順や対応を十分話し合う。

評価の観点と振り返り

「行事を楽しむために」について

もちつきやクリスマス会、雪あそびといった冬ならではの行事やあそびが身近なものになるように、保育室内の飾り付けや絵本、歌やダンス曲などを用意して、1歳児なりに雰囲気を感じ、関心をもてるように工夫した。特にクリスマスソングは、保育士が踊ると、手拍子をしたり、体を揺らすなどして喜んでいた。クリスマス会当日も、同じように楽しんでいたので、早めの時期からあそびに取り入れる大切さを実感した。

「親子の会話の広がり」について

言葉が豊かになり、経験した出来事を保育士や友達に話すことが増えてきて、やり取りを楽しむようになってきた子どもたち。保護者からも園での出来事や友達のことなどが話題に出てくるようになり、家庭で親子の会話を楽しむ様子が伝わってくる。子どもの話から、保護者があそびや行事に関心をもち、「こんなことを話していました」「楽しみにしている姿を見ると、わたしも楽しみになってきました」などという話が聞かれた。今後も保護者が子どもとの会話を楽しみながら、より保育や子どもの成長に関心をもてるように、子どもの様子をこまめに伝え、成長を喜び合える関係を深めていきたい。

1歳 指導計画

1歳児 1月の指導計画

1月のねらい（養護・教育）

- ◎身の回りのことを自分でする喜びを味わう。
- ◎片言や言葉でのやり取りを通して、保育士とのかかわりを深める。
- ◎保育士や友達と室内あそびや雪あそびを楽しむ。
- ◎保護者と連携をとり、生活リズムを整えて過ごす。

※「ねらい」及び「内容」は、5領域（健康、人間関係、環境、言葉、表現）の観点を意識して作成する。

	りょうた（1歳10か月・男児・新入園児）	ゆうすけ（2歳2か月・男児・進級児）
子どもの姿	●食べることを喜び、自分で食べようとするが、こぼすこともある。 ●友達のそばに行って同じあそびをしたり、笑いかけたり片言で気持ちを伝えようとして、かかわろうとする。 ●外あそびを喜び、保育士の後をついて歩いたり、追いかけたりしてあそぶ。 ●保育士や友達が動物の福笑いやたこ揚げなどをする様子を見て、「りょうたも」と一緒にあそぼうとする。	●食事を喜び、スプーンやフォークを使って食べる。 ●トイレに誘うと「立っち？」「こっち？」と立ち便器で排尿することがわかり、自分で向かうようになる。 ●「入れて」と自分から友達のあそびに入ったり、話しかけたりするが、うまく伝わらないとかんしゃくを起こす。 ●「これは？」などと興味をもって絵本を見ている。 ●保育士が雪玉や雪だるまを作っていると作ろうとする。
内容	○食べることを喜び、スプーン（フォーク）の扱いに慣れ、こぼさずに食べようとする。 ○保育士や友達と同じあそびをするなかで自分の気持ちを言葉で伝えようとし、かかわりを深める。 ○寒さに負けず、雪のなかを歩いたり、手でつかむなどの雪あそびを喜び、雪中運動会を楽しみにする。 ○さまざまな正月あそびに関心をもち、保育士や友達と一緒にあそぶ。	○スプーンやフォークで、最後までひとりで食べようとする。 ○トイレの立ち便器で排尿する。 ○友達とのかかわりを楽しみながら、一緒にあそぶ。 ○好きな絵本を保育士と一緒に言葉のやり取りを楽しみながら、関心をもって見ようとする。 ○保育士と一緒に喜んで雪あそびをする。
保育士のかかわりと配慮（環境構成）	◆子どもの自分で食べようとする気持ちを大切にしながら、「手伝ってもいいかい？」「このくらいだよ」などとスプーン（フォーク）ですくう量や大きさを保育士が手を添えて調節し、援助する。🍚 ◆友達と一緒のあそびをしたがるが、同じようにあそべなかったり、「貸して」や「ちょうだい」が言えずぶつかり合いが起こることがあるので、やり取りの仕方を知らせ、言葉で言うように繰り返し伝えていく。 ◆「今度はあっちに行ってみようか」「雪玉だよ、ぽーんってしようか」などと雪あそびに誘い、ゆっくり動いて楽しめるようにしていく。　　　　　　　　　詳細はP.130 ◆動物の福笑いやたこ揚げなどを一緒にして、あそび方を知らせ、「○○ちゃんのは高く揚がったね」などと声をかけ、友達と一緒に繰り返しあそべるように誘っていく。　詳細はP.134	◆食事の様子を見守りながら、「おいしいね」「ひとりで食べたね」などと自分で食べられたことに共感していく。🍚 ◆日によって立ち便器を嫌がることもあるが、立って排尿できたときは「お兄さんになったね」「おしっこして、すっきりしたね」などと子どもの気持ちをくみ取り、言葉かけをして、習慣になるように援助する。 ◆時間に余裕をもち、「一緒にあそべて、楽しいね」と楽しい気持ちに共感していく。また、うまく言葉が出てこないときは「○○ってことなのかな？」と気持ちをくみ取り、話そうとする気持ちを大切にして、待つようにする。 ◆絵本を喜ぶ子どもの気持ちを満たしていけるよう、「読んで」という気持ちを受け止め、繰り返し一緒に見たり、内容について「怖いね」などと感じたことを言葉にしていく。 ◆雪玉や雪だるまを作ってあそびたい気持ちをくみ取り、子どもが持ちやすい大きさの雪玉を作ったり、「一緒に転がそうか」と誘ったりして楽しめるようにする。　　　　　詳細はP.130、131
家庭との連携	■家庭と園とで休み明けの様子を伝え合い、生活リズムを整えていけるよう働きかける。 ■保育士や友達とかかわろうとする姿が多くなってきたことや、自分の気持ちを言葉や動作で伝えようとしている姿を伝え、子どもの成長を喜び合う。	■言葉でうまく伝えられないときにかんしゃくを起こす姿が家庭でも見られる。対応に戸惑う保護者の話に共感し、子どもの気持ちをくみ取り、言葉で伝えられるよう繰り返し伝える大切さについて話し合う。 ■正月あそびを紹介し、家庭でもあそぶきっかけをつくる。

※🍚印は、食育に関連する項目

教材資料

うた
ふしぎなポケット
（作詞＝まど・みちお　作曲＝渡辺 茂）
ねこの子（作詞・作曲＝出口 力）

うた あそび
あたまのうえでポン

絵本
にんじん（福音館書店）　詳細はP.132
このゆきだるまだぁーれ？（福音館書店）
14ひきのさむいふゆ（童心社）
ちいちゃんとまめまき（ほるぷ出版）

1月の予定

・お正月あそび大会
・雪中運動会
　詳細はP.131、132
・避難訓練
　詳細はP.126
・誕生会
・園内研修
・地域の子育て支援
　（園開放）

環境の工夫

・戸外あそびの身支度は、保育士がジャンパーを床に並べて着やすくしたり、ひとりひとりがきちんと着られたかを確かめてから外へ出るようにする。また、外あそび後は新聞紙を敷いた段ボールの上で長靴の水気を取って乾かす。
・保育室に正月の壁面飾りをはり、正月の雰囲気が感じられるようにする。正月あそびの動物の福笑いを複数用意し、保育士や友達と楽しめるようにする。　詳細はP.134
・室内あそびが多くなるので、じっくり指先を使ってあそべる環境を用意する。
・ごっこあそびが盛んになってきたので、人形や子ども用のエプロン、かばんなどを用意して楽しめるようにする。

健康・安全のために

・正月の休み明け、ひとりひとりの体調や生活リズムを把握して、無理なく過ごせるようにする。
・厚着をして外あそび後に汗をかいていることもあるので、衣服を着替えたり、手洗い・うがいを丁寧にする。
・室内が乾燥しやすいので、水分補給を適度にしてのどが渇かないようにしたり、ぬれたバスタオルを干したりする。
・戸外で雪あそびをすると、戸外にいる時間が長くなることもあるので、顔色や鼻水の有無などを見て、子どもの体調を把握する。また、体調が優れない場合は、戸外に出る時間を短くしたり、室内で過ごせるようにする。

職員間の連携

・休み明けの子どもひとりひとりの生活リズムや体調について、保護者と話し合ったことを担任間で伝え合い把握する。また、冬にはやる感染症の予防や対応を看護師を含めて全職員で話し合い、周知しておく。
・雪中運動会では、子どもたちが関心をもって参加できる競技を考慮し、事前にあそぶなどして当日を楽しみに待てるようにする。　詳細はP.131、132

かんな（2歳7か月・女児・進級児）

● お皿に食べ残しがあると、「集めて」と保育士に伝える。
● ままごとで「かんな、お母さんなんだ」と言ってあそぶ。
● 覚えている絵本の内容を声に出して読んだり、友達と「どれがいい？」などと一緒に見て楽しむ。
● お正月あそび大会や雪中運動会があることをわかり、「楽しみだね」と期待している。
● ステンシルあそびでタンポを見せると、「ポンポン、ってするの？」と楽しみにしている。

○ お皿に残っている物を残さずに全部食べようとする。
○ 気の合う友達と一緒にごっこあそびをする。
○ 絵本のストーリーを楽しみ、一緒に声を出したり、やり取りをしながら見る。
○ みんなで雪を触ったり、雪玉、雪だるまを作るなどしてあそぶ。
○ お正月あそび大会や雪中運動会に関心をもって楽しむ。
○ ステンシルあそびを喜ぶ。

◆ 集めにくい食材は保育士が集めたり、手を添えて一緒に集め、全部きれいに食べられたことを一緒に喜ぶ。
◆ 子ども同士でするごっこあそびを見守り、「○○ちゃんはお母さんなの？」「お買い物で、何買うのかな？」などと声をかけながら、あそびが広がるようにする。
◆ 絵本を見て感じたことを話す子どもの気持ちに共感しながら、「○○ちゃんはどれがいい？」などとやり取りをして、さらに絵本の内容を理解できるようにしていく。
◆ 保育士が雪だるまを作るところや、年上のクラスの子があそぶ様子を見せたりして、楽しめるようにする。　詳細はP.131、132
◆ 保育室でも動物の福笑いなどであそべるように用意する。また、雪中運動会では「お姉さん、お兄さん、すごいね」などと言葉をかけながら楽しめるようにする。　詳細はP.131、132、134
◆ 喜んで製作しようとする気持ちを大切に、タンポの握り方や色を付ける場所などを「ここをぎゅって握るんだよ」「この白いところにポンポンってしようか」と伝えていく。

■ 家庭や園でうれしそうにたくさん会話をする子どもの姿を喜び合い、子どもの話をじっくりと聞く大切さを保護者と共有する。
■ 正月あそびや雪中運動会を楽しみにしている姿を伝え、当日の内容を保護者にも知らせ、親子の話題になるよう働きかける。　詳細はP.132

評価の観点と振り返り

「子どもが自分でする喜び」について

排せつ後はおやつや給食、給食後は午睡という順番に気づけるように、毎日同じ生活の流れをつくってきたので、子ども自身が気づいて「次は、おやつ？」「お昼寝？」などと保育士に確かめ、準備をする姿が見られるようになってきた。保育士はこうした子どもの気づきを見逃さずに丁寧に受け止め、「自分でできるの？　上手だね」「できるところ、見ているからね」と認めることで、子どもが自分でできる喜びを十分に感じられるように、今後も大切にかかわっていきたい。

「室内あそびや雪あそびを楽しむ」について

休み明け、久しぶりに友達に会えたことを喜び、子ども同士であそぶ場面も多くなってきた。室内で過ごすことが多いこの時期、子ども同士が一緒に楽しめるあそびを充実させるために、たこ揚げなどの正月あそびやステンシルあそび、鬼のお面作りなど、集中して楽しめるあそびを工夫した。また、クラスみんなで雪のなかで追いかけっこをして体を動かしたり、保育者と一緒に力を合わせて大きな雪だるまを作ったりして、雪に親しめるようにした。雪に親しめるよう工夫してきたことで、雪中運動会の当日は、わくわくしながら宝探しやニンジン運び競争などの雪あそびを楽しむ姿が見られた。

1歳 指導計画

1歳児 2月の指導計画

2月のねらい（養護・教育）

- ◎自分で身の回りのことを意欲的にしようとする。
- ◎ごっこあそびやリズムあそびで友達同士のかかわりを広げてあそぶ。
- ◎子どもの一年間の成長を振り返り、保護者と喜び合う。

※「ねらい」及び「内容」は、5領域（健康、人間関係、環境、言葉、表現）の観点を意識して作成する。

	りょうた（1歳11か月・男児・新入園児）	ゆうすけ（2歳3か月・男児・進級児）
子どもの姿	●友達が食べている姿を見て、同じ物を食べようとする。 ●自分で着替えをしようとする姿が多くなり、うまくできないときがあると「できない」と泣くことがある。 ●保育士や友達が話していることを聞いて言葉をまねしたり、見たものを言葉で伝えようとする。 ●わらべうたやリズムあそびに興味をもち、保育士のまねをしてあそんでいる。 ●好きな絵本をひとりで見たり、「読んで」と保育士のところに持ってきたりする。	●話に夢中になって、食べることがおろそかになることがある。 ●立ち便器を嫌がり、座って排尿することがある。 ●衣服や防寒着のファスナーやスナップを留めることができるようになり、「先生、見て」とうれしそうに知らせる。 ●自分の気持ちを言葉で伝えようとしたり、友達が話しているとじっと聞いている姿が見られる。 ●ごっこあそびやリズムあそびを「楽しいね」と喜んでいる。 ●保育士が製作の準備をしていると、「いつするの？」「のり、するの？」とうれしそうに聞く。
内容	○友達と食べることを喜ぶ。 ○楽しみながら、自分で着脱をする。 ○保育士の言葉をまねして話したり、うれしい気持ちや嫌な気持ちを表情や言葉で伝えようとする。 ○わらべうたやリズムあそびに興味をもち、保育士や友達と一緒に、まねをして体を動かしてあそぶ。 ○絵本を読んでもらうことを喜び、絵本への関心を広げる。	○会話を楽しみながらも、食べることに集中する。 ○トイレで立って排尿することに慣れる。 ○指先を使って、衣服や防寒着の着脱をする。 ○保育士や友達と言葉でのやり取りを楽しむ。 ○ひとつのごっこあそびやリズムあそびを繰り返し行うことを喜ぶ。 ○指先を使った製作あそびを喜ぶ。
保育士のかかわりと配慮（環境構成）	◆子どもが自分で食べる姿を見守り、「○○ちゃんも食べているね」「りょうたくんも同じものを食べるの？」などと友達と一緒に食事をする楽しさを伝えていく。 ◆自分でしようとする姿を見守り、できないところは知らせるよう伝え、一緒に行いながらやり方を知らせていく。 ◆保育士や友達に伝えようとする気持ちをくみ取り、言葉を返しながら自分の気持ちを表現し、やり取りすることを喜べるようにする。 ◆保育士をまねして踊ろうとするときは、子どもと向かい合わせになって一緒に踊ったり、「上手だね」「次は、回るよ」などと次の振りを知らせながら踊る。 ◆子どもと一緒に絵本を見ながら、「楽しかったね」「次は、どの絵本を見る？」などとさまざまな絵本を一緒に見て楽しんでいく。	◆会話を楽しみながらも食べることに集中できるように、「これを食べたらお話ししようか」などと言葉をかけていく。 ◆立ち便器に慣れていくよう「今度は、立ってしてみようね」と繰り返し言葉をかけていく。 ◆子どもが自分でしようとする気持ちを大切にしながら、タイミングを見計らって言葉をかけたり、援助をし、あそびのなかにも指先を使うことを取り入れる。　詳細はP.135、136 ◆保育士や友達と言葉でやり取りをすることを喜び、会話する楽しさを感じられるように、言葉を補足しながら仲立ちや援助を繰り返していく。 ◆ひとつのあそびを繰り返し楽しめるように、保育士も一緒にあそび、「次は何をするのかな？」「もう1回あそぼうか」などと必要に応じて誘ったり、仲立ちをしていく。 ◆子どもがちぎりやすい大きさに紙を切っておき、保育士が手を添えながら「こことここを持って、びりびりするんだよ」とちぎり方を知らせていく。
家庭との連携	■自己主張が強くなり、自分でしたいことや嫌なことを訴える姿が多いので、気持ちを受け入れながら、子どもが満足できるかかわりをしていけるよう、保護者と話し合う。 ■子どもの成長を振り返ると同時に、進級に向けて期待をもてるようにクラス懇談会への参加を呼びかける。　詳細はP.158	■体調を崩しやすいので、家庭での様子を登園時に聞き取り、健康状態を保護者と共有していく。　詳細はP.120 ■衣服や防寒着の着脱など身の回りのことをする姿を保護者と喜び合い、家庭での様子も聞きながら、子どもを励ましたり、認めたりしていく言葉かけの大切さを伝えていく。

※🍚印は、食育に関連する項目

教材資料

うた
- やぎさんゆうびん
  （作詞＝まど・みちお　作曲＝團 伊玖磨）
- 森のおまつり
  （作詞・作曲＝簑島祐美子）

うたあそび
- アブラハムの子
- じゃがいも めだした

絵本
- ゆめ にこにこ（こぐま社）
- なにかしら（文化出版局）

2月の予定

- 豆まき
- クラス懇談会　詳細はP.158
- 避難訓練　詳細はP.126
- 誕生会（音楽会）
- クラス交流会　詳細はP.157
- 園内研修
- 地域の子育て支援（園開放）

かんな（2歳8か月・女児・進級児）

- ●食器を持ったり手を添えたりしないことがあり、うまくすくえず食べづらそうにしている。
- ●衣服を脱いだ後、保育士をまねて畳もうとしている。
- ●鼻水が出るとふこうとするが、ふききれないことがある。
- ●保育士が音楽に合わせて踊ると、「なんの踊り？」と聞いて、まねたりする。
- ●0〜2歳児クラス合同のクラス交流会に喜んで参加し、異年齢のかかわりを喜ぶ姿がある。

- ○食器に手を添えたり、持ったりして食べる。
- ○保育士と一緒に衣服を畳もうとする。
- ○保育士と一緒にはなかみをしようとする。
- ○保育士をまねして体を動かし、リズムあそびを楽しむ。
- ○異年齢で過ごす行事に参加して、年上の子のクラスへの関心をもつ。

- ◆食器に手を添えることや持って食べると食べやすいことを繰り返し伝え、習慣になるようにしていく。🍚
- ◆衣服の着脱後は、「パッタンってするよ」「ここ、半分こだね」などとゆっくりかかわり、無理強いせず、畳み方を知らせる。
- ◆鼻水が出ていたら、「フンってしようね」と言って、保育士がはなをかむところを見せ、はなのかみ方を知らせながらこまめにふき取る。
- ◆子どもが保育士をまねて楽しく踊る姿に、「かんなちゃん、上手だね」「今度は、こっちの足を動かすよ」などと声をかけながら一緒に踊り、楽しむ。また、誕生会でのリズムあそびを楽しみにできるよう繰り返し伝える。
- ◆年上の友達のしていることに関心をもってまねしたり、一緒にあそぼうとする姿を見守り、「お兄さん、お姉さんとあそぶの楽しいね」「大きくなったら、こんなことできるんだね」などと大きくなることに期待できるような言葉かけをしていく。　詳細はP.157

- ■着脱など身の回りのことができるようになってきた姿を伝え、家庭でも見守ることの大切さを話し合う。
- ■経験したことを盛んに話すようになるので、保護者とともにその姿を伝え合い、子どもが話を伝える喜びを感じられるようなかかわりをしていく。

環境の工夫

- ・戸外に出られないときは、わらべうたあそびやリズムあそび、運動あそびなどを室内で楽しめるようにCDを用意しておき、体をたくさん動かせるようにする。
- ・節分行事では、鬼を怖がって保育室内を走ったり、一か所にたくさんの子が集まることが考えられるので、子どもは靴下を脱ぎ、保育室はテーブルなどを片付けて広くし、安全な環境にしておく。
- ・クラス懇談会で発表した「おもしろ困ったエピソード」のおもしろエピソード（最高にかわいかったわが子の姿）を保育室に掲示し、子どものかわいい姿を懇談会後も保護者間で話題にできるようにする。　詳細はP.158
- ・クラス交流会を楽しみに待てるように、0歳児クラスや2歳児クラスの友達と一緒にあそぶ機会を設定し、環境を工夫する。

健康・安全のために

- ・戸外から戻ったら手洗い、うがい、水分補給を徹底し、手洗いやうがい後は床に水がこぼれていることがあるので、使用後は必ず床ふきをして、転ぶことのないようにする。
- ・感染症予防のために、施設内の消毒をこまめにする。発熱や下痢やおう吐などが見られたときは、水分補給などを十分にして、速やかに対応をする。　詳細はP.120

職員間の連携

- ・クラス懇談会の内容や時間配分などを打ち合わせし、当日の進行がスムーズにいくようにする。　詳細はP.158
- ・0〜2歳児クラス合同のクラス交流会について、日程や内容、進行、準備する物などについて、0〜2歳児クラスの職員とクラス幹事の保護者とで打ち合わせをする。　詳細はP.157
- ・感染症が流行する時季なので、保護者から聞き取った子どもの体調を看護師と伝え合って把握し、体調の変化に迅速に対応していく。　詳細はP.120
- ・進級に向けて保護者とアレルギー食の除去内容について再度確認し、栄養士を含め話し合う。

評価の観点と振り返り

「友達同士のかかわりを広げる援助」について

友達との会話を喜び、生活やあそびで楽しかったことや印象的な場面を伝え合う姿が多くなった。言葉のやり取りだけでなく、ごっこあそびのなかで生活場面を再現してあそぶ姿も見られた。そこで、わらべうたあそびやリズムあそび、ごっこあそびを意識して取り入れた。そのなかでまねたり動いたりしながら、友達と好きなことを繰り返し楽しめるよう必要に応じて言葉をかけ、仲立ちをしたところ、友達との自然なかかわりがより楽しめるようになった。

「保護者と子どもの成長を喜び合う機会」について

クラス懇談会での話し合いや、送迎時に保護者ひとりひとりと、子どもの生活やあそび、自己主張する姿などを伝え合い、喜び合う機会を多くもってきた。今月の懇談会では、これまでの子どもの体の育ちや言葉の発達、友達とのかかわりを喜ぶ姿など、保護者と再び振り返ることを中心にした。また、これからも子どもの成長がより楽しみになるように、保育士からもひとりひとりの成長をうれしく思っていることを伝えたことで、今後も協力し合うことを確認でき、有意義な機会になった。

1歳 指導計画

1歳児 3月の指導計画

3月のねらい（養護・教育）

◎ 大きくなることに喜びを感じながら、簡単な身の回りのことを自分でしようとする。
◎ 年上の子やいろいろな友達とかかわってあそぶ。
◎ ひとりひとりの子どもの育ちを確認し、保護者と一緒に進級に向けて準備を進める。

※「ねらい」及び「内容」は、5領域（健康、人間関係、環境、言葉、表現）の観点を意識して作成する。

	りょうた（2歳・男児・新入園児）	ゆうすけ（2歳4か月・男児・進級児）
子どもの姿	●喜んで食べるが、急いで食べるので、十分にそしゃくをしていないことがある。 ●簡単な衣服の着脱がひとりでできたときは、「できた！」とうれしそうに保育士に知らせる。 ●自分で手を洗うが、そでがぬれていたり、洗い残しがある。 ●保育士や友達に、片言で気持ちを伝えようとする。 ●ブロックや積み木あそびが好きで、繰り返し楽しんでいる。 ●手あそびや歌、わらべうたあそびが好きで、保育士と一緒にところどころ歌って喜んでいる。	●保育士や友達と楽しく会話しながら食事をするが、横を向いて姿勢が崩れてしまうことがある。 ●服の裏返しや後ろ前がわかるようになり、自分で直そうとするが、うまくできないと「どうするの？」と聞きにくる。 ●進級することや2歳児クラスの部屋であそぶことを喜び、「今日も行きたい」とよく保育士に伝える。 ●わらべうたや追いかけっこで逃げたり、友達を捕まえることを喜んであそんでいる。 ●製作あそびでは、話しながら色塗りを喜んでいる。
内容	○十分にかんで、落ち着いて食べようとする。 ○衣服の着脱を自分でしようとする。 ○手洗いの仕方を知り、丁寧に洗おうとする。 ○自分の気持ちを言葉で伝えようとする。 ○ブロックや積み木、パズルなどの好きなあそびをじっくりと楽しむ。 ○一緒に歌ったり、体を動かしたりしてあそぶことを楽しむ。	○テーブルに向かって座り、食事をする。 ○衣服の裏返しの直し方を知り、自分でしようとする。 ○2歳児クラスであそぶことを楽しみにする。 ○簡単なやり取りのあるあそびを喜び、繰り返し楽しんであそぶ。 ○喜んで製作あそびをする。
保育士のかかわりと配慮（環境構成）	◆食べることを喜ぶ姿を受け止めながらも、「あむあむだよ」と落ち着いてかんで食べられるように言葉をかける。🍚 ◆自分でしようとする気持ちを大切にし、広いスペースに衣服を並べて着脱しやすいようにして、できたことを一緒に喜ぶ。 ◆手洗いでは、そでがぬれないように保育士がまくり、「ここに、泡が付いてるね」「まだ、ぬれているよ」などと声をかけ、洗い残しやふき残しがないよう見守り、手洗いの仕方を伝えていく。 ◆保育士や友達に言葉で十分伝わらないときには、保育士が気持ちをくみ取っていろいろな言葉で返したり、言葉を補ったりして、やり取りを楽しめるようにする。 ◆好きなあそびをじっくりと楽しめるように、ブロックや積み木、パズルなどの種類を増やし、コーナーを設定する。 ◆子どもが覚えやすい手あそびや歌を選んで繰り返し楽しんだり、簡単なやり取りをするわらべうたあそびをしたりして、保育士や友達と体を動かせるようにする。　詳細はP.140	◆友達との会話を楽しんで食べる姿を見守りながらも、姿勢が崩れたときは「食べるときはおなかは前だよ」などと言葉をかけ、テーブルといすでの食事の仕方を伝えていく。🍚 ◆衣服の直し方を一緒にやったり、「ここを引っ張ってごらん」と子どもが「自分でできた」と思えるように援助をしていく。 ◆進級することを楽しみにしている気持ちをくみ取り、2歳児の保育室であそぶ機会を多くし、おもちゃのやり取りをするなどしてさらに期待感を高めていく。　詳細はP.162 ◆わらべうたや追いかけっこなどでは、ひとりひとりの子どもたちが十分楽しめるようにやりながらあそび方を伝え、やり取りのおもしろさや友達とかかわりながらあそぶ楽しさを感じられるようにする。　詳細はP.140 ◆製作をするときは、何に使うものか、だれに渡すものかをわかりやすく伝えてから作り始める。また、自分で作ったことを喜ぶ気持ちに「いっぱい色を塗ったもんね」などと共感する言葉をかけ、製作の楽しさを伝えていく。
家庭との連携	■自分でやりたい気持ちを損なわないような身の回りの援助の仕方を話し合い、一致したかかわりができるようにする。 ■進級に向けて不安があるので、送迎時に保護者と一緒に2歳児クラスを見るなどして、安心できるようにする。	■1年間の成長を振り返りながら、うれしかったことや、これから子どもに期待する保護者の思いを文集にすることを、お便りや送迎時の会話で丁寧に伝えていく。　詳細はP.159 ■進級に向けて、送迎の時間帯などに保護者同士が積極的に話し合えるように、保育士がきっかけをつくっていく。

※🍚印は、食育に関連する項目

教材資料

うた
おつかいありさん
（作詞＝関根栄一　作曲＝團 伊玖磨）
手と手と手と
（作詞・作曲＝二本松はじめ）

うたあそび
あぶくたった
ロンドンばしがおちる

絵本
わたしのワンピース（こぐま社）
さいたさいた（金の星社）

3月の予定

・ひなまつりお楽しみ会
　詳細はP.149
・お別れ会
・卒園式
・誕生会
・避難訓練
　詳細はP.126
・園内研修
・地域の子育て支援
　（園開放）

かんな（2歳9か月・女児・進級児）

- スプーン（フォーク）を3本指で持って食べたり、お皿に手を添えることがわかり、「こうだよね」と自分でできることをうれしそうに保育士に知らせる。
- 手洗いやうがいなどを、保育士の言葉かけでしようとする。
- 生活やあそびのなかで、「○○ちゃんとあそびたい」「□□ちゃんは後でね」と特定の友達とあそびたがる姿がある。
- 「ひなまつりお楽しみ会」を楽しみにしている。
- 進級することを楽しみにし、「すくすく組になったら、○○のおもちゃであそびたい」とうれしそうに話している。

○ スプーンで食べることやお皿に手を添えること、姿勢よく食べることなどを身につけようとする。
○ 自分で気づいて手洗いやうがい、はなかみをしようとする。
○ いろいろな友達とかかわってあそぶ。
○ 「ひなまつりお楽しみ会」に喜んで参加する。
○ 異年齢クラスの子とあそんだり、2歳児の部屋であそぶことで進級を楽しみにする。

◆ 子どもが気づいて、喜ぶ気持ちに、「そうだね。そうやって持ったらこぼれないよね」「上手に持って、きれいに食べられたね」などと共感した言葉かけを繰り返ししていく。🍚
◆ 子どもが自分で気づいて身の回りのことができたときは、「自分でできたね」「きれいになったね」などと子どもが自信をもてるような言葉かけをする。
◆ 特定の友達とのあそびを見守りながらも、いろいろな友達とも一緒にあそべるように遊具やあそびの内容を工夫する。また、要求のぶつかり合いが生じたときは保育士が仲立ちして、相手の気持ちに気づき一緒にあそべるよう援助する。
◆ 祖母と一緒におやつを食べたり、お楽しみ会に参加してうれしい子どもの気持ちに共感し、「一緒にひな祭りができて、うれしいね」と一緒に喜び合う。　詳細はP.149
◆ 2歳児クラスのおもちゃや部屋であそぶ機会を設けたり、子どもが楽しみにしている気持ちに共感して、進級への期待が高まるような言葉をかけていく。　詳細はP.162

■ 「ひなまつりお楽しみ会」に祖母と参加できたことを喜んでいた子どもの姿を保護者に伝え、家庭でも話題にし、子どものうれしい気持ちに共感できるよう働きかける。
■ 友達とのかかわりが深まり、ぶつかり合いも生じるが、子どもの成長の姿であることを話し、安心するよう伝える。

環境の工夫

・寒さが緩み、外あそびの時間が長くなるので、鬼ごっこやかくれんぼなどを取り入れ、十分に楽しめるようにする。
・子どもの製作した人形やひな人形を玄関に飾り、ひな祭りの雰囲気を楽しめるようにする。
・お別れ会の招待状や年長組へ渡すプレゼントを保育室に掲示しておき、子どもたちが楽しみに待てるように工夫する。
・2歳児クラスのおもちゃや2歳児の保育室であそんだり、一緒にあそぶ機会を設けたりして、進級を楽しみに待てるようにする。　詳細はP.162

健康・安全のために

・日々の温度差があるため、外あそびやプレイルームであそんだ後は汗をふいたり、衣服の調節や着替えをしたりする。また、保育室の室温・湿度の調節にも配慮する。
・プレイルームであそぶときは、滑りやすいので、靴下を脱いでいるかを必ず確かめ、子どもの動きに十分気を付けて、転倒やけがをしないように見守る。
・2歳児クラスでは、うれしさから子どもの動きが大胆になるので、おもちゃの扱い方や部屋でのあそび方を繰り返し子どもに伝えて見守り、安全に楽しく過ごせるようにする。　詳細はP.162

職員間の連携

・2歳児クラスの部屋であそぶときは、事前に2歳児の担任と話し合いをして、借りる物やあそぶ時間帯を決めておく。　詳細はP.162
・「ひな祭りお楽しみ会」では、祖父母が参加して楽しめるよう、担任間で参加者と人数を把握し、当日の過ごし方や役割分担について打ち合わせをしておく。　詳細はP.149
・担任間で子どもの1年間の成長を確認し合い、次年度の担任、栄養士、看護師と引き継ぎをする。
・進級に伴い、生活習慣の見直しや安定したリズムで生活をする大切さについて看護師と話し合い、全職員で対応を一致させていく。また、保護者にも「保健便り」などで知らせる。

評価の観点と振り返り

「ひとりひとりの育ちに合った援助」について

子どもが自分で身の回りのことに喜んで取り組む姿が多くなってきた。そこで、子どもがどこまで身の回りのことをひとりでできるのか、どの部分が苦手なのかなどについて、担任間で話し合い、援助の仕方を一致させていくようにした。同時に、子どもができたときのうれしい気持ちに共感することを大切にしていくことで、戸惑っていた子や甘えていた子も、だんだん「大きくなったから、できるよ」「お姉さん（お兄さん）みたい？」と喜ぶようになってきた。この時期は、できるようになったことを十分に認め、自信につなげることを大切にしていきたい。

「進級への準備」について

進級に向けて、2歳児の保育室のおもちゃであそんだり、トイレを使ったりしてきたことで、2歳児室の環境に大分なじんできた。そこで、おもちゃを介して2歳児とやり取りをしたり、一緒にわらべうたあそびをする機会も設けたところ、2歳児への関心が高まり、「早くすくすく組（2歳児）になりたい」という声も聞こえてきた。しかし、まだ不安そうな子どももいるので、2歳児の部屋では安心してあそべるようにそばにつき、2歳児と自然にかかわれるように仲立ちをしていくことで、ゆっくりと進級への期待につなげていきたい。

1歳 指導計画

1歳の保育資料

健康

健康管理のポイント
指導計画 P.99、101、103、105、109、111、113、116、117

ひとりひとりの子どもたちが、安全に楽しく過ごせるように、それぞれの子どもの体調などを保護者と詳細に伝え合い、トラブルの早期発見と季節に応じた健康管理に努めています。栄養士、看護師、保育士が連携して、適切な対応に努めていきます。

保護者との連携

●健康に過ごすための配慮
- 子どもの健康状態について、保護者と十分連絡をとり、特に朝の受け入れでは前日の様子、朝の検温や服薬の有無などを詳しく聞く。
- 具合が悪くなったときの連絡先を確認しておく。保護者にとっては、子どもの具合が悪くてもなかなか仕事を休めなかったり、途中で迎えに行くことが難しいときもあるので、保護者の事情も丁寧に聞き取り、一方的にならないように話し合い、協力し合う。
- 園での風邪やインフルエンザの流行状況をリアルタイムで保育室に掲示し、家庭でも体調に注意するよう伝えていく。
- 感染症の流行時は、保育者にうつったり、感染源になったりしないよう、手洗いやうがい、マスクの着用を心がける。

●病気時の食事の配慮
- 下痢やおう吐が続いている場合は、保護者と相談のうえ、栄養士や調理師と連携して、食事内容を工夫する。油物、冷たい物、乳製品、食物繊維の多い物、糖分の多い物は避けるようにする。
- 尿が少ない、唇が乾く、元気がないなどの、脱水症状に陥らないように、番茶、麦茶、湯ざましなどでこまめに水分補給をして、家庭にも伝えていく。

●与薬
- 与薬が必要な場合、保護者は「薬剤使用記録」に必要事項を記入し、薬（1回分の量）と一緒に早番の保育者に渡す。早朝当番の保育者は保護者から薬を預かり、確認する。
- 投薬は「薬剤使用記録」に基づいて看護師が行う。

夏の留意点

●水分補給

人間は、大人の場合、体の約60〜70％が、乳幼児の場合、約70〜80％が水分。特に子どもは新陳代謝が活発なので汗をかきやすく、体温調節機能も未発達なので、脱水症状がおこりやすいのです。

水分補給に適している飲料
- **お茶（麦茶か番茶）か水**……胃に負担をかけず、吸収がよい。カフェインが含まれていない物を。
- **子ども用イオン飲料**……大量に汗をかいた際、失われた塩分と水分を補給できる。薄い食塩水（水500mlに食塩5g）でもよい。

水分補給に適さない飲料
- **ジュース**……糖分が多く夏ばての原因になる。
- **ミネラルウォーター**……硬度が高い物はミネラル分が多く、尿でミネラル分を出そうとして水分も一緒に出てしまう。
- **牛乳**……消化吸収に時間がかかり、胃にも負担がかかる。

ポイント
- ポットに入れたお茶とコップをお盆に載せ、保育室や屋外の日陰に用意しておく。長時間、日なたに出しっぱなしにしないよう注意する。
- 午前と午後の活動の合間など、その日の気温や子どもの様子、活動内容にあわせて、こまめに飲めるようにしておく。
- 一気に飲ませずに、1回にコップに1杯弱程度の量を、回数を分けて多くとるようにする。
- 睡眠時や運動時は汗をかきやすいので、特に睡眠や運動の前後に、こまめに水分をとるようにする。

●スキンケア

気温や湿度の上昇とともに、皮膚のトラブルが増えてきます。毎日の子どもの肌の状態を観察し、家庭とも連携しながら適切な対応をしていくことが大切です。

ポイント

・水あそびをしたり、シャワーを浴びたりして汗を洗い流す。
・体調によって水あそびができない子は、こまめに汗をふき取る。
・首回りは汗をかきやすく、あせもができやすいので、汗をかいた後はこまめに着替える。
・髪が長い場合は、肌に直接髪がふれないよう、三つ編みやお団子にする。

●熱中症対策

気温が高い日が続くと、子どもは体力を消耗しやすくなります。戸外や室内での過ごし方、水分補給や休息の取り方などに留意していきます。

ポイント

・戸外では必ず帽子をかぶり、午前中の涼しい時間帯に、なるだけ木陰を選んであそぶようにし、長時間は避ける。
・午前と午後の活動の合間に、お茶などの水分を十分にこまめに取る。子どもの様子を見ながら、適宜飲めるように配慮する。
・戸外が暑すぎるときは、サーキットあそびやリズムあそび、乗り物など、適温の保育室やプレイルームで体をたくさん動かし、発散できるようにする。
・体を動かした後には、保育者と絵本を見たり、人形や手作りおもちゃであそんだり、室内でゆったり過ごす時間を設ける。

●アレルギーへの配慮

食事の対応が必要な子どもには、栄養士、看護師、保育士が連携し、ひとりひとりの子どもに合った、安全な給食の提供に努めていく。

ポイント

・アレルギーによる除去食については、入園時に保護者からの聞き取りと、医師の指示に基づき毎日の献立表を、保護者と細く確認し、対応する。

夏に起こりやすい肌トラブル

あせも

症状：首やわきの下など、汗をかきやすい所にできる赤色の発しん。かゆみがあり、かき壊すと傷から細菌が入り、化のうすることもある。

対処：まずは汗をかいたままにしないでこまめにふき取り、清潔を保つことが大切。化のうするととびひの原因にもなるので、家庭と相談して抗炎症作用のある薬（ステロイド剤など）を用いることも効果的。

とびひ

症状：虫刺されやひっかき傷の後に細菌がついて水ぶくれができ、かゆみがある。破れた水ぶくれを触った手指で、体のほかの部分を触ると広がっていく。

対処：細菌がほかの部分にうつらないよう患部をガーゼで覆うなど、かきむしらないようにする。プールの水では感染しないが、水に入ると皮膚がふやけて悪化しやすい。体や衣服を清潔にすることが大切。必要なら病院で薬を処方してもらうよう保護者に伝える。

室内温湿度調節の目安

・エアコン使用時は、温度20～24度、湿度40～60％になるように設定する。
・1時間に3～4分窓を開け、換気をする。
・適切な室温・湿度・換気について、保育室に掲示し、いつでも確認できるようにする。
・温湿度計でチェックし、毎日保育日誌に記入する。

※室温設定については、地域によって違いがある。また、節電などへも配慮する。

ホールでサーキットあそび。跳び箱に立てかけた板を登り、保育者と手をつないでジャンプ！

1歳 保育資料

1歳の保育資料

食　事

夏の食事

指導計画 P.101～105

暑い日が続くと食欲が落ちてきてしまいます。食べやすい献立や心地よい環境を工夫していくようにします。家庭とも連携して子どもの食事に配慮します。

●ポイント

- 汁物などを多くし、水分を十分とれるような献立にする。
- 暑さで食欲が出ないようなときは、冷やし中華や冷や麦など麺類を出すようにする。
- 子どもの食べ具合や、残食の内容や量などを栄養士に知らせ、次の献立を工夫する。
- 風通しのよい場所に食事テーブルを配置し、室内の気温が高いときは、事前に涼しくしておく配慮をする。
- 食べたい物を自由に食べられるよう、できるだけ1枚の食器に盛り付けるようにする。
- 子どもと一緒に夏野菜を収穫したり、子どもの目の前で洗ったりしながら、子どもの気持ちに共感した言葉かけをし、食材に興味がもてるようにしていく。
- 保護者向けに、園のお勧めメニューを紹介し、家庭でも作れるようにする。

●夏の献立表の例

夏野菜カレー、中華風サラダ、冷やし中華など、夏ばて防止を意識して。

8月の予定献立表

日	曜	全児童		0〜2歳児	
		昼　食（3〜5歳児の主食は家庭より持参）	3時のおやつ	10時のおやつ	主食
3	月	鮭のごまみそ焼　みそ汁 野菜の炊き合わせ　トマト　オレンジ	牛乳 クリームパン	乳酸菌飲料 チーズ	のりごはん
4	火	ポテトミートローフ　きゃべつスープ 野菜サラダ　ミニトマト　メロン	牛乳 ラスク	牛乳 桃缶	バターパン
5	水	白身魚のレモンしょうゆ　コーンスープ ポパイサラダ　巨峰	牛乳 げんこつドーナツ	牛乳 バナナ	ごまごはん
6	木	夏野菜のカレーシチュー　シーチキンサラダ ミニトマト　グレープフルーツ	牛乳 デニッシュ	牛乳 せんべい	カレーライス
7	金	とり肉のレモン煮　オニオンスープ 中華風サラダ　チーズ　トマト　メロン	牛乳 厚焼きケーキ	牛乳 ビスケット	レーズンパン

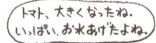

●メニュー紹介例

調理室の隣に掲示スペースを設け、食中毒の予防などの情報を提供するとともに、お勧めの料理レシピをクリアポケットなどに入れて、保護者が自由に持ち帰れるようにする。

クッキング活動 指導計画 P.109

子どもたちが食に関心をもち、食べることをより楽しむ取り組みとして、クッキング活動を取り入れています。子どもと一緒に、大好きなホットケーキを小さくコロコロに作ってみました。

●ポイント

- 事前に栄養士と必要な材料や道具について話し合い、準備をする。
- 子どもたちが調理の過程や焼き上がりなどを見やすいように、テーブルを合わせて広い台を用意し、周囲に座るようにする。
- 焼くときは、電気たこ焼き器など熱くなる物は手が届かないテーブルの中央に置き、安全に配慮する。
- 子どもが見ている前で調理したり、子どもができそうなところは保育者が手を添えながら調理したりする。
- 保育室には、クッキング活動の様子の写真を掲示し、保護者にも様子が伝わるようにする。

保育者と一緒にボウルを押さえたり、泡立て器を持って混ぜたり。「おいしくなあれ、おいしくなあれ」と出来上がりを楽しみにしながら。

ホットプレートは大きくて、子どもが手を出したときやけどすることも考えられるので、電気たこ焼き器を使用した。

実践者より

焼き上がってくると、「いいにおい」「おいしそう」「早く食べたい」といった声が子どもたちから聞かれました。出来上がりを食べると、「おいしいね」「もっと食べたい」と、とても喜んで食べる子が多く、普段のおやつに出るホットケーキは苦手な子も、自分たちで作ったホットケーキは残さずに食べていました。お迎え時には、保護者が子どもと一緒に掲示写真を見ながら、「作ったの?」「おいしかった?」と話す場面も見られました。

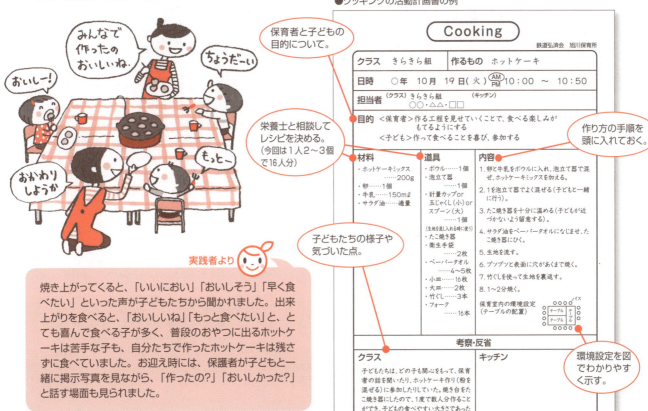

●クッキングの活動計画書の例

1歳 保育資料

1歳の保育資料

安全管理

園での事故防止
指導計画 P.99、101

園での生活に慣れてくると、保育室内や戸外での探索活動が活発になってきます。子どもたちが興味のある場所や、好きなあそびを見つけて安全にあそべるように、保育室や園庭の環境を整え、常に安全点検を行うようにしています。

室内環境を整える

●広い場所を確保する

畳んだテーブルやいすは部屋の隅に寄せ、仕切りで囲んでいる。仕切りは、段ボール紙に布をかぶせ、色付きの布ガムテープで留めている。

子ども同士がぶつかって、けがや転倒が起こらないよう、テーブルやいすを片付けて広い空間を保つ。子どもの状況に応じて変化させることができる環境に。

●危険箇所を保護する

子どもが指を挟まないよう、夏は使わないパネルヒーターを、保護用のクッション素材に布をかぶせた物で覆っている。壁とのすき間へのおもちゃや絵本の落下防止にも役立っている。

引き戸のすき間に子どもが手や指を挟まないように、保護シートをはって。

チェックリスト

チェックリストを作って、保育室や園庭の安全点検を毎日行い、不備があれば職員会議で話し合って改善していきます。

《事故防止対策による固定遊具の安全点検チェックリスト》

【安全点検の頻度】
※毎日→目視点検（朝の清掃時）
※1か月に1回→手触点検（園長または主任・保育者2名）

遊具	ボルト数	点検項目	サイン	備考（損傷や腐食箇所・修理状況など記入）
鉄棒	12	ボルトの点検 下マットが固定されているか		
のぼり棒	19	ボルトの点検 支柱のぐらつき・損傷・腐食箇所がないか		
ロープ渡り	8	ボルトの点検　ロープのたるみはないか 支柱のぐらつきはないか		
ヒューム管		正しく固定されているか 損傷箇所がないか		
一本橋		正しく固定されているか 損傷箇所がないか		
タイヤ		正しく固定されているか 損傷箇所がないか		
滑り台	大74 小83	正しく固定されているか 損傷箇所がないか		

遊具、ベンチ、看板など、園庭にある物すべてについて、破損、固定、衛生などの状態を確認する。

ヒヤリハット記録

事故やけがが起こりそうになったとき、実際に起こってしまったときは、「ヒヤリハット記録」に記入し、全職員で情報を共有し、事故防止に努めます。

ヒヤリハット記録					旭川保育所
4月 27日		きらきら 組	記録者	柴波由紀子	
場所	きらきら・トイレ		時間	AM (PM) 2：40	

(状況)
トイレにて排尿する際、数名の子どもがトイレに行く。部屋に戻るとき、扉に手を掛けて、スリッパを脱ぐため、扉が動き、壁とのすき間に指を挟みそうになる。

(報告および改善点)
扉と壁のすき間をなくすために、保護シートをはる。

危ないと感じた事例が発生した場所と時間、状況、それに対する改善点を記入。

散歩時の安全管理 指導計画 P.101、107

気候のよい日は、園庭あそびだけでなく、散歩を十分に楽しみながら、自然にふれていきたいものです。子どもたちの散歩が楽しくなるよう、安全管理をしっかり行っていきます。

■ 散歩マップ作り

あらかじめ、いくつかの散歩ルートを考えて下見し、安全面の注意点をまとめたマップを作っておきます。行き先が決まったら、引率する保育者間で、マップの内容をしっかりと確認するようにします。

●散歩マップの例

すみれ公園

散歩ルート
- ※……… 信号を横断する際はよく確認して渡る。
- ※1 …… 歩道がないため、右側に寄って歩く。飛び出しには十分に配慮する。
- ※2 …… 車通りが多く、歩道の幅が狭い。

すみれ公園
- ブランコ………… 前後を通らない。さくの中に入らない。
- シーソー………… 周りであそばない。シーソーの上には立たない。
- 滑り台…………… 逆に上がらない。踊り場では押し合わない。
- 太鼓橋…………… 手を離さない。周りでふざけない。
- 鉄棒……………… 手を離さない。周りでふざけない。
- ベンチ(2台) …… 1台は固定されておらず不安定なので、動かさない。錆びつきがひどい。

> 歩道の状況や車の量など、道中の交通安全面について、地図と対応させながら。

> 目的地の遊具であそぶとき、注意すべき点について。

> 散歩ルートと目的地を地図上に示す。

みんなで散歩、楽しいね。暖かな日差しのなかで。

■ 出かける前に

●健康面のチェックをする

- 子どもひとりひとりの体調はどうか（子どもの様子はどうか、保護者から連絡はないか など）。
- 子どもたちの服装は散歩に適しているか（天候、気温、動きやすさなど）。
- 帽子はかぶっているか。

「今日は ちょっと肌寒いから 上着を着ようか」

●持ち物を準備する

- **救急セット** ばんそうこう 5〜6枚。清浄綿 2〜3枚。
- タオル
- ポリ袋 大小のサイズそれぞれ2〜3枚ずつ。

- 防犯ブザー
- バッグ 両手が使いやすいように、ショルダーバッグかリュックサック。

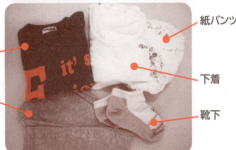
- シャツ
- ズボン
- 紙パンツ
- 下着
- 靴下

着替えはそれぞれ2着ずつ。

※緊急時などのために携帯電話と小銭も持参する。

1歳 保育資料

1歳の保育資料

安全管理

避難訓練（火災・地震などの災害）

指導計画 P.97、99、101、103、105、107、109、111、113、115、117、119

毎月1回計画的に避難訓練を実施しています。低年齢児は特に保育者間の連携や迅速な動きが必要とされるので、実施前後の打ち合わせや振り返りが重要です。また、日頃からの地域及び関係機関との連携も大切になります。

● ポイント

・地震や災害に備え、園としての防災マニュアルを作成する。
・緊急時の対応の具体的な手順や職員の役割分担をしておく。
・時間帯（食事中、午睡中など）、季節（積雪など）によっての避難方法の違いを確認する。
・0歳児、1歳児クラスの避難への応援態勢を確認する。
・避難訓練についての紙芝居などを通して、子どもに危険なことや安全に避難することを伝えていくようにする。
・子どもが避難経路の外階段や滑り台、避難車（カートなど）を怖がらないように、避難訓練以外でも経験しておく。
・保護者に、子どもたちを無事に引き渡せるように確認し、避難訓練の内容、第二次避難場所、緊急時の連絡方法などを、あらかじめ年度の最初に伝えておく。
・訓練後は実施記録をつけ、全クラスで共有して気づきや課題を実際の避難に役立てられるようにする。

避難の紙芝居を見る子どもたち。何度か繰り返して伝え、訓練を重ねると、子どもも「こうやって（手で口を押さえて）するよね」「お外に逃げるよね」とわかるようになってくる。

● 避難訓練実施記録の例

火災の想定内容。

避難訓練実施記録簿

実施日	○年 10月 15日 金曜日 天候 晴れ							
実施時間	午前・午後 10時15分 ～ 10時30分 所用 15分							
参加人員	職員	にこにこ	きらきら	すくすく	おおぞら	ひかり	たいよう	出席児計	合計
	24	8	13	14	21	21	24	101	125
火災発見場所および発見者	地震の発生に伴い、ボイラー室より出火
実施ねらい	地震発生時の対応の仕方を知る

訓練のねらい。

実施状況	にこにこ 0歳児	合図を聞き、部屋の中央に集まり避難する。保育者と一緒にいることで安心でき、泣かずに参加することができていた。
	きらきら 1歳児	避難訓練や地震についてわかりやすく説明し、合図を聞き、きらきら組のテーブルの下に隠れ、頭を押さえながら避難する。驚いて泣いてしまう子もいたが、保育者といることで安心し、避難することができた。
	すくすく 2歳児	地震についてわかりやすく説明をする。避難訓練であるため、恐怖感を与えないように伝える。合図を聞き、すくすく組のテーブルの下に隠れ、避難する。驚いて泣いたり、怖がったり、慌ててしまったりする子がいたが、保育者がいることで安心し、けがをすることなく避難することができた。
	おおぞら 3歳児	地震についての話を聞き、頭を覆い静かにしているときに合図がかかる。保育者の合図を聞き、速やかにテーブルの下に避難し、怖がらず静かにしていた。その後も落ち着いて下まで避難した。
	ひかり 4歳児	地震について話をし、危険から身を守るための方法をみんなで考えていく。合図でテーブルの下に隠れ、静かに過ごす。揺れが収まった合図で、頭を覆って移動。プレイルームでの集会に参加。地震をよくわかり、落ち着いて行えた。
	たいよう 5歳児	地震についてわかりやすく話をし、自分の体を守るために必要なことを考え、理解していけるように進めた。揺れが始まったら落ち着いて揺れが収まるのを待ち、保育者の誘導のなか、避難することができた。また避難についての必要性を話し、訓練に参加した。

各クラスの実施内容、子どもの様子、気づきなど。

実施評価反省	地震について保育者が話したことを子どもなりに理解し、発生時の対応の仕方（テーブルの下に隠れるなど）を行えた。
その他特記事項	消火器訓練

訓練の評価・反省を総括する。

生活

排せつ（トイレトレーニング） 指導計画 P.96、98、100、104、106

排尿の間隔があいてきて、午睡後オムツがぬれていないとき、トイレに誘うところから始めます。ひとりひとりの状況に合わせてゆっくり進めていきます。

保育者とのかかわり　ートイレに行くことや便座に座ることに慣れるようにー

ゆうすけくんを例に、保育者のかかわりを見ていきます。

① 午睡後、「あら、オムツぬれていないね。トイレに行ってみようか？」と、トイレに行く2歳児の様子を興味深く見ていたゆうすけくんを誘う。嫌がらずに便座に座ると、「あっ、ウサギさん！」と目の前の絵を指さしてうれしそう。「ゆうすけくん、トイレに座れたね！　すごいなぁ」と声をかける。

② 次の日もゆうすけくんに「トイレに行こうか？　ウサギさんいるかな？」と誘う。ウサギの絵を見つけると、「ウサギいた！」と笑顔。保育者が「ウサギさん！　ゆうすけくん上手に座れたでしょう。シーシーでるかな〜」「いちーにーさん、おまけのおまけの汽車ポッポ」などと、大好きな「ノンタン」絵本の言葉をかけるなどして、優しくそばで見守っていく。

③ 1か月後、トイレに慣れてきたので、保育の節目にもトイレに誘う。排せつできることよりトイレに慣れることを優先したかかわりをしていると、周りの子どもたちも関心をもち、一緒にトイレに行く子が増えてきた。こうして、ゆうすけくんが初めて排せつに成功する。きょとんとした表情のゆうすけくんに「うわー！　すごいすごい！　しっこ出たね」と保育者が喜ぶと、ゆうすけくんも「しっこ、シーシー」とうれしそうだった。

保護者に伝える

おたよりや掲示板、連絡ノートなどで、トイレトレーニングの取り組みの様子を、保護者にわかりやすく丁寧に伝えていきます。

● 連絡ノートから

保育者から保護者へ
今日は、午睡後オムツがぬれていなかったので、トイレに誘ってみました。抱っこされて嫌がらずに便器に座り、目の前のウサギの絵を指さしたりして、ご機嫌でした。これからもオムツがぬれていないときには、トイレに誘ってみようと思います。

保護者から保育者へ
すごいですね。びっくりしました。便座に座ったのですね。ゆうすけに「すごいね。トイレに行ったの？」と褒めてあげました。うちでも様子を見ていきますね。

1歳の保育資料

屋外あそび

園庭探険

指導計画 P.98〜101、103

園でのあそびにも慣れてきた子どもたち。園庭の遊具に興味をもったり、草や虫を見つけたり……。春の自然にふれながら、広い園庭でのびのびと体を動かし、外あそびの楽しさを体験できるようにしていきます。

●**大型遊具を体験**

保育者が見守るなか、滑り台や汽車の遊具、トンネルなど、子どもたちが自らあそびたい場所や遊具であそぼうとする姿が見られます。保育者は危険のないように、子どもの後について様子を見守り、声かけをしていきます。

小窓をのぞいて「○○ちゃん、いたー、おーい」と友達の名前を呼ぶ。保育者も、子どもの姿を見守りながら、「○○ちゃん、いたね、ほらほら、こっち向いたよ!」などと一緒に声をかけて。

実践者より

3歳児以上の子どもたちは活発に動き回るので、0、1、2歳児が園庭での過ごし方に慣れるまでは、あそぶ時間をずらし、安心してあそべるようにしています。1歳児はこの時期、2歳児と同じ時間にあそぶことが多く、2歳児のまねをして、滑り台の階段を登ってみたり、汽車の遊具に乗ってあそんだりする姿が見られます。

お気に入りの汽車の遊具に乗って、ハンドルを回したり、「おーい」「みてー」などと保育者を呼んだり。保育者が「乗ってくださーい」と子どもを誘うことも。

●**ミニトマト大きくなったね**

1歳児の保育室のベランダにはミニトマトの苗が置いてあり、子どもたちが保育者と一緒に苗に土をかけたり、ペットボトルで作ったじょうろで水やりをしたりします。子どもがミニトマトの生長を期待できるような声かけをしながら。

「土のお布団かけてあげようね」

ペットボトルじょうろの作り方

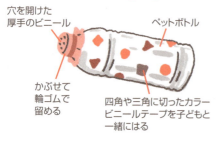

穴を開けた厚手のビニール / ペットボトル / かぶせて輪ゴムで留める / 四角や三角に切ったカラービニールテープを子どもと一緒にはる

「大きくなあれ、大きくなあれ」

水あそび

指導計画 P.102、104、105

暑い夏、水あそびの時期です。家庭と連携して、子どもの体調をしっかりと把握し、楽しめるようにしていきます。また、手作りのおもちゃを用意するなどの工夫をしています。

毎日の健康・衛生チェック

毎朝、家庭で子どもの体調を見るときのチェックポイントを、お便りなどで伝えておきます。保護者はそれを基に、登園時に担任保育者に子どもの状態を報告し、連絡ノートに水あそびの可否や、体調で気になることを記入します。

●健康・衛生チェック表の例

持ち物を伝える

保護者がひと目見てわかるように、水あそびで必要な物をイラストで表し、保育室内に掲示します。

実践者より

あそび始めは保育者が使って、水が出てくるところを見せます。子どもに渡すときには、水を入れすぎると重くて持てなくなるので、半分ぐらいにしました。子どもたちは、試行錯誤をしながら思い思いにあそんでいました。回転しながら水が勢いよく出てくると大喜びで、保育者に見せたり、じっと見つめたりしていました。

ペットボトルシャワー

用意する物・準備

ペットボトル（330mlまたは500ml）、曲がるストロー（10cmに切った物をペットボトル1本につき2本）、手芸用丸ゴム（20cmに切った物をペットボトルの本数分）、きり、カラーガムテープ

乳酸菌飲料の容器（右端）や洗剤の容器を使っても。いろいろな大きさの物を用意すると楽しい。飾り付けも楽しんで。

作り方

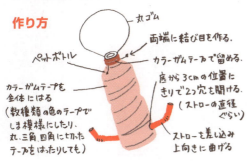

こんなふうに

ペットボトルに水を半分ぐらい入れて、ゴムをねじるように回してから手を離し、回転しながらストローから水が出るのを楽しむ。

1歳 保育資料

1歳の保育資料

屋外あそび

雪あそび① 指導計画 P.112〜114

雪の降る日が多くなってくると、子どもたちは毎日窓から外を見ては、「雪、降ってるね」「白くなってるね」などと雪が積もる様子に気づき、関心をもつようになります。天候や体調を見ながら、戸外に出て雪あそびを楽しみます。

事前に伝える

事前に保護者に雪あそびに必要な持ち物を伝えます。当日は、登園時の子どもの様子や保護者の話、連絡ノートを基に、体調はどうか、風邪の症状はないか、投薬の有無、保護者からの連絡事項などをしっかりと把握し、担任間で伝え合います。

雪あそびの準備を、わかりやすくイラストにして、保育室の入口に掲示している。

支度をする

雪あそびに出るときは、部屋で身支度をします。保育者が「お外行こうか」「ジャンパー着るよ」と声をかけると、子どもたちは「やったー！」「お外いくー」と張り切ってジャンパーを持ってきたり、かごから靴下や帽子を出したりして準備を始めます。

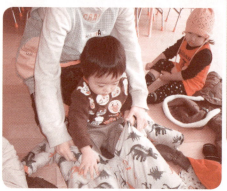

最初は保育者がひとりひとりの準備を手伝うが、子どもが覚えてくると自分でやるようになってくる。

自分でジャンパーに足を入れ、ファスナーを上げる。

雪に慣れる

最初はバランスを取りながら保育者の後をゆっくり歩きます。慣れてきたら雪をすくったり、雪玉を丸めたり、山を作ったり。短い時間でも雪あそびの楽しさを感じられるように、いろいろな働きかけをしていきます。

丸めた雪玉を子どもに手渡して、「丸いね」「お団子だよ」と興味津々。

雪の上ではいはいして、トンネルをくぐる。

雪あそび ②   指導計画 P.114、115

冬の寒さが本格的になり、雪もたくさん積もりました。体調や天候に応じて、普段のあそびや雪中運動会で、雪の楽しさを体験できるようにしました。

雪だるま作り

園庭に積もった雪で、保育者が雪玉を作って転がしていると、2～3人の子どもたちが興味をもち、「何してるの？」「いーれーて」と集まってきて、あっという間にクラスのみんなが……。

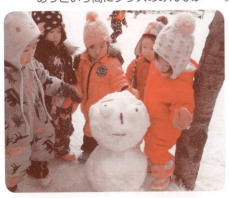

持ってきた雪を雪玉に付けて、少しずつ大きくしていく。「大きくなあれ」「丸くなあれ」。

「できたー！」「大きいね！」「かわいい！」。自分たちで作った雪だるまを囲み、何度も触ってうれしそうな子どもたち。

実践者より

雪だるまは1歳児の保育室の方に向けて作りました。保育室に戻るとき、名残惜しそうにする子もいましたが、保育室からも雪だるまが見えることがわかると、窓越しに手を振ったり、「雪だるま、見てるよ」と喜ぶ姿が見られました。

雪中運動会

当園では毎年、園庭で全園児が参加する雪中運動会を行っています。1歳児も楽しめるような配慮をしながら、「宝探し」や「ニンジン運び競争」をして楽しみました。

●宝探し

お菓子を詰めた小袋をクラスの人数分、大きなポリ袋に入れ、雪中運動会が始まる前に、保育者が園庭の雪の中に埋めます。「スタート」の合図で全園児が一斉に自分のクラスの宝を探します。

「なんか見える」「みんなで掘ってみようか」「出てこい、出てこい」。まず保育者が雪を掘るところを見せ、続いてみんなで掘る。掘り当てて「やったー、あった！」と大喜び。

実践者より

保育者が埋めた場所に目印を付けておき、スタートの前に、「1歳児クラスは木の近くかな」などと、どこにどのクラスの宝があるか、子どもたちにヒントを出すようにしました。探すときは「どこかな？」「この辺かな？」などと言いながら埋めてある方へ近づき、子どもたちが目印に気づくように誘いました。

1歳 保育資料

1歳の保育資料

屋外あそび

●ニンジン運び競争

用意する物・準備
ポリ袋、新聞紙、厚紙(50cm×40cmぐらい)、色画用紙、棒(50cm弱)、絵の具、テープ、布ガムテープ、かご

作り方

こんなふうに

子どもたちはニンジンを持って並び、保育者の笛を合図にスタート。ウサギのかごにニンジンを入れて戻ってきます。次の子どもにタッチして交代します。

「ピッて笛が鳴ったら行くんだよ」。保育者はスタート地点に2人、かごの所に1人ついて、子どもたちを誘導する。

雪のなかを勢いよく走ってくる子、戸惑いながら走ってくる子など、さまざまな表情が見られる。「△△ちゃん、こっちだよー」「○○ちゃん、速いね」「ウサギさんに、どうぞってしてね」などと声をかけながら。

実践者より

雪中運動会前日に、プレイルームで実際に「ニンジン運び競争」をして、あそび方を伝えました。また、『にんじん』(福音館書店刊)という絵本を読み聞かせながら、「ウサギさん、ニンジン好きなんだね」「雪中運動会のとき、ウサギさんの大好きなニンジンあげようね」と話すなど、当日を楽しみに待てるように、繰り返し話題にしていきました。また、保護者も関心をもてるよう、保育室にウサギのパネルやニンジンを飾っておいたり、送迎時に「張り切ってニンジンを持って走っていました」などと、子どもの様子を伝えたりするようにしました。

手作りおもちゃ

手先が器用になり、物をつまんだり、重ねたり、そろえたりなどの作業をするようになります。また、服のボタンやファスナーなどに関心をもつ姿も。興味をもってじっくりあそべる手作りのおもちゃを用意しました。

ファスナーあそび

指導計画 P.96、97、113

用意する物
布、ファスナー（長めで太さのある物）、マスコット（キーホルダーなどの）。

作り方

実践者より
ひとりひとりのお気に入りマスコットができるように、1歳児の手になじむサイズにしました。低月齢児はつかんだり触ったり、高月齢児はつかんで引っ張ったり、ファスナーを上げ下げしたりします。開閉するときのジーッという音にも興味津々です。友達の様子を見て、まねしてあそび始める姿も見られました。徐々に長い時間あそぶようになってきます。

くだものぺったん

指導計画 P.96、97、113

用意する物
キルティングの布、面ファスナー、フェルト、綿、布

作り方

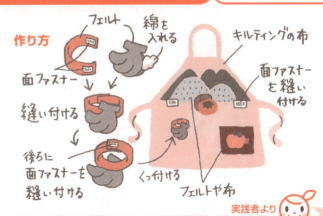

実践者より
最初ははがしたり付けたりを繰り返し楽しんでいました。慣れてくると、高月齢の子は、はがした後に保育者や友達と「どうぞ」「ありがとう」とやり取りを楽しむようになってきました。「○○ちゃんの、いいね」などと言葉をかけていきます。輪になるので、お気に入りを腕に巻き付けてあそぶ姿も見られました。興味や関心に合わせて、動物や乗り物も作っても。

1歳 保育資料

133

1歳の保育資料

手作りおもちゃ

立体パズル

指導計画 P.107、111

用意する物・準備
ジュースなどの紙パック（167mm×42mm×106mmの物）12～14個、色画用紙、透明のテープ（こん包用など）、イラスト（動物や果物の絵など）

作り方
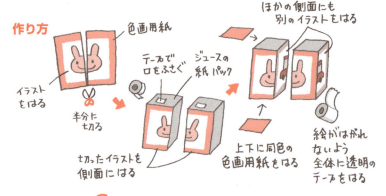

こんなふうに
絵と絵を合わせたり、積んであそんだりする。

同じ色を見つけて「青と青」「黄色と黄色」などと色の名前を言いながらあそんだり、お気に入りのキャラクターや物に関心をもって「〇〇ちゃん、できた」「モモ、あった」などと喜んだりする姿も。

実践者より
組み合わせ方がわからない子には、保育者が絵を組み合わせてみせて、「これは何かな？」「〇〇（果物や乗り物）だったね」などと一緒にあそび、関心をもつようにしていきました。

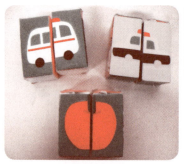

組になる紙パックのベースに同じ色画用紙をはることで、絵の組み合わせがわかりやすくなる。子どもの興味のある果物や動物、乗り物のイラストをはった。

積み木のように並べたり、積み上げたりしてあそぶことも。

福笑い

指導計画 P.114、115

用意する物・準備
白画用紙（台紙用）、色画用紙（顔のパーツ用）

作り方
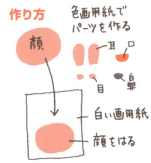

※台紙とパーツをラミネート加工すると、破損を防ぎ、水ぶきで清潔を保てる。

こんなふうに
目隠しはせず、顔型の上に耳、目、鼻、口を自由に置き、いろいろな表情ができるのを楽しみます。少々位置がずれても気にしません。あそびながら顔のパーツの名前がわかります。子どもたちが好きなキャラクターの顔などでやっても。

実践者より
保育者が「耳はどこかな？」「目はここかな？」などと質問をし、子どもたちの「ここだよ」「こっち」などの答えに合わせてあそびました。ひとりで夢中になる子や、友達と一緒に「ここだよ」「これは？」などと顔を寄せ合ってあそぶ姿が見られました。

「何やってるのかな？」「次はおめめだよ」。高月齢の子がやっているのを、興味津々でのぞき込む低月齢の子の姿も。

スナップつなぎ

指導計画 P.103、113、116

用意する物・準備
フェルト（数種類の色）、大きめのスナップ、ボタン、糸

作り方
〈長方形〉

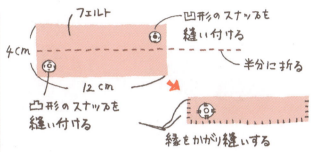

〈魚〉

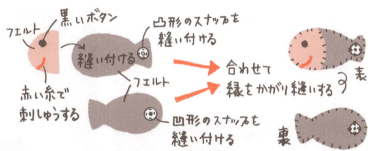

※スナップが取れないように、しっかり縫い付ける。

こんなふうに
スナップをつなげたり、外したりして楽しみます。長方形の物はつなげてネックレスや腕輪にしたり、魚は「さかながはねて」（作詞・作曲＝中川ひろたか）の手あそびをしながらあそんだりしました。

実践者より

最初にスナップには凹凸があることを触りながら子どもに知らせ、実際に保育者が長くつなげて見せると、「やりたい」「ここ？」と自分でするようになりました。ひとりでできるようになると、保育者や友達の首や腕につなげた物を巻いて「着けてあげる」「かわいいね」とやり取りしたり、「魚釣れたね」「いっぱいつながったね」などの保育者の言葉に喜び、さらに長くつなげてあそんだりしました。

1歳 保育資料

1歳の保育資料

手作りおもちゃ

ボタンはめ

指導計画 P.113、116

用意する物・準備
フェルト（数色）、ボタン、ひも、刺しゅう糸

作り方

こんなふうに

ひもにボタンをはめて、ハートをつなげていきます。長くつなげたり、輪にしてネックレスにしたり、自由に楽しみます。ひとりひとりがじっくりあそべるよう、できるだけたくさんの数を用意しています。

指先を見つめて、じっくりとボタンをはめていく。飽きることなく15～20分ほど、はめたり外したりを繰り返し楽しんでいた。

「みてみて、長いでしょ！」。長くつなげて自分の背丈と比べる子も。

「首にして」と保育者に頼んでネックレスに。「おかあさんみたいでしょ」と自慢げに友達に見せたり、「首にしてあげようか」と友達のネックレスのボタンはめを手伝う姿が見られた。

実践者より

保育者がボタンをはめて見せると、すぐに「やりたい！」とあそび始め、1つつなげるたびに「せんせい、できた。みてー！」と喜んで見せに来ました。最初はそれぞれひとりで夢中になっていましたが、そのうち友達同士で見せ合ったり、「つなげようか」とお互いの作った物をつなげたりしていました。うまくできない子には保育者がそばについて手伝ったり、「もう少しだね」「入るかな」などと声をかけ、見守るようにしました。月齢の低い子がボタンをはめられず、「せんせい、やって」と持ってくると、そばにいた月齢の高い子が「やってあげる」「ここにね、（ボタン）入れるんだよ。やってごらん」などと、まるで保育者のように教える姿も見られました。

手あそび・歌あそび

ふれあいを楽しむ
指導計画 P.96、98～100

子どもたちは、保育者との関係も安定してきて、一緒に手あそびやふれあいあそびをすることを、ますます喜ぶようになります。子どもと思う存分スキンシップしたいときに行うあそびです。

つんつんつん・とんとんとん

あそび方

1番

① からだの〜しらべます

体のいろいろな所を触る。

② ね

目と目を合わせて、「ね」と言う。

③ つんつんつん

人差し指で顔や体をつんつんする。

④ とんとんとん

パーやグーの手で、顔や体をとんとんする。

⑤ もじょもじょ〜もーじょもじょ

体のいろいろな所を軽くくすぐる。

⑥ つんつんつん〜もーじょもーじょ
③〜⑤と同じ動作をする。

⑦ だいじょうぶ

しっかり抱き締める。

2番

① あしの〜しらべます
足のいろいろな所を触る。

② ね〜だいじょうぶ
足を中心に、1番の②〜⑦と同じ動作をする。

> **実践者より**
> 一対一でゆったりとあそべるので、子どもがとても喜び、繰り返しやってほしいとせがんできます。覚えやすいメロディーで、いつでもどこでも気軽に楽しんでいます。くすぐる所は、おなか以外にも、てのひらやわきの下など、いろいろ変えてみるとさらに楽しめます。

♪つんつんつん・とんとんとん　　作詞・作曲＝浦中こういち

1歳の保育資料

手あそび・歌あそび

このこ どこのこ

あそび方

子どもをバスタオルに寝かせ、保育者2人が両端を持って、歌いながらゆっくり左右に揺らす。

実践者より

新入園児や初めてこのあそびをする子どもは、不安でやりたがらないことも。無理強いせず、ほかの子どもがあそんでいるところを繰り返し見せていくと、次第に興味をもち始めました。保育者が子どもの目を見て歌いながら揺らすと安心するようです。横揺れだけでなく、上下や前後の揺れもやってみます。子どもが喜ぶからと、つい激しく揺らし、子どもが飛び出さないように注意しましょう。

♪ このこ どこのこ　　　　　　　　　　わらべうた

がたがたバス

あそび方

① がたがたバス～どこまでいくの

子どもをひざに乗せて、歌いながら揺らす。

② ブーブーブー フーフーフー

子どものおなかやわきをつつく。

実践者より

泣いている子どもを座って抱っこしているときなどに行うと、落ち着いて泣きやむことがよくありました。高月齢の子やあそびに慣れてきた子は、左右に大きく揺らすと喜びます。保育者が足を伸ばして、一度に子ども2～3人を座らせて行うと、子ども同士のつながりも深まって楽しめました。

♪ がたがたバス　　　　　作詞＝志摩 桂　フィンランドのあそびうた

かけあいを楽しむ

保育者や友達と一緒にいる場を喜び、一緒に一つのあそびを楽しむようになってきます。わらべうたあそびをアレンジし、手をつないだり、生活のまねっこを取り入れたりして楽しんでいます。

たけのこ いっぽん おくれ

指導計画 P.100、108、109

あそび方（季節に合わせて歌詞のたけのこを「だいこん」などに替えても）

① たけのこ〜おくれ

オニ役が一人前に出て、ほかの子どもたちは横一列になって座り、手をつなぐ（腕組みできる子は隣の子と腕を組む）。オニが「たけのこ いっぽん おくれ」を、ほかの子どもたちが「まだ めが でないよ」を歌い、「いっぽん」のところを「にほん」「さんぼん」……と変えて繰り返す。

歌詞は5本までにすると、指を一本ずつ出して数えられるため、交代のタイミングもよく、飽きないであそぶことができた。

縦一列よりも横一列に座ったほうが、腕を組んだり手をつないだりしやすく、あそびも持続しやすい。

② もう めが でたよ

子どもたちが「もう めが でたよ」と言ったら、オニが一人の両足首を持ち、前に引っ張り出す。引っ張り出された子どもは次のオニになる。

「よいしょ！」。保育者は「○○ちゃん、抜こうかなあ。△△ちゃんは、だれ引っ張る？」などと声をかけながら、オニ役の子どもと一緒にだれかを決め、引っ張るのを手伝う。

実践者より

オニ役と抜かれる方にそれぞれ保育者がつくと、歌のかけ合いが子どもたちにもわかるようになり、一緒に歌うようになります。ひとりで友達を抜こうとして必死になったり、抜かれてうれしそうにしたりする姿が見られました。簡単な言葉の繰り返しが覚えやすかったのか、何回か繰り返すと、「一緒にしよう」「手、つなごう」と子ども同士で誘っている姿がたくさん見られ、保育者が誘ったとき以外でも、子どもたちだけであそぶこともありました。

バリエーション

保育者が最初にオニになり、その後、オニになる子を増やして一緒に引っ張ると、子どもたちも張り切って歌ったり抜いたりしていました。

1歳 保育資料

1歳の保育資料

手あそび・歌あそび

あぶくたった

指導計画 P.118、119

あそび方

① あぶくたった〜 たべてみよう

マメ役2〜3人が中央に座り、なべ役が手をつないで周りを回る。

② ムシャムシャムシャ まだにえない

中央に集まって、マメを食べるまねをする。
※①②を何回か繰り返す。

「あぶくたった にえたった〜」。

歌が終わった後に

③ あぶくたった〜 もうにえた

①②と同じ。

④ にえた にえた れいぞうこへ つれていこう

なべ役がマメ役を冷蔵庫（棚の陰など）に連れて行く。

なべ役は家でふろに入ったり、御飯を食べたりするまねをし、最後は横になって眠る。

「何の音?」「風の音」。

⑤ トントントン（マメ） なんのおと（なべ） ○○のおと（マメ）

マメ役がおばけになってドアをたたくまねをし、なべ役とやり取りする。

⑥ おばけのおと

マメ役が答えながら、ドアの中に入ってきて、なべ役をつかまえようとする。

実践者より

最初は保育者がマメ役になり、あそび方を伝えました。子どもたちは風、車、水など身近でイメージしやすい物の音を発言。なかには自信がなくて言えない子もいたので、保育者が一緒にマメ役になり、「何の音にしようか？ 車の音？ 雨の音？」などと援助しました。家の様子を表現するところでは、保育者の言葉と動作を喜んでまねする姿が。「歯磨きも!」「パジャマを着よう」「絵本も見よう」など、子どもたちからもいろいろな案が出ました。「おばけのおとー!」の後はみんな「きゃー」と大喜びで追いかけっこ。友達をなかなかつかまえられない子には保育者が「だれをつかまえる？ ○○ちゃんにする？」などと、子どもが決められるような言葉かけをしました。

♪ あぶくたった　　　　　　　　　　　　　　わらべうた

ダンスを楽しむ　指導計画 P.100、101

親子遠足を楽しみにしている子どもたち。当日親子でできるように、普段の保育のなかでフォークダンス風の曲や振りにも親しんでいます。

くまさん くまさん

あそび方（向かい合って立って）

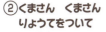

4回拍手をして、両手を着く。

4回拍手をして、片足を上げる。

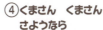

1番の④と同じ。

実践者より

歩行が不安定な子は、保育者が手をつないで向かい合い、歌をうたうだけでも楽しめます。保育者が援助しながら回ったり、おじぎしたりしても。保育者をまねする子もいれば、思うように体を動かせない子もいるので、無理強いせずあそびます。まねをする子に「○○ちゃん、上手だね」と声をかけると、「自分も」と影響を受けて体を動かし始める子も。自信がなさそうな子どもには、「こうするんだよ」「一緒にしよう」と優しく寄り添い、子ども自身がしようとするまで待つようにします。

1歳　保育資料

1歳の保育資料

製作あそび

指先を使って物をつまむ、ちぎる、はる、色をつけるなどを楽しむようになってきます。季節の行事や自然物など、子どもに身近な題材や素材を選び、興味をもってじっくりあそべるようにしています。

七夕飾り

指導計画 P.104、105

用意する物
- 星の飾り　黄色の画用紙、穴開けパンチ、糸(毛糸やモールでもよい)、すずらんテープ
- 短冊　織り姫と彦星の顔、画用紙、糸

作り方

〈星の飾り〉

〈短冊〉

実践者より

子どもたちにとっては初めての作業が多いので、少人数で行いました。すずらんテープは、保育者が手を添えながら一緒に裂きました。子ども同士で「できない」「やって」と言いながら、月齢の低い子が、自分でできた子や保育者に頼む姿も。保護者はじっくりと考えながら願い事を書くことで行事に参加し、保育者は子どもに対する保護者の思いを知ることができました。

スイカのシールはり

指導計画 P.104、105

用意する物・準備

色画用紙、黒いペン、黒丸のシール

作り方

実践者より

製作前にスイカの手あそびをしたり、果物の絵本を読んで、製作への期待をもてるようにしました。ひとりひとりに見えるよう保育者が子どものそばに寄ってシールをはるところを見せました。月齢差があるので、自分でしようとする子はそばで見守り、ひとりでは難しい子は保育者がシールをはがして手渡したり、一緒にはがしたりなど援助をします。完成後はスイカの歌をうたったり、絵本のスイカと見比べたり、完成を喜べるような配慮も。スイカを食べるまねをして「あむあむ、おいしい〜」と喜ぶ姿も見られました。

※ひもは首や手に巻きつけないように注意する。

ブドウのスタンプ

指導計画 P.106、107

用意する物・準備
乳酸菌飲料の空き容器、ビニールテープ、毛糸（約20cm）、木工用ボンド、白い画用紙、色画用紙（薄紫色、黄緑色）、絵の具、小皿

作り方

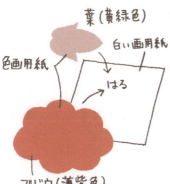

容器の底にうずまき型にはった毛糸。これなら、まだ上手に丸がかけなくても大丈夫。乳酸菌飲料の空き容器は、子どもがちょうど握りやすい。

「ブドウ大きくなったね。おいしそうだね」。みんなで収穫を体験する。

こんなふうに
木工用ボンドが十分に乾いたら、毛糸に絵の具を染み込ませて、ブドウの台紙にスタンプする。

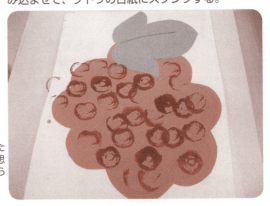

「ブドウの実、いっぱいなってたね」。楽しかった収穫の場面を思い出すような言葉かけをしながらスタンプしていく。

実践者より

ブドウを収穫した当日や翌日など、子どもの印象に残っているうちに行ったので、「食べたよね」「おいしかったよね」と、そのときのうれしさやおいしさを思い出して楽しめました。最初に保育者が「ポンポンってするんだよ」「ブドウみたいになったね」などと話しながらやって見せると、子どもが関心をもって見ます。容器がちょうど握りやすい大きさのようで、保育者の援助がなくても、ほとんどの子が「ポンポンポン」と言って自分からスタンプしていました。押された丸をつまんで「あむあむ」と食べるまねをしたり、できた作品を「おいしそう」「食べたのとおんなじ」と実物と比較して喜んだりする姿も見られました。

1歳 保育資料

1歳の保育資料

製作あそび

落ち葉のフクロウ

指導計画 P.108

用意する物・準備
落ち葉（1人4〜6枚。大きさによって調節する）、小枝、色画用紙、のり、小皿

作り方

フクロウの台紙。保育者が目とくちばしをはり、裏に止まり木の小枝をはっておく。

「フクロウさん、かわいくなーれ」。拾ってきた落ち葉をフクロウの羽に見立ててはる。

実践者より

事前に、園庭や公園で見つけた落ち葉や小枝を集めていると、子どもたちが「何、するの?」「ここにも、あった」と興味を示し、一緒に集めました。実際に製作するときには、自分で集めていたことを思い出して、より楽しんで製作できたようです。また、完成のイメージをもって製作できるよう、絵本や図鑑などでフクロウを一緒に見て、話題にするようにしました。保育者は楽しく取り組めるよう言葉をかけます。1歳児の場合、形を提示した方が、子どものイメージがわきやすいようです。葉をはる作業に興味をもって取り組み、何かの形に仕上がった喜びを周りの友達と共感したり、達成感を得たりできるように援助します。

作品を保管するときは、落ち葉が乾燥して破れてしまわないよう、ラップを巻いておくとよい。

出来上がり。

手袋スタンプ

指導計画 P.112

用意する物・準備
色画用紙（白と数種類の色）、クレヨン、タンポ（割りばし、綿、布、輪ゴム）、絵の具

こんなふうに
自分の好きな色の手袋を選び、自分のタンポに好きな色の絵の具を付けて、ポンポンたたいて模様を付けます。作品を保育室に飾り、送迎時に保護者が見られるようにすると、「これ作ったの？」「ポンポンした」などと親子の会話も弾みます。

作り方

無地の手袋に……。

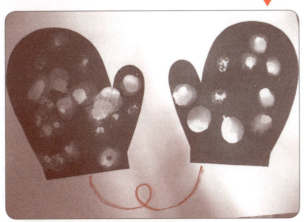

模様をポンポン。

実践者より
季節や手袋に関心がもてるよう、最初に「お外が寒いと、手が冷たいよね」「手袋はめてるもんね」「みんなと同じ手袋作ろうね」などと話をしました。いろいろなサイズのタンポを用意し、選べるようにします。月齢の大きな子が、タンポを鉛筆のように3本の指で持つようになると、「上手に持ってるね」「先生と同じだね」などと声をかけて励ましていくようにしました。「○○とおんなじ手袋」「寒いから、手袋はめてきた」など、自分のことを話しながら取り組む姿も。また、出来上がった作品を見て、「○○の手袋、できたー」「お外行きたい！」などと喜んだり、手袋の上に自分の手を重ねてあそんだりする姿も見られました。

1歳 保育資料

1歳の保育資料

劇あそび

保育者や友達と一緒にあそんだり、友達と頭を近づけて一緒に絵本を見たりすることが増えてきます。絵本を題材にした劇あそびをみんなで一緒に楽しむことで、友達への関心を深め、絵本への親しみをもってほしいと考えています。そして、日常保育の発展として、生活発表会につなげていきました。

「おおきなかぶ」

指導計画 P.110、111

保育者がカブになり、子どもたちの名前を一人ずつ呼んで、一列につながっていきます。つながるたびに、「うんとこしょ、どっこいしょ、まだまだかぶはぬけません」と言いながら、カブ役の保育者を引っ張ります。

「うんとこしょ、どっこいしょ」。

実践者より

絵本を読み聞かせているときから、「うんとこしょ、どっこいしょ」と保育者と一緒に声を出したり、腕を動かして引っ張るまねをしたりするなど、言葉と動作の繰り返しを楽しんでいる姿がありました。保育者は、子どもがあそびに入ってきやすいよう、「先生のカブを引っ張ってくれるの、だれかな？」などと言葉をかけて誘います。集団あそびが苦手な子には、「うんとこしょってするところ、見ててね」「この次は一緒に、うんとこしょってしようね」などと言葉をかけたり、手をつないで誘ったりして、楽しめるように働きかけました。

エピソード記録

一緒にしようね

手をつながないK君

クラスみんなでわらべうたあそびをしていたときのこと。子どもたちは保育者や友達と手をつなぐことを喜び、「一緒に（手を）つなごう」と友達に声をかけては繰り返し楽しんでいました。そんななか、K君は友達と手が離れてしまうと、すぐに友達の所には戻ろうとせず、「Kちゃん、一緒にしよう」「手、つなごう」と保育者に誘われていました。

友達に誘われて

同じ場面が何度か見られ、保育者が呼んでもなかなか友達と手をつながないK君。それを見てE君が「Kちゃん、こっち！」「手、つなごう」と誘いに行きました。すると、保育者の誘いを嫌がっていたK君は、E君の誘いをうれしく思ったのか、二人で手をつないであそびに戻ってきました。

子ども同士のかかわりが盛んに

保育者との安心したかかわりが基となり、友達とのかかわりが盛んになる時期。保育者よりも友だちのまねをしたがる姿もよく見られます。K君も保育者に誘われるよりも、E君に誘われるほうが、「一緒にしよう」と気持ちを切り替えられたようです。友達への関心だけではなく、「一緒にしたい」「同じ場所にいるのがうれしい」と友達とあそぶことをうれしく感じている様子が見られた場面でした。これからは、子どもと子どものかかわりを楽しめるようなあそびの設定や援助もしていきたいです。

「もりのおふろ」（福音館書店刊　作・絵＝西村敏雄）

指導計画 P.110、111

生活発表会では、子どもがお話のなかの好きな動物を選び、保育者と一緒にお面を作って着けます。保育者が動物の名前を呼び、その役の子どもがいすに座るたびに、「背中を洗ってください」「ごしごし、しゅっしゅ」と言い、前の子の背中をこすります。全員が座ったら、「おゆをかけて」「ばしゃーん」と、おけで体にお湯をかけるまねをします。

「おゆをかけて」「ばしゃーん」。

おけの作り方

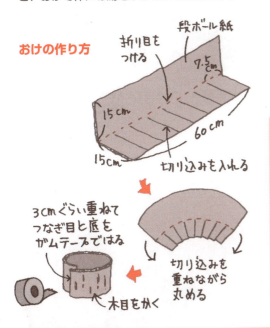

実践者より

おふろに入るという身近な内容と、言葉のやり取りがわかりやすかったので、自然に楽しめたようです。「ごしごし、しゅっしゅ」のセリフは、絵本の読み聞かせのときから覚えていました。ほかにも、「背中を洗ってください」「はい、いいですよ」、「おゆをかけて」「ばしゃーん」、「おふろへはいって」「どっぽーん」。あー、ごくらくごくらく、いいきもち」などの簡単なセリフのやり取りをするようになりました。

エピソード記録

みんなで劇あそび

生活発表会を思い出して

11月の生活発表会を機に、『もりのおふろ』（福音館書店刊）の絵本が大好きになって、毎日のように保育者と一緒に絵本を見ていたYちゃん。ページをめくるたびに、「ライオンはRちゃんとKくん……」「オオカミはMちゃん……」と生活発表会を思い出して、だれがどの動物の役だったかをつぶやいていました。

友達同士で劇あそびに

うれしそうに絵本を見るYちゃんに、保育者が「Yちゃん、みんなでした『もりのおふろ』、楽しかった？」と聞くと、「うん！　Yねー、ひつじしたの！」と笑顔のYちゃん。「『ごしごし、しゅっしゅ』ってしたんだもんね」と保育者がYちゃんの背中をこすると、二人で劇あそびが始まりました。その様子に気づいたSちゃんが、「Sもするの」と加わり三人に。何度も繰り返してあそぶうちに、「Aも、したい」「いーれーて」と友達が次々と増えて、全員で「ごしごし、しゅっしゅ」。子どもの手の届く所に発表会の小道具を置いておいたところ、「一緒にしよう」と自然と集まり、劇あそびが始まることもありました。

イメージを共有して楽しむ

大好きな絵本を再現した劇あそびを、繰り返し楽しんできた子どもたち。友達とイメージを共有したことを理解し喜び、友達への親しみやかかわりを深めています。家庭でも、「おふろに入ったときに、"ごしごし、しゅっしゅっ"と言いながら体を洗っていた」など、保護者も子どもとイメージを共有して楽しみ、子どもへの想いを深めたようです。あそびへの意欲も高まってきているので、今後もイメージを共有してごっこあそびへと発展させていけるような工夫をしていきたいと思います。

1歳の保育資料

行　事

クリスマス、もちつき、ひな祭りなどの園の行事に参加して、年上の子どもたちや祖父母と一緒に楽しく過ごします。行事を通して、季節を身近に感じながら、交流が深まるように工夫していきます。

クリスマス会

指導計画 P.112、113

クリスマスイブに全園児合同でクリスマス会を行っています。年上の子のキャンドルサービスの後、クラスごとに歌やダンス、合奏を発表し、全員でフォークダンスを踊ります。1歳児も音楽に合わせて鈴を鳴らし、簡単なダンスを披露しました。サンタクロースからプレゼントをもらい、ケーキを食べて、その日は一日、クリスマスの雰囲気を味わいます。

保育者を見ながら鈴を鳴らしたり踊ったり。たくさんの友達が見ている前で緊張して立ったままの子も。いろいろな表情が見られた。

サンタクロース登場。驚いて泣いてしまう子もいたが、袋を開けてプレゼントを出して喜んでいた。

「ケーキ、いただきまーす」。テーブルをくっつけたり、ツリーを飾ったり、三角帽子をかぶったりしてクリスマスの雰囲気を。BGMはもちろんクリスマスソング。

実践者より

クリスマス会前に保育者がクリスマスの絵本を読み聞かせたり、「クリスマス会には、みんなで鈴しようね」などと繰り返し話しかけたりするようにしたことで、「サンタさん、来てくれるかな?」「サンタさん、会いたい」「鈴して、踊るんだよね」などと期待感をもって過ごせました。そして、クリスマス会を終えた後には、「絵本が入ってた」「サンタさん、来た」「楽しかった」などと、それぞれにクリスマス会を楽しんだ満足そうな表情が見られました。

もちつき

指導計画 P.112、113

12月上旬にもちつきを行っています。子どもたちに使う道具やおもちができる過程を説明した後、プレイルームで0〜2歳児と3歳児以上が時間をずらしてもちつきをします。最後にみんなでつきたてのおもちを、きなこもちやお雑煮で食べます。

友達と一緒にきねを持って。少し緊張している子や、うれしくてしかたない子など、さまざまな姿が見られた。

実践者より

数日前からもちつきのことを話したり、もちつきの歌をうたったりしてきたので、「ぺったんぺったんってするんだよね」「おもち、食べるんだよね」と楽しみにしていた子どもたち。当日は保護者が勢いよくもちをつく姿を見て、「すごいね」「ぺったんぺったんしてる」「やってみたい」などとつぶやいたり、「よいしょー！」というもちつきのかけ声を、保育者と一緒に大きな声でまねしたりしていました。実際にもちつきを体験することで、「早く食べたいね」「おいしそうだったね」と食べることに対する期待へとつながったようです。

お楽しみ会

指導計画 P.119

毎年「ひなまつりのお楽しみ会」では、在園児の祖父母を園に招待し、世代間交流を楽しんでいます。事前にお便りを配布して参加を呼びかけます。

ひな祭りやひな人形の由来を、パネルシアターで楽しみながらわかりやすく伝える。

こんなふうに
＜保育室で＞
14：45〜15：10
・園児と祖父母が一緒に栄養士の手作りイチゴ大福を食べる。

＜プレイルームで＞
15：10〜15：40
・園長があいさつをする。
・ひな祭りのパネルシアターを楽しむ。
・ひな人形のペープサートを見ながら「うれしいひなまつり」を歌う。
・参加した祖父母の紹介をする。

実践者より

おやつを食べながら、祖父母たちに「お名前は？」「何歳なの？」などと話しかけられ、少し恥ずかしそうに「○○です」「2歳」と小さな声で返事をする子。「あのね、今日ね、ひな祭りなんだよ」「あそびにきたんだよね」と積極的に話しかける子。さまざまな様子が見られました。手をつないで「あっち行こう」「一緒に絵本見よう」と誘う姿も。子どもたちは園で祖父母たちと過ごせることや、優しく話しかけられることを喜んでいたようです。

1歳 保育資料

1歳の保育資料

つなげて展開する保育①

前の活動で作ったりやったりしたことを次の活動に生かすなど、活動の内容を関連させて、一連の流れのある保育を展開しています。

フィンガーペインティング

指導計画 P.102、103

いろいろな物への興味が深まり、なんでも触ったり試したりしたくて、うずうずしている子どもたち。安全な素材を使った、夏ならではのあそびで、存分に感触を楽しみます。

用意する物
模造紙、バット3台、大きめのなべ、へら(または木のスプーン)、小麦粉 1カップ、水 4カップ、赤、黄、緑の食紅 少量

作り方

①なべに小麦粉と水、各1カップを入れて、よく混ぜる。

②クリーム状になったら、水3カップを加える。

③弱めの中火で約1分煮る。底が焦げないように、へらで混ぜ続ける。

④火から下ろして冷ます。

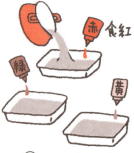
⑤三つのバットに流し入れ、赤、緑、黄の食紅を入れる。

こんなふうに
ベランダに模造紙を広げてバットを並べ、手に色を付けて、模造紙に自由にペイントしてあそぶ。

ひんやり、とろーり。感触を楽しんで。

ぺたぺた、ぐるぐると、夢中になってペイントを楽しむ。

※小麦粉アレルギーの有無を必ず事前に確認し、アレルギーのある子どもにはほかのあそびを用意するなど配慮する。

> **実践者より**
> 保育者が手で触ったり、ペイントしたりする姿を見せながら、子どもの興味を引き出していきます。慣れない感触で嫌がる子は、無理強いをせず、保育者が手を添えて、一緒に触ってみたり、指先に付けて模様をかいたりすると楽しめます。最後に、子どもたちの手形を1枚の模造紙にとり、おみこしの製作に使用しました。

つなげて展開する保育②

ライオンみこし作り　指導計画 P.103

毎年7月に行われる地域のお祭りに合わせて、1〜5歳児クラスでおみこしを作り、町内を練り歩きます。フィンガーペインティング（P.150参照）でできた作品を利用し、1歳児クラスの子どもも引いて歩けるおみこしを作りました。

用意する物・準備

車　輪　段ボール箱1個、竹の棒（断面が丸い物）2本、丸く切った段ボール紙（直径15cm）20枚、ビニールひも、花紙など
ライオン　段ボール箱1個、新聞紙2〜3枚、黄色い紙4〜5枚、茶色の画用紙、折り紙（黒・茶）、針金、
　　　　　フィンガーペインティングの作品（白い画用紙にとった子どもたちの手形、黄色く塗った模造紙）

作り方

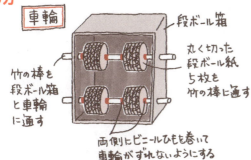

散歩もかねて、おみこしを引く練習。
「ライオンさんとお散歩、楽しいね」

本番では、はっぴやはちまきで
お祭り気分を出して。

 実践者より

楽しくあそんだフィンガーペインティングの後におみこしを作ったことで、子どもたちから「ぺったんした」「て（手形）、したね」などと関心をもつ言葉が聞かれました。普段はベビーカーに乗っている子も、少しの距離ですが、ひもを引いて喜んで歩き、お祭りの雰囲気を味わいました。

1歳の保育資料

つなげて展開する保育③

ライオンちゃん、ごはんですよ
指導計画 P.107

7月のお祭りで楽しんだ「ライオンみこし」(P.151 参照)。その後も保育室に置いておくと、子どもたちはみんな親しみをもつようになりました。運動会では「ライオンみこし」を使って、保護者も子どもと一緒に楽しめるような親子競技を考えました。

あそび方
カードをめくったり、旗を回ったりしながら、ライオンに骨付き肉をあげにいくというストーリーで楽しみます。

①親子で骨付き肉を持ってスタート。

②カードをめくり、カードに書かれた絵と同じ絵の旗をひと回りする。

③ライオンの前にあるかごに骨付き肉を入れてゴール。

大好きな保護者と一緒に。「ライオンさんに、お肉あげようね」

道具の作り方

骨付き肉
- 新聞紙をねじって細長くする
- 骨と肉をテープで留める
- 新聞紙を厚く巻いて茶色に塗る

カード
- B5判の画用紙
- ハート、星、クローバーなどの絵をかく

旗
- A4判の画用紙にカードと同じ絵をかく(表裏2枚)
- 棒をはさんではる
- 三角コーンに差し込む

保護者とのかかわり

連絡ノート

指導計画 P.96～98、104

新しい環境で、保護者も不安や戸惑いがある4月ころ。子どものひとりひとりの日々の様子を、家庭と園で伝え合うために、連絡ノートを活用しています。

●連絡ノートの例

保護者が書き込む欄。

保育者が書き込む欄。

4月 13日　　家庭から	4月 13日　　園から
1. 夕食　18時　00分	1. 園での健康状態
2. 就寝　20時　30分	鼻水が少し出ていましたが、機嫌よく過ごしています。
3. 起床　6時　50分	2. 給食・おやつの食べ具合
4. 昨夜からの体の様子　元気です	(1) 全部食べた
5. 朝食　7時　20分	(2) ⦿残した（主に何を）御飯を半分
(1) 主食　⦿ごはん　パン	3. 排便　　回
(2) おかず　肉じゃが　みそ汁　納豆	普　硬　軟　下痢　⦿出ていない
6. 食べ具合　⦿食べた　残した　食べない	4. あそびなどでの様子
7. 排便	「いないいない、ばあ」は寝る前に保育室のカーテンを閉めたときに、子どもたちとあそんでいることがあります。お母さんともおうちで楽しんでいるのですね。今回は「一本橋」や「ぞうきんぬったら」のふれあいあそびをしました。保育者にくすぐられるのを期待して、じーっと待っています。たくさんくすぐると、大きな声で笑って喜んでいましたよ。
(1) 昨夜出た　⦿朝出た　出ていない	
(2) 普　硬　⦿軟　下痢	
8. 帰ってから過ごした事など　わたしが「いないいない」と言うと、カーテンから顔を出して「ばあ！」と言います。園であそんでいるのですか？	

食事、排せつ、睡眠など生活リズムについて（選択式にして記入しやすく）。

家庭でどのように過ごしていたか。

家でも「いないいないばぁ」を楽しんでいるのね

くすぐりあそびも好きなのね。やってみよう！

園での様子（保護者の記入欄の内容を受けて、園ではどうだったか、どんなあそびをしたか、など）。

ファイリングで整理整とん。

●活用のポイント

・毎日のことなので、記入が負担にならないよう、短時間で書き込めるような書式にする。

・振り返ったときに読みやすいよう、1日分を1ページにまとめられるようにする。

・連絡ノートに記入されている内容について気になることがあれば、直接保護者に確認する。

連絡ノートに書いてあった○○の件ですが……

1歳 保育資料

1歳の保育資料

保護者とのかかわり

初めての懇談会 〔指導計画 P.97〕

子どもたちが少しずつ園生活を楽しむようになってきたころ、クラス懇談会を土曜日の午後に開いています。子どもたちの様子や子どもへの思いについて語り合い、大人同士の信頼関係を築くことは、子どもの安心感にもつながります。

● ねらい
- 子どもたちの姿を伝えて保育への関心を高める。
- あそびを楽しみながら親子の愛着を深める。
- 語り合いの場を設けて、保育者と保護者、保護者同士が交流する。

● 内容

①最近の子どもたちの様子を報告する。

②1歳児の特徴、発達について話す。

③保護者同士が親しくなれるよう自己紹介をし、子どもへの思いについて語り合う。

④子どもたちが普段親しんでいるあそびを一緒に楽しむ（絵本の読み聞かせ、手あそびなど）。

● 配慮点
- 事前に、懇談会のお知らせを配布、掲示して目的や内容について伝え、お迎え時にも話すようにし、積極的な参加を呼びかける。
- 事前に、家庭での子どもの様子や気になることなどを、個別の連絡ノートに自由に記載するよう伝え、保護者同士の話し合いで活用する。
- 疑問や不安を遠慮なく保育者に話せるよう、和やかな雰囲気のなかで保護者に親しく声をかけ、信頼関係を築くようにする。
- 園の保育方針や計画を一方的に伝えるのではなく、保護者の立場に立って話す。保育中の子どもの姿やあそびの様子、保育者や友達とのかかわりなどを、実例を交えていきいきと伝えるようにする。

⑤保護者から園への要望や質問を聞く。

親子遠足

指導計画 P.100、101

毎日の送り迎えで、同じクラスの友達や保護者が少しずつ顔見知りになってくる6月ごろ。土曜日に親子遠足を行っています。親子同士のきずなを深めるとともに、保育者と保護者、保護者同士の交流を深め、楽しい一日を過ごすようにしています。

事前に

遠足に関連する歌をうたったり、手あそびをしたり、お弁当箱の製作あそびをしたりして、遠足への期待感がもてるようにします。子どもが楽しみにしている姿を保護者に伝え、親子で一緒に当日を待てるようにしましょう。また、参加できない子どもがいる場合は、配慮しましょう。

弁当箱の中に、好きな具を自由にはっていく。

当日の流れ

9:00 ● 園に集合
9:30 ● バスで出発
10:00 ● 到着

10:00〜11:15
記念撮影 → 広場に移動
クラスごとに目印になる旗を。
→ 親子ダンス
親子でできる簡単なダンスなど（P.140参照）を楽しむ。
← ミニゲームやわらべうたあそび
子どもたちが親しんでいるわらべうたや、段ボール箱の箱車リレーなどのゲームを楽しむ。

11:15〜
12:00ごろ
● 弁当

クラスの保護者が一緒に弁当を食べられるよう、保育者が場所の設定や誘導をする。

12:00〜
12:50ごろ ● 自由あそび

12:50 ● 帰りの集合
13:00 ● バスで出発
13:30 ● 解散

実践者より

年度始めに予定を早く伝え、多くの保護者が参加できるよう配慮します。当日は、保護者同士が話すきっかけを作り、交流を深められるように配慮しています。事前に保育者間で役割などを確認しておくことが大切です。

1歳 保育資料

1歳の保育資料

保護者とのかかわり

保育参加　指導計画 P.109〜111

園生活が落ち着いてくる秋。子どもの園での過ごし方や、保育者や子ども同士のかかわりなど、生活やあそびの様子を保護者に伝えるため、保育参加を行っています。クッキング活動（P.123 参照）を取り入れてみました。

一日の流れ

午前中に保護者が園に来て、普段と同じ保育のなかで子どもと一緒に過ごします。また、懇談の場を設け、我が子の成長とともに、ほかの子の成長も喜び合えるようにしています。

たこ焼き器でホットケーキ作り。「上手に穴に入れられるかな」「早く焼けないかな」「いいにおい！」。

10：00〜	朝のあいさつ（手あそび・歌）
10：10〜	絵本の読み聞かせ 『しろくまちゃんのほっとけーき』（こぐま社）を親子で聞く
10：20〜	クッキング準備（エプロン、バンダナ、手洗い）
10：30〜	3グループに分かれて、クッキング開始 テーブルを3つ用意し、各テーブルに1人ずつ保育者がついて、混ぜる・焼くなどの工程を楽しめるように、親子に声をかけながらクッキングを進める
11：00〜	焼きあがったホットケーキを食べる
11：20〜	排せつ・手洗い・昼食の準備
11：30〜	昼食（栄養士から説明をして保護者も試食）
12：00〜	懇談会（子どもは保育室、保育者と保護者はプレイルームに移動して懇談）
12：30〜	保育参加日、懇談会終了

保護者に伝える

保育参加日当日は保護者に資料を配って、最近の子どもたちの姿を伝え、子どもの様子を見るときの参考になるようにします。

あそびの内容や、あそびのなかで育っている部分について。

食事の内容や、食べる姿について。

<きらきら組の生活>

☆あそび
　室内でのさまざまなあそびを楽しんでいます。新聞紙あそびや小麦粉粘土などで、ちぎる、丸めるといった手先の感触を楽しんだり、ボールプールや音楽あそびで楽しく身体を動かしています。また、「おおきなかぶ」や「のせて のせて」の劇ごっこも楽しんでいます。保育者や友達と一つのあそびをみんなで楽しみながら、友達同士での言葉のやり取りも多くなり、言葉で一生懸命気持ちを伝えようとしていますよ。

☆昼食・おやつ
　苦手な物も、自分で頑張ってみようと食べる意欲をもって進む姿や、保育者やお友達の励ましのなか、少しずつ食べようとする子どもたちも見られてきました。最後まで保育者の援助なしで食べ終える子もいますよ。こぼさずにきれいに食べる子の姿も見られます。クッキングも子どもたちにとって、とてもよい経験となっています。「いっしょにつくったね」「まぜまぜしたね」とお話ししてくれます。

☆排せつ・着脱
　トイレでの排せつにも慣れてきている子どもたちです。全員トイレでの排せつをし、だんだんとタイミングも合うようになり、「でたー〜」とうれしそうに教えてくれる子どもたちもいます。毎日決まった時間に行くことを繰り返していくことで、成功が増えていくことを子どもたちと一緒に喜びあっています。また、子どもたちのその日の体調や時間に配慮しながら、ゆっくりと無理なくトレーニングパンツを使っていこうと思います。ご用意をよろしくお願いします。長袖や長ズボン、厚い生地といった服装になり、着脱するのが少し難しくなりましたが、保育者の少しの援助でできたり、仕方を覚えてきています。

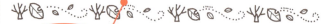

排せつの様子、トイレトレーニングの進め方について。

●翌日からの保護者からの連絡ノート

・Aちゃんのお母さん：昨日はありがとうございました。普段見られない様子をたくさん見せてもらいました。子どもが先生のお話をじっと聞いていることに驚いたり、お友達と顔を見合わせてうれしそうな表情をしていたりして、とてもかわいかったです。

・Bちゃんのお母さん：いつもあいさつするだけのお母さんたちと親しくお話し、子どものことや毎日の慌ただしさなど話が尽きませんでした。みんなで食べたホットケーキ、おいしかったですね。

・Kちゃんのお母さん：保育参加に出て、家でのKの姿と重なるところがありました。ぬいぐるみを並べ、「うんとこしょ、どっこいしょ」と引っ張るまねをしたり、先生の手あそびに「この歌をうたっていたんだ」と、口ずさんでいる歌がやっとわかりました。いろいろなこと覚えてすごいなとかわいくなりました。

クラス交流会 指導計画 P.117

年に1回、0～2歳児クラス合同で保護者を交えて「クラス交流会」を行っています。普段あまり交流することのない保護者同士が、楽しい時間をともに過ごすことで顔見知りになり、子どものことを話し合う機会となりました。また、異年齢の友達とかかわることで、成長を楽しみにし、あこがれをもつきっかけにもなったようです。

概要

日時・場所
日曜日の午前中、園のプレイルームで、親子やきょうだい連れで集まって行う。

流れ
15分間ほど自己紹介をし、その後30分ほど、ふれあいあそびやゲームをして楽しむ。最後に、保育室に移動しておやつとお茶を用意して交流タイム。

保育者の留意点
保護者同士が楽しい雰囲気のなかで交流できるように、事前に入念に打ち合わせしておく。当日は、ほかのクラスの保護者とも率先してかかわるようにする。

ふれあいあそびでスキンシップ。あちこちから笑い声が。和やかな雰囲気になる。「キュウリができた」「うどんここねこね」「がたがたバス」などを楽しんだ。

交流タイムでおしゃべり。自己紹介で初めて知る保護者もいたが、あそびやゲームをしたり、一緒におやつを食べたりするなかで、「一緒にあそんでますね」「何組ですか」などと、だんだん話が弾むように。

ゲーム例「落ちたら負けよ」

あそび方

① 2グループに分かれ、広げた新聞紙を4枚つなげた物の上に保護者が子どもを抱っこやおんぶして載る。

② 合図に合わせて徐々に新聞紙を畳んで狭くしていき、新聞紙に載っていた人数の多いグループが勝ち。

「きゃー、落ちるー!」。新聞紙ゲームで保護者も思わず興奮。みんなの距離がぐっと縮まった。

実践者より

交流会が近づくと、家庭でも話題になっているのか、「○○ちゃん、行く?」「行くよ。一緒だね」と楽しみにしているようでした。2歳児クラスとは遠足などでともに過ごし、一緒にあそぶことをとてもうれしく思っていたので、交流会も期待していたようです。当日は見慣れない保護者もいたため、親から離れない子もいましたが、あそびやゲームが始まると関心をもって一緒にあそび始めました。翌日は、「楽しかったね」「○○ちゃん、一緒にあそんだね」と楽しかったことを振り返り、話す姿が見られました。保護者からも、「参加してよかった」「2歳児クラスの子とあそんでいる姿が楽しそうだった」などの感想が聞かれました。

1歳の保育資料

保護者とのかかわり

年度末の懇談会　指導計画 P.116、117

今年度の終わりまであとひと月。年度末に向けて懇談会を設け、子どもの育ちについて保護者と共通の理解と見通しをもち、安心して進級していけるようにします。

お便りで

子どもたちの一年間の成長を職員で振り返るとともに、2～3歳ころの姿を話し合います。また、子どもの育ちについて保護者と情報を共有していけるようにお便りにまとめます。

●きらきら組クラス懇談会資料

最近のきらきら組の様子

食事　スプーン、フォークを使って自分で食べようとしています。食べる前にエプロンを着けることや、おしぼりで顔をふくのも、とっても上手になりました。こぼすことも少なくなり、「いっぱい食べたよ！」「おさら、ぜんぶないよ！」と、たくさん食べることがうれしく、自信も出てきたようです。苦手な物も時々ありますが……。保育者や友達に励まされてがんばって食べています！

着脱　午睡前後の着脱、排せつ時のズボンやパンツの上げ下げなど、ひとりでできることが増えてきましたね。「じぶんでしたい（でも、難しい……）」という姿もありますが、自分でできたことを喜べるよう、さりげなくお手伝いをすることもあります。最近では後ろ前や裏返しに気づいたり、それを直そうとする姿もありますよ。外あそびの準備も繰り返していくことでできるようになってきていますよ。

排せつ　保育者のことばかけのなか、意欲的にトイレに向かっています。月齢差や個人差に配慮し、無理なく進めています。日中トレーニングパンツで過ごしているお友達は、失敗する回数も減ってきたり、尿意を伝えられるようになってきています。「おねえさん（おにいさん）ぱんつ、はく？」と自信にもなっているようですね。

あそび　保育者とのあそびだけでなく、友達同士でじっくりとあそぶ姿が見られるようになってきました。「かして」「あとで」などのやり取りも、本人達が納得のいくように保育者が仲立ちになっているところです。最近は手をつなぐのや、きしゃぽっぽで歩くのがうれしく、声をかけ合っています。

ことば　保育者のことばを聞き、理解して過ごしています。また、自分の気持ちや不満などもことばで相手に伝え合っています。言いたいけどなかなか伝えられない……そのような姿もありますが、保育者が表情をくみ取ったり代弁したりして、伝える喜びを感じられるようかかわっています。

2～3歳ころの発達の特徴

- 運動機能が発達し、自分の動きをコントロールできるようになります。
- 自我が芽生え、自己主張がより強くなり、「反抗期」と呼ばれる時期に。
- ますますいろいろなことをおしゃべりするようになります。大人のまねをすることも……。
- 大人の見守りのなか、見立てあそびやごっこあそびができるようになります。

進級に向けて

●4月からは「すくすく組」さんです！
喜びだけでなく不安なこともあるかもしれませんが、子どもたちが「ひとつおおきくなること」「おにいさん、おねえさんにちかづくこと」の期待をもっていけたら、また親子でそれを感じていけたらいいですね。

●すくすく組になると……
- きらきら組のおとなりのお部屋にお引っ越しです。
- 生活リズムや保育の内容はほとんど今までと変わりません。
- オムツ入れがなくなり、かごや使い方、エプロンなどの準備物が変わります。
- 保育室、担任など周りの環境が変わり、最初は不安な姿も見られると思いますが、「おおきくなった」ことをわかるようになり、慣れていくことと思いますよ。

> 2～3歳ころの体や心の発達について伝え、ひとりひとりの成長を楽しみにできるようにする。

> 子どもたちの成長した今の姿を伝える。具体的な言葉などを織り交ぜながらいきいきと。

> 進級時の具体的な変化について要点を伝える。

アンケートで

事前に「今までに最高にかわいかったわが子の姿」というアンケートを実施し、その回答を懇談会当日に掲示しています。保護者同士で読み合って、互いの子どもの成長を喜び合うとともに、保育者も保護者の子どもへの思いを知ることができます。

「目薬をさしたときのしぐさ」「ズボンをはくときの姿」「ケーキを前にしたときの表情」「発表会での頑張り」など、日常のちょっとした瞬間を、親ならではの視点で見た、ほほえましいエピソードばかり。読んでいて心が和む。

＜今までに最高にかわいかったわが子の姿＞

みどりのうさぎの人形をもらい、気に入ったようで、お見舞に行く時に、「うさぎさん車にお留守しない、連れてく〜」と言うので、「おとさないでだっこしてるんだよ」と約束して連れてった時、帰りの雪道で走っていたら「ママ〜、うさぎおちゃった〜」と言ってうしろに捨いに行き、雪まみれのうさぎを、ポンポンと雪をおとしてあげている姿はかわいかったです♡

成長を形に　指導計画 P.118

保護者や子どもとともに一年間の成長や思い出を振り返り、喜びを共有できるよう、「作品集」と「クラス文集」を作っています。

作品集

子どもの一年間の作品をまとめます。毎年まとめていく「作品集」を並べたとき、その子の成長の様子が実感できるよう、表紙に工夫をしています。

用意する物
色画用紙（人数分）、子どもの手形、顔写真、これまでの作品、リボン

作り方
〈表紙〉

- 色画用紙
- 手形
- 園名
- 穴を開けて作品をリボンでとじる
- 顔写真
- タイトル
- クラス名・名前

クラス文集

この一年の楽しかった行事やあそびを振り返ったり、保護者や保育者から子どもへのメッセージを載せたりしています。

集合写真と名前の紹介。表紙には子どもたちが好きだった絵本の表紙を印刷した。

1年間の生活や行事などを通して、印象に残った子どもの姿を写真で。

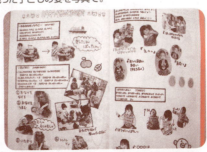

一年間クラスで楽しんだいろいろな歌あそびを、歌詞とやっている子どもたちの写真で紹介。

子どもが自分でかいた顔と手形、保護者から子どもへのメッセージ。

●ポイント

- 保護者には、お便りや送迎時に直接説明して知らせる。また、文集のイメージがつかみやすいよう、前年度の文集を保育室に置いて、いつでも見られるようにしておく。
- 保護者に原稿用紙を渡す際は、担任間で説明の仕方を一致させ、丁寧に説明をする。また、受け渡しもれがないよう名簿を使ってチェックする。

1歳　保育資料

1歳の保育資料

保護者とのかかわり

地域の子育て支援
指導計画 P.99

地域に園開放を案内し、「子育て家庭の保護者に対する支援」を行っています。1歳児室に2、3組の親子を招いて在園児たちと一緒に過ごしてもらい（10:00～11:00）、同年齢の子どもとのあそびの様子から、保護者が子どもとのかかわりやあそびを経験し、楽しめるよう配慮しています。

1歳児室での受け入れ

●子どもたちの様子
1歳児クラスの子どもたちは、「お友達が来たよ～」と喜び、駆け寄って迎えます。来園した子どもは、在園児からままごとあそびの玩具を「はい！」と渡してもらうと、すぐに打ち解けてあそびのなかに入る子、母親のそばにいて様子を見ている子など、さまざまな姿があります。

●参加した保護者からの相談
子どもをあそばせながら、「みんなおむつはとれているのですか？」「トイレは嫌がりませんか？」「まだ言葉が出なくて…」などの質問や心配ごとを、担任に相談する姿が見られました。

●保護者の感想
「たどたどしい言葉だけど、子どもたちがたくさん話してくれて、かわいかった」「（我が子が）みんなと座って絵本を見ていて驚いた」「保育所の様子を知れて、安心した」などの感想が寄せられました。地域の子育て支援に保育の場がいかされ、期待されていることを感じています。

園開放の流れ

10:00　親子で来園し、1歳児室へ
　　　〜
　　　朝のあいさつ、自己紹介
　　　（保育者が子どもの名前を呼び、
　　　　返事をする）
　　　〜
　　　手あそび　絵本の読み聞かせ
　　　〜
　　　わらべうたあそびや新聞あそび
　　　（みんなで）
　　　〜
　　　コーナーあそび
　　　→ ままごと、積み木、ブロック等
　　　（保育者はあそぶ様子を見守りながら、
　　　　保護者からの質問や相談を受ける）

親子で、わらべうたあそびやふれあいあそびを楽しむ。

親子で一緒に新聞をビリビリ破いて、「ふわふわ、雪みたいだね」などと言って楽しむ。
※子どもが新聞紙をなめたりしないよう、注意する。

研　修

園内研修（5月） 指導計画 P.99

よりよい保育を行うため、保育所内外での研修の機会を大切にしています。5月は、「1歳児の発達と保育」についての事例検討を行い、実態把握、計画から実践、振り返り、改善の流れに沿って取り組みました。改めて、保育所保育指針の内容の確認も行いました。

1. 保育のねらい

身の回りのすべてを保育者にしてもらう生活から、子どもの自分でやりたい気持ちを尊重し、自分でできた喜びを体験できる保育の在り方、かかわり方を大切にしていく。

2. 具体的な取り組み

子どもたちが、自分の持ち物の置き場（整理棚のかご）がわかり、必要な物の出し入れができるようになることを目標とした。自分のかごについているマークを保育者と一緒に、「○○ちゃんはクマさんだね」「□□ちゃんはネコさんだね」と確認し、「○○ちゃん、エプロン出してね」「□□ちゃん、ズボン持ってきてね」には、保育者と一緒から徐々に自分でできるようになってきている。

3. 保育・かかわりの振り返り

1歳児は、月齢差や経験による違いが大きいため、自分から取り組もうとしない子どもについて、保育者間で振り返りを行った。意見を出し合って検討し、翌日からはRちゃんを多面的にとらえてかかわっていくことにした。

> 保育者A
> Rちゃんは、いつもなかなか自分で取りに行こうとしないね

> 保育者B
> 自分のマークがわからないのかな？

> 保育者C
> 自分でやってできた体験がないのかな？

> 保育者D
> これからは声かけだけでなく、Rちゃんと一緒に繰り返しやってみようか？

4. 家庭との連携

日々の送迎時の会話や連絡ノートから、保護者が日常的にRちゃんの先回りをして世話をする様子が感じられた。しかし、最近「イヤイヤ」期が始まり、食事や着替えの世話をする母親の手を払いのけることが多くなり、忙しい母親はイライラして親子の関係にも悩んでいることがわかった。保育者は母親との懇談を通じて、こうした姿は1歳時期の、自分でやりたい気持ちの芽生えであると、発達上の姿として伝えると、「Rに自分でやりたい気持ちがあったのですね」と思い当たる姿を振り返っていた。

5. 振り返りから次の実践へ

Rちゃんは、保育での丁寧なかかわりと家庭の協力もあり、友達と一緒にエプロンをしまったり下着をかごから出したりするなどの変化が見られるようになった。何より自分でできたことを得意そうに喜ぶ姿に成長が感じられる。保育者の意図的な働きかけは他児にも影響し、「かご」からの出し入れができる子が増えてきた。これらの取り組みは、子どもたちの実態をとらえた保育のかかわりを振り返ることで、課題を改善し保護者の子育ての変化と子どもの成長が見られたと思う。これからも、生活の中で子どもたちが自分でできることを増やしていける取り組みを進めていきたいと考えている。

1歳の保育資料

進　級

進級に向けてのかかわり　指導計画 P.118、119

自分が成長したことや、これから進級していくことを、子どもたちがよくわかって実感できるよう、ひとりひとりと丁寧にかかわっていきます。

新しい環境に親しむ

一つ大きいクラスになって部屋が替わることを子どもたちに伝えるとともに、新しい部屋で少しずつ楽しい体験を積み重ねながら、進級を楽しみにできるようにしていきます。保育者と共に「一緒にあそぼう！」と２歳児室を訪れると、大きい２歳児の子どもたちの会話やあそびに目を見張り、少し緊張しながらも２歳児へのあこがれを強くしていきます。わらべうたあそびでは「○○ちゃんおいで、手をつなごう！」と誘われたり、絵本の読み聞かせ場面では「ここに座りな！」と２歳児のひざに抱かれたり。一緒におやつを食べて楽しい時間を過ごしました。自分たちの部屋に戻ると、「楽しかったね」「一緒にあそんだね」「パズルもいっぱいあったね」などとうれしさを表現し、「もうすぐ、すくすく組になるんだもんね」と得意になって進級する喜びを感じていました。

エピソード記録

みんなですくすく組だね！

進級が不安なSちゃん

　進級に向けて、２歳児の部屋であそんだりおもちゃを借りたりしてきました。子どもたちとも「もう少しで、すくすく組（２歳児クラス）だね」と話していたある時、Sちゃんが「すくすく組、いやだ……」とつぶやきました。保育者が「いやなの？　どうしてかな？」と聞くと、「きらきら組がいいの」。それを聞いた子どもたちは「え～、みんなですくすく組だよ！」と責めるような口調で返しました。

みんなの言葉に励まされて

　保育者はSちゃんが環境の変化に不安を感じている気持ちを察し、「Sちゃんはきらきら組が好きなんだね。きらきら組、楽しかったもんね。でも今度すくすく組になっても、みんなと楽しいこといっぱいできるよ」と話しました。すると、周りの子どもたちも先ほどの強い口調ではなく、「そうだよ。みんなでおもちゃであそべるよ」「絵本見たりできるよ」「お友達いるから楽しいよ」とSちゃんを励ますような言葉をかけました。翌日も２歳児の部屋であそびながら、CちゃんとYちゃんが「Sちゃんも一緒にすくすく組になろうね」「みんないるから大丈夫だよ」と話しかける姿がありました。Sちゃんから前日の不安な表情は消えて、「うん！　Sもすくすく組になるの！」と答え、子どもたちは「みんなですくすく組だね！」「みんな一緒だもんね」と喜んでいました。

友達の気持ちに気づいて

　進級を前にしたこの時期、保育者がSちゃんの不安な気持ちを受け止め、子どもたちもSちゃんの気持ちに気づいたとき、子どもたちは一層みんなですくすく組に進級する喜びをもつことができたようです。この姿に一年間の子どもの成長を感じました。

2歳児の指導計画と保育資料

指導計画と保育資料は連動しています。

執筆園紹介

社会福祉法人 くすのき
中央保育園
（佐賀県）

今川瑞枝・真﨑久代・八頭司知枝
・田尻怜子

法人名にもなっている、佐賀県の県木である「くすのき」のように、子どもたちが大空に向かってすくすくと伸びていくよう、しっかりとした根っこ（心）を育てたいと思っています。「家族の愛を感じる保育士の手」を合言葉に、子どもたちひとりひとりを家族の一員のように見守り、保育園を大人も子どもも育ち合える場所にしていきたいと願っています。

総児童数（在籍数）……………………67人
総職員数（正規職員）……………………15人
2歳児園児数……………………1クラス13人
（2013年初版執筆当時）

2歳児

CD・excel → 2歳 → 月間 → P164_2歳4月

4月の指導計画

4月のねらい（養護・教育）

◎新しい環境や保育士に慣れ、ひとりひとりが安心して過ごす。
◎保育士と一緒に好きなあそびを見つけて楽しむ。
◎戸外でのびのびと体を動かしたり、自然にふれたりしてあそぶ。

※「ねらい」及び「内容」は、5領域（健康、人間関係、環境、言葉、表現）の観点を意識して作成する。

クラス全体の計画

4月当初の子どもの姿

心と体（養護）
- 進級、入園を喜び、積極的に身の回りのことを自分でやろうとする子もいれば、保育士に甘える子もいる。
- 新しい環境に戸惑ったり、保護者を後追いしたりして、不安な表情を見せる。

生活・あそび
- こぼしながらも落ち着いて食事をするが、なかには、あまり食べなかったり、立ち歩いたりする子もいる。
- スリッパやトイレットペーパーなどに興味を示し、保育士に誘われてトイレで排せつすることを喜んでいる。
- 午睡時は、布団に入ることを嫌がったり、すぐに目覚めたり、途中で泣きながら起きる子がいる。
- 前年度から慣れ親しんだおもちゃであそんだり、保育士や友達と一緒にあそんだりしている。
- 戸外に出ることを喜び、遊具や砂場であそんだり、虫探しを楽しんだりしている。

内容

心と体（養護）
○保育士に安心して甘えや思いを表す。
○不安な思いを受け止められながら、少しずつ新しい環境に慣れ、安心して徐々に好きなあそびを見つける。

生活・あそび
○楽しい雰囲気のなかで、友達や保育士と食事をすることを喜び、スプーンやフォークを使って、自分のペースで食事をする。
○保育士と一緒にトイレに行き、見守られながら排せつする。
○保育士に見守られて、安心して眠る。
○簡単な身の回りのことを保育士と一緒にやってみる。
○好きなあそびや場所を見つけて、保育士や友達とあそぶ。
○戸外で探索したり、保育士や友達と思い切り体を動かしたりしてあそぶ。
○散歩で春の草花や虫を見つけたり、ふれたりして楽しむ。

保育士のかかわりと配慮（環境構成）

心と体（養護）
◆ゆったりとした家庭的な雰囲気を作り、ひとりひとりの思いを丁寧に受け止め、安心して過ごせるようにする。
◆保育士のうち1名は前年度から継続して担当し、家庭と連携をとりながら情報を共有していく。
◆抱っこしたり手をつないだり、ふれあいあそびをしたりするなどのスキンシップを心がけ、少しずつ信頼関係を築いていく。　　　　　　　　　　　　　　　　　**詳細はP.202**

生活・あそび
◆ひとりひとりの好みや食事量を把握し、量を調節したり優しく言葉をかけたり、必要に応じて援助をしたりして、落ち着いて食べられるようにしていく。また、立ち歩く子には、食事が終わるまで座っているよう繰り返し伝える。🍚
◆ひとりひとりの排せつの状態を把握して、タイミングよくトイレに誘い、優しく言葉をかけたり、褒めたりしながら心地よく排せつできるように援助する。　**詳細はP.189**
◆ひとりひとりの眠るときの様子（指しゃぶり、安心する物を持つなど）を把握し、保育士が子守歌をうたったり、絵本を読んだりしながら、安心して眠りにつけるようにする。
◆「ジブンデ」の思いを大切にして、さりげなく援助しながら、「ジブンデデキタ」という満足感を味わえるようにしていく。
◆興味をもつようなあそびや、それに合った適切な量のおもちゃを用意し、保育士も一緒にあそび、楽しさを共有する。　**詳細はP.188**
◆保育士と一緒に戸外を散策したり、のびのびと体を動かす楽しさを味わい、開放感を感じられるようにする。
◆子どもの発見や感動に共感しながら、保育士も感じたことを言葉で伝え、興味や好奇心を満たしていく。　**詳細はP.198**

家庭との連携

■新しい環境への不安や期待を受け止め、子どもの様子を送迎時や連絡帳でこまめに伝え合い、信頼関係を築いていく。
■子どもたちのほほえましいエピソードを交えたクラス便りを発行して、クラスの様子を伝えていく。
■生活リズムの大切さを送迎時に確認し合い、子どもの具体的な姿を交えて話し、子どもが心地よく過ごせるように協力し合う。
■新入園児については、入園前に子どもの姿の聞き取りをしておく。

※🍚印は、食育に関連する項目

教材資料

うた
ことりのうた
(作詞＝与田準一　作曲＝芥川也寸志)
チューリップ
(作詞＝近藤宮子　作曲＝井上武士)

うたあそび
むすんでひらいて
やまごやいっけん

絵本
たまごのあかちゃん(福音館書店)
おかあさんといっしょ(福音館書店)

4月の予定

・進級式
・(入園式)※
・こいのぼり誕生会
・身体測定

環境の工夫

・安心してあそべるように、前年度から慣れ親しんだおもちゃや人形を準備するとともに、興味をもつような新しいあそびのコーナー作りをする。　詳細はP.188
・ひとりひとりのロッカーやタオル掛け、衣類かご(かご置き場)などに個人のマークシールをはり、興味をもてるようにする。
・連絡帳入れ、ナプキン、タオル入れなどを用意し、自分たちで朝の準備(登園後、保育士と連絡帳を出す、ナプキン入れにナプキンを入れる)ができるようにしておく。
・トイレ横の廊下には、パンツをはきやすいようにいすを準備しておく。また、トイレの入り口には装飾をしたり、スリッパを並べる場所にテープをはって明示したりして、トイレに興味がもてるような環境を作る。　詳細はP.189

健康・安全のために

・ひとりひとりの心身の発達状況や既往症、予防接種状況、体質などの健康状態を十分に把握し、日々の健康観察を丁寧に行う。
・環境が変化し、心身ともに疲れやすいので、様子を見て休息をとりながらゆったりとかかわる。
・睡眠を十分にとれるような環境を整える。
・おもちゃや遊具を清潔にし、室内外の安全点検をする。

職員間の連携

・前年度の担任から、ひとりひとりの発達や健康状態、家庭環境について、申し送りを受け、子どもの状況を把握し、それぞれに合った援助ができるように話し合う。
・ひとりひとりが安心して過ごせるように、子どもの様子や保護者からの連絡を確実に伝え合い、共通理解する。
・アレルギーのある子は、かかりつけの医師の指示の下、保護者や調理師と連携をとり、全職員で周知し援助する。
・体調・家庭環境の変化などについては、日誌や連絡ボードで伝達するようにし、全職員で周知する。
・週日案の立て方や記録の取り方を職員間で再確認する。　詳細はP.222、223

まさし (2歳4か月・男児・進級児)

4月当初の子どもの姿
● 身の回りの物に付いている自分のマークや友達のマークに興味をもっている。
● トイレで上手に排尿することが増えてきた。
● 家庭から持ってくる車のおもちゃがあると安心する。

保育士のかかわりと配慮(環境構成)
◆「まさしくんの飛行機マークだね」と一緒に場所を確認し、靴の片付けや着替えなどが自分で楽しくできるように丁寧にかかわる。
◆トイレで排せつできた喜びに共感し、次回もトイレに行くことへの意欲につなげていく。　詳細はP.189
◆自分のおもちゃがあると安心する思いに寄り添いながら、好きなあそびを探り、園のあそびに目が向くように環境構成を工夫する。　詳細はP.188

家庭との連携
■母親は産後休暇中のため、送迎は主に近所に住む叔母が行っている。園や家庭での様子は連絡帳で母親としっかりと伝え合い、信頼関係を築いていく。

ちえ (2歳10か月・女児・進級児)

4月当初の子どもの姿
● 進級時、緊張した表情で登園してくる。
● パンツで過ごすことが多くなるが、あそびに夢中になると失敗することがある。
● 虫や小動物などに興味をもち、虫探しを喜んでいる。

保育士のかかわりと配慮(環境構成)
◆不安な気持ちを十分に受け止め、好きなあそびを存分に楽しめるよう心がける。　詳細はP.188
◆排尿間隔を早く把握し、タイミングを見つけてトイレに誘うようにする。失敗したときは「大丈夫だよ」と声をかけ、すぐに着替えを手伝う。
◆身近な自然にたくさんふれられるように、散歩に行く機会を増やす。虫を捕まえたり探したりする楽しさを共有し、かかわりを深めていく。　詳細はP.198

家庭との連携
■新しい環境に不安はあるものの、持ち上がりの保育士や友達と存分に好きなあそびを楽しんでいることを丁寧に知らせていく。

評価の観点と振り返り

「新しい環境や保育士に慣れる」について
子どもの様子を把握し共有するために、個別の記録では、性格・興味のあるあそび・生活のリズム・家庭での様子などについて細かく記録することにした。子どもの様子を知ることによって、ひとりひとりが安心して過ごせるような環境構成や援助ができたように思う。子どもの新しい環境への興味・関心は高く、行動範囲が日々広がっているので、職員間で連携をとりながら、のびのびとあそべるよう安全面にも十分配慮していきたい。

「好きなあそびを楽しむ」ための安心できる環境
安心してあそべるように、1歳児クラスから持ってきていた赤ちゃん人形は、子どもたちを安心させ、あそびを広げたようだ。ぐんと活動量が増え、「よく食べるようになりました」「眠る時間が早くなりました」「おしゃべりが上手になりました」と保護者と子どもの成長を喜び合うことが多かった。活発にあそぶなかで、自己主張が出てきて、語いも増えているので、友達とのトラブルが見られる。今後は特に子どもの気持ちを受け止めながら仲立ちをし、友達関係の芽生えを大切にしていきたい。

2歳 指導計画

2歳児 5月の指導計画

5月のねらい（養護・教育）

◎嘱託医や保健師と連携して生活リズムを取り戻し、健康に安心して過ごせるようにする。
◎保育士や友達とのやり取りや、ふれあいを通して、好きなあそびを十分に楽しむ。
◎散歩などで自然にふれ、発見を楽しむ。

※「ねらい」及び「内容」は、5領域（健康、人間関係、環境、言葉、表現）の観点を意識して作成する。

クラス全体の計画

子どもの姿

心と体（養護）
- 連休明けで登園時は保護者から離れられなかったり、生活リズムの崩れから、不安な表情を見せたりする子がいる。
- 保育士の言葉を聞いて、行動しようとする子どもが増えてくる。
- 自己主張やこだわりが出てきて、思い通りにならないと泣いたりたたいたりして、かんしゃくを起こす姿が見られる。

生活・あそび
- 友達や保育士と一緒に楽しく食事をするようになり、苦手な物も、励まされながら少しずつ食べようとする。
- トレーニングパンツに移行する子どもが増えてくる。
- 外あそび後や食事前には石けんで手を洗うようになるが、手洗い場で水あそびになることがある。
- 食後の歯磨きに興味をもつようになる。
- 親子遠足を楽しみにしている。
- はさみやクレヨンを持って使おうとする。
- 友達や保育士と好きなあそびを見つけ、楽しんでいる。
- 保育士や友達と手をつないでの散歩を喜ぶ。

内容

心と体（養護）
- 不安な思いを受け止められ、生活リズムを取り戻して安心して過ごす。
- 保育士の言葉かけを理解し、少しずつ自分から行動しようとする。
- 言葉で思いを伝えたり、言葉のやり取りをしようとする。

生活・あそび
- 友達や保育士と食べることを喜び、何でも食べようとする。
- トレーニングパンツになったことを喜び、保育士に誘われてトイレに行く。
- 食事の前やあそんだ後に、石けんで一緒に手を洗う。
- 食後の歯磨きを積極的に行おうとする。
- 手指を使ってかいたり作ったりして、あそぶことを楽しむ。
- 保育士や友達と一緒に散歩に出かけ、虫や草花にふれる。
- 親子遠足を十分に楽しみ、遠足後に再現あそびを楽しむ。

保育士のかかわりと配慮（環境構成）

心と体（養護）
- ひとりひとりの思いを受け止めながら、日々の健康状態や生活リズムを把握し、休息や睡眠を十分とれるようにして、安心して過ごせるようにする。
- 「トイレに行ってから、御飯食べようね」など見通しをもてるような言葉をかけ、いつも同じ流れで生活を進め、自分から行動しやすいようにする。
- 友達に言葉で思いを伝えたり、友達の思いを聞いたりできるように、保育士が仲立ちをしていく。

生活・あそび
- ひとりひとりの好みを把握し、食べる量を調節して、楽しい雰囲気のなかで食べられるようにする。苦手な物は無理強いせず、"自分で"の思いを大切に援助していく。🍚
- 「お兄ちゃんパンツかっこいいね」などとトレーニングパンツになったことを喜び、それぞれのタイミングで誘っていく。
- あそびにならないように、一緒に手洗いや食後の歯磨き（仕上げ磨きも含む）を行い、「バイキンさん、バイバイしたら御飯だよ」「きれいになって気持ちいいね」などと言葉を添え、"気持ちいい"を習慣づけていく。　**詳細はP.192**
- 「遠足で食べたお弁当おいしかったね」など経験をあそびのなかで再現するきっかけを作り、遠足後も楽しめるよう環境を整える。また、そのなかでやり取りをつなぎ、友達と場や興味を共有する楽しさが味わえるようにする。　**詳細はP.204**
- さまざまな素材を準備し、ひとりひとりの興味に応じて、切ったりはったりするなど、自分のしたいことが十分楽しめるように工夫する。　**詳細はP.216**
- 戸外でのびのびと過ごす機会を大切にし、草花や虫を見たり、自然の美しさをわかりやすい言葉で伝えたりしながら、子どもの気づきや感動に共感していく。　**詳細はP.198**

家庭との連携

- 戸外あそびが多くなることを伝え、気温に合わせて調節しやすい服や十分な着替えを用意するように伝える。
- 親子ふれあい遠足について、目的や行き先、バスの中で行うレクリエーションの内容などを伝え、親子で楽しく参加できるように工夫する。
- 内科健診・歯科検診の結果を知らせ、食事や歯磨きについて関心が高まるように、看護師とともに伝えていく。　**詳細はP.193**

※🍚印は、食育に関連する項目

教材資料

うた
こいのぼり
（作詞＝近藤宮子　作曲＝井上武士）
おつかいありさん
（作詞＝関根栄一　作曲＝團 伊玖磨）

うたあそび
はをみがきましょう　詳細はP.192
バスにのって　詳細はP.204

絵本
おべんとうバス（ひさかたチャイルド）
まるまる（福音館書店）

5月の予定

・親子ふれあい遠足
・すくすくチェック
　（発育相談）
・歯科検診
　詳細はP.192
・内科健診
・身体測定
・避難訓練

環境の工夫

・連休明けで不安な子どももいるので、ひとりひとりが好きなあそびを見つけやすいように、安心して一人であそべる場所を確保したり、休み前に親しんでいたおもちゃを十分にそろえたりしておく。
・お便り帳の表紙の個人マークに色塗りをしたり、製作物にはわかりやすいようにマークをかいたりして、自分の個人マークに親しみがもてるようにしていく。
・親子ふれあい遠足への期待をもてるように、いすや段ボールなどを準備し、見立てあそびに使えるようにしておく。また、遠足後も使ってあそべるように工夫する。　詳細はP.204
・作った物を保育室に飾ったり、家族にプレゼントしたりして製作あそびを楽しめるようにしていく。　詳細はP.216

健康・安全のために

・連休明けで疲れが出やすいので、健康状態については家庭と十分連絡をとりながら、健康観察を丁寧に行い、いつでも休息や睡眠がとれるようにする。
・気温の変化や子どもの活動に応じて、衣服の調節や水分補給などが適切に行えるように留意する。
・散歩時は交通量の少ない道路を選び、誘導ロープを離さずに歩くことを伝え、安全に歩けるようにしていく。
・歯磨きの仕方を知らせ、興味がもてるようにしていく。
　詳細はP.192

職員間の連携

・生活が落ち着き、個人差がはっきりしてくるので、ひとりひとりの発達や個人差についてこまめに確認し合い、生活の流れや援助の方法などを共通理解しておく。
・家庭からの連絡は、職員間で共通理解し、同じように丁寧に対応していく。
・新しい環境に慣れ、ほかのクラスで探索活動をすることも多くなってくるので、ほかのクラスの職員とも話し合い、声をかけ合いながら連携をとっていく。

まさし（2歳5か月・男児・進級児）

子どもの姿
●トイレで排せつすることが増えてきたので、様子を見ながらトレーニングパンツで過ごす。
●まだ手元に車のおもちゃを置いているが、さまざまな曲に合わせて体を動かすことを楽しんでいる。
●虫に喜んでふれるが、扱い方がわからず、強く握ったり、踏みつぶしてしまったりする。

保育士のかかわりと配慮（環境構成）
◆パンツがぬれていないときには、「トイレでおしっこ出るかもね」とトイレへ誘ったりして、パンツでも大丈夫だという喜びや自信につなげていく。
◆車でのあそびを一緒に楽しんだり、曲に合わせて体を動かす喜びに共感したりして、思いに応えていく。
◆一緒に虫探しを楽しみ、捕まえて強く握ったときは「ギュッてしたら虫さん痛いよ」とその都度伝える。

家庭との連携
■排せつは、失敗しながらも進めていることを送迎時に伝え、無理なく一緒に行えるよう情報交換をする。

ちえ（2歳11か月・女児・進級児）

子どもの姿
●緊張がとれ、少しずつ環境に慣れて新しい保育士とのスキンシップを楽しみながら、安定して過ごしている。
●友達と一緒にあそびたい思いをうまく言葉にできずに、ぶつかり合いになる。
●固定遊具や泥んこあそびに興味をもっている。

保育士のかかわりと配慮（環境構成）
◆保育士とふれあいたいという思いをしっかり受け止め、スキンシップを楽しめるようにしていく。
◆一緒にあそびたい思いを代弁し、互いの思いの橋渡しをして、かかわりをつないで楽しめるようにする。
◆固定遊具の使い方を伝え、安全面に配慮しながら見守って一緒に体を動かしたり、泥んこあそびをしたりして楽しさを共有する。

家庭との連携
■新しい保育士と新しい環境に慣れ始め、友達や保育士と一緒に安心してあそんでいる姿を具体的に伝え、成長を喜び合う。

評価の観点と振り返り

「生活リズムを取り戻し、健康に過ごす」について
連休明けは疲れが出やすいので、保護者に子どもの健康状態や園での様子を詳しく伝えていくようにした。そうすることで、睡眠や休息が必要なときは、すぐに対応できたので、早く生活リズムを取り戻す子が多かった。また、歯科検診をきっかけに、親子ともに虫歯予防に興味をもってほしいと考え、歯磨きを始めた。家庭での歯磨きの方法がさまざまだったが、生活の見通しをもち、習慣づけるためにも、今後も丁寧に実践していきたい。

「好きなあそびを楽しむ」について
指先を使うあそびに興味が出てきたので、少しずつ経験を広げられるよう、はさみやビーズ通しなどを準備した。個人差はあるものの、喜んで長い時間楽しんであそんだ。作った物は飾ったり、家族にプレゼントしたところ、喜ばれた。また、遠足に行ってから、ままごとコーナーでお弁当を作ってバスで出かける再現あそびをすることが多くなり、保育士や友達と「お弁当、おいしいね」「バスで行ったね」「ヤギさん、あむあむって食べていたね」などやり取りをしながら、あそびが広がっていった。

2歳 指導計画

2歳児 6月の指導計画

6月のねらい（養護・教育）

◎梅雨時季の衛生に留意し、健康で快適に過ごす。
◎保育士と一緒に、食事の片付けなど身の回りのことを自分でしようとする。
◎身近な生き物にふれ、興味が広がるようにあそびを工夫する。

※「ねらい」及び「内容」は、5領域（健康、人間関係、環境、言葉、表現）の観点を意識して作成する。

クラス全体の計画

子どもの姿

心と体（養護）
- 園生活に慣れ、生活リズムが安定し、安心して過ごすようになる。
- 周りのことに興味をもち、行動範囲が広くなってくる。
- あそびながら「貸して」「いいよ」「ごめんね」などの言葉を使いながら友達とかかわるが、友達のおもちゃを取ってぶつかり合いが起きることもある。

生活・あそび
- 今月から保育室で配ぜんをするようになり、「今日の御飯何?」と興味をもち、配ぜん台の周りに集まってきたり、名前を呼ばれるとうれしそうに皿を取りに来たりする。
- 保育士に誘われて、ほとんどの子どもがトイレで排せつをし、トレーニングパンツの着脱に興味を示す。
- 食べた後は自分で口の回りをふいたり、友達の衣服の汚れに気づいたり、教えたりすることもある。
- 水たまりに入り、泥んこあそびを楽しんでいるが、なかには汚れることを嫌がる子どもがいる。
- 散歩や園庭で見つけた物（小動物や虫など）を、持ち帰ることを喜んでいる。

内容

心と体（養護）
- ○生活の流れを理解し、次にすることがわかるようになる。
- ○いろいろなあそびに興味をもち、積極的にあそぶ。
- ○思いを言動で伝えながら友達とかかわってあそび、場面に応じた言葉を使う。

生活・あそび
- ○食事の準備から楽しみ、食べる意欲をもつ。
- ○自分からトイレに行き、自分でパンツを脱いで排尿しようとする。
- ○衣服の汚れに気づき、保育士と一緒に着替える。
- ○砂・水・泥あそびを楽しむ。
- ○身近な生き物に興味をもち、見たりふれたりすることを喜ぶ。
- ○生き物の動きをまねて、模倣あそびを楽しむ。

保育士のかかわりと配慮（環境構成）

心と体（養護）
- ◆「○○したら、次は○○しよう」「一緒に△△しようね」とわかりやすく伝えることで、次にすることに見通しがもてるようにする。
- ◆ひとりひとりのあそびや興味などを理解し、行動を予想し、安全にあそべるように見守る。
- ◆言葉が足りず、物の奪い合いなどになったときは、保育士が仲立ちをしながら言葉の使い方を知らせ、友達とあそぶ楽しさを味わえるようにしていく。

生活・あそび
- ◆「今日は○○だよ」「おかわりあるからたくさん食べてね」「二つの手で持っていくよ」など、ひとりひとりに言葉をかけ、楽しく食事の時間を過ごせるようにする。🍚
- ◆ひとりひとりの体調や食事の量・好みなどを考慮し、量を加減しながら、楽しく食事ができるようにし、完食したことを認め、意欲がもてるようにする。🍚
- ◆登園後、ひとりひとりに応じてトイレに誘うようにする。タイミングよく誘うことで、自分でトレーニングパンツを脱げるようにし、自信につなげていくようにする。
- ◆「汚れちゃったね」と気づけるように声をかけ、着替えるときは自分でしようとする気持ちを大切にして、さりげなく手伝うことで"自分でできた"満足感を味わえるようにする。
- ◆保育士も一緒にはだしになって感触を伝えながら、十分にあそべるようにする。汚れることを嫌がる子には無理強いをせず、楽しくあそぶ姿を見せていく。
- ◆飼育している虫が出てくる絵本を読み聞かせたり、ミニ図鑑を一緒に見たりして、興味を広げる。　詳細はP.199
- ◆身近な小動物にふれたり、世話をしたりすることで、子どもの発見や驚きに共感する。また、カタツムリのはうまねをして、腹ばいでゆっくり動いたり、「カエルさんピョンピョン」と跳ねたりする。　詳細はP.199

家庭との連携

- ■気温の変化が大きい時期なので、調整しやすい服や着脱しやすい服を多めに用意するよう伝える。
- ■食中毒や感染症に留意し、子どもの健康状態について、連絡を密に取り合う。異常があった場合は、早めの受診を勧める。
- ■保育参加について、活動の流れや内容を、事前にクラス便りなどで伝え、親子で楽しく参加できるようにする。　詳細はP.224〜226

※🍚印は、食育に関連する項目

教材資料

うた	かたつむり（文部省唱歌） かえるの合唱 （作詞＝岡本敏明　作曲＝ドイツ民謡）
うた あそび	ぼくのミックスジュース グーチョキパー
絵本	ころちゃんはだんごむし（童心社） かたつむりののんちゃん（童心社）

6月の予定

- 春の園外保育
- 保育参加 　詳細はP.224～226
- 育児講座 　詳細はP.224
- 誕生会
- 総合避難訓練
- 身体測定

環境の工夫

- 季節感のあるカタツムリやアジサイなどの製作物や子どもの写真で部屋を飾り、心地よい空間作りをする。
- カタツムリ、テントウムシ、ダンゴムシをクラスで飼育し、いつでも観察できる場所に置いておく。また、興味にこたえて、ミニ図鑑や虫が出てくる絵本や紙芝居を用意し、子どもと一緒に見られるようにする。　詳細はP.199
- 雨の日には、粘土やお絵かきなど落ち着いてあそべるコーナーや、高低差のある巧技台やマットで思い切り体を動かせるようにコーナーを作り、室内あそびを工夫する。
- 子どもと一緒に保育室で食事の準備をするようになるので、食事スペースを広げ、種類ごとに食器類を並べたりしてわかりやすくする。

健康・安全のために

- 蒸し暑く不快なときは、シャワーで体を清潔にし、気持ちよく食事・午睡ができるようにしていく。
- 気温の変化が大きい時期なので、気温・湿度に気を配りながら、こまやかに体調管理を行う。
- 行動範囲が広がり、活発になっていくので、安全にあそべるように室内外の安全点検を行う。

職員間の連携

- 感染症・皮膚疾患について情報を共通理解し、配慮が必要な子どもに対しては、対応の仕方を確認しておく。
- 泥あそびや虫にふれる際の、衛生面や安全面、十分にあそぶための環境作りなどについて話し合う。
- 泥あそびの後始末や、シャワーなどの際は、役割分担を決めておき、子どもたちがスムーズに行動できるようにする。
- 週日案の計画を再確認し、保育参加の日案作成へつなげて、当日のねらいを共通理解しておくとともに、時間配分や役割について細かく話し合っておく。　詳細はP.222～226
- 総合防災訓練では、職員の役割分担を確認する。

まさし（2歳6か月・男児・進級児）

子どもの姿
- トイレで排せつするが、ときどきトレーニングパンツがぬれても、そのままあそんでいることがある。
- 経験したことなどを保育士に喜んで話すようになる。
- 虫や小動物への興味が深まり、えさをあげようとすることがある。

保育士のかかわりと配慮（環境構成）
- ◆「おしっこ出たね。気持ち悪いからパンツを替えようね」と言葉をかけ、"ぬれたら着替える"ことや"気持ち悪い"が感じられるようにする。
- ◆話したい気持ちを十分に受け止め、じっくり話を聞くとともに、簡単な質問をしたり、保育士の思いを話したりしながらやり取りを楽しめるようにする。
- ◆どんなえさを食べるのかなど、興味が広がるように、一緒に図鑑を見たりする。　詳細はP.199

家庭との連携
- ■生き物に対する興味や、優しい気持ちが育ってきていることを伝え、喜び合う。

ちえ（3歳・女児・進級児）

子どもの姿
- 6月から来ている実習生に対して人見知りをし、午睡の添い寝を嫌がる。
- 友達とのかかわりが増え、友達と一緒に動物の模倣あそびやままごとあそびを楽しむ。
- 強い口調で友達が使っている物を取る。

保育士のかかわりと配慮（環境構成）
- ◆安心できるような言葉をかけ、なるべく親しみのある保育士が近くでかかわるようにする。
- ◆ままごとコーナーにおもちゃを増やしたり、保育士も動物などになりきって一緒にあそんだりして、より楽しめるようにする。　詳細はP.188
- ◆思いを受け止め、「欲しいときは貸してって言おうね」と穏やかな言い方やかかわり方を丁寧に伝える。

家庭との連携
- ■友達とのかかわりが増えた分、互いの思いの行き違いからぶつかり合いも見られるが、それを成長過程ととらえ、丁寧にかかわっていることを話していく。

評価の観点と振り返り

「身の回りのことを少しずつ自分で」について

今月から、食事の配ぜんを保育室で行うようにした。子どもたちの「ジブンデ」の気持ちにもなるべくこたえたいと思い、盛り付けた食事をとることや、食べ終わった食器の片付けをやってみたが、まだ個人差が大きい。生活面では、ひとりひとりに合わせた援助が必要なようだ。今後もひとりひとりに合わせて、丁寧なかかわりを続けていきたい。

「興味や経験を広げる」について

子どもたちのカタツムリやダンゴムシなどへの興味にこたえて、飼育をしたり、絵本を読んだり、あそびに広げたりすることに力を入れた。特に絵本の世界を再現して、絵本に出てくる生き物の動きをまねし始めたので、よりイメージを広げて表現できるよう、あそびや環境やかかわり方を工夫した。するとその後、友達とのごっこあそびのなかでカタツムリになってあそぶ姿が見られるなど、発展が見られた。あらためて絵本のすばらしさや可能性を痛感した。これからも、子どもと楽しめるさまざまな絵本を用意し、あそびに取り入れていきたい。

2歳　指導計画

2歳児 7月の指導計画

CD excel → 2歳 → 月間 → P170_2歳7月

7月のねらい（養護・教育）

◎健康に留意し、暑い夏を元気に気持ちよく過ごせるようにする。
◎食事の準備や排せつの仕方を知り、少しずつ自分でしようとする。
◎保育士や友達と一緒に夏のあそびを楽しむ。

※「ねらい」及び「内容」は、5領域（健康、人間関係、環境、言葉、表現）の観点を意識して作成する。

クラス全体の計画

子どもの姿

心と体（養護）
- 友達とのかかわりが増えてきて、遊具の順番やおもちゃの取り合いなども多くなる。
- 盆踊りの曲をリクエストして、リズムに合わせて手拍子をしたり、体を動かしたりしている。

生活・あそび
- 落ち着いて食事をするようになるが、おしゃべりに夢中になり、食べ終わるのに時間がかかったり、姿勢が悪くなったりする子が増えてくる。
- 午睡の前の絵本の読み聞かせを楽しみにしている。
- 尿意や便意を感じ、自分からトイレで排せつする子が増えるが、あそびに夢中になり、誘っても「まだ、出ない」と行きたがらず、失敗することもある。
- 気の合う友達とごっこあそびを楽しむ時間が徐々に増えてくる。
- コーナーで保育士と、切ったりはったりして製作あそびを楽しむ。作った物は飾ったり身に着けたりして喜んでいる。
- 手足をばたつかせ水しぶきをあげて楽しむ子もいるが、顔にかかることを嫌がる子どももいる。

内容

心と体（養護）
○自分の思いを伝えようとしながら、相手の思いに気づく。
○曲に合わせて体を動かしたり、保育士や友達の動きをまねたりして楽しむ。

生活・あそび
○食事を楽しみながら、姿勢やマナーを知る。
○一定時間ぐっすりと眠り、休息をとる。
○自分からトイレに行き、排せつしたりパンツがぬれたことを知らせたりする。
○日ごろ経験したことを思い出し、言葉のやり取りをしながらあそぶようになる。
○保育士と一緒に七夕飾りや夏祭りのうちわを作ったり、曲に合わせて踊ったりして、行事に楽しく参加する。
○保育士や友達と一緒に、水の感触を楽しむ。

保育士のかかわりと配慮（環境構成）

心と体（養護）
◆一緒にあそびながら楽しさを共有し、ぶつかり合いが起きたときは状況に応じて、「順番ね」「貸して」「ごめんね」などの言葉を伝え、お互いの思いに気づくようにしていく。言葉が足りず思いが伝わらないときは、言葉を補足したり、わかりやすく話したりして仲立ちをしていく。
◆いつでも楽しめるように子どもの好きな曲を準備しておき、一緒に曲に合わせて体を動かし、楽しさに共感していく。

生活・あそび
◆一緒に会話をしながら、楽しく食事をする。様子を見ながら「テーブルとおへそをくっつけようね」など、座り方や食器に手を添えることなども丁寧に知らせ、マナーに気づけるようにする。🍚
◆食事の後は、ゆったりとした気持ちでかかわり、心地よく午睡ができるように配慮する。　詳細はP.195

◆ひとりひとりの排尿間隔を把握して、動作や表情から尿意や便意に気づき、言葉をかけていく。また、パンツやズボンを下げられないときは方法を知らせて手伝い、徐々にトイレットペーパーの使い方も伝えていく。
◆一緒にあそびながら子どもたちの経験から出る言葉や思いを受け止め、あそびが広がるように、必要な環境を整えていく。
◆七夕飾りや3・4・5歳児クラスのみこしやおばけ屋敷などを見る機会をもち、「作りたい」「踊ってみたい」などの気持ちがもてるようにあそびを用意する。　詳細はP.210、211
◆水の感触を楽しめるように、水あそび用のおもちゃを十分準備して、危険のないように見守りながら、一緒にあそぶ。水がかかることを嫌がる子には、たらいや水あそび用のおもちゃなどを用意し、少しずつ水に親しめるようにする。　詳細はP.203

家庭との連携

■夏に多い感染症や園内で流行している感染症についてお便りで知らせ、園と家庭で予防に努める。
■水あそびの可・不可を毎日、健康チェック表で知らせるように伝え、健康状態を登園時に確認するようにする。
■行事に向けた製作やあそびの様子を伝え、園や地域の夏祭りへの参加を呼びかける。　詳細はP.210

※🍚印は、食育に関連する項目

教材資料

うた	たなばたさま（作詞＝権藤はなよ 補詞＝林 柳波　作曲＝下総皖一） アイスクリーム （作詞＝田中ナナ　作曲＝岩河三郎）
うたあそび	おばけなんてないさ **詳細はP.211、213、214**
絵本	おばけなんてないさ（ポプラ社） ねないこだれだ（福音館書店）

7月の予定

・プール開き
・七夕誕生会
・わっしょい！夏祭り
　（地域交流）
　詳細はP.210
・避難訓練
・身体測定

環境の工夫

・子どもたちが水あそび後に自分たちで出し入れできるように、ペットボトルで作ったタオル入れを準備しておく。
・水あそび用のおもちゃ（ペットボトルやシャンプーの空き容器など）を用意したり、洗濯ごっこが楽しめるように、布や物干し用のロープを準備したりする。　**詳細はP.203**
・体調を崩さないよう、快適に食事や睡眠ができるように、汗をこまめにふいたり、扇風機やクーラーを25〜28℃※、湿度40〜60％を目安に上手に利用したりする。　**詳細はP.195**
・夏祭りに楽しく参加できるように、おばけの話の世界を楽しめる絵本や紙芝居などを用意しておく。おばけに変身したり、イメージを広げてごっこあそびなどが楽しめるように、さまざまな素材を用意しておく。　**詳細はP.211**

健康・安全のために

・皮膚疾患（虫刺され・とびひ・水いぼなど）や体調不良などを見逃さないようにし、健康状態を把握するとともに、シャワーで汗を流し、清潔にしていく。
・遮光ネットで日陰を作るとともに、こまめな水分補給をして、暑さ対策や熱中症の予防をする。
・天候や気温に応じて、プールに入る時間や水温を調節し、人工芝を敷くなどして安全面の配慮を十分に行う。また、安心してあそべるように開放的な雰囲気を作る。

職員間の連携

・登園時やお便り帳で子どもの健康状態を把握し、連絡事項は「健康チェック表」に記入して情報を共有し、体調に合わせた水あそびができるようにする。
・汗や水あそびなどで着替えが多くなるので、汚れ物を持ち帰れるように手分けして確認する。
・夏に多い感染症の早期発見予防に努め、発見時には同じ対応ができるように確認しておく。
・食事の後の歯磨き、片付け、排せつ、午睡準備などの役割分担をして、子どもたちが見通しをもって生活ができるように援助する。
・不審者侵入を想定した訓練を行い、対応や護身術などを共通理解する。

まさし（2歳7か月・男児・進級児）

子どもの姿

●風邪をひきやすく、鼻水が出ていることが多い。
●語い数が増え、自分の思いを伝えたり、「これ使っていい？」「ごめんね」の言葉も聞かれるようになってきた。
●絵の具やのりを使った指先あそびを楽しんでいる。

保育士のかかわりと配慮（環境構成）

◆うまくはなをかめていないときは一緒に鏡を見て、きれいになったことを確認し合う。
◆思いを受け止めながらじっくり話を聞き、「〜なの？」と具体的に問いかけたり、友達とのかかわりを見守ったりしながら、気持ちの交流ができるようにする。
◆さまざまな道具の使い方を知らせ、一緒に楽しみながら、のびのびと表現できるように援助する。

詳細はP.211、216

家庭との連携

■あそびを通して指先が器用になってきたことを伝え、家庭と一緒に"自分で"の気持ちを大切にしていく。

ちえ（3歳1か月・女児・進級児）

子どもの姿

●母親の入院で生活リズムが変わったこともあり、午睡時は入眠に時間がかかったり、まったく眠れなかったりする日が多くなる。
●母親の出産のため、不安な様子が見られ、友達に手を出すことから、ぶつかり合いが目立つようになる。
●顔に水がかかるのは苦手だが、水であそぼうとする。

保育士のかかわりと配慮（環境構成）

◆添い寝をして絵本を読んだり、優しく声をかけたりしながら安心して眠れる雰囲気作りを心がける。

詳細はP.195

◆不安な思いをしっかりと受け止め、スキンシップを多くとってふれあい、安心して過ごせるようにする。
◆ペットボトルや牛乳パックで手作りおもちゃを作り、友達と一緒に水あそびを楽しめるようにする。

家庭との連携

■出産後の母親の気持ちに寄り添い、互いに連携をとり合い、子どもの気持ちの安定を図るようにする。

評価の観点と振り返り

「暑い夏を気持ちよく過ごす」について

あそびのなかで遮光ネットを使った日陰の確保や、水分補給や休息をとるよう言葉をかけ、一定時間心地よく午睡ができるように配慮をした。特に、雨天時の蒸し暑い日などは、湿度や温度の管理が難しかったが、こまめに湿度計や室温確認をし、快適に過ごせるようにした。これから、もっと暑くなることが予測されるので、引き続き配慮していきたい。

「夏のあそびを楽しむ」について

七夕飾り作り・水あそび・砂あそびを楽しむなかで、今月は「わっしょい！夏祭り」に向けての活動が盛り上がった。特におばけ屋敷に対する関心が高く、年上の子の様子を興味深く見ていたのであそびに取り入れた。おばけのまねをしたり、おばけに関連した絵本を見たり、歌を一緒にうたったりして楽しんだ。保育士へのリクエストも増え、何度も絵本を見て楽しんでいた。夏祭り後はその余韻を楽しめるように、一緒におばけに変身して楽しんだ。その後追いかけっこにも発展して、保育士や友達と一緒にあそぶことをとても喜ぶようになってきた。

※室温設定については、地域によって違いがある。また、節電などへも配慮する。

2歳児 8月の指導計画

8月のねらい（養護・教育）

◎生活リズムを整え、暑い夏を心地よく健康に過ごす。
◎自分で着替えようとしながら、できた喜びを保育士と一緒に共有する。
◎保育士や友達と水あそびや見立てあそびを楽しむ。

※「ねらい」及び「内容」は、5領域（健康、人間関係、環境、言葉、表現）の観点を意識して作成する。

クラス全体の計画

子どもの姿

心と体（養護）
- お盆休み明けで不安そうにしている子どもや眠そうな子どもがいる。
- パンツやズボンをはくときに「こっちが前？」「こっちでいい？」と前後を気にして聞いたり、うまくはけないときに「できない」と知らせたりするようになる。

生活・あそび
- 暑くなり水分ばかりを欲しがって、食事量が減る子どもがいる。
- 寝つきが早くなるが、疲れからか寝起きが悪く、なかなかすっきり目覚めない子どもがいる。
- シャワーやプールあそび後に、自分で着替えようとするが、体がぬれていて、うまく着脱できないこともある。
- 「赤ちゃん、ねんね」と言って人形をトントン寝かしつけるなど、経験したことをあそびにして楽しむ。
- 水あそびや絵の具あそびなどを楽しむが、体をぬらしたりすることにまだ抵抗のある子もいる。
- 生まれたカタツムリの赤ちゃんを見たり、年上の子の色水あそびに興味をもって見たりしている。

内容

心と体（養護）
- ○保育士や友達とかかわりながら、生活リズムを取り戻す。
- ○自分の思いを言葉やしぐさで保育士に伝える。

生活・あそび
- ○涼しく心地よい環境や楽しい雰囲気のなかで意欲的に食べる。
- ○保育士に見守られ、安心して眠り、十分に休息をとる。
- ○保育士の言葉かけや手伝いで、自分で着替えたり、汚れ物を袋に入れたりして片付けようとする。
- ○保育士や友達と見立てあそびを楽しむ。
- ○保育士や友達と一緒に、さまざまな水あそびや絵の具あそびなどを楽しむ。
- ○身近な虫や夏の草花などを、見たりふれたりして楽しむ。

保育士のかかわりと配慮（環境構成）

心と体（養護）
- ◆不安な子どもには優しく言葉をかけて、友達とあそべるように仲立ちをして、普段の生活リズムを取り戻せるように手助けをする。また、眠そうな子にはいつでも休息をとれるようにスペースを設け、声をかける。
- ◆子どもの様子を見守りながら、自分でしようとする思いを受け止め、言葉で伝わりきらないときは言葉を補い、伝えたいことが伝わる喜びを感じられるようにする。

生活・あそび
- ◆食事前には快適に食事ができるように、室温調節をするとともに、ひとりひとりの意欲に合わせて、食べきれる量を加減し、励ましていく。　　　　　　　　　　　　詳細はP.194
- ◆室温・湿度・風通しなどに配慮しながら、快適に眠れるようにする。目覚めの悪い子どもには、優しく言葉をかけたりスキンシップをとったりしながら、機嫌よく起きられるように配慮する。　　　　　詳細はP.195
- ◆「ジブンデ」の思いを大切にし、着替え方や汚れ物の片付けなどをゆっくりと丁寧に知らせ、できないところはさりげなく手伝い、自分でできた喜びを感じられるようにする。
- ◆見立てやつもりあそびができるように、一緒にあそびながら「○○ちゃんの赤ちゃん大きくなったね」「お母さん、こんにちは」などと言葉をかけ、子ども同士のイメージをつなげたり、膨らませたりする。　　　　詳細はP.208
- ◆ダイナミックなあそびに抵抗のある子どもには、あそんでいる子どもの様子を一緒に見て、少しずつ親しめるように配慮する。　　　　　　　　　　　　　詳細はP.203、212
- ◆一緒にえさをやったり、様子を見て触ったりして親しみをもてるようにする。また、年上の子が草花で色水を作っている様子を見ながら「一緒にやってみよう」と誘い、あそびながら、楽しさや驚きを共感していく。　詳細はP.199、203

家庭との連携

- ■暑さで疲れやすい時期なので、ひとりひとりの様子を園と家庭で伝え合い、早寝・早起きのリズムを心がけ、健康で安心して過ごせるように確認し合う。
- ■汗をかいて着替えることが多くなるので、着脱しやすい衣服を十分用意するよう伝える。
- ■休み中の出来事について話し合い、様子を把握していく。
- ■夏にはやる病気（プール熱、ヘルパンギーナ、とびひなど）の症状や流行状況などを伝え、引き続き予防に努める。

※🍚印は、食育に関連する項目

教材資料

うた シャボン玉
（作詞＝野口雨情　作曲＝中山晋平）

うたあそび おばけなんてないさ
詳細はP.211、213、214

絵本 こわくないこわくない（童心社）
ひまわり（福音館書店）

8月の予定

・誕生会
・身体測定
・避難訓練

環境の工夫

・エアコンを使用する日が増えるので、室内の温湿計をこまめにチェックし、室温や湿度の調節に配慮する※。扇風機を使って空気を循環させるなどの工夫をして、快適な空間を作る。
・プールあそびや洗濯ごっこ、絵の具あそびなどさまざまな水あそびが楽しめる環境を工夫する。　詳細はP.203、212
・カブトムシを飼うので、飼育ケースや図鑑、絵本などを、子どもが見たりふれたりしやすいようにコーナーを作る。
・着脱の機会が増えるのでトイレや水あそび場の近くにコーナーを設定し、個々のペースで取り組めるよう工夫する。

健康・安全のために

・プールあそびや色水あそびが増えるので、ひとりひとりの体調を把握し、過ごしやすい環境を整え、あそび後は睡眠や休息が十分にとれるように配慮していく。　詳細はP.194、195
・水あそびでは毎日水の入れ替えを行って水質を保ち、水温が冷たすぎないように十分気を付ける。安全面については、子どもたちにプールの周りを走らないことやシャワーを浴びてから入ることなどをわかりやすく伝えていく。
・虫刺されからの皮膚疾患も多くなるので、網戸や蚊取りマット、虫よけスプレーやシート（各自）を準備し、予防する。
・小動物を触った後は、一緒に石けんで手を洗うようにする。
・地震を想定した避難訓練を行い、安全な場所や身を守る方法を知らせる。

職員間の連携

・夏の感染症について同じ対応ができるように、話し合っておくとともに、ひとりひとりの健康状態を把握する。
・職員が休む際は確実に引き継ぎを行い、週の指導計画を基に担当や活動、あそびなどを検討しておく。　詳細はP.194
・水あそびの準備の役割分担や子どもの着替えの援助などについては個別に対応するので、配慮すべき点を確認し合う。
・暑さで食欲が落ちる時季なので、栄養士とも情報交換をして、お便りに載せる食に関する内容などを話し合う。

まさし（2歳8か月・男児・進級児）

子どもの姿
● あそびに夢中になって、パンツをぬらすこともあるが、タイミングよく誘うとトイレで排せつすることが多い。
● 自分の着たい服を選んで自分で着ようとする。できないことは、「ボタンしてください」と保育士に伝えに来る。
● 水あそびで顔に水がかかることを嫌がる。

保育士のかかわりと配慮（環境構成）
◆ タイミングを合わせて誘うようにし、失敗したときは「大丈夫だよ」と安心できるように声をかけ、成功したときはともに喜び、自信につなげていく。
◆ 自分でできたことを認め、服の前後がわからないときは、さりげなく手を貸す。
◆ 水がかかったときは優しく言葉をかけながら顔をふいたり、水あそび用のおもちゃを豊富に用意したりして、あそびに期待がもてるようにする。　詳細はP.203

家庭との連携
■ 自分の好きな服を選んで着る様子を話し、前後のわかりやすい衣服のほうが好ましいことを伝える。

ちえ（3歳2か月・女児・進級児）

子どもの姿
● 好きな物が増えて、何でも食べるようになり「からっぽマン！」と言って、空になった皿を見せに来る。
● 衣服の着脱を自分でするようになり、できないときは「○○して！」と言葉で伝えることが多くなる。
● おばけごっこが大好きで、さまざまな素材でおばけの服を作り、保育士や友達となりきってあそぶ。

保育士のかかわりと配慮（環境構成）
◆ さらなる意欲につながるように一緒に食事をし、好きな食べ物が増えたことや、たくさん食べるようになったことを褒めていく。
◆ 難しそうなときはさりげなく手伝い、自分でできたときは十分に褒め、意欲を育てていく。
◆ おばけ作りが楽しめる素材を準備し、一緒におばけになりきって、楽しさを共有していく。　詳細はP.211

家庭との連携
■ 自分の思いを言葉で伝えられるようになったことをエピソードを交えて具体的に伝え、成長を喜び合う。

評価の観点と振り返り

「着替え」について

汗をかいた後、水あそびをするときなど、着替えの機会が多いので、保育室とトイレの間にある廊下に着替えスペースを設置した。水あそび後、保育室に入る前に着替えコーナーで着替えられるので、スムーズな動線が確保された。汗で着替えにくそうにしている姿も見られたので、さりげなく援助することが多かったが、8月の後半は全体的にとても上手になってきた。「どっちが前？」を意識するようになり、成長が見られた。しかし同時に個人差も出てきているので、引き続き丁寧に個別に対応を続けていきたい。

「子どもに合わせた夏の活動」について

虫刺されやアトピー性皮膚疾患、中耳炎などにより、長期間プール不参加の子どもには、可能な限りプールの近くで同じようなあそびができるようおもちゃなどを用意し、配慮した。しかし、お盆休み明けは室内での安静が必要な子どももいたので、あそびの工夫や保育士の役割分担が難しかった。週末に翌週の計画を検討するときに、子どもに合わせて対応できるよう、柔軟な計画を考えておきたい。

2歳 指導計画

※室温設定については、地域によって違いがある。また、節電などへも配慮する。

9月の指導計画

2歳児

9月のねらい（養護・教育）

◎残暑や体調管理に留意し、生活リズムを整える。
◎保育士や友達と一緒に全身を使ったあそびや戸外あそびを楽しむ。
◎友達や家族などいろいろな人とのふれあいを楽しむ。

※「ねらい」及び「内容」は、5領域（健康、人間関係、環境、言葉、表現）の観点を意識して作成する。

クラス全体の計画

子どもの姿

心と体（養護）
- 「一緒にあそぼう」「一緒に御飯食べよう」「一緒に帰ろう」など友達を意識することが多くなってきたが、なかには思いがうまく伝わらず、ぶつかり合いになることがある。
- 散歩に出かけると、車や信号機や人など周りのものに関心をもつようになる。

生活・あそび
- 食欲が増してきて、苦手な食べ物も少しずつ食べてみようとする。自分で食器の後片付けをするようになるが、慣れるまでは食器を落としたり、皿などをバラバラに置いたりすることもある。
- ほとんどの子どもがトイレで排せつしているが、パンツやズボンの下げ方が不十分でぬらす子どももいる。
- 友達と園庭でかけっこや音楽のリズムに合わせて体を動かしたりしている。
- 5歳児のマーチングバンドに興味をもち、まねをしてあそんでいる。
- 祖父母が園に来ることを伝えると、はりきって製作あそびをしている。

内容

心と体（養護）
○保育士の仲立ちで、相手の思いに気づき、かかわる。
○周りのいろいろなことに興味をもち、散歩を楽しむ。

生活・あそび
○食事の後片付けを保育士と一緒にしようとする。
○衣服の持ち方や下げ方を知り、男児は立って排せつをしたり、女児はトイレットペーパーでふいたりすることを身につけていく。
○保育士や友達と一緒に、体を十分に動かしてあそぶことを楽しむ。
○祖父母のつどいに参加に喜んで参加し、家族や友達とふれあってあそぶ。

保育士のかかわりと配慮（環境構成）

心と体（養護）
◆子ども同士のかかわりを見守りながら、うまくかかわれないときは「一緒に○○したい」思いの伝え方を知らせ、丁寧に仲立ちをし、お互いの思いに気づけるようにしていく。
◆周りのものへの関心が高まるように、散歩で見たものや興味をもったものについてその都度話をしていく。また、道路の歩き方や信号機のある道路の渡り方などの安全についても、わかりやすく繰り返し知らせていく。

生活・あそび
◆「お皿はここで、お茶わんはここよ」と初めに食器を、次にナプキンやタオルなどを片付けることを丁寧に知らせ、毎回同じ流れで行うことで覚えられるようにしていく。🍚
◆排せつの様子を見ながら、「もう少しズボン下げたほうがぬれないよ」「おしっこした後は、前から後ろへふこうね」とわかりやすく手を添えて、ひとりひとりに知らせていく。

◆ひとりひとりの興味や発達状況を把握し、安全にあそべるように配慮する。また、リズムあそびや運動あそびを、全身を使って思い切り体を動かして楽しめるように、子どもの気持ちに寄り添いながら進めていく。
◆好きな歌や、子どもたちの興味をもっている運動あそびを競技内容に取り入れたり、製作あそびに工夫をしたりして、運動会に喜んで参加できるようにする。 詳細はP.206、207、213
◆祖父母のつどいでは、いろいろな歌やわらべうたを歌ったり、食事を一緒にしたりするなど内容を工夫し、家族とゆったりふれあって楽しめるようにする。

家庭との連携

■夏の疲れが出てくるので、健康状態について細かく伝え合い、協力しながら生活リズムを整えていく。
■活動が活発になっていることを喜び合い、動きやすい服や足に合った靴の準備をお願いする。
■子どもたちの運動会への参加の仕方や、運動会に向けての活動の様子をクラス便りや連絡ノートで知らせ、家庭でも話題にし、期待をもてるようにする。

※🍚印は、食育に関連する項目

教材資料

 うた
うんどうかい
（作詞・作曲＝則武昭彦）
とんぼのめがね
（作詞＝額賀誠志　作曲＝平井康三郎）

 うたあそび
こおろぎ

 絵本
とべ かぶとむし（福音館書店）
ばけばけばけばけ ばけたくん
（大日本図書）

9月の予定

・身体測定
・避難訓練
・祖父母のつどい
・誕生会

環境の工夫

・祖父母のつどいでは、子どもたちの手作りの作品などで、室内装飾をし、温かい雰囲気作りをするとともに、子どもたちと一緒に楽しめる歌や劇を用意しておく。
・運動会のフラッグを作って部屋に飾ったり、トイレに誘うときに手作りホイッスルを使って行進をして向かうなど、運動会への期待を生活のなかに取り入れていく。
　　　　　　　　　　　　　　　　　　詳細はP.206、207
・ほとんどの子がトイレで排尿するようになるので、子どもの好きな動物や乗り物の絵を壁やドアにはり、親しみやすくしたり、トイレットペーパーを1回分ずつ準備したりして、使いやすい環境になるように工夫する。
　　　　　　　　　　　　　　　　　　詳細はP.189

健康・安全のために

・夏の疲れが出てくるころなので、あそびと休息のバランスをとり、生活リズムを整えていく。　詳細はP.194
・季節の変わり目なので、気温や活動に応じて、室温や衣服の調節をし、水分などを十分に取れるようにする。
・子どもの活動が活発になってきて、戸外での活動も増えてきたので、特に走り回るスペースの安全点検を十分に行う。
・トイレの後、一緒に手洗いをしたり、さりげなく着替えの手伝いをしたりするなかで、衛生面に十分配慮していく。

職員間の連携

・祖父母のつどいでは、祖父母が不参加の子どもたちの気持ちに配慮し、保育士が十分ふれあったり、一緒に食事をしたりするように役割分担を話し合っておく。
・ほかのクラスと連携を取りながら、ホールや園庭で運動会ごっこや追いかけっこなどを十分に楽しめるように、場所の使い方を話し合っておく。
・運動会のプログラムやねらい、配慮事項などを話し合い、共通理解をしておく。また、運動会後には取り組み全体を振り返り、今後に生かす。
　　　　　　　　　　　　　　　　　　詳細はP.214

まさし（2歳9か月・男児・進級児）

子どもの姿
●衣服へのこだわりが出てきて、保育士が用意した衣服を着るのを嫌がることがある。
●だれと一緒に登園してきたのか、だれのお迎えなのかをうれしそうに話す。
●嫌なことがあると、友達や保育士にそのことを言葉で伝えようとする。

保育士のかかわりと配慮（環境構成）
◆「今日はどの服にしようか」「自分で上手にできるね」などと言葉をかけ、自分で選んで着たいという思いが満たされるようにする。
◆「まーくん、お母さんのお迎えなの。よかったね」と話したい気持ちを十分に受け止め、会話を楽しむ。
◆嫌だった思いに寄り添い、友達にも嫌だった思いを一緒に伝えられるように、仲立ちをしていく。

家庭との連携
■言葉が豊かになっていることを、エピソードを交えながら連絡帳や送迎の際に伝え、成長を喜び合う。

ちえ（3歳3か月・女児・進級児）

子どもの姿
●日中は、誘うとトイレで排せつをするようになったが、午睡時は失敗が多い。
●手作りホイッスルを使ってのかけっこが大好きで、毎日「よーいピッ！しよう」と誘いに来る。
●友達におもちゃを取られるなど、思うようにならないと大きな声を出したりする。

保育士のかかわりと配慮（環境構成）
◆パンツがぬれたときは、「大丈夫だよ」「お気に入りの○○のパンツに着替えようね」と安心するような言葉をかけ、パンツを用意する。
◆「もうすぐ運動会だね」と期待をもてるようにし、一緒に運動会ごっこを楽しむ。　詳細はP.206、207
◆「ちえちゃんが使っていたんだよね」などと思いをしっかり受け止めて代弁し、仲立ちをしていく。

家庭との連携
■午睡時の様子を伝え、紙のパンツを嫌がるので防水シーツの準備を提案し、焦らず進める。

評価の観点と振り返り

「全身を使ったあそびや戸外あそび」について

園庭で運動あそびをしている年上の子の姿を見たり、運動会で行うあそびなどを楽しむなかで、体の動きが活発になり、ダイナミックなあそびを好むようになってきている。友達と競って高い所からジャンプしたり、年上の子のまねをして平均台に登ったりする姿が見られる。このような姿をとらえ、安全面に配慮して環境を整え、あそぶときもそばにつくようにしたが、できるだけ子どもの意欲を大切にした。まだ、気温の高い日が続くことが予想され、活発なあそびが盛んなので、今後もこまめな水分補給と休息を心がけて見守っていきたい。

「行事を通してのふれあい」に向けて

祖父母のつどいや運動会に、家族が来ることをとても楽しみにしていたので、祖父母のつどいの前には製作あそびを取り入れた。「おばあちゃんが来るから……」と保育士と一緒にコスモスの花を作り、保育室の壁面に飾り付けたことをとても喜んでいた。運動会に向けては、和紙フラッグや手作りホイッスルを作ったが、それらを使って運動会ごっこを楽しんだり、トイレに行くときなどにも取り入れてみた。10月の1週目に運動会があるので、今後も運動会への期待を膨らませながら、家族や友達とのふれあいを楽しめるようにかかわっていきたい。

2歳 指導計画

2歳児 10月の指導計画

CD excel → 2歳 → 月間 → P176_2歳10月

10月のねらい（養護・教育）

◎食事や着脱に関心をもち、自分でしようとする。
◎保育士や友達と戸外でのびのびと体を動かす。
◎運動会やお祭りなど経験したことを、保育士や友達と再現したりまねたりしてあそぶ。

※「ねらい」及び「内容」は、5領域（健康、人間関係、環境、言葉、表現）の観点を意識して作成する。

クラス全体の計画

子どもの姿

心と体（養護）
- 「明日は○○しようね」「□□に行こうね」という話を理解して、見通しをもつようになる。
- 繰り返し言葉のある絵本を、何度も「読んで」と言って持ってきたり、保育士や友達とおしゃべりややり取りを楽しんだりしている。

生活・あそび
- 少しずつはしに興味をもち、持って食べようとする。
- 長そでを着用するようになり、自分で着脱しようとしているが、手間取っている姿が見られる。
- 保育士に促され、自分から手洗いをするようになる。
- 保育士や気の合った友達と経験したことを話し、やり取りを楽しんでいる。
- 走る、跳ぶ、上る、ぶら下がる、投げるなどのいろいろな動きを好み、全身を使ってあそんでいる。
- 芋掘りや地域の祭りを経験し、年上の子のまねをしたり、一緒にあそんだりして楽しんでいる。

内容

心と体（養護）
- あそびたいことや、やりたいことを楽しみに登園する。
- 言葉に興味をもち、保育士や友達とやり取りをしたり、絵本や紙芝居を喜んで見る。

生活・あそび
- はしを使って食べようとする。
- できないところを手伝われながら、自分で着脱しようとする。
- あそんだ後や食事の前に、自分から手洗いをする。
- 保育士や気の合った友達と言葉のやり取りをして、再現あそびを楽しむ。
- 散歩に出かけ、体を十分に動かしてあそぶことを楽しむ。
- 運動会や秋祭りに期待をもって参加し、体験したことを取り入れたあそびを楽しむ。

保育士のかかわりと配慮（環境構成）

心と体（養護）
- ◆期待をもって登園したり、活動を楽しみに参加したりできるように、「あしたはお芋掘り行こうね」「ここにおイモカートを置いておくよ」などと具体的な言葉かけをし、環境を作るようにする。　**詳細はP.218**
- ◆子どもの興味にこたえるような、絵本や紙芝居を準備し、一緒に言葉を繰り返したり、やり取りを楽しんだりする。

生活・あそび
- ◆ひとりひとりの発達に合わせてはしを使用し、「おはしで上手に食べているね」と言葉をかけたり、食べにくい子どもは途中でフォークに替えたりして、少しずつ慣れていくようにする。🍚
- ◆「自分で」の思いを大切にしながら、できないところを手伝ったり、長そでの衣服の脱ぎ方を繰り返し知らせたりしていく。
- ◆保育士も一緒に手洗いをし、洗い方を丁寧に知らせながら、きれいにする気持ちよさを感じられるようにしていく。また、長そでの子どもには、ぬれないようにそで口をまくるように言葉をかけたり、手伝ったりする。
- ◆子どもの経験した運動会の楽しさに共感し、あそびが広がるような環境を整えて、仲立ちをしながら会話を楽しめるようにしていく。　**詳細はP.206、207**
- ◆ひとりひとりの興味や発達状況を把握し、安全にあそべるように気を配りながら、全身を使って思い切り体を動かす満足感が味わえるよう散歩コースや遊具などを工夫する。　**詳細はP.200**
- ◆芋掘りごっこやお祭りごっこなどのあそびが楽しめるように、保育士と一緒に必要な物を作って、あそびが広がるようにする。　**詳細はP.205、218**

家庭との連携

- ■家庭でのはしの使用について尋ね、状況を把握し、園での食事の様子も伝えながら、家庭でも無理なく慣れていけるように話し合う。🍚
- ■朝夕の気温の差が大きいので、調節しやすい服や掛け布団を準備するように口頭で伝えていく。
- ■エピソードを交えながら芋掘りの様子を伝え、持ち帰った芋を通して、家庭でも収穫を喜び、調理して味わえるようにレシピを紹介する。🍚

※🍚印は、食育に関連する項目

教材資料

うた
- いもほりのうた
  （作詞＝高杉自子　作曲＝渡辺 茂）
- 松ぼっくり
  （作詞＝広田孝夫　作曲＝小林つや江）

うたあそび
- やきいもグーチーパー
- 大きな栗の木の下で

絵本
- いもほりよいしょ！（教育画劇）
  詳細はP.218
- おやすみなさいコッコさん（福音館書店）

10月の予定

- 運動会　詳細はP.213
- 歯科検診
  詳細はP.192、193
- 内科健診
- 芋掘り　詳細はP.218
- 誕生会
- 身体測定
- 秋祭り（地域の祭り）
  詳細はP.205
- 避難訓練

環境の工夫

- はしを使ったあそびが楽しめるように、ままごとコーナーに広告紙で子どもの手に合った長さのはしを作り、つまみやすいようにサイコロ状に切ったスポンジを食材に加え、準備しておく。　詳細はP.208
- 自分で収穫したサツマイモを持ち運べるように、子どもの体に合った形や大きさの箱に持ちやすい長さのひもを付け、準備しておく。　詳細はP.218
- 排せつ時に自分でふけるように、トイレに1回分ずつのトイレットペーパーをたたんで箱に入れておく。　詳細はP.189
- 手洗いをするときは、液体石けんやペーパータオルなどを近くに準備し、使いやすいようにしておく。

健康・安全のために

- はしを使ったあそびは、子どものそばについて見守り、持ったまま移動したり、友達に向けたりしないように十分注意する。危険な場面があったときには、その都度なぜ危ないのかをその場で知らせていく。
- 体を十分に動かしてあそべるように、園内の遊具の安全点検を行ったり、散歩コースを工夫したりする。　詳細はP.200
- 歯科検診や内科健診、すくすくチェックの結果を保護者に個別に伝え、必要な場合は早めの受診を勧めていく。
  詳細はP.193

職員間の連携

- 子どもの動きが活発になるので、園庭あそびでの補助が必要な箇所を確認し、保育士の配置をある程度決め、いつでも援助できるようにしていく。
- 芋掘りや散歩などで園外に出るときは、保育士の役割や担当、流れなどを十分話し合い、共通理解をしておく。
- 運動会のテーマのイメージを全職員で共有して、子どもも保護者も楽しめるよう、役割分担を決めておく。
- 避難訓練では、二次避難場所までの、職員の役割分担を確認する。

まさし（2歳10か月・男児・進級児）

子どもの姿
- はしを使って食事を始めたが、フォーク同様すくって使うので、思うように使えずにいる。
- 午睡時もパンツで眠るようになる。
- 人形やタオルを持って登園するが、保育士にうれしそうに見せると、満足してバッグの中に片付ける。必ず、タッチやほっぺにチュをして祖母と離れる。

保育士のかかわりと配慮（環境構成）
- ◆様子をうかがいながら、無理なくフォークに戻し、子どものペースで食事ができるように配慮する。
- ◆パンツがぬれていないときは喜び合い、自信につなげていく。
- ◆子どもの気持ちに寄り添いながら、人形などをなくさないように祖母に持って帰ってもらったり、一緒にバッグに戻したかを確認したりする。

家庭との連携
- ■パンツがぬれていないと喜ぶ様子を伝え、家庭でも少しずつトイレでの排尿を進めるよう伝える。

ちえ（3歳4か月・女児・進級児）

子どもの姿
- フォークからはしへ移行する。家庭で使用していることもあり、はしの使い方には慣れてきている。
- 友達とのかかわりが増え、「あそぼ」と自分から誘う。
- ままごとあそびや人形の世話あそびが好きで、保育士とやり取りを楽しむ姿が見られる。

保育士のかかわりと配慮（環境構成）
- ◆はしを使う様子を見守り、量が少なくなったら食べ物を寄せて援助し、自分で食べる気持ちを大切にする。
- ◆仲良くしているときは見守り、ぶつかり合いになったときは双方の思いを代弁し、友達とのかかわりが楽しめるように配慮していく。
- ◆ごっこあそびが十分に楽しめるような環境を整え、一緒にやり取りを楽しんだり、見守ったりしていく。
  詳細はP.208

家庭との連携
- ■友達を積極的にあそびに誘う姿が見られようになったことを連絡帳や降園時に伝え、成長を喜び合う。

評価の観点と振り返り

「友達とやり取りやかかわりを楽しむ」について

運動会や芋掘り、地域の秋祭り（獅子舞）など共通の体験から、イメージを共有し、やり取りをしながらあそびを楽しむ姿が見られるようになった。特に、運動会に参加したことや獅子舞を見たことは、印象深かったようで年上の子をまねながら、あそびが発展した。「お姉ちゃんみたいにしたい」という要望にこたえて、5歳児クラスから道具を借りるなどして環境構成を工夫し、それぞれの思いを実現できるようにした。また、友達とのかかわりがもてるように、保育士も一緒にあそびに積極的に参加したことが、友達との仲立ちになってよかったと思う。

「戸外でのびのびと体を動かす」について

体力がつき、興味の範囲が広がってきたことなどを考慮して、畑での芋掘りや少し距離を延ばしての散歩を計画した。芋掘りでは、個人差はあるものの、たくさん掘って、手作りの自分の箱に集めることを楽しんでいた。また、芋づるで行った電車ごっこは、長い時間楽しんでいた。散歩コースは、行ったことのないコースを選んだ。「ハトやコイにえさをあげに行こうね」と目的を具体的に話すと、期待して登園。張り切って歩き、楽しい散歩になった。気に入った場所になったので、来月も計画をしたい。このような活動を通して、4月に比べると体を動かし意欲的に活動する姿に成長を感じた。

2歳 指導計画

2歳児 11月の指導計画

CD excel → 2歳 → 月間 → P178_2歳11月

11月のねらい（養護・教育）

◎手洗いやうがいなどで感染症の予防に努め、健康に過ごせるように環境を工夫する。
◎あそびのなかで自己主張をしながら、保育士や友達と言葉のやり取りを楽しむ。
◎秋の自然にふれたり、自然物を使ってあそぶ。

※「ねらい」及び「内容」は、5領域（健康、人間関係、環境、言葉、表現）の観点を意識して作成する。

クラス全体の計画

子どもの姿

心と体（養護）
- 寒くなり、登園ぎりぎりまで眠っていて、機嫌悪く登園したり、ボーッとしてなかなか動こうとしなかったりする。
- 友達とのかかわりが増えたので、思いが通らないことがあると「○○ちゃん嫌い」「○○ちゃんとあそばない」などと言う子どもが多くなってきている。

生活・あそび
- パンツで登降園する子どもが増えてくるが、寒くなったことで排尿間隔が短くなったり、厚手のズボンが下げにくかったりして、間に合わない子どももいる。
- 鼻水に気づき、自分でふいたりかもうとしたりする。また、友達の様子を見て「はなが出ているよ」と言ったりする。
- 手洗いやうがいを自分でしようとするが、友達が待っているのに繰り返し何回も行ったり、水であそんだりする。
- 好きな絵本のなかの言葉を覚え、繰り返し言うことを楽しんでいる。
- 音楽が聞こえてくると自分で振りをつけたり、保育士のまねをして踊ったりする。
- 園庭の落ち葉やドングリを集めたり、散歩で拾ったりする。

内容

心と体（養護）
- あそびに気持ちが向かうように見守る。
- 保育士の仲立ちで、相手の思いに気づく。

生活・あそび
- 早めにトイレへ行き、ズボンやパンツをひざまで下ろして排せつしようとする。
- はなのかみ方を知り、きれいにふこうとする。
- 保育士が見守るなか、自分で手洗いやうがいを丁寧にする。
- 保育士や友達とペープサートごっこや劇あそびを楽しむ。
- 保育士や友達と一緒に歌ったり、踊ったりすることを楽しむ。
- 集めた自然物を通して、自然に関心をもつ。

保育士のかかわりと配慮（環境構成）

心と体（養護）
- ◆家庭と生活リズムの大切さを確認し合いながら、早めに就寝するなど見直すところを話し合い、子どもが気持ちよく目覚め、登園できるようにしていく。
- ◆子どもの思いを受け止めながら、「お友達にあそばないって言われたら、○○ちゃん悲しいよ」と相手の気持ちに気づけるような言葉かけをして、仲立ちをしていく。

生活・あそび
- ◆子どもの様子を見ながら、「パンツぬれてないよ。トイレに行ってみようか？」と早めにトイレに誘うようにし、ズボンが下げにくそうなときは手伝い、自分でできた喜びを感じられるようにしていく。
- ◆ティッシュペーパーを手の届く所に設置し、自分でしようとする気持ちを大切にして、ふき取れていないところを鏡を見せながら援助する。 詳細はP.190
- ◆「○○ちゃんもガラガラうがいをしたくて待っているよ」と待っている友達に気づくよう言葉をかけ、あそばずに丁寧に手洗いやうがいができるようにしていく。 詳細はP.190
- ◆あそびのなかで、繰り返し言葉を使って、簡単な劇あそびが楽しめるようにお面やペープサートを準備し、仲立ちをしながらあそびを共有できるようにする。 詳細はP.215
- ◆音楽に合わせて、体を動かして楽しめるように、子どもたちの自由な動きを振り付けに取り入れ、リズムの取りやすい曲を準備する。苦手な子どもにも「楽しいよ」と言葉をかけながら、無理のないように誘っていく。
- ◆ポリ袋やお散歩バッグを準備し、拾った物を集めながら、色や形などの違いに気づいたときは共感し、秋の自然に関心がもてるようにする。

家庭との連携

- ■風邪やインフルエンザ、おう吐下痢症などの感染症について知らせ、園でも予防のために、手洗いやうがいをしていることを伝え、家庭と一緒に予防に努められるようにする。
- ■寒くなって、靴下や上着など、記名がない持ち物が多くなってきたので、記名をお願いする。
- ■寒くなって排尿の失敗が多くなるので、焦らずに見守りながら、トイレトレーニングを進められるように話し合う。

※♥印は、食育に関連する項目

教材資料

うた
- こんこんクシャンのうた（作詞＝香山美子　作曲＝湯山　昭）
- もみじ（文部省唱歌）

うたあそび
- どんぐりころころ
- こぶたが道を

絵本
- おおきなかぶ（福音館書店）
- はらぺこあおむし（偕成社）

11月の予定

- 秋の園外保育（バルーンフェスタ見学） 詳細はP.201
- 七五三誕生会
- 七五三参拝 詳細はP.201
- 身体測定
- 避難訓練

環境の工夫

- 感染症予防のためにうがいができるようにコップを近くに設置して手洗いうがいをし、食事の準備と動きがスムーズにいくようにする。 詳細はP.190
- 「自分で」の気持ちを大切に、自分で鼻水がふけるように、手の届く所にティッシュペーパーや鏡などを置く。 詳細はP.190
- 寒くなり、ジャンパーやコートを着てくる子どもが多くなったので、上着掛けを準備する。 詳細はP.191
- 便座が冷たくてトイレを嫌がるので、便座カバーをして温かくする。汚れたら交換できるよう予備も準備しておく。
- 子どもが好きな時間に、秋の自然物（落ち葉、ドングリ、マツボックリ、イモのつるなど）にふれてあそべるように、箱に入れて分類し、豊富に準備しておく。

健康・安全のために

- 風邪やインフルエンザなどの感染症が流行する時期なので、登園時の健康観察を丁寧に行い、予防のために手洗いうがい・消毒を十分に行っていく。 詳細はP.190
- 薬を持ってくる子どもが増えるので、与薬依頼書の確認を丁寧に行い、保管場所を一定にし、間違いのないようにする。
- 朝夕の気温差に応じて、衣服を調節し、日中はできるだけ薄着で過ごすようにする。

職員間の連携

- ひとりひとりの健康状態や、与薬の有無などを看護師と確認し合い、体調の変化に気を配る。
- 園外保育（バルーンフェスタ見学、七五三参拝など）では、安全に楽しめるように十分に話し合って計画し、役割分担を決めて確認し合っておく。 詳細はP.201
- 秋の自然を取り入れてあそべるように、自然にふれることができる散歩コースを話し合って決め、園庭の落ち葉やドングリなども積極的にあそびに取り入れていく。
- けがの応急手当について、看護師から学ぶ機会をもつ。

まさし（2歳11か月・男児・進級児）

子どもの姿
- 寒くなり、午睡時にパンツをぬらしてしまうことが増える。
- 「これ、○○ちゃんのだよ」と、妹の靴下や下着を身に着けて登園する日がある。
- 自己主張が強くなり、自分の思いを友達に伝えながらあそんでいる。

保育士のかかわりと配慮（環境構成）
- トレーニングを前の段階に戻し、パンツから紙おむつにはき替え、気持ちよく午睡ができるようにする。
- 「○○ちゃんの靴下かわいいね」と、話にゆっくり耳を傾け、妹が生まれた喜びに寄り添っていく。
- "こうしたい" という思いを受け止めながら、保育士が架け橋になり、友達とのあそびが十分に楽しめるようにする。

家庭との連携
- 家庭ではトイレトレーニングをやっていないようなので、焦らずに進めていけるよう話し合っていく。

ちえ（3歳5か月・女児・進級児）

子どもの姿
- はしの使い方にだいぶ慣れているが、つかみにくい物は手づかみで食べることが多い。
- 「○○ちゃんが△△してたよ」など、見たこと、感じたことを、自分の言葉で保育士に伝えようとする。
- 家庭からいろいろなおもちゃを持ってきて、バッグや衣類のポケットの中に入れていることが多い。

保育士のかかわりと配慮（環境構成）
- 食べやすいように切り、量が少なくなったときは食べ物を寄せたりしながらさりげなく援助する。
- 話したい思いをしっかり受け止め、ゆったりとした気持ちでかかわり、話すことを楽しめるようにする。
- 「大事なおもちゃはなくさないように先生が預かっておくね」と、自分からおもちゃを手放せるようにかかわり、安心して次のあそびを楽しめるようにする。

家庭との連携
- 園と家庭で食事の様子を話し合い、楽しく食事をしながらはしの使い方に慣れていけるようにする。

評価の観点と振り返り

「感染症の予防」について

せきをする子どもが増えたので、インフルエンザやおう吐下痢症などが拡大する前に、水道→タオル→食事の動線を考え、水道近くにコップ置き場を設定してうがいコーナーを作り、予防に努めた。コーナーでは手洗いうがいの手順をわかりやすく丁寧に伝え、日々保育士と一緒に行うことで、少しずつ習慣がついてきたようだ。これからますます寒くなり、感染症が流行するので、引き続き手洗いうがいの励行と予防に努めたい。また、急に厚着をして登園する子どもが多くなったが、体調を見ながら、日中はなるべく薄着で過ごすように心がけた。

「秋の自然にふれる」について

秋の落ち葉や木の実には関心が高く、園庭の落ち葉や枝などをままごとなどに利用したり、家庭からマツボックリやドングリをたくさん持ってきたりする子どもが多かった。そこで、自然物を使って一緒に見立てあそびを楽しめるように素材を準備したり、ドングリマラカスやネックレスなどを一緒に作ったりして、子どもの興味にこたえた。園庭では、0・1歳児は誤飲の可能性もあるので、自然物を使うときは保育士間で連携を取り、職員会議で事前に確認し、安全面への配慮を行った。

2歳 指導計画

2歳児 12月の指導計画

CD excel → 2歳 → 月間 → P180_2歳12月

12月のねらい（養護・教育）

◎ボタンの掛け外しなど、身の回りのことを自分から喜んでしようとする。
◎ごっこあそびや表現あそびを通して、保育士や友達とかかわってあそぶ楽しさを知る。
◎冬の行事に、楽しんで参加する。

※「ねらい」及び「内容」は、5領域（健康、人間関係、環境、言葉、表現）の観点を意識して作成する。

クラス全体の計画

子どもの姿

心と体（養護）
- 寒くなり、戸外に出てあそぶことが少なくなる。
- 気の合う友達と、経験したことを再現してあそぶようになり、言葉のやり取りも多くなってくる。

生活・あそび
- はしに慣れてくる子もいて、意欲的に食べるようになるが、なかには持ち方を気にしすぎる子どもや、うまく使えず「フォークちょうだい」という子どももいる。
- ジャンパーやコートの着脱、人形の着せ替えなどでボタンに興味をもつようになる。
- 寒くなり、手洗いを嫌がる子どもが出てきた。
- 「あそぼう」「入れて」「いいよ」などと好きな絵本の言葉を、あそびのなかでもよく使い、楽しんでいる。
- 「粘土したい」「チョキチョキしたい」と言って、粘土ヘラや型抜きを使って粘土あそびをしたり、のりやはさみを使って、クリスマス飾りを作ったりしている。
- 園庭や散歩で落葉した木を触ったり、川のカモを見たりして、「木が裸ん坊になってるね」「カモさん寒くないかな」などと言う。

内容

心と体（養護）
- ○体を動かして戸外で元気にあそぶ。
- ○友達と言葉のやり取りをしながら再現あそびを楽しむ。

生活・あそび
- ○はしの持ち方や使い方を知り、意欲的に使おうとする。
- ○自分でボタンの掛け外しをしたり、コート掛けに片付けようとしたりする。
- ○あそびや排せつ後の手洗いを自分からしようとする。
- ○言葉のやり取りを楽しみ、友達とあそぶ。
- ○クレヨンやペン、のり、粘土、はさみなど、手先を使うあそびを楽しむ。
- ○見たり触ったりして、冬の自然や行事に親しむ。

保育士のかかわりと配慮（環境構成）

心と体（養護）
- ◆子どもたちの体調や気温・天候などに配慮しながら、「ポカポカしてくるよ」などと声をかけて、戸外でのあそびに誘っていく。鬼ごっこや追いかけっこなど、全身を使うあそびを取り入れ、友達や保育士と一緒にあそぶことで、体が温かくなることも知らせていくようにする。
- ◆経験したことがごっこあそびや再現あそびにつながるように環境を整えたり、やり取りの言葉を膨らませていけるように仲立ちをしていく。　詳細はP.208、209

生活・あそび
- ◆手を添えてはしの持ち方を知らせたり、「上手ね。もう少しおはしで食べてみようか」と自信がもてるように励ましたりする。🍚
- ◆ボタンの掛け外しのやり方を丁寧に知らせ、手伝いながら「ジブンデ」の思いを大切にして、コート掛けに掛けられるようにする。また、赤ちゃん人形の着せ替え用の服をボタン使いにし、あそびのなかにも取り入れていく。　詳細はP.191、208
- ◆「あったかいお湯があるよ。気持ちいいよ」と洗面器に湯を準備し、手洗いが楽しみになるようにする。　詳細はP.190
- ◆絵本の好きな場面を繰り返し話したり、興味をもった登場人物のお面を作ったりしてあそびながら、自然に生活発表会へつなげていく。　詳細はP.215
- ◆子どもの思いを大切にし、安全に配慮しながら、想像豊かに、自分の好きなあそびがじっくり楽しめるように環境を整える。　詳細はP.217
- ◆子どもの小さな発見に気づき、感じたことを言葉にしたときは共感しながら丁寧にこたえていく。また、保育士も感じたことを伝えていく。もちつきの日には、きねを持ったりもちを丸めたりしながら、無理なく楽しめるようにしていく。　詳細はP.219

家庭との連携

- ■生活発表会の内容や準備する衣装について詳しく知らせる。また、日ごろ友達と一緒に楽しみながら練習している姿を送迎時やクラス便りで知らせ、親子で期待をもって参加できるように配慮する。
- ■気温の変化や体調に合わせ、厚着をしすぎないようにしていることを話し、調節しやすい衣服を用意するよう伝える。
- ■ボタンに興味をもち、自分で頑張っている様子を伝え、「ジブンデ」の思いを大切にする重要性について話し合う。

※🍚印は、食育に関連する項目

教材資料

うた
- 赤鼻のトナカイ（作詞・作曲＝ジョニー・マークス 訳詞＝新田宣夫）
- おばけのパーティー（作詞＝佐藤弘道　作曲＝谷口國博）
- お正月（作詞＝東くめ　作曲＝瀧廉太郎）

うたあそび
- コンコンクシャン

絵本
- おばけがぞろぞろ（福音館書店）

詳細はP.215

12月の予定

- 生活発表会　詳細はP.215
- もちつき会　詳細はP.219
- クリスマス誕生会
- ピカピカ大掃除
- 身体測定
- 避難訓練

環境の工夫

- ごっこあそびを楽しんでいるので、赤ちゃん人形の洋服（ボタン付き）や布団・ベッドを準備し、よりイメージを膨らませてあそびが盛り上がるよう工夫する。　詳細はP.208
- 生活発表会に向けてCDラジカセを準備し、いつでも体を動かして踊りや歌を楽しめるようにしておく。
- はさみやクレヨンを使って、製作を楽しめるようなコーナーを作り、少人数ずつ安全に配慮しながら、自由にあそべるようにする。　詳細はP.217

健康・安全のために

- 冬に多い感染症が流行する時期なので、手洗いやうがいなどの健康管理に十分留意する。　詳細はP.190
- 室内の温度や湿度などに留意し、換気をこまめに行う。
- 生活発表会やもちつき会など人が集まる場所では、手指の消毒、マスクの使用などを必要に応じて保護者へも伝え、協力を依頼する。
- 年末年始に向かって慌ただしくなるので、けがや事故のないように保育室内や遊具の点検、消毒をしっかり行い、新年を心地よく迎えられるようにする。

職員間の連携

- ひとりひとりの体調や様子などを伝え合い、共通理解し、体調に変化が見られたとき、同じ対応ができるようにする。
- 生活発表会では、役割分担を確認し合い、リハーサルや当日のさまざまな子どもの姿を想定し、楽しく参加できるように打ち合わせをしておく。
- 「ジブンデしよう」とする姿を見守りながら、ひとりひとりに合った援助ができるように、身の回りのことに関する育ちを報告し合う。

まさし（3歳・男児・進級児）

子どもの姿
- 排尿間隔が短くなり、パンツをぬらすことが増える。
- 弟の入園で、母親と登園するようになる。「○○君と一緒に来たよ」「○○君泣いてるかな」などと弟の様子を気にする言葉が聞かれる。
- おもちゃの貸し借りをするようになり、友達とのかかわりが多くなる。

保育士のかかわりと配慮（環境構成）
- 排尿間隔をつかみ、トイレへの声かけを早くする。
- 不安な表情を見せるときは、弟の保育室を一緒にのぞきに行ったり、「○○ちゃん、ニコニコでご飯食べていたよ」と安心できるような言葉をかけたりしていく。
- 言葉が十分でないときは補いながら仲立ちをし、友達とのあそびが楽しめるように配慮していく。

家庭との連携
- 職場復帰した母親といつも以上にコミュニケーションをとり、弟を思う優しさを伝え、成長を喜び合う。

ちえ（3歳6か月・女児・進級児）

子どもの姿
- 戸外から帰ってくると「手を洗って、うがいするもんね」と言い、保育士と手洗いやうがいを行う。
- 歌や踊りが大好きで、保育士や友達と一緒に歌ったり踊ったりして、表現することを楽しんでいる。
- 保育士や友達と病院ごっこを楽しんでいる。

保育士のかかわりと配慮（環境構成）
- 「手に付いているバイキンをやっつけようね」と手洗いの意味をわかりやすく伝え、手洗いやうがいの仕方を丁寧に伝えていく。　詳細はP.190
- いつでも歌ったり踊ったりして楽しめるように、環境を整えておく。
- 保育士も患者役になり、子どもたち同士であそびが盛り上がっているときはそばで見守りながら、大好きな病院ごっこを一緒に楽しむ。

家庭との連携
- 生活発表会のプログラムを渡し、大好きな歌や踊りを保護者も一緒に楽しめるように伝える。

評価の観点と振り返り

「ごっこあそび・表現あそび」について

ままごとやヒーローごっこなど、思い思いにごっこあそびを楽しむ姿は、これまでもよく見られていたが、大好きな絵本『おばけがぞろぞろ』を、表現あそびに取り入れてみたところ、友達や保育士と一緒に表現して楽しめた。子どもがなり切ってあそんでいたので、興味をもった登場人物のお面を作ったりして、工夫したことがよかったのだと思う。表現あそびが好きな子どもを中心に、興味の輪が広がり、最初は興味を示さなかった子どももイメージを共有してあそべるようになったので、題材も子どもたちに合っていたのだと思う。また、このあそびを発表会の出し物にしたことで、実際にステージで子どもが表現する姿を保護者が見ることで、子どもの成長を保護者と一緒に喜ぶことができたことも大きな収穫だった。

「冬の行事」について

寒くなり、雪のちらつく日もあり、体調を崩す子どもも出てきているので、戸外でのあそびも体調と相談しながら……という結果になった。そのため、クリスマスグッズ作りやもちつき、大掃除など、この時期ならではの体験を積極的に取り入れていった。年上の子の飾り付けに興味をもっていたので、クリスマスツリーの製作あそびを楽しんだり、もちつきを年上の子と一緒に体験したりすることで、クリスマスやもちつきを心待ちにし、喜んで参加する姿があった。

2歳 指導計画

1月の指導計画

2歳児

1月のねらい（養護・教育）
◎生活リズムを整えながら安定して過ごす。
◎保育士や友達と一緒にごっこあそびを楽しんだり、戸外で自然にふれたりしてあそぶ。
◎伝承あそびを通して、友達とのかかわりを楽しむ。

※「ねらい」及び「内容」は、5領域（健康、人間関係、環境、言葉、表現）の観点を意識して作成する。

クラス全体の計画

子どもの姿

心と体（養護）
- 年末年始の休み明けなので、登園時に泣いたり、食事のときに眠くなったりする子がいる。
- 休み中の経験を、うれしそうに保育士や友達に話す。

生活・あそび
- 食器が茶わんになり、まだうまく持てない子もいる。はしを使うことに慣れ、「フォークちょうだい」と言う子どもがほとんどいなくなる。
- ほとんどの子どもが自分でトイレで排尿するようになり、午睡時もパンツで眠る子どもが増えている。
- ジャンパーのハンガー掛けでは、根気よくボタンやファスナーの始末までしようとする子どももいるが、「できない」と言ってやらない子どももいる。
- 保育士や友達と一緒にこまやたこを作り、あそんでいる。
- 気の合う友達とごっこあそびをすることが多くなり、長い時間夢中であそぶようになる。また、おしゃれコーナーでは「ここは、お客さんが座るところね」「かわいくしてあげますよ」と言いながらあそぶ姿も見られる。
- 寒くても外に出ることを喜び、自然にふれたりしてあそぶ。

内容

心と体（養護）
○ ゆっくり生活リズムを整えて、安心して過ごす。
○ 話したことが伝わる喜びを感じながら、保育士や友達と会話を楽しむ。

生活・あそび
○ 食器に手を添えたり、はしで食べたりするようになる。
○ 自分からトイレに行き、排尿する。
○ 保育士に見守られ、身の回りのことを自分でしようとする。
○ 伝承あそびに興味をもって、保育士や友達と一緒に楽しむ。
○ 保育士や友達と一緒にいろいろな素材や道具を使って、製作あそびを楽しむ。
○ ごっこあそびのなかで、友達と言葉のやり取りを楽しむ。
○ 戸外に出て、冬の自然にふれながらあそぶ。

保育士のかかわりと配慮（環境構成）

心と体（養護）
◆ ひとりひとりの体調や機嫌を把握しながら、不安のないように優しく受け入れる。また、いつでも休息や睡眠をとれるようにしながら、少しずつ園生活のペースを取り戻し、安心して過ごせるようにする。
◆ 子どもの話をじっくり聞き、「よかったね」「楽しかったね」などと子どもの思いに共感していく。

生活・あそび
◆ 食事の様子や子どものやり取りを見守りながら、食具（茶わん・はし）の正しい使い方を知らせたり、手を添えたりして、食事のマナーが少しずつ身につくようにしていく。🍚
◆ ひとりひとりのタイミングに合わせ、さりげなくトイレに誘い、トイレットペーパーでふいたり、スリッパをそろえたり、手を洗ったりすることを繰り返し伝えていく。
◆ そばで見守りながら、できたときは褒め、うまくできないところは手伝いながら、最後は自分でするように促し、自分でできた喜びを感じられるようにする。
◆ こま回しやたこ揚げは、あそび方を知らせながら保育士も一緒にあそび、友達と楽しめるようにする。　詳細はP.217
◆ 製作あそびでは、のり、はさみ、ペンなど道具の使い方を丁寧に知らせながら一緒に作るようにする。　詳細はP.216、217
◆ 子どものやり取りを見守りながら、イメージを共有できるよう言葉を添えるとともに環境も工夫して、あそびを広げ、さらに楽しめるようにしていく。　詳細はP.208、209
◆ 雪や氷などの冬の自然にふれ、子どもの発見や驚きに共感したり、追いかけっこなどを一緒に楽しんだりする。

家庭との連携

■ 年末年始の休み明けなので、生活リズムを整えながら安心して過ごせるように子どもの様子を伝え合う。
■ 子どもの興味や発見に関心をもって話を聞き、子どもとふれあう楽しさを伝えていく。
■ 雪の日は、長靴や手袋などがあるとあそびやすいことを伝え、準備するよう伝える。
■ インフルエンザやおう吐下痢症などが流行するので健康状態を細かく伝え合い、予防の大切さを確認し合う。

※🍚印は、食育に関連する項目

教材資料

うた	ゆき（文部省唱歌） ゆきのぺんきやさん （作詞＝則武昭彦　作曲＝安藤 孝）
うたあそび	カレーライス おふろ
絵本	おとうふちゃん（学研） つよくてよわいぞじゃんけんぽん （ポプラ社）

1月の予定

- 誕生会
- 鏡開き
- カレー会
- ミュージカル観劇
- 総合防災訓練
  - 詳細はP.196、197
- 身体測定

まさし（3歳1か月・男児・進級児）

子どもの姿
- 小さい食べ物も、はしで上手に食べている。
- 母親の仕事が始まり、やや不安定になる。パンツをぬらすことが増え、ぬれたときも知らせる様子はない。
- 友達と気持ちが通じ合わないと、友達にベーッと舌を出して気持ちを表現することがある。

保育士のかかわりと配慮（環境構成）
- はしを上手に使って、「見て」というときの子どもの気持ちを大切に認め、自信につなげていく。🍚
- 失敗しても大丈夫だということを伝え、ぬらしても安心して保育士に知らせることができるように、優しく言葉をかける。
- お互いの思いを受け止めた後、友達が嫌な思いをしていることを伝え、仲立ちをしていく。

家庭との連携
- 忙しい母親の気持ちに寄り添い、笑顔で励ます。
- パンツをぬらすことも増えているが、焦らず子どものペースを大切にすることを共通理解する。

ちえ（3歳7か月・女児・進級児）

子どもの姿
- 着替えや身の回りのことなどを、自分で積極的にやろうとする。
- 家庭の事情で登園時間が遅く、あそびに入れないことがある。
- お気に入りの人形に服を着せたり、世話をしたりして楽しんでいる。

保育士のかかわりと配慮（環境構成）
- 自分でやろうとする姿を見守ったり、できないところをさりげなく手伝ったりしながら援助していく。
- 好きなあそびや友達とのあそびに誘い、必要に応じてあそびに入るきっかけをつくる。
- 好きなあそびが十分に楽しめるように環境を整えたり、保育士も一緒にあそんだりしながら安心して過ごせるようにしていく。
  - 詳細はP.208、209

家庭との連携
- 母親の体調があまりよくないので、回復してから少しずつ登園時間を早めていけるように連携を取る。

環境の工夫

- たこ揚げをするときは、園庭を思い切り走れるように、移動できる遊具は動かし、スペースを確保して十分楽しめるようにしていく。
- 寒いので「あったかくしようね」と、手洗いの仕上げ洗いにお湯を準備して、意欲的に手洗いができるようにする。
  - 詳細はP.190
- 気温が下がる日には、牛乳パックやヨーグルト容器などに水を入れて戸外に置き、氷ができているか様子を見たり、川に張った氷を見に行ったりして楽しめるようにする。
- おしゃれコーナーでは、美容室ごっこが楽しめるように、手作りのドレッサーやドライヤーなどを用意してあそびが発展するように工夫する。
  - 詳細はP.209
- 鏡開きをしてぜんざいを食べたり、七草がゆを食べたりして伝統食に関心をもてるようにする。

健康・安全のために

- 暖房器具を使用するので、室内の換気をこまめに行い、室温を20～23℃、湿度40～60％くらいに保つように調節するとともに、安全面にも気を付けていく。
- 感染症予防のために、戸外から帰ってくるときや食事前は、手洗い・うがいを徹底する。おう吐・下痢などの症状が見られた場合は、看護師の指導を受けながら適切な処理を行うようにする。
  - 詳細はP.190
- 総合防災訓練では実際に消防車に乗ったり、消火器に触ったりしながら、2歳児なりに興味をもてるよう働きかける。
  - 詳細はP.196、197

職員間の連携

- 身の回りのことは、ひとりひとりの今の育ちや課題について確認し、職員間でかかわりや援助の仕方を話し合う。
- 冬の感染症予防に普段から気を配り、出勤時の消毒のほか、退勤時も保育室やトイレなどのスプレー消毒を徹底する。
- 休み明けは、休んでいる子どもや体調不良の子どもの把握（いつから・どんな症状で・受診後の病名・回復の状態など）を全職員が共通理解するよう、ホワイトボードに掲示する。

評価の観点と振り返り

「生活のリズムを整える」について

年末年始は、祖父母宅へ帰省して過ごしたり、旅行に出かけたりした子どもも多く、いつもとは違う楽しい体験をした様子が、子どもたちのうれしそうなおしゃべりからもよくわかった。ただ、保育始め当日はやや興奮気味だったり、母親と離れたがらなかったり、生活のリズムの乱れからか、眠そうな表情を見せていた。午前中は、体調と相談しながらではあるが、積極的に戸外に出てあそぶ機会を大切にし、ゆっくり生活リズムを整えていくように努めた。

「伝承あそびを通した友達とのかかわり」について

正月あそびのなかでも「こま回し」「たこ揚げ」は、人気のあるあそびとなったので、2歳児でも十分に楽しめるよう工夫した。12月から行っていたのりやはさみを使った製作あそびを追体験できるように、簡単な作り方を提案したので、作ってあそぶ楽しさを体験できたように思う。特にたこ揚げは、戸外に出てよく走り回ったので、戸外で体を動かすあそびの楽しさや、体が温まる心地よさを感じている様子だった。

※室温設定については、地域によって違いがある。また、節電などへも配慮する。

2月の指導計画

2歳児

CD excel → 2歳 → 月間 → P184_2歳2月

2月のねらい（養護・教育）

◎ 生活の仕方がわかり、簡単な身の回りのことをほとんど自分でしようとする。
◎ 生活やあそびのなかで、相手の思いに気づくような経験を重ねる。
◎ 異年齢（3・4・5歳児）の友達とかかわってあそぶことを楽しむ。

※「ねらい」及び「内容」は、5領域（健康、人間関係、環境、言葉、表現）の観点を意識して作成する。

クラス全体の計画

子どもの姿

心と体（養護）
- 前日のあそびの続きを楽しみに登園する子が増える一方、寒さのためか、あそび始めるまでに時間のかかる子もいる。
- 友達を誘って、年上のクラスへ行くことを喜んでいる。

生活・あそび
- 友達と会話を楽しみながら食事をするが、おしゃべりに夢中になりすぎて、食べることがおろそかになることもある。
- ズボンを下ろして便器に座ったり、男の子は立ち便器での排せつがスムーズになるが、まだズボンの下ろし加減がわからない子もいる。
- 寒い日は指先だけをぬらすなど、手洗いやうがいが雑になり、嫌がる子もいる。
- 年上の子をまねてほうきを持ってきたり、「キッチン持っていっていい？」と食後の片付けを自分からしようとする。
- 年上の子の鬼のお面などに興味をもって見ている。
- 水性ペンを使って、楽しそうに絵をかいている。
- 作ったお面をかぶったり、保育士に見せたりしながら、節分誕生会を楽しみにしている。

内容

心と体（養護）
○ 登園後、ゆったりと好きなあそびを楽しむ。
○ 年上の子どもに興味をもち、一緒にあそぶ。

生活・あそび
○ 友達と一緒に食事を楽しむ。
○ 自分でズボンやパンツを下ろして、トイレで排せつをする。
○ 自分から手洗いやうがいをしようとする。
○ 片付けを意欲的にしようとする。
○ 鬼のお面やバッグなどを楽しんで製作する。
○ ペンを使うときの約束を知り、かくことを楽しむ。
○ 年上の友達との交流を楽しみながら、豆まきをする。

保育士のかかわりと配慮（環境構成）

心と体（養護）
◆ 温度や湿度に配慮し、温かい室内で落ち着くようにゆったりとかかわり、好きなあそびに誘う。前日のあそびの続きがすぐできるようにコーナーの準備をしておく。　**詳細はP.209**
◆ 年上のクラスの担任と連携をとり、保育士が仲立ちをして、年上の子どもとのかかわりをもてるようにしていく。

生活・あそび
◆ 一緒に食事をしながら、子どもたちの様子を見守り、食事が進んでいないときは、食べることに意識が向けられるように言葉をかける。また、調理師や栄養士とも連携し、季節に合った楽しめるメニューを工夫していく。🍴　**詳細はP.221**
◆ 便器に座ってパンツやズボンを持ったりして、排せつの仕方をそばについて丁寧に知らせていく。排せつ後の始末を見守りながら「上手にふけたね」などと、自分でできたことに自信がもてるように言葉をかけていく。
◆ お湯を準備し、手を洗いやすいようにし、保育士も一緒に行いながら、手洗いやうがいの習慣が身につくようにする。　**詳細はP.190**
◆「お片付け（お手伝い）上手だね、きれいになったね、ありがとう」などと言葉をかけ、意欲を引き出すようにする。
◆ 年上の子の鬼の面作りやお店屋さんについて、期待をもてるような話をしながら3・4・5歳児クラスへあそびに行き、いろいろな材料を準備し、あそびに必要なものを一緒に作る。　**詳細はP.220、228**
◆ ペンのキャップはペンのおしりにつける、使った後はキャップをするなどを伝え、思いきりかくことを楽しめるようにする。
◆「お兄ちゃんの鬼、かっこよかったね」「あしたは一緒に豆まきしようね」と誘い、異年齢で交流しながら豆まきができるように配慮する。　**詳細はP.220、221**

家庭との連携

■ 身の回りのことなど自分でできることが増えたことを伝え、褒めたり励ましたりしながら、見守ることを確認し合い、進級や移行期間についても丁寧に知らせていく。　**詳細はP.227**
■ 年上の子どもとかかわってあそんでいる様子を伝え、進級することへの期待や不安について話し合う機会をもつ。
■ 感染症の流行状況を知らせるとともに、予防のための手洗いやうがいを行い、健康状態を細かく伝え合う。

※🍴印は、食育に関連する項目

教材資料

うた
豆まき（絵本唱歌）
コンコンクシャンのうた
（作詞＝香山美子　作曲＝湯山 昭）

うた あそび
おにのパンツ
おしくらまんじゅう

絵本
てぶくろ（福音館書店）
いろいろおせわになりました
（福音館書店）

2月の予定
- 節分誕生会
  詳細はP.220、221
- 避難訓練
- 身体測定
- 交通安全教室

環境の工夫
・進級に向け、朝の準備時、お便り帳にシールをはることや食事時にナプキンを自分でバッグから準備するようにやり方を伝えるとともに、環境を工夫する。　詳細はP.227
・異年齢児とかかわってあそぶ機会を作り、一緒にあそぶ楽しさを味わえるように、2歳児も楽しめるあそびを選び、環境に配慮する。　詳細はP.228、229
・寒くて室内にこもりがちなので、室内で体を十分に動かせるようにスペースを確保し、あそびを工夫する。

健康・安全のために
・冬の感染症が流行しやすい時季なので、子どもや保護者、保育士も手洗いとうがいを丁寧に行うようにする。　詳細はP.190
・午睡時は寝つきやすいように室温を高めにし、眠ったら温度を下げ、熟睡できるように配慮していく。
・子どもの健康状態や体調を見て、戸外に出るときは衣服の調節を行う。また、動きやすい服装にし、安全にあそべるようにする。

職員間の連携
・生活面での個人差があるので、ひとりひとりの発達に合った援助を話し合う。また、進級に向けて課題があれば、今後の対応の仕方を話し合い、共通理解する。　詳細はP.230
・ひとりひとりの健康状態を伝え合い、体調の変化に早めに気づけるようにする。
・新年度に用意する物について共通理解し、保護者の質問に対して同じ対応ができるようにする。　詳細はP.227
・進級に向けて、3・4・5歳児クラスの担当者と連携し、子ども同士のかかわりがもてるような機会を作っていく。　詳細はP.230

まさし（3歳2か月・男児・進級児）

子どもの姿
- パンツで登園するようになるが、寒さからか、パンツがぬれていても「ぬれてない」と言ったりする。
- 友達と思いがすれ違うと、手が出ることがあるが、その理由を聞くと自分の気持ち（理由）を話す。
- 0歳児の妹との生活があそびへとつながり、人形の世話をしてあそぶことを好んでいる。

保育士のかかわりと配慮（環境構成）
- ◆排せつが嫌にならない程度にトイレに誘い、パンツがぬれているときは、はき替えるよう言葉をかける。
- ◆じっくりと思いを聞きつつ、同じことをされたらどんな気持ちになるのかを考えられるように話し、相手の気持ちに気づけるようにしていく。
- ◆あそびが十分に楽しめるように、身近な道具（お風呂の洗面器やシャンプーのボトルなど）を用意する。

家庭との連携
- ■友達とけんかもするが、自分の思いを相手に伝えられるようになったことを丁寧に知らせる。

ちえ（3歳8か月・女児・進級児）

子どもの姿
- 母親の体調が悪いので、夜遅くに就寝し、朝遅い時間に起床するなど生活のリズムが乱れがちになる。
- 1月に続いて登園後に、眠そうにしていることが多く、なかなかあそびを見つけられずにいることもある。
- 粘土あそびが好きで、丸めたり伸ばしたり型を抜いたりして、あそぶことを楽しんでいる。

保育士のかかわりと配慮（環境構成）
- ◆体調の変化、情緒の安定に十分に気を配っていくようにし、不安な気持ちに寄り添っていく。
- ◆引き続き様子を見ながら言葉をかけたり、無理のないように好きなあそびに誘ったりしていく。
- ◆粘土あそびを十分楽しむことができるように、必要な道具を準備しておいたり、保育士も一緒に作ったりしながら、あそびに参加していく。

家庭との連携
- ■家庭と園での様子をお便り帳などで細かく伝え合い、少しずつ生活リズムを取り戻せるように連携をとる。

評価の観点と振り返り

「相手の思いに気づく経験」について
全体的に言葉に対する理解が進んできたように思う。「今度、鬼のお面で、お誕生会行くよね」と小さな見通しをもって楽しみにしている話が、子ども同士のなかからも聞かれるようになってきた。しかし、生活やあそびのなかで、友達と思いがすれ違ったときには、まだ言葉ではなく、手が先に出てしまうことがある。そのようなときには、手を出してしまった子どもに、そのときの思いをじっくりと聞き、同じことをされると相手の子どもがどんな思いをするのかを丁寧に伝え、相手の子どもの気持ちに気づけるように、その場で繰り返し伝えていくことが必要だと感じた。

「異年齢の子どもとのかかわり」について
3・4・5歳児で流行していた、お店屋さんごっこや節分のグッズ作りなどに興味をもっていたので、進級も視野に入れ、3・4・5歳児の担任と連携をとりながら、年上のクラスへ意図的にあそびに行った。特に5歳児は、2歳児をとてもかわいがって丁寧に接してくれた。優しいお兄さん、お姉さんとのかかわりや、あそびのおもしろさに触発され、よくあそんでいたので、計画より多く年上の子の保育室に足を運ぶ結果になった。お店屋さんごっこは、2月後半から盛り上がりを見せているので、3月につなぎ、このまま移行に向けて、生活やあそびのなかで自然に交流を続けていきたい。

2歳 指導計画

2歳児 3月の指導計画

3月のねらい（養護・教育）

◎自分から身の回りのことをする。
◎異年齢児とかかわりながら、進級を楽しみにする。
◎身近な自然にふれ、春の訪れを感じる。

※「ねらい」及び「内容」は、5領域（健康、人間関係、環境、言葉、表現）の観点を意識して作成する。

クラス全体の計画

子どもの姿

心と体（養護）
- 進級を前に、リュックでの登園が多くなり、意欲的に自分で必要な物を出し入れする子どもが増えている。
- 言葉の成長が見られ、経験したことを話す姿がある。

生活・あそび
- 年上の子のクラスで一緒に食事をする機会を設け、そのことを伝えると楽しみにしている。
- 登園すると、お便り帳に「今日はどこ？」と年上の子をまねて、シールをはることを毎日楽しみにしている。なかには、何枚もはっている子どももいる。
- かいた絵について保育士が質問をすると、いろいろなことを話す。
- 園庭や年上の子の保育室で、年上の友達とあそぶことを楽しんでいる子もいるが、なかには戸惑っている子もいる。
- 散歩に行くことを伝えると、「公園であそぼう」と目的をもって出かける。

内容

心と体（養護）
○喜んで登園し、進んで身の回りのことをする。
○いろいろな言葉を使って、保育士や友達とのやり取りを楽しむ。

生活・あそび
○年上の子と一緒に食べることを喜ぶ。
○保育士と一緒に、シールをはるなど、朝の準備をすることに慣れる。
○いろいろな素材や用具を使って、イメージしながらかいたり作ったりする。
○保育士や友達と一緒に、年上の子とかかわることを喜ぶ。
○散歩で春の自然にふれて楽しむ。

保育士のかかわりと配慮（環境構成）

心と体（養護）
◆自分で頑張っている姿を認め、見守りながらできないところはひとつひとつ丁寧にかかわり、安心できるようにやり方を伝えていく。　詳細はP.227
◆楽しくあそぶなかで子どものやり取りを見守り、お互いのイメージがつながるように言葉を補いながら会話が広がるよう仲立ちをし、話すことや聞くことの楽しさに気づけるようにする。

生活・あそび
◆進級に期待がもてるように、大きくなったことを一緒に喜び合い、好きな年上の子や友達と楽しい雰囲気で食事ができるようにする。　詳細はP.229
◆リュックからナプキンを出してフックに掛け、「今日はここよ」とお便り帳にシールをはる場所を丁寧に知らせ、自分ではることで、自信をもって朝の準備ができるようにする。　詳細はP.227

◆のびのびとかいたり作ったりできるように素材や道具を用意し、子どものイメージやおしゃべりに耳を傾けながら共感していく。
◆レストランごっこやお店ごっこで、年上の子とふれあう様子を大切に受け止め、必要に応じて言葉を足したり、仲立ちをしたりしながら、かかわりが広がるようにしていく。　詳細はP.228、229
◆春の自然を感じられるような散歩コースを選んだり、言葉かけを工夫したりして、散歩を楽しめるようにし、公園では安全に配慮しながら、いろいろな遊具で思い切りあそべるようにしていく。　詳細はP.200

家庭との連携

■新年度の持ち物について説明をしながら、異年齢クラスでの生活の様子を伝え、子どもの成長について喜び合う。また、不安な点などがあれば、気軽に質問するように伝え、安心して進級を迎えられるよう配慮していく。　詳細はP.227

■身の回りのことが、ほぼひとりでできるようになった子どもの姿をエピソードを交えて伝え、家庭でも褒めたり励ましたりしながら、自分でできた喜びを味わえるようにゆとりをもって見守るように話をしていく。

※🍚印は、食育に関連する項目

教材資料

 こころの花
（作詞＝菊池政隆
作曲＝よしざわたかゆき）

 うれしいひなまつり
さんぽ

 おおきくなるの（福音館書店）
ぐりとぐら（福音館書店）

3月の予定

・ひな祭り誕生会
・お別れ遠足
・お別れパーティー
　詳細はP.229
・身体測定
・避難訓練
・卒園式
・修了式

環境の工夫

・3歳児クラスになるとリュックで登園し、持ち物の整理を自分で行うので、整理の仕方を丁寧に伝える。また、ナプキンやビニール袋などを忘れた場合は、保育士に伝えるように知らせる。　詳細はP.227
・5歳児とのお別れ会食会のときは、大好きな年上の友達との交流が楽しめるようにテーブルの配置を工夫し、バイキング形式の食事にする。　詳細はP.229
・春の自然にふれられるように戸外あそびや散歩の機会を多くもつようにする。　詳細はP.200

健康・安全のために

・朝・昼・夕の温度差があるので、室温や活動に応じて衣服の調節をして、健康に過ごせるようにする。
・戸外でのあそびが多くなるので、遊具などの点検をこまめに行い、安全に配慮する。
・交通安全教室に参加した後は、散歩に出かけ、実際に横断歩道や信号機・車やバスなどを見ながらルールについて話し、興味がもてるようにする。

職員間の連携

・異年齢クラスとの活動や行事については、職員間で事前に交流の意味を確認し、具体的な役割分担について話し合いながら連携を図る。　詳細はP.228、229
・来年度に向けて、ひとりひとりの1年間の成長を記録にまとめ、継続的にかかわっていけるように、次年度の担任と話し合いながら引き継ぎを行う。　詳細はP.230
・進級に向けて不安に思っていることを送迎時などに保護者から聞き取り、職員間で話し合って丁寧に対応していく。

まさし（3歳3か月・男児・進級児）

子どもの姿

●母親に甘えたい気持ちからか、保育室の中まで抱っこされながら登園をする。
●パンツがぬれると、洗濯用のバケツに入れるようになるが、ぬれたことを自分から知らせることはない。
●イメージしながら絵をかいたり、砂あそびをしたり、粘土で作ったりすることを楽しんでいる。

保育士のかかわりと配慮（環境構成）

◆甘えたい気持ちを受け入れながら、タイミングをみて、「ここから、先生と一緒に歩いていこうか」などと言葉をかける。
◆「パンツぬれてたね。バケツに入れられて偉いね」などと声をかけ、後片付けしたことを十分に認める。
◆「おいしそう。○○をください」などとイメージが膨らむような言葉をかけ、あそびが広がるようにする。

家庭との連携

■甘える気持ちを受け入れる大切さを話すとともに、身の回りのことを自分からしている姿も知らせる。

ちえ（3歳9か月・女児・進級児）

子どもの姿

●休み明けは、登園してもなかなかあそびを見つけられなかったり、保育士の関心を引きたい思いもあるのか、みんなと違う行動をとったりする。
●午睡時のおもらしがあり、おむつで眠ることが多い。
●手洗い・うがい、衣服の着脱など、身の回りのことを自分でやろうとしている。

保育士のかかわりと配慮（環境構成）

◆思いを受け止め、興味のあるあそびに誘ったり、スキンシップをして、落ち着いて楽しめるようにする。
◆午睡時はパンツがぬれていても、そのままにしていることが多い。ぬれたときは、言葉で伝えるよう促したり、着替え後の心地よさを伝えたりしていく。
◆自分でやろうとする姿を見守ったり、褒めたりしながら自信につなげていく。　詳細はP.190、191、227

家庭との連携

■トイレトレーニングについては、園と家庭の様子をこまめに伝え合いながら、焦らずに進めていく。

評価の観点と振り返り

「身の回りのこと」について

保育記録の記入の際に日誌を振り返ると、4月当初に比べ、どの子も自分でできることが増え、友達への関心が高まり、あそびが広がってきているので、改めて1年間の成長を感じた。特に、朝の準備や衣服の着脱、排せつ、食事、清潔の習慣など、身の回りの自立については、毎日の積み重ねのなかで、日々丁寧に接し、やり方を伝えていくことやできたことを認める言葉かけが大切だと気づかされる。半面、保護者の仕事の都合で登園時間が遅く、生活リズムがなかなか確立しないなど、個別の配慮が必要な子どももいるので、引き続き、継続的な支援ができるように、次年度への引き継ぎをきちんと行いたい。

「進級への期待」について

2月から、異年齢児との交流が増えたことで、年上の子に親しみをもち、「○○ちゃんと一緒のクラスになりたい」という思い（当園では3歳児以上は、異年齢児によるクラス編成）が強くなっている。異年齢児とあそぶ楽しさが、進級への期待に直結しているようだ。お別れパーティーなど異年齢児とかかわる行事では、できるだけ子ども同士がふれあえるようにバイキング形式を取り入れ、異年齢で一緒に食べられるような環境を工夫した。進級まではうれしい思いに寄り添いながら、進級が負担にならないように、保護者と連携しながら準備を進めていきたい。

2歳の保育資料

環境

あそびコーナー
指導計画 P.164、165、169

入園・進級して新しい環境に囲まれる子どもたち。安心して生活し、好きなあそびを楽しめるように配慮しています。

進級して保育室が変わり、不安を感じているときは、慣れたおもちゃであそぶことで安心することも。1歳児クラスのときからあそんできた赤ちゃん人形と、保育者手作りの服、おむつ、布団などを、2歳児クラスのままごとコーナーに持ってきてあそべるようにしています。

おなじみの赤ちゃん人形が見えるように置く。

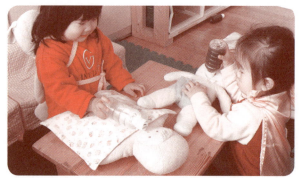

おんぶしたり、寝かせ付けたり、手作りの哺乳瓶でミルクを飲ませたりして、人形のお世話ごっこを楽しむ。

実践者より
一緒に進級してきた赤ちゃん人形には、子どもたちも特別な思いがある様子。お世話ごっこに夢中になる、一番人気のコーナーになっています。

赤ちゃん人形のミルク

小さいペットボトル／ふたはボンドで固定／色水

エピソード記録
進級の不安と赤ちゃん人形

安心して過ごせるように

年度が替わるにあたり、新しい環境、新しい保育者と生活することへの期待と不安を受け止め、安心して過ごせるように、お気に入りのおもちゃの一部も一緒に進級させることにしました。検討の末、子どもたちが1歳児クラスの後半に、抱っこしたりミルクを飲ませたりすることに興味を持ち始めていた赤ちゃん人形を持っていくことにしました。

Aちゃんと赤ちゃん人形

新しい環境に慣れるのに時間がかかるAちゃん。初日は涙のスタートで、これまでの様子から、多少時間がかかるだろうな、今日は1日気持ちが不安定かな、と心配していました。保育室では、ままごとあそびが大好きで活発なBちゃんが、おんぶひもで人形をおんぶしてあそんでいました。登園したAちゃんは、しばらくわたしのひざの上で、涙をためてじーっと様子を見ていましたが、「Aも」と小さな声でBちゃんの方を指さしました。「AちゃんもBちゃんみたいに赤ちゃんをおんぶしたかったのね」と、Aちゃんの思いにこたえると、Aちゃんは慣れ親しんだ人形を手に取り、慣れた手つきでお世話をし始めました。

環境構成の大切さ

ままごとコーナーに、赤ちゃん人形と楽しくあそぶような環境の工夫をしたことが功を奏したのでしょう。環境の変化に不安を感じながらも、大好きなおもちゃを前に、自分の思いを伝えながらあそびだしたAちゃんに頼もしさを感じるとともに、新年度の不安に寄り添う環境構成の大切さを再確認した出来事でした。

トイレトレーニング

指導計画 P.164、165、175、177

おしっこの間隔が長くなり、一日中パンツで過ごせる子どもが増えてきました。あそびに夢中になって失敗したり、何度か誘うと反発したりすることもあります。このような子どもの姿を理解しながら、排せつの自立を助けていきます。

環境の工夫

便器のそばやタンクに、子どもたちの好きな動物や乗り物、キャラクターなどの絵をはったり、植物を飾ったりして、リラックスできる雰囲気を作る。

トイレットペーパーは一回分ずつに切って、壁に設置した手作りの箱に入れ、子どもが自分でふいていけるようにする。

援助のポイント

・あそびに夢中になっているときや、機嫌が悪いときは、無理に誘うと逆効果。タイミングよくトイレに誘い、気持ちよく排せつして、自信につながるようにする。失敗したときは一緒に残念がり、次は頑張ろうという気持ちを大切にする。

・パンツをはくとき「どっちが前?」と聞いてきたり、「○○マンのパンツがいい!」「パトカーのトイレにする!」などと自分の好みを主張したり、小さな部分で「ジブンデ」の気持ちが出てくるので、丁寧にこたえ、自立への意欲につなげていく。

保護者に伝える

家庭でも無理なくトイレへの自立ができるよう、クラス便りや連絡帳で、園での様子をわかりやすく丁寧に伝える。

●トイレトレーニングを伝えるお便り例

行け行け! パンツマンへの道

「**今**までは、持ち帰りのおむつがずっしり重かったのに、このごろ多かったり少なかったりする……」と感じていらっしゃいませんか? タイミングが合えば、トイレでおしっこのでる子が増えてきました。さぁ、連休が明けたら個人に合わせて本格的にトレーニング開始! わたしたちもバケツにぞうきんのスタンバイOKです!
〈トレーニングパンツを毎日2〜3枚持たせてください〉

トイレにスリッパがあるのが魅力的なのか、スリッパを見るだけで目がキラキラ。トイレのスリッパをはいて、どこまでも果てしなく歩いて行っていたのは昔のこと。そのスリッパをはいて次に向かうはトイレットペーパー! 少し目を離したすきに個室に入り、丸ごと1ロール引き出していたこともありました。でもそれが楽しいんですよね……。

……こんなふうにドタバタしながらもトレーニングを進めています。……

行け行け! パンツマンへの道

おしっこの間隔がずいぶん長くなり、一日中パンツで過ごせる子が増えてきました。……が、あそびに夢中になると、床に大きな水たまりができていることも……。そんななか、友達がトイレに行くと、「○○ちゃんも!」と言って行く姿や「シーした!」と友達に伝える姿も見られるようになりました。自然に互いを刺激し合いながらパンツマンへの道をたどっていく、もみじぐみなのでした。

ある日、男児用便器に向かっておしっこをしていたA君。足を少し広げて上手におしっこをしていたその時、妙に力が入っているなと思っていると……。「ん?」と思った瞬間、床にぽとりと黒い物が……! なんとうんこが出てきたんです。本人もびっくりでした。

またまた男児用便器の前で。子どもの後ろで「あれ? おしっこがこぼれてるー」と思ってふと見ると、なんとあなたは女の子! だれだ〜、立っておしっこしている女の子は! しかし、さらに上を行く神業が……。なんと男児用便器に座っている女の子を発見! あの……座る所が違います……。

失敗してもいいじゃない♪ のんびりのんびり♪

「行け行け! パンツマンへの道」と題して、子どもたちのエピソードをクラス便りのなかでシリーズにして伝えた。

2歳 保育資料

2歳の保育資料

環境

手洗い・うがい

指導計画 P.178～181、183～185、187

気温の変化が激しくなると、体調を崩す子どもがちらほらと見え始めます。特に冬の感染症（インフルエンザ・感染性胃腸炎など）が流行する前は、手洗い、うがいなど予防に努めています。

手洗い

水が冷たく感じられるようになると、つい手洗いもおろそかになりがちです。手洗いの最後にぬるま湯をひとりずつ洗面器にくんで準備し、仕上げ洗いをします。

「気持ちいーい」。ほんのり温かい心地よさに、手洗いが大好きになってしまう子も。

うがい

外から帰るとうがいをすることを、少しずつ習慣づけていきます。ブクブクうがいはできていても、ガラガラうがいはまだ上手にできない子どもがいるので、保育者と一緒に少しずつ練習します。

「風邪のバイキン、バイバイしようね」などと声をかけながら「ごろごろぺっ」。しっかりと上を向くように心がけて。

コップは水道の横にまとめて置き、手洗い→うがい→タオル→食事の場への動線がスムーズになるように。

ティッシュペーパーは、縦にぶら下げて水場のそばに置く。手を洗った後は、鼻も清潔に。

はなかみ

朝晩の気温の差が大きい季節は、鼻水が出やすくなります。出たらすぐ自分でかめるように、ティッシュペーパーは取りやすい所に設置します。

鏡と一緒に設置しているコーナーもある。きれいに鼻水がふけたか自分で確認し、きれいにすると気持ちよいことがわかるようにしていく。

上着掛け

指導計画 P.179、180、187

朝の気温が下がってくると、コートやジャンパーを着てくる子どもが増えます。気候に合わせて衣類をこまめに調節するとともに、自分で着脱や管理をしていけるようにしましょう。

体調に気を配りながら、日中はなるべく薄着で活動的に過ごせるようにしたいものです。登園したときに、子どもが保育者と一緒に、自分で上着を脱ぎ、ハンガーに掛けるようにしています。

上着掛けは縦110cm×横130cmほどで、子どもが自分で服を掛けられる高さになっている。登園時は室内の身支度をするコーナーに置き、登園が済んだら入口付近の廊下に移動する。

エピソード記録
一緒にハンガー掛け

ハンガー掛けの登場

　風が冷たくなりジャンパーやコートを着る子どもが増えてきたので、上着掛けを用意しました。最初は保育者の手を借りながらのスタート。床にジャンパーやコートを置き、そでにハンガーを通し、ボタンやジッパーを閉め、上着掛けにかけるという一連の流れで、ぎこちないながらも自分で掛けることが、朝の日課となってきました。そのなかに、身の回りのことをまだ自分でしようとせず、友達とのかかわりもあまり見られないA君がいました。

友達のまねをして

　A君はここ数日、友達のB君のことがとても気になる様子で、B君の後をついて回っていました。ある日、ちょうど2人の登園時間が重なり、A君はとてもうれしそう。弾んだ声で「おはよー」と声をそろえて保育室に入ってきた2人に、「おはよう！ いいなぁ、今日はA君とB君一緒に来たのね。朝の準備しようか」と声をかけました。「うん」とB君がさっそくジャンパーを脱ぎ始めると……B君の様子をじーっと見ながら、A君もジャンパーを脱ぎ始めました。

A君が上手くできないのを見たB君は、横からそっと手伝います。なんとか一緒にジャンパーを掛けたA君は、満足そうに「うんうん」とうなずいていました。

気持ちが通じ合って

　この日から、B君はA君を気にかけ、あそぶときも一緒にいることが多くなってきました。また、A君は困ったことがあると、真っ先にB君のところにかけ寄っていくようになりました。朝のジャンパー掛けをきっかけに、2人の気持ちが通じ合ったようです。

2歳 保育資料

2歳の保育資料

健康

歯を守る　指導計画 P.166、167、177

5月は歯科検診もあり、子どもが歯磨きに興味をもつ時期。楽しくわかりやすく伝えることを心がけ、歯磨きが習慣になっていくようにします。また、嘱託医と連携し、保育者や保護者も歯の健康に関する意識を深めていくようにしています。

歯磨きを伝える

●手順
① 食事がすんで「ごちそうさま」をしたら、座ったまま、保育者から歯ブラシを受け取る。
② 小グループごとに保育者の「はをみがきましょう」の歌に合わせて、歯ブラシを持って自分で磨く。
③ 保育者がひとりひとり仕上げ磨きをする。
④ うがいをする。

●援助のポイント
・2歳児に合った、乳歯用の歯ブラシと持ち手の付いたコップを用意する。
・歌をうたうなど、楽しい雰囲気のなかで行う。
・歯ブラシを持ったまま、立ち歩かないようにする。
・「食べたら磨く」を習慣にしていくことを目標にするが、無理強いはしない。
・人形を使うなど、子どもにわかりやすい方法で伝える。

歯磨きを伝える
ワニさん人形と歯ブラシの作り方

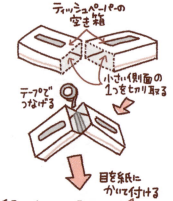

食事が済んだらその場で歯磨き。

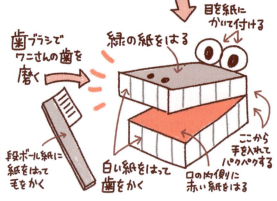

♪ はをみがきましょう　　　　　　作詞・作曲＝則武昭彦

1. は を み が き ま しょう しゅっ しゅっ しゅっ　ぶ ら し の た い そ う
2. は を み が き ま しょう しゅっ しゅっ しゅっ　こ ろ こ ろ う が い も

　おい ち に おい ち に　じょう ぶ な は に な れ　しゅっ しゅっ しゅっ
　ほ ら ね ほ ら ね　ま っ し ろ い は に な れ　しゅっ しゅっ しゅっ

嘱託医との連携

●歯科検診

毎年、5月と10月に歯科検診を行っています。
検診後は「歯科検診結果報告書」を保護者に渡します。さらに嘱託医の全体的な所見をお便りで伝えます。

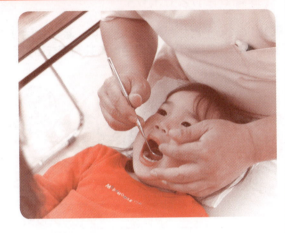

●歯科検診結果報告書の例

歯科検診結果報告書

くみ　　　　さん

歯科の先生による検診を行いました。結果は次のとおりです。治療の必要な人は、早めにかかりつけの歯科にて治療を受けましょう。

中央保育園
園長　〇〇〇〇
看護師　〇〇〇〇

《検診結果》
＊異常ありませんでした。

＊虫歯　　　　本あります。
　早めに治療しましょう。

＊その他

●お便りでの所見報告例

★歯科の先生より

・本来2歳ぐらいまでは、虫歯はあまり発生しません。
・汚れて白濁色の歯が目立ちます。ほうっておくと虫歯になる可能性が高いので、歯磨きを丁寧に行いましょう。
・歯ブラシを細かく動かす指導をしています。仕上げ磨きは大人がしてください。

（保育園でも、食事の後の歯磨き指導を丁寧に行いたいと思います。）

歯磨きについて

先日の歯科検診でのお話……。

もみじぐみの年齢が一番虫歯になりやすい！
今回の検診では虫歯はゼロでしたが、汚れが目立つお子さんがとても多かったようです。"食べたら磨く"を習慣づけ、仕上げ磨きをしてください、とのことでした。
これを機に、園でも食後の歯磨きをしたいと思っていますので、歯ブラシを持ってきてください（みんなでそろって始めます）。
家庭と園で取り組んで、秋の歯科検診も虫歯ゼロを目指しましょう。

●研修会

嘱託医による研修会を開き、虫歯の予防や治療について知識を深めています。保育者は保育終了後に、保護者は保育参加時に時間を設けるようにし、年に1回程度行っています。

保育者向けに、
口腔衛生やけがについて

保護者向けに、
フッ素の使用について

2歳 保育資料

2歳の保育資料

健康

夏の保育

指導計画 P.172、173、175

暑さが続くと、疲れや不調の出てくる子どもが増えてきます。夏の生活リズムを見直し、快適に健康に過ごせるような保育の計画を立てていきましょう。職員全員で共有できるような工夫が大切です。

● 一日の流れ

夏ならではのあそびを満喫するとともに、休息や水分がしっかりととれるよう配慮し、無理のない1日が送れるように考えました。

職員全員で共有できるよう、ねらいを3つに分けて示す。

〈のびのびタイム〉
登園後、降園前の自由あそびの時間。子どもの健康観察、保護者との連絡、職員間の伝達も行う。

〈きらきらタイム〉
その日のねらいに基づいて、2歳児クラスで一緒に活動して過ごす時間。

〈すくすくタイム〉
食事と午睡の時間。生活習慣を確認し、ひとりひとり丁寧に援助する。

ヘルパンギーナ、プール熱、とびひ、頭ジラミなど、夏の感染症について流行の有無を把握して注意深く観察し、予防と早期発見に努める。特に水あそびをする日は、体調の把握に留意する。

● 一日の予定表の例

デイリープログラム【夏版】　中央保育園

時間		子どもの活動			保育士の援助・配慮
		ふたば (0・1歳児)	もみじ (2歳児)	いちょう・さくら (3・4・5歳児)	
のびのびタイム	7:30	☆順次登園	☆順次登園・朝の準備	☆順次登園・朝の準備	★のびのびタイムのポイント ◎登園してくる子どもの受け入れ、健康観察 ◎保護者への対応、支援 ◎職員間の伝達、連絡
	8:00	・好きなあそび	・好きなあそび	・好きなあそび	
	8:30				
	9:00				
	9:30				
きらきらタイム	10:00	☆おやつ	☆朝の集まり・おやつ ・好きなあそび	☆朝の集まり ・好きなあそび	★きらきらタイムのポイント ◎指導計画に基づいてクラスでの保育
	10:30	・片付け・排せつ			
	11:00	☆食事	・片付け・排せつ・準備		
すくすくタイム	11:30		☆食事	・片付け・排せつ・準備	★すくすくタイムのポイント ◎食事、歯磨き、着替え、午睡、おやつなどの援助
	12:00	☆午睡	・片付け・歯磨き	☆食事 ・片付け・歯磨き (水曜日/フッ化物洗口)	
	12:30		☆午睡		
	13:00			☆午睡	
	13:30				
	14:00				
	14:30	☆目覚め・検温	☆目覚め・検温	☆目覚め	
	15:00	☆おやつ	☆おやつ	☆おやつ	
きらきらタイム	15:30				★きらきらタイムのポイント ◎指導計画に基づいてクラスでの保育
	16:00			☆帰りの集まり ・帰る準備	
	16:30				
のびのびタイム	17:00	☆合同保育	☆合同保育		★のびのびタイムのポイント ◎降園する子どもへの対応
	17:30			☆合同保育	◎時差出勤の職員間の引き継ぎ
	18:00				
	18:30	☆延長保育	☆延長保育	☆延長保育	◎延長保育利用時の共通理解項目を職員間で確認
	19:00				

午前に水あそびで活発にあそんだら、午後は絵本を見たり、製作あそびをしたりするなど、静と動の活動を交互にバランスよく組み込む。

戸外では、日差しが強い10時～2時の時間帯を避け、夕方の降園前にあそぶようにし、休息と水分を十分にとって、熱中症を予防する。

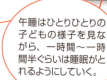

午睡はひとりひとりの子どもの様子を見ながら、一時間～一時間半ぐらいは睡眠がとれるようにしていく。

食事や午睡時は、心地よい室温を心がけ、十分な栄養と睡眠がとれるようにする。食欲の落ちている子どもには無理強いせず、食事の環境や内容を工夫して、楽しく食べられるように配慮していく。

午睡

指導計画 P.170～173

暑い夏を元気に過ごすには、睡眠や休息が大切。午睡の時間は、室温や過ごし方に十分配慮し、ゆっくり過ごせるようにします。

配慮点

・部屋を薄暗くする(完全には暗くしない)。
・寝る前に排せつを促す。
・午睡前に汚れた衣類は着替え、体を締めつけないリラックスできる服に着替える。
・暑すぎたり寒すぎたりする場所を事前に確認し、温湿度計を見ながら、室温25～28度、湿度40%～60%を保つ。
・途中で目が覚めそうになった子どもには、背中をトントンしたり、安心する言葉をかけたりする。
・寝汗をかくので、午睡後はタオルでふいて着替えをする。　・安全な睡眠環境を整え、観察をする。

絵本を使って

午睡の前は絵本を読んで気持ちを落ち着かせ、スムーズに入眠できるようにしています。

①お気に入りの絵本を選ぶ

午睡の前に、絵本の置いてある所に行って、子どもそれぞれがお気に入りの一冊を選ぶ。

②布団の中で絵本を読む

布団に入って絵本を読む。ひとりで読んだり、友達と一緒に読んだり、替えっこしたり。

「せんせい、よんで」のリクエストに応えて、保育者が読み聞かせることも。

③布団に絵本を置いて眠る

読み終えたら「えほんも一緒にねんねよ」と、絵本をまくらもとや布団のそばに置いて眠る。

●読むときのポイント

・静かで落ち着いた雰囲気のなかで、ゆったりした語り口で読むように心がける。
・「これを読んだらねんねしようね」と見通しがもてるような言葉かけをする。
・午睡になかなか入れなかったり、途中目覚めてしまったりしたときにも、静かに絵本を読めるようなコーナーの準備をしておく。

2歳 保育資料

2歳の保育資料

安全管理

防災訓練　指導計画 P.183

当園では、年間計画を立てて毎月避難訓練を行っていますが、特に年2回は（前期：6月、後期：1月）、近くの消防署から消防士や消防車を迎えて、本番さながらの訓練を行う総合防災訓練を実施しています。後期の訓練は、年末年始で火災の多い1月に行っています。

訓練の流れ

大事な命を守るため、緊張感をもって訓練に参加し、2歳児なりに防災について学んでいけるようにします。日ごろと違う様子に泣き出す子どもには、「練習だから大丈夫だよ」と安心できるような声かけをしていきます。

火災報知器の音を聞く

火災報知器の大きな音に子どもたちの表情がこわばることも。保育者は子どもたちが落ち着くように声かけをする。

放送を聞いて、避難場所に移動する

避難場所を指示する室内放送を聞いた後、担任の保育者と子どもたちで避難場所へ移動する。少し遠い二次避難場所まで歩くときは、誘導ロープを使う。

避難終了。園長と消防士の話を聞く

話を通して、避難するときの「お・か・し の約束」や、火だけでなく煙も怖いことなどを知る。2歳児にもわかりやすいよう身振り手振りを交えるようにしている。

「お・か・し の約束」
お……押さない
か……かけない
し……しゃべらない

職員が消火器を使って初期消火の訓練をする

職員が消防士の指導の下、実際の炎に向かって消火器で消化剤をかける。子どもたちは様子を見学する。職員を応援する姿も。

消防車に触ったり、体験乗車したりする

消防車の周囲に集まり、装具を触る子どもたち。「これ、なーに？」「ここからお水が出て火を消すんだよ」。

職員間で

●計画を立てる

訓練実施にあたって計画書を作り、事前にタイムスケジュールや役割分担などについて、職員間で確認し合います。

> いろいろな役割に細かく担当者を決め、互いに連携して迅速に行動できるように、仕事の内容や連絡方法を確認しておく。

> 時刻については、距離や子どもの歩く速さなどを考慮しながら、できる限り早く移動する想定で計画を立てる。想定通りにできたかどうか、訓練ごとに細かく見直していくようにする。

●総合防災訓練実施計画の例

総合防災訓練実施計画

社会福祉法人くすのき
中央保育園　園長　今川玲子

1、目的
　（1）火災が発生した場合、園児への速やかな避難誘導と的確な対応ができるようにする。
　（2）関係機関（消防署等）へ、速やかに通報できるようにする。
　（3）園児（特に3歳以上）に対して、日常の防災や、火災時の避難について知らせる。
　（4）初期消火の仕方を知る。
2、実施予定期日
　　○年1月29日（金）　午前10：00〜10：50
3、訓練内容
　（4）給食室からの火災を想定した避難訓練（一次・二次避難）
　　　通報・初期消火・避難誘導・人員点呼・報告
　（5）火災についての話　（消防署講師より）
　（6）消防車見学
　（7）その他
4、避難訓練タイムスケジュール（概　略）

時刻	子どもの動き	職員の動き
10：00	◎ベルの音を聞き担任の指示に従う。	・火災発生 ◎速やかに状況判断をし、それぞれの役割を遂行する。
10：07	◎一次避難終了（園庭）	・119通報　　（井手　）
10：10	◎二次避難開始	・初期消火1・2（丸田　） ・非常ボタン／園長連絡（江里口）
10：15	◎二次避難終了（駐車場） ◎火災についての話 　園長	・避難車準備（今川一）・2Fテラス避難経路確保（今川一） ・園内アナウンス　（主任　） ・園児誘導・点呼　（各担任） ・園長に点呼報告（一時避難） ・園長より二次避難指示
10：20	◎火災についての話 　消防署講師 ◎消火訓練 ◎消防車見学 　（園庭）	・園児誘導・点呼（各担任） ・園長に点呼報告（二次避難） ・帰園 ◎園児と共に知識の向上に努める。 ◎園児に防災について分かりやすく説明する。
10：50	＊雨天時はビデオ	◎訓練終了後、詳細指導を受ける。

●訓練後に

後日、計画通りに進めることができたか、子どもの様子はどうだったかなどについて、職員間で報告と情報交換をします。また、防災マニュアルの周知、保育室の安全点検、防災グッズ、非常食のチェックなど、防災全般についての話し合いや確認をします。

> ○○ちゃんが火災報知器の音に驚いて泣き出し、保育者に抱きついてきました。身動きが取れなかったので……

> 二次避難所へ移動する時間が五分オーバーしてしまいました。避難ルートを見直した方が……

2歳の保育資料

散歩

虫とあそぼう

進級して少し経ち、生活が落ち着いてくると、子どもたちの興味がいろいろな方向に広がってきます。なかでも人気なのが、アリやダンゴムシ。子どもたちの好奇心にこたえて、散歩でも虫に注目するようにします。ときには部屋に持ち帰ってじっくりふれあうこともあります。

虫と出合う

指導計画 P.164～166

●アリの行列を発見！
アリは園庭にもいますが、散歩中に見つけるアリはまた別格なのです。子どもの興味に共感し、じっくり観察することに。
※車の少ない道で、安全を確認しながら行いましょう。

●今度はダンゴムシ発見！
「見て見て！」の声にみんな集合。触ると丸まり、てのひらをごそごそ歩く姿に興味津々です。ちょっぴり触るのが怖くて、「せんせい、まるまるにして」とお願いにくる子どもも……。

実践者より
「怖いけど見たい、触れないけど見たい」。そんな気持ちの揺れにはゆっくりとかかわっていきます。無理強いはしません。好奇心が怖い気持ちに勝るタイミングが、この先きっとあるでしょう。

あ、ひこうきだー

時には頭上に、時には地面に落ちる影にも目を向けて……。

バリエーション

手作り虫かごを持って
まだ「見る」ことを楽しんでいて、「捕まえる」ことはあまりないのですが、散歩に持っていくと、虫探しの気分が高まるようです。

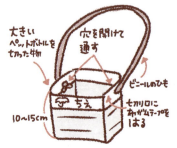

虫とふれあう

指導計画 P.168、169、172

●手に載せて

戸外へ出るたびに、ペットボトルを使った手作り虫かご(P.198参照)の中に、虫、草花、石などのお土産がいっぱい。連れて帰った虫は、観察ケースで飼育します。登園すると、観察ケースの周りには、自然にたくさんの子どもたちが集まります。
※触った後は、必ず石けんで手洗いをする。

カタツムリを手に載せてじーっと観察。「動いてるよ!」

小さなカタツムリを大きなカタツムリに乗せて、「おんぶだよー」とカタツムリの家族を再現。

実践者より

観察ケースで飼育することで、虫への興味がぐんと広がるようです。保育者がえさをあげたり、観察ケースの掃除をしたり、カタツムリの歌をうたったりしていると、「みーちゃんも」「まーくんも」と、子どもたちが集まってきます。必要に応じて、「優しく触ろうね」「おなかがすいたって言ってるよ」などと、生き物に愛情をもってかかわれるように言葉かけをしました。ある日は、カタツムリの卵を発見し、みんなで大喜び。その後は、赤ちゃんカタツムリに愛着をもってかわいがるようになりました。

●図鑑を見ながら

虫の図鑑から、その虫に関連する部分を画用紙にコピーしてはった、手作りの図鑑を使って、子どもの興味の広がりにこたえていきます。

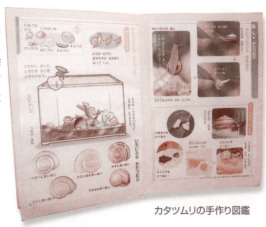
カタツムリの手作り図鑑

観察ケースのそばで、図鑑を見てお話。「カタツムリさん、キュウリも食べるんだって」

2歳 保育資料

2歳の保育資料

散歩

園外へ出かけて

指導計画 P.176、177、179、186、187

子どもたちが何よりも楽しみにしている散歩。体力がついてきて、足取りもしっかりしてきたら、心身の発達をおさえ、散歩のなかでのびのびと力を発揮できるようにしていきます。

発達をおさえる

まずは、このころの心身の発達の特徴や変化を知ることが大切です。

- 脳神経が発達してバランスをとる能力がつき、土踏まずも形成されて、さまざまな運動ができるようになってくる。
- 言葉をかなり理解するようになり、「もう少しで着くよ」「車が来るから危ないよ」など、保育者が言うことに期待をもったり、注意を聞いたりするようになる。
- できないことにチャレンジすることを楽しむなど、物事への根気や積極性が出てくる。

3歳ごろの身体的発達
- 片足でほんの少しの間立つ。
- 低めの平均台を渡る。
- 走ってきて急に曲がったり止まったりする。
- 階段を3段くらい足を交互に出して登る。
- 階段を1段ごとに足をそろえて飛び降りる。
- 長時間（約20〜30分）、長距離（約1km）を歩く。　など

散歩のなかで

園の周りの道や川、神社や公園であそんだり、植物や生き物に出合ったり、発達に沿って自然に力を発揮できるようなあそびを、散歩に取り入れていくようにします。保育者は子どもたちの目線になり、ゆっくりと歩くようにします。

持ち物
携帯電話、防犯ブザー、救急セット、タオル、ティッシュペーパー、飲み物（コップ、リンゴジュースなど）、鳥や魚のえさ（パンの耳など。給食室で分けてもらう）

神社でハトとたわむれながら、境内の階段を上ったり飛び降りたり。

「おはよー」「こっちにおいでー」。園の周りを流れる小さな川で、カモやコイにパンの耳をやる。自分で距離を予測して置き石を渡ったり、水に落ちないように注意しながら水面をのぞきこんだり。

実践者より

前日に散歩に行くことを話すと、「○○公園に行こうね」と楽しみに登園する姿が見られました。足腰も強くなって、少し遠い公園へ行ったり、だんだんと長い時間あそんだりするようになってきました。登園途中で見た光景を、「カモが泳いでいたよ」「お花が咲いていたよ」と教えてくれるので、それを見に行くことも。遊具であそぶときは、怖がる友達を手伝ったり、「順番ね」「待っててね」などと言い合ったりする姿が見られました。また、「回して」「止めて」などと、友達の声に応じて遊具を動かして楽しんだりする様子に大きな成長を感じました。

中に入る子、外で回す子に分かれて、「回してー」「止めてー」の繰り返し。

地域の催しに参加する

3歳になるころには、周囲への関心や注意力、観察力が伸びてきます。気づいたことを言葉で言ったり、あそびに取り入れたりする姿も。近所の催しなどに出かけて地域と交流をもちながら、見て、触って、感じる体験をしています。

●バルーンフェスタ

毎年この時期に行われるバルーンフェスタに、年上の子と一緒に行きました。バルーンにはさまざまな色や形があるので、「赤、青」など色に興味をもつ姿が見られました。

秋空に色とりどりのバルーンを見つけると、子どもたちから歓声が上がる。近くまで行くと「ボーッ」と大きなバーナーの音がするので足が止まり、少し離れた所で見学した。

バルーンに囲まれた会場で、着ぐるみとふれあう子どもたち。帰ってからも、「バルーン見に行ったね」「ぬいぐるみさんとお話したね」と興奮しながら話し続ける姿が。

バルーンフェスタのはがき大の塗り絵カードをたくさんもらい、みんなで塗って保育室に飾ってその後も楽しんだ。

●七五三参拝

3歳の誕生日を迎え、七五三のお祝いを喜んでいる様子の子どもたち。園でも近所の神社へ参拝に出かけ、おはらいを経験します。

お兄さん、お姉さんに手を引いてもらい、にこにこ笑顔で神社に到着。

神社についておはらいを受けるときの顔は神妙。「いい子になりますように!」とひとりひとり手を合わせた。

実践者より

神社に行くときは、年上の子が「もみじさんは、こっち」と車道側を歩き、手をつないで連れて行きました。疲れてくると、年上の子が2歳児に「もう少しだよ」「大丈夫」と励ましの言葉をかけ、その優しいひと言に2歳児も元気が出たようでした。また、参拝に行く前には3歳、5歳、7歳になったらお祝いをすることを、ペープサートなどを利用して話し、意味を理解しておはらいにのぞみました。

歌あそび

どこでしょう　指導計画 P.164

「〇〇ちゃん」と名前を呼ぶと、うれしそうに「はーい」と手を挙げ返事をする子どもたちが多いなか、恥ずかしくてうつむいてしまう子も。友達と仲良くなれそうな雰囲気を作りたいとき、呼びかけ合ったり、歌ったりしてあそびます。

あそび方

① 〇〇ちゃん　〇〇ちゃん　どこでしょう

② ここです　ここです　ここにいます

手拍子をしながら呼びかける。

〇〇ちゃんの名前を言いながら、指さす。

バリエーション

さまざまな気づきを

いろいろな新しいものへの興味をもち始めている2歳児です。「どんな人がいる?」「どんな物がある?」「どんな場所がある?」そんな興味を広げるきっかけとして、先生の名前やおもちゃ、園内にある物や場所など、いろいろなものを題材にしてあそんでみても。子どもたちも目をきらきらさせて、「どこどこ?」「あった!」と、今まで目に入っていなかったものへの興味がぐんと広がっていくようです。

実践者より

恥ずかしがり屋のYちゃん。「Yちゃん、Yちゃん、どこでしょう」と保育者が節を付けて呼びかけると、「ここです、ここです、ここにいます」と、周りの子どもたちが一斉にYちゃんのほうを指さします。みんなに注目されて、恥ずかしそうにしながらも、満足そうな表情が見え隠れ。友達の番にはみんなに合わせる小さな声が聞こえました。

水あそび 指導計画 P.170～173

夏真っ盛りには、プールでの水あそびだけでなく、水を使ったいろいろなごっこやあそびを行います。暑さを利用してのびのび大胆に楽しめるように工夫します。

色水あそび

たらいに、赤、青、黄などの色水と、プリンカップやペットボトルの空き容器などを用意します。立ってあそべるよう机の上に置き、いくつかコーナーを作って行き来できるようにします。

容器に移すことを繰り返し楽しむ。年上の子どもも参加して、ジュース屋さんごっこに発展することも。

シャボン玉あそび

手作りのシャボン玉道具を用意します。誤飲の心配もなく、大きなシャボン玉ができるので、長い間集中して楽しんでいます。

「ふーっ」。何度も試したり友達の様子を見たりして、上手になった。吹けない子は手に持って振るだけにしても。

洗濯ごっこ

水を入れたたらいの中でハンカチなどを洗い、園庭に張った洗濯ロープに干すという作業を、繰り返し楽しみます。洗剤を少量入れてぶくぶくと泡を立てて楽しむことも。

ゴシゴシ洗って、ぎゅーっと絞って「きれいに広げて干そうね」。落ちないように長さを調節して掛ける。ポタポタ落ちる水滴にも興味津々。乾いたら取り入れて畳むのも楽しみの一つ。

シャボン玉道具の作り方

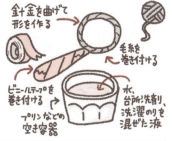

針金を曲げて形を作る／毛糸を巻き付ける／ビニールテープを巻き付ける／プリンなどの空き容器／水、台所洗剤、洗濯のりを混ぜた液

エピソード記録
「せんせー、おいで！」

水が苦手なAちゃん

子どもたちが毎年楽しみにしている水あそび。月齢の低いAちゃんは、あそびのなかで友達とのかかわりが少しずつ見られてきているものの、砂あそびや絵の具あそび、ボディペインティングでは、手足がぬれたり汚れたりすることを極端に嫌がる一面もありました。
その日も、「きゃー」「つめたいー」と2歳児クラスがプールあそびを楽しんでいるなか、Aちゃんはひとり、もじもじしながら友達のはしゃぐ姿を眺めていました。

保育者の手を引いて

ところが、保育者が言葉をかけようとしたそのとき、ふいにAちゃんが小さな声で「せんせー、おいで！」と言い、保育者の手を引いてプールの方へ引っ張っていったのです。「本当はみんなと一緒にあそびたいんだな」と思い、プールのそばでAちゃんに軽く水をかけたり、一緒に水にふれたりしながら、しばらくAちゃんの様子を見ていました。すると、Aちゃんの気持ちが徐々にプールの方に向き、水あそびを楽しんでいる友達の輪の中にひとりで入っていったのです。そして、顔に水がかかりそうになって大急ぎで逃げたり、恐る恐る……という表情を見せたりしながらも、長い時間友達と一緒にプールあそびを楽しんだのでした。

サインを見逃さずに

「せんせー、おいで！」は、Aちゃんがプールに興味をもち、「あそびたい！」の思いをわたしに伝えるサインだったのでしょう。サインを見逃さずにじっくりかかわってよかったと、満足そうな表情で着替えをするAちゃんを見て思いました。

2歳の保育資料

ごっこあそび

遠足ごっこ
指導計画 P.166、167

毎年、春に親子ふれあい遠足を行い、子どもたちは「先生、どんぐり村に行こうね」「パパとママとバスに乗るもんね」と楽しみにしています。歌あそびで期待を高めたり、遠足後に再現して楽しんだり、遠足を通してあそびが広がるようにしていきます。

実践者より

「出発進行!」と言ってから、「バスにのって」の曲をスタートするともうすっかり、バスに乗った気分です。「ゴー! ゴー!」の所では、みんなで声を合わせ、こぶしを挙げます。遠足当日のバスレクとしても楽しみました。また、年上の子や保育者と一緒に段ボール紙でバスを作ることも。

「バスにのって ゆられてる ゴー! ゴー!」。いすをたくさん並べてバスに見立て、みんなで「バスにのって」を歌う。ままごとコーナーで作った弁当を持っている子も。

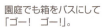

園庭でも箱をバスにして「ゴー! ゴー!」。

「お弁当いただきまーす!」。ままごとコーナーに弁当箱や布を用意し、弁当ごっこを楽しめるようにする。

♪バスにのって　　　作詞・作曲＝谷口國博

獅子舞(ししまい)ごっこ

指導計画 P.176、177

近所の秋祭りで毎年、園に獅子舞がやってきます。ちょっぴり怖い思いをした獅子舞を思い出し、今度は自分たちが獅子になりきってあそびました。地域の伝統を、子どもたちの生活につなげられるよう配慮しています。

獅子にぱくりと頭にかみついてもらうと、よい子になるという言い伝えもあるが、大人の思いとは裏腹に、子どもたちは獅子の姿が見えると大声で泣き叫び、逃げ出す。

「ぱくぱく、かみついちゃうぞ!」。箱を二つ折りにしただけでイメージが広がる。

用意する物・準備

空き箱(ティッシュペーパー、牛乳パックなど)、カラーポリ袋、画用紙、ペン

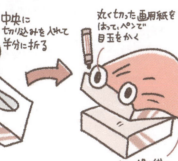

子どもたちが自分で画用紙を切ってはり、目玉をかき入れる。

こんなふうに

ポリ袋をかぶり、空き箱を手に持ってぱくぱくし、獅子舞のまねをして楽しみます。本物の獅子舞のように、二人でかぶっても。

※ポリ袋をかぶるときは、十分に注意する。

実践者より

神社の獅子舞が来た後、必ず年上の子どもたちは空き箱で獅子を作り始めます。その様子に触発され、2歳児でも「僕も」「わたしも」と獅子作りが始まりました。本物の獅子舞との出会いは、驚いたり泣き叫んだり、ひとりひとり受け止め方がさまざまでしたが、共通の体験をしていることで、ほとんどの子どもたちが獅子作りに興味を示していました。あそびに再現したときの「ぱくぱくしちゃうよ」「いい子になあれ」などの言葉や友達と楽しむ様子から、子どもたちがいろいろなことを吸収する姿に改めて成長を感じました。

2歳 保育資料

2歳の保育資料

ごっこあそび

運動会ごっこ
指導計画 P.174〜176

運動会で年上の子どもたちがマーチングを披露するのを見て、自分たちもやってみたいという思いが高まり、まねをする姿が見られます。手作りの道具で、運動会のイメージを膨らませながらあそべるようにしました。

ホイッスル

用意する物 牛乳パック（1ℓ）、ビニールテープ、ひも

作り方

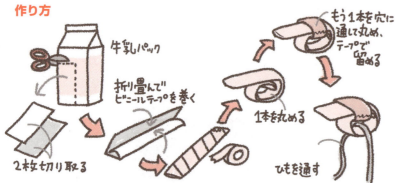

「先生のと同じ！」。先生になりきって、「ピーッ」と吹くまねをする。色違いをいくつも作って、ひとりひとりが楽しめるように。

エピソード記録
ホイッスルで「よーい、ピッ！」

興味をひいたホイッスル

運動会には欠かせないホイッスル。「よーい、ピッ」の合図でかけっこをしていた子どもたちは、ホイッスルに並々ならぬ興味をもっていました。なかでもMちゃんは「よーい、ピッ」と指でホイッスルを吹くまねをしながら運動会ごっこを楽しんでいました。

手作りホイッスルで思い思いに

ある日、Mちゃんの指ホイッスルの様子を見て、Mちゃんの周りに友達が集まってきました。運動会ごっこがもっと楽しめれば……と思い、広告紙や牛乳パックを丸めたものをホイッスルに見立てて作ってみました。すると、Mちゃんは大喜びでその手作りホイッスルを口にくわえ、「よーい、ピッ」の合図でのかけっこが始まり、集まった友達と運動会気分で何度も何度も楽しみました。一方、Hちゃんは、「ピーッピッ」のかけ声とともに、年上の子どもたちのマーチングをイメージしてあそび出しました。そのかけ声を聞いて、A君が太鼓の代わりにおもちゃ箱をたたき始め、あっという間に小さなマーチング隊が出来上がり。

家庭にも楽しさが伝わって

片付けの時間になると、口々に「これ、おうちに持って帰る」と子どもたち。自分だけのホイッスルはお気に入りのおもちゃになりました。翌日の連絡帳には、「ずーっと、笛であそんでいました」「家でも、一緒にかけっこの練習をさせられました！」などなど、園でのあそびが家でも続いた様子がうかがえました。手作りホイッスルを通して、家庭にも運動会を楽しみにしている子どもたちの様子が伝わったようです。

※首にかけたまま走ったり、遊具であそんだりしないよう注意する。

フラッグ

用意する物 和紙、絵の具、牛乳パック

作り方

「ちょんって、浸けるんだよ」。自分で折り畳んだ和紙を、自分の好きな色に浸ける。

「わー、こんなになったよ」。広げると思いがけない模様が現れる。光に透ける美しさを楽しんで。ひもでつなげれば万国旗風にもなる。

太鼓とばち

用意する物・準備
空き箱、色画用紙、太めのビニールひも、新聞紙、ビニールテープ

こんなふうに
首からさげて、音楽に合わせて自由にたたいたり、振りをつけながらたたいてマーチングのまねをしたりして楽しみます。

作り方

「トントントン」。どんな音がするかな。

「お兄さん、お姉さんは、こうやってたよ」。マーチングの歌に合わせ、5歳児がやっていた振り付けをまねながら。

実践者より

隣の保育室のお兄ちゃんやお姉ちゃんの様子を、実によく見ている子どもたち。5歳児のあそびの影響は大きく、特にマーチングは魅力的だったようです。運動会に向けて5歳児が練習をしていたので、2歳児クラスの子どもたちも内容を覚え、おもちゃなどでまねをするようになっていました。この手作りの太鼓とばちで、ちびっこマーチング隊を存分に楽しみました。

※首から下げたまま走ったり、遊具であそんだりしないよう注意する。

2歳の保育資料

ごっこあそび

お世話ごっこ・ままごと
指導計画 P.172、177、180〜183

2〜3歳ごろになると、少しずつ身の回りのことを自分でする子どもが増えてきます。手先が器用になり、見通しをもって生活できるようになってきたようです。子どもたちの興味をあそびに取り入れ、楽しみながら自然に手先を使っていけるよう工夫しています。

人形を使って

ジャンパーやコートを着て登園するようになると、衣服の着脱の機会が多くなります。ファスナーの上げ下げやボタンの掛け外しへの興味も高まっています。そこで、子どもたちの大好きな赤ちゃん人形用に、ボタン付きの手作り洋服を作り、お世話ごっこを楽しめるようにしています。

既製の赤ちゃん人形に合うように洋服やおむつを手作りし、ボタンや面ファスナーを付ける。

「おきがえ、しようね」。丁寧にボタンをかけて、着替えさせて……。上手にできると大満足の表情に。赤ちゃん人形の世話がより楽しめるようになる。

はしを使って

食事のとき、はしに興味をもったり、実際に使い始めたりする子が増えてきたら、はしを手作りし、ままごとあそびで使えるようにしました。

年上の子のクラスで、あやとりや編み物がはやっていたことから、毛糸を使ってみることに。はしでつかみやすく、「今日はスパゲッティですよ」などと言いながら上手に取り分けていた。

はしは、広告紙を固めに丸め、色ガムテープを巻いて作った。最初は上手につかめず、「せんせーい」と助けを求める子も。保育者が見本を見せ、一緒にあそぶなかで、だんだん使えるようになっていく。

※小さい物を扱うので、必ず保育者付き添いの下で行う。

美容室ごっこ

指導計画 P.180、182～184

寒い日が続き、風邪気味の子どもが多くなると、室内であそぶ時間も増えます。大人のやっていることに興味をもち、まねすることが大好きなこの時期、子どもたちのあそびが楽しいものになるように、保育室に美容室コーナーを作りました。

化粧台を作る

- 壁にはかわいらしく縁取りした鏡を取り付けて、おしゃれな雰囲気に。
- 机の隅に手作りドライヤーと牛乳パックの収納箱を設置。
- 机は牛乳パックを重ねて作った脚に、板を渡した。
- 机の下には、くしや化粧水の空き容器などが入った箱を収納。
- 引き出しの中には化粧道具を入れる。

ドライヤーの作り方

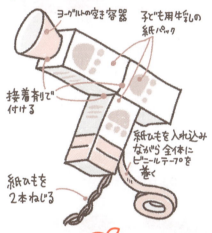

- ヨーグルトの空き容器
- 子ども用牛乳の紙パック
- 接着剤で付ける
- 紙ひもを入れ込みながら全体にビニールテープを巻く
- 紙ひもを2本ねじる

化粧道具をそろえる

引き出しの中には、ブラシ、はさみ(切れない物)、クリームや化粧水の空き容器、化粧筆、パフなどが入っている。子どもたちの要望にこたえて、さらにカーラーや口紅も加えた。

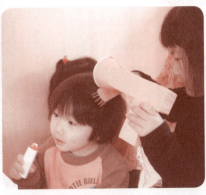

美容師とお客さんになりきってあそぶ。口紅は、厚紙を巻いた中に折り紙を入れ、上に少しのぞかせた手作り。

実践者より

おしゃれが大好きな女の子たちの影響もあり、美容室コーナーを設けたことで、おしゃれごっこや美容室ごっこが大流行しました。男の子も、普段から母親の化粧の様子などを見ているせいか、興味をもって楽しんだようです。髪のセットや化粧が一通り終わると、美容師の子がお客さんの子に「きれいになりましたよ」と言葉をかける姿も。保育者にも「お客さんになって～」と声がかかるので、一日に何度も美容室でセットしてもらうことになりました。

はーい / きれいにしてくださいね!

※ひもを首や手に巻きつけないように注意する。

2歳 保育資料

2歳の保育資料

つなげて展開する保育①

前の活動で作ったりやったりしたことを次の活動に生かすなど、活動の内容を関連させて、一連の流れのある保育を展開しています。

夏祭り

指導計画 P.170、171

毎年7月末の休日は、みんなが楽しみにしている夏祭り。地域の方と、おみこしをかついで神社へ参拝に行ったり、出店を回ったりします。2歳児も保護者と一緒に参加して、祭りの気分を楽しんでいます。

●夏祭りの流れ

18:00	こどもみこし 手作りの「おばけやしきみこし」をかついで、近くの神社に参拝
18:30	夜店開店 ・おばけ屋敷 ・ヨーヨー釣り ・カレーライス屋さん ・たこ焼き・かき氷屋さん（授産施設による） ・ジュース・バザー（保護者会による）
19:30 20:00	和太鼓・盆踊り ・和太鼓の演奏 　（地元の「はがくれ太鼓」による） ・太鼓と曲に合わせて盆踊り

年上の子どもたちが手作りした、こどもみこしをかついで練り歩く。2歳児も親子で参加。

「そうそう、がんばって、もう少し!」。ヨーヨー釣りは2歳児にはまだ難しいが、保護者に手を添えられたり、自分で長い時間チャレンジしたりして楽しんだ。

地元の保存会の方々による和太鼓演奏。大きな音と激しい動きに驚いて、じっと聴き入る姿が見られた。

太鼓の周りを囲んでの盆踊り。好きな場所での自由参加だが、日ごろから保育のなかで耳にしてきた大好きな曲なので、積極的に参加していた。

つなげて展開する保育②

おばけごっこ
指導計画 P.170、171、173

7月末に行う夏祭りでは、年上の子どもたちがおばけ屋敷を企画。怖いけど見に行きたい、一緒にあそびたいという気持ちに応えて、おばけをあそびに取り入れ、おばけ屋敷気分を楽しみます。

うちわ作り

うちわに思い思いのおばけの絵をかいて、オリジナルのおばけうちわの完成です。「おばけなんてないさ」などの曲に合わせ、うちわを振りながら踊ります。

作り方

変身追いかけっこ

「まてまて〜、おばけだぞ〜」と、おばけ追いかけっこが大流行。カラーポリ袋や新聞紙を使っておばけに変身し、年上の子どもたちと一緒に全身を使って楽しみます。

※室内で走り回るときには安全面に気をつけ、できるだけ園庭やホールでやるように促す。

作り方

実践者より

年上の子どもたちが、おばけのかっこうをして、おばけ屋敷ごっこをしているのを見て、あんなふうに作りたい、あそびたい、という気持ちが高まっていたようです。作ったおばけの服を着て走ったり、追いかけられるのを楽しみにしたり、カーテンや部屋の隅に隠れたり。年上の子どもたちも2歳児たちの気持ちをよく理解して要求に応じた追いかけ方をし、2歳児たちは喜んでいました。その後も、おばけが出てくる絵本を好むようになって何度もリクエストしたり、運動会の競技内容におばけを盛り込むなど、興味が継続しました。

2歳 保育資料

2歳の保育資料

つなげて展開する保育③

絵の具あそび　指導計画 P.172、173

暑い夏は上半身裸になって、大胆に絵の具あそびを楽しみます。色や感触を楽しんだり、体に絵の具を付けて、おばけになりきったり。色を塗った紙は、運動会の小道具のおばけ作りに活用していきます。

スタンプあそび

黒い画用紙に、手作りのスタンプで模様を押してあそびます。出来上がった作品は保育室に飾りました。

ポンポンと押したり、グルグルと塗ったり、いろいろなタッチで。「はなび〜」と喜ぶ姿も。

スタンプとスタンプ台の作り方

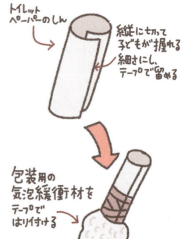

「こんどはあかにしようっと」。数種類の色を用意し、思い思いに選んで楽しめるようにする。

ボディペインティング

絵の具を溶いて、色ごとにバットに入れ、いろいろな色を混ぜたり、体に塗ったり、机に広げた模造紙に塗ったりしてあそびます。

紙に塗った絵の具を指でひっかくと、線がかけることを発見。

おなかにぐるぐる、紙にグルグル。体も画用紙も絵の具だらけに。体や手足に絵の具をつけて保育者や友達に見せ、「おばけだぞ〜」と怖がらせようとする姿も。

絵の具だらけの体のまま、砂場に直行して砂ぶろごっこ。シャワーを浴びる前に、めいっぱい汚れることを楽しむ。

 実践者より

ボディペインティングのような開放的なあそびを満喫できるのは、この時期だけの楽しみ。最初は恐る恐る指で絵の具の感触や、色の混ざり具合を楽しんでいた子どもたちですが、保育者が自分の腕や子どもの体に少しずつ色を付けて、「おもしろいね」と伝えていくことで、少しずつ慣れ、だんだんダイナミックになってきました。絵の具の感触が苦手な子もいるので、嫌がる子には無理強いせず、保育者と一緒に友達の様子を見たり、ほかのあそびを準備したりなどの配慮をしました。

つなげて展開する保育④

親子競技「おばけなんてないさ」
指導計画 P.171、173、174、177

子どもたちとイメージを共有し、発想を広げていく楽しさが味わえるよう、毎年、運動会のテーマを決めています。この年は、夏祭りのおばけ屋敷ごっこから、おばけブームが続いていたので、「ドロロン☆おばけ大集合!」がテーマに。2歳児クラスの親子競技もおばけを絡めた楽しいものにしました。

作り方

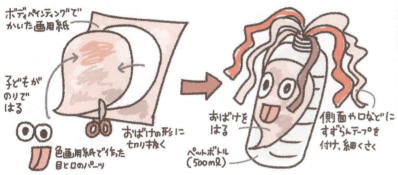

「どんな顔にしようかな」などと言葉かけをしながら、子どもが自由にはっていく。

こんなふうに

「おばけなんてないさ」（作詞＝槇みのり／作曲＝峯 陽）の曲が流れるなか、歌詞に添ったストーリーで展開します。

①「おやすみなさい」と言いながら、親子でマットの上に寝て待つ。

②「おばけだぞ〜」の合図で、立ち上がってスタートする。

③3段の跳び箱を乗り越える。

④渡したひもにつるしてあるおばけを取り、その先にある冷蔵庫（段ボール箱など）に入れる。

⑤親子で、すずらんテープやポリ袋を飾ったフープに入ってゴールへ向かう。

実践者より

それまで、あそびのなかでおばけの世界を楽しんだり、おばけの製作あそびをしたりしてきたことで、運動会の親子競技にも2歳児なりに興味をもっているようでした。運動会当日は、「ママと、おばけを冷蔵庫に入れるんだよ」と話したり、手作りのプログラムをうれしそうに持って、「おはよ〜、よーいどんするよ〜」と興奮気味に話したりしながら登園する姿が見られました。

入場門・プログラム・金メダルなど、保育者も年上の子も一緒になって、おばけのモチーフで手作りする。

「おばけ、つかまえた!」
「早く冷蔵庫に入れなくちゃ!」

2歳 保育資料

2歳の保育資料

つなげて展開する保育⑤

運動会を振り返る
指導計画 P.171、173、175

運動会終了後は、運動会までの約2か月間、普段の保育のなかで、運動会を意識して行ってきた活動を振り返り、記録としてまとめます。それを基に気づきや反省点について職員間で話し合い、今後の保育や次の行事へ生かしていくようにします。この年は「おばけ」をテーマにした取り組みについて振り返りました。

●運動会の記録例

行事に向けての事例（運動会）

幼児の背景	夏まつりで盛り上がった"おばけ"があそびのなかでも広がり続け、なりきったり、作ったり、表現あそびを楽しむ姿がある。	ねらい	・喜んで参加し、親子のふれあいを楽しむ。 ・からだを動かす楽しさを味わう。

それまでの子どもたちの成長の様子や、背景となる活動。

活動のねらい。

月日	幼児の活動	保育者の援助（環境構成）	気づき
8.19	・ボディペインティングをする。 ・体に付けたり、色画用紙にてのひらや指で絵描きをしたりする。	・絵の具の感触を楽しむコーナーと、画用紙にてのひらや指で絵描きをするコーナーを設ける。	・体や手足に絵の具を付けると「おばけだぞ〜」とおばけをイメージして、友達や保育者を怖がらせようとする子が多かった。
8.24〜	・おばけになりきったり、作ったりしてあそぶ。 ・新聞紙 ・ポリ袋 ・傘用ビニール袋	・いろいろな素材や材料を十分に準備する。 （ペン、シール、新聞紙、ポリ袋、色画用紙）	・顔パーツをあらかじめ作っておくと、興味を同じくする子どもたちにすぐに対応できた。週に2〜3冊のおばけの絵本で、いろんなおばけを知り、イメージして、顔パーツをはったり、言葉で伝えたりする子がいた。
	・ボディペインティングでぬりたくった色画用紙（あらかじめ型を切っておく）		
PM	・夕方、体操曲をかけて踊る。	・一緒に楽しく踊る。	・聞き慣れた曲ですぐに振り付けも覚え、夕方になると「ミッキーしよう」が日課に。
9.1	・3,4,5歳児がおばけになって走っている姿を見て、「かけっこしよう」という言葉が出る。3,4,5歳児と一緒に笛の合図で園庭を自由に走り回る。 ・みんなと一緒に走り出すことが苦手な子どももいる。	・笛を準備し、合図で走り出すことを知らせる。 ・子どもと一緒に走り、楽しさを共有する。 ・様子を見ながら個別に誘うと、「走りたい」という思いが感じられたので、初めは手をつないで走る。	・笛にとても興味を示し、翌日からは毎日のように「ピッ、持ってきた？」「ピッ、しよう」とかけっこすることを楽しみに登園する子が増えてきた。 ・最初は保育者と一緒でも、少しずつ友達のなかでも自分を出して走れるようになる。
9.7	・フラッグ作りをする（和紙染め→すぐに窓ガラスにはりつけ乾かす）	・「みんな頑張れ〜」の応援の旗を作ることを伝え、興味をもって製作できるようにする。	・模様がおもしろくて「もういっかい」の声が多く、ひとりで何枚も楽しんでいた。

月日	幼児の活動	保育者の援助（環境構成）	気づき
9.8	・ホールでかけっこ、行進、体操をする。	・初めての練習なので、ひとつずつ丁寧に並び方や走り方などを知らせる。スタートラインに丸マットを置いて場所を明示する。	・丸マットで立つ位置を明示することで、戸惑うことなくスムーズにかけっこができた。
9.14	・ボールでゲーム走をする。（週1のペースで活動）	・ゲーム走で使用する用具に興味がもてるように、「おばけなんてないさ」を歌いながら、内容についてゆっくり話をする。	・大きい段ボールで作った冷蔵庫にはとても興味をもち、「かちかちにしちゃおう」と歌通りに口ずさみながら、扉を開ける姿が印象的。
9.30	・総練習に参加する。	・子どもの興味に合わせ、いろいろな素材で笛や楽器を作り、一緒に楽しむ。 ・保育者の笛や年長児のマーチングに興味をもち、おもちゃを笛や楽器に見立ててあそぶ。 ・マーチングを目の前にして、「おもしろい」「やかましい」「たのしい」などの声が聞かれる。	・保育者をまねて、首から笛をさげると、園庭で運動会ごっこが始まり、「よーい、ピッ」と笛係がたくさん。合図で走り出すのは保育者。楽しさを共有。
		（牛乳パック、空き箱、すずらんテープなど） 新聞紙を丸めてバチを作る	
10.9	・運動会に参加する。	・会場が替わり、いつもと違う雰囲気に、いろいろな子どもの様子を想定し、クラス担任で役割分担をして受け入れるようにする。 ・気持ちを盛り上げ、友達や保育者と頑張れるように、キャラクターのシールやきらきらシールなどを準備する。	・不安で親と離れられないかもと予想していた子どもたちが、「○○ちゃん、○○くん」とうれしそうに登園してきたり、今にも泣きそうな表情の子が、手を握ることやシールをはることで、気持ちを立て直す姿には成長を感じることができた。

反省・考察
運動会のテーマが"ドロロン☆おばけ大集合！"で、夏まつりのころから、"おばけ"には歌や絵本、製作などで十分親しんできたこともあり、あそびの延長で無理なく行事に取り組むことができたように思う。昨年は親と一緒の参加で、今年は親子ゲーム走までは子どもたちだけの参加。受け取り時に離れられず泣く子を想定していたが、少し前から家庭にもお願いをして、「応援してるからお友達や先生と頑張ろうね」ということを話してもらったり、園でもそのような趣旨のことを繰り返し話していたことで、子どもたちにも何となく理解できたようで、うまく受け入れていた。友達と手をつないで楽しそうに行進する姿には、友達とのかかわりがぐっと深まってきた様子があり、成長を感じた。なかには興奮しすぎて会場を走り回る子もおり、プログラム変更の必要性も考えさせられ、今後に生かしていきたいと思う。

- いつごろ、どのような活動に取り組んだか。
- 活動に際しての環境構成や保育者の援助について。
- 活動のなかで見られた子どもの姿や、保育者が感じたこと。
- 考察と反省点を今後へつなげられるようにまとめる。
- わかりやすいようにイラストを添えて。
- そのときの場面や言葉を具体的に。

つなげて展開する保育⑥

劇あそび「おばけがぞろぞろ」

指導計画 P.178、180、181

夏祭りから始まり、運動会へと発展したおばけ人気。その後も絵本や紙しばい、歌などを通して、すっかりおばけと友達になりました。そんな子どもたちが『おばけがぞろぞろ』(作・絵＝ささき まき　福音館書店刊)という絵本に出合い、劇あそびを楽しみました。

絵本を楽しむ

お話のなかで、次々と個性的な名前のおばけたちが登場し、同じ言葉のやり取りが繰り返し出てきます。子どもたちの視線はおばけにくぎ付けになり、さっそく言葉をまねする子どもが出てきました。

あそびへの発展

繰り返し絵本を読み込んでいくなかで、子どもそれぞれにお気に入りのおばけや好きなシーンが出てきました。そこで、おばけになりきって、絵本の世界を楽しんでみました。

生活発表会にアレンジ

あそびに小道具を加えて、生活発表会の出し物にアレンジしました。繰り返し楽しんできたあそびなので、のびのびと演じることができました。また、子どもたちが楽しんで取り組んでいる様子が保護者によく伝わるように、プログラムも工夫しました。

首と手を通せるように切った不織布に自由に絵をかき、衣装に。

エピソード記録
「ベルトのおばけ、かっこいい！」

おばけになりきれないA君

子どもたちは、おばけの出てくる絵本が大好き。なかでも『おばけがぞろぞろ』(福音館書店刊)はみんながお気に入りなので、発表会の出し物にすることにしました。絵本を何回も見ていた子どもたちは、作ったお面を着けるとすぐ、「○○ちゃんは、××になる〜」「ぼくは、△△！」と、絵本に出てくるおばけになって、ごっこあそびを始めました。なりきってあそぶ友達が増えていくなか、あまり興味を示さないA君の姿が。A君は元々恥ずかしがり屋で、踊ったりなりきったりして表現することを躊躇するところがありました。

大好きなヒーローと重ねて

そこで、A君がよく話をしてくれるヒーローの話を思い出し、「A君、ベルトを着けて、つよーいおばけに変身しようか！」と声をかけてみました。その瞬間、A君の表情がぱっと明るくなり、「うわぁ〜、ベルトかっこいい〜」と返してくれました。ベルトをきっかけに、「Aもおばけの洋服着たい！」と衣装も着るようになり、友達に「見て。Aのベルトかっこいいやろ」と得意気に見せることも。気の合う友達と一緒に、強いおばけになりきってあそぶ姿も見られるようになりました。

普段の姿をヒントに

発表会では、A君の大好きなヒーローがおばけに加わって、すてきな出し物になりました。当日、強いおばけになって楽しんでいたA君の姿が印象的でした。子どもが「やってみたい」と思うにはどうしたらよいか、普段の子どもの姿から考えていくことの大切さを実感しました。

2歳の保育資料

製作あそび

指先の機能が発達して、紙をちぎったり、破ったり、はったり、なぐりがきをしたりするようになり、ずいぶんあそびが広がってきます。子どもたちの様子を見ながら、いろいろな製作活動に取り組める環境を用意しています。

はさみを使って

指導計画 P.166、167、171、182

細長く切ったカラフルな紙を、容器の上で切っていく。

空き箱の底に穴を開けて、はさみを差し込み収納する。穴には子どもの名前とマークを書き、子どもが自分で差し込めるように。

小さく切った色とりどりの紙は、ままごとの材料として大活躍。

実践者より

はさみに対する興味や経験は、月齢や家庭環境によってさまざま。まずは一回切りから始め、そばについて手を添え、握り方から知らせていきます。できた喜びを重ねていくことが大切です。

※はさみを扱うので、必ず保育者付き添いの下で行う。

ビーズつなぎ

指導計画 P.166、167、171、182

子どもたちがつないだビーズを、携帯ストラップにして母の日のプレゼントに。

大きめのビーズや2cmぐらいに切ったカラフルなストローを、ビーズ用のテグスに通していく。材料を入れる容器には牛乳パックを利用。

実践者より

「お母さん（お父さん）にプレゼントしようね」「うれしいって言うよね」などと言葉をかけると、贈られた人が喜ぶことを期待しながら作っているようでした。お迎えのとき保護者に「"お母さん（お父さん）にあげたい！"という気持ちがいっぱい詰まっているんですよ」と伝えながら渡すと、「ありがとう！ バッグに付けるね」「うれしい！ 携帯に付けるね」などと子どもとの会話が弾み、子どもたちも満足しているようでした。

※小さい物を扱うので、必ず保育者付き添いの下で行う。

三角ツリー

指導計画 P.180～182

用意する物・準備
紙（色画用紙など）、折り紙、レースペーパー、リボン

作り方

子どもと一緒に天井からつるすと、すてきな雰囲気に。

マツボックリのツリー

指導計画 P.180～182

用意する物・準備
マツボックリ、針金、ビーズ、ストロー、折り紙、牛乳パック、綿、色紙

作り方

※細かい物を扱うので、必ず保育者と一緒に取り組む。

ロマンチックな雰囲気が大人気。喜んで持って帰った。

こま

指導計画 P.180～182

用意する物・準備
紙コップ、割りばし、シール

作り方

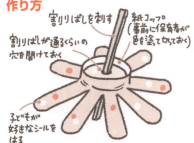

※割りばしを使うときは、先端を人に向けたり、持ったまま走り回ったりしないよう十分に注意する。

紙コップの開いた部分や底に、いろいろな色のシールを自分で選んではる。

真ん中に刺した割りばしを両手で持って回す。これをきっかけに、なんでも回すことがはやり、ブロックやドングリ、ままごとの茶わんなど、いろいろな物を回す姿が。

2歳 保育資料

2歳の保育資料

行事

芋掘り
指導計画 P.176、177

毎年、年上の子が農園に芋掘りに行くのを見送るとき、2歳児クラスの子どもたちから「僕たちも……」という声が聞こえてきます。その思いにこたえ、園の裏にある「なかよし畑」で芋掘り。掘ったイモはお土産として家に持って帰り、「おうちでも食べたよ」とうれしそうに報告してくれました。

前日に、イモを入れるカートを、一人一台ずつ製作。「いっぱい掘って、これに入れるんだ」と、芋掘りに期待をもって。

芋掘り用カート
ひもを通す
段ボール箱
子どもが自由に絵をかく

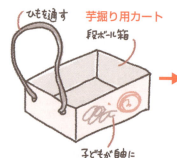

芋掘り用のカートを引っ張って、いざ「なかよし畑」へ!「おイモ、たくさんあるかな」「いっぱい掘って、いっぱい入れて帰ろうね」。

畑に到着したら、さっそく芋掘り。保育者が周りを掘り、みんなでイモのつるを引っ張ると……。「あ、おイモが出てきた!」「もう少し! がんばって!」。

カートにイモをつるごと山盛りに詰め込んで帰路につく。「たくさんとれたね」「重いけど、頑張って持って帰ろうね」。

芋掘り後のもう一つのお楽しみは、イモのつるの電車ごっこ。「ながーいから、みんな入れるね」「シュッシュッポッポッ」。

エピソード記録
「モグラさんに負けないぞ」

期待いっぱいの芋掘り

　10月のよく晴れた日、保育園の裏にある「なかよし畑」へ芋掘りに行きました。前日に『いもほりよいしょ!』(教育画劇刊)の絵本を子どもたちと一緒に読んでいたこともあって「早くお芋掘りしたい!」と期待に胸を膨らませていたようです。道中も足取り軽く、「大きいおイモがあるかな」と会話が絶えませんでした。

絵本の世界と重ねて

　「なかよし畑」に到着し、いよいよみんなで一緒に芋掘り! 長いつるを「うんとこしょ、どっこいしょ」とかけ声をかけながら引っ張りました。しかし、なかなか抜けません。そんな手ごわいイモにAちゃんが、「わかった! 土の中でモグラさんがおイモを引っ張っているから抜けないんだよ〜」と言うと、「うん、モグラさんが引っ張ってるんだよ〜」とBちゃん。2人は、昨日の絵本の世界を思い出し、会話をしているようです。「そうね、モグラさんに負けないぞ〜」と答えると、口々に「Aちゃんも、モグラさんに負けないぞ」「うん、ぼくも!」と子どもたちが集まります。一緒に絵本の世界を楽しみながら、「モグラさんには負けないぞ」と力を合わせて引っ張ります。やっとのことで抜けたイモは、子どもたちもびっくりするほどの大きさで、「うわぁ〜」と大興奮でした。

友達とイメージを共有

　最近、友達とのあそびが広がりつつあったAちゃん。絵本のイメージを共有しながら、友達と一緒の楽しさを満喫していたのでしょう。秋ならではの芋掘りの体験を、絵本が格別に楽しい生き生きとしたものにしてくれました。

もちつき 指導計画 P.180、181

日本古来の伝統的な行事や食文化にふれてほしいという思いから始まったもちつき会。2歳児もふかすところから食べるところまで一通りを経験することで、食への関心を高めるよい機会になっています。

ふかす

「おもちになる前のお米、食べてみる?」。ふかしたもち米を少しずつ味見。

つく

子ども用のきねでペッタンペッタン。2歳児には重いが「ジブンデ」の気持ちが強く、保育者が手を添えようとすると振り払う姿も。

「あちっ」「おいしい!」「よーくかんだら、おもちになるよ」

ちぎる
丸める
伸ばす

食べる

つきたてのおもちは、2歳以上の園児が広い部屋に集まって、バイキング形式で食べる。つきたてのおもちのおいしさを味わい、年上の子と一緒に食べることを楽しんで。

つきたてのおもちをちぎって、丸めて、伸ばして。「あったかくて、やわらかくて、気持ちいいね」。

2歳 保育資料

2歳の保育資料

行　事

節分
指導計画 P.184、185

2月の誕生会の後に、全園児で豆まきを行っています。事前に、鬼のお面や豆入れの箱を製作し、節分に関心をもって楽しみにできるようにします。当日は、鬼に豆を投げたり、鬼の顔を模した御飯を食べたりして、節分の雰囲気を存分に味わいました。

鬼のお面

用意する物・準備
色画用紙

作り方

パーツを手に持ったり、机に置いたりしてのりを付ける。のりの量は最初に保育者が見せて知らせていくようにする。位置がずれていても気にせず、子どもの好きなようにはって楽しむ。

実践者より

お面を作ったことをきっかけに、節分の日を意識するようになったようです。作った鬼のお面を誕生会で着けることを話したところ、「鬼の面で誕生会行こうね」などの声が聞かれ、見通しをもって、その日を楽しみに待つ様子が見られました。

2月の誕生会には、自分で作ったお面を着けて参加した。

豆入れの箱

用意する物・準備
牛乳パック、折り紙、すずらんテープ

作り方

自分でちぎった折り紙を箱にはる。ちぎった紙を交換して、色や形のバリエーションを豊かにしたり、クレヨンなどで絵をかいても。

作りながら、「鬼が来たら豆を投げるんだよね」「この箱で豆まきをしようね」などと、話をしました。箱が出来上がると、さっそくいろいろな物を入れようとする姿が。そこで、折り紙や広告紙を用意したところ、破ったり丸めたりした物を豆に見立てて箱に入れ、それを投げて豆まきあそびが始まりました。このように普段のあそびのなかで、豆まきのまねをしてあそんでいたので、節分の日当日の本当の豆まきでも、自分の箱を持って喜んで参加し、楽しんでいました。

実践者より

※首から下げたまま走ったり、遊具であそんだりしないよう注意する。

豆まき

●段ボールを使って

誕生会の間に園庭に赤鬼と青鬼が出現！ 段ボールを使って保育者が手作りした。

「鬼は外〜、福は内〜」と威勢よく豆をぶつけたり、大きく開いた口に近づいて豆を入れたりした。

●「本物」の鬼に……

しばらくすると、「本物」の鬼が登場！

さっきまでの元気はどこへやら。「きゃー」と保育者の所へ逃げてきて、後ろに隠れる子どもたち。

●食事も楽しく

節分誕生会を終えて保育室に戻ると、待っていたのは節分ランチ。鬼の顔の御飯に歓声があがった。

「鬼、来たね」「鬼の御飯、おいしいね」。友達とおしゃべりしながら、楽しいランチタイム。

実践者より

誕生会では、保育者が子どもたちに「みんなの心のなかに鬼はいませんか？」と問いかけ、年上の子どもたちから、「泣き虫鬼！」「怒りんぼ鬼！」「好き嫌い鬼！」などの声があがりました。そんなやり取りを聞きながら、2歳児なりに鬼を意識したようです。豆まきが終わって鬼が去った後、保育室に帰りながら、「鬼、逃げちゃったね」「みんなの体のなかの鬼もいなくなったね」と話しました。

2歳の保育資料

計画と記録

週日案の工夫 指導計画 P.165、169

より充実した保育を実践するためには、しっかりとした計画と記録が大切です。
記録からさまざまな気づきを得て、次の保育に生かせるように工夫しています。

●週日案の例

週の計画・記録（ 6 月第 3 週）

◎ねらい	◎家庭・地域との連携
・一日の流れがわかるようになり、自分でできる簡単なことをしようとする。 ・保育者が仲立ちとなって、友達とふれあいながら好きなあそびを楽しみ、興味や経験を広げていく。	・19日に保育参加あり。クラス便りなどで当日の流れや活動について前もって知らせ、子どもと一緒に楽しめるように工夫する。

	14日（月）天気 あめ／くもり	15日（火）天気 あめ	16日（水）天気 はれ
予想される活動・実際の姿 ●環境構成 ▲援助配慮	欠席　T、K 保育実習→ （表現あそび／カエル・ダンゴムシ・カタツムリ、ごっこあそび、ままごと、なりきり、はさみ、好きなあそびをする、散歩、戸外あそび、シール、かたつむり、粘土・お絵かき、虫観察、図鑑 A、M、絵本 虫シリーズ） 夕方の20分くらいに経験することが増えた。 紙コップをはって室内環境にする。	欠席　T U パンツ持参 トレーニング開始。本人はお気に入りのようでとてもうれしそう。 午睡前にどんぐり広場で読む。最近定着してきた。	欠席　A（熱） Mは腹部に発疹あり T パンツ持参 トレーニング開始。 晴れ間は外へ。靴、ズボンを脱いであそぶ準備をして泥んこあそびをする子どもが増えた。H、Y、S、K、M ●ひとりひとりが好きなあそびを見つけられるように場所を確保したり、おもちゃを十分に準備したりしておく。 ▲子どもたちにわかりやすいように見通しのもてる言葉かけを心がける。 ▲友達とのかかわり方を実際にあそびながら丁寧に伝えていく。
実施記録	朝の雨もおやつ後には上がり、泥んこあそびを楽しむ子どもたち。保育者もはだしになって楽しさや気持ちよさを共感した。あそび終わりにはバケツにお湯を準備し、体が冷えないように配慮した。洗う、着替えの援助に入る、など役割を決め、うまく連携をとり食事の準備に入ることができた。	飼育ケースを手の届く所に置いてみると……意外にも持ち運ぼうとしたり、独占したりすることもなく、じーっと観察する姿が多かったことに驚いた。ポケット図鑑のテントウムシ、ダンゴムシ、カタツムリのページを用いてオリジナルの虫図鑑を準備していたので、開いては眺めたり、指さしで「一緒！」と喜んだり……このなかから虫博士が誕生したらいいな。 ↓本当ですね。 今川	登園時にYの排せつについて家庭での様子をきくことができた。積極的にトイレに行くものの排せつはできていなかったのだが、今回初めておしっこが出た。本人のうれしい表情とともに、家庭とも成長を喜び合えたことがよかった。家庭との連携の大切さを実感。

計画、実践したこと、反省や課題を記入欄を分けず一つのフォーマットに書き込みます。その際、担任が「予想される活動・実際の姿」の欄に計画を黒字、実践したことを青字（ここでは太字）で書き、全体の反省や課題は赤字と色を変えて主任や園長が書き、一目でわかるようにしています。また、個人のエピソードなどもできるだけ書き出し、個人記録にも生かせるようにします。

| 園長 | | 主任 | | 担任 | |

◎保育者のチームワーク	◎週の評価・反省
・保育参加での流れと役割を十分理解する。	・保育参加に向けての活動というより、今興味あることがそのまま行事につながった1週間だった。来週も余韻を楽しみながら興味が続くようなかかわりをしていきたい。 → このようにしてうまく行事に取り込んだ年間計画を組めるとよいですね。

17日（木）天気 あめ	18日（金）天気 くもり／あめ	19日（土）天気 くもり／はれ
欠席 M 実習生 研究保育（もみじ組） 保育参加準備のため個人棚を移動 Y 前日にトイレで始めて排尿。 早速パンツ持参。 親も期待して、早々に準備。	欠席なし 保育参加の最終打ち合わせ 　13：45〜 父の日のプレゼント渡し クラス便り配布 H 登園時の不安定さが気になる。「自転車で行ったら泣かない」「プールがあったら泣かない」など母親に要求。その通りにしても結局は泣いて登園したがらず。母親も神経質になっているようだ。午睡時、寝入るときのうつ伏せでの自慰行為は進級時と変わらず。眠っていないのにうつ伏せ状態でのおもらしが今週続いている。日中はほとんど失敗なく自分からトイレに行っているのになぜだろう。一度母親と話す機会をもったほうがいいか……。 → 難しいですね。母親の様子も見ながら考えていきましょう。今川	欠席 S、U、R 保育参加（子どものみはT） 講演会のときにM、Y、A、Tが泣き出す（連鎖反応のようだ）。 カタツムリとふれあうことで笑顔が戻った。 登園時に自分で傘を差してきたが、片付けたり、母親に渡すのを嫌がったりする子（Y、T、A）もいた。いつもと違う気持ちなのだろうか。雨も上がったので、水たまりにも入ってもよし！木々のしずくを落としてもよし！と思い、散歩に出かけた。ぬれたブロック塀にカタツムリがいればラッキーと思っていたら本当に発見。子どもたちは本物の「つの」に触って、ますます動きに興味をもって、親しみも感じたようだ。発見の喜びを共有できたことは何よりもうれしいことだった。 歌…「はをみがきましょう」「かえるの合唱」「かたつむり」
カタツムリを見ていたMが急に泣きまねを始め、「お母さんに会いたいよーって泣きよんさ、カタツムリ」と。虫を飼育していることを通して、そういう思いも感じているんだと、いろいろな感情が育っていることを実感。言葉のやり取りをしたり、なりきってあそぶことで、ますます関心を高めていけるようにしたい。	散歩に行くために「カタツムリさんいるかもね。探しに行こう」と見通しのもてる言葉、期待がもてる言葉をかけると、前の活動の片付けが少し意欲的になる姿に成長を感じた。 トイレ、帽子、玄関へ、そして二人組になるという流れが自然に身についてきていて、その早さに驚いた。	登園後しばらくは親にべったりの子どもも、活動が進むにつれて笑顔が。保護者も「子どもたちと楽しみたい」という姿勢が見られ、「こんなにあそんだのは久しぶりでした」という声も聞かれ、親子のふれあいのいい機会になったのではと思う。 連絡不足で、いつもの道具を持ってこない子が多かった（T、M、A）。

2歳の保育資料

保護者とのかかわり

保育参加
指導計画 P.168、169

子どもたちの様子が落ち着いてきた6月ごろ、各クラスごとに保護者参加型の保育を計画します。保育者と保護者が、日ごろの子どもの成長を共に喜び、子育てについて学び合える機会にしたいと思っています。また、一年を通して保護者が自由に保育体験ができる日を検討しています。

一日の流れ

保育を体験する時間（あそび・食事）、学びの時間（育児講座）、保育を見る時間（参観）を組み合わせています。また当日は、園内各所に普段の保育の写真を掲示します。

●当日保護者に配布するプリントの例

保育参加日程

時間	子ども	保護者
9:00	＊親子で登園 ◎靴を片付けたり、シールをはったり、いつも通りにできるかな？ ＊好きなあそび ※内容はクラス便りをご覧ください！	＊親子で登園 ＊保育参加 　子どもたちと一緒にあそんでください。
9:55	＊おやつ（ふたば・もみじ組）	＊講演会場へ移動
10:00	＊クラスでの活動	＊育児講座（くすのきホールにて） 「あなたは命のゆりかごになれますか？」 講師　活水女子大学 　　　吉牟田美代子先生
10:50	＊片付け・準備	※いちょう・さくら組の保護者の方のみ、フッ素洗口についての説明会を行います。
11:00 11:30	＊昼食 ◎今日は何かな？いつも楽しみ！ 時間の都合上、食事時間が30分です。 （ごめんなさい）	＊親子で食事です。 ちょっぴり試食も用意しています。 お子様の食事についての質問などに栄養士がお答えします。
11:30	＊クラス ◎降園準備をしたり、先生のお話を聞いたりします。	＊保育参観
12:00	＊親子で降園	＊親子で降園 （年長児保護者のみ役員会　～12:40）

※日ごろの様子など、気にかかることがあれば、お気軽に保育士に声をかけてください。
※食事に関してのご相談は、昼食の時間に栄養士が各保育室を回ります。

保育参加のスケジュール

時間	内容	備考（準備するもの）
9:00	◎ペープサートを見よう！	●絵本から
9:05	◎手あそびをしよう！	●「グーチョキパー」 「カタツムリ～♪」の楽譜
9:15	◎カタツムリの製作をしよう！	●作ったカタツムリ
9:30	◎カタツムリであそぼう！ ・作ったカタツムリであそぼう！ ・カタツムリになってあそぼう！	●ビニールテープでカタツムリの通る道を作っておく。

材料…紙皿・ストロー・モール

●育児講座
子どもと一緒にあそんだ後、保護者だけホールに移動し、育児講座を受講。講師を招き、子育てについて保護者と保育者がともに学ぶ。この回のテーマは「あなたは命のゆりかごになれますか？」。

●昼食試食
子どもと一緒に保護者も同じ物を試食。保護者は子どもの食べる姿や食事の内容を見たり、栄養士は各部屋を回って相談にのったりする。

●親子活動の例

虫に対する興味が高まっていたので、保育参加の題材にして、保護者と一緒にカタツムリの世界を楽しみたいと思い、計画を立てました。

カタツムリの作り方

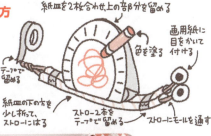

実践者より

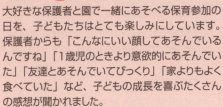
大好きな保護者と園で一緒にあそべる保育参加の日を、子どもたちはとても楽しみにしています。保護者からも「こんなにいい顔してあそんでいるんですね」「1歳児のときより意欲的にあそんでいた」「友達とあそんでいてびっくり」「家よりもよく食べていた」など、子どもの成長を喜ぶたくさんの感想が聞かれました。

活動の導入に、いろいろな虫たちが登場するペープサートを楽しんで。

親子で手あそび。「チョキとチョキで……カタツムリさん、おんぶだよ」

カタツムリ製作。「うずまき何色にしようかな」「紫色、きれいだね」。どんなカタツムリができるかな。

床にはったビニールテープの道を、カタツムリさんが並んでお散歩。「いってきまーす!」

園内研修

保育参加終了後は、全職員が参加して園内研修を行い、今回の活動から学んだことを、次回の活動に生かせるようにしていきます。

●ポイント

・スライドなどを利用して、当日の活動の写真を映し、エピソードを語り合う。
・職員一人ずつが、当日の保育について自己評価をする。
・各クラスの日案を基に、予想通りにできたこと、できなかったことを振り返り、いろいろな気づきを共有する。

スライドを使ってわかりやすく。

○○先生のこのときの言葉かけがすてきでした

昼食のとき、保護者のフォローがもう少し早めにできていれば…

2歳 保育資料

2歳の保育資料

保護者に伝える

保育参加の実施にあたり、保護者には予定や内容について、お便りなどを通して、わかりやすく伝えていくようにしています。

●前日までに

活動の内容を知らせるお便りを出し、当日を楽しみにできるようにします。

もみじぐみだより
6月19日(土) 保育参加

明日は、おうちの人やお友だちといっぱいあそんで、ふれあいを楽しむ保育参加です。
日ごろの様子については、お便り帳や送迎時にお伝えしていますが、うまく伝わっていないところがあるかもしれません。
明日はいい機会なので、お友だちとのあそびの様子や、トイレ・食事などなど、一緒にあそんだり、見守ったり、手助けしながら、子どもたちの姿を見ていただけたら……と思っています。
短い時間ではありますが、楽しく過ごしていただきながら、おうちの方同士、子育ての情報交換もできればいいですね。
あわただしく、ご迷惑をおかけすることと思いますが、ご協力よろしくお願いします。

もみじスケジュール
- ～9:00 登園したら、いつも通りの朝の準備！
- 9:10 おあつまり……楽しい歌で元気な朝のスタートです
  →今日のあそび（右欄をよ～く見てください）
- 9:55 育児講座のため、くすのきホールへどうぞ！
  子どもたちはおやつの飲み物を飲んだり、あそびの続きを楽しみます。
- 11:00 おひるごはん（マイ箸をご持参ください）
- 11:45 降園準備をして、みんなでさようなら

動きやすい服装でお願いします

→ 大まかなスケジュール。

今日の保育のねらいは……
1. 家族や保育者、友だちと一緒に楽しんで活動する。
2. かたつむりになりきったり、作ったりして表現することを楽しむ。

→ 保育参加のねらい。
→ 保育参加日程（P.224参照）と一緒に配布する。

いつもの朝の準備
お便り帳、おしぼり、ナプキン、手拭きタオルをいつもの場所に！カゴに着替えやビニール袋などを入れ、トイレ横の棚へ！
「どこに入れるの？」と子どもたちに聞きながら、一緒に準備したり、"自分で！"の思いを大切に見守ったりしながら、成長ぶりを感じてください。おしっこにも誘ってみてください。

おはなし
小さな虫に興味津々で、ついに散歩で見つけた、てんとう虫、だんご虫、かたつむりをクラスで飼育することに……。それぞれ絵本を参考に名前をつけてます。
大好きな虫たちが出てくる話をペープサートで楽しみます。繰り返し言葉では、おうちの方も一緒に。

今日の活動

作ってあそぼう
のんちゃんは赤ちゃんなので、まだ体には模様がありません。かたつむりのイメージを膨らませて、クレヨンで描いたり、シールをはったりして、模様をつけてほしいな。色や描き方などで楽しんで、のんちゃんやお父さん、お母さんのかたつむりを作ってあそびましょう。

なりきって
お話に登場するかたつむりの"のんちゃん"にみんな変身！大好きな♪かたつむり♪を歌いながら、お部屋を散歩。おうちの方は保育者の合図で協力しながらトンネルを作ったり、うつ伏せになったりして、のんちゃんたちを楽しませてください。最後は背中にのせて、部屋中、廊下へGO！GO！散歩へ……。

→ 見てほしい子どもの姿、予定しているあそびの内容。

●前日までに

活動の内容を知らせるお便りを出し、当日を楽しみにできるようにします。

◎保育参加って……
本日は、お忙しい中、保育参加に出席いただき、ありがとうございます。
4月の進級・入園から3か月程たち、子どもたちは好きなあそび、仲良しのお友達を見つけて生き生きと過ごすようになりました。
日ごろのあそびをおうちの方と一緒に楽しんでいただくことで、子どもたちの心身の成長、保育園での生活ぶりを垣間見ていただければ幸いです。

◎子どもたちはどんな姿を見せてくれるでしょう？
さて、今日の子どもたちはどんな表情・姿を見せてくれるでしょうか？
いつも通り元気満点の子ども、うれしくていつも以上の元気を出している子ども、なんだかいつもと違って不安そうな子ども……。
子どもたちの第2の家庭でもある保育園では、たくさんの兄弟たちが毎日、生活やあそびを通して育ち合っています。0歳～6歳の大切な時期に、好ましい生活習慣を身につけ、さまざまな環境や人とのかかわりの中から、知的好奇心や思いやりの心を育てたいですね。

→ 保育参加のねらいと保護者へのメッセージ。

職員間で確認する

当日は、参加人数を確認し、日案を立てて、子どもの予想される姿と留意点について、職員間であらかじめ話し合っておきます。

もみじぐみ・日案 6月19日(土)
保育参加(2歳児)／子ども11名 大人13名

予想される子どもの活動
●環境構成 ▲援助・配慮

前日までの子どもの姿
・散歩に出かけると虫探しをしたり、図鑑を見たりして、飼育している虫たちに親しみをもっている。
・虫の動きに興味をもち、まねしたり、歌ったりして、なりきってあそんでいる。
・繰り返し言葉が出てくるお話が好きで、友達と一緒に言葉の模倣を楽しむ姿が見られる。
・描いたり、シールをはったりして楽しみ、自分のイメージを表現する子もいる。

本日のねらい・ねがい
・家族や保育者、友達と一緒に楽しんで活動する。
・かたつむりになりきったり、作ったりして、表現することを楽しむ。

朝の準備
●いつも通りの雰囲気で、子どもたちの"自分で"の思いを大切にし、見守りや手伝いたりしてもらい、成長を喜び合うようにする。
●いつもと違う様子に、甘える子には、日ごろの様子を伝えながら安心できるようにする。

うた・お話
●▲子どもの興味に合わせた季節感のある歌や話を用意し、親子でうたったり、繰り返し言葉で話に参加したりして、楽しめるようにしていく。

生活とあそび

作ってあそぼう
●"やってみたい"と子どもの気持ちを高めるような雰囲気を作る。クレヨンやシールなどに興味をもって取り組めるように十分準備しておく。
▲指先の発達や、描いたりはったりするイメージの個人差に留意しながら、描き方や色に興味がもてるように言葉をかけていく。
▲一緒に楽しみ、子どものつぶやきや発見に共感しながら、表現する喜びを味わったり、創造力が広がるようにかかわっていく。

なりきって
●部屋中を動き回れるように、なるべく広いスペースを作る。
▲歌いながら"かたつむり"になりきって身体を動かし、親子または子ども同士でふれあう喜びや、表現する楽しさを感じられるようにする。
▲保護者に協力してもらいたいことを伝え、子どもと一緒に楽しみを共有してもらうようにする。

保育者間のチームワーク
・活動の流れや役割を話し合い、共通理解しておく。
・あそびの様子を見ながら連携をとり、より楽しめるような言葉をかけたり、あそびに誘ったりしていく。

家庭と共に……
・家庭に保育のねらいを伝え、親子で楽しくすごしてもらう。

評価・反省の視点
・喜んで行事に参加し、家族や保育者、友達と一緒に楽しむことができたか。

進級

少しずつ自分で

指導計画 P.184〜187

2〜3歳ごろになると、自分のことは自分でやりたいという思いが徐々に出てきます。4月の進級に向けて、保護者と一緒に持ち物の準備や整理の仕方を見直し、子どもたちが少しずつ自分でできるようにしていきます。

●ポイント

- ひとりひとりの様子を見ながら、わかりやすく、取り組みやすいことから少しずつ自分でやるように進めていく。
- 新しい手順について知らせるときは、無理強いせず、ゆっくりと余裕をもって知らせていく。
- 新しいやり方と準備について、家庭と連携して進められるように、お便りや口頭で丁寧に伝えていく。

● お便り例「進級に向けての移行について」

4月の進級に向けて、クラスでの緩やかな移行期間についてお知らせします。

これからの2か月間、子どもたちにゆっくりと手順を知らせていくなかで、進級することに期待をもって生活してほしいと願っています。何かと御協力していただくことが増えてきますが、よろしくお願いします。

登園後の準備
お便り帳・お手ふきタオルを、各自で所定の場所へ持って行きます。

食事前の準備
食事用ナプキンを、食事の準備の際に各自でバッグから出します。
※おしぼりは使用しません。

汚れたり、ぬれたりしたら
着替えるときは必要な物を自分で探して出し、汚れた物を各自でビニール袋に入れます。
※「入ってない」とバッグの中をひっくり返して、ビニール袋を探しているときをよく見かけます。困ったときは保育者に教えるように伝えていますが、子どもが戸惑わないよう準備をお願いします。

バッグの中身について
以前に比べると、おむつや汚れ物の量がぐっと少なくなったようです。心配で多めの着替えを準備してくださっているご家庭もありますが、成

バッグについて
新しいバッグを準備する際は、登園時に年上の子どもたちのバッグを見て参考にしてください。大きさや形はさまざまですが、リュックタイプが多いです。自分で背負うことで、「自分の荷物は自分で！」という意識をもっているようです。機会がありましたら、いろいろ調べてみてください。進級までに準備していただけると、子どもたちも進級への期待が膨らみます。

一緒に準備を
子どもが自分で必要な物を出しやすいように、バッグに入れるときは、「ナプキンはここ」「ビニール袋はここね」などと、親子で一緒に確認しながら準備することをお勧めします。親子のふれあいの機会も増えますね。

進級・移行期間について、不明な点や不安なことはお知らせください。

(吹き出し)
- まずは、毎日、同じように決まっていることから始めると、子どもにとってわかりやすいことを伝える。
- 子どもが目的の物を探しやすいように準備することを伝える。
- 成長に合わせて準備する物や量が変わっていくことを伝える。
- 子どもが自分の荷物を持ったり、出し入れしたりしやすいバッグ選びについて伝える。

エピソード記録
一緒にナプキン探し

ナプキンを準備しようと

　言葉は豊富ですが、身の回りのことはだれかが手伝ってくれるのを待っているようなところのあるAちゃん。ロッカーの前でもぞもぞしていると思ったら、リュックの中から食事用のナプキンを取り出そうと探しているようです。子どもたちには、数日前から自分でバッグから出して準備するように伝えていました。Aちゃんもなんとか自分でナプキンを準備しようと探し始めたのでしょう。困っているようでしたが、『ジブンデ』の気持ちが育ってきているのだなと考え、しばらく見守ることにしました。

友達に手伝ってもらって

　そこへ、仲良しのBちゃんがやってきて、「どうしたの？」と声をかけました。困った顔で涙を浮かべ、じーっとBちゃんを見ているAちゃん。BちゃんはAちゃんが食事用のナプキンを探していることに気づき、「Bちゃんが探してあげる」と言って、一緒にリュックの中を探し始めました。それでもなかなか見つからず、とうとう二人はリュックの中身を全部出し、辺りに散らかして大捜索。「何か探してるの？」。いよいよ保育者の出番です。「あった〜！」。よく探してみると、ナプキンはリュックの外側のポケットに。「見つかってよかったね」と、Bちゃんの優しい言葉にAちゃんもにっこり。

互いにかかわりながら成長を

　その日は、そのまま二人で仲良く食事をしました。そして、翌日からは得意げにナプキンを準備するAちゃんの姿が。友達の助けを借りて、『ジブンデ』やり遂げたAちゃん。友達の思いを理解して力を貸したBちゃん。互いにかかわりながら、それぞれに成長していく姿をうれしく思いました。

2歳の保育資料

進級

異年齢との交流
指導計画 P.184〜187

進級に向けて、徐々に年上の子（3・4・5歳児）と交流する機会が増えてきます。異年齢で一緒にあそんだり食事をしたりしながら新しい環境に慣れ、進級が楽しみになるようにしていきます。

レストランごっこ

2月後半ごろから年上の子どものクラスで盛んだったお店屋さんごっこやレストランごっこ。2歳児も興味をもつようになり、一緒に参加して楽しみました。

● お金を持って……
お店屋さんごっこを繰り返すなかで、「お店やレストランに行くにはお金がいるね」ということになり、バッグにお金を入れて出かけるようになりました。

広告紙で折ったバッグにすずらんテープでひもを付け、バッグの中には広告紙の硬貨を。

● ランチを注文
レストランでいろいろなランチメニューのなかから好きな物を注文。お兄さん、お姉さんにお願いすると、席に持ってきてくれます。

「お待たせしました。ハンバーグ弁当です」「いただきまーす」。

● 園庭で食事
レストランで買ったおにぎりは、テイクアウトして園庭で食べてみました。

園庭の敷物の上で、買ってきたお弁当を広げる。暖かい春の日差しを浴びて会話も弾んだ。

実践者より

年上のクラスの担任とは、異年齢交流のねらいを共有し、週案作成時にお互いのクラスの活動時間を確認して、一緒に過ごせるように予定を組んでいきました。また、ほかのクラスにあそびに行くことを前もって子どもたちにも知らせ、見通しと期待がもてるようにしました。品物や材料などは多めに準備したので、十分にあそびを楽しめたようです。

お別れパーティー

一緒に過ごす機会が増え、すっかり大好きになったお兄さん、お姉さん。年長児とのお別れパーティーに2歳児も参加しました。

食事はバイキング形式。お兄さん、お姉さんに混ざって、自分の食事を取りに行く。

6人掛けのテーブルに、2〜5歳児が混合で座って食べる。上手になってきたはしを使いながら。

実践者より

テーブルに着くときは、「〇〇お姉ちゃんの隣に座りたい」などと希望を言い、隣に座れて大満足の表情を見せる子も。また、このころから、「□□組になりたい」「△△君と一緒のクラスがいい」など、進級への期待を言葉にする姿も見られました。

エピソード記録
年賀状ごっこ

あこがれの郵便屋さん
　年上の子どもたちのクラスでは「年賀状ごっこ」が大流行。その日も郵便バッグを掛けたお姉さんが、2歳児のクラスにはがきを届けに来てくれました。数日前から郵便ごっこに興味を示していたAちゃんは、あこがれの郵便屋さんが自分たちの部屋にもやって来たことに興奮気味です。

手紙のやりとりを楽しむ
　早速、はがき大に切った画用紙をAちゃんに渡すと、満面の笑み。ほかの子どもたちも加わり、思い思いに年賀状書きが始まりました。文字のつもりで○や×を書いたり、線をかいたり。「せんせいってかいたよ」とはがきを見せに来たAちゃんは、保育者の手を引いて隣のお姉さんのクラスの前にある手作りポストへ。どきどきしながら、ゆっくりとポストにはがきを入れると、とてもうれしそうでした。しばらくすると、「ゆうびんで〜す!」の声とともに、お姉さんたちがポストに入れたはがきを配達に。「あっ、それAちゃんの!」と、部屋の向こうから走ってきて、「やったぁ〜、ありがと」と、さっき先生にあてて書いたはがきを受け取ったAちゃん。「せんせ〜、おてがみきたよ〜」とぴょんぴょんはねて大喜びしながら保育者に渡してくれました。

年上の子どもたちと交流して
　その日は、はがきを書いてはポストへ、書いてはポストへ、の繰り返し。郵便屋さんもたいそう忙しそうでした。こうして年賀状ごっこは数日間続き、進級を前に年上の子どもたちとかかわりをもとうとしていた矢先の素敵な交流となりました。年上の子とあそぶことで新しいことに興味をもち、やり取りを楽しむ姿に成長を感じました。

2歳の保育資料

進級

次年度への引き継ぎ
指導計画 P.185、187

進級する子どもや保護者が不安を感じることなく、新しいクラスがスムーズにスタートするよう、年度末から年度の最初にかけて、保育者間でのしっかりとした引き継ぎが重要です。

●引き継ぎの流れ

3つのステップを踏んで引き継ぎをしています。保育者間で子どもの情報を共有するとともに、保育者が新年度の保育に見通しと意欲をもち、新しいクラスのチームワークを高めていけるようにします。

●ステップ1　引き継ぎ事項の例

Sさん	○年3月4日生まれ
食事	好き嫌いなく、量もたくさん食べるが、卵アレルギーあり。現在、卵除去食。来年度5月に、再度検査を受け、結果次第では解除の方向で家庭と話し合い中。はしについては少々苦手意識もあるので、本人の負担にならないよう、時々持ち直すように言葉かけをしているところである。
睡眠	遅めの登園で朝7時30分くらいの起床なので、入眠するまでに時間がかかる。大好きな絵本を1冊選んで布団に入り、長い時間見ていることが多い。みんなが完全に眠ってしまったころ入眠する。
排せつ	トイレで成功することが多くなっているが、あそびに夢中になると失敗してしまうことも。着替えはゆっくりペースで、すぐにほかのものに気が向いてしまうので援助が必要。
清潔	手洗い、うがい、鼻水の始末など少しずつ自分でできるようになってきた。鼻水が少しでも出ると、とても気にして自分で取ろうとする。
情緒の安定	登園時、母親と離れる時に涙することが多い。「バイバイ！　タッチ！」（お別れの儀式）をして保育室に入るように決めて、少しずつ自分で気持ちの切り替えができるようになっているところである。
あそび	戸外でのあそびが大好きで、特に砂場でままごとをしたり、山を作ったりすることを好む。砂場でのあそびから友達とのかかわりも見られるようになり、言葉が増えてきている。
特記事項	母親の出産予定が8月なので、生活のリズムも含めて家庭と密に連携が必要。

●進行役の役割
会議の進行役（ファシリテーター）を決めます。進行役は次のようなことを行います。

・会議の目的や内容、資料の準備について、事前に参加者に知らせる。
・所要時間内に有意義な話し合いができるように、最初に会議の目的を確認し、一人の発表時間の目安を伝える。
・参加者がそれぞれの立場で自由に発言できるように配慮する。

3月19日(○)
新年度のクラス担任人事の内示

↓

 ステップ1

3月25日(△)13:00～15:00
新旧クラス担任会議①
メンバー：2歳児担任1名（進行役）、
　　　　　新3歳児担任1名
目的：子どもの記録の引き継ぎ
内容：子ども全員の記録（園児票、保育記録、健康に関する記録、個人記録など）を基に、食事・睡眠・排せつ・清潔面や、あそびの様子、情緒面で気になることなど、必要事項の伝達をする。

↓

 ステップ2

3月29日(□)14:00～15:00
新旧クラス担任会議②
メンバー：旧3歳児担任1名（進行役）、
　　　　　新3歳児担任1名
目的：前年度の3歳児の保育内容の報告
内容：全体的な計画や年間計画を基に、3歳児で行ってきた保育内容について、必要事項の伝達をする。

↓

 ステップ3

3月30日(●)13:00～15:00
新クラス職員会議
メンバー：新3・4・5歳クラスの保育者
　　　　　3名全員（進行役は新担任）
目的：新クラスでの情報共有
内容：ステップ1、2の引き継ぎ内容を、新3・4・5歳児クラスの職員全員に伝達する。

↓

4月2日(○)13:00～15:00
新年度の園全体会議
メンバー：全職員（進行役は主任）
目的：新年度の計画決定
内容：全体的な計画を基に、各年齢の年間指導計画を発表し合い、修正点や変更点を確認する。

指導計画と「振り返り」のヒント集

Special対談

感じ、考え、「気づく」保育を目指して —保育の本質を考える—

めまぐるしく状況が変化する現在の保育。
保育者はどんな思いをもって保育をしていけばよいのでしょうか。
新年度を迎える際の心構えや、指導計画を立て、実践し、振り返り、
次の保育へ生かしていくうえで、何が本当に大切で必要なのか—。
この本の監修者である増田まゆみ先生と
3.4.5歳児版※の監修者である秋田喜代美先生に語っていただきました。

増田まゆみ先生
（元東京家政大学・大学院教授）

秋田喜代美先生
（学習院大学教授）

子どもの視線や動きを見て、
子どもの興味に
「気づけ」ば、
活動も変わってきますよ。
（増田）

計画どおりでなくても
子どもがどう表現するのかを感じ取れたら
より保育が楽しくなります。
（秋田）

※『発達が見える！3歳児の指導計画と保育資料 第2版』
　『発達が見える！4歳児の指導計画と保育資料 第2版』
　『発達が見える！5歳児の指導計画と保育資料 第2版』（学研プラス刊）

> 子どもが始めたことには、必ず意味がある。
> 何かしらの思いが込もっているから、
> 子どもが始めたことに着目して。
> （増田）

新年度に向けて

秋田先生（以下秋田） 4月は子どもも不安でしょうが、保育者も、自分の思いの枠を超える子どものことがわからず、不安になる時期ですよね。慌ただしい日々ですが、子どもたちが、「この保育室が自分たちの居場所」と思えるような環境を準備してほしいですね。

増田先生（以下増田） 泣き出す子どもも多くて不安もあるけれど、新たな出会いがあって期待感も高まる時期だと思うのです。保育者の興味を膨らませながら、「この子どもはどんなことに興味をもつのだろう」と、ひとりひとりの子どもが、「楽しい！」ということを見出す努力をしてほしいですね。

秋田 それと、この時期は新入園の子どもに気をとられがちですが、進級児が遠慮や我慢をしていることもあって、見えないところでいろいろなひずみが起こりやすいのです。そんなときはひとりで何でも抱え込まず、同僚と協力し合って子どもを受け止めるようにしてほしいと思います。

増田 「このクラスの担任はわたしだから、すべてをやらねば」なんて思わずにね。子どもや仲間を信頼するとよいと思います。

秋田 子どもがずっと泣いていたりして行き詰まったときには、ひと心地振り返って、考えることも大事ですね。この子が泣いているときはどんなときだろうと考えてみると、お迎えの時間が近づくと泣きやむとか、泣かない時間が少し長くなっているなとか、見方が変わると開けてくる面もあるはず。

増田 「ああ、困ったどうして？」と思っているだけでは、ちっとも子どもが見えてこないんですね。子どもが始めたことには、必ず意味があって、何かしらの思いが込もっている。だから普段の保育でも、何かをやらせるのではなくて、子どものちょっとした視線や表情の変化とか、子どもが始めたことに着目していくと保育が見えてきます。そうすると見通しをもった保育になり、より深く、広い保育ができるようになると思うんですよ。

本質をとらえた保育とは？

秋田 増田先生がおっしゃったようにかかわっていくと、指導計画も、今度はこれを準備しようという計画ありきではなく、子どもに寄り添いながら、見通しをもった柔軟性のあるものになるのでしょうね。

これは1つの例なのですが、ある園にうかがったとき、子どもたちが混色あそびをしていたんです。赤や青や黄色とか、いろいろな色を混ぜて。でも、そのなかで1人だけ、青だけをひたすら塗っている子がいました。活動の後、「その子が混色を経験できなかったと考えるのではなくて、青にもいろいろな青があって、どんな青があるか広げてみるとよいのでは」という話が出たんです。青だけでもいろいろな濃淡があって、「僕のは○○ブルーだ」とか名前をつけていくとか、そうやって輪が広がると、保育者の思い通りじゃなくても、その子が生きてくる活動ができるのですよね。こんなふうに、子どもの姿から活動を組み立てられる力もつけていってほしいですね。

増田 それ、とってもすてきなお話ですね。子どもって、保育者のねらい以外のことを始めるのですよね。絵の具を使って塗るのをねらいにしていても、筆を洗ってできた色水のほうで盛り上がったり。でも、子どもの視線や動きを見ていれば、「あ、この子はこれがおもしろいんだな」とわかることも多いはず。子どもの興味に「気づく」保育者になってほしいと思います。

秋田 「どうしよう、この子にも色を混ぜさせなきゃ」と思うのではなく、自分

> 計画ありきではなく、子どもに寄り添いながら
> 見通しと柔軟性のある保育になるとよいですね。
> （秋田）

> 「おもしろい」と思ったものは、
> 子どもと共有したいと思うのが保育者。
> だから常に感動を見つけてほしいですね。
> （増田）

の思いとは違う行為を見て、この子ってすごいなと思い、次にこうかかわったら、ほかの子がこう動き出すと読める力というのでしょうか。そんなふうに働きかけられたら、色を混ぜるよりも、微妙な青の違いを感じる子のほうがずっとおもしろいと思うし、その子がどう表現するのかを感じ取れたら、自然にいろいろな子どもの言葉が出てきて、より保育が楽しくなるでしょうね。

考え、気づくことの大切さ

秋田 今の保育の情報は、計画の立て方にしてもそうですが、すぐにはさみとのりでできるようなものが求められるというか、どうしても直接的な成果を求めるものが多いように感じますね。

増田 手あそびなどは、手順通りにしていけば、どの子も行うパターン化した保育になりがち。よく本や保育雑誌にも載っていますしね。でも、それをただ提示されたようにするだけでなく、保育の現場で、どう自分なりにやろうか、工夫しようか、つまり、どういうふうに子どもとかかわるのか、どのくらい変化をつけられるのかといったことを考えることが保育なのです。考えなければ一歩も進まない。

秋田 この歌をうたうことや、このあそびをすることで、子どもの経験にどんな意味があるのかを考えることが大切。また、本や保育雑誌も、そのきっかけを提供する役割が求められていると思います。

増田 それから、考えるためには、まず感じること、「心動かされること」が必要。「あ、おもしろい」、「なぜ、次はどうするのかしら」と感動を受けると、保育者はその感動を子どもと共有したいと思うし、じゃあどうしたらよいかと考えて生活をデザインしようとする意欲が生まれるのですね。子どもひとりひとりのことが思い起こされて、義務からではなく、「保育のなかでどう取り組んでいこうか」、じゃあ、「こんな計画を作ろう」となっていきますよ。

そのためには、これはおもしろいな、美しいなという本物と出合うことが必要。音楽や絵でもいいし、自然でもいい。どんなに忙しくても、保育以外のもので、心動かされるものとの出合いを見つけてほしいし、見つけようとするアンテナをもってほしいですね。常に様々なものに興味をもつこと、感動する心をもつこと、そして新たなものを見つけようとする保育者の姿勢が、豊かな生活やあそびを作り出す基本になると思うのです。それは決して保育の「○○学」という学問や手あそびをたくさん知っているということだけではないのです。

秋田 自分の専門的な教養を高められる刺激は大切ですね。

子どもが出合う世界の先がどういう

> 子どもが出合う先がどういうものかを考え、
> みんなが深く良質の「本物」を作っていくという方向が、
> 保育を本当に意味あるものにします。
> （秋田）

ものかが見えてくる、というのが大事かなと。子どもだから子どもっぽいものを与える、大人が考えるかわいらしいものを与える、だからそれにかかわる保育者も子どもっぽく、ということではなく、みんなが深く良質の「本物」を作っていくという方向が、保育を本当に意味あるものにしていくのではないでしょうか。

増田 あとは、自分の保育を振り返ること。どの保育者も、日誌や連絡帳などに毎日記録していると思うのですが、やり方が問題なのです。振り返ることはイコール「考える」ことなのですが、深く考えずにただ書くだけになってしまうと、「こういうことがありました」となってしまう。でも、心を動かされたときの記録は違うのです。振り返りながら、ほかの保育者とも、園内研修などでぜひ話し合ってほしいですね。「そうそう、こんなことがうちのクラスにもあってね……」と話がつながっていきますよ。

秋田 そこから、子どもの姿をどう読めばよいかということもわかってくるかもしれませんね。

子どもが原点になって、子どもの声に耳を澄ませて聞くような理念のなかで、指導計画が見通しをもって作られ、実践されていくことが大事かなと思います。

増田 これからの保育は、つながりをもち、相互作用しながら考えていくことが求められています。

秋田 たくさんのつながりの輪の中で、子どものかたわらにいて、子どもと一緒に育っていくという関係ができるというのは、とても素晴らしいことだし、それこそが保育の本質だと思います。

✽ 保育を「振り返る」とは

より質の高い保育を行っていくために必要な「振り返り」について、増田先生と秋田先生にポイントをうかがいました。

増田先生より…

「振り返る」ことによる変容を楽しむ

　1日の保育を終えたひとときの「振り返り」。そこで気づきを得た「わたし」は昨日の「わたし」とは異なり、新たな思いで今日の保育に取り組み、1週間、1か月、そして1年が経過していきます。「子ども理解に基づく計画、実践、振り返り、改善」という「保育の過程」が、らせんを描くように継続していくことが、保育者の意識や記録、実践などに生かされ、保育の質を高めること、そして保育者の育ち、変容へつながっていきます。そうなのです。「振り返り」は過去に向けたベクトルが、主体的に取り組む記録や仲間との対話により、未来に向かうベクトルへと変容していくことに意義があります。

　保育中は、ひたすら子どもとともにある保育者です。多様な援助（直接的、間接的）を意識して行うほかに、無意識に繰り返し行っていること、体が動くことがあるでしょう。また保育の現場では、経験を重ねるにつれ、暗黙のうちに理解し合い、同じような受け止めや行為をすることがしばしばあります。こうした「経験の知」を尊重しつつ、記録や対話を意識的に積み重ねていくという「振り返り」を大変で苦しいことではなく、実践者であることの喜びにつなげていってほしいと思います。

秋田先生より…

「振り返り」は、明日の保育への架け橋に

　「明日の保育をよりよいものに」という保育者ひとりひとりの気持ちが、振り返りの出発点になります。「振り返り」は過去の反省というだけでなく、今日の保育が明日の保育へつながるための架け橋の役目をします。でも心にとどめておくだけだと忙しさに流れて、おざなりになりがちです。

　そこで、第一に必要なのが、記録用紙や記録方法の工夫。長続きして実際に実践につなげるためにはこれがとても大事なのです。週案用紙の裏、翌日の日案の横など、つながりが具体的にわかりやすい記録方法、色ペンや矢印、下線など、手を動かして自分なりの工夫を入れることで、考えを目に見えるようにしていくことが大切です。書くことで保育の場面がイキイキと思い出され、明日の保育の予想ができるようになるでしょう。先輩や同僚の記録を見せてもらい、書き方の工夫を知ることで「マイ保育記録」による振り返りの工夫をしてみましょう。

　第二は、同僚との話しやすい関係作りを心がけることです。ちょっとしたことでも共有し話せるようになると振り返りの質は向上し、視野が開けます。経験年数にかかわらず本音で話し合い支え合い、悩みやうれしさを共感し合える職場になるとよいですね。

指導計画の書き方 Q&A

指導計画が大切だということはわかっていても、どこに、何を、どのように書いたらよいのか、いつも迷いながら作成しているという人が多いようです。
ここでは、そんな指導計画に関する5つの疑問・悩みについて、一般的な実例を交えながら、お答えしていきます。

監修・秋田喜代美（学習院大学教授）

Q1 「指導計画」って？

A 保育を行ううえで指導計画は不可欠です。保育者は、子どもの育ちに見通しをもって保育にあたることが大切ですが、この「見通しをもった保育」に必要なのが、指導計画なのです。

保育の指導のための計画としては、まず園の全体的な計画として「**全体的な計画（保育所）**」・「**教育課程（幼稚園・幼保連携型認定こども園）**」があり、これは園の理念・方針、目標や、子どもの育ちに基づく保育（教育）内容を示すものです。幼保連携型認定こども園の場合、教育及び保育の内容に関する全体的な計画としては、①満3歳以上の園児の教育課程に係る教育時間の教育活動のための計画、②満3歳以上の保育を必要とする子どもに該当する園児の保育のための計画、③満3歳未満の保育を必要とする子どもに該当する園児の保育のための計画、④地域の実態や保護者の要請により、教育を行う標準的な時間の終了後等に、希望する者を対象に一時預かり事業などとして行う活動の計画が必要になります。ただしそれぞれに作成するのではなく、教育及び保育の内容の相互関連を図り、統一した全体的な計画を作ります。なお、「幼稚園教育要領」においては、「各幼稚園においては、教育課程を中心に、第3章に示す教育課程に係る教育時間の終了後等に行う教育活動の計画、学校保健計画、学校安全計画などとを関連させ、一体的に教育活動が展開されるよう全体的な計画を作成するものとする。」と明記されています。

さらに指導計画には、**長期的な計画（年・期・月の計画）と、短期的な計画（週・日の計画）**があり、いずれも、「**子どもの姿**」「**ねらい・内容**」「**環境構成・保育者の援助**」などから構成されています。長期的な計画で立てた「ねらい・内容」がより着実に達成できるように具体的な内容を入れ、実際に生かせるものにするのが、短期的な計画です。

このように保育の計画には、長期を見通して大きくとらえることも、短期で区切って具体的な実践を組み立てていくことも必要です。そして、これらの計画すべてが、大きな流れのなかでつながっていることが大切なのです。

Q2 「子どもの姿」は、どのようにとらえればよいの？

A 指導計画は、子どもの姿を把握し、理解することから始まります。そのときに重要なのは、**「子どもひとりひとり」と「集団」の育ち**をとらえること。

まず「ひとりひとりの育ち」をとらえるうえで大切なのは、「〜ができる」「〜をしている」という外面的なことだけではなく、その子どもの**心情・意欲・態度といった内面を見ていく**ことです。例えば、みんながゲームをしているときに仲間に入らない子どもがいた場合、ゲームに興味を示さず別のあそびに夢中になっているのか、仲間に入りたい気持ちはあって、じっとゲームの様子を見ているのか、この2つでは、子どもの姿は全く違うものになります。そういった内面をとらえることが重要なのです。

次に、「集団としての育ち」ですが、まず、**ひとりひとりの異なる姿から共通する育ちを見いだす**ことが必要。右の例のように、あそびの内容は違っても、「友達と一緒にあそぶことを喜ぶ」という共通点を見いだして、「集団の育ち」としてとらえていく目が求められます。そしてもうひとつ、**子ども同士の関係性を見る**ことも大切。いざこざも含めた試行錯誤の段階を経て、一緒にあそぶ楽しさを知り、共通の目的が実現する喜びを味わう……といった関係性の育ちも、「集団としての育ち」における重要ポイントです。

● 「子どもの姿」記述例

1-子どもの内面をとらえる

・集団あそびができるようになってきたが、仲間に入らない子どももいる。
↓
・集団であそぶことを喜ぶようになっているが、仲間に入りたくてもその思いを伝えられない子どももいる。

など

2-集団に共通する育ち・関係性の育ちをとらえる

・友達と一緒に、積み木で基地を作ってあそんでいる。
・友達同士、砂場でお店屋さんごっこを楽しむ。
↓
・いろいろな見立てあそびを楽しむ。　または　・友達と一緒にあそぶことを喜ぶ。

など

指導計画の書き方 Q&A

Q3 「ねらい・内容」は、どのように立てるの？

A 指導計画における「ねらい」は、全体的な計画・教育課程に基づき、子どもの発達過程や姿を踏まえて、その時期に育てていきたいことを表します。そして、その「ねらい」を達成するために必要な経験など、より具体化したものが「内容」となります。いずれも、家庭生活との連続性や季節の変化、行事との関連性などを考慮して設定することが大切です。

「ねらい」と「内容」については、よく「違いがわからない」といった声が聞かれますが、前述の通り、この2つにはそれぞれに意味があり、双方のつながりを考えたうえで立てていく必要があるものなのです。また時折、「ねらい」や「内容」に、保育者が主語になったものが含まれていることがありますが、本来、子どもの心情・意欲・態度を記述するものです。そのあたりも間違えないように気を付けましょう。
（低年齢の場合は、保育者が主語になる、養護にかかわる記載が多くなります。）

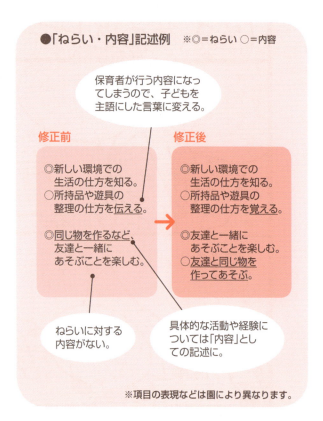

●「ねらい・内容」記述例　※◎＝ねらい　○＝内容

修正前
◎新しい環境での生活の仕方を知る。
○所持品や遊具の整理の仕方を伝える。 ← 保育者が行う内容になってしまうので、子どもを主語にした言葉に変える。

◎同じ物を作るなど、友達と一緒にあそぶことを楽しむ。 ← ねらいに対する内容がない。

修正後
◎新しい環境での生活の仕方を知る。
○所持品や遊具の整理の仕方を覚える。

◎友達と一緒にあそぶことを楽しむ。
○友達と同じ物を作ってあそぶ。 ← 具体的な活動や経験については「内容」としての記述に。

※項目の表現などは園により異なります。

Q4 環境構成や保育者の配慮を考えるうえでのポイントは？

A　「環境」といっても、ただ遊具や素材を用意すればいいということではありません。「環境」には、遊具、素材といった物的環境だけでなく、自然事象、時間、空間、人とのかかわりなど、さまざまな要素があります。保育者は、活動の様子を予想して、置き方、提示の仕方など、あらゆる観点から工夫し、**子どもがかかわりたくなるような、魅力ある環境**を構成していくことが大事です。

　ただ、実際に活動が進むと、計画通りにいかないことが多々あります。保育者は、その都度現れる子どもの気づきや興味・関心の方向をとらえ、**環境を再構成していくことも大切**です。

　なお、指導計画では、「環境」同様、「保育者の援助・配慮」も大切な要素です。これは、人的環境のひとつともいえますが、**「ねらい」「内容」達成のために行う、子どもたちへの言葉かけやかかわり**です。活動を予測したうえで、どのような援助・配慮が必要か、具体的に挙げておくことも、保育者にとって重要です。

●環境構成や保育者の配慮についての記述例
※表の形式や項目の表現などは園により異なります。

子どもの姿	●友達のすることに関心をもち、まねしてあそぶ。 ●遠足を思い出し、再現して楽しむ。	
ねらい(◎) 内容(○)	◎友達と一緒にあそぶことを楽しむ。 ○友達と同じ物を作ってあそぶ。	そのときの子どもの姿や状況から、数人が一緒に、バスなど大きな物を作ることを想定。積み木やブロックが、いつもより少し多めに必要だと考えた。
保育士のかかわりと配慮(環境構成)	◆大型積み木やブロックなど多めに用意して、友達と協力しながら作れるようにする。 ◆あそびに必要な物が作れるように、廃材や描画材など、取り出しやすい所に出しておく。 ◆友達同士で意見の衝突があったときは、様子を見て間に入って双方の思いを聞き、相手に伝えるように促していく。	遠足ごっこが発展することを想定して、ハンドルやお弁当などが作れるような素材や道具を用意するということ。 友達と協力することに、まだ慣れていないので、かかわり方を丁寧に伝えることが必要な時期だと考え、保育者の援助として挙げている。

● 指導計画の書き方 Q&A

Q5 「指導計画」はその後どのように生かせばよいの？

A 「指導計画」は、保育に生かすためのものですから、書きっぱなしでは意味がありません。

「計画」を立てて「実践」し、その「実践」を「評価」して「反省」点を洗い出し、「改善」点を明確にして次の「計画」に生かす、この繰り返しが大切です。

評価や反省は、一人で行うのではなく、保育者同士で話し合い、相談しながら行っていきましょう。そのためにも、毎日の振り返りや職員会議、研修を、うまく活用していくことが大切です。複数の目が入ることで、一人では気づけない課題や改善点に気づくことができ、こうした取り組みは、保育者の質の向上にもつながります。

保育に生かす エピソード記録

保育の現場で起こったことを生き生きとえがくエピソード記録。子どもの姿や状況がわかりやすいエピソード記録とはどういうものか、また、どんなふうに保育に生かしていけばよいのでしょうか。
監修＝増田まゆみ（元東京家政大学・大学院教授）

エピソード記録
- はっとしたり、強く印象に残ったりした出来事を題材にする。
- 出来事とともに、子どもの心の動きや、それを保育者がどう受け止めたかを書く。

●エピソード記録とは？

　子どもと接するなかで、はっとしたり強く印象に残ったりしたことを、出来事や行動やかかわりなどを簡潔にまとめるのがエピソード記録です。起こったことを具体的に書き、それについて自分の感じたことや思ったことも書きましょう。エピソード記録では、書いた人のとらえ方が正しいとか間違っているとかではなく、ほかの人と記録を基に対話を重ねることで、さまざまな感じ方や考え方があると知ることが大事です。

●まずは、書いてみよう

　エピソード記録というと、「日常生活のなかで、そんなにエピソードなんてないから、書くのは難しい」という人がいます。また、何かのために書かなくてはならないと思うと、どうしても負担に感じてしまいます。
　しかし、ワクワクしたり、ドキッとしたり、ヒヤッとしたり、子どもと接していると、心が揺さぶられる瞬間があるはずです。そんなとき、ほかの人に話したくなりますよね？ それを文章化すればよいのです。
　エピソード記録には、書き方の形式はありません。大切なのは、子どもの心の動きとそれを保育者がどう受け止めたかが書いてあるということです。まずは気負わずに、子どもの姿やつぶやきを書いてみましょう。少し慣れてきたら、背景・考察を書くようにしましょう。

● 保育に生かすエピソード記録

エピソード記録の書き方

事例をもとに、エピソード記録の書き方について、考えてみましょう。

事例① 「1月の種採り」（4歳児）　執筆＝藤原幼稚園（福島県）

背景
　これまでわたしたちは、無意識のうちに「種採りは『秋』」と思い込んでいるところがあったかもしれません。
　環境構成と言いながら季節を先取りし、枯れてしまったり汚れてしまったりした物は、きれいに撤去。見た目も美しく、すっきりと整えることで、保育者自身の心地よさのようなものに満足もしていました。
　でも、もしかしたら、それは子どもたちの「新たな気づき」や「季節を巡る感覚」、「時を経ての再発見・再挑戦」の機会を奪っていたのかもしれない……。そんな思いにさせてくれたのが、4歳児の「1月の種採り」です。 　Ⓐ

エピソード
　秋にアサガオやフウセンカズラの種を採り、「片付けなければ」と思いながら、軒下のネットをそのままにしていました。そのネットの上のほうにあった、採り残した種を4歳児が見つけたのです。
　4歳児は、背伸びしても届かなかった高い所の種を、運んできたいすに乗って採り始めました。たちまちクラス全体に種採りが広がって、1月のよいお天気の日に目をキラキラさせ、夢中になって「アサガオ」「フウセンカズラ」「ナスタチューム」「ワタ」などの種を集めている姿が見られました。

考察
　わたしは園の花壇やプランターに、子どもたちと一緒に季節ごとに植え替えなどをして、「四季折々の花々がきれいに咲いている状態を保とう」としてきました。でも子どもたちにとって『意味のある環境』だったのでしょうか？　大いに反省させられました。 　Ⓑ
　「種の魅力」にはまってからは、「サルビア」や「ペチュニア」「マリーゴールド」などの種が、しっかりできて子どもたちが採取してから、次の植え替えをするようになりました。そうすると、そのからからに枯れた花の姿もすてきに見えて、子どもたちと十分味わうことが大切なのだと思えるようになってきたのです。
　畑も、取り残した野菜はそのままにするようになり、サニーレタスはタンポポに似た花が咲きました。翌年、その種をまき、おいしいサラダをいただきました。

事例①に対する
増田先生からのコメント

　「1月に種を採った」という記録だけでは、何も伝わってきません。しかし、この事例では、種採りのときのエピソードをきっかけに、保育者の価値観や保育観が変容したことが読み取れます。「四季折々の花々がきれいに咲いている状態を保つ」ことが大切だと思っていた保育者は、自分たちでいすを持ってくるなどの工夫をしてまで、夢中になって種採りをする子どもたちの姿にはっとさせられます。それまで意味がないととらえていた枯れた草花が、子どもにとって魅力ある環境のひとつであるというとらえ方に変わったのです。
　それまでの保育の過程や保育観（背景）と、保育者自身の考え方の変容（考察）が盛り込まれているために、保育を深く見つめる記録になっています。

書き方のポイント

具体的には、どのようなことに注意してエピソード記録を書いていけばよいのでしょうか。

ポイント 1
子どものつぶやきや表情をメモする

　保育ではっとさせられることがあっても、後からだと、思い出せなくなってしまうこともあります。そこで、いつもポケットに小さなノートと筆記用具を用意しておいて、心が動かされることや、忙しい保育の合い間に「これは」と思うことがあったらメモをとりましょう。保育中のことなので、メモはなるべく簡単に。子どものつぶやきやそのときの表情だけでもメモしておけば、エピソードを思い出す手がかりになります。

ポイント 2 …左ページ A
なぜ、心が動かされたのかを考える

　はっとさせられる出来事を振り返ったとき、「あのとき、自分はどうしてはっとしたのだろう?」と、考えてみましょう。そうすると、それまでの保育のプロセスが自然に思い浮かび、その後の気持ちの変化を整理しやすくなります。それまでのプロセスがエピソードの背景であり、記録の多様な読み取りが保育の考察につながります。そこにそれぞれの子ども観や保育観が表れます。

ポイント 3 …左ページ B
自分の気づきから「今」を考える

　エピソード記録を通して、保育のプロセスを改めて考えることが、現在の自分の保育を客観的に振り返ることにつながります。こうした振り返りによる自己評価が、保育の改善に生かされていくのです。

ポイント 4
具体的に書く

　同じエピソードでも、感じ方は様々です。エピソード記録は、子ども観や保育観の善しあしを決めるものではありません。経験の少ない人と豊富な人では、とらえ方が違ってくることもあります。
　書きっぱなしにするのではなく、仲間と共有してさまざまなとらえ方があることを知るのが、とても大切です。そこで、その場にいない人でもその場の状況が目に浮かぶように、具体的に書きましょう。

● 保育に生かすエピソード記録

エピソード記録の事例

いろいろな園のエピソード記録から、どのようなことをとり上げ、どんなことを書けばよいのか、考えていきましょう。

事例②「ママがいい……」（2歳児） 執筆＝中央保育園（佐賀県）

背景
　Aちゃんは最近、登園時に「ママがいい」と、母親と別れるまでに時間がかかったり、みんなで活動をしているときに、保育者に「イヤイヤ」という気持ちをぶつけたりすることで関心を引きたいような姿が見られていた。

エピソード
　その日は朝から小雨が降る日。「せんせーい！　Aちゃんが外に出とんさー！」と、Bちゃんがびっくりした顔で教えにきてくれた。外を見ると、さっき登園してきたばかりのAちゃんが、水たまりの前に座っている。ほかの友達も「Aちゃん、戻っておいでー」と声をかけるが、聞こえないふりをしている様子。水たまりの中に手を入れて、泥水の感触を確かめるように、何度も何度もかき混ぜている。最近のAちゃんのことを思うと、ここで迎えに行っても「イヤイヤ」と言うだろうなと思い、しばらく様子を見ることにした。
　そんな状態が続き、そろそろ迎えに行こうと思ったそのとき、Aちゃんが自分から部屋の中に戻ってきた。自分で気持ちを立て直して戻ってきたことに驚き、「おかえり、Aちゃん待っていたよ」と声をかけると、わたしの目を見てニコッと笑い、広げた手の中に飛び込んできた。

考察
　その瞬間、Aちゃんとわたしとの距離が少し近くなった気がした。わたしの「Aちゃんのこと、わかっているからね」という思いが、Aちゃんにも伝わったようでうれしかった。

事例②に対する 増田先生からのコメント

　2歳児の自我の芽生えがよく出ている事例です。保育者がAちゃんの今このときの思いを理解して、Aちゃんが戻ってくるのを待っている情景が生き生きと書かれています。Aちゃんの心をとても大事にしていることがよく伝わってきます。

事例③「Y君とS君の朝の会話」（3歳児） 執筆＝はっと保育園（兵庫県）

背景
　Y君とS君は、ともに2歳児からの進級児。
　5月の下旬、先に登園していたY君。保育室が変わったせいか、母親と離れるのが嫌で泣いて登園したS君。Y君はS君が落ち着いた後、声をかけに行く。

エピソード
　　Y君「何で、泣いとったん？」
　　S君「……（お母さんと）離れるのが嫌やってん」
　　Y君「……うん。……あそぼうか？」
　　S君「うん」

考察
　普段から仲がよく、一緒にあそぶことの多い2人だからこそ、出てきたエピソードだと思います。最近になり朝の登園時に泣くことが少なく、我慢している表情が見られるY君は、自分と同じように泣いて登園することの多いS君が気になっていたようです。
　S君も仲のよいY君に、泣いているところを見られた恥ずかしさがあるのか、何事もなかったように平気な顔をしてY君に答えていました。照れくささがあるのか、2人とも目を合わさないようにしながら会話をしていました。
　2人のやり取りを見て、3歳児がここまで友達に共感し、自分の心を表現できるものなのかと感動しました。

事例③に対する 増田先生からのコメント

　3歳児が相手を気遣い、ストレートには言わない、Y君のS君に対する思いやりがよく伝わってきます。相手のことを気遣えるという心の育ちは、子どもにとって大切です。「3歳児でも微妙な心の動きを表現できるのか」という保育者の驚きが、この記録を書くきっかけになっています。

事例④「大地震の新聞記事を読んで」（5歳児）

執筆＝宮前幼稚園（神奈川県）

背景
子どもたちに、中国の四川省で起きた大地震を伝えるために、5歳児クラスの保育室に新聞記事を持っていくと、5～6人の子どもたちが集まってきました。

エピソード
家が崩れ、がれきの上にテーブルを置き、御飯を食べている人の写真を見ているときに、
Aちゃん「Bちゃんがいきなりぶってきた！」
Bちゃん「だって、Aちゃんが写真を見て、『おいしそ～』って言ったんだもん」
わたし（なぜたたいたのかは、もうわかりましたが）
「なんで、『おいしそ～』って言うのがだめなの？」
Bちゃん「本気で、おいしそうなんて言っている場合じゃないんだよ」
Bちゃんは、大地震で多くの人が亡くなったりけがをしたりしたこと、家が崩れたり、食べ物が少なかったりすることなども知っていました。だから、そんな状況で御飯がおいしそうなどと言うのはおかしいと伝えたかったのです。
それを聞いたAちゃんは、はっとした表情をしていました。大地震の大変さを知る機会になったと思います。

考察
ひとつのニュースが話題になったなかで、他人に自分の思いを伝えようとする姿、人の話を聞いて気づくこと、刺激を受けるという姿が見られました。
いろいろな人の気持ちも考えられるようになったり、自分の思いを言葉で表現できるようになったりしてきた年長児と、あそびだけでなく、米作りなどの仕事、そして、ときにはニュースなどを通して、いろいろなことを友達と一緒に考えられるような場を大切にしていきたいと思いました。

事例④に対する 増田先生からのコメント

身の回りのことだけではなく、社会で起きていることにも目を向けるように意図して、保育室に新聞記事を持ち込んだ保育者にとって、Bちゃんは予想もしていなかった反応をしました。
子どもの心の育ちが保育の世界を広げ、多様な経験ができる場へと変化しています。

エピソード記録を日々の保育に生かすには

エピソード記録は、どのように日々の保育に生かすことができるのでしょうか。

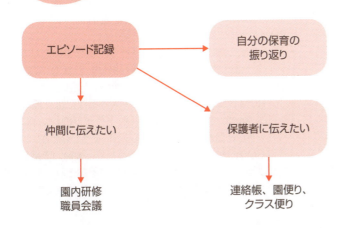

エピソード記録は、自分の保育を振り返るためにとても大切です。エピソード記録で明らかとなった驚きや気づきをほかの保育者や保護者と共有するために活用しましょう。
例えば、園内研修の場でエピソード記録を基に話し合うことで、互いの子どもの見方の違いや保育観の違いに気づかされることも多く、大きな学びとなります。
また、保護者に子どもの成長を報告するときには、具体的なエピソードと、それに対する保育者の思いを合わせて書くようにします。保護者と子どもの心身の育ちをともに喜び合い、保護者が子育ては大変だけれども楽しいものであると気づくことにつながります。

CD-ROMをお使いになる前に必ずお読みください!

付属のCD-ROMは、Excelのデータを収録しています。付属のCD-ROMを開封された場合、以下の事項に合意いただいたものとします。

動作環境

パソコン
Microsoft Windows 10、Windows 8.1、Windows 7が動作するパソコン。
Macではご利用になれません。

アプリケーション
データを利用するには、Microsoft Excelバージョン2016/2013/2010がパソコンにインストールされている必要があります。

CD-ROMドライブ
付属のCD-ROMを再生するには、CD-ROMドライブが必要です。

※Microsoft Windowsは、米国マイクロソフト社の登録商標です。
※その他記載されている、会社名、製品名は、各社の登録商標および商標です。
※本書では、™ ® © マークの表示を省略しています。

ご注意

- 本書掲載の操作方法や操作画面は、『Microsoft Windows 10』のOS(環境)で、『Microsoft Excel 2016』を使った場合のものを中心に紹介しています。お使いのWindowsのOSやExcelのバージョンによって、操作方法や操作画面が異なる場合がありますので、ご了承ください。
- 指導計画のデータは、Excel 2016/2013/2010に最適化されています。お使いのパソコン環境やアプリケーションのバージョンによっては、レイアウト等が崩れる可能性があります。
- お客様が本書付属CD-ROMのデータを使用したことにより生じた損害、障害、その他いかなる事態にも、弊社は一切責任を負いません。
- 本書に記載されている内容に関するご質問は、弊社までご連絡ください。ただし、付属CD-ROMに収録されているデータについてのサポートは行っておりません。
- 付属CD-ROMに収録されているデータは、本書と異なる箇所があります。
- WindowsのOSやアプリケーションに関する操作方法などはお持ちの商品の説明書をご覧ください。

CD-ROM収録のデータ使用の許諾と禁止事項

- **CD-ROM収録のデータは、ご購入された個人または法人が、その私的範囲内において自由に使っていただけます。ただし、以下のことを遵守してください。**
- 募集広告、商用営利目的、インターネットのホームページなどに使用することはできません。
- CD-ROM収録のデータを複製し、第三者に譲渡・販売・頒布(インターネットを通じた提供も含む)・賃貸することはできません。
- 本書に付属のCD-ROMは、図書館、およびそれに準ずる施設において、館外へ貸し出すことはできません。

弊社は、CD-ROM収録のデータのすべての著作権を管理しています。

CD-ROM取り扱い上の注意

- 付属のディスクは「CD-ROM」です。一般オーディオプレーヤーでは絶対に再生しないでください。パソコンのCD-ROMドライブでのみお使いください。
- CD-ROMの裏面に指紋をつけたり、傷をつけたりするとデータが読み取れなくなる場合があります。CD-ROMを扱う際には、細心の注意を払ってお使いください。
- CD-ROMドライブにCD-ROMを入れる際には、無理な力を加えないでください。CD-ROMドライブのトレイに正しくセットし、各パソコンの操作方法に従ってください。トレイにCD-ROMを正しく載せなかったり、強い力で押し込んだりすると、CD-ROMドライブが壊れるおそれがあります。その場合も一切責任は負いませんので、ご注意ください。

CD-ROMの使い方

CD-ROMには、下記のファイルが収録されています。**Windows 10/8.1/7**のパソコンで使いましょう。

■ CD-ROMに入っているもの

Excelのファイル

指導計画（月間、年間）のファイルです。編集して利用できます。記入欄が空白の「ひな型」ファイルもあります。本文ページのCDマーク、収録フォルダー名、ファイル名を参照し、CD-ROMからパソコンにコピーしてお使いください。

収録ファイル一覧

フォルダー	フォルダー	ファイル
0歳児	月間	0歳月間指導計画_ひな型
		P028_0歳4月
		P030_0歳5月
		⋮
		P050_0歳3月
	年間	0歳年間
		0歳年間指導計画_ひな型
1歳児	月間	1歳月間指導計画_ひな型
		P096_1歳4月
		P098_1歳5月
		⋮
		P118_1歳3月
	年間	1歳年間
		1歳年間指導計画_ひな型
2歳児	月間	2歳月間指導計画_ひな型
		P164_2歳4月
		P166_2歳5月
		⋮
		P186_2歳3月
	年間	2歳年間
		2歳年間指導計画_ひな型

> **ヒント Windows、Excelのバージョンについて**
>
> ここでは、**Windows 10**のOS（環境）で**Excel 2016**での操作を中心に説明しています。**Windows 8.1/7**や、**Excel 2013/2010**で操作が異なる部分は解説を加えていますので、お使いのパソコンに合わせてご覧ください。Excelのバージョンは、Excelを開いたときの画面左上の表示で確認できます。
>
>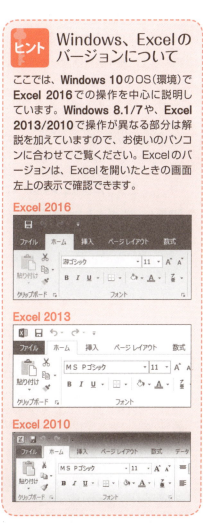

オリジナルの指導計画を作ってみよう！

CD-ROMに収録されているExcelファイルを使って、オリジナルの指導計画を作ってみましょう。ファイルは、あらかじめ内容が記入されているものと、記入欄が空白になっている「ひな型」があります。

ファイルをパソコンにコピーして開く

CD-ROMに収録されているファイルを、パソコンにコピーして開いてみましょう。ここでは、[0歳児]－[月間]にある[P028_0歳4月]を、「ドキュメント」（「PC」内）にコピーします。

❶ CD-ROMを、パソコンのCDドライブにセットする

➡ 画面右下にCDの名前が表示されます。
● Windows 8…画面右上にCDの名前が表示されます。
● Windows 7…［自動再生］画面が表示されます。手順❸に進みます。

❷ CDの名前をクリックする

➡ 画面右上に操作選択画面が表示されます。

❸ [フォルダーを開いてファイルを表示]をクリックする

➡ CD-ROMの中が表示されます。

❹ [0歳児]をダブルクリックする。続けて、[月間]をダブルクリックする

➡ 「月間」フォルダーの中が表示されます。

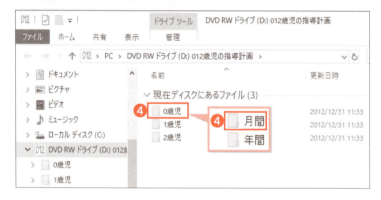

 CDの名前が消えた！（Windows 10/8.1）操作選択画面が表示されない！

CD-ROMがCDドライブに正しくセットされていない可能性があります。一度CDドライブから取り出し、もう一度セットしてみましょう。それでも画面が出ないなら、次のようにしてCD-ROMの中を表示しましょう。

❶ デスクトップ画面で、下部の[　]（エクスプローラー）をクリックする
❷ ［エクスプローラー］画面で、左側の[PC]をクリックし、[DVD RW ドライブ]をクリックする

 ［自動再生］画面が表示されない！（Windows 7）

CD-ROMがCDドライブに正しくセットされていない可能性があります。一度CDドライブから取り出し、もう一度セットしてみましょう。それでも画面が出ないなら、次のように操作します。

❶ 左下の[　]［スタート］→[コンピューター]をクリックする
❷ [012 DVD RW ドライブ (G:) 012歳児の指導計画]をダブルクリックする

CD-ROMの使い方

❺ コピーしたいファイルをクリックして選択する

❻ ホーム をクリックし、コピー をクリックする
● Windows 7… 整理▼ → コピー をクリックする

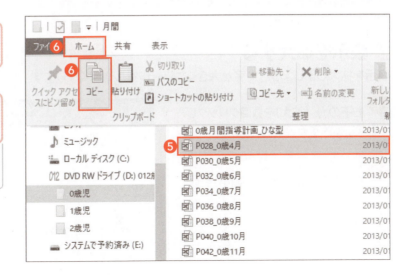

❼ 画面左側の ドキュメント （「PC」内）をクリックする

➡ ［ドキュメント］（「PC」内）画面が表示されます。

❽ ホーム をクリックして、貼り付け をクリックし、コピーする
● Windows 7… 整理▼ → 貼り付け をクリックする

❾ ファイルをダブルクリックして開く

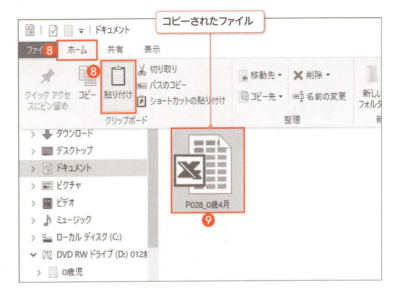

このあと、250ページ以降を参照してファイルを編集してみましょう。

249

ファイルを編集する

開いたファイルを編集しましょう。

■ 表示を拡大する

表示を拡大しましょう。文字が大きくなり、作業しやすくなります。

① 右下の ＋（拡大）を数回クリックして、拡大する

② 縮小したいときは、－（縮小）を数回クリックする

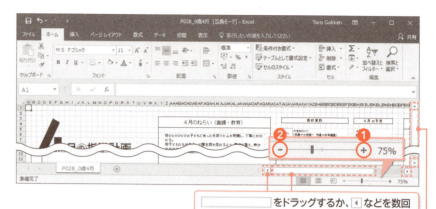

をドラッグするか、◀ などを数回クリックすると、隠れた部分を表示できる

■ 文章を追加・修正する

あらかじめ入力されている文章を消して、打ち換えましょう。

① 編集したい枠（セル）をダブルクリックする
→ 枠内の文字を編集できるようになります。

② 消したい文字をドラッグして選択する

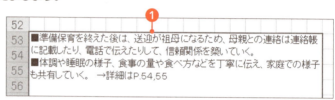

③ Delete （デリート）を押し、文字を消す
● 枠内すべての文字を消したい場合は、文字をドラッグせず、枠を選択した状態で Delete （デリート）を押す

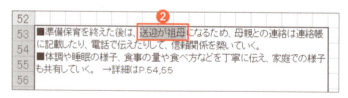

④ 文章を入力する
● 日本語は、半角/全角 （半角/全角）を押して画面下の A を あ に変えてから入力する

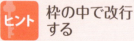

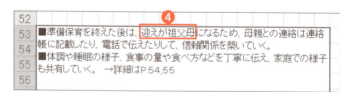

ヒント　枠の中で改行する

改行したい位置で、Alt （オルト）を押したまま Enter （エンター）を押します。

Alt （オルト）を押したまま Enter （エンター）を押す

●よく食べるが、まだ自分で手づかみ食べはしない。後ろを向くなど、いすに座る姿勢が安定しない。
●布団では長時間眠らず、おんぶや抱っこで眠ることが多い。
●名前を呼ぶとわかって笑ったり、手を上げたりする。
●保育士が抱っこしていると安心し、興味のある物や好きなおもちゃに手を

ヒント　記号を入力する

次の読みを入力して変換しましょう。コピーして貼り付けることもできます（251ページ参照）。

記号	読み	記号	読み
○	まる	◆	しかく
◎	まる	■	しかく
●	まる	★	ほし

CD-ROMの使い方

■ 文章をコピーして使う

書いた文章をほかの場所にコピーしてみましょう。コピー元では コピー 、コピー先では 貼り付け を使ってコピーします。

❶ 文章をドラッグして選択する

❷ ホーム をクリックし、 (コピー)をクリックする

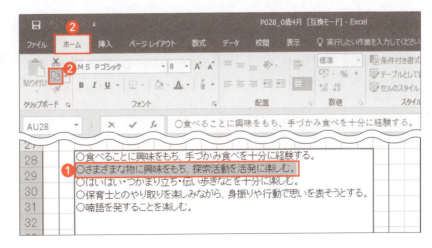

❸ 貼り付けたい枠の中をクリックして選択する

❹ 貼り付けたい場所をダブルクリックして、|(カーソル)を表示する

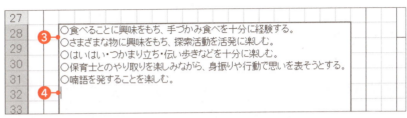

❺ (貼り付け)をクリックすると、文章がコピーされる

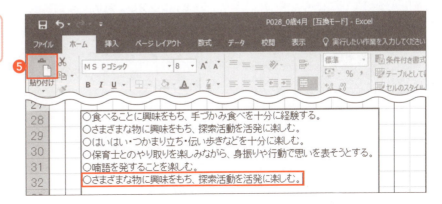

困った 枠から外れて入力された! 元に戻したい!

間違った場所に入力してしまったり、誤って操作をしてしまったときは、元の状態に戻し、作業し直しましょう。

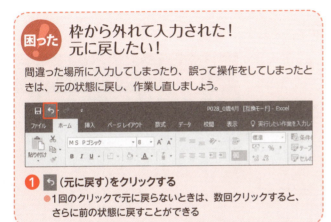

❶ (元に戻す)をクリックする
- 1回のクリックで元に戻らないときは、数回クリックすると、さらに前の状態に戻すことができる

困った 枠内の文字が切れている!

枠内に文章を入力中、入力した文字すべてが表示されますが、確定すると一部が隠れることがあります。文字サイズを小さくして、すべてを表示させましょう(252ページ参照)。

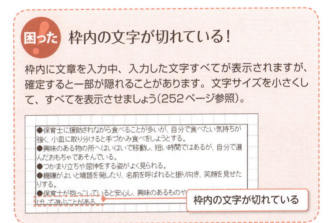

251

■ 編集のヒント

必要に応じて下記の内容を参考にし、編集しましょう。

文字を小さくする

枠内の文字すべてを小さくすると、入力できる文字数を増やせます。

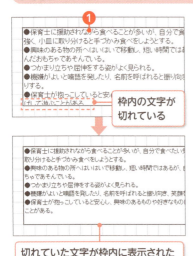

枠内の文字が切れている

切れていた文字が枠内に表示された

① 文字をクリックして枠を選択する
- 一部の文字を小さくする場合は、ドラッグして選択する

② ホーム をクリックし、 8 (フォントサイズ)をクリックする

③ 文字サイズを入力する。
ここでは、「7」を入力する
- 右横の ▼ をクリックして、一覧から選ぶこともできる

⇒ 文字が小さくなります。

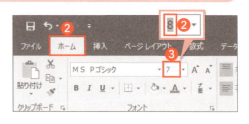

書体を変える

書体(フォント)を変えてみましょう。

① 文字をドラッグして選択する

② ホーム をクリックし、 MS Pゴシック ▼ (フォント)の ▼ をクリックする

③ 変えたい書体をクリックする。
ここでは、 MS P明朝 をクリックする

⇒ 書体が変わります。

太字にする

一部の文字を太くしましょう。

① 文字をドラッグして選択する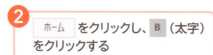

② ホーム をクリックし、 B (太字)をクリックする
- 太字をやめたいときは、もう一度、 B (太字)クリックする
- U (下線)では、文字に下線が付く

⇒ 文字が太くなります。

CD-ROMの使い方

文字の色を変える
一部の文字の色を変えてみましょう。

❶ 文字をドラッグして選択する

❷ ホーム をクリックし、A▼（フォントの色）の ▼ をクリックする

❸ 変えたい色をクリックする
● 元の色に戻す場合は、自動 をクリックする

➡ 文字の色が変わります。

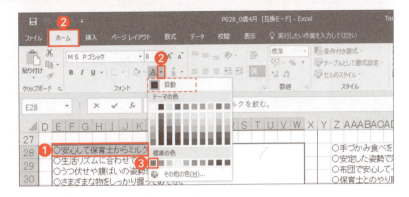

枠をつなぐ
枠（セル）をつなげて、広く記入できるようにしましょう。

❶ つなげたい枠をドラッグして選択する

❷ ホーム をクリックし、国▼（セルを結合して中央揃え）の ▼ をクリックする

❸ セルの結合(M) をクリックする
➡ 枠がつながります。

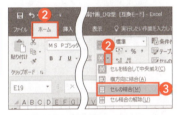

❹ ▼[下罫線]の ▼ をクリックし、罫線の削除(E) をクリックする
➡ カーソルが になります。

❺ で、消したい線をクリックする。消し終えたら、をクリックして にし、解除する
➡ はみ出ている線が消えます。

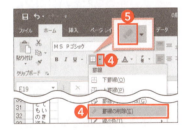

⚠ 文章が入ったままの枠同士をつなげない！
文章が入っている複数の枠をつなげると、左上端の枠の内容だけが残り、ほかの枠の内容は消えてしまいます。枠内は空白の状態でつなぎ、あとから文章を入力しましょう。

枠内の記入スペースを広げる
記入枠の周囲にあるマスをつなげて、枠内の記入スペースを広げましょう。

❶ つなげたい枠をドラッグして選択する。
ここでは、記入枠の右側、下側を含めて選択する

❷ 上記の「枠をつなぐ」の手順❷～❸と同じ手順で枠を結合し、広くする

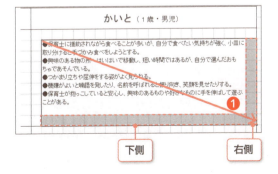

253

「ひな型」を使おう

記入欄が空白になっている「ひな型」のファイルを活用してみましょう。

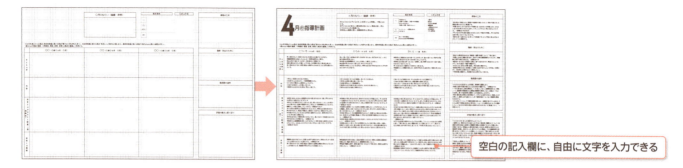

空白の記入欄に、自由に文字を入力できる

ファイルを保存する

作ったファイルを保存して、パソコンに残しましょう。

❶ ファイル をクリックする

❷ 名前を付けて保存 をクリックする

➡ [名前を付けて保存] 画面が表示されます。
● Windows 7…手順❹に進みます。

❸ 保存する場所をパソコンに指定し、保存の画面を表示する

● Windows 10… このPC → 参照 をクリックする
● Windows 8.1… コンピューター → 参照 をクリックする

➡ [名前を付けて保存] 画面が表示されます。

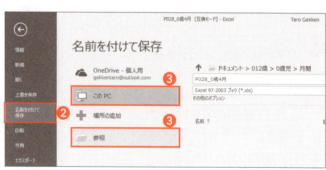

❹ 保存する場所を確認する。
ここでは、「ドキュメント」に保存する

❺ ファイル名を確認する

● ファイル名を変えることもできる

❻ 保存(S) をクリックする

➡ ファイルが「ドキュメント」に保存されます。

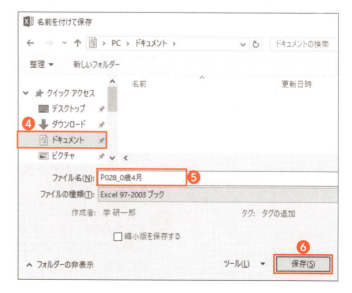

> **ヒント** 保存したあとで、編集した！
>
> 画面左上の 🖫 (上書き保存) をクリックしましょう。最新の状態に更新されます。編集の合間に 🖫 (上書き保存) をクリックすると、それまでの作業が保存され、作業内容が消えてしまうことを防げます。

CD-ROMの使い方

ファイルを印刷する

作ったファイルをA4用紙（2枚）に印刷しましょう。画面に表示されている薄いグレーの区切り線は、印刷されません。

❶  をクリックする

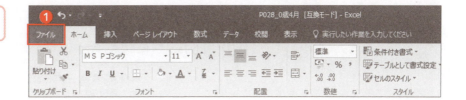

❷ 印刷 をクリックする

❸ プリンター名を確認する
- プリンター名は使用しているものによって異なる

❹ 用紙サイズを確認する

❺ （印刷）をクリックする

➡ A4サイズの用紙2枚に印刷されます。

印刷プレビューで、印刷される内容を確認できる

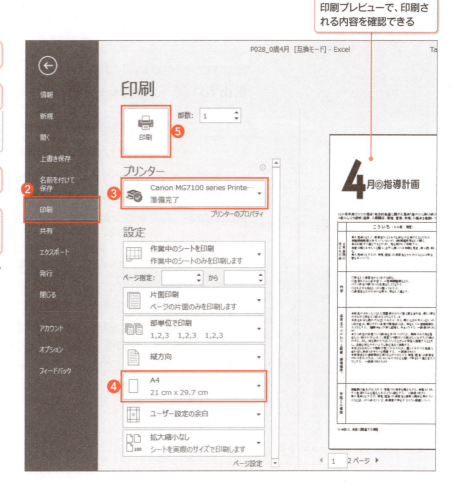

ヒント A3用紙1枚に印刷するには

ページ設定を変えると、A3用紙1枚に印刷できます。A3印刷対応プリンターで印刷できます。なお、□年間 内のファイルは、縮小して（下記の手順❸）印刷します。

❶ 上記の手順❸で、A4 をクリックし、A3 を選択してクリックする

❷ 縦方向 をクリックし、横方向 を選択してクリックする

❸ □年間 内のファイルを印刷するときは、拡大縮小なし をクリックし、シートを1ページに印刷 を選択してクリックする

❹ 印刷（印刷）をクリックする

監修

総監修

増田まゆみ
●元東京家政大学・大学院教授。
現在、湘南ケアアンドエデュケーション研究所所長。
専門は保育学。長年保育者養成に携わる。主な著書に『乳児保育』（編著　北大路書房）、『自己評価につながるMYふりかえりノート』（学研）、『保育園・認定こども園のための保育実習指導ガイドブック』（編著　中央法規出版）、DVD「ある認定こども園の挑戦」Ⅰ、Ⅱ、Ⅲ、「協働する保育実習」（すべて、監修・解説　岩波映像）など。

「指導計画の書き方Q＆A」（P.236〜240）監修

秋田喜代美
●学習院大学教授、東京大学名誉教授。
専門は、保育学、発達心理学、学校教育学、主な著書に『保育の心理学』（編著　全国社会福祉協議会）、『保育の温もり』（単著　ひかりのくに）、『育み支え合う保育リーダーシップ』（監訳　明石書店）、『学校教育と学習の心理学』（共著　岩波書店）など。

「0〜5歳児の姿」（P.12〜13）、「0．1．2歳児の姿」（P.14〜24）執筆

高辻千恵
●こども家庭庁成育局成育基盤企画課　教育・保育専門官。
専門は、保育学、発達心理学。主な著書に『保育者のストレス軽減とバーンアウト防止のためのガイドブック』（共著　福村出版）、『大学1・2年生のためのすぐわかる心理学』（共著　東京図書）など。

「年間指導計画」（巻頭）、「指導計画・保育資料」（P.27〜230）執筆

0歳児　社会福祉法人　厚生館福祉会　第二厚生館愛児園（神奈川県　川崎市）
1歳児　財団法人　鉄道弘済会　旭川保育所（北海道）
2歳児　社会福祉法人　くすのき　中央保育園（佐賀県）

STAFF

●企画編集／今井美栄子　小杉眞紀　佐々木智子
●編集協力／栗田佳織
●デザイン／長谷川由美　千葉匠子
●DTP（P.246〜255）、CD-ROM検証／株式会社コスモメディ
●CD-ROM製作／蟻末 治
●本文イラスト／いけだこぎく　とみたまはる　西片拓史　長谷川まき　やまざきかおり
　　　　　　　中小路ムツヨ
●表紙撮影／田口周平
●表紙撮影協力／高垣芽生（セントラル子供タレント）、藤森 豪
●校閲／佐々木智子　小林留美（巻頭Ⅰ〜Ⅷ）

※この本は、月刊誌『こどもと』（2011年4月号〜2012年3月号）、2011年4月号別冊付録、2010年4月号別冊付録に掲載したものを再構成し、新たなページを加えたものです。
※第2版刊行（2018年）に当たり、各執筆園において、記述の見直し・確認、加筆等を行いました。

3歳児の年間指導計画

第二自由ヶ丘幼稚園（愛知県）

CD excel → 幼稚園 → 年間 → 3歳幼稚園年間

年間目標

- ◎教師に親しみをもつ。
- ◎集団生活におけるいろいろな習慣を身につける。
- ◎毎日の生活のなかで歩くことを身につけ、心身ともに健康に過ごす。
- ◎園生活を楽しむなかで自分で行動する心地よさを味わい、自信をもつ。

●たくさん愛して育てる

初めての集団生活。保育において一番大切なことは教師との「きずな」です。様々な家庭から入園してきた子どもたちを、園という一つの社会において、たくさん愛して育てることによりきずなはできます。園生活のなかで、子どものありのままの姿を受け入れ、褒めて育てることを続けると、子どもは「自分はこれでいいんだ」という自信をもつようになります。このことを大切にして保育をすると、その子だけでなくクラスや学年、そして園全体が落ち着きます。具体的な活動としては、3歳児は特に「歩くこと」と「交流すること」を大事にしています。当園では入園3日目あたりから、ほとんど毎日散歩に出かけます。また、早い時期から、ほかのクラスや学年と交流する機会をもちます。これを続けることで体力がつき、落ち着いてきて、のびのびと自己発揮をするなど、子どもたちに大きな変化が表れます。

また、「あそびの保育」を大きな柱としているので、自由にあそぶ時間もたくさん作っています。この時間は、必ずしも好きなようにあそぶだけではなく、いろいろなあそびや行事へのきっかけにもしています。その場では教師も環境の一つになって見守り、ときには援助しながら、自分であそべる子どもを育てています。

※幼児期の終わりまでに育ってほしい姿　(1)健康な心と体　(2)自立心　(3)協同性　(4)道徳性・規範意識の芽生え　(5)社会生活との関わり　(6)思考力の芽生え　(7)自然との関わり・生命尊重　(8)数量や図形、標識や文字などへの関心・感覚　(9)言葉による伝え合い　(10)豊かな感性と表現

	1期（4～5月）	2期（6～8月）	3期（9～10月）	4期（11～12月）	5期（1～3月）
予想される子どもの姿	●新しい環境に戸惑い、泣くなど不安定な姿が見られる。 ●やりたいあそびを見つけるが、ひとりあそびがほとんどである。 ●言葉でうまく表現できず、泣いたり手を出したりする。 ●園生活の仕方を知り、自分で行動しようとする。	●教師と一緒に片付けをし、自分の物や場所がわかるようになる。 ●教師や友達と一緒に、水あそびや泥んこあそびを楽しむ。 ●保育室にあるいろいろな道具に興味をもつようになる。	●休み明けのため、ペースを取り戻すのに個人差がある。 ●気の合う友達とおしゃべりをしたり、一緒にあそんだりする。 ●製作コーナーでは塗り絵をしたり、絵をかいたりしている。 ●戸外で体を動かしたり、自然とふれあったりしてあそぶ。	●寒くなると手洗いやうがいが雑になる子がいる。 ●自由にあそぶ時間のなかで製作をしている。 ●お店ごっこの活動を通して、より他学年と交流している。 ●簡単なゲームあそびや集団あそびを楽しんでいる。	●生活のなかで、自分でできることに意欲的に取り組もうとする。 ●あそびの持続時間が長くなり、友達とあそぶことが楽しくなる。 ●歌や楽器あそびを楽しむようになる。 ●少し長い距離でも喜んで歩いている。
ねらい	◎園に喜んで登園する。(1) ◎教師や友達に親しみをもつ。(1)(2) ◎園生活における習慣を身につけようとする。(1)(4) ◎毎日の生活のなかで歩くことを身につけ、いろいろな所へ出かけることを楽しむ。(2)(4)(5)(7)	◎園生活の仕方がわかり、身の回りのことをしようとする。(1)(2) ◎あそびを通して教師や友達とかかわり、体を動かして楽しむ。(3) ◎いろいろな道具を使ってあそぶ。(1)(6) ◎散歩に行き、自然のなかでいろいろなあそびを楽しむ。(6)(7)(10)	◎生活のリズムを取り戻し、身の回りのことをしようとする。(1) ◎教師や友達といろいろなことをやってみようとする。(3)(4) ◎生活やあそびのなかでイメージを豊かにし、表現を楽しむ。(3)(5)(10) ◎自然のなかで気持ちよくあそぶことを楽しむ。(6)(7)(10)	◎身の回りのことをきちんとやろうとする。(1)(2) ◎いろいろな場面で自分を表現することを楽しむ。(6)(10) ◎クラスで一つのあそびをする楽しさを味わう。(3)(4) ◎他学年との行事に興味をもち、みんなで楽しく参加する。(2)(9)	◎ひとりひとりが自分らしさを発揮しながら意欲的に生活する。(2)(4) ◎相手の気持ちを考えようとする。(4) ◎みんなで表現する楽しさを味わう。(3)(5)(10) ◎ルールを守って遠足を楽しむ。(4)(5)(10)
内容	○教師や友達とふれあい、安心感をもって行動する。 ○身の回りのことを教師と一緒にするなかで、自分の場所ややり方を知る。 ○教師や友達とかかわってあそぶ。 ○集団で歩くことや歩くための決まりを知る。 ○季節の自然にふれる。	○教師に1つ1つ認められ、身支度や片付けをする。 ○近くにいる教師や友達とかかわりながら好きなあそびをする。 ○水や泥を使って、のびのびとあそぶ。 ○体操や簡単なゲームを通して、体を動かす。 ○歩くだけでなく、いろいろな公園に出かけてあそぶ。 ○はさみやのりを使って、切ったりはったりすることを楽しむ。 ○水あそび・泥んこあそびを通して、夏の自然を楽しむ。	○生活の仕方や流れを思い出し、自分でやろうとする。 ○みんなでお弁当を食べることを楽しむ。 ○いろいろな運動あそびを楽しみ、運動会があることを知る。 ○体操やリズムあそびを通して、表現することを楽しむ。 ○かいたり作ったりするなかで、表現することを楽しむ。 ○遠足でバスに乗る経験を通してマナーを知る。 ○他学年と一緒にいろいろな公園に出かけ、秋の自然にふれる。	○手洗い・うがいなどを丁寧にする。 ○作ったり、歌ったり、表現あそびをしたりする。 ○他学年の歌や楽器あそびの様子を見る。 ○教師や友達とルールのあるあそびを楽しむ。 ○お店ごっこを通して、他学年や保護者とふれあうことを楽しむ。 ○園庭の落ち葉で思い切りあそんだり、ヒヤシンスやチューリップを育てたりして自然とふれあう。	○生活の進め方がわかり、身の回りのことを自分でする。 ○好きなあそびを見つけ、友達と思いを伝え合って一緒にあそぶ。 ○自分なりに表現することを楽しむ。 ○歌や楽器を使って、みんなで表現することを楽しむ。 ○ほかのクラスや学年の友達の表現に興味をもって見る。 ○少し遠い距離を歩く遠足を経験する。
環境・援助・配慮のポイント	◆教師の近くで安心してあそべるように、常に楽しい雰囲気作りをする。 ◆園生活に必要な場所にはマークをつけるなどしてわかりやすく伝え、安心できるようにする。 ◆身の回りのことは個人差が大きいので、ひとりひとりに合わせて丁寧にかかわり、場をやり方を伝えていく。 ◆園庭であそぶことを楽しいと思えるように、みんなで外に出る機会を作り、教師や友達とふれあえるようにする。 ◆友達とのかかわりでは、それぞれの思いを受け止め、思いを表せたことを認め、気持ちが安定するようにしていく。 ◆4・5歳児と手をつなぐことで、友達と手をつないで歩くことや歩道を歩くことを身につけられるようにする。また、散歩先では自然にふれて楽しめるようにする。	◆自分のことを自分でやってみようという気持ちになるように、ひとりひとりの成長を受け止め、手伝ったり認めたりしていく。 ◆水あそびや泥んこあそびが抵抗なくできるように、また、思い切り発散できるように、何度も機会を作る。 ◆教師も友達と同じゲームなどをしてかかわれるようにし、子ども同士をつなぎ、一緒にあそぶ楽しさを味わえるようにする。 ◆歩けたことを毎回認め、歩くことを楽しみながら自信につなげていく。また、あそぶときは公園内であそぶよう約束し、そばについて見守るようにする。 ◆自由にあそぶ時間にも自由に道具を使えるよう、いろいろな道具を用意しておく。また、はさみは安全な扱い方を伝えて、使用するときはそばで見守るようにする。 ◆草花を使った色水あそびなども楽しめるよう、道具を準備する。	◆安心できるよう、ひとりひとりの気持ちをしっかり受け止めると共に、生活の仕方を思い出せるように再び伝えていく。 ◆みんなでお弁当を食べることで、食に対する興味がわくようにする。また、食べることで生活リズムを取り戻せるようにする。 ◆どの子も自分からあそべるよう、きっかけを作る。 ◆4・5歳児が運動あそびやリズムあそびをしている姿を見ることで刺激を受け、やりたくなるような環境を作る。 ◆素材や道具をわかりやすく設定し、自由にかいたり製作したりすることが楽しめるようにする。 ◆他学年と散歩をしたりお弁当を食べたりする経験をより増やし、親しみを感じてあそべるようにする。 ◆遠足や散歩では、遊具のない広い自然のなかで思い切り体を動かすことの心地よさを味わえるようにする。	◆慣れから、生活習慣に乱れがないかどうか気を付けて見守る。また、忘れている子や雑になっている子には声をかけていく。 ◆寒くなるので室内であそびが充実するように、素材やおもちゃの量や置く場所などの環境を見直し、十分配慮する。 ◆歌や楽器あそびについては、友達の刺激を受けられるように、自分で表現するのと同じくらい、ほかのクラスの表現を見る機会を増やしていく。 ◆ルールのあるあそびを繰り返し行うなかで、みんなで一つのことをしてあそぶ心地よさを味わえるようにする。 ◆お店ごっこを通して、自分から人に言葉をかけるなど、言葉で表現することややり取りのおもしろさを味わえるようにする。また、教師が場面をとらえて認め、自信がもてるようにする。 ◆散歩などで自然にふれられるように、あそびを工夫する。	◆何かに取り組み、できるようになったときを見逃さず、十分に認めることで自信につなげていく。 ◆子どもたちだけであそびが続くよう、あそびの輪から離れて様子を見守るが、けんかやトラブルになったときは、本人たちだけでなく、クラス全体のこととしても考えられるように話をしていく。 ◆舞台の上でも普段と変わらない子どもたちの姿で表現できるよう、言葉をかけすぎずに見守ることも大切にしていく。 ◆みんなで表現することが楽しめるように、心地よい雰囲気作りに努める。また、他学年の表現を静かに楽しめるようにする。 ◆1年間歩くことを続けることでルールを守って歩けるようになるため、少し遠い距離を歩く遠足を計画する。遠足では、必要最小限の声かけだけで見守り、のびのびとあそべるようにする。
家庭との連携	・保護者会のなかで子育て全般について話をしていくことで、子育てを振り返るきっかけを作る。 ・保護者がいつでも自由に園に子どもの様子を見に来られるように呼びかける。	・この時期に水あそびや泥んこあそびをすることの大切さを伝え、着替えが増えることへの理解や協力を得られるようにする。 ・個人懇談だけでなく、送迎時に子どもの成長を丁寧に伝える。 ・夏にはやる病気の特徴や対処の仕方を伝え、予防を呼びかける。	・運動会は練習の結果を見せるものではなく、日々の生活の一日であるという行事に対する考え方を伝え、理解を求めていく。 ・子どもが食への興味を広げていることを話し、園で食べた物を保護者に伝え、食事作りを楽しめるようにする。	・お店ごっこが保護者にとっても楽しい経験となるよう、参観の際には客になって買い物を楽しめるように工夫を凝らす。 ・2回目のクラス懇談会では園からのお願いだけでなく、保護者の思いも聞けるような雰囲気作りに努める。	・成長する過程でのいろいろなトラブルについては、お便りなどを通して保護者にも伝え、理解を得る。 ・子どもの成長を直接伝え、喜び合えるように、特にバス通園の保護者に園に足を運んでもらうよう呼びかける。
行事	4月：入園式、クラス懇談会、よろしくねの会、保護者会、個人懇談会 5月：こどもの日の会、保育参観、遠足	6月：歯科検診、保育参観 7月：七夕の日の会、個人懇談会、終業式 8月：夏季保育	9月：始業式、敬老の日の会、保育参観 10月：運動会、クラス懇談会、父親参観、遠足	11月：創立記念日、焼き芋パーティー、お店ごっこ、お店参観 12月：もちつき、サンタさんと一緒の会、終業式	1月：始業式、保育参観 2月：豆まき、生活発表会、お別れ会 3月：ひな祭りの会、わくわく遠足、終業式

3歳児の年間指導計画

はっと保育園（兵庫県）
※2015年4月より、幼保連携型認定こども園はっとこども園

年間目標

- ◎身の回りのことや生活習慣が身につく。
- ◎感じたことや思いなど、自分の気持ちを言葉で相手に伝えようとする。
- ◎様々な動きを体験しながら、全身を使ってあそぶ楽しさを味わう。
- ◎見たりふれたりする物に興味をもち、おもしろさや美しさを知る。
- ◎保育士や友達とあそぶことを楽しみながら、かかわりを深める。

●あそびのなかで健康な心と体を育てて

あそびを保育の中心に置き、多様な体験をするための機会を作っていきます。最初は、子どもたちが安心できるような環境を作り、子どもたちがゆったりと過ごし、園での生活の流れをつかめるように伝えていきます。ひとりひとりの姿を優しく受容し、理解していくことで信頼関係を築き上げ、のびのびと生活ができるようにすることが大切です。そのなかで、子どもの意欲を大切に、基本的生活習慣の自立を促していきます。あそびのなかでは、さまざまな運動やゲームあそびや自然にふれることを通して、健康でたくましい体を育てると共に、ルールや決まりを守ることの意味やルールを守る楽しさを味わえるようにします。そうして普段の生活やあそび、行事に取り組みながら、自信をもって主張し、相手の気持ちを知って協力すること、共感することを学ぶようにかかわっていきます。そして何より、子どもがすくすく育つよう、家庭と連携しながら、保護者と共に1年の終わりには子どもの成長を喜び合いたいと思います。

※幼児期の終わりまでに育ってほしい姿　（ア）健康な心と体　（イ）自立心　（ウ）協同性　（エ）道徳性・規範意識の芽生え　（オ）社会生活との関わり　（カ）思考力の芽生え　（キ）自然との関わり・生命尊重　（ク）数量や図形、標識や文字などへの関心・感覚　（ケ）言葉による伝え合い　（コ）豊かな感性と表現

	1期（4～5月）	2期（6～8月）	3期（9～12月）	4期（1～3月）
予想される子どもの姿	●新しい生活が始まり、期待感に包まれて登園する子と慣れない環境に不安を抱きながら登園する子がいる。 ●生活の流れに徐々に慣れ、保育士と一緒に身の回りのことをしている。 ●保育室のおもちゃの音、色、形、手触り、動きなどに気づき、驚いている。	●園生活のなかにいろいろな決まりがあることがわかってくる。 ●様々なことに好奇心をもつようになり、生活のなかで見たりふれたり試したりして楽しんでいる。 ●物の所有を巡り、友達とぶつかり合うことが多くなってくる。	●生活が落ち着いてきて、身の回りのことを自分でしようとする子がいる。 ●友達と一緒にあそぶ楽しさをわかり始め、自分の思いや考えを押し通そうとしてトラブルになる。そのなかで相手の気持ちに気づくようになる。 ●自分のイメージを言葉や動き、絵などで表現して楽しんでいる。	●身の回りのことができるようになり、友達や保育士の手伝いをしたがる。 ●想像したことや経験したことを自分なりの言葉で伝えたり、造形活動で表したりと表現が豊かになる。 ●進級することに期待感や不安感をもつ子もいる。
ねらい	◎保育士に親しみをもち、安心して過ごす。（ア） ◎園生活の流れを知り、園の生活リズムや生活習慣に慣れる。（ア） ◎園の遊具やおもちゃに興味をもち、自分からあそぼうとする。（イ） ◎身近な動植物や自然に興味をもつ。（キ）	◎簡単な身の回りのことを自分でしようとし、健康的な心と体を養う。（ア） ◎あそびや生活を通して約束や決まりがあることを知り、守ろうとする。（エ）（オ） ◎水や砂を使ったあそびや全身を動かすあそびに興味をもつ。（カ） ◎いろいろな活動やあそびを通して、友達とかかわる。（ウ）（ク）	◎生活の仕方がわかり、身の回りのことを自分でしようとし、自立心を培う。（イ） ◎友達と生活やあそびを楽しみながら、必要なルールを守ろうとする。（ウ） ◎いろいろな友達と一緒に、体を動かす楽しさを味わう。（エ） ◎自分のイメージを表現して楽しむ。（ケ）（コ）	◎基本的な生活習慣や身の回りのことが身につき、自信をもって過ごす。（ア） ◎移行期に入り、新担任にも親しみをもち、進級の喜びを感じる。（イ） ◎集団のなかでの自分の役割を知り、意欲的に取り組む。（ウ） ◎感じたことを、自分なりに考えて表現しようとする。（コ）
内容	○保育士に親しみをもち、安心して生活する。 ○基本的な生活の流れを知り、保育士の手助けや見守りによって、身の回りのことをする。 ○保育士とのかかわりのなかで、安心して生活やあそびを楽しむ。 ○様々なおもちゃやあそびを見つけ、興味をもつ。 ○生活やあそびのなかで、自分の思いを言葉で伝えようとする。 ○身近な動植物をはじめ、自然事象をよく見たり、ふれたりして喜ぶ。	○衣服の着脱などを自分でやろうとする。 ○午睡や休息をとろうとし、保育士に体調を知らせる。 ○園で生活するなかで、自分の物・人の物・共同の物の区別に気づき、決まりを守ろうとする。 ○水あそびやプールあそびを楽しむ。 ○様々な素材や用具を使い、自由にかいたり、形を作ったりしてあそぶ。 ○音楽に親しみ、体を動かしたり、簡単なリズム楽器を鳴らしたりして楽しむ。 ○絵本を通して言葉のおもしろさや美しさを知る。	○うがい・手洗いの意味を理解し、自分で清潔にしようとする。 ○保育士に手助けされながら、衣服を自分で調節する。 ○保育士の言うことを理解して行動しようとする。 ○運動会を通して体を動かすことを楽しんだり、異年齢児とかかわったりする。 ○自分なりのイメージをもち、友達と一緒にいろいろなあそびを楽しむ。 ○生活やあそびのなかで、喜びや悔しさなどを経験し、相手の気持ちに気づく。 ○経験したこと、感じたこと、想像したことを製作やあそびに取り入れて、言葉や動き、絵などで表現する。	○着脱・排せつ・食事・睡眠などの身の回りのことを自分でする。 ○手伝いや手助けなどを進んでする。 ○異年齢児や進級後の担任とふれあう。 ○役になりきって自分のせりふを言ったり、相手の動きを感じたり、言葉のやり取りをして楽しむ。 ○みんなの前で劇・歌・合奏で表現することを楽しみ、自信をもつ。 ○自然物やいろいろな素材を使って、製作を楽しむ。
環境・援助・配慮のポイント	◆ひとりひとりの健康状態や成長に合わせて、個別に対応するとともに、ひとりひとりを温かく迎え入れ、どの子も安心感がもてるように配慮する。 ◆室内のあそび場所は、家庭的な雰囲気を作り、子どもたちの興味に合わせた環境を整え、自由に使えるようにし、安心して楽しめるように配慮する。 ◆慣れてくると活動範囲が広がるので、固定遊具や砂場などを整備し、安全に過ごせるように見守る。 ◆自分の思いを表現できるように気持ちを受け止め、共感したり代弁したりする。その際、保育士がモデルになって言葉の使い方を知らせていく。 ◆園内で花を育てたり、散歩で春の植物にふれたりする機会をもち、親しみをもてるようにする。	◆基本的生活習慣はひとりひとりに応じて援助していき、保育士や5歳児が手伝いながら繰り返しやり方を伝え、自分でしようとする気持ちを育てていく。 ◆ひとりひとりの健康状態に留意し、快適な環境のもとで生活できるようにする。また、自分の体調を伝えられるように、保育士から子どもに投げかけ、自分の体調を考えるきっかけを作る。 ◆おもちゃの場所を写真やカードで明確にし、「出す→あそぶ→片付ける」の流れを自然に行えるようにし、決まりや約束を守れるように伝えていく。 ◆気温に合わせて水あそびやプールあそびが楽しめるよう、場や遊具を整えておく。また、水あそび・プールあそびの約束事を伝え、安全面に配慮する。 ◆子どもの興味をとらえて遊具や素材、道具を準備し、あそぶ時間を保障する。	◆身の回りのことは必要に応じて手助けし、励ましながら身につくようにする。 ◆決まりを守るとより楽しくなることを、日々のあそびや生活のなかで伝え、みんなで行動するときは順番や交代が必要なことをわかりやすく知らせる。 ◆運動会がきっかけとなり、年上の子のまねをしたり、ゲームなどを一緒に楽しんだりするので、小道具や用具などの環境を整える。 ◆興味や関心に合わせて必要な物が使えるように、用具を幅広く用意しておく。 ◆意見のくい違いからぶつかり合ったときは、思いを受け止めながら、相手の思いを伝え、我慢したり、譲り合うことも必要なことを伝えていく。 ◆自然のなかで自分たちが見つけた物や身近な素材を自由に使い、製作あそびを楽しめるように環境を整える。	◆生活習慣がどの程度身についているかを把握し、個々に合わせた援助をする。 ◆進級に不安を感じている子には、子どもの気持ちや考えを優しく受け入れるとともに、新担任とあそぶ機会をもち、安心して生活できるようにする。 ◆年下の子の世話をする機会を作り、人に親切にすることや親切にされることを経験し、進級する喜びや自分の成長を感じられるようにする。 ◆生活発表会を通して、クラスの友達と一つのことをする楽しさを味わい、人前で発表することで自信をもてるようにする。 ◆発表会後は、年上の子のまねをして劇あそびや合奏などを友達と一緒にするので、環境を整え、自由に表現することを楽しめるようにする。 ◆自然物や様々な素材を用意し、製作あそびが楽しめるような環境を作る。
家庭との連携	・新入園児の家へ家庭訪問に行く。家庭での子どもの様子を聞き、園での姿も伝え、ゆっくり話をする機会をもち、信頼関係を築けるようにする。 ・新しい環境になり、子どもが不安定になりやすいので、保護者には懇談会や日々の送迎時に様子を伝え、理解し合えるようにする。	・熱中症やエアコンの冷えなどへの対応の仕方を伝える。また、感染症を防げるよう協力を呼びかけ、健康への理解を図る。 ・休みが多くなるので、休み中の子どもの様子や園での様子などをこまめに伝え合うようにする。	・行事を通して子どもの成長を伝え、ともに喜び合う。 ・衣服の調節、うがいや手洗いの必要性を伝え、家庭でも行えるようにする。	・行事を通して、子どもが今まで経験してきたことを伝え、成長を喜び合う。 ・懇談会で1年間の成長を伝え、新担任と進級後の話をし、保護者も不安なくスムーズに進級を迎えられるようにする。
食育	・保育士や友達と一緒に楽しく食べる。 ・季節の食材を見て、かいで、食べて興味をもつ。	・食事のマナーを覚え、食べられる量を考えて盛りつけてみる。 ・いろいろな食材や料理の名前を知る。	・育てた野菜の収穫を通して旬の食べ物を味わう。 ・クッキングを通して食への興味を深める。	・食生活に必要な基本的習慣や態度を身につける。 ・簡単な給食当番を行う。
行事	4月：入園お祝い会 5月：春の親子遠足	6月：保育参加（幼児）　7月：七夕会、プール開き 8月：夏祭り	9月：保護者懇談会　10月：運動会、焼き芋大会 11月：保育参加（乳児）、秋の遠足　12月：クリスマス会	2月：節分の日、生活発表会、お別れ散歩（5歳児と一緒に） 3月：保護者懇談会、お別れ散歩（異年齢グループ）、お別れ会、卒園式

幼稚園教育要領、保育所保育指針
幼保連携型認定こども園教育・
保育要領改訂（定）
に当たって

指導計画にいかしたいPOINT

平成30年4月から、
新しい幼稚園教育要領、
保育所保育指針等が施行されることになりました。
改訂（定）の意図を理解し、
指導計画にいかすにはどう考えたらよいのか、
解説します。

秋田喜代美
学習院大学教授

指導計画にいかしたいPOINT

1 育みたい「資質・能力」とは何か？

「資質・能力」は小学校と共通する内容なので、以下では学習指導要領と幼稚園教育要領（以下、教育要領）をベースにしていますが、幼児教育を行う施設として、保育所や幼保連携型認定こども園（以下、こども園）においても、「資質・能力としての3要素」は同様に考えます。

資質・能力という言葉

今回の改訂において、学習指導要領、教育要領、幼保連携型認定こども園教育・保育要領（以下、教育・保育要領）とも、

- 子供たちが未来社会を切り拓くための資質・能力を一層確実に育成。その際、子供たちに求められる資質・能力とは何かを社会と共有し、連携する「社会に開かれた教育課程」を重視。
- 知識及び技能の習得と思考力、判断力、表現力等の育成のバランスを重視する現行学習指導要領の枠組みや教育内容を維持した上で、知識の理解の質をさらに高め、確かな学力を育成。
- 先行する特別教科化など道徳教育の充実や体験活動の重視、体育・健康に関する指導の充実により、豊かな心や健やかな体を育成。

が、改訂の基本的な考え方です。資質・能力の3つの柱について偏りなく実現できる

小学校以上

知識及び技能　　思考力、判断力、表現力等

学びに向かう力、人間性等

※下に示す資質、能力は例示であり、遊びを通しての総合的な指導を通して育成される。

幼児教育（環境を通して行う教育）

知識及び技能の基礎
（遊びや生活の中で、豊かな体験を通じて、何を感じたり、何に気付いたり、何が分かったり、何ができるようになるのか）
- 基本的な生活習慣や生活に必要な技能の獲得
- 身体感覚の育成
- 規則性、法則性、関連性等の発見
- 様々な気付き、発見の喜び
- 日常生活に必要な言葉の理解
- 多様な動きや芸術表現のための基礎的な技能の獲得　等

思考力、判断力、表現力等の基礎
（遊びや生活の中で、気付いたこと、できるようになったことなども使いながら、どう考えたり、試したり、工夫したり、表現したりするか）
- 試行錯誤、工夫
- 予想、予測、比較、分類、確認
- 他の幼児の考えなどに触れ、新しい考えを生み出す喜びや楽しさ
- 言葉による表現、伝え合い
- 振り返り、次への見通し・自分なりの表現
- 表現する喜び　等

遊びを通しての総合的な指導

学びに向かう力、人間性等
（心情、意欲、態度が育つ中で、いかによりよい生活を営むか）
- 思いやり・安定した情緒
- 自信・相手の気持ちの受容
- 好奇心、探究心・葛藤、自分への向き合い、折り合い
- 話し合い、目的の共有、協力
- 色・形・音等の美しさや面白さに対する感覚
- 自然現象や社会現象への関心　等

※三つの円の中で例示される資質・能力は、五つの領域の「ねらい及び内容」及び「幼児期の終わりまでに育ってほしい姿」から、主なものを取り出し、便宜的に分けたものである。

※文部科学省「幼児教育部会における審議の取りまとめ」（平成28年8月26日）の図を改編

ようにすることとされています。※

学習指導要領では「育成すべき資質・能力」、教育要領や教育・保育要領、保育所保育指針（以下、保育指針）では、「育みたい資質・能力」と、「資質・能力」という語が共通して使用されるようになりました。つまり、各学校段階及び全ての教科等について共通する、育成を目指す資質・能力を明確にしているということです。小学校では最低基準として、どの児童生徒も学習することが求められているために「育成すべき」、幼稚園やこども園、保育所等では、子どもの発達の特性を踏まえていることから「育みたい」資質・能力として位置付けられています。

資質・能力としての3要素

この「資質・能力」とは、学習指導要領や教育要領等に基づく指導を通して、子どもたちに何を身につけてもらうのかを示す内容のことであり、保育所やこども園においても同様です。

これからの社会では、電子情報通信技術（ICT）の発展やグローバル化等で、職業の在り方も大きく変化するだろうといわれています。そうした将来を見据えた時に、何が育ってほしいか、学習者としての子どもたちにどのようなことが求められるかという視点から、3つの要素からなる「資質・能力」が考えられています。それが、「知識及び技能の基礎」「思考力、判断力、表現力等の基礎」「学びに向かう力、人間性等」です。前2つは現行の内容の中でも記されていますが、「学びに向かう力、人間性等」が新たに加わっています。

一体的・総合的に育む

そして、「生きる力の基礎を育むため、3つの資質・能力は、それぞれ別々にではなく、一体的に育むよう努めるものとする」とされています。つまり、総合的に活動を通して育つものとして考える必要があるということです。

(1) 豊かな体験を通じて、感じたり、気付いたり、分かったり、できるようになったりする「知識及び技能の基礎」
(2) 気付いたことや、できるようになったことなどを使い、考えたり、試したり、工夫したり、表現したりする「思考力、判断力、表現力等の基礎」
(3) 心情、意欲、態度が育つ中で、よりよい生活を営もうとする「学びに向かう力、人間性等」

と説明がされています。「学びに向かう力、人間性等」とされているものはいわゆる心情・意欲・態度です。非認知スキルや社会情動的スキルとして、2000年代になってその重要性が特に、指摘されるようになっている内容です。

3要素と「幼児期の終わりまでに育ってほしい姿」

園での教育において育みたい資質・能力を幼児の生活する姿からとらえたものが、5領域それぞれの「ねらい」ということになります。5領域のねらい及び内容に基づく、活動全体を通して資質・能力が育まれている卒園時の具体的な姿が「幼児期の終わりまでに育ってほしい姿」と呼ばれている10の姿になります。

注）
※文部科学省「幼稚園教育要領、小・中学校学習指導要領等の改訂のポイント」より

注）
今回の改訂（定）では、幼児教育についての記載内容が、幼稚園教育要領、保育所保育指針、幼保連携型認定こども園教育・保育要領において、ほぼ共通になりました。ここでは、保育所保育指針の原文を掲載します。解説の参考としてご覧ください。

（原文）
第1章総則 4 幼児教育を行う施設として共有すべき事項
(1) 育みたい資質・能力
ア 保育所においては、生涯にわたる生きる力の基礎を培うため、1の(2)に示す保育の目標を踏まえ、次に掲げる資質・能力を一体的に育むよう努めるものとする。
(ア) 豊かな体験を通じて、感じたり、気付いたり、分かったり、できるようになったりする「知識及び技能の基礎」
(イ) 気付いたことや、できるようになったことなどを使い、考えたり、試したり、工夫したり、表現したりする「思考力、判断力、表現力等の基礎」
(ウ) 心情、意欲、態度が育つ中で、よりよい生活を営もうとする「学びに向かう力、人間性等」

指導計画にいかしたいPOINT

2 「幼児期の終わりまでに育ってほしい姿」とは

新たに提示された「10の姿」の成り立ちや意味について、知っておきましょう。

何のために考えられたのか？

　幼児期にふさわしいあそびや生活を、それぞれの子どもが入園時から順に積み重ねていくことによって、**5歳児後半時期に見られる具体的な姿を示す観点**です。幼児期の教育で育みたい資質・能力が、園の生活を通して育まれているかをとらえるためのものといえます。**子どもたち全員が同じように達成しなければならない到達目標とは異なります**。大事なのは、ひとりひとりの発達の特性に応じて、この姿は見られるものであることです。10の姿は、別々に取り出して指導するものではありません。園での暮らしやあそびの中に表れる子どもの姿をより丁寧に見取ることによって、求められる資質・能力の育ちの過程を意識し、発達にふさわしい細やかな支援を行っていくことが必要といえます。

どのようにして作られたか？

　この「10の姿」は、平成22年11月に幼児期の教育と小学校教育の円滑な接続の在り方に関する調査研究協力者会議の「幼児期の教育から小学校教育の円滑な接続の在り方について（報告）」の報告書に記されている「各学校・施設において幼児期の終わりまでに育ってほしい姿をイメージする」として記された12の姿をもとに、10に整理し提出されたものです。

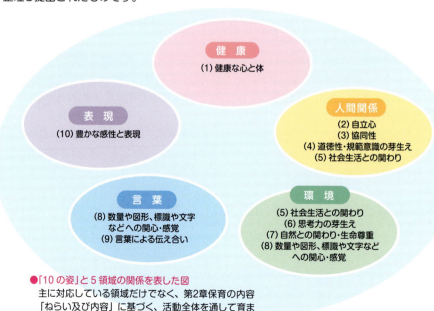

● 「10の姿」と5領域の関係を表した図
　主に対応している領域だけでなく、第2章保育の内容「ねらい及び内容」に基づく、活動全体を通して育まれることに留意しましょう。

学習指導要領では育つべき具体的な姿が記されていますが、教育要領や保育指針では「…を味わう」「…を感じる」などの表記だけではわかりにくいという指摘が以前からありました。そこで、より一層の円滑な接続を目指し、今回の改訂（定）で「10の姿」が記されることになりました。**幼児期の教育を通して育った幼児の成長の姿を、小学校教師をはじめ園の関係者以外の人にもわかりやすく伝え、子どもの姿を共有できるようにするために記されているものです。**なぜこの内容が記されているかの背景を知ることで、具体的に園でのエピソードを通して子どもの姿をとらえることができます。「ねらい」を通して、「10の姿」各々がどのように育っているのかを見取り、語り合うことが大事になってきます。

要領や指針を読む時に大事にしたいことは？

「10の姿」として記されている告示文の中には、複数の内容が含まれています。ですので、含まれている鍵となる句や語に注意して子どもの姿をとらえることが大事です。

なお、教育要領や保育指針での5領域のねらいと内容には年齢が記されていません。したがって、5歳児後半の部分を中心に、この中の大事な点を整理して記述したものということができます。

（原文）
第1章総則 4幼児教育を行う施設として共有すべき事項
(2) 幼児期の終わりまでに育ってほしい姿
次に示す「幼児期の終わりまでに育ってほしい姿」は、第2章に示すねらい及び内容に基づく保育活動全体を通して資質・能力が育まれている子どもの小学校就学時の具体的な姿であり、保育士等が指導を行う際に考慮するものである。

(1) 健康な心と体

領域「健康」の内容です。やりたいことをもって充実感をもちあそべているか。そのために伸び伸びと心と体を動かしているか。行動しているだけでなく、見通しをもっているか、この経験の積み重ねを通して、心身の健康や安全を守る意識や習慣が育っているかをとらえてみましょう。

(ア) 健康な心と体
保育所の生活の中で、充実感をもって自分のやりたいことに向かって心と体を十分に働かせ、見通しをもって行動し、自ら健康で安全な生活をつくり出すようになる。

（例）今日は暑いから、保育者に言われなくても自分から気づいて上着を脱ぎ、園庭に行こうとしている姿。

(2) 自立心

領域「人間関係」の内容です。主体的に環境に関わり様々な活動を楽しむことだけではなく、その中でも、しなければならないことがわかって、そのために考えたり工夫したりしている姿、あきらめずにやり遂げ達成感をもった姿があるでしょうか。そうした経験の繰り返しを通して、自信をもって日々行動できている姿があるかを見ましょう。

(イ) 自立心
身近な環境に主体的に関わり様々な活動を楽しむ中で、しなければならないことを自覚し、自分の力で行うために考えたり、工夫したりしながら、諦めずにやり遂げることで達成感を味わい、自信をもって行動するようになる。

（例）いつも失敗していたけれど、今日は頑張ってできた! という姿。

指導計画にいかしたいPOINT

(原文)
(ウ)協同性
友達と関わる中で、互いの思いや考えなどを共有し、共通の目的の実現に向けて、考えたり、工夫したり、協力したりし、充実感をもってやり遂げるようになる。

(エ)道徳性・規範意識の芽生え
友達と様々な体験を重ねる中で、してよいことや悪いことが分かり、自分の行動を振り返ったり、友達の気持ちに共感したりし、相手の立場に立って行動するようになる。また、きまりを守る必要性が分かり、自分の気持ちを調整し、友達と折り合いを付けながら、きまりをつくったり、守ったりするようになる。

(オ)社会生活との関わり
家族を大切にしようとする気持ちをもつとともに、地域の身近な人と触れ合う中で、人との様々な関わり方に気付き、相手の気持ちを考えて関わり、自分が役に立つ喜びを感じ、地域に親しみをもつようになる。また、保育所内外の様々な環境に関わる中で、遊びや生活に必要な情報を取り入れ、情報に基づき判断したり、情報を伝え合ったり、活用したりするなど、情報を役立てながら活動するようになるとともに、公共の施設を大切に利用するなどして、社会とのつながりなどを意識するようになる。

(カ)思考力の芽生え
身近な事象に積極的に関わる中で、物の性質や仕組みなどを感じ取ったり、気付いたりし、考えたり、予想したり、工夫したりするなど、多様な関わりを楽しむようになる。また、友達の様々な考えに触れる中で、自分と異なる考えがあることに気付き、自ら判断したり、考え直したりするなど、新しい考えを生み出す喜びを味わいながら、自分の考えをよりよいものにするようになる。

(3) 協同性

領域「人間関係」に関わる内容です。友達と関わる中で、互いの思いや考えなどを共有できているでしょうか。そこから共通の目的をもって実現に向け、一緒に考えたり工夫したり協力したりする姿があるでしょうか。さらに仲間との協同を通して、充実感をもってやり遂げる姿が育っているでしょうか。

(例)発表会での演じ方をめぐって意見を出し合う姿。

(4) 道徳性・規範意識の芽生え

領域「人間関係」の内容です。してよいことや悪いことが分かって自らの行動を振り返ったり、友達の気持ちに共感したり相手の立場に立った行動の姿が見られるでしょうか。きまりの必要性を理解して自分の気持ちを調整し友達と折り合いをつけることや、さらに、きまりを自分たちで考え守るというような姿が仲間との間で見られるでしょうか。

(例)鬼ごっこで問題発生。子どもたちでルールを決めて話し合っている姿。

(5) 社会生活との関わり

領域「人間関係」や「環境」の内容です。家族を大事にする気持ちとともに、地域の身近な人と触れ合う時に相手の気持ちを考えて関わったり、自分が役に立つ喜びを感じられたりしているでしょうか。それらの経験から、地域に親しみをもったり、地域に関わりながらあそびや生活に必要な情報を取り入れたり、伝え合って活用したりするなどの姿が見られるでしょうか。また、公共の施設利用などを通じて社会とのつながりの意識が育っているでしょうか。

(例)消防士さんが安全について説明してくれ、子どもが仕事をイメージしている姿。

(6) 思考力の芽生え

領域「環境」の内容です。物の性質や仕組みなどを感じて気づいたり、考えて予想したり、工夫したりする姿があるでしょうか。その中で友達の様々な考えに触れ、違う考えに気づいて、自ら判断したり考え直したり、新しい考えを生み出す喜びを感じたり、自分の考えをさらによくしようとする姿があるでしょうか。

(例)もっとこうしたらよく転がるのではないかと、ビー玉転がしの坂の角度を見ながら、仲間とともに考えている姿。

(7) 自然との関わり・生命尊重

領域「環境」の内容です。自然に触れる感動体験を通して自然の変化などを感じ、好奇心や探究心をもってそれを言葉などで表現する姿です。そして自然への愛情や畏敬の念、生命の不思議さや尊さに気づくことで、命あるものへのいたわりや大事にする気持ちをもってかかわる姿を見ることができるでしょうか。

(例) 保育室で飼っている、ウサギの排泄の世話などを嫌がらずにして慈しんでいる姿。

(8) 数量や図形、標識や文字などへの関心・感覚

領域「環境」や「言葉」の内容です。標識や文字などの役割に気づき、必要感から数量や図形などを活用し興味や関心、感覚をもつ姿が生活の中で見られるでしょうか。

(例) お店屋さんごっこで、看板に数字やロゴで表現し、やり取りをしている姿。

(9) 言葉による伝え合い

領域「言葉」の内容です。保育者や友達と心を通わせ絵本などを楽しみ、そこでの豊かな言葉や表現を身につけて言葉で伝えたり、相手の話に耳を傾け合い、言葉による伝え合いを楽しむ姿が見られるでしょうか。

(例) 2、3人で1冊の絵本を一緒に見ながら、感想を言い合っている姿。

(10) 豊かな感性と表現

主に領域「表現」の内容です。心を動かす出来事に出会い、感性を働かせたり、また様々な素材の特徴や表現の仕方などに気づき、感じたことや考えたことを自ら表現したり、あるいは友達と表現する過程を楽しむ姿が見られるでしょうか。

(例) 友達が作ったものを見て感動し、作った子も言ってもらって喜んでいる姿。

(原文)

(キ) 自然との関わり・生命尊重
自然に触れて感動する体験を通して、自然の変化などを感じ取り、好奇心や探究心をもって考え言葉などで表現しながら、身近な事象への関心が高まるとともに、自然への愛情や畏敬の念をもつようになる。また、身近な動植物に心を動かされる中で、生命の不思議さや尊さに気付き、身近な動植物への接し方を考え、命あるものとしていたわり、大切にする気持ちをもって関わるようになる。

(ク) 数量や図形、標識や文字などへの関心・感覚
遊びや生活の中で、数量や図形、標識や文字などに親しむ体験を重ねたり、標識や文字の役割に気付いたりし、自らの必要感に基づきこれらを活用し、興味や関心、感覚をもつようになる。

(ケ) 言葉による伝え合い
保育士等や友達と心を通わせる中で、絵本や物語などに親しみながら、豊かな言葉や表現を 身に付け、経験したことや考えたことなどを言葉で伝えたり、相手の話を注意して聞いたりし、言葉による伝え合いを楽しむようになる。

(コ) 豊かな感性と表現
心を動かす出来事などに触れ感性を働かせる中で、様々な素材の特徴や表現の仕方などに気付き、感じたことや考えたことを自分で表現したり、友達同士で表現する過程を楽しんだりし、表現する喜びを味わい、意欲をもつようになる。

指導計画にいかしたいPOINT

3 カリキュラム・マネジメントについて

今回の改訂（定）では、自分（や園）の保育を振り返り、評価・改善していくことが強く求められています。

カリキュラム・マネジメントとは

園では、教育要領や保育指針、教育・保育要領に基づき、園の教育（保育）目標・目的に応じて、教育（保育）課程を作成していました。したがって、今回の改訂（定）において、各園では教育（保育）課程を見直し、新たに提示された「10の姿」を踏まえて、カリキュラムを再編成することになります。これまでの実施状況や、実践してみて、ねらいとした事柄が子どもたちの現状と照らし合わせてどうであったかを評価し、その評価に基づいて改善を図ることが求められます。

その教育課程等の編成、実施、評価、改善のサイクルを、組織としてたどることによって、保育・教育内容のさらなる質の向上が図られます。また、園長や主任だけではなく、職員間での共有もとても大切です。「カリキュラム」だけではなく、「カリキュラムをマネジメント」するということは、この力動的なサイクルを示す言葉です。その主体は、各園や保育者です。トップダウンに、国から改訂（定）が求められているのではなく、自律的に各園がマネジメントを行うことが大事になるわけです。

カリキュラム編成のポイント

園のある地域によって、生活条件や環境、文化も違います。教育課程等を編成する際は、幼児の心身の発達への見通しをもち、その地域や園の実態を踏まえて、近隣の地域資源などの活用も考慮しながら行うことになります。その時には、入園から卒園までの長期的な視野をもって、子どもがどのように発達するのか、そのためには、どのような経験や指導が必要なのかを考えていくわけです。つまり、園の特徴や園児の育ちの姿などをもとにして編成をすること、さらに編成後も力動的に評価をしては改善をするマネジメントを行うことが大事になるわけです。

園によって教育課程等の改善方法は異なりますが、評価のための資料を収集して、そこから整理した問題点を検討して、その背景や原因を職員皆で共有し、さらに改善案を考え、次のサイクルへと実施していくという流れになります。日々の日誌や記録などがこのための資料となり、保護者や第三者からの意見や評価もまた重要なものとなります。

注）
保育指針の中では、このカリキュラム・マネジメントという言葉は使用されていません。いわゆる学校教育法上の教育課程とは異なるためです。しかし、保育における全体的な計画においても、今回の保育指針の中では、編成、実施、評価からさらに具体的な改善へという循環性が明確に記されています。教育要領の第1章総則第6 幼稚園運営上の留意事項に、「1 各幼稚園においては、園長の方針の下に、園務分掌に基づき教職員が適切に役割を分担しつつ、相互に連携しながら、教育課程や指導の改善を図るものとする。また、各幼稚園が行う学校評価については、教育課程の編成、実施、改善が教育活動や幼稚園運営の中核となることを踏まえ、カリキュラム・マネジメントと関連付けながら実施するよう留意するものとする」とあります。

発達が見える！

3歳児の指導計画と保育資料

第2版

Gakken

3歳児の保育環境

3歳児がのびのびと楽しく活動できる保育環境とは、どのようなものでしょうか。

はっと保育園 兵庫県

※2015年4月より、幼保連携型認定こども園はっとこども園

3、4、5歳児がひとつの保育室で過ごす。午前中は、年齢別の保育を行っている。異年齢で活動するときには、イチゴ、メロン、バナナの3つの「生活グループ」に分かれる。各コーナーは、自由あそびの時間には、自由に行き来できる。

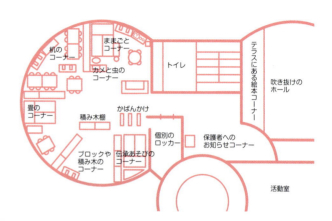

保育室

個別のロッカー
保育室入り口手前にある。

机のコーナーと畳のコーナー
製作やパズル、カードゲームなどをするときは机に、絵本を読んだりお集まりをしたりするときは畳に集まる。集まりやすいよう、天井からグループのマークをつるしてある。

ままごとコーナー
押し入れのスペースは、お店屋さんごっこの店内作業場にしたりとうまく利用。また、ひそひそ話をしたり、ゆっくりくつろいだりするスペースにもなっている。

お知らせコーナー
保護者に向け、異年齢グループごとの活動表、今週の当番表などが置いてある。

伝承あそびのコーナー
壁にあやとりのやりかたなどがはってある。5歳児が中心にあそんでいるが、3、4歳児に教える姿も見られる。

カメと虫のコーナー
関連する絵本もそばに置いてある。興味のある子が集まるが、4～5歳児は友達と絵本を見ながら、関連する昆虫の仲間を見つけたり、生態を調べたりしている。

ブロックや積み木のコーナー
線路を延ばしながら、駅や動物園を作って、組み合わせてあそんでいる。作ったものを翌日も続けてできるようにしている。

吹き抜けのホール

3、4、5歳児は、ここで一緒に食事をする。食べるときは、異年齢グループに分かれる。4、5歳児が1週間交代でお当番をする姿を3歳児は見ているので、「自分もやりたい!」という思いが翌年への期待につながっていく。

子ども同士で、「(配ぜんの量は)どれくらい?」「いっぱい」「少なく」といった会話がなされる。それに合わせて量を盛りつけるセミバイキング形式で、子ども同士のかかわりを深められるようにしている。

お茶を上手につぐ5歳児。

わかりやすい表示
右利き、左利きの子ども用に、食器の並べ方を表示したもの。

保護者向けの食育情報
5歳児のテーブルマナーレッスンの様子や食習慣についてのアドバイス、食育活動や調理師からのお知らせなどを掲示。「きょうのメニュー」は5歳児が書いている。

当番表。

玄関
開放感があり、すぐ目の前がホールになっている。

テラスにある絵本コーナー
ここから、ホールで行われている他年齢の活動の様子や、食事の準備の様子を見るのも楽しい。主に3〜5歳児が利用しているが、0〜2歳児がゆっくりするときに使うことも。

ホール入り口にある掲示板
今月、誕生日の子どもの写真が飾られている。
誕生日当日の子どもの写真には、お花をつけてすぐわかるように。

作品の掲示
階段の両側には子どもたちの作品。
台紙の色を絵に合わせることで、作品がより引き立つ。

第二自由ヶ丘幼稚園 愛知県

3歳児は2クラスに分かれている。四隅を利用したコーナーは、手作りおもちゃを配置したり、布で棚を覆ったり、マットを敷くなど、温かみがあり安心できる環境作りをしている。

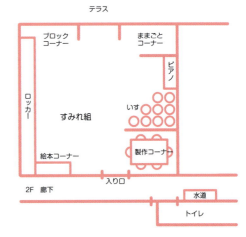

保育室（すみれ組）

製作コーナー（たんぽぽ組）

1年を通して、紙の種類、画材など、素材を変えていく。
一斉活動をした後に、同じ材料を置いておくと、次の日に繰り返しあそぶ姿が見られる。

ブロックコーナー　剣や車などを作る子が多い。
２学期には、積み木やブロックを積み上げてあそぶ姿も見られる。

（たんぽぽ組）

（すみれ組）

ままごとコーナー

既製のものではなく、手作りのものを多く置くようにしている。
ごっこの世界が広がるよう、粘土、毛糸、ドングリなど、作る作業が楽しめるものも、徐々に増やしていく。
春は個々にごっこあそびをしている姿が多いが、徐々に子ども同士で世界を共有し、お母さんになりきったり、動物になったりしてあそぶ姿が見られる。

（たんぽぽ組）

（たんぽぽ組）

（すみれ組）　　　　　（すみれ組）

絵本コーナー　保育室では、子どもの成長やそのときの興味に合わせて、また、季節に合わせて１年を通して入れ替えている。ひとりで静かに絵本を見ている子どももいるが、絵本を持ち出し、ままごとコーナーで絵本屋さんをしている子どももいる。

（たんぽぽ組）

（すみれ組）

本の貸し出しのルールをわかりやすく。

えほんのひろば

玄関を入ると目の前にある、充実した絵本コーナー。わかりやすいように、作者別にあいうえお順になっており、赤色は物語、黄色は図鑑、青色はあやとりや折り紙などと、テープで色分けしている。保育中に、担任と子どもが手さげを持って借りにいき、自分で好きな絵本を選ぶこともある。また、お迎えにきた保護者が、ベンチに座って子どもに読み聞かせをしていることも多い。貸し出しも行っている。

奥の本棚にも本がぎっしり。

はじめに 「第2版」刊行に当たって

　平成30年度より新幼稚園教育要領、新保育所保育指針、新幼保連携型認定こども園教育・保育要領へと改訂（定）がなされることになりました。本著初版は2013年2月の刊行以来、ありがたいことに多くの園の保育者の方々に使っていただくことができました。そこでその内容をそのままいかしながらも、今回の改訂（定）で重要な点である、資質能力の考え方や、幼児期の終わりまでに育ってほしい10の姿について解説し、実際に指導計画の中で、それが各園においてどのように位置づいているのかがわかるような新たな付記等も行いました。

　教育課程や全体的な計画等は、子どもの健やかな見通しを示す地図です。そしてその地図は、子どもたちの育ちの実態に応じて見直される必要があります。改訂（定）を契機に、さらに新要領や新指針に即しての見直しをして、幼児教育・保育の質向上につなげていただきたいと切に願っています。子どもたちの興味・関心に同行し、その育ちの旅を共に楽しんでいただくためには、子どもひとりひとりが確かな歩みを自ら主体的にできるような資質を育てる支援や指導が求められます。今回の改訂（定）では、カリキュラム・マネジメントという言葉が大事にされています。それは指導計画から実践、そして振り返りと評価、改善までのひとつひとつの過程がつながりあって、具体的な子どもの育ちの姿から振り返ること、さらにそこにどんな工夫ができそうかと、指導計画と子どもの具体的な姿のつながりが実感できるようになっていることが大切です。ですので、そこに10の姿がより丁寧に見取られ、つながっていくとよいといえるでしょう。

　どの園にも活動の工夫があります。自園の保育をよりよくしていくためには、他園の工夫からも柔軟に学ぶことのできる学び上手になることが求められます。この指導計画と保育資料は、各時期の育ちのつながりを計画から実際の活動まで具体的に目に見えるようにし、こんな工夫があるといいねという実践の知恵がたくさん掲載されています。ですので、それを参考にしながら、ぜひあなたの園の保育がさらに豊かになっていくように実現していくことを総監修者として楽しみにしております。

秋田喜代美

CONTENTS

- ●保育園年間指導計画
- ●幼稚園年間指導計画 巻頭
- ●指導計画にいかしたいPOINT

- ●3歳児の保育環境 ……………………………………… 2
- ●はじめに ……………………………………………… 9
- CD-ROMをお使いになる前に必ずお読みください! ……… 11
- ●0〜5歳児の姿 ……………………………………… 12
- ●3歳児の姿 …………………………………………… 14
- 指導計画の使い方 …………………………………… 19

4月 5月 6月 指導計画と保育資料
- 指導計画 ……………………………………………… 22
- 保育資料 ……………………………………………… 34

7月 8月 指導計画と保育資料
- 指導計画 ……………………………………………… 48
- 保育資料 ……………………………………………… 56

9月 10月 11月 12月 指導計画と保育資料
- 指導計画 ……………………………………………… 64
- 保育資料 ……………………………………………… 80

1月 2月 3月 指導計画と保育資料
- 指導計画 ……………………………………………… 98
- 保育資料 ……………………………………………… 110

- ●週(日)案の工夫
  - 保育園 ……………………………………………… 120
  - 幼稚園 ……………………………………………… 122
- ●保護者とのかかわり
  - 保育園 ……………………………………………… 124
  - 幼稚園 ……………………………………………… 126
- 執筆園紹介 …………………………………………… 128

指導計画と「振り返り」のヒント集

- ●Special対談
  秋田喜代美先生・増田まゆみ先生
  感じ、考え、「気づく」保育を目指して ……………… 130
- ●指導計画の書き方Q&A …………………………… 134
- ●保育に生かすエピソード記録 ……………………… 139
- CD-ROMの使い方 …………………………………… 144

本書では、「保育士」・「教師」と「保育者」という言葉が出てきます。「保育士」・「教師」は、資格・免許を有し、職種を限定している場合に用い、「保育者」は、保育教諭、看護師、栄養士、調理師、養護教諭また資格を有さない職員も含め、保育にかかわるすべての方を指す場合に用いています。主に、指導計画のなかでは「保育士」・「教師」を、そのほかのページでは様々な職種の方々が見ることを踏まえて、「保育者」という言葉を用いています。

CD-ROMについて

→P000_3歳○月_保

ページの上部にCDマークがついているものは、付属のCD-ROMに掲載内容が収録されていることを示しています。図のように、順にクリックすると、そのページに記載されているもののデータを見ることができます。CD-ROMをご使用する前に、必ずP.11の「CD-ROMをお使いになる前に必ずお読みください!」をお読みください。使い方はP.144〜151で解説しています。

CD-ROMをお使いになる前に必ずお読みください！

付属のCD-ROMは、Excelのデータを収録しています。付属のCD-ROMを開封された場合、以下の事項に合意いただいたものとします。

動作環境

パソコン
Microsoft Windows 10、Windows 8.1、Windows 7が動作するパソコン。
Macではご利用になれません。

アプリケーション
データを利用するには、Microsoft Excelバージョン2016/2013/2010がパソコンにインストールされている必要があります。

CD-ROMドライブ
付属のCD-ROMを再生するには、CD-ROMドライブが必要です。

※Microsoft Windowsは、米国マイクロソフト社の登録商標です。
※その他記載されている、会社名、製品名は、各社の登録商標および商標です。
※本書では、™®©マークの表示を省略しています。

ご注意

- 本書掲載の操作方法や操作画面は、『Microsoft Windows 10』のOS（環境）で、『Microsoft Excel 2016』を使った場合のものを中心に紹介しています。お使いのWindowsのOSやExcelのバージョンによって、操作方法や操作画面が異なる場合がありますので、ご了承ください。
- 指導計画のデータは、Excel 2016/2013/2010に最適化されています。お使いのパソコン環境やアプリケーションのバージョンによっては、レイアウト等が崩れる可能性があります。
- お客様が本書付属CD-ROMのデータを使用したことにより生じた損害、障害、その他いかなる事態にも、弊社は一切責任を負いません。
- 本書に記載されている内容に関するご質問は、弊社までご連絡ください。ただし、付属CD-ROMに収録されているデータについてのサポートは行っておりません。
- 付属CD-ROMに収録されているデータは、本書と異なる箇所があります。
- WindowsのOSやアプリケーションに関する操作方法などはお持ちの商品の説明書をご覧ください。

CD-ROM収録のデータ使用の許諾と禁止事項

- ●CD-ROM収録のデータは、ご購入された個人または法人が、その私的範囲内において自由に使っていただけます。ただし、以下のことを遵守してください。
- 募集広告、商用営利目的、インターネットのホームページなどに使用することはできません。
- CD-ROM収録のデータを複製し、第三者に譲渡・販売・頒布（インターネットを通じた提供も含む）・賃貸することはできません。
- 本書に付属のCD-ROMは、図書館、及びそれに準ずる施設において、館外へ貸し出すことはできません。

弊社は、CD-ROM収録のデータのすべての著作権を管理しています。

CD-ROM取り扱い上の注意

- 付属のディスクは「CD-ROM」です。一般オーディオプレーヤーでは絶対に再生しないでください。パソコンのCD-ROMドライブでのみお使いください。
- CD-ROMの裏面に指紋をつけたり、傷をつけたりするとデータが読み取れなくなる場合があります。CD-ROMを扱う際には、細心の注意を払ってお使いください。
- CD-ROMドライブにCD-ROMを入れる際には、無理な力を加えないでください。CD-ROMドライブのトレイに正しくセットし、各パソコンの操作方法に従ってください。トレイにCD-ROMを正しく載せなかったり、強い力で押し込んだりすると、CD-ROMドライブが壊れるおそれがあります。その場合も一切責任は負いませんので、ご注意ください。

0〜5歳児の姿

執筆・高辻千恵
(こども家庭庁成育局成育基盤企画課 教育・保育専門官)

見通しをもって保育をするために、0〜5歳児の発達の流れを、各年齢の特徴的な姿を追って見ていきます。

	6か月未満	6か月以上〜12か月未満	1歳
生活	●眠って、飲んで 睡眠とほ乳を中心とする生活リズムの安定	●「もぐもぐ」してみよう 離乳の開始と幼児食への移行	●「やってみたい!」 「自分でしたい」という意欲の芽生え
体	●体を使って世界と出合う 体の発育と姿勢の変化	●「あ! いいもの、見つけた」 移動の開始と探索活動の活発化	●「あっちに行きたい!」 歩行の開始 ●スプーンですくって 道具の使用
言葉と理解	●「あーあー」「ぶーぶー」 泣きと喃語による発信 ●じっと見つめて 周囲に対する興味や関心の始まり	●「わんわん、いるね」 指さしによるコミュニケーションと言葉の始まり ●「いないいない、ばあ!」 対象の永続性の成立と象徴機能(イメージ)の芽生え	●「マンマ、食べる」 言葉の獲得 ●「かごを持って、お買い物」 ふりや意図・つもりの育ち
人とのかかわりと心	●この人は自分を守ってくれる 身近な大人との関係の形成	●「知らない人、やだ〜!」 人見知りと愛着の形成	●「お友達、何してるのかな?」 周囲の人への関心と自我の芽生え
発達の特徴	睡眠を基盤としながら、次第に生活のリズムが整っていく時期です。首がすわっていくと共に、うつ伏せで寝ている姿勢から手をついて頭を上げられるようになっていきます。周囲に対する興味が生まれ、機嫌のよいときには、盛んに声を出したり手足をよく動かしたりして楽しむ様子が見られます。また、人にあやされると喜んで笑います。	はいはいから伝い歩きへと行動範囲が広がります。活発に動き回って、興味をもったものを見つけると近づいていきます。身近にいる大好きな大人とのかかわりを通して、愛着が形成されると共に、人と同じものを見てそれを共有する関係も生まれてきます。「伝えたい」という思いを指さしで示すなど、コミュニケーションの土台が培われる時期です。	身の回りのことを自分でしたいという気持ちが膨らんでいきます。上手にはできないことも多いものの、スプーンを使って食事をしたり、スコップで砂を運んだりと、道具を使うこともできるようになります。歩行と言葉の獲得によってあそびの世界が大きく広がり、行動の主体としての育ちが著しい時期です。大人だけでなく、ほかの子どもに対しても親しみをもち、興味を示し始めます。

※12か月未満は3つの視点（身体的発達に関する視点「健やかに伸び伸びと育つ」、社会的発達に関する視点「身近な人と気持ちが通じ合う」、精神的発達に関する視点「身近なものと関わり感性が育つ」）、1歳からは5領域（健康、人間関係、環境、言葉、表現）の観点を意識して、子どもの姿から発達をとらえていきましょう。

2歳

- 「一人で食べられたよ」
  基本的生活習慣の自立への一歩

- 「見ててね、のぼれるよ」
  全身運動の発達

- 「さあ、早く寝ましょうね」
  イメージの世界の広がり

- 「自分で」と「いやいや」
  自我の育ちと自己主張

手指の操作や運動能力が発達し、食事や排せつなど基本的な生活習慣の自立が進み始めます。自我の育ちや言葉の発達と共に「自分で」「いやいや」と大人に対して自己主張や反抗が強くなります。身近な人や生き物に興味をもって、行動や身振り、言葉などを盛んにまねてあそぶ姿がよく見られます。また、簡単なごっこあそびも楽しむようになります。

3歳

- 「自分でできたよ」
  身辺の自立と基本的生活習慣の形成

- 「見て見て、こんなこともできるよ!」
  運動の広がり

- 「きょうね、先生がね…」
  言葉のやり取りを楽しむ
- 「なぜ？どうして？」
  知的好奇心が活発になる

- 「一緒にあそぼう」
  友達との関係をつくる
- 「ぼく」「わたし」
  自己の認識の明確化

身の回りの簡単なことは自分でできるようになります。子ども同士の関係がつくられ、言葉でのやり取りをしながら一緒にごっこあそびなどを楽しみます。身近な事物や現象に強い好奇心をもち、盛んに「なぜ？」と尋ねたり直接ふれたりしようとして、積極的に知ろうとします。また、「ぼく」「わたし」といった一人称を使うなど、自己の認識がより明確になってきます。

4歳

- 「次、これしよう」
  生活の流れを理解し、行動する

- 「〜しながら…する」
  体を巧みに使って活動する

- いつ・どこで・だれが
  経験を語る
- 「ザリガニは何を食べるの？」
  身近な環境に対する興味と理解が深まる
- 「ぼくが○○ヒーローだ!」
  イメージを膨らませ、友達と共有する

- 「代わってあげる」
  他者の気持ちに気づき、自分をコントロールする

一日の生活の流れを見通して行動するようになります。ケンケンしながら前に進むなど、複数の動きを組み合わせて滑らかにできるようになり、体を活発に使って新しい運動に挑戦します。友達と言葉で思いを伝え合い、イメージを共有しながら一緒にあそぶことを楽しみます。時には葛藤を経験しながら、次第に他者の気持ちに気がつき、譲ったり我慢するなど自分をコントロールする力もついていきます。

5歳

- 「きょうはわたしがお当番だからね」
  生活をつくり上げていく力の育ち

- 「竹馬、できたよ!」
  より複雑、複合的な運動が可能になる

- 「ああして、こうして…」
  言葉を使って考える
- 「わたしの名前、こうやって書くんだよ」
  読み書きの始まり
- 「色水、混ぜてみたらどうなる？」
  思考力の芽生え

- 「でも、小さい子には優しいんだよね」
  他者の気持ちや立場の理解

役割を分担したり目標を共有したりしながら、生活やあそびを同じクラスの仲間たちと共に進めていく力が育っていきます。自分の思いを言葉で表現すると共に他者の気持ちや立場を理解してかかわることができるようになり、協同的な集団活動を展開します。また、頭の中で思考することや言葉あそび、簡単な読み書きを楽しむこともできるようになっていきます。

3歳児の姿

執筆・高辻千恵（こども家庭庁成育局成育基盤企画課　教育・保育専門官）

0～5歳児の発達の流れを踏まえ、3歳児の姿と保育を行ううえでのポイントを解説します。

- みてみて、こんなこともできるよ！
- じぶんでできたよ
- きょうね、せんせいがね…
- なぜ？どうして？
- いっしょにあそぼう
- ぼく　わたし

生活
「自分でできたよ」
身辺の自立と基本的生活習慣の形成

「はしを使って食事をする」「大人から声をかけられなくても自分からトイレに行こうとする」「衣服の脱ぎ着が一人でできる」「外から戻ったら手を洗う」など、日々の生活における身の周りの簡単なことは自分でできるようになってきます。また、こうした基本的生活習慣が形成されていくなかで、「自分でできた」「そのことを保育者や保護者に認めてもらった」といった満足感を味わう体験を通じて、自分を肯定する気持ちや自ら生活をつくり上げていこうとする意欲が育っていきます。

体
「見て見て、こんなこともできるよ！」
運動の広がり

歩く・走る・投げる・けるなど、基本的な運動がほぼできるようになります。ひざを曲げ伸ばす力やバランス感覚も徐々についてきて、ぴょんぴょんと跳びはねながら前へ進むといった運動も可能になってきます。園庭の小山を駆け下りたり、三輪車をこいだりと、あそびの世界も全身をいっぱいに使ってダイナミックに広がっていきます。のびのびと自らの体を自分の意思で様々に動かしてみることを体験しながら、身体感覚を養います。

また、手指の操作が細かくなり、左手と右手の異なる動きを組み合わせることもできるようになってきます。クレヨンで丸をたくさん描く、はさみを使ってまっすぐに紙を切るなど、道具を用いて製作する活動の幅が広がり、表現することを楽しみます。

言葉と理解
「きょうね、先生がね…」
言葉のやり取りを楽しむ

語彙が急速に増え、話し言葉の形が徐々に整ってきます。「ママがいないと寂しいの」など、自分の思いや「〜したい」「〜がほしい」といった願いを言葉で相手に伝えたり、園での出来事を家で保護者に話したりすることもできるようになっていきます。言葉そのものに対する興味や関心も強くなり、盛んに「これはなんて言うの？」「さっき言ってた『○○』ってなあに？」と聞いて、新しい言葉を知りたがったりします。

「なぜ? どうして?」
知的好奇心が活発になる

言葉の発達と共に実際に体験したことから得た知識も増加し、事物の性質や特徴についての理解も進みます。こうした育ちに支えられて、「どうして雨は降るの?」など、日常生活のなかで出合う様々なことに疑問や好奇心をもち、ふれたがったり理由を盛んに尋ねたりするようになります。「もっと知りたい」という気持ちがいっぱいに膨らんでいく時期です。

人とのかかわりと心

「一緒にあそぼう」
友達との関係をつくる

園での生活を共にしながら、子ども同士の関係がつくられていきます。周りの友達に関心をもち、同じ場や遊具であそぶなかで、次第に「貸して」「いいよ」といったやり取りが生まれます。まだ相手の意図(つもり)をくみ取ることは難しく、自分の思いを十分に言葉で伝えられない場面も多いため、場所や物の取り合いからぶつかり合うこともありますが、保育者が双方の言い分に耳を傾け間に入ることで、順番で使うことや「ごめんね」と伝えて仲直りすることなど、友達と一緒にあそぶために必要なルールを少しずつ身につけていきます。こうしたやり取りを繰り返すなかで関係が深まり、気の合う子ども同士でごっこあそびをするなど、イメージを共有して楽しむことができるようになっていきます。さらに友達とのあそびが発展していくと、皆が知っているストーリーを題材にした集団でのごっこあそびを、子どもたちだけで展開していく姿も見られるようになります。

「ぼく」「わたし」
自己の認識の明確化

自立がさらに進み、「ぼく」「わたし」といった一人称の代名詞を用いるなど、自己の認識がより明確になっていきます。言語能力の発達や他者(親、きょうだい、友達、保育者など)との関係についての理解にも支えられて、言葉を使って相手に自己主張することも次第に不自由なくできるようになっていきます。
同時に、記憶力が増すことなどにより行動の基準が少しずつ内化していきます。自分の要求をコントロールできないことも多いものの、その都度大人に注意されたり指示されたりしなくても、以前のことを思い出してそれに沿った行動をしようとする姿が徐々に見られ始めます。

保育のポイント

3歳児は、全身を使った運動や手指を操作する力が発達し、それらに支えられて毎日の基本的な生活習慣が確立していく時期です。また、同年代の子ども同士でのやり取りが活発になり、友達と一緒にあそぶ姿がよく見られるようになります。グループやクラスといった「集団」のなかでの生活を経験するようになる時期でもあります。そして、そうした友達とのかかわりのなかでいろいろな経験を重ねることが、発達においてとても重要な意味をもちます。子どもにとっては、それまでとは自分も周囲の環境も大きく変化する、ひとつの節目とも言えるでしょう。

● ひとりひとりを丁寧に受け止める

自分を取り巻く人や物への関心が大きく広がり、「なんでもできる、やってみたい」という自信や意欲に満ちて、いろいろなことに挑戦しようとする3歳児ですが、一方で先の予測がある程度できるが故にかえって不安や「失敗したらいやだな」という気持ちを抱いて、やりたがらない様子が見られることもあります。「みんなで」「みんなと」ということだけに目を向けてしまうと、子どもにとっては無理を強いることになってしまうかもしれません。保育者は、不安を受け止めてくれる安心できる存在、「できるよ」「やってごらん」と励ましてくれる存在として、ひとりひとりの心のよりどころとなることが大切です。

また、一人でできることに喜びや誇らしさを感じると同時に、「見て、見て」と大人を求める気持ちもあります。友達に嫌なことを言われたとき、妹や弟が生まれてうれしい反面少し寂しい気持ちも感じているときなど、保育者に涙を見せたり甘えてきたりする場面もあるでしょう。家庭とも連携をとりながら、時に揺れ動く子どもの思いを温かく受けとめたいものです。

● 基本的生活習慣を確立する

一日の生活について子どもが自分なりに見通しをもてるようになってきて、保育者が声をかけなくても自ら行動する姿も出てきます。わかっていてもなかなか片付けに入れなかったり、途中でほかのことに気持ちがそれてしまったりと、保育者の期待通りにはいかないこともしばしばですが、様子を見守りながら声をかけ、子どもが自分でできたときには「よくできたね」と認める姿勢が大切です。

ところで、家庭の生活スタイルの多様化に伴い、子どもたちの生活経験もそれぞれに異なるものとなっています。家庭全体が夜型の生活で就寝時間が遅い、食生活に乱れや偏り（朝食を抜く、野菜不足など）が見られるなど、子どもたちの基本的生活習慣の形成にかかわる様々な課題を耳にすることも少なくありません。こうした状況を改善していくには家庭の理解と協力を得ることが不可欠ですが、一方的に注意や指示をしても効果は低いことが多いでしょう。まずは保護者と信頼関係を築き、園と家庭それぞれの生活の様子を伝え合いながら、各家庭の事情や保護者の考え方をくみ取り、子どもの生活習慣について共に考えていく姿勢を示すことが大切です。

集団・保育環境を考えるポイント

同じ3歳児でも発達の仕方は様々です。また、これまでに育ってきたそれぞれの家庭での生活はひとりひとり異なりますし、保育園で低年齢のころから生活している子ども、初めて保育園や幼稚園での生活がスタートした子どもなど、園生活へのなじみ方も違います。保育者にはこうした発達差や生活経験の違い、そしてそれぞれの個性を踏まえて、「個」と「集団」双方の発達をとらえる視点が求められます。

● 相手の思いへの気づきと自己主張する力を育てる

3歳児になると友達に対する関心が高まり、行動を見てそれを模倣したり、自分のあそびに取り入れたりする姿がよく見られるようになります。この時期はまだ同じ場所で一緒にあそんでいるようでも、実際にはそれぞれが好きなことをしている、いわゆる「平行あそび」の方が多く見られますが、楽しみながら共に過ごす経験を重ねていくなかで、友達とやり取りが生じたりごっこあそびをしたりすることが増えていきます。一方で、子ども同士の互いの思いが衝突して葛藤を経験することもしばしばあります。

こうした場面で保育者が仲立ちとなり、子どもの思いを代弁して伝えたり、相手に伝えたいことを言葉で表現できるように促したりするかかわりを繰り返していくことによって、子どもは自分とは異なる相手の思いに少しずつ気づき始めます。保育者は、ひとりひとりの子どもが安心して自己主張ができる場を保障すると共に、子ども同士が互いに相手を受け止め合えるよう援助していくことが求められます。

● 集団生活に適応していく過程を支える

この時期、保育園や幼稚園に初めて入ってくる子どもはもちろん、低年齢のころから保育を受けていた子どもも、それまでの大人との一対一の関係や2、3名程度の小さなグループでのかかわりを中心としていた生活から、より大きなクラス集団での生活を新たに経験することになります。子どもの疲れや時に揺れ動く気持ちにも目を配りながら、子ども同士がふれ合う機会や皆で一緒に楽しむ機会を増やしていくことで、ひとりひとりが「共に過ごす仲間」という感覚をもてるよう配慮することが大切です。

● 身近な環境にふれ、のびのびとあそべる場や機会を大切に

好奇心が特に旺盛なこの時期、子どもたちは土や砂、水、植物、動物や昆虫、遊具や用具、素材など、自分を取り巻く様々なものに興味を抱いて、見たりふれたりしようとします。また、運動発達に伴い、行動範囲もそれまでより一段と大きく広がります。衛生面や安全面に留意しつつ、子どもたちが探索意欲を満たしたり体を存分に動かしたりしてあそびに没頭できるよう、外あそびを十分に取り入れることや室内外の保育環境を整えることが求められます。

指導計画の使い方

● 巻頭とじ込み 年間指導計画

この1年、どのように育ってほしいかという保育者の願いのもと、子どもの姿・発達過程を予測し、年間を見通して立てた計画です。

※期の分け方は、執筆園により異なります。
第2版より、「ねらい」(◎)に「幼児期の終わりまでに育ってほしい姿」を追記しています。

年間目標
全体的な計画・教育課程を踏まえ、子どもの成長と発達過程を見通し、この1年間で育てたい子ども(及びクラス全体)の姿を挙げています。

執筆園より
この1年、子どもたちの予想される姿と、それに対して保育者がどのような願いをもって保育を進めていくか、各執筆園の1年間の保育における姿勢方針を表しています。

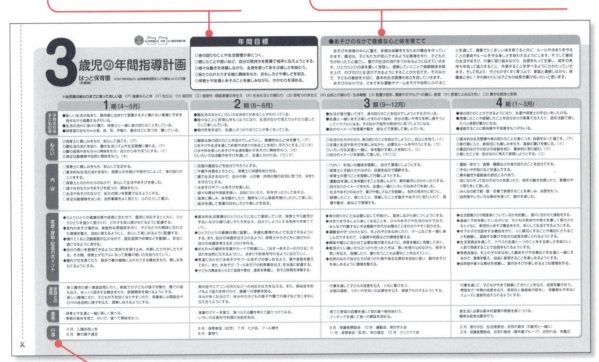

予想される子どもの姿…●
期ごとに予想される子どもの姿。年齢ごとの発達過程を踏まえ、クラス全体のなかでその時期によく見られる姿を挙げています。

ねらい…◎
「予想される子どもの姿」を受け、その期に保育者が育てていきたい子どもの姿を表しています。

内容…○
その期の「ねらい」を達成するために必要な体験を挙げています。
※「ねらい」「内容」とも、子どもを主体とした表現になります。

環境・援助・配慮のポイント…◆
その期の「予想される子どもの姿」「ねらい」「内容」を受け、子どもの育ちに必要な体験・経験をするために保育者が行う環境構成・援助・配慮のポイントを挙げています。

家庭との連携
その期の保育、子どもの育ちを考えるうえで必要な家庭との連携について、特に留意すべき事柄を挙げています。

食育 ※保育園のみ
その期のなかで、特に育てていきたい食育に関する子どもの姿、必要な体験を挙げています。

行事
各執筆園において、園全体及びクラス単位で行う行事について、期ごとに紹介しています。

●月間指導計画

多様性のある活動を提供していくと共に、ひとつひとつの体験がつながり合い、学びの道筋が作られることを意識しています。

※「ねらい・内容」は、同じ記述が何週にもわたることもあり、その場合は→で示しています。
第2版より、「週のねらい」(◎)に、「幼児期の終わりまでに育ってほしい姿」を追記しています。

ねらい(月・週)
「子どもの姿」「年・期のねらい」を踏まえ、発達過程も見通したうえで、どのように育ってほしいかという、子どもの心情・意欲・態度を表します。その月の保育の重点、クラス運営の柱となるものを「月のねらい」とし、それを週ごとの「前週末の子どもの姿」を踏まえて具体化したものが、「週のねらい」(◎)になります。

家庭との連携
子どもの状態、季節、行事などの関連で、保護者に伝えたい事柄。なかでも、生活の連続性を踏まえ、保護者とのよい関係を築き、家庭と共に子どもの育ちをどう支えていくかということを重点的に示しています。

教材資料
その月の保育に取り入れたい歌、手あそび、絵本など。その時期の子どもの様子や季節に合ったものを毎月選んで紹介します。

食育 ※保育園のみ
保育指針では、食育の計画を立てることが求められていることから、保育園のみ「食育」の項目を設定。子どもが食べることを楽しみ、主体的に参加できるような食育の取り組みを紹介します。

前週末の子どもの姿…●
前週末または「◯月当初」にとらえた子どもの姿から導き出します。成長や変化が顕著に見られたいくつかの側面から、その時期の子どもの特徴を挙げています。

内容…◯
ねらいを達成するために必要な体験を、「内容」(◯)として挙げています。ただし、ここでは、具体的なあそび名などは紹介しません。「ねらい」「内容」とも、子どもを主体とした表現になります。

環境・援助・配慮のポイント…◆
「前週末の子どもの姿」「ねらい」「内容」を受け、子どもの育ちに必要な体験・経験をするために保育者が行う環境構成・援助・配慮のポイントを挙げています。

評価・振り返り・改善
その月の保育を見直し、次につなげるための観点と、振り返っての反省点が述べられています。主に「月のねらい」を反映する形で挙げています。

詳細はP.00
指導計画と保育資料は連動しています。それぞれ表記されている対応ページに、その計画に基づいた実践を紹介し、保育資料の各タイトル横には、関連する指導計画上のページを表記しています。

4月 5月 6月
指導計画と保育資料

指導計画と保育資料は連動しています。

4月の指導計画 保育園

4月のねらい
◎新しい環境や園生活の流れがわかり、安心して過ごす。
◎保育士に親しみをもつ。
◎体を動かして楽しみながら、友達とかかわる。
◎春の自然にふれ、季節を感じる。

※幼児期の終わりまでに育ってほしい姿　（ア）健康な心と体　（イ）自立心　（ウ）協同性　（エ）道徳性・規範意識の芽生え　（オ）社会生活との関わり

	第1週	第2週
前週末の子どもの姿（4月当初の子どもの姿）	●新しい生活が始まり、期待や不安に包まれ、戸惑ったり、泣いたりする子どもがいる。 ●新しい環境になり、排せつを失敗したり、落ち着かなかったりする子どももいる。	●登園時に不安げな子もいるが、保育士の声かけやスキンシップによって落ち着く。生活の流れもわかってきている。 ●あそびに夢中になり、排せつを失敗したり、午睡時に不安になって泣いたりする子がいる。
ねらい・内容	◎保育士に親しみをもち、安心して生活する。(ア)(オ)〔第1週〜第2週〕→ ○担任やほかの幼児クラスの保育士に親しみをもつ。 ◎新しい環境や生活の流れを知ろうとする。(イ)(エ)〔第1週〜第4週〕→ ○保育室や個人物を置く場所を知る。 ◎好きなおもちゃや落ち着く場所を見つけてあそぶ。(ア) ○保育士と一緒にあそぶ。	○一緒にあそんだり話したりすることで、保育士に親しみをもつ。 ○保育士と一緒に過ごしながら、部屋やトイレの環境に慣れていく。 ○生活やあそびのなかでの簡単な約束やルールを知る。
環境・援助・配慮のポイント	**安心して過ごすために** ◆ひとりひとりを温かく親しみをもって名前で呼び、あいさつをしたり、ふれあいあそびをしたりしながらコミュニケーションをとり、安心感をもてるようにする。 **生活の仕方がわかる工夫を** ◆自分の場所がわかるよう、靴箱やロッカーなどに本人の顔写真をはり、表示する。衣服の着脱や持ち物の片付けのときは声をかけて手伝い、安心して覚えられるようにする。　詳細はP.35 ◆トイレの場所やスリッパの使い方を教える。排せつを失敗したときは、優しく声をかけながら、安心して着替えられるようにする。　詳細はP.35 **あそびを見つけられるように** ◆ままごと・机上・積み木など、コーナーの環境を整え、子どもたちの興味が向くようにする。特に机上あそびでは、おもちゃの使い方を伝え、あそび方を理解して楽しめるようにする。	**保育士がよりどころになって** ◆子どもたちの話を聞くときは一対一で聞き、丁寧に気持ちを受け止めるようにする。ひとりひとりに応じた声かけやかかわりを行い、いつでもそばにいるという安心感がもてるようにする。 **繰り返しのなかで手順がわかるように** ◆手洗い・うがいの仕方、トイレの使い方がわかるように、子どものそばに付き、繰り返し穏やかな雰囲気のなかで手順を伝えるようにする。 ◆食事・排せつ・着脱などを自分で行う姿を認め、手伝いが必要なときは声をかけたり、一緒に行うようにすることで、少しずつ自信をもてるようにしていく。 **お気に入りのあそびを見つけられるように** ◆あそびを見つけられない子は保育士が一緒にあそんだり、砂場あそびやままごとなど、その子の好きそうなあそびに誘ったりして、楽しさを伝えていく。 ◆危ないことなどは、あそびのなかで場面に応じてその都度話をし、簡単な決まりがわかるようにする。　詳細はP.36
評価・振り返り・改善	**「安心して過ごす」について** 生活環境が変わり、うまく順応する子、戸惑いながら生活している子がいる。3月（移行期）から繰り返し伝えているが、内容を理解して自分で行動するまで、期間が必要だろう。「着脱から汚れ物の片付けまで」	や「食事の配ぜんのやり方」は、ポイントを示して伝えることで、全体の流れをつかめてきたと思う。引き続き、自分でできる喜びを感じられるようにしていきたい。また、居場所を見つけられず、部屋に入れない子がいた。話を聞いたり抱っこしながら促すと、集団に入ろうとする姿

家庭との連携	教材資料	4月の予定
・園便りに書いたり、送迎時に子どもの様子を積極的に話したりして、安心して保育園に登園し、信頼関係を築けるようにする(新入園児は家庭訪問を行い、園や家庭の状況を聞き、今後、連携していけるよう話をする)。	**うた** おかあさん (作詞=田中ナナ　作曲=中田喜直)　**詳細はP.40** **うたあそび** 移動ゲーム おいすであそぼう　**詳細はP.40** **絵本** ころ ころ ころ(福音館書店) わたしのワンピース(こぐま社)	・入園お祝い会(入園式)　・体育あそび ・誕生会　・避難訓練　・お弁当日
		食育
		・調理の様子を見たり、調理師に話しかけたりして、食事に興味をもつ。 ・異年齢クラスと一緒に食事し、食べ物の話をして楽しむ。

(カ)思考力の芽生え　(キ)自然との関わり・生命尊重　(ク)数量や図形、標識や文字などへの関心・感覚　(ケ)言葉による伝え合い　(コ)豊かな感性と表現

4・5・6月指導計画

第3週

- ●生活の流れを覚える子が多くなり、自分のことを自らしてみようとする姿も見られる。
- ●友達のあそびに興味をもち、一緒にあそぶが、時折不安になり、保育士に寄り添うことで安定を図ろうとする子がいる。

◎保育士とのかかわりを深め、生活に慣れる。(ア)
○保育士と話したり、一緒にあそんだりして楽しむ。
◎体を使ってあそんだり、簡単なゲームをしたりして楽しむ。(ア)(エ)
○保育士や友達と固定遊具などを楽しむ。

○持ち物の始末・手洗い・排せつの仕方を覚えようとする。
◎春の自然物にふれ、興味をもつ。(キ)
○草花や虫などに気づき、見たりふれたりする。

かかわりを深めていけるように
◆あそびを見つけられない子やただ見ている子、泣いている子には、手をつないで話をしたり、その子が見ていたあそびに誘ったりして一緒に過ごし、安心できるようにする。

体を動かす楽しさを味わおう
◆簡単なゲームやリズム体操などを保育士や友達と一緒に行い、体を動かす楽しさを味わえるようにする。**詳細はP.40**
◆固定遊具を使うときは危険のないようそばに付いたり、滑り台のカーブ下にマットを敷いておくなど、子どもが安全に、安心してあそべるようにする。**詳細はP.36**

自分でできるようにするために
◆排せつ・着脱・手洗いなどの生活習慣は、根気よく伝えることが必要なので、繰り返しのなかで身につくようにする。自分でする気持ちを大切にし、手助けしすぎないようにする。

リラックスできるように
◆部屋に植物を置いたり、園庭や公園で草花や虫を見つけたりして、のんびりと過ごす時間を大切にする。**詳細はP.37**

第4週

- ●園生活に慣れてきて、身支度など身の回りのことを自分からするようになる子もいる。
- ●自分の好きなあそびを見つけ、集中してあそぶ姿が見られるようになる。

◎保育士に親しみをもち、落ち着いて生活する。(ア)
○遊具の場所を知り、片付ける。
○日常のあいさつを知る。
◎体を使ったあそびや、簡単なゲームをして楽しむ。(ア)(エ)(コ)
○表現あそびに参加し、体を動かすことを楽しむ。

○生活する場所ややり方がわかり、自分からやろうとする。
◎春の自然物にふれ、興味をもつ。(キ)
○草花あそびや虫探しをする。

落ち着いて生活できる工夫を
◆コーナーやおもちゃの位置をそろえ、片付ける棚におもちゃの写真をはり、自分で遊具を出し入れしやすいようにする。
◆物の取り合いなど友達とのトラブルが出てくるので、おもちゃを多めに配置する。ぶつかり合いでは、それぞれの気持ちを受け止め、相手の気持ちをくみ取れるように話をして、おもちゃなどを共有する経験ができるようにする。
◆登園時や食事前後、降園時に保育士から積極的にあいさつをすることで子どもが気づき、身につけられるようにする。

表現あそびを楽しめるように
◆表現活動でみんなのなかに入れない子や、内容がわからない子には、保育士が一緒に動いて見せるなど、丁寧に説明をする。また、嫌がる子には、無理強いせず、「見ててね。今度できたらいいね」と次へつなげる言葉かけをしていく。

春の自然にふれる
◆園庭や園外の散歩で、保育士や友達と春の草花や虫探しをする。生き物のかわいらしさなどに気づけるようにゆっくり見る時間を作り、関心をもてるようにする。**詳細はP.37**

が見られたので、来月もその子の気持ちに寄り添い、配慮していきたい。

自然との関わり
サクラの花やオシロイバナを観賞したり、虫探しでダンゴムシなどを捕まえたり、その場では色や香りなど気づいたことの話をした。しかし、それだけになっていたので、摘んだ花の絵をかいたり、ダンゴムシの動きでリトミックをしたりと、もっと踏み込んで保育につなげられたら、「春」をもっと身近に感じられたのではないかと思った。

4月の指導計画 幼稚園

4月のねらい
◎幼稚園に喜んで登園し、生活の仕方を知る。
◎教師とふれあい、親しみをもつ。
◎毎日の生活のなかで歩くことを身につけ、散歩を楽しむ。

※幼児期の終わりまでに育ってほしい姿　(1)健康な心と体　(2)自立心　(3)協同性　(4)道徳性・規範意識の芽生え　(5)社会生活との関わり

	第1週	第2週
前週末の子どもの姿（4月当初の子どもの姿）	●新しい環境に戸惑い、周りの様子を見ている。 ●いろいろな遊具に興味をもってあそぶ子もいる。 ●母親と離れることで不安になり、泣く子が見られる。	●母親と離れることでまだ泣く子が見られる。 ●自分のことをやろうとする子もいれば、あそびに夢中で持ち物の片付けなどにまったく興味をもたない子もいる。 ●園の中で興味のある所へ行き、好きなようにあそぶ。
ねらい・内容	◎好きなあそびや安心できる場所を見つける。(1)(2) ○自分の生活の場所、あそび場を知る。 ◎教師とふれあい、親しみをもつ。(1)(2)〔第1週～第3週〕 ○いろいろな場面で教師とかかわる。	◎園生活の仕方を知る。(1)(2)〔第2週～第4週〕 ○園生活の流れを知り、身の回りのことをしようとする。 ○教師とかかわるなかで、好きなあそびを楽しむ。 ◎散歩で歩くことを身につける。(1)(2)(4)(7)〔第2週～第4週〕 ○散歩に行くための準備や道路の歩き方を知る。 ◎異年齢の友達との交流を楽しむ。(4) ○異年齢児の存在を知る。
環境・援助・配慮のポイント	**自分だけの場所や安心して過ごせる環境を** ◆個人ロッカーに、その子の物とわかるマークをはり、目印にするように話す。トイレは場所を覚えられるように初めはみんなで並び、汽車のように連なって行き、場所を確認する。また、一人でも行けるよう、トイレの入り口やドアに絵などをはり、明るい雰囲気作りをする。 **室内にいろいろなあそびコーナーを設置する** ◆室内のどこにどんなあそびがあるのか、子どもが一目でわかるようにコーナーを配置する。材料や遊具、おもちゃはあそび方がわかりやすいものや、入園前に好んでいたおもちゃや絵本を把握して、用意しておく。 **あるがままの姿を受け止めて** ◆入園前から全員の名前を覚え、入園式の朝に、クラスの子を名前で呼べるようにする。翌朝からは登園してきた子と目を合わせて名前を呼び、スキンシップをしながら迎える。 ◆泣く子には「泣いてもいいんだよ」と伝え、思い切り泣いて発散できるようにする。落ち着いたら話しかけて抱っこをするなどして、安心できるようにする。	**ふれあいながら安心感を** ◆泣いている子には共感し、「先生がついているから大丈夫」と安心感をもてるようにし、緊張をときほぐしていく。 ◆持ち物の片付けなどは、自分でやろうという気持ちになるように言葉をかけ、寄り添って一緒に行う。少しできたら必ず認め、次への意欲や自信につなげていく。　詳細はP.34 **好きなあそびを一緒に** ◆好きなあそびを始められるように、まず教師が落ち着いて座り、その子の好きなあそびを一緒に楽しむようにする。 **散歩の準備や歩き方を伝える** ◆散歩の準備は、集まる→トイレに行く→帽子をかぶる→門の所に並ぶという流れを知らせ、一緒にやりながら覚えられるようにする。　詳細はP.36 ◆散歩時は自由に歩くのではなく、教師や友達と一緒に歩く意識をもてるよう前の子の後を歩くことを伝える。　詳細はP.36 **異年齢児に親しみをもてるように** ◆クラスに年上の子を迎え、一緒に歌をうたったり、帰りの用意を手伝ってもらうことで、親しみをもてるようにする。

評価・振り返り・改善

「教師とふれあい、親しみをもつ」について
新しい環境に戸惑い、不安そうな子どもには、教師がそばに寄り添ってゆったりとした気持ちでかかわることで、安心して過ごせるようになった。様々な環境で育てられた子どもが、園のルールを少しずつ覚え、一日のなかで少しでも楽しい時間を過ごせるよう、今後も個々に合わせた配慮をしていきたい。

家庭との連携	教材資料	4月の予定
・園生活に理解を得られるように、参観を自由にし、できるだけ園に来て、わが子の園での様子を見るよう呼びかけていく。 ・保護者会や懇談会では子育て全般に対して気持ちが楽になるような話や、子どもへの接し方の参考になるような話をする。 詳細はP.127	**うた** おつかいありさん（作詞＝関根栄一　作曲＝團 伊玖磨） チューリップ（作詞＝近藤宮子　作曲＝井上武士） **うた／あそび** あおむしでたよ／トコちゃん **絵本** おおきくおおきくおおきくなあれ（童心社）／はらぺこあおむし（偕成社）	・入園式　・クラス懇談会 ・よろしくねの会※ 　（4・5歳児との交流） ・保護者会 ・個人懇談会 ・誕生会

（6）思考力の芽生え　（7）自然との関わり・生命尊重　（8）数量や図形、標識や文字などへの関心・感覚　（9）言葉による伝え合い　（10）豊かな感性と表現

第3週

- ●自分のことを自分でやろうとする子が増えてくる。
- ●泣く子が少しずつ減り、安定してあそぶようになってくる。
- ●友達とあそぶなかで思い通りにいかないと手を出したり、泣いたりする姿が見られる。

○教師とトイレに行き、使い方を知る。
○教師と一緒に好きなあそびをする。
○散歩の準備の仕方を知り、歩くことを楽しむ。
◎みんなで一緒に製作や描画を楽しむ。(3)(6)
○こいのぼりを作る。
○母の日のプレゼントの塗り絵をする。

少しずつ自分でやれるように
◆家庭のトイレと違うので、入園前の個々の状況を把握し、無理なく使えるように、手伝いながらやり方を伝えていく。

あそびのリズムを作る
◆安心してあそべるように、登園後は、教師と一緒に好きなあそびから始める。部屋でのあそびが一段落したら、みんなで片付けて外であそぶなど、リズムよく生活できるようにする。

それぞれのペースや頑張りを認めて
◆準備に時間のかかる子もいるが、その子のペースを大切にしてゆったりと見守り、自分で準備ができるようにする。
◆続けることにより、歩くことを嫌がる子も出てくるため、毎回必ずひとりひとりの頑張ったことを認めていく。

みんなで一緒に過ごすことを大切に
◆みんなで何かをする時間も楽しめるように共同でこいのぼりを作り、みんなで完成を喜び、次の活動につなげていく。
◆母の日に向けて、心を込めて塗り絵をする。楽しみながらできるように、お母さんの話をしながら行う。

第4週

- ●自分でできることが増えてくる。
- ●今まで泣いていなかった子が、急に泣き出したりする。
- ●友達に手を出していた子が、少しずつ落ち着いてくる。

○教師と一緒に身支度をしようとする。
◎友達と同じ場であそび、親しみをもつ。(2)(4)
○周りにいる友達にも興味をもつ。
○異年齢の友達と一緒に歩く。
◎友達と一緒に行事に参加して楽しむ。(3)(10)
○誕生会で、誕生日をみんなで祝う楽しさを知る。

できたことが自信につながるように
◆自分でやれたことが自信となってまたやろうという気持ちになるように、できたことをひとつひとつ十分に認めていく。

友達とかかわりをもつ
◆友達と同じ場所であそぶことを楽しめるように、雰囲気作りをする。教師はあそびを盛り上げたり、次のあそびを示したりして、子どもたちが同じ場に集まってくる流れを作るようにする。また、周りであそぶ友達のことを意識し、かかわりをもてるように、あそびをつないでいく。

いろいろな友達とかかわれるように
◆クラスにあそびにくる異年齢児と一緒に散歩に行く。一緒に歩くなかでいろいろな友達がいることを知らせ、親しみをもてるようにする。
詳細はP.36

誕生会をみんなで一緒に
◆全園児で行う誕生会で、みんなで歌をうたったり会食をすることで、誕生会が楽しいものだということを伝える。
◆子どもの集中できる時間を考えて、できるだけ短時間で楽しめる内容にする。

「毎日の生活のなかで歩くことを身につける」について
子どもたちが落ち着いてから何かを試みるのではなく、できるだけ早く落ち着けるように、入園して3日目から毎日散歩へ出かけている。散歩に行くためには、準備や時間もかかるが、根気よく毎日続けることで、子どもたちの姿に笑顔やのびのびした動きが出てくるなど、大きな変化が見られる。歩くことから、園生活のリズムを作っていくことも効果的なようだ。このままのリズムで翌月も続けていきたい。

※入園当初の早い時期から、4・5歳児と交流をもつために、「よろしくねの会」として、年上の子と過ごす機会を設けている。

4・5・6月 指導計画

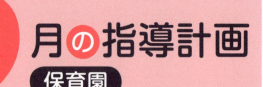

5月の指導計画 保育園

5月のねらい
◎園生活の流れや仕方がわかり、身の回りのことを自ら進んでし、自立した心を育む。
◎保育士や友達と一緒に好きなあそびを楽しむ。
◎春の自然にふれながら、戸外あそびを楽しむ。

※幼児期の終わりまでに育ってほしい姿 （ア）健康な心と体 （イ）自立心 （ウ）協同性 （エ）道徳性・規範意識の芽生え （オ）社会生活との関わり

	第1週	第2週
前週末の子どもの姿	●連休明けは生活のリズムが乱れ、疲れが出ている子がいる。 ●久しぶりに友達に会うことを楽しみにしている。 ●好きなあそびを見つけ、自分からあそび出す子もいる。	●生活のリズムを取り戻し、のびのびと過ごしている子もいる。 ●着脱や片付けなどを自らしようとし、少しずつできるようになってきている。
ねらい・内容	◎園での生活のリズムを取り戻す。(ア) ○穏やかな雰囲気のなかで、ゆっくりと過ごす。 ○身支度や排せつなどを保育士と一緒に行う。 ◎好きなあそびを見つけ、十分に楽しむ。(ア)(エ)(キ)〔第1週～第4週〕 ○興味のあるあそびを見つける。 ◎のびのびと表現活動を楽しむ。(コ) ○絵の具の感触や色の広がりを楽しんでかく。	◎園生活の流れがわかり、身の回りのことをしようとする。(ア)(イ) ○友達と一緒に楽しく食事をする。 ○自分で衣服の着脱や排せつをする。 ○手洗い・うがいの仕方を知る。 ○決まりを守ってあそぶ。 ◎植物に親しむ。(カ)(キ) ○花や野菜の苗を植え、世話をする。
環境・援助・配慮のポイント	**生活のリズムを取り戻せるように** ◆連休明けの子どもの様子をしっかり把握し、休息や睡眠の必要な子はいつでもとれるようにする。また、休み明けで不安な姿が見られる子には、ひとりひとりに話しかけたり、ふれあいあそびや好きなあそびを一緒にしたりして、安心できるようにする。 ◆疲れが出てくる子もいるので、ゆったりと時間をとり、穏やかな雰囲気で1日の流れを過ごせるようにする。 **好きなあそびを楽しめる環境を** ◆自分で好きなあそびができるように、机上あそびや積み木、ままごと道具を、連休前と同じ場所に用意する。 **のびのびとかくことを楽しむ** ◆絵の具に直接指でふれ、感触や画用紙への色のつき方を見ながら何度も行えるようにし、丸や線などをかく表現方法を伝える。そのなかで子どもの気づきを受け止め、代弁しながら周りの子にも伝え、感動を共有していく。　詳細はP.39 ◆絵の具の感触が苦手な子や戸惑っている子には一緒に行ったり、ほかの子が楽しそうにかいている姿を伝えたりしながら誘い、のびのびと表現することを楽しめるようにする。	**楽しい雰囲気で食事を** ◆保育士と食材の話をしたり、友達との会話を楽しみながら、楽しい雰囲気で食事ができるようにすると共に、見える所に時計を置き、食事時間に見通しをもてるようにする。 **身の回りのことを自分でできるように** ◆衣服の着脱や排せつが少しずつ上手にできるようになったことを認める。できるだけ見守り、必要なところを手伝うようにし、できたときは褒めながら自信につなげていく。 ◆手洗い・うがいは保育士が実際にやって見せたり、「手には汚れやばい菌が付いている」ということをイメージしやすいように、絵を見せながら話したりして、正しいやり方を身につけられるようにする。 **事故を防ぐために** ◆園庭や公園では、固定遊具の使い方をあらためて伝え、順番を守るように声をかけて、安全に楽しめるようにする。 **植物の生長や命に関心がもてるように** ◆園庭に草花や野菜の苗を植え、水やりなどをしていくなかで、花や葉の色・形、においに気づけるようにする。
評価・振り返り・改善	**「連休明けのかかわり」について** 連休を挟み、子どもたちは4月当初のように不安定な部分が見られるかと思っていたが、意外に普段と変わらない様子で登園した。保護者から話を聞くと、「朝は登園を嫌がっていたが、園に来ると友達の顔を見た瞬間、笑顔になりました」「連休中の話を先生や友達にしたかったみたいです」と、登園することに喜びを感じている子が多かったようだ。4月中に、緩やかな生活の流れで過ごし、登園することを楽しめるようにかかわってきたことが関係しているのかもしれない。	

家庭との連携	教材資料	5月の予定	食育
・登園時は、家庭での様子を聞いて、健康状態を把握する。降園時には園での様子を伝え、安心できるようにする。 ・親子遠足の日程や内容などを伝え、親子で楽しめるようにする。 ・戸外あそびが多くなるので、衣服の調節や着替えができるよう、半そでと長そでの両方を多めに用意するよう伝える。	**うた** こいのぼり （作詞＝近藤宮子　作曲＝無名著作物） **うたあそび** ひっこしあそび　詳細はP.41 タッチであーそぼ　詳細はP.41 **絵本** ぽぽぽぽぽ（偕成社） やさいのおなか（福音館書店）	・誕生会 ・避難訓練 ・お弁当日 ・春の親子遠足 ・保護者懇談会	・自分たちで植えた野菜の栽培を通して、実際にふれてみたり、においをかいでみたりしながら食べ物に関心をもつ。 ・食事の環境に慣れ、楽しい雰囲気のなかでさまざまな食べ物を食べる。

（カ）思考力の芽生え　（キ）自然との関わり・生命尊重　（ク）数量や図形、標識や文字などへの関心・感覚　（ケ）言葉による伝え合い　（コ）豊かな感性と表現

4・5・6月指導計画

第3週

- ●好きなあそびを見つけてあそぶ子もいるが、まだ見つからず、戸惑っている子もいる。
- ●自分たちで植えたペチュニアやミニトマトに関心をもち、自発的に水やりをする子がいる。

〔第2週～第4週〕
- ○外から帰ってきたときに手洗い・うがいをする。
- ○衣服の前後ろや表裏に気づく。

- ○水・泥あそびなど、好きなあそびに自由に取り組む。
- ◎保育士や友達と一緒にあそぶことを楽しむ。（ウ）（エ）（オ）〔第3週～第4週〕
- ○かかわってみんなであそぶ楽しさを知る。
- ○園外に出るときのルールを知る。

習慣になるように継続的に見守る
- ◆うがい・手洗いは保育士が声をかけ、継続して行うことで習慣となるようにする。
- ◆自分でやろうとする気持ちを大切に見守り、衣服を着るときに前後ろや表裏が間違っていたときには、その都度声をかけ、自分で気づいて直せるようにする。　詳細はP.38

思い切りあそぶために
- ◆水・泥あそびをするときは、汚れを気にせずあそべるように、下着になってはだしであそぶようにする。あそびの後は、園庭で泥などを落とし、手足を洗って部屋に入るよう伝える。

一緒にあそびを楽しめるように
- ◆なじみのあるあそびを保育士や友達とすることで、みんなであそぶ楽しさを味わえるようにする。　詳細はP.41
- ◆あそびの輪に入れない子は、その理由を探り、保育士と一緒にあそんだり、あそび方を伝えたりしてきっかけを作っていくが、無理強いせず、見学することも認める。
- ◆園外でも安全にあそべるよう、自転車や車が通ることを事前に知らせ、道路に出たときは、「順番に並ぶ」「前の人と間をあけすぎない」などの決まりを声かけしながら歩く。

第4週

- ●友達と会話しながら食事を楽しむ子が増えてきた。
- ●ほかの子のあそんでいる物や、していることに興味をもっている。

- ○食事のマナーを意識し、楽しく食べる。

- ○園庭の自然にふれ、あそびを広げていく。
- ○順番やルールを守ってあそぶ。
- ○友達と同じあそびをする。

毎日の積み重ねを大切に
- ◆いすを入れる、皿を持つ、スプーンやフォークを正しく持って使うなど、食事のマナーを繰り返し丁寧に知らせる。

春の自然を楽しむ
- ◆サクラの花びらで押し花をしたり、こいのぼりのうろこに用いたりして、季節感を味わえるようにする。

あそびが広がるように
- ◆園庭でのあそびを保育士も一緒に楽しみ、「一緒にトンネルを作ろう」「水を流したらどうなるかな？」などと、あそびが広がるように言葉をかけながら盛り上げていく。

一緒にあそぶことを楽しめるように
- ◆決まりや約束を子どもたちと話していくことで、「順番」や「物の共有」を覚えることができるようにかかわっていく。砂場の道具などは、ひとりひとりが満足してあそべるように数を用意するが、ときには順番を待つ大切さが経験できるようにする。
- ◆1人の子のあそびを取り上げてみんなで一緒にあそんでみることで、ほかの子のあそびにも興味がわくようにする。

「園生活のリズムや流れを知る」について
排せつ面で、トイレに間に合わなかったり、あそびに夢中になったりして失敗してしまう子がいたが、4月と同様に、穏やかな雰囲気のなかで伝え、見守ることを大切にしてきた。5月後半になり、生活の見通しがついてきたようで、トイレで成功する子が多くなった。また、排せつに誘っても「まだ大丈夫。今は出ない」など、自分の排尿間隔がわかってきた子もいたので、今後も焦らずに進めていきたい。

5月の指導計画 幼稚園

5月のねらい
◎教師や友達に親しみをもち、園生活を楽しむ。
◎身の回りのことなど、自分のことを自分でやろうとする。
◎散歩のルールを覚え、いろいろな所に出かけてあそぶことを楽しむ。

※幼児期の終わりまでに育ってほしい姿　(1)健康な心と体　(2)自立心　(3)協同性　(4)道徳性・規範意識の芽生え　(5)社会生活との関わり

	第1週	第2週
前週末の子どもの姿	●連休明けのため、今までスムーズに登園していた子が、急に泣き出したり、登園を嫌がったりすることがある。 ●園生活のリズムを忘れてしまっている子がいる。	●4月中に自分を出せずにいた子が、不安な様子を見せることがある。 ●こどもの日の会や誕生会などに参加し、少しずつ園生活の楽しさを思い出している。
ねらい・内容	◎教師や友達に親しみ、園生活を楽しむ。(1)(2)(9)〔第1週〜第4週〕 ○教師とふれあうことで安心して生活する。 ◎自分のことを自分でやろうとする。(1)(2)(9)〔第1週〜第4週〕 ○身の回りのことのやり方を思い出す。 ◎散歩のルールを知り、歩くことを楽しむ。(4)(7)(9) ○散歩に行くときの準備をする。 ○友達と手をつなぎ、ルールを守って歩く。	○教師や友達とかかわろうとする。 ○好きな友達と一緒にいることを楽しむ。 ○ピクニックごっこを楽しむ。 ○朝や帰りの準備、排せつ、着替えなどを教師と一緒にする。 ◎散歩のルールを覚え、いろいろな所に出かけてあそぶ。(2)(5) ○園外のルールを守って歩く。 ○いろいろな公園であそぶ。
環境・援助・配慮のポイント	**安心して生活できるように** ◆連休明けで不安がる子がいるため、泣いているときはしっかり抱きしめたり、しばらくそばに寄り添って過ごしたり、あそんだりするなど、その子に合わせて丁寧に対応していく。 **小さなことを大きく認めて** ◆トイレの使い方や身支度の仕方などに戸惑う子もいるので、みんなで確認するほか、ひとりひとりの状態に合わせて個々に対応し、ゆっくり思い出せるようにしていく。 ◆ひとりひとりができたことを見逃さず、必ず認めていくことで、自信ややる気につなげていく。本人だけでなく、周りの子どもたちにもいい影響になるよう、大きく認める。 **無理のない距離で楽しめるように** ◆準備の流れをあらためて伝え、思い出せるようにする。 ◆出発前にルールを守って歩けるように声をかけるが、散歩中にあまり頻繁に声をかけると楽しめないので、気を付ける。 ◆無理のない距離を歩くようにし、友達との会話や自然にふれてリラックスするなど、散歩自体を楽しめるように配慮する。 ◆久しぶりでも抵抗なく歩けるように、歩けたことを一緒に喜んで十分に認め、次につなげていく。	**友達と一緒に過ごすことを楽しむ** ◆教師や友達と同じ場所で過ごす時間を安心して過ごせるように、あそびのなかで、いろいろな会話が楽しめるようにする。教師はあそびに加わり、必要なときにやり取りをつなぐなどして、あそびが盛り上がるようにしていく。 ◆戸外でみんなでお弁当を食べ、ピクニック気分を味わい、友達といる楽しさを感じられるようにする。 **できた喜びを味わえるように** ◆できないことをやれるようにすることよりも、今できていることや新たにできたことを見逃さず、ひとりひとりを大きく認めていくようにする。 **公園であそぶ経験を楽しめるように** ◆いろいろな公園に出かけ、園外でのルールを覚えながらそこでしかできない経験ができるようにする。 **外で体を動かす楽しさを感じて** ◆散歩だけでなく、天気のいい日にはできるだけ戸外で過ごせるように誘う。4・5歳児が体操をする姿を見学するなど、進んで戸外で体を動かすきっかけを作っていく。
評価・振り返り・改善	「教師や友達に親しみをもち、園生活を楽しむ」について 泣かずに登園し、友達とあそべるようになった子が増えてきたが、まだ登園時に泣いたり、友達のあそびを観察するだけの子がいる。連休後に不安を表し始めた子ほど長く続くこともあるので、引き続き個々に対応	し、子どもとの信頼関係が深まるようにかかわっていきたい。 「自分のことを自分でやろうとする」について 身支度やお弁当の準備などを自分でするが、その都度できたことを見逃

家庭との連携	教材資料	5月の予定
・1日の生活リズムの大切さを伝える。お弁当を完食するのに時間がかかる子の保護者には、量の調節をお願いする。 ・友達とかかわることによってトラブルも起きやすいため、この時期に保護者との信頼関係を築けるよう、保護者ひとりひとりと連絡を取り、園生活の様子を伝える。 ・初めての保育参観は、時間を決めて行うことを伝え、昼食時には自由にほかの子どもの弁当を見られるようにする。 詳細はP.38	うた　バスごっこ （作詞＝香山美子　作曲＝湯山　昭） さんぽ （作詞＝中川李枝子　作曲＝久石　譲） うたあそび　はじまるよ トントントントンひげじいさん 絵本　おおきなかぶ（福音館書店） たまごのあかちゃん（福音館書店）	・こどもの日の会 ・保育参観 ・誕生会 ・身体測定 ・遠足 ・避難訓練

4・5・6月 指導計画

（6）思考力の芽生え　（7）自然との関わり・生命尊重　（8）数量や図形、標識や文字などへの関心・感覚　（9）言葉による伝え合い　（10）豊かな感性と表現

第3週

- ●「やってー」「できない」とにぎやかだったクラスも、教師を頼らずに自分でできることが増え、クラス全体が落ち着いてくる。
- ●毎日出かける散歩を楽しみにするようになる。

○好きな友達を見つけ、自分から声をかけてあそぶ。

○自分の身の回りのことを覚えながら、周りにも目を向ける。
◎みんなで行く遠足を楽しみ、歩ききった満足感を味わう。(2)
○遠い距離を教師や友達と一緒に歩き、新たな場所で楽しむ。

子ども同士であそべるように
◆教師があそびに加わり、楽しい雰囲気を作ることで、周りであそぶ子が興味をもてるようにし、あそびに入るきっかけを作っていく。あそびが盛り上がってきたら、子どもたちだけであそべるように、教師はあそびから抜けてみることも検討する。子ども同士であそぶ時間がより充実し、持続するような環境を作っていくようにする。

周りに目が向くような雰囲気を
◆自分のことができる子には、できない子の手伝いを頼んだりすることで周りにも目を向けられるようにし、クラスのみんなで生活しているという雰囲気を作っていく。

「歩いた」という充実感をもてるように
◆出発前には、目的地まで頑張って歩けるように励ましの言葉をかける。また、散歩後はいつもより長い距離を歩いたことを大きく認めることで自信につなげていく。
◆目的をもって歩くためにも、いろいろな公園で様々なあそびを楽しめるようにする。新しい場所であそぶときは、遊具の安全な使い方を伝え、楽しめるようにする。

第4週

- ●友達に声をかけたり、活発にあそんだりするようになり、トラブルが起きやすくなる。
- ●砂場で自分から泥んこあそびをする姿が見られる。
- ●ほとんどの子どもが自分のことを意欲的にやろうとする。

○教師や友達のそばで安心して、集中してあそぶ。

○困ったことや要求を自分の言葉で伝えようとする。
◎散歩を通じて、異年齢とのかかわりをもつ。(4)
○年上の友達と一緒に歩く。

みんなで一緒に
◆大勢であそんだり、みんなで話を聞いたり、集まってどこかへ出かけたりするなど、クラス全体で過ごすことを楽しいと感じられる機会を多く設ける。
◆学年の友達や異年齢児と一緒に体操をしたり、歌をうたったりするなど、ちょっとした空き時間で楽しいことをする。
◆トラブルが起きたときは、それぞれの子どもの気持ちを丁寧に聞き取る。手を出すなど、してはいけないことをしたときは、なぜいけないのかを心に届くように伝える。

自分の思いを言葉で伝えられるように
◆自分でできないとき、やってほしいときなどに、教師に言葉で伝えられるように話をする。うまく話せない子には、具体的に質問したり、言葉を引き出したりして思いを受け止めていく。また、言えたときには、その都度大きく認める。

いろいろな友達とかかわる楽しさを
◆お弁当やおやつを一緒に食べる機会には、年上の子に手をつないで誘ってもらうなど、同じクラスや学年の友達だけでなく、異年齢児とも手をつなぐ機会を増やし、抵抗なくだれとでも散歩できるようにする。

さずひとりひとりを褒めてきたので、大部分の子が自分でやろうとしている。やる気のない子に対しては、できないことを指摘するのではなく、一つできたことを大きく認め、次につなげていくようにする。

「散歩のルールを覚え、いろいろな所に出かける」について
根気よく毎日散歩したので、様々な公園であそぶ経験もたくさんできた。園内だけでなく、いろいろな所であそぶことでたくましくなるので、楽しさを持続させながら来月も続けていきたい。

6月の指導計画 保育園

→ 保育園 → 月間 → P030_3歳6月_保

6月のねらい

- ◎身の回りの清潔に関心をもち、簡単なことを自分で行う。
- ◎友達と一緒にルールのあるあそびや、自分のしたいあそびを十分に楽しむ。
- ◎思いや欲求を友達や保育士に伝えようとする。

※幼児期の終わりまでに育ってほしい姿 （ア）健康な心と体 （イ）自立心 （ウ）協同性 （エ）道徳性・規範意識の芽生え （オ）社会生活との関わり

第1週 / 第2週

前週末の子どもの姿

第1週
- ●気に入った遊具やあそびを見つけ、繰り返しあそんでいる。
- ●友達とのかかわりが増え、楽しんで過ごしているが、物の取り合いや言葉で言い合う姿などが見られるようになった。

第2週
- ●あそんだ後の着替えや午睡前の着替えなど、身の回りのことを進んでするようになる。
- ●砂場ではだしになり、水や砂の感触を楽しんでいる子もいれば、まだ触るのもためらっている子もいる。

ねらい・内容

第1週
- ◎身の回りの清潔に関心をもつ。(ア)(イ)〔第1週～第3週〕
- ○汗をかいたり泥で汚れたりした衣服を自分で着替え、衛生を保つ。
- ◎興味のある遊具やあそび場で、自分のしたいあそびをする。(イ)(キ)〔第1週～第2週〕
- ○あそびに必要な身支度や後始末の仕方を知る。
- ○水や砂にふれてあそぶ。
- ◎保育士や友達とのかかわりを楽しむ。(ウ)(エ)
- ○興味・関心に沿ったものを、友達と一緒に楽しむ。
- ○共同の物を設定し、物の貸し借りや順番を知る。

第2週
- ○うがい、手洗いなどの身の回りのことを日常的にする。
- ○水や泥にふれて、感触あそびを楽しむ。
- ◎家族に感謝の気持ちをもつ。(オ)
- ○家族の存在について考えたり、知ったりする。
- ○感謝を込めて、家族の顔をかく。

環境・援助・配慮のポイント

第1週

自分でしようとする気持ちを育てて
- ◆気温に応じて衣服の調節や着替えをしたり、汗をふくと気持ちがよいことを知らせ、清潔にする心地よさを伝える。
- ◆自分でしようとする気持ちを認め、できた喜びに共感すると共に、ひとりひとりの様子を把握して援助をしていく。

水・砂あそびを楽しめるように
- ◆砂あそびや水あそびなどに必要な身支度や後始末の仕方を、保育士も一緒に行いながら知らせていく。
- ◆保育士が中心となり、楽しみながら水や砂にふれることで、子どもたちが意欲的に取り組めるようにする。

かかわり合いを楽しめるように
- ◆あそびの場を設定し、保育士や友達とかかわれている子は見守り、楽しさを共感することであそびを盛り上げていく。
- ◆あそび込めていない子には、コミュニケーションをとりながら保育士が間に入り、友達と自然にかかわれるようにする。
- ◆物の取り合いでは双方の話を聞き、それぞれの思いを受け止め、共同の物は順番に使うよう話をする。相手に気持ちが伝わらないときや伝え方がわからないときは保育士が代弁し、かかわり合いを促していく。

第2週

習慣になるように
- ◆うがい・手洗いは習慣になるように、あそびや食事の後に保育士が声をかけ、継続して行うことで、習慣づけていく。

泥の感触を楽しむ
- ◆楽しくあそぶなかで、泥の感触や変化に気づけるように「ヌルヌルするね」「手に塗ってしばらくすると乾いてきたよ」などと話しながら、保育士も一緒にあそんでいく。
- ◆はだしであそぶときは、「靴は靴箱に置く」と子どもたちに伝え、足洗い場を用意するが、はだしであそぶか靴をはいてあそぶかを、自分で選択できるようにする。
- ◆手や衣服が汚れることに抵抗のある子には、保育士があそぶ姿を通して楽しさを知らせていく。

プレゼント作りを楽しめるように
- ◆活動に興味をもって取り組めるように、家族が何をしているか、普段の様子から考える機会を作り、子どもの自然な思いをプレゼント作りにつなげていく。 詳細はP.44
- ◆家族の顔をかくときは少人数で進め、ひとりひとりの具体的なイメージを聞きながら、かきやすい雰囲気を作る。 詳細はP.44

振り返り・評価・改善

「身の回りの清潔と着替え」について
午前の活動後、衣服を着替えるときに「ここに泥がついているよ」「汗をかいてべとべとだね」など具体的に伝えることで、どんなときに着替えるのか、気づけるようなかかわりを心がけた。月の後半になると服の汚れに気づき、自ら着替える子もいたが、気にしない子もいた。汗をかいた後の不快感と着替えを結び付けるのはまだ難しいようだ。ひとりひとりに合わせて声をかける必要があると感じた。今後も継続して声をかけ、自分から気づいて行動できるように働きかけていきたい。

家庭との連携
- 気温の変化に伴い、子どもが体調を崩しやすいので、連絡を密に取り合いながら体調管理をしていく。
- 泥あそびや汗で衣服が汚れるので、着替えを多めに用意するよう伝える。

教材資料
うた かえるのがっしょう
（作詞＝岡本敏明　作曲＝ドイツ民謡）
あめふり
（作詞＝北原白秋　作曲＝中山晋平）
　　　　　　　　　　　詳細はP.42

うたあそび フープであそぼう
たかくなれ ひくくなれ

絵本 かさ（福音館書店）
かいじゅうたちのいるところ（冨山房）

6月の予定
- 誕生会　・避難訓練

食育
- 食べず嫌いにならないように、苦手な物をひと口でも食べ、食材の味を知る。
- 食事の前に、必ず手洗いや消毒を行い、梅雨時季の清潔と衛生に留意する。

4・5・6月 指導計画

（カ）思考力の芽生え　（キ）自然との関わり・生命尊重　（ク）数量や図形、標識や文字などへの関心・感覚　（ケ）言葉による伝え合い　（コ）豊かな感性と表現

第3週

- ●園庭ではだしになり、砂や泥の感触を楽しむ子が多くなってきた。
- ●天気を気にする子が出てきて、晴れ・雨などの話を、保育士を介してしている。

- ○保育士に手伝ってほしいことや困ったことなどを、自分から伝える。
- ◎身近な自然にふれ、季節を感じる。(カ)(キ)
- ○雨の日の様子を知ることで、晴れの日との違いに気づく。
- ○草花にふれながら、梅雨の季節を感じる。
- ○雨の日の歩き方や雨具の使い方を知る。

行動を引き出す援助を
◆汗や汚れで着脱がうまくいかない場合は、保育士がすぐに手助けをするのではなく、どうしたらできるのか助言したり、手伝ってほしいことを保育士に伝えるように話すなど、さまざまな解決方法を伝え、自分で行動できるように促す。

雨の日の散歩で季節を感じる
◆レインコートや長靴を身に着け、雨の日の散歩を楽しめるようにする。アイススケートのように、地面を滑るまねをしたり、ゾウのまねをして足を大きく動かして歩いたり、虫や草花の様子を見て比べたりして、晴れの日との違いに気づけるようなあそびをする。　詳細はP.46
◆葉っぱについている水滴を見たり、雨音を聞いたり、木を揺すって雨のしずくを降らせてみるなどいろいろな雨の様子を知り、雨についてのとらえ方が広がり、表現が豊かになるようにする。　詳細はP.46
◆雨の日の地面は滑りやすく、ぬかるんで歩きにくいので、長靴をはいて気を付けて歩くよう伝える。また、傘をさして歩くので、人とぶつからないようにすること、傘は振り回すと危険なことなど、雨具の扱い方も知らせる。

第4週

- ●友達のあそびに興味がわき、持っている物やしていることを意識してあそぶようになる。
- ●ダンゴムシやチョウなど戸外で見つけた虫に興味が向くようになり、触ったり様子を見たりして楽しんでいる。

- ◎用具の使い方を知り、使ってあそぶことを楽しむ。(カ)
- ○あそびの準備など、できることは自分でする。
- ○新しいあそびに興味をもち、使い方やあそび方を知る。
- ◎みんなと同じ楽しさを感じる。(ウ)(エ)
- ○順番やルールのあるあそびを楽しむ。
- ○保育士や友達と一緒に歌ったり、リズムあそびなどをすることを楽しむ。
- ○あそびながら約束事を作り、意欲をもって楽しむ。

「やってみたい」という気持ちをもつために
◆個人持ちの用品（クレヨン、自由画帳、のりなど）を入れる製作ボックスを部屋のコーナーに設置し、活動やコーナーあそびの準備を自分でできるようにする。
◆新しい教材を提供するときは少人数で行い、ひとりひとりに合わせて使い方を丁寧に伝えていく。
◆いろいろな色の折り紙を円形に切った物など、簡単な製作が楽しめる材料を準備する。また、興味をもったことに何度もかかわってあそべるように、十分な教材を用意し、あそびの場を提供する。　詳細はP.43

みんなと同じ場で楽しめるように
◆順番やルールのあるあそびでは、みんなで一緒にしているから楽しいということや、一緒にあそんでいる友達の気持ちに気づけるように仲立ちをしながら、ルールや順番を守れるように促していく。
◆体操や手あそびを行い、体を動かしながらみんなと一緒に過ごす楽しさを味わえるようにする。　詳細はP.42
◆子どもたちと約束事を作りながら進めていくことで、「やってみたい」「したい」という気持ちを高めていく。

「みんなと一緒に楽しむ」について
体操やゲームには、意欲的に参加する子、保育士と一緒に行動する子、様子をうかがう子に分かれた。参加しない子には無理強いせず、子どもが「やってみたい」と思えるような展開や誘いかけをしながら進めた。初めてのゲームあそびには、意欲的に取り組めない子もいることをあらためて感じた。すぐ参加しなくても、次回行うときに進んでやったり、他児の誘いかけであそびに加わることがあるので、その子の様子を見ながらかかわり方を変えていく必要がある。

6月の指導計画 幼稚園

6月のねらい

◎教師や友達とあそぶことを楽しむ。
◎自然のなかで季節のあそびを楽しむ。
◎いろいろな物の使い方を知り、製作を楽しむ。

※幼児期の終わりまでに育ってほしい姿　(1)健康な心と体　(2)自立心　(3)協同性　(4)道徳性・規範意識の芽生え　(5)社会生活との関わり

第1週

前週末の子どもの姿
- 朝晩の気温の変化から体調を崩す子が増えてきている。
- 先週に引き続き、天気の良い日はほとんどの子どもたちが自分から戸外へ出てあそんでいる。
- いろいろな道具に興味をもつようになってきている。

ねらい・内容
◎身の回りのことを自分でしようとする。(1)(2)〔第1週～第2週〕
○自分で水分補給をする。
◎教師や友達とあそぶ楽しさを経験し、楽しむ。(1)(10)〔第1週～第4週〕
○室内や戸外で、教師を中心にみんなであそぶ。
◎自然のなかで季節のあそびを楽しむ。(6)(7)(10)〔第1週～第4週〕
○泥んこあそび・色水あそびを楽しむ。
◎いろいろな物の使い方を知り、あそびの幅を広げる。(1)(6)〔第1週～第3週〕
○園内巡りをしながら、いろいろな物の使い方を知る。

環境・援助・配慮のポイント

自分で水分補給を
◆戸外あそび後に、みんなで水分補給をする時間を設ける。家庭から持参した水筒は、自分のロッカーの上に置いておき、次第に自分で水分補給ができるようにする。

教師の周りで大勢の子があそべるように
◆教師の周りに自然と子どもが集まるよう、魅力的なあそびを展開していくほか、子どもたちが、今どんなことに興味をもっているのかを探り、興味をもちそうな物を保育室にたくさん用意しておくことで、友達とかかわるきっかけを作る。

初めての経験を抵抗なく
◆泥んこあそびや色水あそびなどで、服を脱ぐことを嫌がる子は、服のままあそべるようにするなど、安心して参加できるように対応していく。また、積極的な子はダイナミックに楽しめるように、広い場所や十分な素材、道具を用意しておく。

その場で知らせ、印象づける
◆園の中をみんなで歩き、固定遊具や製作道具など、いろいろな物の使い方や危険な場所がわかるようにする。危険なことは実際にやって見せ、印象に残るように伝えていく。

第2週

前週末の子どもの姿
- 外から戻ったときなどに、自分で水分補給をするようになってきている。
- 水が苦手だった子も抵抗なく色水あそびに参加している。
- いろいろな物の使い方がわかり、興味をもっている。

ねらい・内容
○泥あそびや水あそびの着替えの仕方を知る。
○4・5歳児と一緒に、思い切り室内であそぶ。
○戸外でダイナミックに絵の具あそびをする。
○のりやはさみを使って製作をする。

環境・援助・配慮のポイント

自分でやれることを増やして
◆服が汚れたら着替えることを伝え、子どもたちの着替えの様子をよく観察する。少しずつ自分でできることを増やしていけるよう、できたときはひとりずつを大きく認めていく。

年上の子とダイナミックな室内あそびを
◆梅雨で、戸外であそべない日が続いた場合、室内でも思い切り発散してあそべるような活動を遊戯室などで行う。4・5歳児と一緒にあそぶことで、よりダイナミックにあそぶきっかけを作っていく。

それぞれが思い切り表現できるように
◆戸外に段ボールなどを置いて、ダイナミックにぬたくりができる環境を整え、ひとりひとりが思い切り楽しめるように、それぞれのあそび方を認めていく。　詳細はP.45

新しい道具や使い方を知る楽しさを
◆のり、のり台、のりの手ふきなど、いろいろな道具の使い方を伝え、父の日のプレゼント製作をするほか、自由あそびの時間にも、自分から道具を使うきっかけになるように、簡単で楽しい製作をする。　詳細はP.44

振り返り・評価・改善

「教師や友達とあそぶ楽しさを経験する」について
教師があそんでいるところに、子どもたちが興味を示して集まってくることが増えてきた。これは教師と子どもひとりひとりのきずなが深くなってきていることが大きい。この大勢であそぶ時間をできるだけ長く楽しむために、ままごとコーナーや砂場には、おもちゃなどを用意して魅力的な環境を作った。しかし、ままごとでは、教師の存在がはっきりしすぎると教師主導のあそびになってしまった。今後はできるだけしゃべらず、静かにあそびに加わるよう気を付けたい。

家庭との連携	教材資料	6月の予定
・泥んこあそびや絵の具あそびなどをする機会が増えるので、あらかじめ汚れてもいい衣類を用意するよう伝えると共に、洗濯に対して感謝の気持ちも伝える。 ・園生活でできるようになってきていることを手紙などで具体的に伝え、自分でしていることを待ったり、見守ったりする大切さを伝えていく。	**うた** かえるのがっしょう （作詞＝岡本敏明　作曲＝ドイツ民謡） お風呂ジャブジャブ （作詞＝さとう・よしみ　作曲＝服部公一） **うたあそび** おべんとう うちゅうじん **絵本** ねずみくんのチョッキ（ポプラ社） しろくまちゃんのほっとけーき（こぐま社）	・歯科検診 ・保育参観 ・誕生会 ・消防士さんのお話を聞く

4・5・6月指導計画

(6)思考力の芽生え　(7)自然との関わり・生命尊重　(8)数量や図形、標識や文字などへの関心・感覚　(9)言葉による伝え合い　(10)豊かな感性と表現

第3週

- ●外から戻ったときなどに、靴を片付け忘れる子がいる。
- ●色水あそびや絵の具あそびをきっかけに、水あそびやプールにも少しずつ関心をもつ姿が見られる。

◎使った物の片付けや整とんをする。(1)(4)
○みんなで使う物を大事に扱う。

○ほかのクラスの友達と「絵かき歌」をする。

○天気の良い日はプールまたは泥んこあそびを行う。

○七夕の飾り（五色紙）を作る。

みんなで使う物を大切に
◆トイレのスリッパをそろえることや、自分の靴や友達の靴を片付けるなど、みんなで使う物の片付けや整とんが習慣づくよう、忘れているときは、その場で声をかけていく。

みんなで同じ物をかく表現を楽しむ
◆みんなで一緒に「歌いながらかく」表現が楽しいと思えるように、ひとりひとりの表現を大きく認めていく。
◆ほかのクラスの子とかき上がった絵を見せ合って楽しめるよう教師が仲立ちをし、互いに親しみがもてるようにする。

水を怖がらないで
◆水がかかることで恐怖感を感じて、嫌がることのないよう、初めはたらいでペットボトルやカップを使って水あそびをしたり、ホースで水かけっこを楽しむなど、段階ごとにいろいろな方法で水あそびが経験できるようにする。

のりを使って七夕飾りを作る
◆興味をもって五色紙を作れるように、素話や絵本の読み聞かせなどをして七夕について知らせ、のりを使っての五色紙作りを楽しめるようにする。

第4週

- ●教師が声をかけると、自分の身の回りのことだけでなく、友達を手伝う姿が見られる。
- ●4・5歳児が作った七夕飾りを見たり、自分たちも飾りを作ったりしたことで、七夕や製作に興味をもっている。

◎みんなで避難訓練に参加して楽しむ。(1)(4)
○全園児で消防士の話を聞いたり、教師の劇を見たりする。

○4・5歳児と一緒にプールに入る。

○トマトやナスを見て、表現する。
○表現に使った野菜を食べる。

安心して参加できるように
◆消防士の制服姿を見て怖がり、不安になる子もいるので、話を聞くときは、教師が子どもたちの間にところどころ入って座り、安心して楽しく消防士の話を聞けるようにする。
◆避難訓練では火事の怖さなども伝えるが、みんなで集まって話を聞いたり、劇を見たりして一つのことを楽しむ機会ととらえ、大切にしていく。

いろいろな友達と一緒に
◆4・5歳児と一緒にあそぶことで、新たな刺激を受けるよう何度もプールあそびの機会を作る。
◆4・5歳児のダイナミックな動きを怖がる子もいるので、気を付けて様子を見るようにし、一緒にあそぶことを無理強いせず、あそびの場を分けることも検討していく。

野菜に興味・関心をもてるように
◆より表現しやすいよう、本物の野菜を見たり触ったりしてから、製作に取り組むようにする。
◆製作をした後は、使ったトマトやナスにチーズを載せてオーブン焼きにして食べるなど、みんなで野菜を味わう経験もできるようにする。

「いろいろな物の使い方を知る」について
落ち着いて話が聞けるようになってきたので、はさみやのり、固定遊具などを初めて使うきっかけを作った。だれもが抵抗なく挑戦できるように、使い方は丁寧に伝えたので、子どもたちはすぐに興味をもってあそび始めた。しかし、門のさくや固定遊具などは危ない使い方をしないよう伝えたが、効果がなかったので、子どもたちの目の前で故意に危ない使い方をして見せてみた。これは子どもたちの心に強く印象づいたようで、どの子も気を付けて使うようになった。

4月 5月 6月の保育資料

園生活の仕方を知る

指導計画 P.24

園で過ごしていくなかで、毎日繰り返し行うことがあり、3歳児にも、できるところから少しずつ伝えています。

こんなふうに

活動の前後における身の回りの始末など、一連の流れを伝え、ひとりひとりがスムーズに動けるような環境を工夫しています。

実践者より
1年間の見通しをもって

この流れを、3歳児の場合、1年かけて覚えていきます。ひとりひとりに合わせて無理のないように伝えていきますが、学年として、「このくらいまではできるように」という目標を立てています。また、表示などわかりやすい工夫をしていますが、何かうまくいかないと感じるときには、その環境に問題がないかどうか、検討します。

「ふく」「くつ」など、図入りの表示でかごを分類。

例えば…
砂場であそぶ場合

＜あそびの前＞

① 靴や服を脱ぐ
「はだしになる」「ズボンだけ脱ぐ」「パンツ1枚になる」など、あそびの内容に合わせたかっこうになり、脱いだ衣服は、かごに分類して入れておく。

＜あそびの後＞

② 脱いだ靴や服を持って着替えに行く
着替える部屋に行く際、あそびの前に脱いだ物を、かごから出して持っていく。

③ 足を洗う
足を用意されたたらいの水で洗う。汚れている場合は、シャワーで洗い流す。

④ 着替える
汚れた服を脱いで着替える。汚れた服は、洗濯用のバケツに入れる。

＜降園時＞

⑤ 持ち帰る服を袋に入れ、降園
園で洗濯した服や持ち帰る服を、スーパーの袋に入れ、持ち帰る。

実践者より
子どもに対しては、できない部分を指摘するのではなく、できたことを大きく褒めることで次へのステップにつながるようにしていきます。

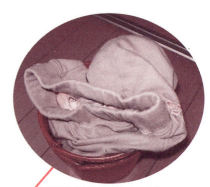

汚れたズボンをバケツの中に。

スーパーの袋は家庭から持ってきて、牛乳パックで作った入れ物に、仕分けして入れている。

生活習慣が身につく環境

指導計画 P.22

進級と同時に生活の環境も変わるため、いろいろな場において、わかりやすく伝える工夫を心がけています。

4・5・6月 保育資料

表示の工夫

水回りやたんすなど毎日の生活の場は、子どもたちにわかりやすい表示をし、生活習慣が身につきやすいよう工夫しています。

●手洗いに気づく表示

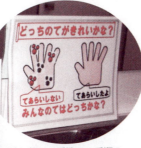

手洗い場に、手洗いの手順の図やポスターを掲示し、自分で気づけるようにしている。

●個人の物には写真を付けて

たんす・靴箱・帽子掛けなど個人用のスペースには、顔写真と名前を掲示し、自分の物・場所がわかるようにしている。
※写真の表示は、入園時「写真掲載同意書」により同意を得たうえで行っている。

「きれいにあらおう」の表示は、卒園児の製作。

実践者より

自分の顔写真なのですぐに場所を覚えることができ、自分のことを自分で行う「自立」につながっていきます。毎年度、進級するごとに写真を撮るため、成長過程を見ることもできます。

声かけの工夫

生活習慣にかかわることは、一緒にやりながら、わかりやすい言葉で伝えていきます。

●うがいは、わかりやすい表現で

外から戻ったときは「がらがらぺっ」。御飯の後は「ぐちゅぐちゅぺっ」など、うがいと口すすぎでは表現を変えて伝える。

●新しいトイレに慣れるように

進級して使用するトイレが変わり、「スリッパをはく」という新しい行動が増えたので、忘れないよう繰り返し伝える。

園庭での安全確認

指導計画 P.22、23

成長に伴い、活動が活発になってくるため、園庭で安全にあそぶための約束事を、子どもたちに伝えます。

こんなふうに
園庭であそぶときには、配慮の必要な場所に必ず保育者がつくようにし、また、一緒にあそびながら注意すべきことを伝えます。

例えば…

「固定遊具・築山には、おもちゃを持って上がりません。」

「滑り台はおしりを付けて座ります。」

・物を持っていると、つまずいたときに手をつけず、けがにつながってしまうため。
・おもちゃに気が入って、危険予測が鈍くなってしまうため。

・カーブになっているので、勢いよく滑ると転落の危険があるため。

カーブの下にマットを敷いておくなど、事前の対応も大切。

実践者より

「ウォッチマン」を立てて
園庭に出たら、保育者には子どもとあそび込むことと全体を見ること、両方の役割が必要になります。そこで、1人の保育者が「ウォッチマン」になり、子どもが危険なくあそべているか全体を見て、送迎に来た保護者への申し送りなども行います。この「ウォッチマン」がいると、そのほかの保育者は子どもたちと思い切りあそび込むことができるのです。

異年齢で散歩

指導計画 P.24、25

3歳児は、4～5歳児と一緒に散歩に出かけるなかでいろいろなことを学んでいきます。

こんなふうに
散歩の際の行動の流れがある程度決まっていて、出かける前に右記のような流れで準備をします。

①片付けをして集まる。
②トイレに行く。
③帽子をかぶる。
④門の外に並ぶ。
⑤友達と手をつなぎ、スタート。

3歳児の靴箱の所に4～5歳児に迎えに来てもらい、1人ずつ手をつないで一緒に歩いてもらう。これを何回か繰り返した後、3歳児だけで歩く。そこで、子どもたちに身についたかどうかがわかる。

「帽子をかぶること」はできるだけ早く身につくよう、気を付けている。忘れて外に出てきたら、保育者が部屋から帽子を持ってきてかぶせ、しばらくしたら、自分で部屋に取りに行くように声をかける……と、徐々に自分でできるように導いていく。

入園後1か月の間にこの一連の流れを身につけることを目指しています。初めから保育者が教えるのではなく、しばらくは異年齢一緒に出かけることで、年上の子の姿を見て学ぶという経験を大切にします。そして保育者はひとりひとりに合わせて声をかけ、様子を見ながら、少しずつ言葉を減らしていき、自分の力でできるまで待つように心がけます。

身近な自然とのかかわり

指導計画 P.23

4・5・6月 保育資料

新年度で不安になっている子どもには、身近な生き物や草花とのふれあいで、心安らぐ環境を大切にしています。

カメを保育室に

冬眠から覚めたカメを保育室に連れてきました。初日は動いているだけで大興奮。カメの動きは見ているだけで楽しいのです。「顔を引っ込めた！」「つめが長ーい！」など、特徴に気づく子もいました。

おはよう〜。
あ、顔が出てきた。

実践者より

登園時に不安で泣いてしまう子や午睡後の目覚めがあまりよくない子に、「カメを見に行こう」「エサをあげに行こう」と声をかけると、不思議と泣きやんだり、きびきび行動できたりすることもありました。飼育ケースを保育室に置くことで、カメの絵をかいたり、触ってみたり、それぞれ自分なりのかかわり方をしています。

サクラの花びらや葉っぱで

散ってしまった桜の花びらや葉っぱをままごとに使ってあそびました。花びらをたくさん集めて、水ですすぐだけで、きれいな色のまま使うことができます。

サクラのショートケーキだよ。

花びらや葉っぱを混ぜて、お料理。

お弁当開始

指導計画 P.29

お弁当が始まると、準備など子どもたちのやることが増えますが、少しずつ覚えるように伝えていきます。

準備の手順

食事の準備として、以下のような手順を踏みますが、初めからすべて自分でできるようにしようとせず、ひとりひとりの様子を見て、保育者も手伝いながら進めます。

① 自分のいすを持ってくる。
② 手を洗う(「手を洗いましょう」と水道の所に行き、並んで順番にせっけんで手を洗い、タオルでふく)。
③ ナプキンを敷いてコップを出す。
④ 弁当箱を出す(お弁当の袋とゴムをコップの袋にしまう)。
⑤ 「いただきます」をして食べる。

実践者より
この手順のなかには、水道を使う、並ぶ、といったほかの場面でも頻繁に行うことが入っています。食事の準備として考えるのではなく、生活全般を通して身につけたい行動ととらえるようにしていきます。

保護者と一緒に

子どもたちには、まず完食する喜びを味わえるようにしたいので、量が多いと感じたら極端に減らしてもらったり、白い御飯が食べにくそうだと感じたら小さなおにぎりにしてもらったり、食べやすくなる工夫を伝えます。また、保育参観などで子どもたちが食べているところを、保護者が見る機会も作っています。

自分で着脱できるように

指導計画 P.27

ほぼひとりで着脱できるようになってくる時期。細かい部分を見直して、確実に身につくようにしていきます。

前後ろ、裏表を間違えないように

服の前後ろや裏表の間違いを防ぐため、工夫をします。

置き方を工夫

裏表を間違えないような置き方にする(Tシャツは背面を上に。ズボン・パンツは前を上に)。

気づけるように声をかける

Tシャツを着たとき、「ここ(首)にタグが付いていたら反対。付いていなかったら合っているよ」など自分でも確認できるように伝える。

「手伝って」と言えるように

「自分でやりたい」という意志を尊重しつつ、手伝いが必要なときは保育者に声をかけるよう伝えます。泣かずに自分から言えた子には、「着られなくて困っていたんだよね。教えてくれてありがとう。次はこんなふうにしたら着やすくなるよ」などと言いながら、次につなげていきます。

実践者より
衣服の前部分に目印(ワッペン・ボタンなど)を付けている家庭があり、子どもには、わかりやすかったようです。

ズボンの前の部分に飾りボタンを付けている。

のびのび絵の具あそび

指導計画 P.26

4・5・6月 保育資料

のびのびと表現あそびを楽しみます。みんなが抵抗なく楽しめるよう興味を引く導入を工夫しています。

用意する物
絵の具（ポスターカラー）・調理用バット・四つ切り画用紙

こんなふうに

①絵の具を持ち、「今日はみんなとお友達になりたいっていう子がいます。ちょっと恥ずかしがり屋なんだけど、一緒にあそんであげてね」などと言いながら、活動や絵の具に興味をもてるようにする。

②子どもの気づきを生かしながら行うため、4～5人の小集団で行う。調理用バットを1つずつ渡し、「今日は"青くん"とあそびましょう」など言いながら絵の具を入れていく。

③指を使い、絵の具をバット内で広げてあそぶ。

「指1本で何ができるかな？線や丸がたくさんできたね」

「指をピースにすると……線路・道路ができてきたよ」

「指3本になったら……ぐるぐるかき混ぜてスパゲッティーだ！」

「5本全部使ってトントントンとたたくと……雨が降ってきたー！」

④「バットの中は、青くんでいっぱいになっちゃったね。何かほかにかく物ないかなー？」などと言いながら画用紙を用意。バットでやったことを、今度は紙の上で行う。紙がいっぱいになったら、「おかわり」で次の新しい画用紙をもらい、続けてあそぶ。
保育者は、子どもたちの満足度、集中の度合いを見ながら時間を知らせ、活動を終える。

みんなの「ぐるぐる」が、こいのぼりに！

ひとりひとりが画用紙にぐるぐるかいた紙をこいのぼりのウロコにした。

友達と体を動かして

指導計画 P.23、27

友達と一緒に体を動かしてあそぶことで、開放的な気分を味わいます。

移動ゲーム

あそび方
みんなで壁側に座り、保育者が「動物園にあそびに行こう」「どんな動物がいるかな？」と声をかける。子どもたちはそれぞれ自分の好きな動物の動きを表現しながら、反対の壁まで移動する。

実践者より

特徴をとらえた動きや独特な動きの子に注目して、「○○ちゃんの動きをまねしてみよう」と言い、みんなでまねして動くとおもしろい！ 子ども同士互いの表現を見るきっかけにもなります。

おいすであそぼう

あそび方
人数分のいすを円形（内向き）に置いて並べ、子どもたちは全員円の中に入る。ピアノの音に合わせて円の中を自由に散歩し、「ストップ」の合図で曲を止め、子どもたちは好きないすに座る。このパターンを何度も繰り返し、保育者は子どもたちの様子を観察する。

いすは減らさないこと。「必ずいすに座れる」という安心感が「楽しさ」と「参加意欲」を促します。

実践者より

1つのいすに執着する子には……
初めに座ったいすが「自分のいす」と執着する子がいた場合、まずはその気持ちを受け止め、繰り返しあそび、温かい声をかけることで徐々に慣れるようにしていきます。慣れてきたら、「次は違ういすにも座ってみようね」と課題を与えると、意欲的に取り組むこともあります。

ひっこしあそび

あそび方
① マット2枚をそれぞれ部屋の両端に置き、家に見立てる。保育者が「マットのおうちに入りましょう」と声をかけて、みんなで1つのマットに入る。
②「もうひとつのおうちはどこにあるかな?」と聞く。子どもたちが見つけたら、「あっちのおうちに行ってみる?」「まずは車になって出発!」とおしりをつけて移動。
※すぐに出発するとぶつかったり、転んだりするので慌てないように声をかけながら進める。
③ 移動できたら、「上手に来れたね」と声をかけ、子どもたちが動きを理解しているかを確認する。そして、「もう1回、あっちのおうちに行きますよ! 車に乗って〜」と、保育者が先陣を切って動き出すと、子どもたちもついてくる。
④「次は何に乗っていく?」と問いかけ、子どもたちの要望に合わせて進める。「ひこうき!」「ふね〜」「ロケット!」など、出てきた言葉に「どんな形かな?」「どんな動き?」などと質問をし、イメージを膨らませ、具体化しながらいろいろな動きを楽しむ。

タッチであーそぼ

あそび方
① クラスを2グループに分け、部屋の両端に分かれる(例:イチゴグループ・バナナグループ)。
②「よーいドン」でイチゴグループがバナナグループの所まで行き、両手でタッチして戻ってくる。
③ 次は交代し、バナナグループがイチゴグループにタッチして戻ってくる。
④ 同じ要領で、「頭なでなで」「こちょこちょ」「握手」などバリエーションを加えて行う。

「タッチできなかった」子が出て……
「タッチができなかった(してもらえなかった)」と言う子が出てくることがあります。そんなときは、保育者が付き添ってタッチをしましたが、子ども同士のふれあいを深めることにつながったかどうか……。バリエーションのなかに「3人と握手」や「全員とタッチ」などを入れて、自然と子ども同士がふれあえるようにしたほうがよかったのかもしれません。

フープであそぼう

指導計画 P.31

フープを使ったあそび。友達みんなと同じ動きをすることで、一体感も高まります。

●こんなふうに

フープを1人1個持ち、保育者のかけ声に合わせ、いろいろな動きを楽しみます。

※フープの数が足りなければ、2人で1個を交代で使う。

●車に乗って出発!!（ストップ&ゴー）

フープをハンドルに見立てて、一方向に旋回。「止まりま〜す！ 信号が赤になったよ〜!」の合図で、その場におしりをつけて座る。「青になりましたー！ しゅっぱ〜つ!」の合図で、また旋回する。

●けってけって、どこまでも

フープを下に置いて中に入り、つま先でけりながら少しずつ進む。

●ロケット発射！

フープを頭の上で持ち、みんなで「3・2・1」のかけ声をかけ、「ゼロ!」で両手を離し、頭上で両てのひらを合わせる。

●カーニさん！

フープを立てて上の部分を手で持ち、下の部分に足を乗せて横歩きをする。

●おうちに入りましょう

人数分のフープを床に広げ、子どもたちは、フープを踏まないように、周りを移動。「入りましょう」の合図で、急いでフープの中に入る。

※場所の取り合いになったり、どこが空いているかわからず戸惑う子も出てくるが、保育者はすぐに声をかけず、子ども同士で解決できるよう見守る。

実践者より

組み合わせて

それぞれを繰り返し行い、慣れてきたら、「ストップ&ゴー→おうちに入りましょう→ロケット発射!→けってけって……→ストップ&ゴー」というように、組み合わせて行ってみます。次々と動きが変わって忙しくなりますが、だんだん速く、だんだん難しくなるあそびの変化を楽しめるようになってくるので、みんなで大いに盛り上がります。

ころちゃんとあそぼ

指導計画 P.31

丸い折り紙を「ころちゃん」と名付け、ころちゃんとあそぶ感覚で、はり絵を楽しみました。

4・5・6月 保育資料

用意する物・準備
画用紙（八つ切り）、色紙数色（直径6cmくらいの円に切っておく）

こんなふうに

① 「今日は新しい友達があそびに来てくれました。その子は、回ったり、転がったり、跳ねたり、くっついたりするのが大好きなんです。一緒にあそんでくれるかな?」と話す。

② 子どもたちの期待が膨らんだところで、丸く切った折り紙（ころちゃん）を見せ、「ころちゃんは転がるのが大好きです」と言いながら、子どもたちの頭から肩へ滑り台を転がるようにしたり、「跳ねるのも好き」と言いジャンプして飛びつかせてみたりする。

③ 1人ずつ画用紙を配り、「今日はころちゃんとどんなあそびをしようか?」と話しながらさまざまな色の折り紙（ころちゃん）を提供する。子どもはのりで自由にはる。

④ はることに満足したら、水性ペンで顔や電車などをかき足す。

のりではって……　　ペンでかいて……　　出来上がり!

のりを使う際、個別に知らせること

・のりは指で取って、ケースのふちで量を調節しよう。
・乾いたときにはがれないよう、まんべんなく塗ろう。
・白い面に塗ると色の面が表になるよ。

実践者より

のりの感触が苦手な子には

のりのべとべとの感触が嫌で、すぐにやめてしまう子がいます。手に付いたのりをすぐにふけるように、ぬらしたタオルをテーブルの上に用意し、「手がべとべとになったら、タオルでふいてね」と知らせることで、安心して取り組めるようになることもあります。

家族へのプレゼント

指導計画 P.30、32

父の日に向けて、お父さんや身近な家族の話をし、感謝の気持ちを込めたプレゼント作りを楽しみます。

似顔絵でしおり

用意する物
画用紙（15×10.5㎝）、水性マーカー、ラミネートフィルム、リボン

こんなふうに
① プレゼントを贈る相手（家族）の顔を具体的に思い浮かべられるよう、「好きなところは？」「何をしてあそぶ？」などと問いかけながら話し、それぞれ楽しかった場面を思い出す。
② 画用紙に、プレゼントを贈る相手の顔をかく。
③ 絵が完成したら、保育者がラミネート加工をして、穴を開け、リボンを飾り付ける。

実践者より

イメージが具体化できるように
それぞれがかく「顔」のイメージが具体化するように言葉かけを工夫しました。

- 「どんな"目"だった？　怒ってる？　笑ってる？」「髪は短い？　長い？」「ひげは生えてる？　メガネかけてたね！」など特徴を聞き出しながら、近づけていく。
- 保育者が自分の顔を見せながら「目の中に黒い丸があるのがわかる？」と、具体的に示しながら進める。

ネクタイかけ

用意する物
ラップのしん、色画用紙、製本テープ、リボン

作り方
ラップのしんにのりを塗り、そこに細かく切った色画用紙を振りかける。乾いたら、保育者が製本テープを巻いてカバーをし、筒にリボンを通して仕上げる。

お父さん喜んでくれるかな〜？

※父親のいない家庭には事前に保護者に相談し、贈りたい家族に向けて製作できるようにする。

思い切り絵の具あそび

指導計画 P.32

4・5・6月 保育資料

雨で戸外に出られない日が続いたら、たまの晴れ間を有効活用。
絵の具で大胆にあそび、気持ちを発散します。

段ボールにぬたくり

園庭に、段ボールを敷き、段ボール箱をいろいろな形に組み立て、数色の絵の具をバケツに入れて置いておきます。子どもたちは好きな場所で自由に絵の具をぬりぬり。

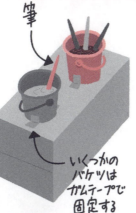
いくつかのバケツはガムテープで固定する

園庭の木陰に、段ボール箱を積み重ねたり、広げて地面に敷いたりして思い切りあそぶ。

ほとんどの子どもたちがパンツ1枚で塗りたくる。何色か用意した絵の具も、次第に混ざってしまうが、そんな発見も楽しい。

ついちゃった
初めからダイナミックに楽しめる子ばかりではないが、無理強いはしない。

実践者より
どちらのあそびも、自由に、大胆に楽しむことが大事。あそびが小さくならないように、あえてあそびの前に注意事項などを伝えないようにしています。

色水あそび

プールあそびが始まる前、全園児で色水あそびをします。水への抵抗をなくすためにもとても有効なあそびです。
園庭に色水（絵の具を水で溶く）を入れたらい、ペットボトル、透明カップを用意。子どもたちはパンツ1枚になって自由にあそびます。

「ジュースどうぞ」と、ごっこあそびが始まり、友達同士のかかわりも生まれる。

45

雨の日のお散歩

指導計画 P.31

晴れの日との違いを感じたり、慣れない雨具の使い方を覚えたり、雨の日ならではの経験ができます。

こんなふうに

雨の日、レインコートと長靴姿で散歩に出かけます。行き先は、晴れた日に行ったことのある公園。いろいろな所で、晴れと雨の違いを知ることができました。

雨の日は道が滑りやすい、視野が狭くなる、雨具で動きにくくなる、といったことを伝え、「順番に並んで歩く」約束をする。先頭の保育者は歩くスピードに配慮し、子どもが走らないようにする。

ポリ袋で即席レインコート

レインコートがない場合、ポリ袋（45ℓ）で作ります。

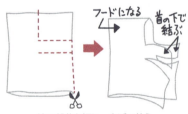

線の部分を切り、広げて使う。

フードの部分はめくり上げ、雨が顔にかからないようにする。

いろいろな所で「雨」を体感

地面や水たまり、葉っぱなどに落ちる雨粒の音の違いを聞く。

池の波紋を見る。

木の根が出ている地面ではスリ足で滑りながら歩く。土の所はぬかるみを歩いて楽しみ、水たまりの中にも入ってみる。

※公園内など安全が確保できる場所で行う。

いつもすぐ見つかる場所でダンゴムシを探してみるが、いない。一方で、葉の裏にチョウを発見したり、カエルやカタツムリなどを見つけたりと、虫からも普段の違いを感じることができる。

7月 8月

指導計画と保育資料

指導計画と保育資料は連動しています。

7月の指導計画 保育園

7月のねらい
◎夏の生活の仕方を知り、自分でしようとする。
◎好きなあそびを楽しみながら、友達とのかかわりを深める。
◎夏の自然にふれ、興味・関心をもつ。

※幼児期の終わりまでに育ってほしい姿　(ア)健康な心と体　(イ)自立心　(ウ)協同性　(エ)道徳性・規範意識の芽生え　(オ)社会生活との関わり

第1週

前週末の子どもの姿
- はだしになってあそんだり、泥あそびを通して、水や泥の感触を楽しんでいる。
- ほかの子のしているあそびに興味をもち、同じことをしようとしたりして、数人で集まる姿が多く見られる。

ねらい・内容
◎好きなあそびを楽しみながら、友達とかかわってあそぶ。(ウ)(エ)
○好きなあそびを通して友達とかかわる。
◎季節の行事を知り、興味をもつ。(ア)(オ)(コ)
○七夕の由来を聞いたり、七夕飾りを作ったりして楽しむ。

環境・援助・配慮のポイント

好きなあそびからかかわりを深めるために
◆ごっこあそびをするときは、保育士も一緒にあそびながら友達とかかわれるように仲立ちをして楽しさを伝え、友達とかかわりを広げていく。
◆鬼ごっこなどをするときはルールを重視するよりも、友達と一緒に逃げることを楽しめるよう、保育士がオニ役をする。

季節の行事に興味をもつ
◆七夕会に向けて、絵本や素話を通して七夕伝説に親しめるようにする。また、短冊に書く願い事を考える機会を作ったり、七夕飾りを製作したりし、七夕に興味をもてるようにする。
◆保護者に子どもの願い事を短冊に書いてもらうことで、七夕の話が自然に親子の会話のなかに入り、親子間のコミュニケーションの一環も兼ねるようにする。
◆飾り製作で、はさみやのりを使うときは少人数ずつ行い、正しい扱い方を知らせながら、安全に使えるようにする。
◆子どもが作った七夕飾りは、大きな笹竹に飾り、七夕会のときにみんなで観賞して楽しめるようにする。
◆七夕会当日は全園児が集まり、七夕の歌をうたったり、七夕の由来をペープサートで見たりして楽しめるようにする。

第2週

前週末の子どもの姿
- 七夕会の製作に楽しんで参加していた。
- 保育士を交えて、友達とあそぶことを楽しいと感じるようになってきているが、友達とのかかわり方がわからなかったり、うまくかかわれなかったりする子もいる。

ねらい・内容
◎水あそび・プールあそびの準備や片付けを自分でしようとする。(ア)(イ)(エ)
○衣服の着脱や水着の始末の仕方を知る。
○プールを安全に楽しむための約束事を知る。
◎水の感触を味わいながら、プールあそびを楽しむ。(ア)(キ)
○保育士や友達と水あそびをし、水の感触を味わう。
◎あそぶ楽しさを共感しつつ、友達とのかかわりを深める。(ウ)(エ)(ケ)
○あそびを通して気の合う友達や新しい友達との関係を築く。

環境・援助・配慮のポイント

同じ手順で伝える
◆水着の着脱や片付けは、いつも同じ手順にして、ある程度の流れを事前に伝え、覚えられるようにする。自分でできる子、随所に言葉かけが必要な子などを見極めながら、その子に合ったかかわりを心がける。　詳細はP.58

安全にプールであそぶ
◆事前に保育士同士が、安全確保と危険認識について確認し合い、共通認識をもつようにする。
◆プールあそびで必要な約束事は、みんなで話し合う機会を作ったり、危ないことをしている具体的な場面をとらえて、その都度わかりやすく伝えたりしながら、子ども自身が意識して守れるように環境を工夫する。　詳細はP.58

水の動きや感触を楽しむ
◆プールあそびでは水面をたたいたり、水につけた手を見たり、水をすくったりこぼしたりするなど、友達や保育士と簡単なあそびをするなかで、水の動きや感触を楽しめるようにする。

あそびに入れない子には
◆集団であそぶときに、うまく輪に入れない子や固まってしまう子には、無理のない誘い方をしていく。

振り返り・評価・改善

水あそびが始まって
最初は水着や衣服の着替えに時間がかかるが、着ていた衣服を畳み、汚れ物ボックスに入れたり、水あそび後に水着を干して衣服に着替えたりと、集中して着脱面を行うため、今後の習慣づけや今まで子どもに伝えてきたことがどこまで浸透しているかを知る、よい機会となった。

ミニトマトの収穫
ミニトマトを1人ずつ収穫し、調理士に下処理をしてもらい、4つ切り

家庭との連携	教材資料	7月の予定
・水あそびやプールあそびが始まるので、持ち物や注意事項をお知らせする。 ・子どもの体調の変化をその都度知らせていき、早めの対応を呼びかけると共に、感染症の予防に努める。 ・短冊に子どもと願い事を一緒にかき、園の笹竹に飾るよう伝える。	うた　オバケなんてないさ 　　　（作詞＝まきみのり　作曲＝峯 陽） うた あそび　で〜きたできた　詳細はP.59 　　　水かけマン　詳細はP.59 絵本　まっくろネリノ（偕成社） 　　　くれよんのくろくん（童心社）	・誕生会　　・避難訓練 ・七夕会　　・プール開き（第1週）

食育

・栽培している野菜の生長に気づき、食べ物への興味・関心を高める。
・水分補給の大切さを知り、のどが渇いたときは自分で麦茶を飲む。

(カ)思考力の芽生え　(キ)自然との関わり・生命尊重　(ク)数量や図形、標識や文字などへの関心・感覚　(ケ)言葉による伝え合い　(コ)豊かな感性と表現

第3週

- プールの水がかかると嫌がり、泣いてしまう子がいる。
- 5月に植えたミニトマトの水やりを喜んで行う。
- 気の合う友達ができ、一緒に誘い合ってあそんだりするが、ときにはぶつかり合うこともある。

〔第2週〜第3週〕→
○着脱や水着の始末を自分でする。
◎保育士や友達といろいろな水あそびを楽しむ。(ア)(ウ)(エ)
○水の中でふれあいあそびや水あそびをする。
◎夏の自然にふれ、興味・関心をもつ。(キ)(コ)〔第3週〜第4週〕
○ミニトマトの生長に気づく。
〔第2週〜第3週〕→
○ルールを守ることで、活動が楽しくなることに気づく。

"自分で"の気持ちを受け止めて
◆プールの準備や着脱は、自分でやろうとする気持ちを大切に受け止め、十分でないところを手伝ったり励ましたりする。できたときはみんなの前で認め、自信につなげていく。

水あそびを楽しむために
◆友達と手をつないで水の中を歩くことから始め、安心してあそびに入れるようにしていく。水の苦手な子には、小さなプールやたらいを用意し、少しずつ親しめるようにする。

栽培物の生長に気づくように
◆ミニトマトと背比べをしたり、緑や赤、オレンジなど実の色を比べたりしながら、生長の様子に気づけるようにする。

ふれあいあそびのなかで
◆子ども同士のぶつかり合いでは、可能な限り見守り、助けを求めてきたときには互いの思いを代弁し、食い違いが起きた原因や今後はどうすればよいかなどについて話をする。
◆リトミックなどをみんなで楽しみ、音楽が鳴ったら止まるなどルールを守らないと楽しめないことを実感できるようにする。また、活動前、「こんな行動はどう？」と自分勝手な行動を見せて、ルールについて考える機会をもつ。

第4週

- 園庭に出るとアリを探すなど、身近な虫に興味をもっている。
- ミニトマトの水やりを通して実が色づいたことに気づき、友達と喜び合っている。

◎夏の生活の仕方を知り、快適に過ごす。(ア)
○のどが渇いたら、自分で水分補給をする。
←------------------------------
○身近な昆虫にふれる。
○セミの羽化を見ることで、生命について感じる。
○育てたミニトマトを収穫し、味わう。

あそび後の過ごし方を知らせる
◆あそんだ後は水分補給をし、休息をとって体を十分に休めることを伝え、麦茶をいつでも飲めるように用意しておく。

生き物の命について
◆ダンゴムシやセミ、セミの抜け殻などを一緒に探し、発見したときの子どもの喜びや驚きに共感していく。
◆セミが殻から出て、はねを乾かして飛ぶところまでを観察し、生き物の成長や命の不思議さなどを子どもたちが感じられるようにかかわっていく。

育てて食べることで
◆ミニトマトの収穫をする前に、苗から実になり、育つまでを表現あそびに取り上げ、育つ過程や世話をしたことなどを思い出せるようにする。
◆収穫したミニトマトは、食べる前に「どんな味だろう？」とみんなで味を想像したり、自分たちの手でピザトーストに使い、育てて食べる喜びを味わえるようにする。

の食パンにケチャップ、とろけるチーズ、切ったミニトマトを載せてピザトーストを作った。焼いたミニトマトの食感が新たな発見だったようで、喜んで食べていた。しかし、子どもたちの気づきをもっと深めるには、いきなり調理したものを食べるのではなく、ミニトマトの断面（縦・横）はどのような形か、つぶしたらどうなるのかなどを知らせることも必要だと思った。また、ミニトマトが苦手な子に、フルーツを混ぜたトマトジュースを作るなどの工夫をしたら、新たな発見があったかもしれない。

7月の指導計画 幼稚園

7月のねらい
◎安心して教師や友達とかかわり、信頼関係をもつ。
◎いろいろなあそびを楽しんで、体を動かす楽しさを感じる。
◎いろいろな物を使う経験をする。

※幼児期の終わりまでに育ってほしい姿 （1）健康な心と体 （2）自立心 （3）協同性 （4）道徳性・規範意識の芽生え （5）社会生活との関わり

	第1週	第2週
前週末の子どもの姿	●七夕に興味をもちながら、画用紙でつなぎ飾りを作ったり、七夕の歌をうたったりしている。 ●泥んこあそびのときに園で借りた着替えを自分で返し、「ありがとう」などの言葉も言っている。	●先週に経験したのりやはさみなどを、自由にあそぶ時間にも自分から使おうとする姿が見られる。 ●まだプールに入るのを嫌がる子が見られる。
ねらい・内容	◎安心して教師や友達とかかわり、つながりを深める。(2)(9) ○できないことや困ったことを自分で言う。 ◎戸外や室内でいろいろなあそびを楽しんで、体を動かす楽しさを感じる。(2)(3)〔第1週～第2週〕 ○新聞紙あそびや簡単な集団ゲームを楽しむ。 ◎いろいろな物の使い方を知り、あそびの幅を広げる。(1)(6)〔第1週～第2週〕 ○はさみを使う経験をする。 ○のりや折り紙を使って、七夕飾りを作る。	◎七夕の行事に関心をもち、教師や友達と楽しむ。(8)(9) ○みんなで「七夕の日の会」に参加する。 ○短冊の願い事を自分で考え、発表する。 ○プールあそびに参加して楽しむ。 ○スタンプで手形・足形をとる。 ○はさみを使う経験をたくさんする。
環境・援助・配慮のポイント	**自分のことを言葉で伝えられるように** ◆生活のなかで不安になったときは自分の言葉で伝えられるように、うまく言えないときには質問をしたり、代弁したりしてきっかけを作る。自分から言えたときには大きく認め、次につなげていく。 **体を動かす喜びを感じて** ◆雨の日にも体を動かしてあそぶ機会をたくさん設け、教師が率先して楽しみ、一緒に思い切り体を動かすことで発散できるようにする。集団で行うゲームあそびを取り入れるが、初めてのゲームに抵抗がある子も参加できるように、見ているだけの参加も認めたり、教師が誘うなど、ひとりひとりに応じてきっかけを作っていく。　詳細はP.56 **初めての経験を楽しむために** ◆はさみは、初めて使うときの説明をクラス全体で1回行い、あとは自由あそびのなかで、少人数ずつ個別に使い方を伝える。その際、危険な使い方をしないよう確認し、少しずつ経験を重ねられるようにしていく。 ◆前もって自由あそびのなかで、折り紙大に切った広告紙やのりであそび、使い方を見ておく。そのうえで作りやすい七夕飾りを選び、だれもが楽しんで作れるようにする。	**「七夕の日の会」に楽しんで参加する** ◆事前にひとりひとりに合わせて、短冊に書く願い事「欲しいもの、将来なりたいもの、好きな食べ物など」を質問し、書くことを決め、発表することに期待がもてるようにする。 ◆当日は、自分の言葉で願い事が伝えられるように、リラックスして楽しめるような雰囲気作りをする。 **水に抵抗がなくなるように** ◆ほとんどの子が水になじんできているが、まだプールに入れない子には、少しずつでも参加できるように、たらいの水で水鉄砲をしたり、ホースの水をくぐったりするなど、いろいろな形で水あそびを経験できるようにする。また、少しでも成長が見られた場合には、大きく認めていく。 **安心して楽しむ経験を重ねて** ◆体に絵の具を付けることを楽しいと感じられるように、まずは教師が楽しんであそんで見せる。また、子どもたちの前で体に付いた絵の具を洗い流し、洗うときれいになることを伝え、安心してあそべるようにする。　詳細はP.62 ◆はさみは経験を重ねることで使い方を覚えるので、1回切りが十分に楽しめるような色画用紙をたくさん用意し、何度も切る経験をし、発散して楽しめるようにする。　詳細はP.56
評価・振り返り・改善	**「安心して教師や友達とかかわり、信頼関係をもつ」について** 1学期が終わろうとしているこの時期、一部の子どもたちに、まだ泣いたり不安になったりする姿が見られる。原因を考えるために、家庭での様子を保護者から詳しく聞き、できることからひとつひとつ丁寧に対応	し、2学期には、より信頼関係が深まるようにしていきたい。 **「体を動かす楽しさを感じる」について** 雨の日には室内で新聞紙を使ったあそびやゲームなどで十分に体を動か

家庭との連携	教材資料	7月の予定
・最も暑い時期に入り、体調管理の大切さを伝え、子どもが自分で水分補給をしたり、休憩したりできるように育てていることを話し、家庭での言葉かけもお願いする。 ・夏休みに入る前に長い休みの過ごし方について、「昭和の時代の暮らし方」などを例にした、具体的にやってみようと思えるような内容の手紙を配布する。	たなばたさま (作詞＝権藤はなよ　補詞＝林 柳波　作曲＝下総皖一) おもちゃのチャチャチャ (作詞＝野坂昭如　作曲＝越部信義) 5つのメロンパン おはなしゆびさん 絵本　たまごやきくん(小学館) ノンタンおよぐのだいすき(偕成社)	・身体測定 ・七夕の日の会 ・誕生会 ・個人懇談会 ・終業式 ・預かり保育

(6)思考力の芽生え　(7)自然との関わり・生命尊重　(8)数量や図形、標識や文字などへの関心・感覚　(9)言葉による伝え合い　(10)豊かな感性と表現

第3週

- 廃材も利用しながら自分で何かを作ってみる姿が見られる。
- 自分の靴の管理(片付け)をしたり、水分補給をしたり、伝えた生活習慣を意識して気を付けられるようになってきている。

◎ひとりで排せつすることを身につける。(1)
○ズボンやパンツの上げ下ろしを自分でする。
◎夏休みについて知り、期待をもつ。(1)(2)(4)
○夏休みの過ごし方を知る。
○ぞうきんを使って大掃除をする。
○みんなで使ったおもちゃを洗ったりふいたりする。

ひとりで行う習慣を
◆尿意を感じたら教師に伝え、いつでもひとりでトイレに行ってよいことを伝える。トイレでは、パンツやズボンを全部脱がなくても、便器のところで下ろして排せつできるように、ひとりひとりに合わせて援助していく。

初めての夏休みを楽しく
◆初めての夏休みなので、「あいさつをすること」「自分のできることを自分でする」「冷たい物を食べすぎない」など、簡単な約束事を決めて、子どもたちに伝える。

みんなで気持ちを合わせて掃除をする
◆大掃除の前に、普段、使ったことのないぞうきんについて話をする。その際、使い方のほかに、昔はほとんどぞうきんを使って掃除していたことなども伝え、興味をもって自分のロッカーや机などをきれいにふけるよう、楽しい雰囲気作りに努める。　　　　　　　　　　　詳細はP.57
◆初めて経験する大掃除の仕方についてひとつひとつ丁寧に知らせ、頑張ってやれたことを大きく認める。

夏休み 預かり保育※

- 友達に声をかけたり、活発にあそんだりするようになり、トラブルが起きやすくなる。
- 砂場で自分から泥んこあそびをする姿が見られる。
- ほとんどの子どもが自分のことを意欲的にやろうとする。

◎預かり保育の流れを知り、安心して過ごす。(1)
○プールあそびや昼寝など、生活の仕方を知る。
◎いつもと違う環境のなかで過ごすことを楽しむ。(1)(2)(9)
○いろいろな教師や友達とあそぶ。

生活の流れがわかり、安心できるように
◆夏休みの預かり保育は、ある程度決まった流れで生活するため、その流れを覚えることで安心して生活できるように、次の行動をその都度言葉でわかりやすく伝えていく。
◆基本的には、登園後、自分の持ち物を片付け、好きなあそびを楽しめるようにするが、午前10時半から全員でプールあそびを行うので、その準備については、早めに声をかけるようにする。
◆昼寝は、あそんでいる保育室の隣の部屋にゴザを敷いてスペースを作り、落ち着いて眠れるようにする。

かかわりやすい雰囲気を大切に
◆普段とは違う部屋やメンバーのなかでその子なりに理解し、楽しむことができるように、安心できる雰囲気作りをする。
◆好きなあそびを楽しんでいるときは見守り、困ったことや不安なことがあったら、その都度言葉で言うように伝えるが、普段担任していない子もいるので、常に子どもの表情や様子を見ているようにする。また、言葉で伝えることが苦手な子もいるので、気になるときは「どうしたのかな」と教師から声をかけ、少しでも伝えられたときは褒め、話しやすい雰囲気を作っていく。

し、発散することができた。泥あそびや水あそびについては無理強いせず、子どもが何度も見て、納得して参加するまで待つようにする。

「いろいろな物を使う経験をする」について
6月に続き、新しい物を使う機会が増える。初めてのときに"楽しそう！""やってみたい"と思えるような楽しい雰囲気作りが大事だと考え、接してきたところ、新しい物に抵抗なく、楽しそうに取り組んでいた。

※第4週では、夏休み中の預かり保育について取り上げている。午前9時から午後4時まで、一日中、午前のみ、午後のみなど好きな時間を利用できる。

7・8月 指導計画

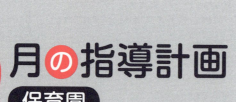

8月の指導計画 保育園

8月のねらい
◎暑い夏を健康に過ごす。
◎夏の季節ならではの行事やあそびを楽しむ。
◎異年齢とのかかわりを深める。
◎保護者や地域の人とのふれあいを楽しむ。

※幼児期の終わりまでに育ってほしい姿　(ア)健康な心と体　(イ)自立心　(ウ)協同性　(エ)道徳性・規範意識の芽生え　(オ)社会生活との関わり

	第1週	第2週
前週末の子どもの姿	●衣服の着脱やおもちゃの用意など、自分のことは自分でしようとする子が多くなってきた。 ●プールあそびに慣れてきて、夏の生活の流れを覚えてきた。	●あそびに夢中になり、水分補給を忘れてしまう子がいる。 ●保育士に手伝ってもらうこともあるが、ほとんどの子がプールの準備・後始末を自分でしている。
ねらい・内容	◎生活のなかで必要なことを自分でしようとする。(ア)(イ) ○プールあそびの身支度や後始末を自分でする。 ○おもちゃの片付けを行う。 ◎水の特性を感じながらあそぶ。(ア)(キ) ○その子なりに水にふれて楽しむ。 ○親しみのあるあそびを、保育士や友達とプールの中でする。 ○水の流れや勢いを感じる。	◎暑い夏を健康で清潔に過ごす。(ア)〔第2週〜第4週〕 ○日ざしを避けたり、木陰で休息をしたりする。 ○水分補給の仕方を知り、自分から水分をとろうとする。 ◎異年齢でのあそびを楽しむ。(ウ)(エ) ○異年齢の友達と一緒に好きなあそびやプールあそびをする。 ◎身近な昆虫にふれ、親しみを感じる。(キ) ○昆虫を探したり、飼育したりして生き物にふれる。
環境・援助・配慮のポイント	**自分でやりやすい環境** ◆脱いだ服の置き場、水着干しの場所(洗濯ばさみ、物干しざお)や新しく着る服を置く場所など環境を整えて流れをわかりやすくし、習慣化することで、子どもたちが生活の見通しをもてるようにする。 ◆おもちゃの片付けの場は写真などで明確にし、「出す→あそぶ→片付ける」という流れを作り、繰り返し声をかけることで、自然に身につくようにしていく。 **水のおもしろさを伝えるために** ◆水に抵抗を感じる子には、保育士が抱っこしたり、背中に乗せたりしながら安心感をもてるようにし、楽しい雰囲気で取り組めるようにしていく。 ◆普段やっているあそび(一方通行の追いかけっこ、ジャンプ、座るなどの動作)をしながら、動きによって水に流れや勢いなどが出ることを伝え、水の特性を感じることができるようにしていく。　詳細はP.60、61 ◆プールに入ることはできるが、水がまだ苦手な子もいるので、水しぶきが顔にかかりにくいように、「ワニ歩きをするときは、バタ足をしないでね」などとあそび方を伝える。また、活発にあそぶ子に、苦手な子のそばではあまり水しぶきを上げないように話をしておく。	**快適にあそべるように** ◆過度な日焼けや紫外線を避けられるように、プールの上にUVカットのシートで屋根を作ったり、木陰にござを敷いてこまめに休息がとれるようにする。 ◆室温・外気温・天候に気を配りながら、こまめに水分補給をする時間を設け、熱中症などに気を付ける。 **異年齢でのプールあそび** ◆夏休みをとる子が増え、異年齢児と一緒に過ごすことが多くなるので、好きなあそびを通して異年齢とのかかわりが楽しめるように、保育士間で活動を考える。 ◆年上の子とペアになって、プール後の体の仕上げふきや水着干しをする手伝いを頼み、自然にかかわれるようにする。 **昆虫とのかかわり** ◆生き物にふれるときの力加減が難しい年齢なので、昆虫の命について考えられるようにする。長い間ふれていると死んでしまうことなどを話して、観賞の時間とふれる時間を作るなど、子どもたちが守れる約束をして飼うようにする。 ◆いつでも観賞できるような場所に飼育ケースを置き、興味・関心をもてるように、7月に見たセミの羽化の段階が見られる写真を保育室にはるなどして、環境を整える。
評価・振り返り・改善	**異年齢での水あそび** お盆近くになり、出席人数が減り、4・5歳児と一緒にプールあそびをする機会があった。異年齢で行うプール活動では、3歳児が普段やっていた流れるプール作りや水あそびも行ったが、4・5歳児の参加でより	ダイナミックになり、子どもたちは楽しんでいた。また、4・5歳児たちがやっていた顔つけジャンケンやバタ足、潜水を見て、顔つけをまねしてみるなど、やってみたい気持ちが3歳児の間に高まったので、その日休んでいたほかの子に後日、異年齢児と行った水あそびの様子を伝え

家庭との連携	教材資料	8月の予定
・熱中症やエアコン冷えなどへの対応の仕方を伝える。 ・汗をかく時期なので、十分な着替えを持ってくるよう伝える。 ・休みの子が多いので、休み中の様子などについて、しっかりと家庭と連絡をとるようにする。 ・夏祭りはほかの子どもの保護者や地域の人と交流する機会なので、参加を呼びかける。	うた　めだかの学校 　　　（作詞＝茶木 滋　作曲＝中田喜直） うたあそび　一緒にゴー＆ストップ！ 絵本　だるまちゃんとかみなりちゃん 　　　（福音館書店） 　　　おやすみなさいコッコさん 　　　（福音館書店）	・誕生会　・避難訓練　・夏祭り（保護者会主催） **食 育** ・5歳児クラスの収穫した夏野菜を味わったり、様々な夏の食材にふれて、興味をもって食べられるようにする。 ・調理師から、栄養についてのわかりやすい話を聞き、食に関心をもつ。

（カ）思考力の芽生え　（キ）自然との関わり・生命尊重　（ク）数量や図形、標識や文字などへの関心・感覚　（ケ）言葉による伝え合い　（コ）豊かな感性と表現

第3週

- ●異年齢の友達のまねをして楽しんだり、一緒にあそんだりして過ごす。
- ●出席児が少ないので、広々とコーナーを使え、あそびがダイナミックになってきた。

○汚れた衣服を着替える。
◎砂・水・泥などでダイナミックにあそぶ。（キ）
○道具を使って広がりのあるあそびをする。
○砂や泥・水を使って、イメージを共有して楽しむ。
◎夏野菜を知り、食への関心をもつ。（カ）（キ）
○楽しみながら栄養や夏野菜について知る。
○5歳児が育てた夏野菜にふれ、興味をもって食べる。

汚れに気づくように
◆汗をかいたり、衣服が汚れたら着替えるよう伝え、少しずつ自分で気づけるようにしていく。
◆着脱に戸惑っているところはさりげなく手伝い、できたことを認め、意欲につなげていく。

砂・水・泥あそびから
◆ダイナミックにあそべるように、園庭あそびの用具やおもちゃは、ある程度行き渡る数を用意したり、じょうろやバケツ、たらいなど、あそびが広がる道具を提供したりする。
◆子どもが見つけたあそびにほかの子を誘って一緒に楽しんだり、あそびを広げてごっこあそびに展開したりと、いろいろな子とたくさんのあそびのなかでイメージを共有できるようにする。

食への興味を深めるために
◆調理師から栄養の話を聞き、夏野菜のクイズを出してもらうなど、より食に関心をもてるようにする。　　　　詳細はP.56
◆午前中に5歳児が収穫したナスやキュウリを洗い、自分でふれた野菜をその日の昼食で食べられるようにする。
◆みんなで洗った野菜を一緒に味わうことで、味覚やにおい、切り口の色や形などに気づけるようにする。

第4週

- ●泥あそび後の衣服の汚れなどに自分で気づき、着替えようとする子が出てきた。
- ●水あそびに慣れ、様々なあそびを楽しむ子が増えた。

○体調の変化に気づいて知らせる。
◎プールあそびを存分に楽しみ、自信と意欲を深める。（イ）（コ）
○この夏にできるようになったことを発表する。
○意欲をもってプールあそびを楽しむ。
◎いろいろな人と交流し、文化にふれて楽しむ。（オ）
○地域の人に盆踊りを教わる。
○保護者と一緒に夏祭りに参加し、楽しむ。

体調の変化を表現できるように
◆普段から「汗をかいたままにしておくと、だんだん寒くなって、頭が痛くなって顔がポーッとしてお熱が出て、しんどくなるよ」などと体調については詳しく話すようにし、言葉の表現をまねられるようにするとともに、「寒いとか、しんどいなと思ったときは知らせてね」と伝え、子どもが自分の体調を意識できるようにする。

来年のプールあそびに向けて
◆この夏にできるようになった顔つけやバタ足、潜水や動物表現などを発表することで自信につなげていく。また、ほかの子の発表を見て、まねをしたいという意欲がもてるようにしていく。その際、友達を否定しないこと、最後に拍手をすることで互いに認め合い、楽しめるようにする。

保護者や地域の方の協力
◆地域の方の協力を得て、盆踊りを教えてもらう機会を作る。保護者や地域の方と交流しながら、子どもたちが初めて習う盆踊りに興味をもてるよう、楽しい雰囲気のなかで行う。
◆夏祭りでは保護者の協力のもと出店やゲームコーナー、保育士あての暑中見舞いを出すポストなどを設け、保育士も浴衣を着て夏祭りの雰囲気を出し、だれもが楽しめる環境を作る。

ると、その後、クラス全体にあそびが広がっていった。

暑い夏を健康に
プールあそびや昆虫探しなど屋外に出る機会が多い季節だからこそ、子どもたちの体調の変化に気を配る必要がある。まだ自分の体調の変化を伝えることができない子どももたくさんいるので、様子を見ながら言葉をかけたり、体調の悪いときは知らせるように繰り返し伝えたり、言葉での表現の仕方を伝えるなどの配慮が必要だと感じた。

8月の指導計画 幼稚園

8月のねらい
◎教師や友達と夏期保育を楽しむ。
◎預かり保育に参加して、いろいろな友達とかかわる。

※幼児期の終わりまでに育ってほしい姿　(1)健康な心と体　(2)自立心　(3)協同性　(4)道徳性・規範意識の芽生え　(5)社会生活との関わり

	預かり保育	夏期保育（1〜3日目）
当日の子どもの姿	●夏休み中の預かり保育に参加し、いつもと違う部屋やほかのクラスの友達と一日中一緒に生活することに戸惑う子もいる。	●夏休みに入り、親子で過ごす生活が続く。 ●久しぶりの園生活に戸惑う姿が見られる。 ●水あそびを極端に嫌がる子がいる。
ねらい・内容	◎預かり保育の一日の流れがわかり、参加する。(1)(2) ○プールあそびや午睡をする。 ◎いろいろな友達とのふれあいを楽しむ。(2) ○毎回違うメンバーの友達とあそぶ。	◎教師や友達と夏期保育を楽しむ。(1)(9)(10)〔1〜4日目〕 ○水あそびを楽しむ。 ○いろいろな教師や友達とあそぶ。
環境・援助・配慮のポイント	**一日の流れを覚えて** ◆何度か経験するなかで抵抗なく参加できるよう、プールあそびや午睡など、必ず行う活動が安心してできる環境になるように配慮していく。 ◆暑い時季なのでしっかり休息をとれるようにする。午睡のときは必ず眠れるように、眠れない子には添い寝をして安心できるようにし、ひとりひとりが眠るまで見ているようにする。 ◆普段から自由あそびの時間には、どの部屋であそんでもよいことにしたり、降園時に4・5歳児と手をつないで帰ったりする経験を積み重ねておくことで、異年齢児やほかのクラスの友達と自然にかかわれるようにする。 ◆預かり保育に"また参加しよう"という気持ちになるように、できたことを見逃さず、大きく認めていく。 **いろいろな友達とあそべるように** ◆毎回違うメンバーであることを理解し、教師とだけでなく、いろいろな友達とかかわれるように、子どもが興味をもちそうなあそびを教師が行い、盛り上げながら、あそびに入りやすいように、見ている子を誘っていく。	**久しぶりの幼稚園を楽しめるように** ◆久しぶりの登園に加え、いつもと違う部屋や教師のため、戸惑うことのないよう、ひとりひとりに言葉をかけたり、スキンシップをとったりして緊張を和らげ、温かく迎え入れるようにする。 ◆水あそびでは個人差が見られるため、無理強いせずにその子に合わせた参加の仕方で楽しめるようにしていく。 **あそびながらいろいろな人とかかわれるように** ◆ひとりひとりの様子に留意し、不安そうな子は手をつないで教師と一緒に行動することで安心して過ごせるようにする。また、困ったことを自分から言葉で伝えられたときは、大きく認めて次へつなげていく。 ◆夏期保育のなかで、ほかのクラスの友達や異年齢の友達と交流できるように、前日に合同で過ごすクラスを決める。 ◆同じ部屋で過ごすだけでなく、ゲームなどを通して、いろいろな友達とかかわれるようにきっかけを作っていく。 ◆みんなのあそぶ姿を"見ること"を大切にし、ときどき友達とのあそびに誘い、見ているだけの参加も認めていることを伝えていく。

振り返り・評価・改善

「教師や友達と夏期保育を楽しむ」について
しばらくの夏休みを過ごした後、久しぶりに登園することや、部屋や一緒に過ごす友達が普段と違うため、不安がる子も見られた。ひとりひとりの様子に留意し、安心して過ごせるよう個々に対応していくが、その日の子どもの様子を見て、翌日の環境を考えるようにしていった。普段3歳児クラスであそんでいるおもちゃを用意したところ、大分落ち着いた。

※8月は特別に、夏休み中の預かり保育や夏期保育（午前中のみ）、夏休み中に教師が行うことについて取り上げている。

家庭との連携	教材資料	8月の予定
・夏休みに入り、我が子と一日中過ごす生活が始まった母親がストレスをためている場合もあるので、夏期保育の際に様子を聞いたり、楽しく過ごす方法などを伝えたりしていく。 ・預かり保育に対して、保護者の思いが先行することのないよう、子どもの様子を見ながら、無理なく参加するよう伝える。	**うた** おどるポンポコリン(作詞＝さくらももこ　作曲＝織田哲郎) ふしぎなポケット(作詞＝まど・みちお　作曲＝渡辺 茂) **うた あそび** ピクニック おはなしゆびさん **絵本** どろんこあそび(架空社) がたごとがたごと(童心社) たまごやきくん(小学館) ノンタンおよぐのだいすき(偕成社)	・夏期保育(4日間8/2～8/5) ・誕生会

(6)思考力の芽生え　(7)自然との関わり・生命尊重　(8)数量や図形、標識や文字などへの関心・感覚　(9)言葉による伝え合い　(10)豊かな感性と表現

夏期保育（4日目 誕生会）

●誕生月の子どもたちは、誕生会を楽しみにしている。
●朝からすぐに誕生会を行うため、じっくりあそんでいないことが多く、落ち着かない子もいる。

----------------------------------→

○誕生会に参加する。
○友達を祝う気持ちをもつ。

みんなで誕生会を楽しめるように
◆誕生会は全園児が遊戯室に集まって行う。誕生児へのプレゼントには手作りのカードとたしを用意しておく。
◆プレゼントを渡すときは、会場の後方にいる教師が子どもたちと一緒に「おめでとう」と大きい声で言い、拍手をして盛り上げ、雰囲気をつくる。
◆普段と違って朝からすぐに誕生会を行い、登園後の自由あそびの時間が短いので落ち着かない子には言葉をかけ、誕生会で行う教師の劇などを楽しめるようにしていく。また、その様子から翌日の預かり保育の環境設定を考えるようにする。
◆誕生児に対しては、みんなに祝ってもらったことを「よかったね、うれしいね」とみんなの前で表現することで、自分もまたほかの友達を祝おうという気持ちがもてるように、喜ぶ気持ちに共感していく。

再び始まる夏休みに対して
◆誕生会終了後は、また夏休みに入ることや夏休み中の過ごし方を確認したり、2学期に行うことを話したりする。また、夏休み中は子どもたちに会えないことが寂しいという教師の気持ちも伝え、みんなでまた会うことを期待できるようにして終了する。

夏休み中に行うこと

夏休み

夏休み中に行うこと
◆**全員で行うこと**
・2学期の行事についての話し合い
・夏期保育終了後………大きなプールの清掃・片付け、戸外の遊具を清掃、ペンキを塗るなどの整備
・テラスの清掃
・夏休み中の研修報告

◆**個人で行うこと**
・クラスの書類提出……指導要録、健康診断書、歯科検診、日案・週案、個人記録・個人評価の作成
詳細はP.62
・各学年の2学期の打ち合わせ
・各保育室の整備
・園児への暑中見舞い書き
・研修参加

◆**その他**
・日直の勤務
・預かり保育の手伝い
・植物・飼育物の世話

「預かり保育への参加」について
長い休みの後、2学期に泣いたりすることのないようにという保護者の思いで、預かり保育に参加するケースが見られる。本人が嫌がっているのを無理に続けさせることで、よくない方向に向くと思われる場合は保護者にそのことを伝え、子どもの気持ちを受け止め、様子を見ながら少しずつ経験できるようにアドバイスしていく。

7・8月 指導計画

7月8月の保育資料

作ってあそぼう傘袋風船 — 指導計画 P.50

簡単に作れる手作りおもちゃ。作った後は、みんなで一緒にワイワイする楽しさも感じてほしいものです。

用意する物・準備　傘用ポリ袋、色画用紙（2×15cmくらいに切っておく）

チョキチョキ1回切り

保育者が用意した帯状の色画用紙で、はさみの1回切りを楽しみます。ある程度の量がたまったら、傘用ポリ袋に入れ、保育者が空気を入れて膨らませて口を閉じます。

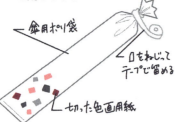

みんなで一緒にはさみを使う。それぞれ箱のふたの上で切り、切った物が散らばらないようにする。

飛ばしてあそぼう

それぞれ自分で作った傘袋風船を持って、自由に飛ばしてあそびます。

特にルールはなく、ひたすら飛ばしては取りに行く……を繰り返し、たくさん体を動かす。

夏野菜クイズ — 指導計画 P.53

楽しみながら野菜のことを知り、興味を深めようと、夏野菜をいろいろな角度から観察します。

野菜の当てっこ

野菜を箱に入れ、一部分だけ見せたり、少しずつ見せたりしながら、なんの野菜かを当てます。その後、目を閉じて、嗅覚だけ、または味覚だけの当てっこもやってみます。

実践者より

部分的に見ることで、その野菜の特徴をとらえることができます。また、味覚だけを頼りに考えることで、「すっぱい」「甘い」「苦い」など、3歳児でも、いろいろな言葉で味を表現していて、驚きました。

中身を見てみよう

保育者が子どもたちの前で野菜を切り、断面を見て何に見えるかを考えます。その後、種の数を数えるなど、細かい部分まで注目していきます。

断面を拡大図にし、みんなで一緒に考えられるように。

みんなで大掃除

指導計画 P.51

夏休み前の大掃除の日。みんなで協力して行うなかで、いろいろな道具の使い方も伝えていきます。

進め方

①大掃除当日の朝、保育者は子どもが登園するまでに、保育室内の大きな家具やピアノなどをテラスに出しておく。

②子どもたちが登園したら、大掃除をすることを伝え、以下のことを保育者や友達と一緒に行う。
- おもちゃを洗ったり、ふいたりする。
- 各自のロッカーから物を出して、ロッカーの中をふく。
- いすや机をふく。

※掃除をしながら、おもちゃやいす、机などをテラスに出していく。

③室内に物がなくなったら、みんなで一列に並び、「よーいドン」で、床のぞうきんがけをする。

④ぞうきんを洗って干し、園庭にあそびに行く。

※その間、保育者が床のワックスがけをする。

⑤テラスに出した物が乾いたら室内に入れる。

実践者より

今年入園の3歳児にとっては初めての大掃除。「みんなが使ったお部屋やおもちゃだから、みんなできれいにしましょう」「きれいにすると、夏休みが終わってまた園に来た時に、気持ちよく使えるよ」ということを伝えます。

みんなで一緒に、ブロックをふく。

ブロックを入れているかごもふく。

7・8月 保育資料

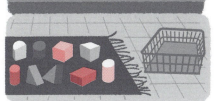

ぞうきんの絞り方を伝える

ぞうきん絞りは、やり方を教えないと身につきません。子どもがやりやすい方法で、繰り返し伝えていきます。

くるくる丸めて

絞る!!

「ぞうきんをくるくると丸め、絞る」という方法を、乾いたぞうきんでやってみる。

やり方を覚えたら、水にぬらしたぞうきんで同じようにやってみる。

楽しくプールあそび

指導計画 P.48、49

プール好きも少し苦手な子も、それぞれが楽しめるあそび方を工夫します。

できることは自分で

着脱や水着の始末など、できることは自分で行うように、毎日の繰り返しで伝えています。

●プールに入る前
水泳バッグ（水着とバスタオル）を用意し、水着に着替える。着ていた服は汚れ物袋に入れる。

※汗で脱ぎにくいなど、慣れるまでは上手にできないことが多いので、「お手伝いがほしい子は言いにきてね」と声をかける。

●プールから出たら
水着を脱ぎ、たらいで水洗いする。保育者が水切りをしてかごに入れてベランダに置いておき、着替えがすんだ子から、自分の水着を取って干す。

実践者より
保育者は、バスタオルを落としていないか、干すのを忘れていないかなどを確認するだけで、あとは子どもたちが自分でできるような環境作りを心がけています。

バスタオルは水泳バッグに入れて持ち帰る。

洗濯ひもに水着を掛け、洗濯ばさみで挟む。

プールでのお約束

プールあそびのときにやってはいけないことを、実際にやって見せたりしながら、わかりやすく伝えます。

●プールサイドは歩きましょう
水に入る前に、すり足などしてあそびながら、滑ることを確認する。

●嫌がる子には水をかけないように
顔に水がかかったら嫌な子もいることを伝える。

●水にずっと顔をつけていると苦しくなるよ
顔つけあそびなどから、息ができなくなったら苦しくなることを、「危ないことなんだよ」と伝え、友達の上に乗ったり、押したりするのはどうか、みんなで考える。

※そのほか、危ないと感じることがあったら、その都度、子どもたちと、どうしたらいいのか話し合っていく。

あそびながら水に慣れて

水への抵抗がない子もある子も楽しめるように、いろいろなあそび方を工夫します。

●おふろごっこ

まずはひざまで浸かり、次は腰まで、肩まで……と、ゆっくりペースで徐々に浸かっていく。自分の体や友達の背中をゴシゴシするなど、おふろごっこのようにあそびながら、水に慣れていけるように進める。

●トンネルくぐり

クラスの子を半分に分け、片方はトンネル役になり、もう片方は表現あそび（ワニ歩きやカバ歩きなど）をしながら、好きなトンネルをくぐって散歩に行く。トンネル役の子は、プールの壁や端を持って、その下を通したり、2人組でアーチを作ったりする。

●水かけマン

保育者がプールの中央でガッツポーズを作り、水かけマンに変身。子どもたちはその周りで、水かけマンに水をかける。水をかけられても平気な子が水かけマンになっても。また、水しぶきを嫌がる子には、少し離れた所からかけてもよいと伝える。

実践者より
保育者が水かけマンになる場合は、全体を把握しづらくなるので、もう1人の保育者が全体を見るようにしています。

●で〜きたできた

保育者「で〜きたできた」
子ども「な〜にができた」
保育者「ワニ！」

などとかけ合いで、保育者の言った動物の表現あそびをする。水のしぶきや抵抗、浮力などがあり、プールならではの楽しみ方ができる。

※そのほか、カエル・アヒルなど、子どもたちに、何になりたいか聞いて行っても楽しい。

水の流れを感じるプールあそび

指導計画 P.52

8月に入り、プールに慣れてきたら、少し大胆なあそびも取り入れ、水の特性を味わう体験をしていきます。

2～3人のグループで

2～3人のグループで、普段やっているあそびを行います。プールでやることで水の負荷がかかり、いつもと違った感覚を味わうことができます。また、友達と一緒にする楽しさから、水への抵抗も少なくなってきます。メンバーチェンジしながら、繰り返し行うといいでしょう。

ジャンプしたり、しゃがんだり

なべなべそこぬけ

手をつないで1方向に回る

実践者より

動き方を変えることで、水の流れを知る

水に肩までつかるのと、足だけなのとでは負荷が違うことを経験できるでしょう。また、同じ活動でも、動き方を変えることで、水の流れや抵抗が変わることを感じられるような言葉かけをしています。

「最初はカタツムリのようにゆっくりと動きましょう。」

動きを覚えるため、「ゆっくり」を強調して伝える。ゆっくり動くことで、水しぶきがかからないようになるので、水が苦手な子でも楽しめる。

※そのほか、「アリさんで（小刻みに動く）」「ゾウさんで（大きく力強く動く）」など、いろいろアレンジして。

洗濯物になって

子どもたちは洗濯物、保育者が洗う人になって表現あそび。保育者の言葉に合わせ、子どもたちは洗濯物になりきって表現します。

① まっ黒に汚れた洗濯物だ！
「今日もいっぱいあそんだね〜」と言い、洗濯物（子どもたち）の頭や手を触りながら「汚れてまっ黒け」「泥んこだね〜」などと声をかけ、子どもたちが洗濯物になりきれるようにする。

② こすり洗い
「まずはこすり洗いをしないと」と言いながら洗濯物を手でもむしぐさ。子どもたちは、しゃがんだり立ったり横に体を揺すったりしながら表現。

③ つけおき洗い
「今度はひたして、そーっとしとこう」と言ったら、水に顔をつけたりあおむけにのけぞって後頭部をつけたりして、しばらくぷかぷか浮くような動き。

④ 洗濯機で洗おう
「洗濯機に入れるよー!!」と言ってカウントダウン。「3、2、1……0！」で子どもたちは、ジャンプしたり潜ったりする。
「スイッチON!」で、一方向に急ぎ足で回り、「反対」で反対方向に回る。
※「必ず全員が同じ方向に動く」「途中で飛び込んだり座ったりしない」と約束する。
ある程度の水の流れができたら、「3・2・1……0！」でジャンプや飛び込んだり、その場に座ったり、水の勢いや流れを感じてあそぶ。
※水が苦手な子は、手で顔を覆ったりしながらやれる範囲で行う。

実践者より
水が苦手な子には、活動の流れがわかったころに「できるところだけしたらいいよ」と声をかけます。すると、自分で判断して取り組み始めたり、友達と一緒にやることで1歩踏み出せたりしています。

異年齢で流れるプール

水流のあるなかでも楽しめるようになってきたら、異年齢の子どもたちと一緒に、よりダイナミックな流れるプールも体験してみます。
一方向に回り、ある程度水の流れができたら、「3、2、1……じゃっぽ〜ん」で、水に浮かびます。水の流れに身を任せると、そのまま前に流されていくのが楽しいです。3歳児はプールの縁につかまり、「じゃっぽ〜ん」の合図で手を離すだけでも楽しめます。

4、5歳児がダイナミックな流れを楽しむなか、3歳児はプールの縁につかまって……。

フープでスーパーマン

1人がフープに入り、腰ぐらいの高さで持ちます。もう1人はフープの後ろ側を持ち、スーパーマン（うつ伏せになり顔を上げる）になって引っ張ってもらいます。浮力があるので3歳児でも引っ張ることができます。

手形、足形をとる

指導計画 P.50

成長記録として、また保育者と一対一でかかわる楽しい機会として、毎学期末に手形と足形をとります。

こんなふうに

足形をとったら手形……と流れよくできるよう、動線を考えた環境を設定し、保育者と一対一で行います。始める前に導入として保育者がやって見せますが、その際、汚れることに抵抗のある子が安心できるよう、終わったらすぐに水で洗い流すところまで見せています。

それぞれ近くに水を入れたたらいを置き、すぐに洗えるようにしておく。

とり終わった画用紙は、テラスに張ったロープに洗濯ばさみで留めて乾かす。

実践者より
当園ではよく散歩に出かけ、たくさん「歩いて」いますが、その成果は足形に現れます。入園したての今回は、子どもによって土踏まずに大きな差が見られますが、この差が3年間でどんどん縮まっていきます。

足形をとる
いすに座って、足にインクを付け、紙の下部に押し付ける。

手形をとる
手にスタンプインクを付け、足形をとった画用紙の上部に押し付けて手形をとる。

個人記録の整理

指導計画 P.55

1学期間を振り返ってひとりひとりの記録をまとめ、2学期からの保育に生かせるようにしています。

こんなふうに

個人記録の基となるのは、毎日記入している日案です。日案には、毎日の保育の反省と個人の様子を記録していますが、その個人の様子として書かれていることを拾い出して、個別にまとめたのが学期末の個人記録となります。

●日案

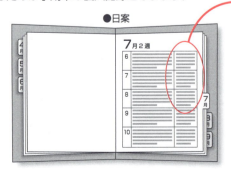

●個人記録用紙（例）

○○組 氏名○○○○	平成　年度　第　学期
4月11日	登園時からずっと泣いていたが、園庭に出るとようやく泣きやみ………
7月6日	朝からなかなかあそびに入っていけない。フラフラして友達とぶつかったことに腹を立て、ふさぎ込む。時間はかかるが、自分で気持ちを切り替える。
7月8日	園庭の遊具の滑り台をすべってバランスを崩し、あごを打つ。
まとめ	その日によって、また一日のなかでも感情の波が大きく、調子のいい悪いが見ていてすぐわかる。できるだけ安定した生活を送るために、保護者にも伝え、家でも園でも、小さなことでも褒めるようにしていく。…

①まず、日案に書き込まれた個人の記録のなかから、個別にピックアップし、日付を追って書き写していく。

②けんかやトラブルに関することは緑、けがは赤など、色分けしてひと目でわかりやすくする。

③記入したことを改めて見直し、まとめを書く。そのとき、現状や反省だけでなく、今後の課題が見えるような書き方に留意する。
※保護者についても、気になることがあれば、ここに記入。その場合も、今後どのように対応していくかということまで考えて書く。

9月 10月 11月 12月
指導計画と保育資料

指導計画と保育資料は連動しています。

9月の指導計画 保育園

→ 保育園 → 月間 → P064_3歳9月_保

9月のねらい
◎身の回りのことを自分でしようとする。
◎あそびやクッキングを通して、食に興味をもつ。
◎自分のやりたいあそびを選んで楽しむ。
◎保育士や友達と一緒に、ルールを守りながら体を動かしてあそぶ充実感を味わう。

※幼児期の終わりまでに育ってほしい姿　(ア)健康な心と体　(イ)自立心　(ウ)協同性　(エ)道徳性・規範意識の芽生え　(オ)社会生活との関わり

	第1週	第2週
前週末の子どもの姿	●ほとんどの子がプールの準備や片付けに進んで取り組んだ。 ●久しぶりに登園した子は、保育士や友達と会えたことを喜び、元気にあそび始める姿が見られる。しかし、家庭生活との違いから、保護者と離れるのを嫌がったりする子もいる。	●久しぶりに登園した子も園生活のリズムを取り戻し、好きなあそびを見つけて楽しんでいる。 ●気の合う友達と、誘い合いながらあそぶ姿が見られるようになる。
ねらい・内容	◎園生活を落ち着いて過ごす。(ア)(イ) ○身の回りのことを自分でしようとする。 ○保育士や友達とふれあいながら、好きなあそびを楽しむ。 ◎食に興味をもつ。(コ) ○身近にある様々な素材を使い、自分の「お弁当」を製作する。 ○作ったお弁当を使って、ごっこあそびを楽しむ。	◎自分の体調に気づき、快適に過ごす。(ア)〔第2週〜第3週〕 ○着替えの意味を知り、自分で汚れに気づく。 ◎自分のやりたいあそびを選んで楽しむ。(イ) ○コーナーで好きなあそびを見つけてあそぶ。 ◎体を動かしてあそぶことを楽しむ。(ア)(コ) ○リズムあそびや体操をする。 ○動きをイメージし、表現あそびをする。
環境・援助・配慮のポイント	**久々に登園する子には** ◆身の回りのことや園での生活の仕方を思い出し、自分で行えるように見守ったり、必要に応じて保育士も一緒に行ったりして、やり方を思い出せるようにしていく。 ◆元気に登園する子や、保護者と離れることに不安を感じている子など、ひとりひとりを丁寧に受け止め、声をかけながら一緒にあそび、安心して過ごせるようにする。 **食に関心がもてるように** ◆食べ物に興味がもてるように、自分の「お弁当」を製作する機会をもつ。毎月のお弁当日の中身にどんな物が入っていたか質問したり、食べ物の写真などを見せて、製作するおかずなどをイメージしやすくする。 **ごっこあそびにつなげて** ◆素材を提供するときは感触や特性がわかるように伝え、分類して置き、自分で選べるようにする。 ◆自分たちが作った「お弁当」を使って、すぐにあそび始められるように、人数分のお弁当パック、たこ焼き器やざるなど、ごっこあそびが楽しめる道具を用意し、場をつくっておく。	**快適に過ごすために** ◆生活のなかで衣服を着替える時間をつくるが、着替えるか着替えないかは、個人の様子に応じて進めていく。汚れに気づかないときは、なぜ着替えるのかがわかるようにする。 **好きなあそびを選べるように** ◆好きなあそびを選べるように、各コーナーに発達に合わせたおもちゃを用意しておく。また、作った物であそんでいるので、ままごとコーナーに運んであそべるよう動線を考え、ままごとコーナーの隣に製作コーナーを設定する。 ◆製作コーナーには見本をいくつか置いておき、選んで作れるようにすると共に、わからないときは保育士が作り方を知らせたり、友達をまねたりできるように環境を整える。 **意欲的に取り組めるように** ◆細かな動きまで求めることなく、楽しい雰囲気のもと、リズムあそびや体操をのびのびと楽しめるようにし、体を動かすあそびに意欲的に取り組めるようにする。 ◆見たりふれたりした動物などをテーマに表現あそびをし、ひとりひとりの動きを取り入れ、みんなでまねをすることで、自分なりに動き、表現することを楽しめるようにする。
評価・振り返り・改善	**「ルールを守る」について** ゲームあそびのなかで順番を抜かしたり、ルールを無視したりする子がいたので、わざとやっているのか、わからないでやっているのかの判断が必要になった。ある子は「自分の番が早く来てほしい」という気持ちから、並んでいるほかの子を抜かして前の方に来ていた。横入りされた	子は、特に気にならなかったようで、その子に対して何も言わなかった。もし、保育士が見ていなかったら、何度も順番を抜かしてしまうかもしれないし、ルールを守らなくてもいいと思ってしまうかもしれない。ルールについては、あそぶ前に子どもたちに話をしているが、約束を守ることは継続して伝えていかないと身につきづらいようだ。3歳という年齢

家庭との連携	教材資料	9月の予定
・疲れから体調を崩しやすいので、こまめに健康状態を伝え合って体調管理をしていく。家庭でもゆっくり過ごすよう伝える。 ・体を動かして汗をかくことが多くなるので、調節ができ、着脱しやすい衣服の用意を伝える。 ・懇談会では、園での様子、家庭でのかかわり、4月からの成長、保護者の悩みなどを伝え合う。	**うた** とんぼのめがね （作詞＝額賀誠志 作曲＝平井康三郎） **うた あそび** よ〜いどっか〜ん！ おつきさん　詳細はP.83 **絵本** ねないこだれだ（福音館書店） ぼくのくれよん（講談社）	・誕生会　・避難訓練 ・お弁当日　・保護者懇談会 **食育** ・苦手な物でも、一口は頑張って食べてみる。 ・お月見のだんごを自分たちで作ることで、季節の食べ物や食に、より一層興味がもてるようにする。

（カ）思考力の芽生え　（キ）自然との関わり・生命尊重　（ク）数量や図形、標識や文字などへの関心・感覚　（ケ）言葉による伝え合い　（コ）豊かな感性と表現

第3週

- ●生活やあそびのなかで、順番を意識して行動する子が多くなった。また、順番に気づかない子に注意する子もいた。
- ●気の合う友達と好きなあそびを継続して行う姿がよく見られた。

○水分補給や体を休める時間をとる。
○自分の体について知る。
◎ルールを守りながら、十分に体を動かしてあそぶ。（ウ）（エ）
○体を動かすことを楽しむ。
○交代や順番などのルールを知る。
◎自然にふれ、季節の変化を知る。（カ）（キ）
○散歩で虫探しなどをしながら、季節の変化を感じる。

自分の体調に気づくために
◆残暑が続き、疲れが出たり体調を崩したりしやすいので、子どもの様子に気を配り、体調管理をしっかりと行う。
◆植物に例えながら、水分の必要性を伝え、「のどが渇く」「頭が痛い」などに気づくことができるようにする。

充実感が味わえるように
◆オニごっこでは、常に「オニ」を意識できるくらいの広さ（15×20m）でオニごっこをし、最初は保育士がオニになって、みんなが走ってぶつからないように逃げることから始め、徐々にルールを増やしていくようにする。
◆交代や順番などは、ルールを守らない見本を見せながら問いかけ、自分で考えられるようにしていく。　詳細はP.83

季節の変化を知る
◆散歩の前に虫に関する素話などを聞かせたり、ポケット図鑑を渡したりして、興味を向けていく。また、捕虫網や虫かごの使い方を確認し、捕まえた虫をどうするのかを話し合う。
◆散歩先では、自然にふれながら子どもたちの感じたこと、発見したことを受け止め、保育士も楽しさを共感する。

第4週

- ●自分から保育士に体調の変化を伝えられるようになった。
- ●戸外に出て、自然にふれたり体を動かしたりしてあそんでいる。

◎食に興味をもつ。（キ）（ク）
○クッキングを通して、季節の食べ物を知る。
○自分で作った物を食べる。
◎いろいろな表現活動を楽しむ。（コ）
○みんなで秋をテーマにした歌をうたったり、楽器あそびをしたりする。

クッキングへの興味を
◆月見だんご作りの前には月の満ち欠けについて話したり、月に関する絵本の読み聞かせをしたりして、「月のウサギになっておだんごを作ろう」と呼びかけ、登場人物になりきってお月見だんごを作れるようにする。
◆クッキングを行うときは、手洗い・消毒などの衛生面に配慮する。ゆでる作業は保育士が行うが、透明のガラス鍋を使用することで、中のだんごの様子も見せ、出来上がるまでの過程を楽しめるようにする。　詳細はP.80
◆自分で作っただんごは、苦手な子が多い食材（きなこや野菜など）とともにみんなで味わい、苦手な物を食べてみるきっかけを作っていく。

音楽表現を楽しむ
◆聞いたことや歌ったことのある曲など、なじみのある楽曲を選ぶ。リズミカルな音と嫌な音の違いをみんなで聞いてから音を出すようにし、リズムのとり方は子どもたちに委ね、自由に楽器あそびを楽しめるようにする。
◆保育士も一緒に歌ったり、振り付けなどを子どもと動きながら考えたりして、みんなで一緒に行う楽しさを味わえるようにする。

から考えると、思いが先に立ち、行動に移したと考えられるが、見逃したままにはできない行動だった。

「子どもの体調管理」について
残暑が厳しく、暑い日が続いたので、ゲームあそびや戸外あそびは、短時間で終えたり、こまめな水分補給と十分な休息がとれるように、生活の流れに配慮する必要があった。屋外と室内では気温差があるので、子どもの体調の変化に特に気を付け、保護者とも連絡を取り合って過ごすようにしたい。また、子どもたち自身が自分の体調に気づけるように、水分補給の大切さや休息をとる意味を再度伝えていった。

9・10・11・12月 指導計画

9月の指導計画 幼稚園

9月のねらい
◎生活のリズムを取り戻し、身の回りのことを自分でやろうとする。
◎教師や友達といろいろなことをしようとする。
◎様々な表現あそびや運動あそびを楽しむ。

※幼児期の終わりまでに育ってほしい姿　(1)健康な心と体　(2)自立心　(3)協同性　(4)道徳性・規範意識の芽生え　(5)社会生活との関わり

第1週

前週末の子どもの姿（9月当初の子どもの姿）
- 長い休みが明けて不安定になり、春のころの姿に戻る子がいる。
- 自分のやることを思い出しながら、少しずつやろうとしている。

ねらい・内容
- ◎生活のリズムを取り戻し、自分のことを自分でする。(1)(2)〔第1週～第3週〕
- ○自分の思いを態度や言葉で表す。
- ◎教師や友達といろいろなことに取り組む。(2)(3)(4)〔第1週～第4週〕
- ○園のみんなで体操したり、踊ったりする。
- ◎お年寄りに親しみをもつ。(5)(10)〔第1週～第2週〕
- ○敬老の日のプレゼントを作る。

環境・援助・配慮のポイント

自分の気持ちを表現できるように
◆不安になったときに我慢をしないで伝えられるような雰囲気作りをしていく。泣いてもいいことを伝え、思い切り発散して安心できるようにする。

みんなで一緒に表現することを楽しめるように
◆クラス・学年・全園児など、大勢で体操やダンスなどをするときには、抵抗なく参加できるよう楽しい雰囲気を作るとともに、戸惑っている子や踊り方のわからない子には、それぞれの困っていることを聞き出し、対応していく。また、のびのびとできたときはその都度大きく認め、次につなげていく。

お年寄りに親しみをもてるように
◆家族と祖父母のつながりについて話し、祖父母を敬老の日の会に園に招待することを伝え、親しみをもてるようにする。
◆祖父母にプレゼントするティッシュペーパーのケースカバーは、クレヨンで自由に絵をかき、上から絵の具を塗ってはじき絵にする。自由にかくことを楽しめるように、ひとりひとりの工夫した点や色遣いなどを認めていく。　詳細はP.80

第2週

- まだ不安で泣いている子も、少しずつ自分のことをやろうとしている。
- 自分の好きな場所で好きなことをしてあそぶ姿が見られる。
- みんなで体操をしたり踊ったりすることに抵抗を示す子がいる。

- ○少しずつ自分のすることを思い出し、やろうとする。
- ○みんなで走ったり、玉入れをしたりして楽しむ。
- ○敬老の日の会に参加し、大勢のおじいちゃん、おばあちゃんとふれあう。

自分のことを自分でやる気持ちを
◆1学期の園生活を思い出せるように話をし、自分のことをやろうとする気持ちになるように、生活の区切りにトイレに誘ったり、あそびの後の手洗い・うがいができたときは褒めたりするなど、その子に合わせて援助したり、よいところを認めたりして意欲をもてるようにしていく。

運動あそびに興味がもてるように
◆かけっこや玉入れに初めて取り組む子どももいるので、ルールや玉の投げ方などを伝え、みんなで楽しんだり、4・5歳児が運動あそびを楽しんでいる姿を見ることで、体を動かすことに興味をもつようにしていく。　詳細はP.82

友達のおじいちゃん、おばあちゃんとふれあう
◆当日は、祖父母やひいおじいちゃん、ひいおばあちゃんなど大勢のお年寄りが来ることを話し、友達の祖父母がみんなのおじいちゃん、おばあちゃんとして一緒に過ごすことを伝える。敬老の日の会ではふれあいあそびをしたり、一緒におやつを食べたりして、楽しく過ごせるように仲立ちをしていく。

評価・振り返り・改善

「生活のリズムを取り戻す」について
1学期の後半に落ち着いて生活していた子も、長い休み明けは春のころの状態に戻ることがある。また、今まで大丈夫だった子が不安定な様子を見せることもある。教師とひとりひとりの子どもの信頼関係がいちばん大事なので、できるだけ早く安心して生活できるよう、家庭と連携をとり、ひとりひとりに合わせて対応していくようにする必要がある。

「教師や友達といろいろなことをしようとする」について
運動会ごっこなど、クラスが一つになって何かを経験するという機会が多い。そんなとき、だれもが抵抗なく参加できるような雰囲気作りを心

家庭との連携	教材資料	9月の予定
・夏休みの間によくしかられていた子どもは不安定で、必ずサインを出している。気になる子どもについては、個々の保護者に褒めることの大切さについて話していく。 ・運動会は見せるためにやるのでなく、あくまでも子どもたち自身が体を動かすおもしろさや友達と一緒に行う楽しさを感じられるようにするのを目的にしていることを伝え、日々の運動あそびや表現あそびもできるだけ見に来るよう呼びかけていく。**詳細はP.82**	**うた** 運動会のうた（作詞＝小林久美　作曲＝峯 陽） ふしぎなポケット（作詞＝まど・みちお　作曲＝渡辺 茂） **うたあそび** お寺のおしょうさん／1ぽんと1ぽんで **絵本** りんごがドスーン（文研出版）／タンタンのずぼん（偕成社）	・始業式　・入園説明会 ・敬老の日の会　・保育参観 ・身体測定　・誕生会 ・不審者訓練

(6)思考力の芽生え　(7)自然との関わり・生命尊重　(8)数量や図形、標識や文字などへの関心・感覚　(9)言葉による伝え合い　(10)豊かな感性と表現

第3週

- 泣く子が見られなくなり、ほとんどの子が元のペースに戻りつつある。
- ほとんどの子どもが自分のことを自分でやろうとしている。
- 運動あそびになかなか参加しようとしなかった子も、自分から楽しむ姿が見られる。

○自分から身の回りのことをやろうとする。

○不審者訓練に参加する。
◎様々な表現あそびを自分なりに楽しむ。(2)(10)
○運動会の旗（染め絵・イカとタコ）を作る。

自分でやろうという気持ちを認める
◆自分から着替えなどに取り組んでいるときは見逃さずに大きく認め、自信につなげていく。

教師の話をよく聞いてみんなで参加できるように
◆不審者訓練など全園児で話を聞く機会が多いため、3歳児なりに落ち着いて話を聞けるように、話が終わるまでは友達としゃべったり、立ったりしないことを訓練前に実際にやって見せながら印象づけて伝えていく。
◆訓練では、まず子どもたちに「先生がいるから大丈夫」と伝える。避難ルートは教師が臨機応変に冷静に判断して誘導し、子どもたちが不安にならないようにする。避難後は人数確認をし、子どもに不安が残らないよう気を付けていく。

絵の具やはさみを使って楽しく表現する
◆染め絵では折ったり、絵の具をつけたりする工程をわかりやすく伝え、表現することを楽しみ、おもしろい作品が出来上がる喜びを味わえるようにしていく。**詳細はP.81**
◆色が紅白なのでイカとタコを型紙にし、自由に切るという経験と指定線のとおりに切るという経験を楽しめるようにする。出来上がった作品は、教師が運動会の旗にして飾る。

第4週

- 自分から身の回りのことをやろうとする姿が見られる。
- 自分のしたいあそびを見つけて、集中してあそべるようになる。
- 運動会のことを少しずつ理解し始め、いろいろな運動あそびに興味を示す。

◎周りに目を向け、友達の様子に気づく。(4)
○友達の手伝いをする。

○みんなで運動会で行う種目を楽しむ。
○体操・かけっこ・リズムあそびなどをしてあそぶ。

友達の様子にも気づくように
◆クラスの友達が周りの友達に気づいて行動している様子を子どもたちの前で話すことで、自分のことだけでなく、周りにも目を向け、困っている友達に話しかけたり手伝ったりできるようにしていく。

毎日が楽しい運動会であるように
◆運動会当日だけでなく、それまでの日々もひとつひとつの活動やあそびを楽しみながら積極的に取り組めるように、雰囲気づくりをし、自由に運動会の種目を楽しめるようにする。**詳細はP.82**
◆運動あそびが苦手な子もいるので、自由にあそぶことと同じように運動会の種目のなかで走ったり踊ったりすることが楽しいと感じられるようにしていく。
◆体操やリズムあそびなどは、見せるために練習するのではなく、みんなが集まったときに、普段親しんでいるリズムあそびや体操の曲をかけ、教師も一緒に動くことで、やりたい子から自然にあそびに加われるようにしていく。
◆続けて行うことで飽きないよう、毎日行うのではなく、子どもの様子を見ながら行うようにする。**詳細はP.82**

9・10・11・12月 指導計画

がけることが大事だが、「やりたくない」という子がいるのも不思議なことではない。これもやはり教師との信頼関係が大きいので、少しでも一対一で過ごす時間を作り、個々への対応をしていく。

「さまざまな表現あそびや運動あそびを楽しむ」について
何かを作ったりかいたり、踊ったり、いろいろな場面で自己表現をするなか、その子なりに満足して行えるように、みんなが同じであることを要求するのではなく、その子の今の状態をありのまま受け止め、その都度大きく認め、次の意欲へとつなげていく必要がある。

10月の指導計画 保育園

 → 保育園 → 月間 → P068_3歳10月_保

10月のねらい
◎生活の見通しをもって過ごそうとする。
◎ルールや約束を守りながらあそぶ楽しさを味わう。
◎行事や日々の取り組みのなかで、友達と一緒に体を動かす喜びを感じる。
◎身近な自然物を使って、表現することを楽しむ。

※幼児期の終わりまでに育ってほしい姿　（ア）健康な心と体　（イ）自立心　（ウ）協同性　（エ）道徳性・規範意識の芽生え　（オ）社会生活との関わり

	第1週	第2週
前週末の子どもの姿	●体を動かすことを楽しみ、順番や交代など簡単なルールを守って友達とあそぶ姿が見られた。 ●園庭で走ったり踊ったりすることを楽しんでいた。	●ほかのクラスの体操や動きをまねてあそぶ姿が見られた。 ●特定の友達と誘い合ってあそんでいた。
ねらい・内容	◎生活の流れを見通して行動しようとする。(ア)(イ) ○休息をとる。 ○一日の流れを知り、自分から気づく。 ◎体を動かしながら、友達と協力する楽しさを知る。(ア)(ウ)(エ) ○運動会の種目に取り組む。 ○4・5歳児と一緒にリズム体操をする。 ○運動会に参加し、自分の力を発揮する。	◎ルールや約束を守ろうとする。(エ)(オ) ○園外保育や散歩で交通ルールを守る。 ◎運動会の余韻を楽しみ、のびのびと体を動かす。(ア)(ウ)(エ) ○運動会で見た競技から好きなあそびを選んであそぶ。 ○友達とのかかわり合いを楽しみながらあそぶ。 ◎季節の変化を感じる。(カ)(キ) ○園外保育に出て、昆虫や草花を見つける。
環境・援助・配慮のポイント	**ゆとりをもって** ◆戸外で活動するときは、木陰で話をして気分転換をしたり、休息をとったりするよう促していく。また、体を動かした後はしっかりと休めるよう水分補給や着替えをして、休息時間を十分とるようにする。 ◆運動会の取り組みが中心になりやすいので、落ち着いて好きなあそびをじっくりと楽しむ時間も大切にしていく。 ◆午前中の活動の流れを、朝の集まりなどで簡単に伝え、子ども自身が「次は何をするのか」に気づけるようにする。 **運動会への取り組み** ◆運動会の種目は、子どもが取り組んできた運動あそびを基にし、普段の生活の延長線上にあるようにする。あそびのなかで、運動会の競技内容が子どもたちの発達や興味に沿っているかを確認しながら進めていく。 ◆5歳児にリズム体操の見本をしてもらうなど、子どもたちで進め、やり切れるように活動への導入を工夫する。 ◆友達と教え合って協力して楽しめるようにしたり、できるようになったことを見せ合ったりする機会を設ける。 ◆当日は、今まで頑張ってきたことを話し、自分たちでやり切ることができるような環境作りをする。	**自分たちで交通ルールを守れるように** ◆園外保育に出発する前に、「横断歩道ではなぜ手を上げる？」「前から自転車が来たらどうする？」など、子ども自身が気づき、行動できるような言葉かけをする。 ◆歩行中は列の前後に保育士が付き、子どもたちの様子や周りの状況を常に把握しながら移動する。そのなかで状況に応じて、子どもたちが気づけるように声をかけていく。 **運動会後の取り組み** ◆運動会で使った道具などを使えるようにして、子どもたちが自分で好きな種目を選択して、友達とあそべるようにする。 ◆運動会の余韻から出てくる活動的なあそびのなかで、物の貸し借りや道具の使い方、友達とのかかわり方などを理解できるようにし、次の取り組みにつなげていく。　詳細はP.87 ◆ゆっくりする時間を大切にしながら、あそびを充実させ、落ち着いて過ごせるよう配慮する。 **ゆっくりとした時間のなかで** ◆園外保育では、ゆっくりとした時間を自然のなかで過ごし、気候の変化を感じたり、空の様子を見たり、秋の草花や木の実に気づけるようにする。首から下げられる手持ちの図鑑や捕虫網、虫かごを用意し、興味がもてるようにしていく。
振り返り・評価・改善	**のびのびと運動会を楽しむために** 体を動かすあそびは前月から継続して行ってきたが、今月に入って2〜3度中学校の体育館を使用させていただき、全体の広がりや動きなどを確認しながら運動会の練習を進めていった。当日、お客さん（保護者）がトラックを囲み、独特の雰囲気のなかで行う競技やダンスは、3歳児	にとって普段通りに行うことは難しく、舞い上がって散漫になってしまう子や緊張からか固まってしまう子などが見られた。練習やリハーサルの段階で、より詳しく当日の会場の様子を伝え、当日は見ている人がいてもいつも通りでよいことや、できるだけ頑張ろうとする気持ちが大切なことを伝え、3歳児なりに自己発揮できるような雰囲気や言葉かけな

家庭との連携	教材資料	10月の予定
・競技の見どころや子どもの頑張っているところなどを知り、取り組みを楽しみにできるよう、運動会のお知らせを発行する。 ・過ごしやすい気候になるので、気温に応じた衣服の用意をお願いする。	**うた** どんぐりころころ （作詞＝青木存義　作曲＝梁田 貞） **うたあそび** やきいもグーチーパー おいもゴロゴロ **絵本** おたすけこびと（徳間書店） おむすびころりん（鈴木出版） 詳細はP.87	・誕生会　・避難訓練 ・お弁当日　・運動会 ・焼き芋大会

食育
・4歳児が育てたサツマイモの収穫を見たり、焼き芋大会で実際に食べたりして、秋の味覚を味わう。

（カ）思考力の芽生え　（キ）自然との関わり・生命尊重　（ク）数量や図形、標識や文字などへの関心・感覚　（ケ）言葉による伝え合い　（コ）豊かな感性と表現

第3週

● 使った後のおもちゃは所定の場所に片付けるようになってきている。
● 数人のグループができ、あそびを楽しんでいる姿がよく見られた。

◎みんなと楽しさを感じながらあそぶ。（ウ）（エ）
○ルールを共有しながらあそぶ。
○園庭で好きなことをしてあそぶ。
◎秋の自然を満喫する。（ア）（エ）（キ）
○4歳児クラスの芋掘りを見たり、焼き芋大会に参加したりする。
○焼き芋ごっこをする。

集団で楽しくあそぶために
◆保育士が仲立ちをしながら、鬼ごっこなどルールのあるあそびを進めていき、ときどきルール確認を行いながら徐々に自分たちだけでも楽しめるようにする。　詳細はP.88
◆園庭で鬼ごっこや虫探し、ままごとなどをするので、あそびに入り込むとき、保育士の目がまんべんなく行き届くように、ほかのクラスの職員と協力しながら、安全面に十分気を付ける。

季節の行事を楽しむために
◆落ち葉を拾ったり、サツマイモをアルミホイルに包んだりと、3歳児にもできることを取り入れながら、行事に期待感をもてるようにする。　詳細はP.84
◆水を入れたバケツの準備や風向き、地域の消防署に事前に連絡を入れるなど、火の取り扱いに気を配る。たき火の周りには線を引き、線の内側に入らないようにすることや、やけどについて子どもたちに伝え、けがなく楽しめるようにする。　詳細はP.84
◆焼き芋大会後は、子どもたちが焼き芋ごっこを始めるので、保育士も一緒に落ち葉集めや泥芋作りを楽しみ、あそびを盛り上げていく。　詳細はP.84

第4週

● 焼き芋大会の様子を思い浮かべながら、友達と焼き芋ごっこを楽しんでいた。
● あそびのなかで、友達と意見をぶつけ合い、お互いを意識し合いながらあそぶ様子が見られた。

◎衣服の調節や着替えを自分でしようとする。（ア）（イ）
○気温の変化を知り、衣服の調節や水分補給をする。
◎秋の自然物を使って、自分なりの表現を楽しむ。（キ）（コ）
○おイモの表現あそびをする。
○自分で物を作る喜びを味わう。
○自分の作品のよさを感じる。

自分で気づけるように
◆その日の天候やあそび方によって、汗をかいたり泥汚れがあったりなど違いがあるので、水分補給をしたり、服を着替えたり、1枚脱いだり、衣服をはたいたりと、状況に応じた衣服の調節の仕方を伝えていくことで、自分で気づいて行えるようにする。

表現あそびを楽しむ
◆「芋掘りから焼き芋にして食べる」など、サツマイモを焼き芋にして味わうまでの過程を実際に見て、食して、感じたことを、自分なりに表現してあそび、自由な表現を認めることで、感性の育ちを促していく。　詳細はP.85
◆絵画表現では、収穫の様子や焼き芋大会の話をし、サツマイモのイメージが膨らんだところでかけるようにする。絵の具のほかにクレヨンやシールなども用意し、表現の幅が広がるようにしたり、できた絵をバッグにしたりすることで、子どもが満足感をもてるようにしていく。　詳細はP.84
◆身体表現では、子どもがサツマイモ、保育士が育てる人になり、苗から収穫するまでの様子を動きで表現して楽しめるようにする。　詳細はP.85

9・10・11・12月 指導計画

どを考えて、運動会に臨めるようにしていく大切さを感じた。

安全のための約束
焼き芋大会への期待を盛り上げようと、散歩で焼き芋大会に使う落ち葉を集めたり、年上の子どもたちの芋掘りを見学したりした。当日はサツマイモをアルミホイルで包む作業を手伝った。焼き上がりが楽しみになるよう焼いているところも見せたかったが、火を扱うので安全確保がなかなか難しく、近くでは見せられなかった。子どもにはたき火に近づかないよう話し、煙が向かわない見学場所の確保にも配慮が必要だった。

10月の指導計画 幼稚園

10月のねらい
- ◎生活のなかでいろいろなことに取り組む。
- ◎自分の思いを教師や友達に伝えようとする。
- ◎自然のなかであそんだり、自然物を使ったりしてあそぶことを楽しむ。

※幼児期の終わりまでに育ってほしい姿　(1)健康な心と体　(2)自立心　(3)協同性　(4)道徳性・規範意識の芽生え　(5)社会生活との関わり

	第1週	第2週
前週末の子どもの姿	●運動会の活動や散歩の経験を通して、自分から戸外であそぶ子どもが増えてきている。 ●他学年の運動会の種目を見ることで、自分たちもやりたいという気持ちが膨らんできている。	●過ごしやすい気候が続き、戸外で過ごす時間が増え、体を動かしてあそぶ姿が目立つようになる。 ●運動会の活動を見るため園内に保護者の姿が多くなるが、不安定になることなく、いつものように生活している。
ねらい・内容	◎教師や友達とお弁当を食べることで食への関心を高める。(1)(5) ○いろいろな友達とさまざまな場所でお弁当を食べる。 ◎自分の思いを教師や友達に伝えようとする。(2)(9)(10)〔第1週〜第3週〕———— ○してほしいことや困ったことなどを教師に伝える。 ◎生活のなかでいろいろなことに取り組む。(3)(5)(10)〔第1週〜第2週〕———— ○みんなで体操したり、踊ったり、走ったりする。	 ○いつもと違う環境のなかでも、してほしいことや困ったことがあったら伝える。 ○初めての運動会に参加し、普段通りに楽しく取り組む。
環境・援助・配慮のポイント	**みんなで同じ物を食べる経験を通して** ◆お弁当の時間に、農家の方からいただいた野菜を調理した物をみんなで食べられるようにする。こうした経験を繰り返すことで、普段家庭では食べない野菜を、自分から食べられるようにしていく。 **自分の気持ちを表現できるように** ◆教師とのきずなが深まってくると、自分の思いを身ぶりや態度、言葉で表現できるので、質問したりしながら、1日に1回は一対一で話す機会をもち、ひとりひとりとのきずなをさらに深めていく。 ◆自分なりの表現で伝えてきたときには大きく認めたり、スキンシップをとったりして、安心していつでも伝えられるように受け止めていく。 **表現する楽しさを味わえるように** ◆他学年の運動会の種目を見て、一緒に参加したり、自分たちが走ったり踊ったりするところを他学年の友達や保護者に見てもらったりするなど、当日まで飽きることなく楽しく取り組めるように盛り上げていく。	**違った環境でも表現できるように** ◆どんなときでも言えるよう、いつでも困ったことやしてほしいことがあるときは、教師や友達に話すように繰り返し伝えておく。 ◆運動会当日は大勢の観客のなかで不安定になり、いつもと違う姿が見られるが、そんななかでも自分の気持ちを伝えられるように、言いやすい雰囲気作りをする。まずは教師が普段と同じ気持ちでかかわっていくように心がける。 ◆ひとりひとりの表情を見逃さず、少しでも不安そうな子どもを見かけたら、声をかけるようにする。 **大勢の人の前で表現することが楽しいと思えるように** ◆運動会当日は、普段以上に大勢の人たちに囲まれるので、できるだけ普段通りの状態で参加できるよう、まずは教師自身が落ち着いて行動することで、子どもが落ち着けるようにしていく。 ◆出来栄えに関係なく、楽しんで表現できるように、教師自身がまず楽しむことを大事にし、子ども自身が表現する楽しさを十分に味わい、満足感をもてるようにする。

評価・振り返り・改善

「生活のなかでいろいろなことに取り組む」について
9月に比べ、どの子も安定して生活しているため、クラスのみんなでいろいろな活動やあそびを楽しめるようになった。この時期の経験がお店ごっこや3学期の生活発表会につながるため、引き続きお弁当の前など、普段の生活のなかのちょっとした時間に表現を楽しむ活動を取り入れるといいのだが、教師に心の余裕がないとなかなかできない。

「自分の思いを教師や友達に伝える」について
半年がたち、それぞれの子どもの性格を把握でき、教師と子どもとのきずながてきている。言葉だけでなく、しぐさなどいろいろな方法で

家庭との連携

- 運動会では、子どもたちの一番いい状態を見てもらうのではなく、できるだけ普段に近い状態を見てもらうことで、子どもや教師が楽しいと感じることを目指していると伝わるようにしていく。
- クラス懇談会では入園からの半年間の様子を伝えるとともに、この時期にお願いすることを伝えていく。保護者には話を聞いてもらうだけでなく、ゲームを楽しむ時間も設け、保護者同士がふれあえるようにする。

教材資料

うた どんぐりころころ
（作詞＝青木存義 作曲＝梁田 貞）
ふしぎなポケット
（作詞＝まど・みちお 作曲＝渡辺 茂）

うたあそび 一丁目のどらねこ

絵本 だるまさんが（ブロンズ新社）
いろいろごはん（くもん出版）

10月の予定

- 運動会　・クラス懇談会
- いちご動物園（移動動物園）
- 父親参観　・遠足
- 誕生会

(6)思考力の芽生え　(7)自然との関わり・生命尊重　(8)数量や図形、標識や文字などへの関心・感覚　(9)言葉による伝え合い　(10)豊かな感性と表現

第3週

- ●運動会が終わっても引き続き、自分たちのだけでなく他学年のいろいろな体操や踊り、競争を楽しむ姿が見られる。
- ●大きな行事を終え、それぞれの子どもがじっくりあそぶ姿が見られる。

○普段見られない動物とかかわり、感動を共有する。
○誕生会でお祝いの気持ちを言葉で表現する。
◎自然のなかであそぶことを楽しむ。(6)(7)(10)
○いろいろな公園に、散歩や遠足に出かけて楽しむ。

ふれあえた感動を共有する
- ◆動物にふれる前に移動動物園の人から注意事項を聞き、安全にふれられるようにするとともに、アレルギーのある子どもは前もって確認し、配慮していく。
- ◆移動動物園では、いろいろな動物に興味をもち、不安がらずにかかわれるように、教師がふれて見せたり、一緒に見たりして安心できる雰囲気作りに努める。
- ◆その子に応じて動物とふれあえた感動を言葉にしていくことで、達成感を味わえるように言葉を受け止め、共感する。

いろいろな気持ちを言葉で表現できるように
- ◆毎月の誕生会では、誕生日を祝うことや祝われることを「おめでとう」「ありがとう」と言葉で伝えることで、楽しさや心地よさが感じられるようにしていく。

秋の自然を感じながら
- ◆園庭では見られない葉っぱや実や虫などに興味をもてるように、様々な公園に出かけ、珍しい物を見つけたときは周りにも伝えていく。また、集めた自然物は持ち帰り、ごっこあそびや製作に使って、楽しめるようにする。
- ◆遠足では遊具のない広々とした環境のなかで思い切り体を動かしたり、自然にふれたりして満喫できるようにする。

第4週

- ●いろいろな場所に散歩に出かけているうちに、声をかけなくても3歳児だけで上手に歩けるようになってきた。
- ●落ち葉や虫などに興味をもち、盛んに拾ったり集めたりしている。

◎友達と自分の気持ちを言葉で伝え合ってあそぶ。(3)(8)(9)
○あそびのなかで、自分の気持ちを言葉で伝える。
○いろいろなお店を見に行き、言葉のやり取りをして買い物をする。
◎秋の自然や味覚を楽しむ。(7)
○公園で拾ってきたシイの実やもらった秋野菜を食べる。
○園庭の落ち葉であそぶ。

自分の気持ちを言葉で表現できるように
- ◆子どもたちだけで小さな集団であそべるようになってきているなか、言葉でうまく思いを伝えられない場面も出てくる。友達に言葉でどう伝えたらよいかわからない子には、教師が話を聞いて、手を出さずに、自分の気持ちを言葉で表現できるよう、気持ちをくみ取って仲立ちをしていく。

買い物ごっこで言葉のやり取りを楽しむ
- ◆子どもに買ってみたい品物を聞き、そのなかから、ごっこあそびで作れそうな物を実際に商店へ買い物に行き、みんなで食べる。
- ◆実際に行ったお店の品物を見てきた次の日にすぐに作り、ままごとコーナーに用意しておくとあそびが盛り上がる。
- ◆みんなで本物のお店で買い物のやり取りを経験し、同じようにごっこあそびのなかで再現することで、言葉のやり取りを自然に楽しめるようにしていく。

秋の自然を満喫する
- ◆散歩で拾った物やもらった秋野菜・果物をみんなで食べたりすることを経験できるようにする。　詳細はP.85
- ◆拾った自然物は普段のあそびに取り入れ、生活のあちこちで秋の自然を感じられるようにしていく。

相手に何かを伝えようとしているのがわかるため、伝えられたときには大きく認め、安心できるようにし、自信につなげていくことが大事である。教師と子どもとの関係は築けてきているが、子ども同士はまだまだ意思の疎通が難しく、トラブルになることがあるため、気を付ける必要がある。

「自然のなかであそんだり、自然物を使ってあそぶ」について
毎日過ごす園庭で秋を感じたり、近くにある様々な公園で違った環境を楽しむなど、この時期にしか経験できないことを楽しむことができた。自分から園庭であそぶ姿が増えてきているため、引き続き戸外で過ごす時間を楽しめるようにしていきたい。

9・10・11・12月 指導計画

11月の指導計画 保育園

11月のねらい
◎手洗い・うがいなど身の回りのことを丁寧に行い、健康な心と体を培う。
◎社会生活の中で、いろいろな人とのふれあいを楽しむ。
◎友達とルールのあるあそびを共有して楽しむ。
◎秋の自然物に親しむ。

※幼児期の終わりまでに育ってほしい姿 （ア）健康な心と体 （イ）自立心 （ウ）協同性 （エ）道徳性・規範意識の芽生え （オ）社会生活との関わり

第1週

前週末の子どもの姿
- 保育士や友達と一緒に、園庭で鬼ごっこを楽しんでいた。
- 気候もよくなり、外で元気に走り回る子が多くなってきた。

ねらい・内容
- ◎ほかの子の保護者とのかかわりやふれあいを楽しむ。（エ）（オ）
- ○親以外の大人と保育参加でふれあってあそぶ。
- ◎秋の植物を育て、生長に期待をもつ。（キ）
- ○ひとりひとり、みんなで種を植える。
- ○水やりのやり方を覚え、自分たちで世話をする。

環境・援助・配慮のポイント

保育参加のなかで自然なかかわりを
- ◆保育参加については、子どもたちには「今日は○○君のお母さんが、△△組の先生になってくれます」と保護者が園に来る日に伝え、普段どおりに過ごせるようにする。
- ◆保護者とは、衣服の着脱の手伝いや簡単なゲームを通じて自然にかかわれるようにし、子どもたちがいろいろな大人と接する機会を作っていく。　　　　　　　　詳細はP.125
- ◆自分の親が周りの友達とかかわる姿を見て、高揚感や独占欲など心の葛藤（かっとう）が見られる子には、その心情に共感し、気持ちに寄り添っていく。保護者と過ごせるようにしたり、保護者がほかの子とかかわるときは保育士と過ごしたりして、保護者も子どもも豊かな経験ができるようにする。

水やりの加減を知らせる
- ◆全員が自分で種を植えることを経験することで、生長を楽しみに世話ができるようにする。
- ◆水のやりすぎに気を付けるように、人間に例えながら「御飯（水）をいっぱい食べすぎるとおなか痛くなるでしょ。お花も野菜も一緒だよ」など話しながら、どれくらいの水の量がちょうどよいかの見本を見せる。
- ◆子どもたちの手の届く場所にじょうろを置き、自分たちで気づいたときに水やりができるようにする。

評価・振り返り・改善

「保育参加」について
およそ1か月間（1日1～2家庭が参加）を通して、保育参加（9：00～昼食まで）を行い、保護者が絵本を読んだり、ゲームに参加したりしたが、子どもによっては、自分の親が園に来ていることでテンションが上がり、普段どおりに過ごせなかったり、ほかの子を抱っこする親を見

第2週

前週末の子どもの姿
- ルールを理解しながら鬼ごっこなどを楽しんでいる子がいた。
- 「○○しよう」と誘い合い、あそび始める半面、友達の誘いを「嫌だ」と返す姿も見られた。

ねらい・内容
- ◎身の回りのことを進んでやろうとする。（ア）（イ）
- ○手洗い・うがいを意識して行う。
- ○自分で排せつ後の始末をしようとする。
- ◎秋の遠足に行き、自然を味わう。（ウ）（エ）（キ）
- ○アスレチックや自然散策を楽しむ。
- ○異年齢でのあそびを楽しむ。

環境・援助・配慮のポイント

自分で気づいて行えるように
- ◆ほかの子の行動にも目が向く時期なので、手洗いやうがいを忘れる子がいると、「○○君がしてなーい」と伝えてくる子も出てくる。「○○君、のどが痛くなったらどうしよう」と返事をすることで、訴えを受け止めながらも、友達を心配する気持ちを大事にしていけるようにする。
- ◆うがいや手洗いを習慣にするためには、常に保育士が声をかけるのではなく、水場に興味を引くような掲示をはり、子ども自身が気づけるようにしていくことも大切にする。
- ◆排便後のトイレットペーパーの使い方を知らせる。まずはやってみることから始めて、「最後に仕上げふきをするからね」と伝え、自分でできるように促していく。

遠足について
- ◆事前に下見を行い、アスレチック遊具や自然のなかであそぶときの危険なポイントを把握しておき、安全に過ごせるようにする。職員同士で話し合って計画を立て、役割分担を決めて、円滑に遠足を楽しむことができるようにする。
- ◆遠足先の施設内では、好きな友達と過ごすので、昼食時間を異年齢グループで過ごしたり、昼食後に異年齢のかかわりがもてるようなふれあいあそびを提供したりして、異年齢でかかわって楽しめるようにする。

て、自分の親がとられるのではとの思いから、親から離れないでべったりする子もいた。それぞれの反応が違い、保育士としては子どもの新たな面が見られ、貴重な活動となった。また、保護者からも、クラスの子どもと一緒に過ごすことで、自分の子どもを違った角度で見ることができたり、改めて成長を感じることができたという感想が多く聞かれ、互

家庭との連携	教材資料	11月の予定	食　育
・朝、夕と気温の差が出てくるので、トレーナーなど着脱しやすい衣服を用意するよう伝える。 ・風邪などが流行するので、手洗い・うがいの丁寧なやり方や予防方法を伝えていく。	うた　やぎさんゆうびん （作詞＝まど・みちお　作曲＝團 伊玖磨）　詳細はP.89 うたあそび　集まれ〜！ 大きくなったら何になろう 絵本　えんそくバス（童心社） こんとあき（福音館書店）	・誕生会 ・避難訓練 ・保育参加（1か月間） ・秋の遠足（お弁当日）	・慣れない食べ物や嫌いな食べ物にも、自分で量を調節しながら挑戦する。 ・保育参加や遠足で身近な大人や友達とともに、食事をする喜びを味わう。

（カ）思考力の芽生え　（キ）自然との関わり・生命尊重　（ク）数量や図形、標識や文字などへの関心・感覚　（ケ）言葉による伝え合い　（コ）豊かな感性と表現

第3週

- あそびのなかで友達とのやり取りが活発になり、言葉遣いがきつくなったりすることがある。
- 葉っぱの色づきに気づいたり、身近な木の実などを持ってきたりする子がいた。

◎あいさつを進んでする。（ケ）
○あいさつの仕方や場面によっての使い分けを知る。
◎友達とふれあいながら、ルールのあるあそびを楽しむ。（ウ）（エ）〔第3週〜第4週〕
○ペアを作ってあそぶ。
◎秋の自然を満喫する。（カ）（キ）
○木の実や葉っぱの色づきを見たり比べたりする。
○自然物を用いてあそぶ。

いつ、どのあいさつをする？
◆「おはようございます」「こんにちは」「ごめんなさい」「ありがとう」など、子どもが慣れ親しんでいる言葉を出し、どんなときに使うのかを問いかけながら、場面に応じた使い分けを知ることができるようにする。　詳細はP.92
◆保育士が進んで行う（見本になる）ことで、使い方や意味などが自然と子どもたちにも理解できるようにする。　詳細はP.92

あそびを共有できるように
◆ルールのあるあそびをするなかで、自分でペアになる相手を見つけたり、「次は組んだことのない人とペアを作る」など、保育士がルールを加えたりして、いろいろな子とふれあい、あそびを共有できるようにする。　詳細はP.89

気づきを大切に
◆子どもたち自身で発見を楽しめるように、秋に関する絵本などを見たり、集めた自然物を入れるマイバッグを作ったりしてから、散歩の活動に入る。また、散歩中に子どもが気づいたことは丁寧に受け止め、共感していく。
◆自然に収集が始まるので、それを生かして自然物を並べる、比べる、重ねるなどを始めたときは、自分たちであそびを展開していけるように必要な材料を用意していく。　詳細はP.86

第4週

- 秋の自然に気づき、子どもたちの会話のなかにドングリや落ち葉など、秋に関する話題が多く聞かれた。
- 外で活発に走り回る子が多く、自分たちで誘い合ってあそびが始まることがあった。

◎気温に応じて衣服の調節をしようとする。（ア）（イ）
○気温の変化に気づき、衣服の着脱をする。
○誘い合ってみんなであそぶ。
◎秋の自然物を使って、イメージを表現して楽しむ。（カ）（キ）（コ）
○自然物を体を使って表現する。
○自然物を使った製作をする。

衣服の調整に気づけるように
◆朝・昼・夕で気温の変化があり、寒いときに着られるようトレーナーなどを常備しておき、自分で気づき、衣服の調節ができるようにする。また、あそびに夢中になると気温の変化に気づけない子もいるので、「夕方になって、寒くなったね」などとその都度言葉をかけて、気温の変化に気づき、衣服の調節が習慣づくようにしていく。

繰り返しのなかでふれあいを
◆あそびにうまく入れない子や誘われない子もいるが、それも経験として見守るようにする。やったことのない子とのペア作りを繰り返し行っていくことで、あそびのなかに入るきっかけを提供したり、友達を誘いかけたりする子が出てくるようにする。

自然物をより詳しく知るために
◆持ち帰った自然物を見たり、触ったり、においをかいだり、転がしたりして実際に動きを見て、特性を感じてから、自然物の表現あそびを楽しむようにする。　詳細はP.86
◆イメージを膨らませて製作に取り組めるように、様々な形や種類の自然物に見たりふれたりしてから、折り紙でドングリを折るなどして楽しめるようにする。　詳細はP.86

9・10・11・12月指導計画

いに子どもを知るよい機会になったと思う。

「秋の自然への気づき」について
散歩に出るときに、子どもたちからの発信を大切にしようと思い、秋の自然に関する絵本を見てから散策に出た。葉っぱの色づきやドングリ拾いなど3歳児ならではの発見もあったが、思いの外、気づき切れないことが多かった。「あれもこれも」と、つい先取りして伝えてしまい、保育士主導になってしまった。自然散策をする場所は同じにし、四季ごとに行くことで気づきも生まれるのではないかと感じた。

11月の指導計画 幼稚園

CD excel → 幼稚園 → 月間 → P074_3歳11月_幼

11月のねらい
◎行事に興味をもち、みんなで楽しむ。
◎いろいろなものを作る表現を楽しむ。
◎言葉のやり取りやお店ごっこを楽しむ。

※幼児期の終わりまでに育ってほしい姿　(1)健康な心と体　(2)自立心　(3)協同性　(4)道徳性・規範意識の芽生え　(5)社会生活との関わり

	第1週	第2週
前週末の子どもの姿	●まだまだ気温が下がらず、比較的暖かいため、自分から戸外であそぶ子が多い。 ●お店に出かけたことをきっかけに、教師とごっこあそびを楽しむ姿が見られる。	●作った品物を使って自分たちでごっこあそびを楽しみ、言葉のやり取りを自然にしている。 ●次週に行う焼き芋パーティーに使う落ち葉を、みんなで拾い集める姿が見られる。
ねらい・内容	◎全学年で参加する行事に興味をもち、みんなで楽しむ。(7)(10)〔第1週～第4週〕―――――――― ○焼き芋パーティーに興味をもち、楽しみにする。 ◎いろいろな物を作ることを楽しむ。(6)(8)(10)〔第1週～第2週〕―――――――→ ○経験を思い出しながら、お店ごっこで売る品物を作る。 ◎言葉のやり取りをしながらごっこあそびを楽しむ。(3)(5)(9)〔第1週～第4週〕―― ○作った品物を使って、ごっこあそびを楽しむ。	○創立記念日、誕生会、焼き芋パーティーに参加する。 ○お店ごっこに使う財布やお金、品物を作る。 ○銀行でお金をもらうために言葉のやり取りをする。
環境・援助・配慮のポイント	**焼き芋パーティーを楽しみに** ◆園の畑で5歳児が育てたサツマイモを使って、4・5歳児が焼き芋パーティーをすることを知らせ、みんなで焼き芋に使う落ち葉を集めて、楽しみに待てるようにする。 **簡単に楽しく作れるように** ◆事前に実体験を積み、作る前に実際に買い物で手に入れ、みんなで食べることにより、メロンパンやわらびもちなど、作る物をリアルに表現できるようにする。　詳細はP.90 ◆作るということに抵抗なく参加できるよう、できるだけ簡単な方法で、だれもができる作り方を伝える。ひとりひとりが作りたい物を追求したいときは、自由あそびの時間に自由に作れるように材料を用意しておく。　詳細はP.90 **どんどん使ってあそんで** ◆作った品物をお店ごっこの活動のときだけ使うのでなく、普段の自由あそびの時間にも、ままごとコーナーなどに並べておき、どんどん自由に使ってあそび、満足できるようにしていく。	**みんなで同じ経験をする楽しさを味わって** ◆創立記念日・誕生会では、全学年で一つのものを共感して見る経験を味わえるよう、子どもたちが興味を示すようなプロの人形劇やシャボン玉、職員劇などをして盛り上げる。 ◆焼き芋パーティーでは、簡単な準備から手伝い、焼く様子を見られるようにし、みんなで同じ物を食べる楽しさが味わえるような雰囲気作りに努める。 **ごっこあそびがますます楽しくなるように** ◆品物を作るだけでなく、財布やお金を手にすることで、お店の人とお客さんと両方の役を楽しめるようにしていく。　詳細はP.91 ◆品物をただ売るのではなく、焼くなどの工程も楽しめるよう、リアルに表現できる道具などを教師が用意する。　詳細はP.90 ◆行事に追われることのないよう、思い切り自由にあそぶ時間も増やし、ひとりひとりの様子に留意していく。 **言葉のやり取りを楽しむ** ◆お店ごっこに使うお金(教師手作り)を銀行でもらうあそびをし、やり取りが楽しめるようにする。　詳細はP.91
評価・振り返り・改善	**「行事に興味をもち、みんなで楽しむ」について** 運動会を終え、クラスの仲間と何かをするということに慣れてきたものの、お店ごっこというまた新たな行事において、いろいろな環境の変化に慣れず不安定な姿を見せる子もいる。一対一でかかわる時間を設けるなどして担任とのきずなを深め、安心して過ごせるようにした。	**「いろいろなものを作る表現を楽しむ」について** お店ごっこの品物を作る前に、実際に子どもたちと買い物に出かけ、本物を手に入れ、みんなで食べるという実体験をした。また、みたらしだんごを焼く機械やパン焼きがまなどあらゆる物を、教師が本物に近づけて作ったところ、道具を置いておくだけで、見よう見まねであそんでい

家庭との連携	教材資料	11月の予定
・お店ごっこは当日までの過程を見て理解してもらうことが大事なため、普段から園に足を運んで見ていくよう声をかけていく。また、参観日には実際にお客さんになって買い物をし、子どもたちがいかに楽しい経験をしているかを実感してもらう。 ・気温が下がり、インフルエンザや胃腸風邪が流行する時期のため、うがい・手洗いの重要さなどを伝え、協力をお願いする。	**うた** ぽかぽかてくてく （作詞＝阪田寛夫　作曲＝小森昭宏） おなかのへるうた （作詞＝阪田寛夫　作曲＝大中 恩） **うた あそび** やきいもグーチーパー カレーライスのうた **絵本** ぞうのボタン（冨山房） できるよできるおやまごはん（偕成社）	・創立記念日 ・身体測定 ・誕生会 ・焼き芋パーティー ・お店ごっこ ・お店参観

(6)思考力の芽生え　(7)自然との関わり・生命尊重　(8)数量や図形、標識や文字などへの関心・感覚　(9)言葉による伝え合い　(10)豊かな感性と表現

第3週

- ●行事の多い週だったが、そのことで不安定になることがなく、行事以外の時間で好きなあそびをして発散している。
- ●自由あそびのなかでも「わらび〜もち　おいし〜いよ」などと大声を出し、ごっこあそびを楽しむ姿が続いている。

○お店ごっこの準備や片付けをする。
○自分たちのお店で保護者とやり取りをする。

○お店ごっこのルールを覚え、好きなお店であそぶ。
◎秋の自然に親しむ。(7)
○落ち葉で見立てあそびをする。
○チューリップやヒヤシンスの球根を植え、観察をする。

準備や片付けもみんなで
◆お店の開店準備から閉店の片付けまで、できるだけ子どもたちでできることは経験できるようにする。また、新たにお店に必要になった物は一緒に作り足し、子どもたちがやりやすい方法を考える。

いろいろな楽しみ方ができるように
◆お店ごっこのさまざまなルールを覚え、ほかのお店にお客さんとして出かけたり、好きなお店で働いたりして楽しめるように、何度もごっこあそびを繰り返すようにする。
◆お店参観では、子ども同士にはない普段とは違う言葉のやり取りを楽しめるよう、保護者の方にいろいろな表現をするよう伝える。
詳細はP.91

秋の自然を楽しんで
◆落ち葉はままごとに使うほか、画用紙にはって、チョウや花などに見立てて表現あそびもできるようにする。
◆チューリップやヒヤシンスの球根をクラスで植え、子どもたちが世話をすることで、自然に興味をもてるようにする。

第4週

- ●お店ごっこの活動で違う部屋で過ごすなか、不安になる子もいれば、以前よりたくましく行動する子も見られる。
- ●保護者の集まる機会にも、子どもたちが普段どおり過ごせるようになってきている。

○お店ごっこに参加し、作った品物を持ち帰る。
◎本物のおやつ作りを楽しむ。(1)(6)
○ごっこあそびで作っていた物を実際に作って食べる。

○お店ごっこで店員とお客の両方をする。
◎うがい・手洗いの習慣を身につける。(1)(2)
○うがい・手洗いの大切さを知る。

お店ごっこを楽しむために
◆今までやってきたごっこあそびと違い、買った品物を持ち帰ることができるため、そのことを楽しみに買い物ができるよう話をしていく。
詳細はP.91
◆お店ごっこ当日は、全員が買い物をすることをねらいにするのでなく、品物を見て回ることや、やり取りをすることなど、その子なりに楽しんだことを十分認め、次へつなげていく。

本物のおやつを作る楽しさを味わって
◆みたらしだんご作りでは、ゆでる場面などもすべて子どもたちの目の前で行うので、やけどをしないように器具の配置などに気を付ける。また、白玉粉に水を入れて教師と一緒にこね、だんごの形に丸めるなど、子どもたちにできることは、できるだけ経験して楽しめるようにする。

うがい・手洗いを習慣にするには
◆うがい・手洗いの必要性を知らせるとともに、「できる」ことで安心せず、毎回そばで見守り、できたことを大きく認め、継続できるように援助していく。

9・10・11・12月 指導計画

た。この姿を見て、作る前の導入がいかに重要かを痛感した。

「言葉のやり取りやお店ごっこを楽しむ」について
「いらっしゃいませ」「これください」「はいどうぞ」などの簡単な言葉のやり取りは、教えて、上手に言えるようにするのではなく、日々の生活のなかで自然に言えるようになるのが理想である。お店ごっこの活動の時間だけでなく、普段の環境のなかに作った品物などを取り入れ、何度も何度もそれらを使って好きなようにあそべる環境を作っていったことで、自然な流れで楽しむ形につながっていった。

12月の指導計画 保育園

CD excel → 保育園 → 月間 → P076_3歳12月_保

12月のねらい
◎冬の生活の仕方を覚え、進んで取り組む。
◎体を十分に使い、戸外で元気にあそぶ。
◎友達とあそびを共有しながら、簡単なルールのあるあそびや表現あそびを楽しむ。
◎年末年始の行事に関心や期待をもつ。

※幼児期の終わりまでに育ってほしい姿　（ア）健康な心と体　（イ）自立心　（ウ）協同性　（エ）道徳性・規範意識の芽生え　（オ）社会生活との関わり

	第1週	第2週
前週末の子どもの姿	●水が冷たくなり、手洗いがおろそかになる子がいた。 ●寒さからか、園庭に出ても縮こまって消極的にあそぶ姿が見られた。	●友達とのごっこあそびで、なりきって楽しんでいる。 ●仲のよい友達に誘いかけて、戸外で一緒にあそんでいる姿が見られた。
ねらい・内容	◎冬の生活の仕方を知り、進んで取り組む。（ア）（イ） ○屋内と屋外で衣服の調節を行う。 ○戸外あそびの後は、手洗い・うがいをする。 ◎戸外でたくさん体を使って元気にあそぶ。（ア）（ウ）（エ） ○寒さに負けずにあそぶ。 ○ルールのあるあそびを楽しむ。	◎散歩に行くときのルールがわかり、守ろうとする。（エ）（ケ） ○道路を歩くときや公園であそぶときのルールを知る。 ◎表現する楽しさを味わう。（コ） ○自分のイメージを膨らませ、表現しようとする。 ○友達と一緒に表現あそびをする。 ◎冬の自然を散策する。（キ） ○自然物を収集したり、変化を感じたりして楽しむ。
環境・援助・配慮のポイント	**自分でできるように** ◆防寒着の着脱は、極力自分でできるように見守り、必要に応じて保育士も手助けしていく。また、ロッカーとは別に、子どもが自分で着脱できる場所にフックのたくさん付いた防寒着掛けを置き、園に常備しているトレーナー（家庭から持参した着脱しやすい物）は、そこに掛けておく。 ◆インフルエンザと関連させながら、子どもたちに手洗い・うがいの大切さを再度話していく。子ども任せにならないよう、保育士が丁寧な洗い方を促したり、年上の子の手洗いを見せたり、年上の子に声をかけてもらったりする。 **冬の戸外あそびを楽しむ** ◆体の冷え固まった状態でいきなり追いかけっこなどを始めると、体をうまく動かせず、けがにつながる可能性があるので、保育士がオニ役をして、徐々に盛り上げていく。　詳細はP.93 ◆ひっつきゲームやおしくらまんじゅうなど、ふれあいながら体を温めるあそびを提供し、戸外で楽しめるようにする。　詳細はP.93 ◆子どもたちでゲームを進めていけそうなときは、ゲームから離れ、様子を見ながら声をかけていくことで、自分たちであそびを継続できるようにしていく。　詳細はP.93	**ルールを意識して守れるように** ◆散歩の前に、子どもたちに「どんな約束があるのか」「なぜその約束をするのか」「どういう行動をしたらいいのか」を聞きながら、道路を歩くときや公園であそぶときの約束に気づき、行動できるように話をする。また、こうして話し合うことで、友達同士で声をかけ合えるようにしていく。 **表現をするにあたって** ◆表現あそびには、絵本の読み聞かせのなかでいちばん楽しそうな反応が返ってきた場面を取り上げる。好きな役を選んで何度もあそび、いろいろな役を表現する楽しさを味わえるようにする。　詳細はP.92 ◆自己発揮できない子もいるので、無理強いはしない。抵抗のある子は、一緒の空間で見ることを楽しんだり、友達と一緒にせりふを言ったり、みんなと同じ動きをしたりしながら、その子なりに楽しめるようにかかわっていく。　詳細はP.92 **季節の変化に気づく** ◆季節の変化に気づけるよう、「茶色い葉っぱがあったけど、もう落ちたね」などと以前の様子を交えながら子どもたちに話したり、話を聞いたりする。また、マイバッグを持参し、自由に自然物を収集できるようにする。　詳細はP.94
振り返り・評価・改善	「クリスマス製作」について 紙粘土を用いてクリスマスケーキの製作を行う。「サンタさんにあげるケーキ」として、子どもたちにイメージをもってもらうこともでき、デコレーションに使う木の実や小枝も、以前に製作したマイバッグを持って散歩しながら収集することで意欲的に集められ、子どもの興味に合っ	た活動になった。しかし、粘土あそびの経験があまりなかったため、紙粘土を使用する際に、丸めたり折り曲げたりと簡単な活動で終わってしまった。粘土あそびの段階で、ちぎったり、こねたり、押しつぶしたり、広げたり、細くしたりなど、もっといろいろなやり方を楽しんでから今回の活動につなげられたら、もっと創作意欲を高めることができたので

家庭との連携	教材資料	12月の予定
・衣服の調節・うがい・手洗い・生活リズムの調節など、園での具体的な取り組みを伝え、健康への関心を高める。 ・気温に合わせた衣服を用意するよう伝える。園に常備する防寒着は、フード付きやファスナーの付いた物は、けがの危険があるため控えるよう知らせる。	**うた** あわてん坊のサンタクロース （作詞＝吉岡 治　作曲＝小林亜星） **うたあそび** サンタクロースが生まれた時にマットであーそぼ！　詳細はP.93 **絵本** ぐりとぐらのおおそうじ（福音館書店） サンタさんありがとう（福音館書店）	・誕生会　・避難訓練　・お弁当日 ・クリスマス会 ・冬季休暇（12月29日〜1月3日） **食育** ・季節の行事食をみんなで楽しむ。 ・あいさつや姿勢など、気持ちよく食事をするためのマナーがあることを知り、自分で意識しながら取り組む。

(カ)思考力の芽生え　(キ)自然との関わり・生命尊重　(ク)数量や図形、標識や文字などへの関心・感覚　(ケ)言葉による伝え合い　(コ)豊かな感性と表現

第3週

- ●絵本を見ながら、友達と一緒に絵本の内容を演じてあそんだりしていた。
- ●クリスマスの話をしたり、関連の歌を口ずさんでいる。
- ●自分たちで鬼ごっこなどを始める姿をよく見るようになる。

◎季節に関する製作を楽しむ。(カ)(キ)
○自然物を用いて、紙粘土の感触を知る。
○行事への関心をもち、製作を楽しむ。
◎楽器を奏でる楽しさを味わう。(カ)(コ)
○楽器の使い方を楽しみながら知る。
○さまざまな楽器にふれ、音の響きを楽しむ。

素材を生かして
◆紙粘土は、見本を用意することで、「すぐ硬くなること」「付け足し」が難しいことなど、特徴を知らせてから活動を始める。　詳細はP.94
◆紙粘土の製作では、クリスマスに向けてサンタさんにあげるケーキ作りに取り組み、木の実や小枝など、子どもたちが集めた自然物を使って楽しめるようにする。木の実は、製作時まで枝付きの状態で保管したり、1粒ずつ収集された物にはニスを塗ったりして保管しておく。　詳細はP.94

楽器の使い方を知る
◆1人1個、保育士と同じ楽器を用意する。保育士と一緒に使いながら、どのような持ち方・奏で方・使い方がよいのか、子どもが気づけるように扱い方を知らせ、進めていく。
◆使い方を守れるようになったら、様々な楽器のなかから子どもたちが好きな楽器を選択し、奏でることができるようにする。
◆保育士が見本になって楽器を1つずつ鳴らし、それぞれの楽器を奏でたときの響きを子どもたちが聴いたり、子どもたちとリズム打ちをするなかで、合わせたときの音を聴いたりする経験を通して、音の響きの美しさや心地よさを味わえるようにする。

第4週

- ●身の回りのことを積極的に何でもやろうとする。
- ●クリスマスが近いこともあり、サンタクロースやプレゼントの話をしている子が多い。

◎身の回りをきれいにし、物を大切にする気持ちをもつ。(オ)(カ)
○大掃除をして、物の扱い方を考える。
◎クリスマスのイメージを膨らませ、雰囲気を楽しむ。(オ)
○クリスマス会に参加し、楽しむ。
◎お正月に興味をもつ。(オ)(ケ)
○新年のあいさつや歌を知る。

物への感謝の気持ち
◆お正月が来ることを伝え、2日間、違う場所を掃除することで丁寧に取り組めるようにする。
◆子どもの数だけ使いやすい大きさのぞうきんをあらかじめ絞って用意する。
◆掃除後は気持ちよさを感じるとともに、汚れたぞうきんを見て、「使わせていただいてありがとう」などと感謝の気持ちがわくような話をしたり、物の気持ちを考えたりする機会をもつ。

イメージを大切にする
◆クリスマス会ではハンドベルやペープサートなど保育士の出し物を見たり、会食を楽しめるようにする。
◆サンタクロースのイメージは個々に違うことを大事にし、クリスマス会ではサンタさんから手紙が届いたり、帽子が落ちていたり、といった演出を工夫するが、実際には見られなかった体験にとどめ、子どもが想像して楽しめるようにする。

お正月に興味がもてるように
◆子どもに休み中の予定を聞いたり、おせち料理やたこ揚げなど正月に関連した絵本を読み聞かせたりすることで、休みやお正月への興味や期待がもてるようにする。

9・10・11・12月 指導計画

はないかと思う。
「年末大掃除」について
2日間に分けて、違う場所を掃除することで、集中して活動に取り組むことができていた。1日目は、おもちゃや机・いすが"疲れた。汚れているの嫌だな"なんて言っているけどどうしよう？」と話しながら、掃除をする意味を伝えて活動を始め、2日目は、「机たちが"ありがとう！"って喜んでいたよ。でも床が"いいなー、ぼくもきれいになりたいな"って言っていたけど、どうする？」と違う場所の掃除への意欲を高めることで、集中して活動に取り組んでいた。

12月の指導計画 幼稚園

12月のねらい
◎行事に興味をもち、みんなで楽しく参加する。
◎いろいろなものを作り、表現することを楽しむ。
◎ルールのあるあそびを楽しむ。

※幼児期の終わりまでに育ってほしい姿　(1)健康な心と体　(2)自立心　(3)協同性　(4)道徳性・規範意識の芽生え　(5)社会生活との関わり

	第1週	第2週
前週末の子どもの姿	●気温が低くなり、外に出てあそぶ子が減ってきている。 ●もちつきがあることを聞き、楽しみにしている。	●サンタクロースを目撃したりして、少しずつ「サンタさんと一緒にの会」が近づくのを楽しみに待つようになる。 ●教師が声をかけることで、全員で外であそぶ機会が増えてきている。
ねらい・内容	◎行事に興味をもち、みんなで楽しく参加する。(5)(6)(8)〔第1週～第2週〕———→ ○もちつきの流れや道具を知り、興味をもつ。 ○もちつきの様子を見て、みんなでもちを食べる。 ◎体を動かし、健康に過ごす。(1) ○戸外で体を動かしてあそぶ。 ◎いろいろな物を作り、表現することを楽しむ。(2)(10)〔第1週～第2週〕———→ ○ツリー飾りや帽子を作って飾ったり、身に着けたりする。	○「サンタさんと一緒にの会」までを楽しみ、当日も楽しむ。 ◎みんなで一つのあそびを楽しむ。(3)(4)〔第2週～第3週〕——— ○友達と一緒にルールのあるあそびをする。 ○年賀状について知り、新しい技法での表現を楽しむ。
環境・援助・配慮のポイント	**興味をもって参加できるように** ◆もちつきの1週間くらい前から、職員室にもちつきの道具をもちつきの流れどおりに並べ、「もちつきはくぶつかん」を作り、道具に自由にふれられるようにする。　詳細はP.96 ◆もちつきの当日は、もち米がもちになるまでの工程を目の前で見せ、つきたてのもちをみんなで一緒に食べることで、いかにおいしいかということを体験できるようにしていく。 **体を動かしてあそぶように** ◆寒い日には全体に声をかけ、みんなで外で簡単な鬼ごっこをして、体を動かすと気持ちいいということを伝えていく。 **抵抗なく作れるように** ◆製作の前に保育室に小さなクリスマスツリーを飾り、クリスマスに関連した絵本を読んだりして、関心を高めていく。 ◆出来上がった帽子は、「サンタさんと一緒にの会」当日以外でも、あそびのなかやお弁当のときなど、生活のなかでも自由に身に着けて楽しめるようにする。 ◆ツリーに飾る長靴は、絵の具を塗るかボンドではる表現か、どちらか好きなほうを選べるようにする。製作中はひとりひとりを大きく認め、自信をもって取り組めるようにし、出来上がった飾りは、モミの木に飾る。	**楽しく参加できるように** ◆絶対に現実だと悟られないようなサプライズを仕掛け、サンタクロースへの期待が膨らむようにする。　詳細はP.95 ◆サンタクロースの存在や暗いなかで行う会の雰囲気を怖がらず、安心して参加できるように、3歳児が入室する際は部屋を真っ暗にせず、明るい曲を流すようにする。 ◆楽しいことが続くなか、それぞれが楽しい気持ちを表現できるように雰囲気を盛り上げ、言葉を引き出していく。 **みんなで一緒に** ◆春からのあそびのなかで、ルールを覚えなかったり守らなかったりすると楽しめないことを感じているので、ルールを覚え、集団のなかで我慢したり待ったりする経験を、あそびのなかで重ねていけるようにする。 **新しい表現方法を楽しんで** ◆表現したことをすぐに見て楽しめる技法として、絵の具とビー玉を使った新しい表現を伝え、"やってみたい"と思えるように教師が楽しんで表現して見せる。また、一斉に行うと混乱しそうな技法なので、1人ずつ教師と一対一で行い、自由に表現する楽しさを味わえるようにする。　詳細はP.96

評価・振り返り・改善

異年齢児と一緒に行う行事に楽しく参加するには
ほかの学年と行う行事では、年少に合わせた参加の仕方を考える必要がある。しかも毎年子どもの様子が同じではないため、その年に合わせた内容を考慮することが大切である。「サンタさんと一緒にの会」では特に、会の時間の長さや子どもたちがずっと集中して楽しめる内容だったか、終了後にも見直し、次の行事につなげていくようにした。

「いろいろなものを作り、表現することを楽しむ」について
作って表現する経験が続くなか、作るという活動の楽しさが理解できない子やうまく表現できないことでやりたがらない子も見られる。新たな

家庭との連携	教材資料	12月の予定
・「サンタさんと一緒にの会」では子どもたちが楽しめるように、当日までいろいろな活動をしていることを具体的に伝える。また、もちつきを子どもたちと一緒に楽しめるように、保護者にも参加を呼びかける。 ・お弁当の完食時間に個人差が出てきているので、お弁当に必要以上に時間がかかると、その後の生活リズムに大きな影響があることを保護者に話し、量を加減するように伝える。	**うた** あわてん坊のサンタクロース （作詞：吉岡 治　作曲：小林亜星） もちつき （作詞＝小林純一　作曲＝中田喜直） **うたあそび** たまごたまご あたまかたひざポン **絵本** ぽんぽんポコポコ（金の星社） クリスマス・オールスター（童心社）	・誕生会 ・もちつき ・サンタさんと一緒にの会 ・終業式

(6)思考力の芽生え　(7)自然との関わり・生命尊重　(8)数量や図形、標識や文字などへの関心・感覚　(9)言葉による伝え合い　(10)豊かな感性と表現

第3週

- ●サンタクロースからのサプライズや、会に参加した楽しい気持ちがずっと続いている。
- ●年賀状や大掃除の話から年の瀬について知るようになる。
- ●寒いため、おしっこを我慢する姿が見られる。

◎冬休みを迎えることを知り、一年の節目を感じる。(5)(8)〔第3週〜第4週〕---------------------→
○大掃除の仕方を思い出し、みんなできれいにする。
○自分で作った年賀状を郵便局に出しにいく。----------------------→

○ルールに変化をつけてあそぶ。
○全園児で歌をうたう。

進んできれいに
◆1学期の終わりに行った掃除について話すことで、みんなで思い出し、2回目の経験であるため、進んでいろいろなところをきれいにできるように声をかける。また、ぞうきんの絞り方などは、できているかどうか個々に見ていく。
◆大掃除の後は、きれいになって気持ちがいいことを伝え、満足感がもてるような雰囲気を作る。

年賀状を出そう
◆絵の具とビー玉で表現した年賀状に、子どもと保護者連名のあて名と、「あけましておめでとうございます」の文字を教師が書き、みんなで郵便局へ出しにいく。自分で投かんすることで、新年を楽しみに待てるようにする。　詳細はP.96

みんなで楽しんで
◆引き続き先週と同じ内容のゲームを繰り返すなか、毎回新鮮な気持ちで参加できるよう、子どもたちの様子を見ながら少しずつルールを加えたりして、変化をつけていく。
◆全園児で歌をうたう機会を設け、ほかの学年の歌う姿を見たり、年上の子どもたちのきれいな歌声を聴いたりすることで、歌で表現することに興味をもてるようにしていく。

第4週

- ●みんなで大掃除をしたり、ゲームあそびをするなかで、クラスで何かをすることを楽しむようになってきている。
- ●冬休みが始まることを楽しみに待つ。

○みんなで終業式に参加する。
○冬休みの約束事を教師と一緒に確認する。

冬休みについて知る
◆終業式に参加し、明日から冬休みになることを話し、あいさつをする、車に気を付ける、うがい・手洗いをするなどの約束を守って楽しく過ごせるようにみんなで確認する。
◆終業式後は「お休みが終わったら、楽しかったことをたくさん教えてね」などと約束し、3学期に行う行事などについて話し、期待がもてるようにする。

冬休み中に行うこと
＜冬休みの預かり保育＞
・夏休み同様、12月29日〜1月3日以外の平日に行う。夏休みとの違いはお昼寝がないこと。帰省する家族も多いため、夏休みに比べると希望者は少ない。

＜冬休みの仕事＞
・各保育室の大掃除、整理整頓
・3学期の行事についての話し合い
・書類提出　　　　　　　・個人評価
・各学年の3学期の打ち合わせ　・日直の勤務
・預かり保育の手伝い
・植物・飼育物の世話

9・10・11・12月指導計画

経験に対しては「やってみたい」と思うような楽しい雰囲気作りとともに、ひとりひとりに対して大きく認め、自信につなげていく必要がある。

「ルールのあるあそびを楽しむ」について
自由あそびの時間は、ほぼ自分たちだけであそんでいる。みんなでひとつのあそびを楽しむときには、ルールを守り、そのなかで我慢したり、周りを見たりするいい経験ができる。こういうときに教師とひとりひとりとのきずなが築けているかどうかがよくわかるので、簡単なルールのゲームあそびなどを、ちょっとした時間に繰り返し続けていきたい。

9月10月11月12月の保育資料

敬老の日のプレゼント

指導計画 P.66

敬老の日に向けて、子どもたちの祖父母の話を聞き、プレゼント製作につなげました。

用意する物
画用紙(八つ切り)、クレヨン、絵の具(水色、赤)

作り方
①画用紙にクレヨンで自由に表現。その上から絵の具で全体を塗る。
②乾いたら保育者が①をティッシュペーパーのケースカバーにする(右図参照)。
③出来上がったプレゼントはそれぞれ持ち帰る。
※後日、園児の祖父母を招いて「敬老の日の会」を行うが、祖父母が参加できない子もいるので、その日にプレゼントは渡さず、個々に持ち帰って渡すようにした。

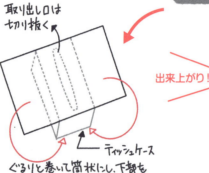

出来上がり！

おじいちゃん、おばあちゃんへのカードを添えて。

月見団子を作ろう

指導計画 P.65

十五夜が近づき、子どもたちの行事への関心が高まることも願って、お月見団子を作ることにしました。

材料(約30個分)
白玉粉100g、きな粉・小豆あん 各適量

用意する物
ボウル、なべ(耐熱ガラス製)、IHヒーター、穴開きおたま

作り方
①子どもたちはエプロン・三角きんをつけ、せっけんで手を洗う。
②白玉粉に水を入れてこねる。
※白玉粉100gに対して100ccが目安だが、水の量は様子を見ながら調整する。
③耳たぶぐらいの固さになったら、1〜2cm程度にちぎって丸め、沸騰したお湯に入れる。
※勢いよく入れると水はねするので、保育者と一緒に入れるか、おたまなどを使って入れる。
④団子が浮いてきたらすくい上げる。きな粉やあんをまぶして完成。

実践者より

白玉粉をこねる際、最初は粘り気を嫌がる子もいましたが、次第に粘土のような感触になり、楽しめるようになっていました。また、子どもたちは、なんとなく自分が丸めた団子を覚えていて、「おっきくしてん！」「小さいのを作ってん！」などと言って自分が作った(らしき)物を選び取っていました。

粘土あそびの要領で、くるくると丸める。

耐熱ガラスのなべでゆでることで、中がよく見える。団子が動いている様子を見ながら、「踊ってるなぁ」と楽しんでいた。

運動会の旗作り

指導計画 P.67

染め紙の工程を楽しみ、さらには作った物が運動会の会場作りに役立つという喜びにつながります。

用意する物
和紙（八つ切り画用紙くらいの大きさ）、絵の具（4色）、バケツ、ロープ
※絵の具を水に溶き、色ごとに分けてバケツに入れておく。

作り方
① 和紙を四角に3回折る。
　※折り方を間違えると染め絵のおもしろさがわからないので、ひとりひとり丁寧に見ていく。
② ①の紙の角を絵の具に浸す。
　※浸す場所を替えながら、数色の絵の具を少しずつ浸す。
③ 広げてロープに干し、乾かす。
④ 麻ひもにホッチキスで留め、一列につなげる。

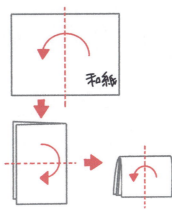

園庭にコーナーを設け、のびのびとした雰囲気のなかで行う。

和紙を慎重に折る。

角に絵の具を付けて。

いろいろな角も少しだけ絵の具につける

できた！

染め上がった紙は、園庭に張ったロープに干して乾かす。

実践者より

苦手意識をもたないように

表現活動においては、子どもが苦手意識をもたないようにということに気を付けています。自分の表現を隠そうとしたり、なかなか手を付けようとしない子は特によく見るようにして、「大丈夫、大丈夫」「上手とか下手とかないのよ」と声をかけ、意欲的に取り組めるようにし、出来上がった作品についても、「これ、本当に○○ちゃんが作ったの〜?」などと言って自信につなげていきます。

9・10・11・12月 保育資料

運動会ごっこ

指導計画 P.66、67

子どもたちにとって初めての運動会。まず楽しく参加できることを目的にしています。

こんなふうに

運動会に向けて、3歳児は練習というより、「運動会ごっこ」という雰囲気で取り組み、自然に当日にもっていけるように工夫します。リズム表現や体操については、1学期から続けて行ってきたものを引き続き楽しみ、その姿を見て保育者が、子どもたちにぴったりのものを決めます。

また、徒競走などルールのあるものに関しては、4、5歳児のやっているところを見ることから始めます。

①まずは見る
実際に行う前に4、5歳児の行う場面を何度も見る。これが一番大事で、一から教えるよりも多くの言葉をかけずに身につく。

②やってみる
次はまねしてやってみる。最初は線の所に全員が並び、「よーいどん」で一斉に走る方法、次に2人ずつ並んで順番にゴールで待つ保育者の所まで走る方法……というように段階を踏んで行う。

また、できるだけ当日と同じ流れで行うことも大事。入場から退場まで一連の流れとして経験する。

5歳児のリレーを見学。スタートからゴールまで全体像が見えるので、わかりやすい。

4、5歳児と一緒に体操。動きをまねすることで覚えていく。

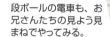
段ボールの電車も、お兄さんたちの見よう見まねでやってみる。

実践者より

楽しく行うために

● 「練習」という言葉を使わない
「運動会ごっこするよ〜」と言って行い、あそび感覚で楽しめるようにします。

● 飽きないように
練習（運動会ごっこ）は毎日行わず、予定していても、朝の子どもたちの姿を見てから、行うかどうかを判断します。また、保育者が満足するためのものではないので、どんな姿でも「もう1回」などと要求しません。「飽きてきたな」と感じたときは、運動会種目と違うことをやってみます。

● 保護者に伝える
当日の子どもたちや教師の姿を保護者が見て、「普段と変わらず、本当に楽しんでやっている」ことが伝わることが大事です。

日々の姿をブログなどで伝え、また「本日の運動会ごっこ」として、その日行う予定を当日の朝、掲示します。

普段の姿を見てもらえるよう、いつでも見に来やすい雰囲気にしています。たった一日の姿だけでなくいろいろな姿を見ることが、深い理解につながるのです。

思い切り運動あそび

指導計画 P.65

運動会も意識して、思い切り体を動かすあそびを楽しみながら、ルールや順番についても知らせていきます。

エンドレスリレー

用意する物・準備
カラーコーンとバトン（4色ずつ）
※カラーコーンで円を作る。

作り方
① 子どもたちは4チームに分かれ、円の内側、カラーコーンの後ろに並ぶ。
② 各色の先頭の子はバトンを持って円の外側を1周。並んでいたカラーコーンまで戻り、次の子にバトンを渡し、また列に並ぶ。これを繰り返す。
※エンドレスで行うことで、走る楽しさを味わい、バトン渡しを何度も経験できる。

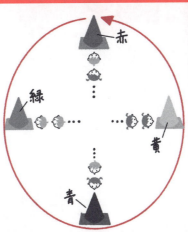

バトンを持って一生懸命走る。

実践者より

ルールをわかりやすく

あそびを楽しむためには、ルールを理解することが大切です。事前の説明としては、保育者が、間違った行動を示すことで、子どもたちが考えながら学んでいけるようにします。
例えば、交代せず何周も走ったり、円の中を走ったり、ふざけて走ったりして、子どもたちに「こんな子がいたらどう思う？」と問いかけます。子どもなりに考え、「ぶつかって危ない」「その子ばっかり走ってる」などと答えるので、そういった話し合いをしながら徐々にルールを理解していきます。また、やってみて気になることがあったときにはあそびを中断し、「今のはどうだった？」と問いかけます。ルールは一度ですぐに理解できません。継続して取り上げ、一緒に考えたり話し合ったりしていくことが大事です。

よ〜いどっか〜ん！

あそび方
① 保育者の「よ〜い」のかけ声で、子どもたちはその場にしゃがむ。
② 力をため、「せーの」の合図で、「どっか〜ん！」と言いながら大きくジャンプする。
③ 何度か繰り返し行い、慣れてきたら、"カエル"や"ロケット"などのポーズを入れる。

カエルになって

ロケット発射

実践者より

「よ〜い」の時、我慢して力をためているかを観察するために、最初は少し長めに「タメ」の時間を作ります。動きのメリハリをつけることを重視しています。

9・10・11・12月 保育資料

おイモであそぼう

指導計画 P.69

芋掘りや焼き芋の体験からイメージが広がり、その後いろいろな活動につながっていきました。

焼き芋大会

用意する物・準備

サツマイモ、アルミホイル、落ち葉、新聞紙、バケツ(水を入れておく)、トング、ゴミ袋

※サツマイモは、生焼けを防ぐため、調理員があらかじめふかしておく。
※枯れ葉は、近くの公園で拾い集めた落ち葉を天日干しにしておいたものを使う。

こんなふうに

① ふかしておいたサツマイモを、1人2個ずつ(0〜2歳児クラスの子の分も含めて)アルミホイルに包む。

② 枯れ葉の中に①を入れ、さらに上にも枯れ葉をかぶせ、保育者が火だね(新聞紙)に火をつける。

※火に近づくと危ないことを伝え、火元から半径2m程度の円をかき、円内に入らないよう約束する。

焼き上がる間、「やきいもの歌」をうたったり踊ったりしながら待つ。

おいし〜い！

焼き上がったら、みんなで一緒に「いただきます」。

実践者より

3歳児なりに楽しむ芋掘り

サツマイモは4歳児が育てていたのですが、3歳児もときどき水やりなどでかかわっていました。芋掘り当日も、4歳児が掘る様子を見ながら、出てくるイモの大きさに驚いたり、何かに見立てたり、つるを持ってあそんだり……。3歳児なりに楽しんでいたようで、その後の活動においても、そのときのことを思い出しながらイメージを広げていました。

焼き芋大会の後、砂場では、砂山の上に落ち葉を置いて、焼き芋ごっこが流行！

絵の具で表現

用意する物

絵の具、筆、色画用紙(八つ切り)、クレヨン、丸や四角のシール(白・黒)

こんなふうに

① 前週に行った芋掘りや焼き芋の様子を思い出しながら、イモの色や形、におい、味などを話し、イメージが膨らんだところで、かき始める。それぞれ自分のイメージで絵の具の色を選び、自由にかく。

② 絵の具が乾いたら、クレヨンで手足や口をかいたり、シールをはって目にしたりして、「サツマイモ」を表現。

③ ②の画用紙と同じ物を重ね、端に穴開けパンチで穴を開け、底辺をテープではる。子どもが毛糸を通してマイバッグに。

1色しか使わない子から、黄色やオレンジ、茶色など、いろいろな色を使う子など、それぞれの個性が出る。

おイモの表現あそび

こんなふうに
おイモに関する話をしたり絵本を読んだりしてイメージが広がったところで、保育者がいろいろな場面を再現しながら子どもたちと表現あそびを展開していきます。

実践者より
保育者は、決めた通りに動くのではなく、子どものしぐさ、表現などを見ながら、言葉や動作を変えていきます。子どもたちが自由に表現できるような雰囲気を作ることを大切にしています。

保育者の動き
↓
子どもたちの動き

① 「おイモの苗を植えよう」と、土を掘ったり植えたりする様子を身振り手振りで行う。
↓
しゃがんで頭の上で手を広げ「葉っぱ」を表現。

② 「お水をかけて……」と言ってじょうろで水をかけるしぐさ。
↓
「おひさまキラキラ」と手を上げて振りながら、少しずつ立ち上がり、手を広げたり手を伸ばしたりする。

③ 「さあ、つるを引っ張ってみよう」と引っ張る動作。
↓
綱引きの要領で引っ張られるように立ち上がったりしゃがんだりを繰り返す。

④ 「それ〜」と言いながら引っ張り上げるまねをし、「取ーれた」と声をかける。
↓
ひっくり返ったり、転がったりする。

秋の味覚を楽しもう　　　　指導計画 P.71

散歩先で拾ってきた物や、地域の方や家庭からいただいた野菜や果物を、みんなで食べ、秋を味わいます。

9・10・11・12月 保育資料

シイの実をいって

拾ってきたシイの実をよく洗い、フライパンやホットプレートでいります。皮が裂けたら食べごろの合図。

この部分がパチッと裂けたらOK

※傷んでいる物、虫食いのある物は取り除く。

干し柿

作り方　※渋ガキを手に入れる。木から収穫する際は、ヘタにつながっている枝をT字に残すこと。

① カキの皮をピーラーなどでむく。
② 麻ひもをしばりつける。枝がない場合は、クリップを付ける。
③ 焼酎につける。一瞬くぐらせるだけでOK。
④ 竹ざおなどにひもを結びつけ、雨の当たらない場所に干す。
⑤ 2、3日たつと軟らかくなってくるので、2日に一度のペースでもむ。好みの軟らかさになったら、食べる（1週間後くらいでも十分おいしい）。

干しイモ

作り方
① サツマイモは皮をむき、丸ごとまたは半分に切って蒸す。
② 竹ぐしが通るくらいになったら、包丁で適当な大きさ（厚さは約1cm）に切り、ざるに広げて干す。
③ 時々裏返して、好きな状態のところで食べる。そのままでもよいが、軽く網で焼いてもおいしい。

85

自然物であそぼう

指導計画 P.73

毎日のように拾い集めてくる木の実や落ち葉。見てふれて特性を知り、あそびの発想も広がっていきます。

こんなふうに
散歩などで採取した自然物は種類ごとに分け、ふれたり観察したりしながら、いろいろなあそびを見つけていきます。

● 落ち葉

何枚も重ねて、どこまで高くできるか高さ比べ。

高い所から落として、落ちる様子を見る。

枝に突き刺し、バーベキューのお肉に見立ててあそぶ。

● ドングリ

ベニヤ板で作った坂や普段使っている滑り台でたくさんのドングリを転がす。

大きさ比べで一番小さい・大きいドングリ探し。

実践者より

いろいろなあそびに生かして

木の実や葉っぱを見たり、触ったりしながらいろいろなあそびをすることで、自然物に対するイメージが膨らみ、その後の製作や表現あそびに生きてきます。例えば折り紙でドングリを作ったり、木の実の動きを体で表現したり。12月には、木の実をトッピングした紙粘土のケーキを作り、サンタさんへのプレゼントにしました（P.94参照）。

折り紙で作ったドングリを画用紙にはって、顔や手足をかき、さらに周りにも絵をかいて楽しい作品に。

● マツボックリ

滑り台で転がし、跳ねたり滑ったりする様子を見る。

マツボックリのすき間を重ね合わせて、大きなマツボックリにする。

86

2人組で息を合わせて

指導計画 P.68、69

運動会を経験し、運動への興味が高まる時期。友達と息を合わせ、達成感を味わえる運動あそびを楽しみます。

おいもゴロゴロ&赤ちゃんはいはい

あそび方
① 2人組になる。1人が「おいも」で、手足を伸ばして横になり、もう1人の子は「赤ちゃん」になり、「おいも」に覆いかぶさってはいはい（高ばいまたは四つんばい）のポーズ。
② おいもはゴロゴロ転がり、赤ちゃんははいはいしながら進む。おいもと赤ちゃんを交代しながら、繰り返し楽しむ。

実践者より

相手の動きに合わせながら、自分の体をコントロールしていくふれあいあそびです。互いに相手のことを考えて動くことが大切です。

バリエーション

2人で息を合わせることが楽しくなってきたら、こんな動きも取り入れてみます。

一緒にゴロゴロ
2人ともうつ伏せになり、手を伸ばしてつなぎ、一緒に転がる。

金太郎とクマ
クマは四つんばいのポーズ。金太郎はクマにまたがり落ちないようにして進む。
※金太郎も両足を床につき、クマの動きに合わせて足を進める。

一緒にはーこぼ！

用意する物
棒2本（1m程度）、いろいろなボール（ドッジボール・ゴムボール・クッション材のボールなど）、箱2つ（深さ10cm程度）、カラーコーン

あそび方
① 2人組を作って向かい合い、2本の棒を互いに持つ。
② 棒でボールを挟んで持ち上げ、箱まで運び、カラーコーンでUターンし、次の組に交代（2本の棒がバトンを代わりになる）。次の組は逆回りで進む。カラーコーンでUターンしてからボールを挟み取り、手前の箱に戻す。これを繰り返してリレーしていく。

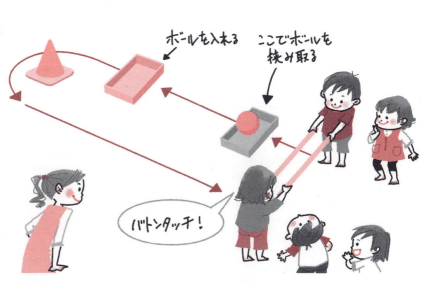

9・10・11・12月 保育資料

フープで色オニ

指導計画 P.69

簡単なルールのあそびを保育者も一緒に行いながら、子どもたちがルールを意識できるようにかかわります。

用意する物・準備（30人の場合）
3～5色のフープを5～7個ずつ用意し、一面に広げておく。

あそび方
① スタートの合図で子どもたちはフープの周りを走る（フープを踏まないように）。
② 保育者が「赤」と言ったら、赤色のフープに入る。全員が入ったらまたフープの外側に出て、指示を変えながら繰り返しあそぶ。慣れてきたら、フープの数を減らしても。

保育者のピアノに合わせて走る。

1つのフープに3～4人で入って。

バリエーション

追いかけっこをプラス
保育者がオニになり、フープに入っていない子を追いかける。タッチされたら、一緒にオニになるか、休憩する。

歌に合わせて
フープの外側に立ち（走らずに）、
子どもたち「い～ろい～ろ　な～にいろ」
保育者「○○色！」
のかけ合いをしながらあそぶ。

実践者より
ルールを意識できるように

あそびながらも、時々ルールを確認したり、子どもたちと話し合ったりして、ルールを意識してあそべるようにしています。
例えば、フープには何人でも入ってよいことにしていますが、1つのフープを取り合って押し合いになることがあります。そんなとき、「どうやったらいいかな？」と聞き、子どもたちと考えます。
子どもからは、「押さない」「座らないで立ったまま」などアイディアが出てくるので、それらを約束として確認し、あそびを再開しました。また保育者は、様子を見ながらほかのフープに気づけるような声をかけ、移動を勧めることもしていきました。

用具を使った運動あそび

指導計画 P.73

バトンやフープなど用具を使った運動あそび。物があることで、あそびへの興味や活動内容が広がります。

集まれ〜!

用意する物
バトン用リング(人数分・3〜4色程度)
※カラーボールやブロックでも。

あそび方
① 1人1個ずつリングを持ち、ピアノの音に合わせて"お散歩"する。
② 保育者がストップの合図をし、その後「交換」「ピッタンコ!」「集まれー!」のうちいずれかの指示を出し、子どもたちは指示に合わせた動きを行う。

- ●交換…友達(だれとでもよい)とリングを交換。
- ●ピッタンコ!…友達とリングをくっつける。
- ●集まれー!…リングの色が同じ者同士で集まって座る。

※それぞれ、「こうかーん」「ピッタンコ!」「○○色集まれー!」と声をかけながら行うと、共通の言葉のやり取りでのおもしろさが増し、理解もしやすくなる。

実践者より

「交換」を嫌がる子には
最初に持ったリングを「自分の物」として執着し、交換を嫌がる子どもがいます。そんなときは、まず気持ちを受け止め、無理やり交換させたりせずに、様子を見るようにしています。子ども同士でやり取りしているうちに、交換する気になる子も多く、あそびを続けるなかで変化していきます。

一緒にフープ

用意する物 フープ(人数の半数分)   **あそび方** 2人組になって座り、1つのフープでふれあいあそびを行う。

シーソー

互い違いに引っ張り合う。

クルクル

座ったまま横に回す。縦にもクルクル。回転クルクル。

電車

一方向に回り、ストップの合図で運転手(先頭)とお客さん(後方)が交代する。交代したら、また出発。

9・10・11・12月 保育資料

作ってあそんでお店ごっこ

指導計画 P.74、75

ままごとコーナーでのあそびが全園児で楽しむお店ごっこにまで発展。1か月以上継続して楽しみました。

買い物体験

活動のイメージを広げるためにも、作ろうと思っている物をみんなで食べたり、実際に買い物を経験したりしました。
団子を売っているお店では、みたらし団子を焼く工程を見せてもらい、昔ながらの「これください」「はいどうぞ」といった応対式のやり取りも体験しました。この実体験が、その後のごっこあそびに生きてきます。

園には、保育者がふんしたわらびもち屋さん登場!

食べ物を作ろう

買い物の経験を思い出しながら、それぞれ作りたい物を作ってあそびます。ままごとコーナーの一角に商品や道具を並べ、作りながらあそび、あそびながら作る……というように、作る過程もごっこあそびとして楽しみます。

メロンパン
① 新聞紙を丸めてクリーム色の紙でくるみ、のりで留める。
② クレヨンで模様をかく。
③ 木の箱にレンガ模様をかいた色画用紙をはって窯を作る。黒い厚紙で作った鉄板の上に、作ったメロンパンを載せて窯の中に入れる。
④ しばらくしてパンが「焼けたら」窯から出し、トングで挟んで、紙の袋に入れる。

焼き芋
① 新聞紙を丸めてイモの形にし、水で溶いたのりを塗り、黄色と紫色の紙をはる。
② 新聞紙を丸めた石をたくさん作って段ボール箱の中に入れ、①のイモも入れる。
③ 焼き芋屋さんになり、軍手をはめてイモを取り出し、新聞紙の包みの中に入れる。

わらびもち
① 脱脂綿を薄く伸ばし、黄土色に塗る。
② こん包用のスチロール材をもちに見立て、①の脱脂綿を上に載せる。
③ ポリ袋に入れてモールで留める。

みたらし団子
① 紙粘土を丸めて割りばしに刺す。
② 箱と網で焼き台を作り、その上に①を載せ、たれを付けるように茶色の絵の具を塗る。
③ スチロール皿に載せる。

お金を使ってやり取りしよう

ままごとコーナーでの買い物ごっこから少し発展して、お金を使ったやり取りを経験します。それぞれ自分の財布を作り、「銀行」からお金をもらい、いろいろなお店で買い物を楽しみます。4、5歳児もお店を出しているので、異年齢のかかわりが生まれます。

財布の作り方 色画用紙（八つ切）を図のように折り、肩かけリボンを付ける。

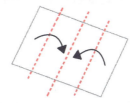
①半分に折り、開いたら中央の折り線に合わせ両側から折る。

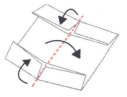
②裏返して両端を少し折り、中央を谷折り。

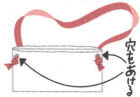
③リボンを付ける。

●銀行でお金をもらう

職員室に「ようちえんぎんこう」と書かれた看板が出ると、子どもたちは財布を肩にかけ、お金をもらいに行く。

窓口で「お金ください」と言うと、銀行員（保育者）から名前を聞かれ、お金をもらう。

●4、5歳児のお店では

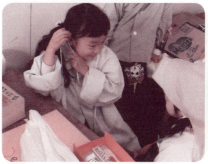

病院
3歳児は患者になり、「どこが悪いのですか？」と聞かれ、「おなかが痛いのです」などとやり取りをしながら診察を受ける。終わった後、名前を呼ばれ、薬をもらうときにお金を払う。

ゲームセンター
もぐらたたきやスロットマシーンなど、楽しいゲームがいっぱい。ゲームを楽しんだらお金を払い、お土産のコインをもらう。

お店参観

お店ごっこが盛り上がってきたころ、「お店参観」として、保護者がお客さんになって買い物する日を設定。当日は、子どもたちも張り切って応対します。そして、この日だけは、子どもたちの作った品物の中に、1、2点の本物が混ざっていて、それに当たった人はラッキー！というお楽しみもあります。すべて閉店した後は、保育者による物産店へ。園で作った干し柿や梅干し、干し芋などをもらうことができ、保護者の方々は本当に楽しんで帰ります。

実践者より

全園児でお店ごっこ

毎日普段のあそびのなかで楽しんでいるお店ごっこですが、11月末には、全園児一緒に楽しむ日を設けます。いつもは元に戻す品物を、この日ばかりは家に持ち帰ることができるので、子どもたちにとっては特別な感じがあって、楽しみにしています。

こんな看板も楽しい。

いつもより保育室を広く使って。

大好きなお話の一場面を

指導計画 P.76

子どもたちが内容をよく理解している作品を題材に劇あそびをします。
今回は「3匹の子ブタ」を行いました。

こんなふうに

① 素話を聞く
保育者は、普段よりもオーバーアクションで行い、子どもたちはセリフのやり取りなどを見て楽しむ。素話を聞く子どもたちの様子から、最も印象深く・おもしろく感じた場面をピックアップする（オオカミが家を吹き飛ばす場面など）。

② 役になってあそぶ
ピックアップした場面を再現。「ワラでおうちを作るお兄ちゃんブタになりたい人?」などと聞いて、立候補してきた子から順に行う（1役を1～3人で）。子どもの自発的な動きを尊重し、どうしてもセリフや動きができないときだけ、保育者と一緒に行う。

③ 1つの場面を繰り返し行う
例えば、一場面（長男ブタがワラの家を建てたが、オオカミが現れて吹き飛ばされ、ブタは逃げ、オオカミが追いかける……）を、役者を交代しながら何度か行い、ある程度みんなが表現できたら、次の場面に移っていく。
※見ているだけがいいという子もいるので、必ずしも全員がやらなくてもよしとし、無理強いはしない。

実践者より
同じ場面を何度も繰り返すことで、動きやセリフの見通しをもつことができ、「これなら自分もできるかも」と、意欲が出てきます。また、1つの役を数人で行うことで、自信のない子でも「○○ちゃんと一緒なら！」と、一歩踏み出すことができます。

あいさつしよう

指導計画 P.73

「おはよう」「さようなら」の言葉が自然に出るようになりました。そこで基本的なあいさつを再確認しました。

こんなふうに

普段何気なく使っているあいさつの言葉でも、いつ、どんなふうに使うのかを聞くと、明確に答えられないことも。そこで、あいさつの仕方について、実例を示し、問いかけながら考えていきました。

近所の方に会っても、素通りしてしまう子もいたので、改めて確認。散歩中は、保育者が率先してあいさつをし、見本を示す。

何かしてもらったのに、何も言わないことがある。「ありがとうは?」と催促されて言うのでは意味がない。どんな時に「ありがとう」を使うのか、みんなで考える。
※物を渡すときなど、「はい、どうぞ」と言って渡すと、「ありがとう」が出やすいことも話す。

子ども同士のトラブルでは、どんなときも「ごめんね」で解決してしまう傾向がある。しかし、自分の気持ちを整理できないまま無理に言うことで、言い方がきつくなってしまうことも。なぜ、「ごめんね」の言葉があるのかを、みんなで話し合う。

体ぽかぽかあそび

指導計画 P.76、77

寒い時季こそ室内外で体を動かし、心も体もぽっかぽかに。楽しみながら、ルールの大切さも学んでいきます。

マットであーそぼ！

あそび方

① マット4枚をくっつけて敷き、その周りを散歩して、保育者の「ストップ」の合図でマットに乗る。
　※散歩中は音楽を流し、ストップのかけ声と同時に音楽を止めてもよい。
　※ピアノ伴奏に合わせ、"歩く・ギャロップ・駆け足"などのリトミックを取り入れても。
　※勢いよくマットに乗ったらどうなるかを問いかけ、どのようにマットに乗るか考える機会をもつ。

② ①を何度か繰り返し、慣れてきたら、マットを4枚→3枚→2枚と減らしていく。

③ 最後の1枚になったら、「全員がマットに乗るにはどうしたらいい？」と問いかける。子どもから「座らないで立つ」などアイディアが出たら、「できるかな？」と聞いて、マット1枚で行う。
　※人数によっては、マットを折り畳んで半分の大きさにしても。

いつストップがかかるか、ドキドキしながらのお散歩。

最後はマットを半分に折って。みんな乗れるかな？

いろいろ鬼ごっこ

あそび方

普段よく行っている鬼ごっこ（タッチでオニ交代）での、逃げたり追いかけたりする動きに動物の表現あそびを取り入れる。

カメ　逃げる子も追いかける子も全員が四つんばいで動く。

ウサギ　手は頭の上で耳を表現。ウサギ跳びをしながら鬼ごっこ。

ペンギン　手は腰の位置で指先を伸ばす。足はつま先を上げ、かかと歩き。この動きで鬼ごっこ。

※そのほか、子どもたちのリクエストに答え、動き方も決めて行う。

カメになって、鬼ごっこ。

実践者より

走るあそびで準備運動

寒いと筋肉が硬直し、意識とは別に体の反応が鈍くなります。そのため、急に走ると友達同士でぶつかったり、つまずいたりし、そこでとっさに手で支えられず、大きなけがになることがあります。ゲームの前には準備運動も兼ねて、走るあそびを行っています。
まず、保育者がオニになり、一方向に走って追いかける、徐々に走るスピードを上げる、追いかける途中で逆方向に切り替えるなど、単調な動きで体を温めていきます。

段階を踏んだサポートを

ゲームを継続して楽しむには、参加者全員がルールを理解し、またそのルールを守るということが重要。そのためにも保育者は、子どもたちの様子を見ながら、サポートの仕方を変化させています。
最初は、中に入って一緒に動きますが、様子を見て離れ、全体を見渡せる位置につきます。そして、ルールを忘れてしまった子に声をかけていくのです。このとき、「（タッチされたから）○○ちゃんがオニね」などと、進行役も行います。
それでゲームを継続できるようになったら、声かけをせずに見守り、子ども同士であそぶ時間を長くとれるようにします。こうして、子どもひとりひとりにルールが身についていきます。

9・10・11・12月 保育資料

サンタさんへのプレゼント

指導計画 P.76、77

「サンタさんはプレゼントもらうの?」という疑問から、プレゼント製作に発展しました。

用意する物・準備
採取した自然物(木の実・小枝など)、紙粘土、ボンド、ラメ入りのり

※木の実は腐ったり、変色したりしないよう、枝を付けたまま採取するよう声をかける。
※製作まで間があいている場合は、木の実にニスを塗って保護しておく。

こんなふうに
「サンタさんからプレゼントをもらうけど、サンタさんはプレゼントもらえるのかな?」と聞くと、子どもたちからは、「(ないから)あげたい!」「おもちゃをあげる」などの返答。用意した材料を見せて「これで何かできないかな?」と尋ねたところ、「お手紙書く!」「御飯作ってあげる」「ケーキ作る!」など、いろいろな意見が出てきました。
それぞれが好きな物を作るのもよいのですが、今回は、1つのテーマに絞ることにして、「サンタさんはどんなケーキが好きかな?」とケーキについて話を深め、ケーキ作りへとつなげていきました。製作の前には、封を切ったばかりの紙粘土と事前に作った見本を見せて、「最初は軟らかいけど、2日ぐらい寝る(そのまま置いておく)と硬くなる」という紙粘土の特性を伝え、普段使っている油粘土との違いに気づくようにします。その後、製作開始。自分が採取してきた物を使い、思い思いのクリスマスケーキを作ります。

マイバッグ(P.84参照)から、集めてきた木の実を取り出して。

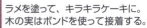

ラメを塗って、キラキラケーキに。木の実はボンドを使って接着する。

実践者より

各家庭に持ち帰って
出来上がったケーキは、クリスマスの日、各家庭に持ち帰ります。その際、子どもたちには、「サンタさんが『この家には子どもがいるんだな』とわかるような所や、自分の寝る部屋に置いて、サンタさんに見てもらうようにしよう」と話します。各家庭ではそれぞれ置く場所を相談したり、手紙を添えたりして、ケーキを飾ったようです。

サンタのサプライズ

指導計画 P.78

クリスマスへの雰囲気を楽しめるように、日常のなかにも、様々なお楽しみを入れています。

こんなふうに
毎年いろいろな工夫を凝らして、サンタクロース目撃の機会を作っています。

どんなサプライズにしようか……
サプライズの方法は、毎年、保育者が案を出し合って決めています。同じものになっては、5歳児などは、「また……」と、感動が薄れてしまうからです。保育者にとって、「今年はどんなサプライズをしようかな」と考え、準備し実践するまでの間、ずっとワクワクして、楽しい時間になっています。子どもたちの驚く顔や笑顔が見たくてやっているのですが、実は保育者のほうが楽しんでいるのでは？　とも感じます。

テラスを通るサンタ

あらかじめ登場の時間を決めておき、連絡係の保育者が、各クラスに準備が整ったかどうかを確認。ＯＫが出たら、サンタが保育室に面したテラスを思いっきり走り抜けます。
テラスの方を向くように子どもを座らせているクラス、普通にあそんでいるクラスなど様々なため、サンタクロースを目撃した子もいれば、まったく気づかない子もいます。

サンタ屋上に現る！

サンタクロースの下半身を用意し、1人の保育者がそれを持って屋上でスタンバイ。保育室にいる保育者と携帯電話でやり取りをして、準備ＯＫとなったら、屋上の保育者が、保育室の窓から見える位置まで、サンタの下半身を下ろし、ブラブラと揺らします。保育室の中にいる子どもたちはびっくり！　正体がばれる前に、屋上のサンタは引き上げます。

サンタと握手

遊戯室の舞台の扉をほんの少し開けておきます。中に入ると、壁面に1つの穴。近づくと、その穴から白い手袋の手だけが出ていて、子どもたちはその手と握手をしていきます。子どもたちの質問には、手でＯＫサインをしたり、バイバイしたりもしてくれます。

ビー玉で年賀状作り

指導計画 P.78、79

製作活動に新しい表現を取り入れることで、新鮮な気持ちで取り組みました。

用意する物・準備
ビー玉、はがき大の画用紙、四角いかご（はがき1枚が入るくらい）、プリンなどの透明カップ
※透明カップに絵の具を色別にして溶いておく。

作り方
① 好きな色の絵の具のカップを選び、その中にビー玉を1個入れる。

② かごの中に画用紙を入れ、その中で、①の絵の具をつけたビー玉を転がす。ビー玉の通った跡によって、様々な模様ができる。何色か使いながら自由に楽しむ。

③ 何枚か挑戦した後、年賀状にも模様をつける。出来上がったら乾かし、作品の邪魔にならない所に保育者が「あけましておめでとうございます」と書く。

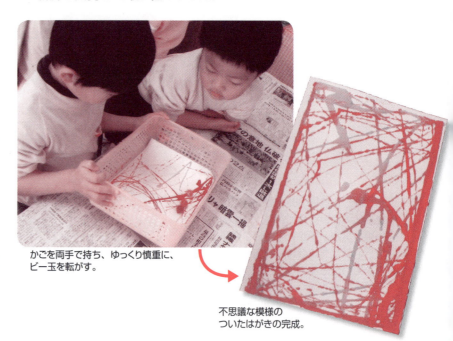

かごを両手で持ち、ゆっくり慎重に、ビー玉を転がす。

不思議な模様のついたはがきの完成。

もちつきはくぶつかん

指導計画 P.78

もちつきで使う道具に実際にふれられる場「もちつきはくぶつかん」を作り、興味を高めていきます。

こんなふうに
もちつきの1週間前くらいから職員室に設定。もちつきの流れ通りに道具を並べ、順路に従って歩くと、もちつきの疑似体験ができるようにしておきます。

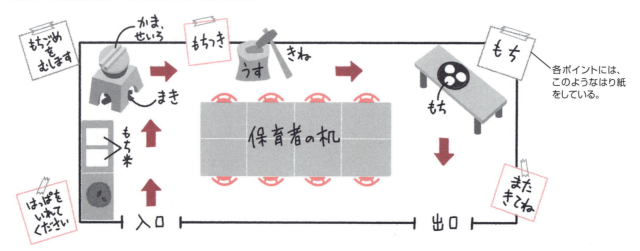

各ポイントには、このようなはり紙をしている。

1月 2月 3月
指導計画と保育資料

指導計画と保育資料は連動しています。

1月の指導計画 保育園

1月のねらい
◎手洗い・うがい、はなのかみ方などが身につき、健康的に行動する。
◎伝承あそびにふれ、友達とあそぶ楽しさを味わう。
◎いろいろな表現活動を楽しむ。

※幼児期の終わりまでに育ってほしい姿　（ア）健康な心と体　（イ）自立心　（ウ）協同性　（エ）道徳性・規範意識の芽生え　（オ）社会生活との関わり

第1週

前週末の子どもの姿（1月当初の子どもの姿）
- 休みが長かったため、保護者と離れるのが嫌で、泣いて登園する子や寂しそうにしている子がいた。
- 久しぶりに会う友達と「お正月に何をしたか」と互いに話している姿が見られた。

ねらい・内容
◎生活リズムを整え、安心して過ごす。(ア)(イ)
○正月の出来事を話したり聞いたりする。
○身の回りのことは自分でしようとする。
◎保育士や友達と一緒に正月あそびを楽しむ。(ア)(オ)(カ)(コ)〔第1週～第2週〕
○好きな伝承あそびを選んであそぶ。
○思い思いのイメージを自由に描き、たこ作りを行う。
○体を十分に動かす。

環境・援助・配慮のポイント

冬季休暇の後は丁寧なかかわりを
◆休み明けは健康状態をよく観察し、「会いたかったよ」とひとりひとりと握手をしてふれながら、表情を見る。また、休みの間の経験を、保育士や友達に話したい気持ちに共感し、落ち着いた雰囲気のなかで話を聞く機会を設ける。
◆久しぶりの登園で、身の回りのことに時間がかかることもあるが、確認しながら思い出せるように丁寧に伝え、自分ひとりでできるところは見守るようにする。

伝承あそびを楽しめるように
◆かるた・こま・お手玉あそびなどの伝承あそびに興味がもてるよう、季節に合った特設コーナーをつくり、子どもが選んであそべるように環境を整える。　詳細はP.110
◆たこ作りでは、「遠くに飛ばすにはどうしたらいいかな」と投げかけ、「顔をかく」「羽をかく」「飛行機をかく」といった、ひとりひとりの思いを尊重し、イメージしたものを自由にたこにかけるようにする。　詳細はP.110
◆園庭のベンチにセロハンテープ・たこ糸・予備のパーツなどを常備した「たこの修理工場」を作り、壊れてもすぐに直してあそびが再開できるようにする。
◆たこ揚げをしながらのびのび走ったり、体を動かすあそびをしたりして、十分に運動できるようにする。　詳細はP.110

第2週

前週末の子どもの姿
- たこであそんでいくなかで、風に興味をもってあそんでいた。
- 正月の出来事を話しながら、友達とあそぶ姿が見られた。

ねらい・内容
◎冬の生活習慣を身につける。(ア)(イ)
○自分で手洗い・うがいやはなかみをする。
○伝承あそびで友達とあそぶ。
◎感じたことを表現して楽しむ。(ウ)(カ)(コ)
○風とあそび、自分なりにイメージをつかんで表現する。
○教材（クレヨン）の特性を知り、絵画活動をする。

環境・援助・配慮のポイント

子どもの動線を考えて
◆手洗い・うがい・はなをかむなど、なぜするのかを改めて子どもに問いかけながら、自分から進んで行えるようにする。
◆部屋の入り口近くにうがい用のコップを置いたり、一定の位置にティッシュケースを常備したりすることで、子どもがやろうと思ったときにできる環境を整える。

伝承あそびを友達と楽しめるように
◆あやとりやお手玉、こまなど、伝承あそびのあそび方を壁にはり、そのあそび方を保育士や5歳児に教えてもらいながら、自分たちでも楽しめるようにする。　詳細はP.110

感じたものを表現する
◆たこ揚げで気づいた「風」への関心を深められるよう、風車や扇風機、うちわなどを用いて実際に風を肌で感じる。その気持ちのまま絵で表現できるように、事前にテーブルに新聞紙やクレヨンを準備し、すぐかけるようにしておく。　詳細はP.111
◆身体表現や描画表現のときは、その子なりの表現を楽しめるようにし、どのように展開しても認めていく。　詳細はP.111
◆クレヨンの特徴は言葉で知らせるよりも、実際にかくことで硬さなどの特性を感じられるようにする。　詳細はP.111

振り返り・評価・改善

「避難訓練」について
当園の避難訓練では、「火災・地震・不審者（敷地内侵入）・不審者（建物内侵入）」の4パターンを各月ごとに行い、子どもたちがさまざまな経験をしながら避難の仕方を身につけられるようにしていた。生活を中心ととらえていたため、時間帯が午睡明けのおやつ後、ゆっくりした時間に行うことがほとんどだった。しかし、災害はいつ、どんな状況で起こるかわからないので、この避難訓練をもっと現実味のある活動にする必要がある。そこで園全体で振り返り、日時やどんな災害訓練かを担任

家庭との連携	教材資料	1月の予定
・冬季休暇中の話を聞きながら、子どもの体調や様子、不規則な生活になっていないかを聞き、連携を強め、子どもを見ていく。 ・感染症やインフルエンザなどでの欠席状況を随時掲示して、感染予防への協力を呼びかける。	**うた** 雪のこぼうず （訳詞＝村山寿子　作曲＝不詳） **うたあそび** みんなでそこぬけ 大阪うまいもんの歌 **絵本** とらたとおおゆき（福音館書店） はじめてのおつかい（福音館書店）	・誕生会　・避難訓練　・お弁当日 ・冬季休暇（12/28～1/3）

食　育

・七草がゆの意味を知り、給食でおいしくいただく。
・健康と食べ物の関連に興味をもち、嫌いな食べ物でも一口は挑戦する。

(カ)思考力の芽生え　(キ)自然との関わり・生命尊重　(ク)数量や図形、標識や文字などへの関心・感覚　(ケ)言葉による伝え合い　(コ)豊かな感性と表現

第3週

●身の回りのことを自分でする子が増えた。
●友達と一緒に伝承あそびを楽しむ姿が見られる。
●「節分の日」があることを聞き、「鬼」に敏感に反応する子がいる。

◎道具の使い方を知る。(カ)
○のりやセロハンテープを安全に無駄なく使う。
◎表現あそびを楽しむ。(コ)
○友達とイメージを共有しながら、体を動かして表現する。
○物語の役になって劇あそびをする。
◎行事への関心を深める。(オ)(カ)(コ)
○節分について、3歳児なりに理解する。
○節分に関係のある製作あそびを行う。

道具を安全に無駄なく使うために

◆活動を始める前に、セロハンテープの目安の長さやのりの適量を、視覚的にわかりやすく伝える。　**詳細はP.113**
◆のりで手がべとべとになるのを嫌う子もいるので、自分でふけるようにぬれぞうきんを用意する。セロハンテープは、安全面を考慮して、保育士の目の届く範囲で使うようにする。

劇あそびを楽しむ

◆劇あそびは、なじみのある題材やイメージをもちやすい役を演じられるお話を選ぶ。保育士は進行役となって子どもの動きを引き出し、楽しみながら取り組めるようにする。
◆恥ずかしさから活動に参加しづらい子には、みんなの様子を見て過ごしたり、全員で同じ役を演じたりしながら、劇あそびを楽しいと思えるようにかかわっていく。

その子なりの行事参加

◆節分に関する紙芝居や素話などを通して、その子なりの解釈で節分行事を楽しむことができるようにする。
◆「鬼」について思っていることをみんなで話し、イメージが深まるようにする。その後で鬼のお面などの製作をして、行事への意欲や関心をもてるようにする。　**詳細はP.113**

第4週

●保育士や友達と劇のなかの役になって楽しんでいた。
●節分に関して、子ども同士の会話が多くなり、「鬼は外。福は内〜」と節分ごっこをしている姿が見られた。

◎避難訓練でいろいろな避難の仕方を覚える。(オ)
○保育士の指示を聞き、避難する。
○「お・は・し・も」の意味を覚え、伴った行動をする。
◎行事への関心を深め、イメージを共有してあそぶ。(ウ)(オ)
○作った物を使って、節分ごっこをする。

いざというときのために

◆火災時の避難訓練ではどのように行動するのか、ほかのクラスの保育士と協力して子どもたちに指示・誘導を行う。
◆子どもたちには、「避難訓練」ということを伝え、心のケアに努めながらも、実際に起きたことを想定して真剣に行動することで、いざというときに備えられるようにする。
◆「お・は・し・も（押さない・走らない・静かに・戻らない）」の約束を伝えることで、放送が聞こえたら保育士の話をよく聞いて行動することを身につけられるようにする。

節分行事に安心して参加できるように

◆製作したものを実際に使用してあそべるようにし、行事の予行練習のような感じで楽しんでから、行事に参加できるようにする。　**詳細はP.113**
◆市販の鬼のお面を着け、製作した大きな豆を使って節分ごっこをしてあそぶ。鬼は豆を当てられたら逃げる、豆を投げる子は顔に当てないなど、簡単なルールを作ってあそぶ。　**詳細はP.113**
◆お面を着けると視界が狭くなるので、整地されている動きやすい場所へ行き、安全にあそべるようにする。また、ごっこで、はしゃぎすぎないよう保育士があそび方を調整する。

保育士に伝えずに取り組むことになった。

「節分までの取り組み」について
鬼の印象が強すぎると節分を怖がる子もいるので、行事の前に紙芝居や素話・豆まきあそびなどを通して、本来の意味や由来を伝えるように工夫しながら、期待をもって節分の日を迎えられるようにしていった。すると、当日は「鬼をやっつける」と意気込む子も現れ、怖がっている子に「守ってやるから」と言い、団結する様子もうかがえた。

1月の指導計画
幼稚園

1月のねらい
◎正月あそびを楽しむ。
◎絵本や物語に親しみ、劇あそびを通して、みんなで心を通わせる。
◎言葉や体で表現することを楽しむ。

※幼児期の終わりまでに育ってほしい姿　(1)健康な心と体　(2)自立心　(3)協同性　(4)道徳性・規範意識の芽生え　(5)社会生活との関わり

	第1週	第2週
前週末の子どもの姿		●久しぶりの登園を嫌がる姿が見られる。 ●寒くても自分から外へ出てあそぶ姿が見られる。（1月当初の子どもの姿）
ねらい・内容	冬休み	◎正月あそびを楽しむ。(2)(3)(10) 〔第2週〜第4週〕 ○こまの回し方を知ってあそぶ。 ○自分のこまに色を塗る。 ◎生活の仕方を思い出し、自ら進んで行う。(1)(2) ○朝の身支度や準備、帰りの支度を自分でする。 ◎絵本や物語に親しみ、みんなで心を通わせる。(8)(10) ○いろいろなお話をみんなで見たり聞いたりする。
環境・援助・配慮のポイント		**こまを回すことに夢中になって** ◆1つずつもらった自分のこまを回せるように、あきらめずに挑戦するようひとりひとりに回し方を伝え、見守る。また、自分で片付けやすいように、箱などでこま入れを作り、自分の物を大切にするように伝えていく。 ◆こまの色塗りは一斉に行うが、それで終わりにするのではなく、回してあそぶなかで思いついたら、いつでも塗り足しや塗り替えができるよう環境を整えておく。 **自分から意欲的に行う** ◆2学期の終わりのころの生活を思い出しながら、1つでも自分でやろうとする姿が見られたときは見逃さず、みんなの前で大きく認め、ほかの子どもたちも意欲的になれるような雰囲気を作っていく。 **みんなで一つの話を共有して** ◆春から繰り返し読んできた絵本から、子どもの好きなお話を工夫して何度も繰り返し読む。全員がその物語の世界のなかに入り込めるように、子どもたちの細かな反応を見逃さず、どんなふうに表現していくとよいか考える。そのなかで、子どもの新たな興味や感動を引き出していく。　詳細はP.112

評価・振り返り・改善

「正月あそびを楽しむ」について
3学期の初めに、どの学年にも個人のおもちゃとして「こま」を渡している。3歳児は手ひねりごま。すぐに回せるが、逆さに回したり、色を塗ったりして毎日飽きずに続けられる。ひとりでもあそべるが、この時期だからこそ、こまを介して集団であそべるような環境を工夫し、教師が技を見せてきっかけをつくるとクラスの雰囲気も変わってきた。

「絵本や物語に親しみ、みんなで心を通わせる」について
生活発表会に向けて舞台で表現あそびをするが、新たなお話を伝えるだけでなく、春から読んできたお話のなかから、子どもたちが大きく反応

家庭との連携

・来月に行う生活発表会は一年のなかで最も大切な行事であり、当園の大切にしていることが一番わかりやすい行事であることを伝えていく。発表会当日しか見せない園が多いと思うが、舞台で表現する日々の姿を見ることこそが大切なので、当園では「本日の舞台の予定」として毎日の舞台の予定を掲示し、好きようように保護者が見に来られるようにしている。

詳細はP.127

教材資料

うた おへそ(作詞・作曲＝佐々木美子)

うたあそび くいしんぼゴリラのうた
八百屋のお店

絵本 ぼくのおふろ(PHP研究所)
やまださんちのてんきよほう(絵本館)

1月の予定

・始業式
・保育参観
・誕生会
・身体測定
・避難訓練

(6)思考力の芽生え　(7)自然との関わり・生命尊重　(8)数量や図形、標識や文字などへの関心・感覚　(9)言葉による伝え合い　(10)豊かな感性と表現

第3週

●夏休み明けに比べ泣く子も少なく、少しずつ元の生活のリズムを取り戻しつつある。
●こまに夢中な子も多く見られるが、寒くても自分から進んで外へあそびに出かける姿も多い。

○みんなでこま回しを楽しむ。
◎劇あそびを通して、みんなで心を通わせる。(3)(10)〔第3週～第4週〕
○自分のやりたい役を決める。
◎言葉や動きで表現することを楽しむ。(9)(10)〔第3週～第4週〕
○舞台の上であそぶ。
○舞台の上で好きなように表現してみる。

みんなで一緒に
◆こまを回せるようになったら、床にビニールテープをはり、「この円の中でだれが一番長く回せるかな」と、大勢であそべるような環境を整える。
◆この時期になると自由にあそぶだけでなく、クラス全体で何かをすることを楽しむので、その気持ちを十分に受け止め、クラスで充実感を得られるような時間をもつ。

自分のやってみたい役を決めるために
◆その日に行う劇の役はその場で決める。お話の内容を理解し、自分のやってみたい役が決められるよう、どの役も魅力的に見えるような伝え方をする。

自由に表現することを楽しんで
◆舞台に抵抗なく上がることができるよう、まずは舞台であそぶことから始める。 詳細はP.112
◆部屋でお話を読み聞かせたあと、好きな役に分かれて舞台へ上がる。教師がどんどん進めてしまうのでなく、子どもたちが自然な表現ができるよう、言葉がけは最小限に抑える。「まだやりたい」という気持ちで終えられるよう、ひとりひとりの表現をその都度大きく認めていく。

第4週

●登園するとすぐに自分のやりたいあそびに向かい、集中してあそぶ姿が多く見られるようになってきている。
●自分のことだけでなく、困っている友達を助けるなど、周りのことにも目を向けられるようになってきた。

○こまのいろいろな回し方を工夫する。
○ほかのクラスや年上の子の表現を見る。
○いろいろなお話でさまざまな役に挑戦してみる。
○いろいろな楽器にふれる。
○舞台で歌う経験を重ねる。

いろいろなあそび方を楽しんで
◆教師が提案したあそび方だけでなく、子ども自身で発見できるように、工夫している子やおもしろいあそび方をしている子がいたらみんなに紹介して認め、友達をまねたり、新たなあそび方を考えるきっかけにする。

表現を見ることを大切にして
◆教師が表現を教えるのでなく、ほかのクラスや年上の子どもたちが表現する姿を見る機会をできるだけたくさん作り、見ることで何かを得られるようにする。 詳細はP.112

舞台の上でいろいろな表現あそびを楽しんで
◆いろいろなジャンルのお話で表現することを楽しみ、そのなかで子どもたちにぴったり合うものを見つけるようにし、発表会へとつなげていく。 詳細はP.112
◆いろいろな楽器の音や持ち方、鳴らし方を知らせるために、ふれる機会をたくさん設ける。楽器あそびを行うだけでなく、部屋に置いて自由にあそべるようにする。 詳細はP.112
◆部屋で歌うのとはまた違うため、できるだけ舞台に上がって歌う機会を設けていく。春から歌ってきたいろいろな歌をみんなで歌って表現してみる。

したものを何度も読み聞かせ、視点を替えてお話を深く理解できるようにする。新たな感じ方を抱くきっかけ作りも大切にしたい。

「言葉や体で表現することを楽しむ」について
舞台で表現するときに一番大事にしているのは、子どもたちが感じたものを自然に表現できるようにすること。それには、舞台の環境や教師の言葉かけひとつひとつに細かく配慮し、最小限の言葉かけで子どもたちの表現を引き出すよう努めることが求められる。舞台で劇あそびや楽器、歌を表現することは、実は春から積み重ねてきたもの、子どもの成長ぶりやクラスのまとまりなどをすべて見せることでもある。

1・2・3月指導計画

2月の指導計画 保育園

CD/excel → 保育園 → 月間 → P102_3歳2月_保

2月のねらい

- ◎イメージを共有して豊かな感性を養い、表現することを楽しむ。
- ◎発表会を通して、心の葛藤（かっとう）を経験する。
- ◎ルールを守ってあそぶ楽しさを味わう。
- ◎異年齢児と交流し、親しみやあこがれをもつ。

※幼児期の終わりまでに育ってほしい姿　（ア）健康な心と体　（イ）自立心　（ウ）協同性　（エ）道徳性・規範意識の芽生え　（オ）社会生活との関わり

第1週

前週末の子どもの姿
- 節分の日を、怖がっている子や楽しみにしている子がいて、子ども同士の会話のなかでよく話題になる。
- 4・5歳児にかるたの読み手をしてもらったり、こま回しをまねたりして、異年齢で過ごす姿がよく見られた。

ねらい・内容
- ◎健康に気を付けて生活する。（ア）
- ○感染症の流行を知り、自分から手洗い・うがいをする。
- ◎行事に参加する。（オ）
- ○行事の由来や意味などを3歳児なりに知る。
- ○行事食を食べ、行事に興味を抱く。
- ◎友達とイメージを共有しながら、表現あそびを楽しむ。（ウ）（コ）
- ○自分なりに表現したり、友達の表現をまねしながらあそぶ。

環境・援助・配慮のポイント

より丁寧に行うために
- ◆風邪予防として、手洗い・うがい・はなをかむなどを子どもたちの前でやって見せて、丁寧に取り組めるようにする。
- ◆手洗い場が混雑しないよう、ほかの職員・クラスと連携しながら、ゆとりをもって行えるようにする。

節分に興味がもてるように
- ◆「鬼が怖い」と思う子もいるので、ヒイラギの葉やイワシの頭を用意して節分の意味を再度知らせる。興味をもって活動に取り組めるように、紙芝居を見たり豆まきの歌をうたったり、職員の出し物などを行い、楽しめるようにする。
- ◆意欲をもって豆まきを行えるよう、先月に自分で作ったますや大きな豆を持って、活動に入る。
- ◆昼食にイワシの煮つけなどを食べたり、おやつに豆を食べることを通して、節分の行事に食べる物を知らせる。

表現を楽しむ
- ◆自分の思いを出そうとしている姿を認めたり、友達に伝えようとする子どもの姿を見守ったり仲介したりしながら、イメージを共有できるようにして進めていく。　詳細はP.114
- ◆ひとりでは、照れや恥ずかしさもあるので、友達と一緒に動きながら、楽しめるようにする。　詳細はP.114

第2週

前週末の子どもの姿
- みんなで表現あそびをすることを楽しんでいる。
- 言葉の表現が豊かになり、自分の思いを言葉にして伝えようとする姿が見られた。

ねらい・内容
- ◎みんなと一緒に表現する満足感を味わう。（ウ）（コ）
- ○自分なりの表現方法で、のびのびと表現あそびや歌・合奏を楽しむ。
- ○発表会に参加し、緊張や心の葛藤を経験する。
- ◎ルールを守ってあそぶ楽しさを味わう。（ア）（ウ）（エ）
- ○簡単なルールのあるゲームあそびを集団で行う。
- ○ルールを確認しながら、あそびを継続する。

環境・援助・配慮のポイント

発表会を楽しむために
- ◆劇あそびでは、自分なりに役になり切って表現することを楽しめるように、イメージしやすい音楽を準備したり、好きな役になって意欲的に取り組めるようにする。　詳細はP.114
- ◆普段の生活リズムが保てるように、自分の好きなあそびをする時間を確保する。また、思い切り体を動かしてあそぶ時間も作り、集中して取り組めるようにする。　詳細はP.116、117
- ◆発表会当日は、子どもたちの不安や期待感に共感しながら、今までの表現あそびなどでの出来事や保護者の喜ぶ姿を伝え、自分や友達を信じて、自信をもって発表会に臨めるように気持ちを高めていく。終えた後には、子どもたちの高揚感や達成感に共感し、言葉にしたり、よかった点を伝えることで、次の日の意欲につなげていく。　詳細はP.114

ルールを守るには
- ◆ルールを説明するときは子どもに見本になってもらい、理解しやすいようにする。また、ゲームのなかで出てきた困ったことや難しいところを子どもに発表してもらい、それをどうするのか、話し合う場を設け、ルールが浸透するように進めていく。　詳細はP.117
- ◆あそびが続かずトラブルに発展した場合は、ルールを見直して簡略化し、自分たちであそびを継続できるようにする。

振り返り・評価・改善

「発表会の取り組み」について
生活発表会は、園内のホールに舞台を出して行う。今までけいこしてきたことをやりきり、お客さん（保護者）の反応を感じたり、いきいきと表現したりするなど、経験したことも大きかった。発表会後は、余韻を十分に楽しめるように、年上の子の劇の一部をまねて一緒にあそんだり、劇中のクッキングを実際に再現し、みんなで食べてみる活動につなげたので総合的な保育になり、子どもたちも大いに楽しめた。

「ひな祭り製作」について
ひな人形を見たり、ひな祭りの歌をうたったりしながら、ひな人形への

家庭との連携	教材資料	2月の予定
・風邪やインフルエンザが流行する時期なので、家庭でも手洗いやうがいを丁寧に行うよう伝えていく。 ・発表会を通して、それまでの取り組みの過程や目標を伝え、ともに子どもの成長を喜び合う。	おにのパンツ （作詞＝不詳　作曲＝L.デンツァ） ひっつきもっつき おにはうち！（童心社） そりあそび ばばばあちゃんのおはなし（福音館書店） りょうりをしてはいけないなべ（講談社）　**詳細はP.115**	・節分の日　・誕生会　・避難訓練 ・お弁当日　・生活発表会　・お別れ散歩

食育

・昼食のメニュー（イワシの煮つけなど）やおやつの豆を通して、節分の行事を知ることができるようにする。
・クッキングでは、調理方法の違いによって、好みの味ができることを体験する。

（カ）思考力の芽生え　（キ）自然との関わり・生命尊重　（ク）数量や図形、標識や文字などへの関心・感覚　（ケ）言葉による伝え合い　（コ）豊かな感性と表現

第3週

- ●保護者に発表会の感想を聞き、そのことをいきいきとした表情で保育士や周りの友達に話す姿が見られた。
- ●発表会では、自分をそのまま出せた子、いつも以上の力を発揮した子など、様々な経験をすることができた。

◎友達や異年齢児と表現あそびを楽しむ。（ウ）（コ）
○劇あそびやごっこあそびを通して、友達とあそびを共有する。
○ほかのクラスの劇あそびをまねする。
◎クッキングあそびを通して、劇の意味や余韻を味わう。（カ）（キ）
○劇に出てきた料理を作って食べることで、作って食べる楽しさを知る。

発表会の余韻を味わう

◆発表会で使用した小道具や衣装をコーナーに用意し、自分たちで楽しめるようにする。　**詳細はP.114**
◆発表会をきっかけに、役になり切って動いたり、大きい子をまねてやり取りをしたりする楽しさを大切にする。保育士も役に加わり、異年齢で同じ表現あそびをするなど、あそびが膨らんでいくようにきっかけをつくり、4・5歳児へのあこがれや親しみの気持ちを支えていく。　**詳細はP.114**

クッキングの楽しさを知るために

◆包丁を扱うには安全確保が必要となり、環境構成や保育士の配置、子どもへの約束も多くなるので、包丁ではなくナイフを使う。　**詳細はP.115**
◆簡単に料理をする方法を考え、できる限り子どもたちで行えるようにする。また、作り方を「今日の様子」（保護者に一日の出来事や取り組みの様子を伝えるプリント）で保護者に知らせ、家庭でもクッキングを楽しめるようにする。
◆「切ってすぐ」「水と煮込んでから」「調味料やその他の具材を入れて煮込んでから」と、その都度味わうことで、食材（トマト）の味の変化に気づくことができ、「生は苦手だけど煮込んだら食べられる」といった、調理によって好みの味ができることを体験できるようにする。　**詳細はP.115**

第4週

- ●進級することを知り、楽しみにするようになる。
- ●暖かくなるにつれ、戸外で鬼ごっこなどをして活発にあそぶ子が増える。

◎自分なりのイメージをもって、ひな人形を作って楽しむ。（オ）（コ）
○行事への興味・関心を深め、製作をする。
◎5歳児との交流を通して、親しみやあこがれの気持ちをもつ。（ウ）（エ）（オ）（ケ）
○5歳児と一緒に散歩をする。
○一緒にふれあいあそびやゲームをする。

ひとりひとりのイメージを尊重して

◆飾られたひな人形の前で、ひとつひとつの人形の名前を伝えたり、ひな祭りの歌をうたうなどして過ごすことで、ひな人形の服装や表情など細かい部分の違いに気づき、興味をもてるようにする。　**詳細はP.118**
◆いろいろな材料を用意し、はさみで切ったりのりではったりとその子の要望に答え、イメージを大切にしながら、その子らしい製作物ができるように配慮する。　**詳細はP.118**
◆イメージをもちやすいように、製作中にいつでも見ることができる場所にひな人形を置き、着物の色、枚数、表情、飾り付けなどを自分なりに考えられるようにする。　**詳細はP.118**

お別れ散歩のなかで芽生える気持ちを大切に

◆散歩中や公園内の約束は5歳児が伝えるようにし、あこがれや、約束を守ろうとする意識を高める。
◆公園までの移動は5歳児と手をつないで歩いたり、一緒にゲームを楽しむなかでリードしてもらったり、会話やふれあう機会をもてるようにする。
◆お別れ散歩後はクラスで感想を聞いたり、5歳児の様子を聞いたりして、親しみがもてるようにするとともに、「大きくなると、いろいろなことができるようになるね」などと、あこがれの気持ちを進級への意欲につなげていく。

イメージを膨らませていった。自分のイメージで自由に作ってほしかったので、製作活動に入る前に作品例を見せずに始めた。製作では、表情や服装・雰囲気などを意識してほしかったため、「どんなだったかな？」と思ったらすぐ見られるように、製作している子どもの近くにひな人形を置いた。厚画用紙、色紙、紙皿、紙コップなど子どもが求めたものを提供し、製作を進めていくと、ベースになる厚紙を切ったりはったり、立体に仕上げたりと、保育士の思いもよらぬ発想で作り上げていた。保護者には、今回の取り組みは作品の完成度を求めたものではなく、表現の楽しさを味わうのがねらいだったことを伝え、理解してもらった。

2月の指導計画 幼稚園

2月のねらい
◎ひとりひとりが自分らしさを発揮しながら充実して生活する。
◎みんなで表現することを楽しみ、行事に参加する。
◎交通ルールを守って道路を歩く。

※幼児期の終わりまでに育ってほしい姿　(1)健康な心と体　(2)自立心　(3)協同性　(4)道徳性・規範意識の芽生え　(5)社会生活との関わり

第1週

前週末の子どもの姿
- 舞台に上がって表現することも、ほかのクラスや学年が表現するのを見ることも、どちらも楽しむ姿が見られる。
- 自由にあそぶ時間において、すぐに自分のしたいあそびを見つけ、じっくりあそべるようになっている。

ねらい・内容
◎ひとりひとりが自分らしさを発揮しながら、充実して生活する。(2)(4)〔第1週〜第4週〕
○あそびの持続時間が長くなり、集中して友達とあそぶ。
◎みんなで表現することを楽しみ、行事に参加する。(3)(5)(10)〔第1週〜第4週〕
○豆まきをする意味を知り、製作あそびを楽しむ。
○豆まきに参加する。
○友達と一緒に声を出して表現する。

環境・援助・配慮のポイント

友達とあそぶことを楽しんで
◆どの子も好きな友達と好きなあそびに没頭できるよう、教師が砂あそびを始めたり、ままごとに参加したりして初めのきっかけをつくることはあっても、あそびの様子を見ながら、子どもたちのあそびの輪から離れていくようにする。

豆まきを楽しむために
◆豆まきに参加する前に、「心のなかにいるいたずら鬼や怒りんぼ鬼、泣き虫鬼を追い出すために豆をまくんだよ」と豆まきの意味をわかりやすく伝え、お面や三方を作る。
◆鬼を怖がって楽しめないことのないよう、ほかの学年と一緒に行うのでなく、3歳児だけで豆まきをする。

友達と一緒に声を出して
◆舞台の上で友達と声をそろえて表現することを楽しいと感じられるよう、その前には十分にあそび、しっかりと落ち着いてから舞台の部屋に移動する。
◆舞台の上でも普段と変わらない子どもの姿が表現できるよう、言葉をかけすぎず、子どもたちで動けるように見守る。
◆飽きないように、一つの表現あそびは1日1回、話も2〜3話を交互に行い、毎日続けて行わないようにする。

第2週

前週末の子どもの姿
- 舞台で表現することも楽しむが、それ以外の時間もいきいきとあそぶ姿が見られる。
- 気温は低いが、相変わらず自分から外に出てあそぶ子が多い。

ねらい・内容
○自信をもって行動する。
○生活発表会のプログラムを知り、楽しみにする。
○全園児で歌をうたう。
○誕生会に参加し、みんなで一緒にお祝いをする。

環境・援助・配慮のポイント

自分らしさを発揮できるように
◆自分に自信がもてない子には、どんな小さなことでも大きく取り上げて褒める。担任だけでなく、職員間で共有し、職員みんなで子どもを認めていく。また、この時期は援助の声をかけすぎないようにし、子どもの自主性を大切にする。

初めての行事への期待を高める
◆生活発表会のプログラムや当日に行うことをわかりやすく伝え、プログラムの表紙の塗り絵をする。自由に表現しながら、初めての行事を楽しみにできるようにする。

みんなで歌うことを楽しむために
◆当日のプログラムの最後に行う、「全園児120人で歌う」ことをする。教師たちの反応で「何かすごいことなんだ」と感じたり、クラスや学年で歌うときとは違った大勢で歌う声の響きなどを感じたりできるようにしていく。

気持ちを一つにして誕生会に参加する
◆何度も経験してきた誕生会では、誕生児の友達をみんなで祝い、気持ちを一つにして行事に参加する楽しさを味わえるように、教師が子どもたちの側で誕生児を大きく祝う。

評価・振り返り・改善

「自分らしさを発揮しながら充実して生活する」について
春からの様々な経験を経て、自分でできることが増え、自分に自信をもって行動している姿があちこちで見られるようになってきた。春のころにした新聞紙あそびなどを久しぶりに行うと、それぞれの成長が一番よくわかる。そんななか、まだもう一つ自分に自信がもてない子には、あらゆる活動のなかで大きく認め、ここからも成長できるように配慮していく。

「みんなで表現することを楽しみ、行事に参加する」について
生活発表会当日に向けて、ひたすら表現あそびを繰り返し行うのではなく、いろいろなお話や曲や楽器で、毎回新鮮な気持ちで飽きることなく続けていけるように工夫する。安心して舞台に上がり、その子なりの表

家庭との連携	教材資料	2月の予定
・引き続き舞台の姿を見にきてもらう。発表会当日には、子どもたちの表現の合間に園が大切にしていることなど、この行事に参加して、より園や子どものことを理解できるような話をしていく。また、当日に来られなかった保護者のために、終わった後も見にきてもらう日を設けていく。この行事については、保護者の思いをアンケート形式で表現してもらい、今後の保育の参考にする。　詳細はP.113	**うた** ふるさと（作詞＝髙野辰之　作曲＝岡野貞一） 犬のおまわりさん （作詞＝佐藤義美　作曲＝大中 恩） **うたあそび** いわしのひらき カレーライスのうた **絵本** うえへまいりまぁす（PHP研究所） おふろやさんぶくぶく（ポプラ社）	・豆まき ・誕生会 ・生活発表会 ・お別れ会

(6)思考力の芽生え　(7)自然との関わり・生命尊重　(8)数量や図形、標識や文字などへの関心・感覚　(9)言葉による伝え合い　(10)豊かな感性と表現

第3週

- ●行事を間近に控えても、いつもと変わらない様子であそんでいる。
- ●引き続き、ほかのクラスや学年の表現を見て楽しむ姿が見られる。

○行事の週においても、いつもと変わらずにあそぶ。

○生活発表会に参加する。
◎ルールを守って歩けるようになる。(1)(4)〔第3週〜第4週〕
○散歩に出かける。

普段と同じ生活をして
◆行事が迫る日々も当日も、できるだけいつもと変わらない気持ちで生活できるよう、当日と同じように部屋をつなげたり、観客として保護者に見にきてもらうようにする。また、当日のプログラムと同じ流れで生活する日も作り、落ち着いて当日を迎えられるようにしていく。
◆当日もプログラムの合間には散歩に行くなど、緊張や不安を和らげられるような参加の仕方を考える。　詳細はP.113

表現を通して心地よい緊張感や充実感を経験する
◆観客の多さだけは当日にならないと体験できないため、舞台に上がる直前はゆったりとした雰囲気を心がけ、一番初めに舞台に上がった際は、おうちの人たちを探して手を振るように声をかけて、ほっとできるようにする。　詳細はP.113
◆舞台で表現したことに対して充実感を味わえるよう、その都度大きく認め、次につなげていく。

守れないルールを確認して
◆歩道を歩くこと、友達と手をつなぐこと、間が空いたら詰めること、春から伝えてきたことを守れているかどうか、できるだけ声をかけずに見守るようにする。

第4週

- ●大きな行事を終え、ひとりひとりが自信をもって生活できている。
- ●終わった後も、ほかのお話や歌で表現することを楽しむ姿が見られる。

○当日とは違う表現をして楽しむ。

○お別れ会の準備をして参加する。

○年上の子と一緒に歩き、道路の安全な歩き方を確認する。

違う表現を楽しんで
◆行事が終わった後も、得た充実感や自信を生かし、引き続き舞台で表現することを楽しめるよう、ほかのクラスや学年の表現を経験してみたり、ほかの学年の歌を一緒に歌ったりする。　詳細はP.113

5歳のお兄ちゃんお姉ちゃんのために
◆お世話になった5歳児のために、できる限り子どもたちでお別れ会の準備ができるようにする。
◆当日も昼食のカレーやフルーツポンチを5歳児に配ったり、プレゼントを渡したりするなど、いろいろな場面で3歳児にできることを頼んでいく。

3月の遠足に向けて
◆道路を歩くとき、間が空いたら詰めることなどにまだ気づかない子もいるので、必要なことはその場で伝えていく。
◆「端っこに寄らないと危ないよ」などと5歳児から教わる経験を重ねると、自然にルールが身につくので、5歳児と一緒に散歩をする機会を多く作るようにする。
◆散歩で、かばんや水筒をかけて歩くことに慣れるようにする。

現ができるようになるには、実は教師とひとりひとりとのきずなが最も大切になる。舞台上でのひとりひとりの姿をよく見て、個々に対応していく必要がある。

「ルールを守って道路を歩く」について
春からずっと歩くことを続けてきたので、本来ならば3歳児でもこの時期には教師がほとんど声をかけなくても、自分たちの力でルールを守って歩けるようになる。しかし、毎年同じように歩けるとは限らないので、3月に1時間かけて歩く遠足に向けて、現在の歩く姿を見て、何ができていないかを挙げ、どうしたら改善できるか考えていく。5歳児や4歳児と手をつないで歩く経験によって、教師が伝えることより数倍の効果が得られるので、一緒に歩く機会を多く設けていきたい。

1・2・3月 指導計画

3月の指導計画 保育園

3月のねらい
◎基本的生活習慣が身につき、身の回りのことを自分で行う。
◎進級への喜びと期待をもつ。
◎友達や異年齢児とのかかわりを楽しむ。

※幼児期の終わりまでに育ってほしい姿　（ア）健康な心と体　（イ）自立心　（ウ）協同性　（エ）道徳性・規範意識の芽生え　（オ）社会生活との関わり

	第1週	第2週
前週末の子どもの姿	●2歳児が一緒に過ごし、部屋のレイアウトが少し変わったことで、進級に向けての期待感をもっている子がいた。 ●日に日に暖かくなり、園庭でのびのびと過ごす子が多くなってきた。	●生活の流れが変わり、次の行動に少し戸惑いながらも、保育士や友達の助言によって、流れに沿って過ごしていた。 ●2歳児と一緒に過ごすことで、名前を覚えたり、移動の際、自然に手を引いたりする子がいた。
ねらい・内容	◎進級への期待をもち、年下の子との交流を楽しむ。（ウ）（エ）（オ）〔第1週～第2週〕 ┈┈┈┈┈┈┈┈┈┈┈→ ○移行期の生活の流れを知る。 ○思いやりをもって2歳児とかかわる。 ◎5歳児に感謝や親しみの気持ちをもつ。（エ）（ケ）（コ） ○5歳児へのプレゼント作りをする。	○2歳児と散歩やあそびを楽しみ、世話をしようとする。 ◎クラスの友達とルールのあるあそびをする楽しさを感じる。（ウ）（エ） ○ルールを守りながらあそぶ楽しさを味わう。 ○友達と注意し合いながら、自分たちであそびを継続していく。
環境・援助・配慮のポイント	**安心して移行期を過ごすために** ◆普段は3・4・5歳児の異年齢グループで集まりをするが、移行期（3月の1か月間）は朝の集まりに2歳児が加わったり、人数の関係で食事場所が変わったりするため、その日の生活の流れを毎朝伝え、流れが変わることを知ることができるようにする。 ◆進級に不安を感じている子には、子どもの気持ちや考えを優しく受け入れるとともに、新担任（徐々にクラスに入る）ともあそぶ機会を少しずつもち、安心して過ごせるようにする。 ◆3・4・5歳児合同で過ごしていた部屋に、2歳児が加わるようになるので、子どもたちに部屋のルールを伝えたり、2歳児のためにお手伝いができることはないかを投げかけたりして、かかわり方を考えるきっかけをつくる。 **「ありがとう」の気持ちをはぐくむ** ◆5歳児にどんなことをしてもらったか、みんなの前で発表したり、話を聞いたりしながら、感謝の気持ちを共有して、活動に取り組めるようにする。 ◆5歳児へのプレゼントは、自由画帳を作る。ホッチキスを使うので、保育士が使い方や作り方を伝えながら、一緒に作り、お別れ会で5歳児に渡す。	**2歳児と主体的なかかわりを** ◆2歳児の体力を考慮し、行き慣れた近隣の公園を散歩先に選び、公園までの道のりや活動時間、子どもの様子や配慮事項などを2歳児クラスの保育士と確認し合う。 ◆散歩では2歳児とペアを組むので、「手を離さないで道路を歩く」など、自分たちが2歳児にできることを話し合ったり、散歩に行くときの約束を保育士と確認したりして、お兄ちゃん・お姉ちゃん体験ができるようにする。 ◆公園では、サクラのつぼみからピンクの花びらが見える様子を知らせたり、虫を探したりして楽しめるようにする。 **みんなでルールを守りながら** ◆クラス全員で楽しくあそびを進めるには、「ルールを理解すること」が必要なので、ゲームを始める前に、「髪の毛を引っぱると痛いので、やめる」などと、理由も詳しく説明し、きちんと理解できるようにする。　詳細はP.117 ◆ゲーム中に友達と注意し合うときは、口調が強くなったり、友達の話に耳を傾けないこともあるので、その都度個別に声をかけるか、ゲームをいったん区切り全員に投げかけていくかどうかを判断していく。
評価・振り返り・改善	**移行期の体制作りについて** 3月の1か月間をかけ、保育士も少しずつ新年度の体制に移行できるようにしている。時間を決めて、新担任がクラスに入る機会を作るなど徐々に現担任から新担任に移っていくため、4月には子どもと新担任との関係ができている状態でスタートできる。また、保育士間の申し送りは会議でも行うが、年間指導計画の振り返りや経過記録の確認、口頭での話	などさまざまな機会をとらえて行っている。保護者には3月の園便りで、来年度のクラス担任を公表するため、4月の前に関係作りができ、3月の懇談会では現担任が「今までの取り組み・子どもの成長の話」、新担任が「来年度のクラスの取り組み・相談（個別も含む）・育児の話」などをし、一緒に子どもを育てていこうと連携を図る機会になる。大人たちにとっても、移行期は大切であると感じた。

家庭との連携	教材資料	3月の予定	食育
・1年間の家庭からの協力に対して、感謝の気持ちを伝える。スムーズに新年度へ移行ができるよう、個々の保護者と子どものことについて連絡をとり、次年度の担任に引き継ぎを行う。また、新担任に親しめるように、一緒に過ごす時間をもっていることを伝え、安心できるようにする。	**うた** うれしいひなまつり（作詞＝サトウハチロー　作曲＝河村光陽）かわいいかくれんぼ（作詞＝サトウハチロー　作曲＝中田喜直） **うたあそび** 一丁目のどらねこ **絵本** ぽとんぽとんはなんのおと（福音館書店）はじめてのおつかい（福音館書店）	・誕生会 ・避難訓練 ・保護者懇談会 ・お別れ散歩（お弁当日） ・お別れ会 ・卒園式（4・5歳児）	・2・3・4・5歳児の異年齢混合で食事を楽しむ。 ・毎日の昼食メニューに、5歳児からのリクエストを取り入れ、みんなで話題にしながら、楽しく食べる。

(カ)思考力の芽生え　(キ)自然との関わり・生命尊重　(ク)数量や図形、標識や文字などへの関心・感覚　(ケ)言葉による伝え合い　(コ)豊かな感性と表現

第3週

- ●室内あそびのなかで、2歳児の行動を観察したり、ゲームあそびを一緒にしようとする子がいた。
- ●5歳児と話をするなかで、5歳児が卒園し、小学生になることを話題にしている。

◎身の回りのことに意欲をもって取り組む。(ア)(イ)
○保育士と一緒に、ひとつひとつの動作を確認する。
○身の回りのことをみんなで行う。
○給食当番を行う。
◎5歳児に感謝の気持ちを伝え、かかわりを楽しむ。(オ)(ケ)〔第3週～第4週〕
○5歳児とのお別れ会に参加する。
○5歳児と楽しい時間を一緒に過ごす。

できることをより丁寧に

◆手洗い・衣服を畳む・片付けなどの動作を確認し、できていることを具体的に褒め、自信につなげていく。補助の必要な部分は一緒に行いながら覚えられるようにする。　詳細はP.119
◆みんなで取り組むことで、ほかの子の姿を見ながら、やり方を学んだり、やってみようとする意欲をかき立てたりして、自分から取り組めるようにする。
◆今まで5歳児にやってもらっていた食事の盛り付け当番を5歳児に教わりながら行い、少しずつできるようにする。

5歳児との交流を楽しめるように

◆5歳児に「してもらってうれしかったこと」や「一緒にして楽しかったこと」などをもう一度思い出して話し合い、みんなで贈る言葉を考え、当日、手作りのプレゼントを渡すときに、感謝の気持ちを伝えられるようにする。
◆3・4・5歳児が一緒におやつを食べる機会では、好きな年上の子と過ごせるように5歳児のいすを用意して先にテーブルについてもらい、3歳児は好きな席を選べるようにする。
◆来週のお別れ散歩のグループで集まり、みんなで一緒に弁当を食べる約束をしたり、だれとだれが手をつなぐか決めたりして、楽しみにできるようにする。

第4週

- ●「お別れ散歩」に行くときの異年齢グループでの集まりをしたので、動物園のことがよく話題に上っている。
- ●もうすぐ進級することを理解し、「○○組になったら△△する」などと、期待感をもっていた。

◎進級への期待感と物への感謝の気持ちをはぐくむ。(イ)(オ)
○一年間を振り返って話し合う。
○保育士と一緒にロッカーの整理や簡単な掃除をする。
○新担任と新しい保育室で過ごす。
○お別れ散歩で5歳児と一緒に動物を見たり、弁当を食べたりする。

進級を目前に控えて

◆4月からの取り組みを順に話し、思い出せるようにする。また、振り返りのなかでひとりひとりの成長を伝え、子どもの自信につながるようにしていく。
◆ロッカーや製作ボックスなど、1年間使用したものを掃除をしながらきれいに整とんしていく喜びを味わい、物への感謝の気持ちをもてるようにする。また、自分たちの保育室を2歳児が使うことを伝え、進級への期待につなげていく。
◆今週からは新担任も一緒に生活し、親しめるようにする。

異年齢で楽しめるように

◆動物園内は、普段から一緒に過ごしている異年齢グループ（1グループ20人程度）で見て回り、動物を見たり話をしたりしてかかわりを楽しめるようにする。また、昼食後は5歳児のみ園内を見て回るので、3歳児は引き続き弁当を食べたり、近くの動物を見て過ごせるようにする。
◆食事に時間がかかる子もいるので、帰りの時間に配慮して、お弁当をおにぎりのみにし、手軽に食べられるようにする。
◆見て回るルートはグループごとに違うので、人数確認や安全確認をしながら移動し、職員同士はいつでも連絡を取り合えるようにする。

1年間を振り返って

子どもたちとこの1年間を振り返るために、ひとつひとつの行事や取り組みについて話す機会をもった。4月ころのことはうろ覚えだが、月が進むにしたがって、「プールで水に顔をつけられた」「運動会で走った」などと子どもたちからも話が聞かれ、最近のことになると、「クリスマスでサンタの帽子が落ちてきた」「鬼が怖かった」と記憶が鮮明になり、それをみんなが思い出すことができ、1年間をみんなで分かち合うことができた。この振り返りのなかで、4月からの子どもたちの成長を伝え、自分に自信をもつことができるように話をしていった。ひとりひとりが感じることがあったようで、いい表情をしていた。

3月の指導計画 幼稚園

3月のねらい
◎みんなで生活することの楽しさを味わう。
◎相手の気持ちを考えられるようになる。
◎いろいろな所に散歩に出かけ、楽しむ。

※幼児期の終わりまでに育ってほしい姿　(1)健康な心と体　(2)自立心　(3)協同性　(4)道徳性・規範意識の芽生え　(5)社会生活との関わり

第1週

前週末の子どもの姿
- 行事があるなかでも、変わらず自分のしたいあそびを楽しみ、充実してあそぶ姿が見られる。
- いろいろな所に散歩に出かけることを楽しみにしている。

ねらい・内容
◎みんなで生活することの楽しさを味わう。(3)(5)(10)〔第1週～第3週〕
○ひな人形を作ったり、ひな祭りの会に参加したりする。
○誕生会など園全体の集まりで、みんなで気持ちをひとつにする。

◎いろいろな所に散歩に出かけて楽しむ。(2)(4)(6)(7)〔第1週～第3週〕
○いろいろな公園に行ってあそぶ。

環境・援助・配慮のポイント

いろいろな行事を楽しんで
◆ひな祭りは、昔からある日本の大切な行事なので、3歳児にわかる範囲で意味や内容を伝えていく。
◆ひな祭りの会の2週間くらい前から園のひな人形を飾り、みんなで見たり、折り紙のひな人形を作ったりして、楽しみに待てるようにしていく。
◆折り紙でひな人形を作る際は、折り方がわからないと折り紙に苦手意識をもってしまうので、折り方がよく見えるように机の配置を変えて、一段階ずつ折り、全員ができているかどうかを確認しながら進めていく。
◆誕生会では、全園児で一つの部屋に集まり、お話やお楽しみ（歌や紙芝居など）を、みんなで集中して見たり聞いたりできるように落ち着いた雰囲気作りをしていく。

探検ごっこを満喫できるように
◆大きな公園の森を歩き、茂みのなかをくぐったり、少し高い斜面をよじ登ったりして、探検ごっこ気分を楽しめるようにする。
◆探検ごっこはいろいろな公園で楽しみ、探検を経験するなかで、自分から行動したり挑戦したりする気持ちがもてるようにしていく。

評価・振り返り・改善
「みんなで生活することの楽しさを味わう」について
集団生活もそろそろ1年になり、気づくと教師を必要としないであそぶ力が身についているのがよくわかる。クラスでひとつの活動をするときも、ほとんどの子が抵抗なく参加するので、ひとりひとりの姿に留意し、さらに自信がつくよう認めていくことを大切にしていきたい。

第2週

前週末の子どもの姿
- ひな人形を折り紙で作る経験などを通して、あそびのなかでも自分から折り紙を使って楽しむ姿が見られる。
- 「散歩に行くよ～」と声をかけると、自分からトイレに行ったり、用意をしたりするようになってきている。

ねらい・内容
○「わくわく遠足」に出かける。

◎相手の気持ちを考えようとする。(2)(4)〔第2週～第3週〕
○力を合わせて大掃除をする。

○長い距離を歩く。
○散歩先で、みんなでお弁当を食べる。

環境・援助・配慮のポイント

全園児で出かける遠足で達成感を
◆動物園まで片道1時間を全園児で歩き、自分で歩いた達成感を味わえるよう、歩けたことを大きく認める。園内では時間内にいろいろな動物を見て楽しめるようにする。
◆大きな自信がもてるよう、その後の生活のなかでもひとりひとりの成長の姿を見逃さないようにする。

力を合わせて自分たちで掃除をする
◆今までの経験を思い出しながら、ぞうきんの扱い方や掃除の仕方を理解できているか見守っていく。
◆自分たちで掃除する所に気づけるよう、すべて伝えるのではなく、子どもたちに任せ、友達同士で分担して進めたり、気づいたことを伝え合ったりできるようにする。

出かけるときのルールを守って
◆歩くときは、前の友達との間が空いたら詰めたり、階段や横断歩道を急いで渡るときはつないでいた手を離したりするなど、細かいルールを自分たちで思い出して守れるよう、できるだけ先に声をかけてしまわずに見守るようにする。
◆シートで弁当を食べるときのルールを思い出して、守れているか、ひとりひとりの行動を留意して見ていく。

評価・振り返り・改善
「相手の気持ちを考えられるようになる」について
けんかやトラブルはすっかり減ったものの、ときどき起きるそれらについて、教師がかかわる前に周りの子どもたちが気づいて何かをしようとする姿が見られる。できるだけ子どもたちでなんとかできるよう様子を見ながら解決へと導いていく必要がある。帰りの用意の時間には、でき

家庭との連携	教材資料	3月の予定
・弁当を持って散歩に出かける機会が増えるなか、弁当以外の散歩の持ち物などを用意してもらうために「○日に散歩に出かけます」などと書いて掲示して知らせる。たまに子どもたちだけに伝え、どれくらいの子どもが保護者に伝えることができるかなども試したりする。その際は、まだ伝えられなくてもいいことや、徐々にできるようになることを、保護者によく説明しておくようにする。	**うた** うれしいひなまつり (作詞=サトウハチロー　作曲=河村光陽) パレード (作詞=新沢としひこ　作曲=中川ひろたか) **うたあそび** ピクニック 山小屋いっけん **絵本** ぼくのおふろ(PHP研究所) やまださんちのてんきよほう(絵本館)	・身体測定 ・誕生会 ・ひな祭りの会 ・わくわく遠足(動物園) ・終業式

(6)思考力の芽生え　(7)自然との関わり・生命尊重　(8)数量や図形、標識や文字などへの関心・感覚　(9)言葉による伝え合い　(10)豊かな感性と表現

第3週

- ●長い距離を歩いた達成感から、自信をもって生活している。
- ●1年間使った部屋を大掃除したり、教師の話を聞いたり、5歳児がいないという現実のなかで、もうすぐ年中組になることを意識し始める。

○みんなのやりたいことを経験する。
○終業式に参加する。

○周りの友達の様子に気づく。

○子どもたちの行きたい場所へ散歩に出かける。

やりたいことをやる充実感
◆このクラスで生活する最後の1週間であることを伝え、「○○を食べたい」「海で魚釣りがしたい」など、やりたいことをみんなで出し合う。自分の言ったことや、これまで経験のない内容ができた後には充実感を得られるので、できるだけ希望通りに実現できるようにしていく。　　　　　　　詳細はP.119

終業式に参加して次年度への期待を
◆1年間よく頑張ったことを大きく認め、次に門をくぐるときは1つ大きい組になっていることを伝え、楽しみに春休みを過ごせるようにしていく。

友達の様子に気づいていくように
◆けんかが起きたときや準備に戸惑う子がいたときなど、生活のなかで友達の様子に気づいたときには、みんなの前で大きく認め、それぞれが友達を思いやる意識をもって生活する雰囲気にしていく。

クラスの一体感を楽しむ
◆今までの経験から、行きたい場所を聞いて散歩に行くことで、クラスのつながりや楽しさを感じられるようにする。

第4週

春休み

春休みの仕事
＜今年度の仕事＞
・保育室の片付け
・書類の提出……指導計画、日案・週案、個人記録のまとめ、健康診断書、歯科検診
・個人評価(教師)の作成

＜来年度の仕事＞
・新しい保育室の整備
・書類の作成……指導要録、健康診断書、歯科検診票、親子写真、降園地図、願書、生育状況調査票など
・新年度の行事の日程決め
・新年度の行事内容などについての話し合い
・始業式・入園式の準備
・保護者に渡す手紙の作成

た子が、まだ済んでいない子を手伝う姿も見られる。

「いろいろな所に散歩に出かけ、楽しむ」について
3月に入り暖かくなると、これまでで一番遠くまで歩く動物園への遠足に向けて、再び毎日いろいろな所へ散歩に出かける。道中はできるだけ声をかけないようにするものの、前の友達との間が空いたり、信号を渡るときに手をつないだままだったりすることもあるので、細かいルールにも自分で気づけるようにしていきたい。

1・2・3月指導計画

1月 2月 3月の保育資料

伝承あそびコーナー

指導計画 P.98

保育室に"伝承あそび"のコーナーを設置し、正月あそびや伝承あそびを、自由に楽しめるようにしています。

こんなふうに

小さめの棚にこま（大・小）、かるた、お手玉、あやとりなどを置き、いつでもできるようにします。お手玉やあやとりは、あそび方の例を壁にはったり、小冊子にしたりして、それを見ながらできるようにしています。

当園では、3～5歳児が同じスペースで生活しているため、3歳児は、4～5歳児のあそぶ様子を見るところからスタート。友達や保育者が混ざってあそぶなかで、興味を示した3歳児が5歳児にやり方を教えてもらいます。こまやお手玉も、4～5歳児のまねをしているうちにできるようになっていきます。

壁にはられた「あそび方」を見ながら、お手玉の練習。

3歳児が5歳児にあやとりを教えてもらう。

たこを作って揚げよう

指導計画 P.98

休み中にたこ揚げを経験した子も多いなか、自分で作ってみようということで、たこ作りに挑戦しました。

簡単たこ作り

用意する物
A4のコピー用紙、紙テープ、ストロー、たこ糸

自分で作ったたこを持って園庭を走り回ったり、築山の上に立って風を受けたり。

作り方

①コピー用紙を半分に折り、折り目から左右2cm程度の所で折り返す。折り込んだ所をのり付けする。

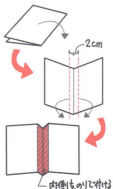

②紙の上の方にストローを、セロハンテープで留める。

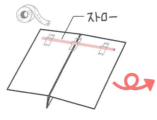

③裏返して折り出した部分の上辺から3分の1の所に穴を開け、たこ糸を通して結ぶ（③は保育者が行う）。

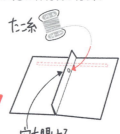

④紙テープを2本はってしっぽにする。紙に絵をかく子も。

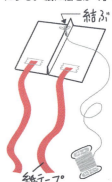

風を感じて

指導計画 P.98

たこ揚げを通して、「風」に興味をもった子どもたち。様々な方法で風の表現活動を楽しみました。

体で表現しよう

たこ揚げで「風」に十分親しんだところで、「風ってなーに？」「どこから来るの？」「大きいの？ 小さいの？」など問いかけてみました。すると、子どもたちからは「遠くからくんねん！」「大きいときもあるし、小さいときもある」などと返事が。
そこで保育者が、「では、風を作ってください」と言ったところ、「できへんわ！」と言う子もいれば、手を上下させたりくねらせたりしながら風を起こそうとする子、口で息を吐く子や「ビュービュー」と口で音を立てる子など、反応はいろいろ。ひとつひとつをみんなで一緒に表現してみました。
その後、扇風機の風を浴びたり、バスタオルを上下に動かして起こした風を受けたり、実際の「風」を感じる体験もしました。

描画で表現しよう

準備

新聞紙（または半紙）を1人1枚ずつ用意。机の上に敷き、動かないよう四隅をテープではる。
※新聞紙はクレヨンの伸びがよいので、クレヨンあそびの導入に適している。

こんなふうに

「今日はクレヨンで、風あそびをしてみよう」「みんなが思う風はどんな色？ どんな感じ？」との声かけに、子どもたちは自由にかき始めました。ぐるぐるかいたり、力強い直線をかいたりして、それぞれ「風」の表現を楽しんでいます。なかには、クレヨンを2～3個持って塗りつぶしたり、薄い線・濃い線をかいて強弱をつけたりしている子もいました。
なかなかかき出せない子には、「先生の動きをまねしてかける？」と問いかけ、
● 直線に速く走る
● 足をすりながらスケートのように進む
● ジャンプして進む
● くねくね曲がりながら進む
など、いろいろな動きをしてみせ、より具体的なイメージでかけるようにしました。

ぐるぐる曲線や、力強い直線など、思い思いの風を表現。

実践者より

クレヨンの「不思議」を感じる

クレヨンには熱で溶ける・こすれて色がつく・色が混ざりにくいなど、いろいろな特徴がありますが、3歳児に細かい説明はせず、「手でぎゅーっと握っていたら（クレヨンが溶けて）手に色が付いちゃった」「不思議だね」など、子どもの様子に合わせて話をしました。今は、子どものなかに「不思議」という気持ちがあればよく、その不思議は年齢が上がるにつれて興味につながり、理論づけていくと考えます。今回の活動は、クレヨンの特性理解への「導入」ととらえています。

1・2・3月 保育資料

お話の世界を楽しんで

指導計画 P.100、101

生活発表会に向けた表現あそび。感じたことを自由に表現できるよう、ゆっくり時間をかけて取り組みます。

読み聞かせから題材を考える

ほとんど毎日、本の読み聞かせを行っていますが、そのなかで反応のよかったものを何冊かピックアップして、1冊ずつ何日か続けて読みます。こうして、より反応のよい本を絞り込み、それを舞台上で表現できるか検討します。その際、次のようなことをポイントに検討します。

<題材を選ぶポイント>
- ●登場人物の数がクラスの人数と合っているか
  1つの役を3～4人で表現すると考えたうえで、役の数は適当か。また臨機応変に人数を増減できるものがよい。
- ●みんながすべての役をできる内容か
  配役を固定せず、みんなで一緒に表現あそびを楽しんでから発表につなげられるものがよい。
- ●繰り返しの多いストーリーか
  いろいろな場面展開があると覚えきれないので、単純な場面の繰り返しがあるものがよい。

舞台であそぶ

いきなり舞台に上がって表現をするのでは、緊張したり戸惑ったりしてしまいます。そこで、舞台の上で自由にあそぶ機会を作ります。歌ったり踊ったり、マットを敷いてあそんだり、ときにはお弁当を食べたりもします。
こうして舞台に慣れてきたら、保育室で楽しんでいた表現あそびをやってみます。

まずは舞台に上がって。ポーズをとったり、大きな声を出してみたり。

実践者より
舞台で表現あそびをする段階になっても、1つのお話に決め込まず、いろいろなジャンルのお話を楽しみます。そうすることで、そのクラスの子どもたちにぴったりの話に出合うことができ、また、いくつかのお話を並行して進めることで、飽きずに楽しむことができます。

楽器あそび

いろいろな楽器にふれることができるよう、保育室のコーナーにカスタネット、すず、タンブリンをかごに入れて置いておき、自由に出してあそべるようにしておきます。この段階では、楽器を楽しむことを優先し、舞台での表現が決まってから、持ち方や音の出し方などを伝えていきます。

他クラスの表現を見る

4～5歳児の舞台での表現を見学することも大切です。入退場の様子などは見るだけでなんとなくわかるので、実際に自分たちが行うときには、保育者が何も伝えなくてもだいたいできてしまいます。また、「声が小さいと聞こえない」ということも、客観的に見ることで理解できます。

節分の製作あそび

指導計画 P.99

来月の節分行事に期待をもって参加できるよう、製作あそびなどで楽しいイメージを膨らませていきました。

用意する物・準備
牛乳パック（下部20cm程度の高さに切っておく）、クレヨンでお絵かきした新聞紙（P.111「描画で表現しよう」でかいたもの）

こんなふうに
節分が近づくと「鬼が来ること」を意識して不安になる子がいます。そこで、「鬼を追い払うためにはどうしたらいいかな？」と聞いたところ、「豆を投げる！」と声が上がったので、「豆の入れ物がないんだ」と話して、マスを作ることに。また、「大きな豆だと鬼は嫌がるかも」という意見が出たので、大きな豆も作ることにしました。出来上がったら3歳児だけで豆まきごっこを楽しみました。

作り方

マス 新聞紙を破り、そのなかから好きな切れ端を選んでボンドを塗り、牛乳パックにはりつける。穴を開け、持ち手のひもを付ける。

大きな豆 新聞紙を丸め、上から色画用紙を巻いてセロハンテープで留める。

セロハンテープの使い方を知らせる
テープカッターのギザギザ部分に触るとけがをすることがあると伝えたうえで、テープを持って引き上げ、使う分だけ伸ばし、カッターで切るところまでやって見せる。
（必要な長さだけ使えるように、保育者が使う長さの分を切って、子どもに見せる。）

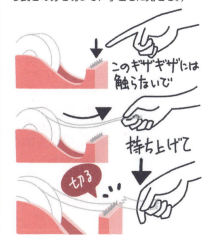

初めての発表会

指導計画 P.105

幼稚園の3歳児にとっては、初めての生活発表会。あそびの延長として楽しめるよう配慮をしています。

こんなふうに
3歳児は自分たちの出演時間以外は保育室や園庭で普段通りに過ごします。しかし、いざ舞台に上がると緊張してしまうので、初めに保育者が「はい、おうちの人に手を振って～」と言い、観客に手を振ってリラックスしてから劇発表をスタートします。そうして無事発表会を終えた後も、舞台上での表現あそびは続きます。自分たちの劇だけでなく、4～5歳児の表現をまねする姿も見られます。

実践者より
保護者の声を受け止めて
会の後は、保護者へのアンケートを実施。受け取った意見については、すぐに手紙または直接、返答していますが、すべての意見をそのまま受け入れるわけではありません。例えば、「子どもの声が聞こえにくいので、マイクを付けてほしい」という要望には、演技を見る、見られるという経験を通し、子ども自ら「大きい声を出さないと聞こえない」と気づく過程を大切にしていること、観客が舞台に集中しておしゃべりがなくなるなど、マイクを使わない訳を丁寧に伝えていきました。

1・2・3月 保育資料

表現あそびから広がる活動

指導計画 P.102、103

発表会が近づくにつれ、取り組み方も少しずつ変化していき、発表会後もいろいろな活動に広がります。

段階的に取り組んで

保育者は1か月以上前から発表会を意識し、段階を踏んで劇あそびに取り組み、それぞれの段階で楽しさを味わえるようにしています。

①「表現する」楽しさを知る

まず、みんなで一緒に声を出したり体を動かしたりしてあそぶ。また、子どもたちから出た「せりふ」や「表現」を、みんなでやってみて、表現する楽しさを味わう。

②「役を演じる」楽しさを知る

次の段階として、配役は決めずに、それぞれがいろいろな役を経験し、「役を演じる」楽しさを味わう。1人では恥ずかしくて固まってしまう子は、友達と一緒に行うことで、楽しさを感じられるようにする。

③「自分の役を演じる」楽しさを知る

発表会の1~2週間前から、配役を決めて演じる。このころには、保護者が見に来ることへの期待感が高まってくるので、「お客さんに拍手をもらえるように……」など、「○○のために△△する」という思いをもてるように話す。

そして発表会当日

当日は、緊張や気持ちの高ぶりが見られます。保育者は、発表前に子どもたちの緊張をとき、自信につながるような言葉をかけていきます。

<子どもたちに伝えること>

- 「声が大きくなったね」「あの踊りが上手」など、よいところを話す。
- 緊張している子には、「やり直してもいいよ」「お友達に聞いてもいいよ」など、間違ってもよいことを伝える。
- 最初のせりふで全体の流れ・雰囲気が決まることがあるので、最初に登場する子は、何回かせりふを言ってから送り出す。

コックさん、ウエイター、お客さんなど、それぞれの役をいきいきと演じる。

実践者より

当園では、祖父母や友人なども来て、観覧人数が多くなるため、同じ内容を2日間行います(1人1日のみ観覧)。子どもにとっては、自分の親が来ている日のほうが力を発揮しやすいようですが、1日目に間違った所を2日目に再挑戦するチャンスがあったり、1日目を経験することで見通しがつき、2日目は自信をもって演じることができたり、2回行うからこその経験もできました。

会の後もごっこあそびで

ままごとコーナーに、発表会で使用した衣装を置いておくと、思い出して演じたり、創作したりしながらあそんでいました。
また、他クラスの衣装も着けられるようにしておくと、4~5歳児も加わり、異年齢のあそびに展開することもあります。3歳児にとって、あこがれの4~5歳児の劇を演じられる、とてもうれしい経験です。

コック帽をかぶって、ままごとコーナーがレストランに。

トマトスープ作り

●導入

発表会の劇（「『りょうりをしてはいけないなべ』」）を思い出しながら、「発表会ではいろいろな役があったけど、今日はみんなコックさんになって、トマトスープを作ってもらおうと思います」と誘うと、子どもたちは大喜び。「絵本のおなべみたいに、"イヤイヤさん"はいるかな？」「"トマトなしスープ"になったらどうする？」などと話しているうちに、クッキングへの期待が高まっていきます。

参考図書 『りょうりをしてはいけないなべ』

＜こんなお話＞
人気料理店のコックが買ったなべ。嫌いな物（赤い物・トマト）をはき出してしまうため、出来上がったのは「トマトなしトマトスープ」。「料理をしてはいけないなべ」として片付けられてしまったものの、料理をしたくてたまらないいなべは、嫌いな物でも頑張ることに……。

作・絵＝シゲタサヤカ
講談社刊
定価＝1,400円（税別）

●さあ、クッキング

材料（なべ1つ・約10人分）
水 1000cc、コンソメスープの素 6g、塩 小さじ1/2、トマト3個（うち1個は味見①用）、ソーセージ適量（保育者が約2cmずつに切っておく）

作り方
※なべを2つ用意し、20人分を作る。
①ナイフでトマトを切る（味見①）。
②なべに分量の水を入れて沸かし、一度火を止め、子どもがトマトを入れる。
③再度火をつけ、煮立ったら（味見②）、スープの素・塩・ソーセージを入れ、さらに煮込む。
④完成したら、器に盛って食べる。
※子どもたちは、食器の用意から片付け、テーブルふき・床ふきも行う。

ナイフの扱い方を説明

以下のようなことを、保育者が実際にナイフを動かしながら説明します。
●包丁は食材に対して上から下ろせば切れるが、ナイフは（のこぎりみたいに）前後に動かしながら下ろさないと切れない。
●このナイフの刃は触っても切れにくいので怖がらなくてもよいが、人に向けたり持って歩いたりするのは危ないので、絶対にしないこと。

※保護者には、掲示によってクッキングの様子や作り方を知らせたが、そのなかに、「今回は食材を切ることよりも、自分たちで作って味わうことを目的とし、また3歳児という年齢や安全面を考慮して包丁ではなくナイフを使用しました」というコメントを入れた。

教わった通り、ナイフを前後に動かして切る。

ぐつぐついってる！

味の変化に気づく

作り方に記したタイミングで、トマトを味見し、「どんな味？」と聞いてみました。
●味見①では…知っている味なので、「食べたことある（味）！」「トマトやー！」とそのままの反応。
●味見②では…ゆでただけなので、「ぶよぶよしてる」「すっぱい」と、触感や味の違いに気づく子がいた。一見トマトスープに見えるため、完成したと思って「おいしくない。どうしよう」と不安になっている子もいた。
●完成して食べたときは…「おいしい！」「トマトが甘い！」など、一気に表情が明るくなった。

実践者より

子どもたちが味の変化をどれだけ感じたかはわかりませんが、このような経験が、「生で食べる」「ゆでる」「焼く」など、いろいろな調理の仕方があることを知るきっかけになります。また、調理や味つけで味が変わることを知り、「好みの味を見つける」という食への関心を高めることにもつながると思います。

煮える様子をみんなで観察。

みんなで作ったスープ。おいしくできたかな？

道具を使ったゲームいろいろ

指導計画 P.102

楽しくて夢中になっているうちに、たくさん体を動かしている！
友達と協力しながら楽しみます。

リング＆カラーコーン

準備
・カラーコーンとリングをそれぞれ人数分、できれば色ごとの数をそろえて用意する。
・カラーコーンを適当に散らして置き、すべてのコーンにリングを通しておく（コーンとリングの色を合わせる必要はない）。
※20人で行う場合、4～5種類の色を用意（色の種類を少なくするほど簡単になる）。
※当園では、安全で扱いやすい布製のリングを使用している。

あそび方
①カラーコーンの周辺を散歩する。
※散歩中はコーン・リングに触らない。
②保育者が指示を出したら、子どもたちはそれに合わせて動く。
● 「交代」…好きなリングを持って、リングの通っていないカラーコーンに通す。
● 「色合わせ」…コーンとリングの色を合わせる。全部できたらみんなで「できたー！（バンザイ）」。

交代！
リングを外したら、別のコーンを探して……。

倒して、起こして

あそび方
①ほぼ同じ人数の2チームに分かれ、倒すチーム（A）と起こすチーム（B）を決める。
②スタートの合図で、Aチームはカラーコーンをひたすら倒し、Bチームは起こす（立てる）。
③時間を制限して行い、終了時に倒れている数と立っている数で勝敗を決める。
④倒す・起こすを交代して繰り返し行う。

起こしたらすぐに倒されて、倒したらすぐに起こされる！

※ルールを覚えるまでは20秒程度で区切って行い、ゲームとゲームの間でルールを確認したり、気持ちを落ち着けたりする。慣れてきたら、1ゲーム40秒～数分は楽しめる。

ロープで何ができるかな？

あそび方
①2人組になり向かい合って座り、1本のロープを一緒に持つ（それぞれロープの端を持つ）。
②保育者が「こんなの、できるかな？」とお題を出し、2人で協力しながらいろいろな形を作ったり、動いたりする。
③慣れてきたら、各ペアで相談しながら、やりたい形や動きを自由に楽しむ。

形を作ろう
● ○、△など、簡単な図形を作る。
● 「太陽」「月」「帽子」「花」「目」など、何かに見立てて形を作る。

動いてあそぼう
● ヘビ…左右に揺らす。
● 波…上下に動かす。
● 引っ張りっこ…互いに引っ張り合う（綱引き）。
● 電車…前後になり、ロープに入る。後ろの子がロープの両端を持つ。
● ジャンプ…ロープを床に置き、跳び越える。

何作ろうか？
2人で相談しながら、1本のロープで形を作る。

ロープのジャンプ。
2人で順番に。

ルールをわかりやすく

指導計画 P.102

ルールを守ってあそぶ楽しさを味わうため、保育者は、わかりやすく伝える工夫をしています。

こんなふうに
友達と簡単なルールのあるあそびを楽しむようになっていますが、頻繁に「どうしたらいい？」と聞きにきたり、あそびたいのに動かないといった子どももいます。この場合、ルールが理解できていないことが考えられ、言葉だけの説明では理解しづらいので、子どもに見本になってもらい、伝えます。

例えば…
氷鬼のルールを伝える場合、次のような場面を見せながら説明します。

①オニ役が逃げる役の子をタッチする→逃げる役がその場で固まる。

②仲間役の子が固まった逃げる役の子をタッチする→タッチされた子は、また逃げられる。

もし、まだ完全に理解していないようなら、再度見本の子どもに立ってもらい、次のような質問をして、子どもたちが考えます。
- 「オニが逃げる子をタッチしたら、どうなる？」
- 「この子（タッチされて固まった子）を助けるためにはどうする？」

見本の子が「こうする！」と率先して動いたり、見ている子が「○○君がタッチして助ける」など具体的にルールの内容を言ったりすることで、全員のルール理解を深めていきます。

ひっくり返しちゃえ！

指導計画 P.106

クラスみんなでワイワイするのが楽しくなってくるころ。保育者も一緒に思い切りあそびます。

あそび方
①保育者は、急に足が床にくっついたしぐさをして「あれ？ 足が上がらない……」などと言う。自分で持ち上げようとしても上がらないという動きの後、床に手をついて四つんばいになり「起き上がれない……」と言いながらバランスを崩し、そのまま手足を伸ばしてうつ伏せに。

②「床にくっついちゃった！ 助けて～」と声をかけ、子どもたちに助けを求める。

③子どもたちは、友達と協力しながら保育者をあおむけにしようと頑張る。
※髪の毛や顔・服を引っ張るのは痛いのでやらないことを、ルールとして伝える。
※子ども同士で行うときは、腕を引っ張ると脱きゅうなどにつながる危険があるので、起こそうとして腕を引っ張るあそびに発展しないように注意する。

くっついちゃった、助けて～!

うつ伏せになって、助けを求める保育者。

よいしょ、よいしょ。

一生懸命、あおむけにしようと頑張る子どもたち。

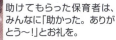

やった～!

助けてもらった保育者は、みんなに「助かった。ありがとう～!」とお礼を。

ひな祭りを楽しく

指導計画 P.103

園に飾ったひな人形への興味を広げ、自分たちのひな人形作りにつなげていきます。

おひなさまのことを知ろう

園に飾っているひな人形を見ながら、「うれしいひなまつり」の歌をうたったり、歌詞に出てくる名前の人形を探したり、ひとつひとつの表情や着物を見たりしました。
その後、人形を見ながらイメージが膨らむような話をしたり、正しい知識を伝えたりして、ひな祭りへの興味を広げていきました。

保「右大臣はどんな顔（表情）をしている？」
子「怖い顔」「怒ってる」
保「なんで怒っているのかな？」
子「嫌なことがあったから」
　「おなかがすいたから」
保「五人ばやしさんもいろいろな人がいるね」
子「笛持ってる！」
　「真ん中の人、何も持ってない」
保「なんでやろ？」
子「……忘れたんかな？」
保「（本を持って調べた振りをしながら）……
　　歌をうたっているんだって」

ひな人形を作ろう

用意する物・準備

厚紙、色画用紙、不織布、紙皿、紙コップ　など
※用意した素材は、お店屋さんのように並べて置き、自由に選択して使えるようにする。

はさみ、マーカー、のりなど、いろいろな道具を使うようになってきた。

形、色、大きさなどさまざま。それぞれの個性が出る作品に。

紙皿を折った形が着物をイメージさせるのか、紙皿を使う子どもが多い。

こんなふうに

ひな人形を見ながら作れるような場に、製作コーナーを設定。「みんなも、自分のおひなさまを作って、おうちに飾ろうね」と誘います。何を使ってどんなふうに作るかは、子どもの感性に任せました。

実践者より

「作品」にこだわらない

なかには、はさみで切ったり、のりではったりすることが楽しく、それだけで満足という子どももいるので、その姿を認め、無理に人形を作ることを強要しないようにします。ただ、「どうしてうちの子だけ……」と心配する保護者もいるので、楽しんで製作していたことやその子の興味の対象・発達段階などを丁寧に伝え、理解してもらうようにしました。

やりたいことを実現！

指導計画 P.109

このクラスでの生活も残りわずか……ということで、やりたいことをクラスみんなで楽しめるようにします。

こんなふうに
「○○組もあと少しだから、クラスのみんなでやりたいことをして楽しみましょう」と投げかけ、子どもたちに何をやりたいか、聞いてみます。

● 「魚釣りがしたい！」の声に
→ 紙で魚を作り、バケツとひしゃくで魚釣りごっこを楽しむ。

お魚いっぱい捕ってきたよ〜。

部屋に戻って、捕った魚を食べる（まね）。

● 「山登りをしたい！」の声に
→ 近所にある丘にみんなで出かけ、上まで登る。

保育者が、さも大変そうに登ると、子どもたちの「山登り気分」も盛り上がる。

登りきったら、高台からの景色を眺めて、ちょっと休憩。

やることを理解して

指導計画 P.107

身の回りのことなどをひとつひとつ確認し、できていることを褒めて自信につなげていきます。

確認すること

生活習慣について、できていることを改めて確認します。

＜手洗い・うがい＞
☐ 室内に入るときの手洗い・うがいが習慣化しているか
☐ 食事の前の手洗いを丁寧に行っているか

＜食事＞
☐ 自分で配ぜんしているか
☐ スプーンを上手に使えるか
☐ 目安の時間までに食べ終わっているか

＜着脱・排せつ＞
☐ 衣服の前後ろに気づいているか
☐ 脱いだ服がそのままになっていないか
☐ 排せつ後、きちんとふいているか　など

これらの項目は、できているかいないかだけではなく、何のために行うのかを理解していることが大切。やる意味を理解することが習慣につながるので、その部分を確認していきます。

発表会にして

「手洗い方法発表会」「うがいの方法発表会」など、みんなの前に出て、やり方を説明したりやっている様子を見てもらったりすることで、自信をもち、ほかの子もやり方を学ぶことができます。

また、手洗いをしているときに上手な子を見つけ、「今度発表してもらおうかな」と声をかけるなど、意欲につながるようなかかわりもしていきます。

1・2・3月 保育資料

週（日）案の工夫

月の計画を立てて、週、日へと落とし込んでいくなかで、より子どもの姿が見え、明日へつながる書き方とは、どのようなものでしょうか。園による書き方の工夫を紹介します。

保育園 はっと保育園
※2015年4月より、幼保連携型認定こども園 はっとこども園
（兵庫県）

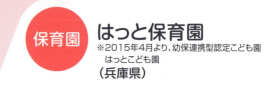

にじ組　週案・日案
1月 17 日（月） ～ 1月 21 日（金） （　　　　　）

承認 □ □

活動内容（実際の活動内容等が変更した場合、赤色で訂正すること）

1/17（月）
活動場所（　活動室　）

ねらい
・リズムに合わせて楽器を奏でることを楽しむ。

配慮
・楽器の使い方を楽しみながら伝えていく。
・たたく力の強弱で音の大きさの違いに気づけたり、嫌な音・心地よい音に気づけるように進めていく。

内容
・楽器あそび（カスタネット）

1/18（火）
活動場所（　活動室　）

ねらい
・表現あそびを楽しむ。
・友達と一緒にやる楽しさを味わう。

配慮
・いろいろな子どもの様々な表現方法を尊重しながら、自分を発揮できるようにかかわっていく。
・表現が苦手な子にはほかの子と一緒にしたり大人と一緒にしたり、楽しんで経験出来るようにしながら進めていく。

内容
・劇あそび②

1/19（水）
活動場所（　ホール　）

ねらい
・誕生児を祝う・行事に参加する。
・表現あそびを楽しむ。

配慮
・人前で話をすることが苦手な子が多い月なので、事前にインタビューしながらリハーサルしたり、言葉が出るまで見守ったりしながら、人前で話ができるようにかかわる。
・いろいろな子どもの様々な表現方法を尊重しながら、自分を発揮できるようにかかわる。

内容
・誕生会
・劇あそび①

1/20（木）
活動場所（　ホール　）

ねらい
・2人組のやり取りを楽しむ。
・全身運動を行う。・順番を守る。
・クレヨンの特性に気づき、感じたり考えたりしたことを自分なりに表現する。

配慮
・各ポイントにつき、全体を見ながら、安全を確保する。
・サーキットの流れを止めることなく随時運動できるように、補助を行っていく。
・サーキットが始まる前の見本の時に、意欲的に取り組めるように声をかけて促す。
・クレヨンの使い方や特性をあそびながら伝えることで、線を描く面白さが伝わるようにする。

内容
・体育あそび
・製作（節分）

point
- 「活動内容」の表と「評価と反省」の表が、1枚にまとまっている。
- 子どもの姿をとらえ、次の活動につながるようにする。
- 週1回は異年齢保育を行っているため、別紙に1か月分をまとめて記入している。

にじ組 週案・日案

1月17日(月) ～ 1月21日(金)（　　　）

承認 □ □

日付	評価と反省
1/17(月)	活動場所（　活動室　） 楽器のあそびでカスタネットであそぶ。いろいろなリズム打ちをしたり、楽器を持っている手を横や前に後ろにと、いろいろなポーズで奏でながら一番きれいな音が出せるのはどこだろうと話しながら楽しんだ。 リズムは職員を見本にまねてたたく事ができているが、出だしがおくれてしまう子は、後から調整することが難しいようだ。出だしとリズムがわかりやすい方法を個別にやり取りしながら伝えていく。
1/18(火)	活動場所（　活動室　） 劇あそびを行う。素話が入り、興味が出てきたところで、表現あそびをする。複数の友達とする事で、動きやセリフを言えたりできていた。R男、I男も積極的に手を挙げていたのでよかったが、M子は手を挙げるまでには至らなかった（全員ではできている）。明日は人数を調整しながら進めていく。
1/19(水)	活動場所（　ホール　） 初舞台けいこを行う。緊張する子が多いかなと思ったが、意欲的な子どもたち。K男、D男、A子がせりふを覚えて大きな声で言えていた事に驚かされた。H子はあまり積極的ではないが、舞台でも出来ていた。手を挙げる子が多く、「やりたい」の意欲はとてもある。C男は緊張するとふざけたり、わざと友達の気を引こうとする。今日もR男ともめることがあった。乗り越えてほしいところではあるが、性格もあるので、頑張ってほしい。かかわりとしては褒めて伸ばしていく。
1/20(木)	活動場所（　ホール、部屋　） 体育あそびを行う。久々の体育あそびだったが、集中して取り組めていた。話を聞くとき、集まるまでの時間も早くなったように感じる。 前回りはほとんどの子が補助を必要としないでできるようになり、はしご渡りやグッパなど、バランスを取りながら出来ていた。 部屋でクレヨンあそびを行う。技法は伝えながら進めていくとクレヨンの線を電車のように走らせたり、ぐるぐると何度も描いたり、濃い線や薄い線など調整している子もいた。

● 異年齢保育1か月の計画と振り返り

週1回は、3、4、5歳児が3つのグループに分かれて保育を行っている。

幼児クラス 縦割り保育 計画と振り返り　計画の承認 □

いちご グループ　1月　担当者（　　　　）

ねらい	・自分たちで調理し、食べることを楽しむ。 ・冬の味覚を味わう。
内容	・第1回目…ベビーカステラ　・第3回目…フルーツポンチ ・第2回目…たこ焼き　・第4回目…スイートポテト
配慮	・ホットプレートや包丁を使用するため、ふざけない、走り回らない等、注意事項のほか、触らないの約束を伝える。 ・職員は全体を把握できる場所につき、安全に活動できるようにする。

日付	評価と反省
1/7 金	ベビーカステラの中にチョコをトッピングしたり、バニラを入れたりとアレンジしながら活動を楽しめた。卵を割るところはかもめ組に頼んだ。ほとんどの子が上手に割れていた。焼くときになると、「自分がやりたい」と主張する子が出てきて、グループ内で我慢する子もいたので、これからの活動で、自己主張の強い子に対しても我慢しやすい子に対してフォローが必要だと感じた。
1/14 金	最初に集まった時に、否定語を使わず、前回した時によかったところ（順番交代で行う、友達を気づかう）などを伝えて始める。前回はO男、C男が勝手にしていたため、今回はどうなるかなと思っていたが、O男はよく守ってくれて、ほかの子にも順番を守るように促していた。C男も、何度か声をかけると、おさえながら行動できていた。
1/21 金	子どもたちが好きないろいろなフルーツを使って、フルーツポンチを作る。子どもたちには包丁を使って果物を切ってもらう。（かもめは自分で。そらは補助あり。にじは大人と一緒に）O男が「包丁を使っているので、走り回らないように」と伝えるが理解できないのか、忘れているのか、すぐにスイッチが入ってしまう。一番最初に伝えて、自分で気づいたり意識できるようにしていく。
1/25 火	ふかしたイモを子どもたちにつぶしてもらい、砂糖とバターを混ぜる。最初はイモをつぶす作業が難しく、勢いでつぶす子は下に落としたりしていたが、少しずつほぐれてきて混ぜるのも楽しくなったようだ。その後はアルミカップに移すだけだったので、作業がとても簡単で、にじ組だけでもできると思った。久々に出来たてのあつあつのものを食べて、みんな満足していた。
4回の振り返り	クッキングで作ったものは、「とても簡単で子どもに教えられて家で作ってみました」と言ってくださる保護者の方もいた。ナシ、リンゴ、カキ、イモなど、秋の味覚を使って、クッキングを行ったが、「秋だから」とは結びつかない子がほとんどだった。季節を伝えるのは難しい（かもめ組はよくわかっていた）。いちごグループの中で、O男、C男が全体をかき回しやすい。これから強く言ったり、ルールを守るように、今まで以上に伝えていく。

振り返り承認 □

週(日)案の工夫

幼稚園 第二自由が丘幼稚園
(愛知県)

				○○○○	園長	担任
10月17日(月)		天気 晴れ	欠	Y男		

ねらい	・いちご動物園に参加する。 ・いろいろな動物とふれあう。		

時　間	保育の流れ・環境構成	予想される子どもの姿・教師の援助、配慮	準　備
8：40 〜 10：00	・登園する ・所持品始末 ・好きなあそび ・いちご動物園	→テンポよくやっていけるように。 　※上靴、カラー帽子、出していけるように。 →S男　アレルギーのため、服を預かる、マスク。 　（みんなで部屋に戻ること、伝えておく） →S男　気をつけて様子を見ていく。 　様子を見て部屋に戻る。	
	・体操 ・弁当準備 ・いただきます ・ごちそうさま ・いちご動物園	→発散していけるように。 →テンポよく。 →姿勢、気をつけていく。 　A男　完食できるように！ →うがい、気付いていっている子を褒める。 →好きなあそび。 　R子　あそべるようにきっかけを作る。 　A男　あそび込めるように。	
13：10	・片付け ・排せつ		
13：45	・降園準備 ・お楽しみ ・さようなら	部分実習	

> **point**
> ・計画案と反省が、1枚にまとまっている。
> ・園庭や遊具の配置図があるので、必要に応じて子どもの動きを書き込めるようになっている。

※平成22年度のものになります。

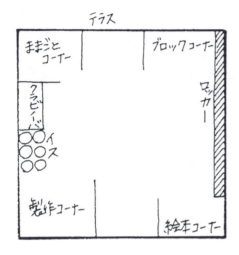

朝
R子　泣かなかった。
Y男　朝みんなより登園が1テンポゆっくり。毎回（特に行事の時など）なので、ちょっともったいない気がする。
母→　部屋に来て、「お母さん、ずっと幼稚園にいてほしい」って言ってくれと言う。
T※→「お母さんに一緒にいてほしいんだ」と同調し、気持ちに寄り添うと、ちゃんと母と離れられる。→褒めていく。

◎いちご動物園の様子が気になって見ているが…ずっと見ているだけだと、気になって落ち着かなくなってくる子も。
→発散してあそべるように、段ボール、マットなどを出していく。
S子、K子、A男、B男、S子、C子、S男、K男、D子、Y男、M子→大型積み木からジャンプ！

◎10：00　集合　遅れてしまい、年長、年中を待たせてしまった。大反省。暑かったこともあり、テンポも悪くなった。

◎子どもたちがとても積極的で驚いた！　怖がる子もいなくて、「やぎ、やぎ」と初めから大きな動物のおりに入る。
C子→すごい勢いでかかわりに行く。
E男→「カメだっこしたい！」と持ち上げる。
S男→アレルギーなのに…すごくふれあう。
T　→あまりダメと言えなかった。
F子→マルちゃんを一番近くに座ってよしよしする。

◎年少は11：00を過ぎると徐々に限界（A男、R子）の子もいたが、動物とのふれあい、お兄さんの話もすごく楽しんでいた。
M子→母がいたけれど崩れなかった。
母→ぐずる姿を見ると、気になって声をかけてしまうようだ。
Y男→午後、部屋に帰る際、ぐずる、泣く、怒る。母親がいると甘えたいせいか、母の前だけでぐずぐず。冷静に聞いてあげるとぱっと切り換える。
R子→号泣。声を出して泣く。とても悲しそうに泣いていた。

※担任。

保護者とのかかわり

子どもを共に育てていく保護者とのかかわりはとても大切。
各園における保護者連携の実践を紹介します。

 はっと保育園
※2015年4月より、幼保連携型認定こども園
はっとこども園
（兵庫県）

● 単なる「預かり」とならないように

仕事をもつ保護者のために子どもを預かる、という単なる預かり事業にならないよう努めています。そのため保護者とは、子どものしぐさや表情、あそびの変化、友達関係など、日々の成長を保護者に伝え、子育ての楽しみを見つけたり、共感したりしていけるような関係性を目指しています。また、園という場が、保護者同士の憩いの場になるように、明るく開かれた環境・催し物なども工夫しています。

● 3歳児クラスとして

3歳児は、進級と共に乳児クラスから幼児クラスに変わり、人的環境・物的環境など様々な変化がある年です。また、子ども自身は、「いやいや」から「なんでも自分でできるもん」と、外への欲求が大きくなり、いろいろなことへ興味をもち、挑戦します。そこで獲得できないこともたくさんあり、挫折したりイライラしたり、ということもありますが、その時に、子どもの「やりたい」気持ちを見守り、受け入れることが大事だと伝えています。
また、生活習慣の自立が進む時期です。できるようになったことをたくさん褒めると共に個人差があることなので、ほかの子と比べたりせず、焦らずに進めていくように伝えています。

● いろいろな機会を活用して連携

朝夕の送迎は慌ただしく、送り迎えが祖父母の場合もあり、なかなかゆっくり子どもの話をする時間が取れないものです。口頭の会話を大切にしながら、どうしても伝えたいことは、電話や手紙、保護者懇談会・保育参加のほか、保護者からの要請があれば個別の懇談を行うなど、様々な方法で連携をとれるようにしています。

3歳児保護者関連の行事予定

	行事・取り組み	内容
4月	家庭訪問（新入園児のみ）	園での様子・家庭での様子を話し、気になること、わからない点・要望などを聞くことで、保護者の方が安心できるようにする。
5月	春の親子遠足　保護者懇談会	保護者同士や違うクラスの親子とのコミュニケーションの場となるように、みんなでふれあいあそびを行う時間を設ける。
6月	保育参加（幼児）	
7月		
8月	夏祭り（保護者会有志）	保護者が企画し、園はお手伝い。園内で焼きそば・おにぎりの出店、子育てグッズのフリーマーケットや製作コーナーや盆踊りなどがある。
9月	保護者懇談会	前期の子どもたちの成長や今後の取り組みを伝え、保護者からの要望や子育て相談をクラスで共有する。
10月		
11月	保育参加（乳児）	期間中、都合のよい日を選んで参加。（P.125参照）
12月		
1月		
2月		
3月	保護者懇談会	現担任から1年間の成長を伝え、新担任から来年度1年間の取り組みや担任としての思いを伝える。

※その他、年に2～3回運営委員会を行う。保護者からいただいた園への要望について、園でのいろいろな出来事を伝えながら、各クラスの代表の保護者と園側とで話し合い、ルールやマナーを一緒に作っていく。

> 指導計画 P.72

実践より 11月

保育参加

普段の園生活を一緒に過ごす参加スタイル。我が子が園でどのように過ごしているのかを見ると共に、我が子以外の子どもたちとふれあうよい機会となっています。

いろいろな子どもとふれあって

　約1か月という期間を設け、事前に日程を調整したうえで、1日2人程度の保護者が参加。日常の姿を見てほしいので、普段と変わらない生活を心がけます。保護者は我が子だけでなくほかのいろいろな子どもたちともふれあうことで、我が子を含めたクラスの成長を感じてもらいます。

振り返りを大切に

　参加後の振り返りでは、我が子の様子を知ることができてよかったという声と共に、「○○君が友達に優しくしているところを見て、自分の子のことのようにうれしくなった」「(娘とのあそびでは体を動かすことも少ないが)今日は久しぶりにクラスの男の子と走り回って楽しかった」と話す人もいて、我が子以外の子どもたちとのふれあいが貴重な体験となっていることがわかります。
　また、「食前の手洗いがおろそかになっている子を見かけた」といった話から、その後、子どもたちに「手洗い」について話したり、配ぜん前に消毒できるよう消毒液を置いたりと、保護者の声が保育を見直すきっかけにもなっています。

＜一日の過ごし方(例)＞

```
 9:00～   子どもと一緒に登園
          当日の活動内容を簡単に保護者に伝える。

 9:30～   サーキット 子どもと一緒に体を動かす。

10:00～   朝のお集まり
          保護者が子どもの前で絵本を読む。

10:15～   午前の活動
          保護者と子どもがかかわれるような
          ふれあいあそびなど。

11:50～   昼食
          子どもと同じメニューを一緒に食べる。
          担任はその日を振り返ったり、最近の様子の
          情報交換をしたりする。

13:00～   振り返り
          園長・主任と園への要望や子どもの
          様子などを話す。

13:30～   子どもと一緒に降園
```

子どもたちの前で絵本を読んで、保育者体験。

クラスの子どもたちと一緒に、戸外で思い切り体を動かす。

保護者とのかかわり

幼稚園　第二自由ヶ丘幼稚園（愛知県）

● 保護者と教師のきずなが大切

幼稚園というところは、「子ども↔保護者↔教師」の三角関係がうまくいってこそ成り立つものです。なかでも、特に大切に、そして努力しなければならないのは、保護者と教師のきずな。保護者が園のことを理解し安心して我が子を預けられることが大事で、そのためにも、「いつでも見にきていい幼稚園」になるよう努めています。

● 園に来やすくするために

本園ではバス通園が6割で、その保護者が園に来る機会は少なくなります。そのためか、徒歩通園の保護者と比べ、園への理解度が浅いと感じます。そこで、「バス通園の保護者が園に来る方法」を考えています。

「いつでも見に来てください」と言われても、実際門をくぐるのには、なかなか勇気のいるものです。そこで、「○時からごっこあそびをします」と掲示をしたり、個別に「○○ができるようになったので、明日、見に来てもらえますか？」などと声をかけたりして、きっかけを作ります。そして来てくれた保護者は大歓迎し、また来ようと思ってもらえるように心がけています。

我が子を見るため、園を理解するためなど、園に来る理由はいろいろですが、気づけば「ここにいると楽しい」と思える空間に園がなっていたら、うれしいことです。

● 1年かけて園を理解してもらう

3歳児の場合、入園からの1年でいかに園の方針や大切にしていることを理解してもらうかが大事です。具体的には、「あそぶことの必要性」「待つことや言葉をかけすぎないことの大切さ」「思い切り抱きしめ、褒めて育てることの大切さ」「転んでけがをする経験の大切さ」「いろいろな行事に対する思いや進め方」などを、最初の1年で理解してもらうことで、保護者にとっても教師にとっても、その先2年間の気持ちや過ごし方がぐっと違ってきます。

3歳児保護者関連の行事予定

	行事・取り組み	内容
4月	クラス懇談会	園からのお願い事を伝えるほか、保護者同士の顔合わせも兼ねて簡単な自己紹介を行う。
	保護者会 個人懇談会	子育てに関する保護者へのメッセージを伝える。入園までの3年間をどう過ごしてきたかを聞く。
5月	保育参観	初めての保育参観なので、保護者の姿を見て泣く子もいること、でも大丈夫だということを伝えておく。
6月	保育参観	七夕飾り製作の様子など、落ち着いた活動を。
7月	個人懇談会	1学期の園での様子を伝えると共に、不安はないかを聞く。
8月		
9月	保育参観	運動会ごっこの様子を見てもらい、保護者にも競技に参加してもらう。
10月	クラス懇談会 父親参観	保護者自身に関する質問をし、意見を述べ合うなど、自分を出してすっきりしてもらう。普段の保育を見てもらう。
11月	お店参観	P.91参照
12月		
1月	保育参観	2月に行う生活発表会の練習の様子を見てもらう。
2月		
3月		

実践より 4月	## クラス懇談会

年度初めの懇談会は、和やかな雰囲気作りを心がけます。

指導計画 P.25

フルーツバスケットで場を和ませて

　子育て真っ最中の保護者が、少しでも心が楽になるよう、自分の子育て経験や園生活について、いろいろな話をしていきます。

　保護者は1つの円になって座り、最初にフルーツバスケットをします。動くたびに隣の席の人が変わるので、いろいろな人と知り合えるというのもねらいのひとつです。設問はその後の懇談につながるようなものも入れており、例えば、「(子どもが)1人目の人」「2人目の人」……「4人目の人」といった質問をして、子どもの人数が多いところで立ち上がったベテランママ・パパには、後で子育ての悩みについてのアドバイスを求めたり、ということも考えます。

※その他の設問…「我が子がすごくかわいい人」「すごくイライラする人」「生まれ変わっても今のパートナーと結婚したい人」など。

子育てで大切なことを伝える

　気持ちがほぐれたところで、本題に入ります。テーマを書いた紙を見せながら、保育者が子育てなどについて保護者に伝えたいことを話します。

※テーマの例…「頑張れと言わない」「食べること」「習い事」「ほかの子と比べるということ」「けんか」「けが」　など
　その後、保護者同士の懇談の時間も作ります。そこでは子育ての悩みについて、保護者同士でアドバイスし合う姿も見られます。

実践より 1月	## 保育参観

保育参観といっても、そのために活動を設定するということはなく、普段の様子をいつでも見られるようにしています。

指導計画 P.101

毎日が保育参観

　保育参観は、年間を通して頻繁に行うほか、いつでも園に来て、保育の様子を見てくださいと伝えています。1月の保育参観では主に、生活発表会の取り組みの様子を見てもらいます。

　毎日、門の所に、その日行われる舞台内容(演目)を掲示しておき、保護者はその予定を見て会場に出かけます。

＜掲示の例＞

```
＼　本日の舞台　／
9：00～　〇〇組「楽器演奏　〇〇〇〇」
10：30～　〇〇組「劇　〇〇〇〇」
11：00～　〇〇組「舞台であそぼう」

イントロクイズも行いますので、
保護者の方もぜひご参加ください。
```

取り組みの過程が見られる

　発表会当日は、各クラス1つの演目しか行いませんが、練習段階では、いろいろなものに挑戦しているため、当日とは異なるお話や配役でやっていたりするので、来るたびに違う内容で楽しめます。また、当日に向かうまでの子どもたちの試行錯誤する様子も見ることができるので、保護者からは大好評。毎日大勢の見学者が来ます。

　このように、準備段階から保護者など観客のいる前で表現をするので、本番でもそれほどあがらずに表現できるというメリットもあります。

執筆園紹介

3歳児 保育園

社会福祉法人 種の会
はっと保育園（兵庫県）
※2015年4月より、幼保連携型認定こども園
　はっとこども園
原 康大

平成14年に震災復興の街、HAT神戸に開園。「みんなでみんなをみていく園づくり」の理念のもと、地域社会との共生と保育の専門性の向上を目指しています。地域の子育て拠点として、園職員が日常的にかかわり、地域の防犯活動にも毎週参加して地域と連携し、開放性と透明性の精神のもと、運営しています。

総園児数（在籍数） ……………………… 108人
総職員数（正規職員） ……………………… 22人
3歳児園児数 ……………………… 1クラス20人

3歳児 幼稚園

学校法人 自由ヶ丘学園
第二自由ヶ丘幼稚園（愛知県）
加藤江理子

私立幼稚園が園児確保のため、保育内容が変わるなか、50数年間保育方針を変えず、「あそびを大切にする保育」を続けてきました。また、お弁当、そして歩くことを大事にしています。春には梅干し、秋には干し柿作りをし、だしを取って作った野菜などの煮物を1年通して食べる経験を大切にしています。都会にありながら、門をくぐるとたくさんの大木に囲まれた二段式の園庭が自慢です。

総園児数（在籍数） ……………………… 113人
総職員数（正規職員） ……………………… 8人
3歳児園児数 ……………………… 2クラス38人

※第2版刊行（2018年）に当たり、各執筆園において、記述の見直し・確認、加筆等を行いました。
　園についての上記内容は、初版（2013年）当時のものになります。

指導計画と「振り返り」のヒント集

Special対談

感じ、考え、「気づく」保育を目指して
—保育の本質を考える—

めまぐるしく状況が変化する現在の保育。
保育者はどんな思いをもって保育をしていけばよいのでしょうか。
新年度を迎える際の心構えや、指導計画を立て、実践し、振り返り、
次の保育へ生かしていくうえで、何が本当に大切で必要なのか—。
この本の監修者である秋田喜代美先生と
0.1.2歳児版※の監修者である増田まゆみ先生に語っていただきました。

秋田喜代美先生
（学習院大学教授）

増田まゆみ先生
（元東京家政大学・大学院教授）

計画どおりでなくても
子どもがどう表現するのかを
感じ取れたら
より保育が楽しくなります。
（秋田）

子どもの視線や動きを見て、
子どもの興味に「気づけ」ば、
活動も変わってきますよ。
（増田）

※『発達が見える！0.1.2歳児の指導計画と保育資料 第2版』（2018年　学研プラス刊）

> 計画ありきではなく、子どもに寄り添いながら
> 見通しと柔軟性のある保育になるとよいですね。
> （秋田）

新年度に向けて

秋田先生（以下秋田） 4月は子どもも不安でしょうが、保育者も、自分の思いの枠を超える子どものことがわからず、不安になる時期ですよね。慌ただしい日々ですが、子どもたちが、「この保育室が自分たちの居場所」と思えるような環境を準備してほしいですね。

増田先生（以下増田） 泣き出す子どもも多くて不安もあるけれど、新たな出会いがあって期待感も高まる時期だと思うのです。保育者の興味を膨らませながら、「この子どもはどんなことに興味をもつのだろう」と、ひとりひとりの子どもが、「楽しい！」ということを見出す努力をしてほしいですね。

秋田 それと、この時期は新入園の子どもに気をとられがちですが、進級児が遠慮や我慢をしていることもあって、見えないところでいろいろなひずみが起こりやすいのです。そんなときはひとりで何でも抱え込まず、同僚と協力し合って子どもを受け止めるようにしてほしいと思います。

増田 「このクラスの担任はわたしだから、すべてをやらねば」なんて思わずにね。子どもや仲間を信頼するとよいと思います。

秋田 子どもがずっと泣いていたりして行き詰まったときには、ひと心地振り返って、考えることも大事ですね。この子が泣いているときはどんなときだろうと考えてみると、お迎えの時間が近づくと泣きやむとか、泣かない時間が少し長くなっているなとか、見方が変わると開けてくる面もあるはず。

増田 「ああ、困ったどうして？」と思っているだけでは、ちっとも子どもが見えてこないんですね。子どもが始めたことには、必ず意味があって、何かしらの思いが込もっている。だから普段の保育でも、何かをやらせるのではなくて、子どものちょっとした視線や表情の変化とか、子どもが始めたことに着目していくと保育が見えてきます。そうすると見通しをもった保育になり、より深く、広い保育ができるようになると思うんですよ。

本質をとらえた保育とは？

秋田 増田先生がおっしゃったようにかかわっていくと、指導計画も、今度はこれを準備しようという計画ありきではなく、子どもに寄り添いながら、見通しをもった柔軟性のあるものになるのでしょうね。

これは1つの例なのですが、ある園にうかがったとき、子どもたちが混色あそびをしていたんです。赤や青や黄色とか、いろいろな色を混ぜて。でも、そのなかで1人だけ、青だけをひたすら塗っている子がいました。活動の後、「その子が混色を経験できなかったと考えるのではなくて、青にもいろいろな青があって、どんな青があるか広げてみるとよいのでは」という話が出たんです。青だけでもいろいろな濃淡があって、「僕のは〇〇ブルーだ」とか名前をつけていくとか、そうやって輪が広がると、保育者の思い通りじゃなくても、その子が生きてくる活動ができるのですよね。こんなふうに、子どもの姿から活動を組み立てられる力もつけていってほしいですね。

増田 それ、とってもすてきなお話ですね。子どもって、保育者のねらい以外のことを始めるのですよね。絵の具を使って塗るのをねらいにしていても、筆を洗ってできた色水のほうで盛り上がったり。でも、子どもの視線や動きを見ていれば、「あ、この子はこれがおもしろいんだな」とわかることも多いはず。子どもの興味に「気づく」保育者になってほしいと思います。

秋田 「どうしよう、この子にも色を混ぜさせなきゃ」と思うのではなく、自分

> 子どもが始めたことには、必ず意味がある。
> 何かしらの思いが込もっているから、
> 子どもが始めたことに着目して。
> （増田）

> 子どもが出合う先がどういうものかを考え、
> みんなが深く良質の「本物」を作っていくという方向が、
> 保育を本当に意味あるものにします。
> （秋田）

の思いとは違う行為を見て、この子ってすごいなと思い、次にこうかかわったら、ほかの子がこう動き出すと読める力というのでしょうか。そんなふうに働きかけられたら、色を混ぜるよりも、微妙な青の違いを感じる子のほうがずっとおもしろいと思うし、その子がどう表現するのかを感じ取れたら、自然にいろいろな子どもの言葉が出てきて、より保育が楽しくなるでしょうね。

考え、気づくことの大切さ

秋田 今の保育の情報は、計画の立て方にしてもそうですが、すぐにはさみとのりでできるようなものが求められるというか、どうしても直接的な成果を求めるものが多いように感じますね。

増田 手あそびなどは、手順通りにしていけば、どの子も行うパターン化した保育になりがち。よく本や保育雑誌にも載っていますしね。でも、それをただ提示されたようにするだけでなく、保育の現場で、どう自分なりにやろうか、工夫しようか、つまり、どういうふうに子どもとかかわるのか、どのくらい変化をつけられるのかといったことを考えることが保育なのです。考えなければ一歩も進まない。

秋田 この歌をうたうことや、このあそびをすることで、子どもの経験にどんな意味があるのかを考えることが大切。また、本や保育雑誌も、そのきっかけを提供する役割が求められていると思います。

増田 それから、考えるためには、まず感じること、「心動かされること」が必要。「あ、おもしろい」、「なぜ、次はどうするのかしら」と感動を受けると、保育者はその感動を子どもと共有したいと思うし、じゃあどうしたらよいかと考えて生活をデザインしようとする意欲が生まれるのですね。子どもひとりひとりのことが思い起こされて、義務からではなく、「保育のなかでどう取り組んでいこうか」、じゃあ、「こんな計画を作ろう」となっていきますよ。

そのためには、これはおもしろいな、美しいなという本物と出合うことが必要。音楽や絵でもいいし、自然でもいい。どんなに忙しくても、保育以外のもので、心動かされるものとの出合いを見つけてほしいし、見つけようとするアンテナをもってほしいですね。常に様々なものに興味をもつこと、感動する心をもつこと、そして新たなものを見つけようとする保育者の姿勢が、豊かな生活やあそびを作り出す基本になると思うのです。それは決して保育の「〇〇学」という学問や手あそびをたくさん知っているということだけではないのです。

秋田 自分の専門的な教養を高められる刺激は大切ですね。

子どもが出合う世界の先がどういうものかが見えてくる、というのが大事か

> 「おもしろい」と思ったものは、
> 子どもと共有したいと思うのが保育者。
> だから常に感動を見つけてほしいですね。
> （増田）

なと。子どもだから子どもっぽいものを与える、大人が考えるかわいらしいものを与える、だからそれにかかわる保育者も子どもっぽく、ということではなく、みんなが深く良質の「本物」を作っていくという方向が、保育を本当に意味あるものにしていくのではないでしょうか。

増田 あとは、自分の保育を振り返ること。どの保育者も、日誌や連絡帳などに毎日記録していると思うのですが、やり方が問題なのです。振り返ることはイコール「考える」ことなのですが、深く考えずにただ書くだけになってしまうと、「こういうことがありました」となってしまう。でも、心を動かされたときの記録は違うのです。振り返りながら、ほかの保育者とも、園内研修などでぜひ話し合ってほしいですね。「そうそう、こんなことがうちのクラスにもあってね……」と話がつながっていきますよ。

秋田 そこから、子どもの姿をどう読めばよいかということもわかってくるかもしれませんね。

子どもが原点になって、子どもの声に耳を澄ませて聞くような理念のなかで、指導計画が見通しをもって作られ、実践されていくことが大事かなと思います。

増田 これからの保育は、つながりをもち、相互作用しながら考えていくことが求められています。

秋田 たくさんのつながりの輪の中で、子どものかたわらにいて、子どもと一緒に育っていくという関係ができるというのは、とても素晴らしいことだし、それこそが保育の本質だと思います。

✺ 保育を「振り返る」とは

より質の高い保育を行っていくために必要な「振り返り」について、秋田先生と増田先生にポイントをうかがいました。

秋田先生より…

「振り返り」は、明日の保育への架け橋に

「明日の保育をよりよいものに」という保育者ひとりひとりの気持ちが、振り返りの出発点になります。「振り返り」は過去の反省というだけでなく、今日の保育が明日の保育へつながるための架け橋の役目をします。でも心にとどめておくだけだと忙しさに流れて、おざなりになりがちです。

そこで、第一に必要なのが、記録用紙や記録方法の工夫。長続きして実際に実践につなげるためにはこれがとても大事なのです。週案用紙の裏、翌日の日案の横など、つながりが具体的にわかりやすい記録方法、色ペンや矢印、下線など、手を動かして自分なりの工夫を入れることで、考えを目に見えるようにしていくことが大切です。書くことで保育の場面がイキイキと思い出され、明日の保育の予想ができるようになるでしょう。先輩や同僚の記録を見せてもらい、書き方の工夫を知ることで「マイ保育記録」による振り返りの工夫をしてみましょう。

第二は、同僚との話しやすい関係作りを心がけることです。ちょっとしたことでも共有し話せるようになると振り返りの質は向上し、視野が開けます。経験年数にかかわらず本音で話し合い支え合い、悩みやうれしさを共感し合える職場になるとよいですね。

増田先生より…

「振り返る」ことによる変容を楽しむ

1日の保育を終えたひとときの「振り返り」。そこで気づきを得た「わたし」は昨日の「わたし」とは異なり、新たな思いで今日の保育に取り組み、1週間、1か月、そして1年が経過していきます。「子ども理解に基づく計画、実践、振り返り、改善」という「保育の過程」が、らせんを描くように継続していくことが、保育者の意識や記録、実践などに生かされ、保育の質を高めること、そして保育者の育ち、変容へつながっていきます。そうなのです。「振り返り」は過去に向けたベクトルが、主体的に取り組む記録や仲間との対話により、未来に向かうベクトルへと変容していくことに意義があります。

保育中は、ひたすら子どもと共にある保育者です。多様な援助（直接的、間接的）を意識して行うほかに、無意識に繰り返し行っていること、体が動くことがあるでしょう。また保育の現場では、経験を重ねるにつれ、暗黙のうちに理解し合い、同じような受け止めや行為をすることがしばしばあります。こうした「経験の知」を尊重しつつ、記録や対話を意識的に積み重ねていくという「振り返り」を大変で苦しいことではなく、実践者であることの喜びにつなげていってほしいと思います。

指導計画の書き方 Q&A

指導計画が大切だということはわかっていても、どこに、何を、どのように書いたらよいのか、いつも迷いながら作成しているという人が多いようです。
ここでは、そんな指導計画に関する5つの疑問・悩みについて、実例を交えながら、お答えしていきます。

監修・秋田喜代美（学習院大学教授）

Q1 「指導計画」って？

A 保育を行ううえで指導計画は不可欠です。保育者は、子どもの育ちに見通しをもって保育にあたることが大切ですが、この「見通しをもった保育」に必要なのが、指導計画なのです。

保育の指導のための計画としては、まず園の全体的な計画として「全体的な計画（保育所）」・「教育課程（幼稚園・幼保連携型認定こども園）」があり、これは園の理念・方針、目標や、子どもの育ちに基づく保育（教育）内容を示すものです。幼保連携型認定こども園の場合、教育及び保育の内容に関する全体的な計画としては、①満3歳以上の園児の教育課程に係る教育時間の教育活動のための計画、②満3歳以上の保育を必要とする子どもに該当する園児の保育のための計画、③満3歳未満の保育を必要とする子どもに該当する園児の保育のための計画、④地域の実態や保護者の要請により、教育を行う標準的な時間の終了後等に、希望する者を対象に一時預かり事業などとして行う活動の計画が必要になります。ただしそれぞれに作成するのではなく、教育及び保育の内容の相互関連を図り、統一した全体的な計画を作ります。なお、「幼稚園教育要領」においては、「各幼稚園においては、教育課程を中心に、第3章に示す教育課程に係る教育時間の終了後等に行う教育活動の計画、学校保健計画、学校安全計画などとを関連させ、一体的に教育活動が展開されるよう全体的な計画を作成するものとする。」と明記されています。

さらに指導計画には、長期的な計画（年・期・月の計画）と、短期的な計画（週・日の計画）があり、いずれも、「子どもの姿」「ねらい・内容」「環境構成・保育者の援助」などから構成されています。長期的な計画で立てた「ねらい・内容」がより着実に達成できるように具体的な内容を入れ、実際に生かせるものにするのが、短期的な計画です。

このように保育の計画には、長期を見通して大きくとらえることも、短期で区切って具体的な実践を組み立てていくことも必要です。そして、これらの計画すべてが、大きな流れのなかでつながっていることが大切なのです。

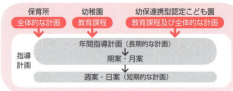

Q2 「子どもの姿」は、どのようにとらえればよいの？

A

指導計画は、子どもの姿を把握し、理解することから始まります。そのときに重要なのは、**「子どもひとりひとり」と「集団」の育ち**をとらえること。

まず「ひとりひとりの育ち」をとらえるうえで大切なのは、「〜ができる」「〜をしている」という外面的なことだけではなく、その子どもの**心情・意欲・態度といった内面を見ていくこと**です。例えば、みんながゲームをしている時に仲間に入らない子どもがいた場合、別のあそびに夢中になっているのか、仲間に入りたい気持ちはあって、じっとゲームの様子を見ているのか、この2つでは、子どもの姿は全く違うものになります。そういった内面をとらえることが重要なのです。

次に、「集団としての育ち」ですが、まず、**ひとりひとりの異なる姿から共通する育ちを見いだす**ことが必要。右の例のように、あそびの内容は違っても、「友達と一緒にあそぶことを喜ぶ」という共通点を見いだして、「集団の育ち」としてとらえていく目が求められます。そしてもうひとつ、**子ども同士の関係性を見る**ことも大切。いざこざも含めた試行錯誤の段階を経て、一緒にあそぶ楽しさを知り、共通の目的が実現する喜びを味わう……といった関係性の育ちも、「集団としての育ち」における重要ポイントです。巻頭Ⅳ〜で解説した、「10の姿」を意識してとらえてみましょう。

●「子どもの姿」記述例

1-子どもの内面をとらえる

- 集団あそびができるようになってきたが、仲間に入らない子どももいる。

　↓

- 集団であそぶことを喜ぶようになっているが、仲間に入りたくてもその思いを伝えられない子どももいる。

など

2-集団に共通する育ち・関係性の育ちをとらえる

- 友達と一緒に、積み木で基地を作ってあそんでいる。
- 友達同士、砂場でお店屋さんごっこを楽しむ。

　↓　　　　　　　　　　↓

- いろいろな見立てあそびを楽しむ。　または　・友達と一緒にあそぶことを喜ぶ。

など

指導計画の書き方 Q&A

Q3 「ねらい・内容」は、どのように立てるの？

A 指導計画における「ねらい」は、全体的な計画・教育課程に基づき、**子どもの発達過程や姿を踏まえて、その時期に育てていきたいこと**を表します。そして、その「ねらい」を達成するために必要な経験など、**より具体化したものが「内容」**となります。いずれも、**家庭生活との連続性や季節の変化、行事との関連性などを考慮して設定すること**が大切です。

「ねらい」と「内容」については、よく「違いがわからない」といった声が聞かれますが、前述の通り、この2つにはそれぞれに意味があり、双方のつながりを考えたうえで立てていく必要があるものなのです。

また時折、「ねらい」や「内容」に、保育者が主語になったものが含まれていることがありますが、本来、子どもの心情・意欲・態度を記述するものです。そのあたりも間違えないように気をつけましょう。

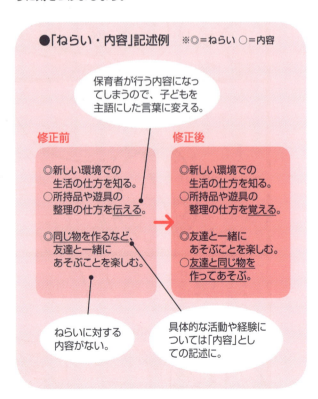

●「ねらい・内容」記述例　※◎＝ねらい　○＝内容

修正前
◎新しい環境での生活の仕方を知る。
○所持品や遊具の整理の仕方を伝える。

○同じ物を作るなど、友達と一緒にあそぶことを楽しむ。

（ねらいに対する内容がない。）
（保育者が行う内容になってしまうので、子どもを主語にした言葉に変える。）

修正後
◎新しい環境での生活の仕方を知る。
○所持品や遊具の整理の仕方を覚える。
◎友達と一緒にあそぶことを楽しむ。
○友達と同じ物を作ってあそぶ。

（具体的な活動や経験については「内容」としての記述に。）

Q4 「環境・援助・配慮」を考えるうえでのポイントは？

A 「環境」といっても、ただ遊具や素材を用意すればいいということではありません。「環境」には、遊具、素材といった物的環境だけでなく、自然事象、時間、空間、人とのかかわりなど、様々な要素があります。保育者は、活動の様子を予想して、置き方、提示の仕方など、あらゆる観点から工夫し、子どもがかかわりたくなるような、魅力ある環境を構成していくことが大事です。

ただ、実際に活動が進むと、計画通りにいかないことが多々あります。保育者は、その都度現れる子どもの気づきや興味・関心の方向をとらえ、環境を再構成していくことも大切です。

なお、指導計画では、「環境」同様、「保育者の援助・配慮」も大切な要素です。これは、人的環境のひとつともいえますが、「ねらい」「内容」達成のために行う、子どもたちへの言葉かけやかかわりです。活動を予測したうえで、どのような援助・配慮が必要か、具体的に挙げておくことも、保育者にとって重要です。

●「環境・援助・配慮のポイント」記述例
※表の形式は本書に掲載する指導計画に準じています。

項目	記述例	補足
前週末の子どもの姿	●友達のすることに関心をもち、まねしてあそぶ。 ●遠足を思い出し、再現して楽しむ。	そのときの子どもの姿や状況から、数人が一緒に、バスなど大きな物を作ることを想定。積み木やブロックが、いつもより少し多めに必要だと考えた。
ねらい(◎)内容(○)	◎友達と一緒にあそぶことを楽しむ。 ○友達と同じ物を作ってあそぶ。	
環境・援助・配慮のポイント	◆大型積み木やブロックなど多めに用意して、友達と協力しながら作れるようにする。 ◆あそびに必要な物が作れるように、廃材や描画材など、取り出しやすい所に出しておく。	遠足ごっこが発展することを想定して、ハンドルやお弁当などが作れるような素材や道具を用意するということ。
	◆友達同士で意見の衝突があったときは、様子を見て間に入って双方の思いを聞き、相手に伝えるように促していく。	友達と協力することに、まだ慣れていないので、かかわり方を丁寧に伝えることが必要な時期だと考え、保育者の援助として挙げている。

指導計画の書き方 Q&A

Q5 「指導計画」はその後どのように生かせばよいの？

A 「指導計画」は、保育に生かすためのものですから、書きっぱなしでは意味がありません。

「計画」を立てて「実践」し、その「実践」を「評価」して「反省」点を洗い出し、「改善」点を明確にして次の「計画」に生かす、この繰り返しが大切です。

評価や反省は、1人で行うのではなく、保育者同士で話し合い、相談しながら行っていきましょう。そのためにも、毎日の振り返りや職員会議、研修を、うまく活用していくことが大切です。複数の目が入ることで、1人では気づけない課題や改善点に気づくことができ、こうした取り組みは、保育者の質の向上にもつながります。

保育に生かす エピソード記録

保育の現場で起こったことを生き生きとえがくエピソード記録。子どもの姿や状況がわかりやすいエピソード記録とはどういうものか、また、どんなふうに保育に生かしていけばよいのでしょうか。
監修＝増田まゆみ（元東京家政大学・大学院教授）

エピソード記録
- はっとしたり、強く印象に残ったりした出来事を題材にする。
- 出来事とともに、子どもの心の動きや、それを保育者がどう受け止めたかを書く。

●エピソード記録とは？

　子どもと接するなかで、はっとしたり強く印象に残ったりしたことを、出来事や行動やかかわりなどを簡潔にまとめるのがエピソード記録です。起こったことを具体的に書き、それについて自分の感じたことや思ったことも書きましょう。エピソード記録では、書いた人のとらえ方が正しいとか間違っているとかではなく、ほかの人と記録を基に対話を重ねることで、さまざまな感じ方や考え方があると知ることが大事です。

●まずは、書いてみよう

　エピソード記録というと、「日常生活のなかで、そんなにエピソードなんてないから、書くのは難しい」という人がいます。また、何かのために書かなくてはならないと思うと、どうしても負担に感じてしまいます。
　しかし、ワクワクしたり、ドキッとしたり、ヒヤッとしたり、子どもと接していると、心が揺さぶられる瞬間があるはずです。そんなとき、ほかの人に話したくなりますよね？ それを文章化すればよいのです。
　エピソード記録には、書き方の形式はありません。大切なのは、子どもの心の動きとそれを保育者がどう受け止めたかが書いてあるということです。まずは気負わずに、子どもの姿やつぶやきを書いてみましょう。少し慣れてきたら、背景・考察を書くようにしましょう。

● 保育に生かすエピソード記録

エピソード記録の書き方

事例をもとに、エピソード記録の書き方について、考えてみましょう。

事例① 「1月の種採り」（4歳児）　執筆＝藤原幼稚園（福島県）

背景

　これまでわたしたちは、無意識のうちに「種採りは『秋』」と思い込んでいるところがあったかもしれません。
　環境構成と言いながら季節を先取りし、枯れてしまったり汚れてしまったりした物は、きれいに撤去。見た目も美しく、すっきりと整えることで、保育者自身の心地よさのようなものに満足もしていました。
　でも、もしかしたら、それは子どもたちの「新たな気づき」や「季節を巡る感覚」、「時を経ての再発見・再挑戦」の機会を奪っていたのかもしれない……。そんな思いにさせてくれたのが、4歳児の「1月の種採り」です。　●A

エピソード

　秋にアサガオやフウセンカズラの種を採り、「片付けなければ」と思いながら、軒下のネットをそのままにしていました。そのネットの上のほうにあった、採り残した種を4歳児が見つけたのです。
　4歳児は、背伸びしても届かなかった高い所の種を、運んできたいすに乗って採り始めました。たちまちクラス全体に種採りが広がって、1月のよいお天気の日に目をキラキラさせ、夢中になって「アサガオ」「フウセンカズラ」「ナスタチューム」「ワタ」などの種を集めている姿が見られました。

考察

　わたしは園の花壇やプランターに、子どもたちと一緒に季節ごとに植え替えなどをして、「四季折々の花々がきれいに咲いている状態を保とう」としてきました。でも子どもたちにとって『意味のある環境』だったのでしょうか？　大いに反省させられました。　●
　「種の魅力」にはまってからは、「サルビア」や「ペチュニア」「マリーゴールド」などの種が、しっかりできて子どもたちが採取してから、次の植え替えをするようになりました。そうすると、そのからからに枯れた花の姿もすてきに見えて、子どもたちと十分味わうことが大切なのだと思えるようになってきたのです。　●B
　畑も、取り残した野菜はそのままにするようになり、サニーレタスはタンポポに似た花が咲きました。翌年、その種をまき、おいしいサラダをいただきました。

事例①に対する
増田先生からのコメント

　「1月に種を採った」という記録だけでは、何も伝わってきません。しかし、この事例では、種採りのときのエピソードをきっかけに、保育者の価値観や保育観が変容したことが読み取れます。「四季折々の花々がきれいに咲いている状態を保つ」ことが大切だと思っていた保育者は、自分たちでいすを持ってくるなどの工夫をしてまで、夢中になって種採りをする子どもたちの姿にはっとさせられます。それまで意味がないととらえていた枯れた草花が、子どもにとって魅力ある環境のひとつであるというとらえ方に変わったのです。
　それまでの保育の過程や保育観（背景）と、保育者自身の考え方の変容（考察）が盛り込まれているために、保育を深く見つめる記録になっています。

書き方のポイント

具体的には、どのようなことに注意してエピソード記録を書いていけばよいのでしょうか。

ポイント 1
子どものつぶやきや表情をメモする

　保育ではっとさせられることがあっても、後からだと、思い出せなくなってしまうこともあります。そこで、いつもポケットに小さなノートと筆記用具を用意しておいて、心が動かされることや、忙しい保育の合い間に「これは」と思うことがあったらメモをとりましょう。保育中のことなので、メモはなるべく簡単に。子どものつぶやきやそのときの表情だけでもメモしておけば、エピソードを思い出す手がかりになります。

ポイント 2 …左ページ A
なぜ、心が動かされたのかを考える

　はっとさせられる出来事を振り返ったとき、「あのとき、自分はどうしてはっとしたのだろう?」と、考えてみましょう。そうすると、それまでの保育のプロセスが自然に思い浮かび、その後の気持ちの変化を整理しやすくなります。それまでのプロセスがエピソードの背景であり、記録の多様な読み取りが保育の考察につながります。そこにそれぞれの子ども観や保育観が表れます。

ポイント 3 …左ページ B
自分の気づきから「今」を考える

　エピソード記録を通して、保育のプロセスを改めて考えることが、現在の自分の保育を客観的に振り返ることにつながります。こうした振り返りによる自己評価が、保育の改善に生かされていくのです。

ポイント 4
具体的に書く

　同じエピソードでも、感じ方は様々です。エピソード記録は、子ども観や保育観の善しあしを決めるものではありません。経験の少ない人と豊富な人では、とらえ方が違ってくることもあります。
　書きっぱなしにするのではなく、仲間と共有して様々なとらえ方があることを知るのが、とても大切です。そこで、その場にいない人でもその場の状況が目に浮かぶように、具体的に書きましょう。

保育に生かすエピソード記録

エピソード記録の事例

いろいろな園のエピソード記録から、どのようなことをとり上げ、どんなことを書けばよいのか、考えていきましょう。

事例②「ママがいい……」（2歳児）　執筆＝中央保育園（佐賀県）

背景

　Aちゃんは最近、登園時に「ママがいい」と、母親と別れるまでに時間がかかったり、みんなで活動をしているときに、保育者に「イヤイヤ」という気持ちをぶつけたりすることで関心を引きたいような姿が見られていた。

エピソード

　その日は朝から小雨が降る日。「せんせーい！ Aちゃんが外に出とんさー！」と、Bちゃんがびっくりした顔で教えにきてくれた。外を見ると、さっき登園してきたばかりのAちゃんが、水たまりの前に座っている。ほかの友達も「Aちゃん、戻っておいでー」と声をかけるが、聞こえないふりをしている様子。水たまりの中に手を入れて、泥水の感触を確かめるように、何度も何度もかき混ぜている。最近のAちゃんのことを思うと、ここで迎えに行っても「イヤイヤ」と言うだろうなと思い、しばらく様子を見ることにした。
　そんな状態が続き、そろそろ迎えに行こうと思ったそのとき、Aちゃんが自分から部屋の中に戻ってきた。自分で気持ちを立て直して戻ってきたことに驚き、「おかえり、Aちゃん待っていたよ」と声をかけると、わたしの目を見てニコッと笑い、広げた手の中に飛び込んできた。

考察

　その瞬間、Aちゃんとわたしとの距離が少し近くなった気がした。わたしの「Aちゃんのこと、わかっているからね」という思いが、Aちゃんにも伝わったようでうれしかった。

事例②に対する　増田先生からのコメント

　2歳児の自我の芽生えがよく出ている事例です。保育者がAちゃんの今このときの思いを理解して、Aちゃんが戻ってくるのを待っている情景が生き生きと書かれています。Aちゃんの心をとても大事にしていることがよく伝わってきます。

事例③「Y君とS君の朝の会話」（3歳児）　執筆＝はっと保育園（兵庫県）

背景

　Y君とS君は、共に2歳児からの進級児。
　5月の下旬、先に登園していたY君。保育室が変わったせいか、母親と離れるのが嫌で泣いて登園したS君。Y君はS君が落ち着いた後、声をかけに行く。

エピソード

　Y君「何で朝、泣いとったん？」
　S君「……（お母さんと）離れるのが嫌やってん」
　Y君「……うん。……あそぼうか？」
　S君「うん」

考察

　普段から仲がよく、一緒にあそぶことの多い2人だからこそ、出てきたエピソードだと思います。最近になり朝の登園時に泣くことが少なく、我慢している表情が見られるY君は、自分と同じように泣いて登園することの多いS君が気になっていたようです。
　S君も仲のよいY君に、泣いているところを見られた恥ずかしさがあるのか、何事もなかったように平気な顔をしてY君に答えていました。照れくささがあるのか、2人とも目を合わさないようにしながら会話をしていました。
　2人のやり取りを見て、3歳児がここまで友達に共感し、自分の心を表現できるものなのかと感動しました。

事例③に対する　増田先生からのコメント

　3歳児が相手を気遣い、ストレートには言わない、Y君のS君に対する思いやりがよく伝わってきます。相手のことを気遣えるという心の育ちは、子どもにとって大切です。「3歳児でも微妙な心の動きを表現できるのか」という保育者の驚きが、この記録を書くきっかけになっています。

事例④「大地震の新聞記事を読んで」（5歳児） 執筆＝宮前幼稚園（神奈川県）

背景
子どもたちに、中国の四川省で起きた大地震を伝えるために、5歳児クラスの保育室に新聞記事を持っていくと、5〜6人の子どもたちが集まってきました。

エピソード
家が崩れ、がれきの上にテーブルを置き、御飯を食べている人の写真を見ているときに、
　　Aちゃん「Bちゃんがいきなりぶってきた！」
　　Bちゃん「だって、Aちゃんが写真を見て、『おいしそ〜』って言ったんだもん」
　　わたし（なぜたたいたのかは、もうわかりましたが）
　　「なんで、『おいしそ〜』って言うのがだめなの？」
　　Bちゃん「本気で、おいしそうなんて言っている場合じゃないんだよ」
Bちゃんは、大地震で多くの人が亡くなったりけがをしたりしたこと、家が崩れたり、食べ物が少なかったりすることなども知っていました。だから、そんな状況で御飯がおいしそうなどと言うのはおかしいと伝えたかったのです。
それを聞いたAちゃんは、はっとした表情をしていました。大地震の大変さを知る機会になったと思います。

考察
ひとつのニュースが話題になったなかで、他人に自分の思いを伝えようとする姿、人の話を聞いて気づくこと、刺激を受けるという姿が見られました。
いろいろな人の気持ちも考えられるようになったり、自分の思いを言葉で表現できるようになったりしてきた年長児と、あそびだけでなく、米作りなどの仕事、そして、ときにはニュースなどを通して、いろいろなことを友達と一緒に考えられるような場を大切にしていきたいと思いました。

> **事例④に対する 増田先生からのコメント**
> 身の回りのことだけではなく、社会で起きていることにも目を向けるように意図して、保育室に新聞記事を持ち込んだ保育者にとって、Bちゃんは予想もしていなかった反応をしました。
> 子どもの心の育ちが保育の世界を広げ、多様な経験ができる場へと変化しています。

エピソード記録を日々の保育に生かすには

エピソード記録は、どのように日々の保育に生かすことができるのでしょうか。

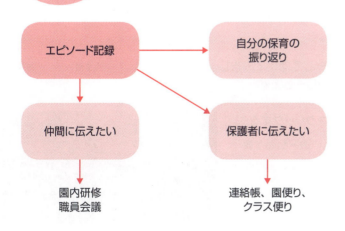

エピソード記録は、自分の保育を振り返るためにとても大切です。エピソード記録で明らかとなった驚きや気づきをほかの保育者や保護者と共有するために活用しましょう。
例えば、園内研修の場でエピソード記録を基に話し合うことで、互いの子どもの見方の違いや保育観の違いに気づかされることも多く、大きな学びとなります。
また、保護者に子どもの成長を報告するときには、具体的なエピソードと、それに対する保育者の思いを合わせて書くようにします。保護者と子どもの心身の育ちを共に喜び合い、保護者が子育ては大変だけれども楽しいものであると気づくことにつながります。

CD-ROMの使い方

CD-ROMには、下記のファイルが収録されています。**Windows 10/8.1/7**のパソコンで使いましょう。

■ CD-ROMに入っているもの

Excelのファイル 指導計画（月間、年間）のファイルです。編集して利用できます。記入欄が空白の「ひな型」ファイルもあります。本文ページのCDマーク、収録フォルダー名、ファイル名を参照し、CD-ROMからパソコンにコピーしてお使いください。

収録ファイル一覧

フォルダー	フォルダー	ファイル
保育園	月間	3歳月間指導計画_保_ひな型
		P022_3歳4月_保
		P026_3歳5月_保
		⋮
		P106_3歳3月_保
	年間	3歳年間指導計画_保_ひな型
		3歳保育園年間
幼稚園	月間	3歳月間指導計画_幼_ひな型
		P024_3歳4月_幼
		P028_3歳5月_幼
		⋮
		P108_3歳3月_幼
	年間	3歳年間指導計画_幼_ひな型
		3歳幼稚園年間

ヒント　Windows、Excelのバージョンについて

ここでは、**Windows 10**のOS（環境）で**Excel 2016**での操作を中心に説明しています。**Windows 8.1/7**や、**Excel 2013/2010**で操作が異なる部分は解説を加えていますので、お使いのパソコンに合わせてご覧ください。Excelのバージョンは、Excelを開いたときの画面左上の表示で確認できます。

Excel 2016

Excel 2013

Excel 2010

オリジナルの指導計画を作ってみよう！

CD-ROMに収録されているExcelファイルを使って、オリジナルの指導計画を作ってみましょう。ファイルは、あらかじめ内容が記入されているものと、記入欄が空白になっている「ひな型」があります。

ファイルをパソコンにコピーして開く

CD-ROMに収録されているファイルを、パソコンにコピーして開いてみましょう。ここでは、[保育園] - [月間] にある [P022_3歳4月_保] を、「ドキュメント」（「PC」内）にコピーします。

❶ CD-ROMを、パソコンのCDドライブにセットする

➡ 画面右下にCDの名前が表示されます。
- **Windows 8.1**…画面右上にCDの名前が表示されます。
- **Windows 7**…[自動再生] 画面が表示されます。手順❸に進みます。

❷ CDの名前をクリックする

➡ 画面右上に操作選択画面が表示されます。

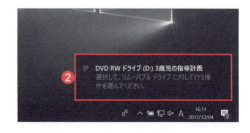

144

CD-ROMの使い方

❸ フォルダーを開いてファイルを表示 をクリックする

→ CD-ROMの中が表示されます。

❹ 保育園 をダブルクリックする。続けて、月間 をダブルクリックする

→ 「月間」フォルダーの中が表示されます。

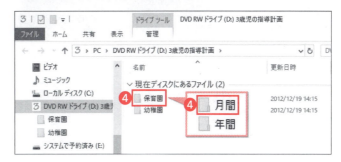

❺ コピーしたいファイルをクリックして選択する

❻ ホーム をクリックし、コピー をクリックする

● Windows 7 … 整理 ▼ → コピー をクリックする

❼ 画面左側の ドキュメント (「PC」内)をクリックする

→ [ドキュメント] (「PC」内) 画面が表示されます。

❽ ホーム をクリックして、貼り付け をクリックし、コピーする

● Windows 7 … 整理 ▼ → 貼り付け をクリックする

❾ ファイルをダブルクリックして開く

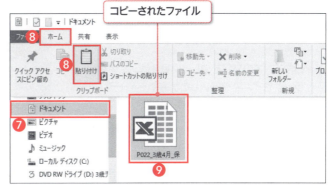

このあと、146ページ以降を参照してファイルを編集してみましょう。

困った CDの名前が消えた！(Windows 10/8.1) 操作選択画面が表示されない！

CD-ROMがCDドライブに正しくセットされていない可能性があります。一度CDドライブから取り出し、もう一度セットしてみましょう。それでも画面が出ないなら、次のようにしてCD-ROMの中を表示しましょう。

❶ デスクトップ画面で、下部の 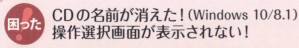 (エクスプローラー)をクリックする

❷ [エクスプローラー]画面で、左側の PC をクリックし、DVD RW ドライブ をクリックする

困った [自動再生] 画面が表示されない！(Windows 7)

CD-ROMがCDドライブに正しくセットされていない可能性があります。一度CDドライブから取り出し、もう一度セットしてみましょう。それでも画面が出ないなら、次のように操作します。

❶ 左下の 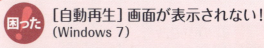 [スタート] → コンピューター をクリックする

❷ 3 DVD RW ドライブ (G:) 3歳児の指導計画 をダブルクリックする

145

ファイルを編集する

開いたファイルを編集しましょう。

■ 表示を拡大する

表示を拡大しましょう。文字が大きくなり、作業しやすくなります。

① 右下の ＋（拡大）を数回クリックして、拡大する

② 縮小したいときは、－（縮小）を数回クリックする

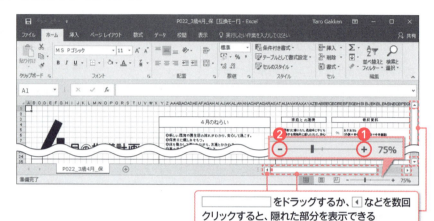

▭ をドラッグするか、◀ などを数回クリックすると、隠れた部分を表示できる

■ 文章を追加・修正する

あらかじめ入力されている文章を消して、打ち換えましょう。

① 編集したい枠（セル）をダブルクリックする

➡ 枠内の文字を編集できるようになります。

② 消したい文字をドラッグして選択する

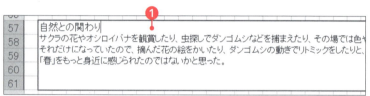

③ Delete（デリート）を押し、文字を消す

● 枠内すべての文字を消したい場合は、文字をドラッグせず、枠を選択した状態で Delete（デリート）を押す

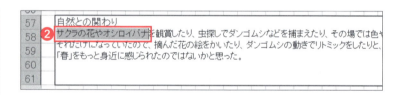

④ 文章を入力する

● 日本語は、半角/全角（半角/全角）を押して画面右下の A を あ に変えてから入力する

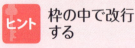

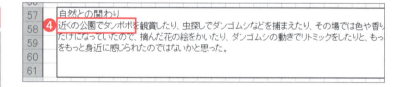

ヒント 枠の中で改行する

改行したい位置で、Alt（オルト）を押したまま Enter（エンター）を押します。

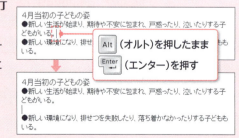

ヒント 記号を入力する

次の読みを入力して変換しましょう。コピーして貼り付けることもできます（147ページ参照）。

記号	読み	記号	読み
○	まる	◆	しかく
◎	まる	■	しかく
●	まる	★	ほし

CD-ROMの使い方

■ 文章をコピーして使う

書いた文章をほかの場所にコピーしてみましょう。コピー元では コピー 、コピー先では 貼り付け を使ってコピーします。

① 文章をドラッグして選択する

② ホーム をクリックし、 (コピー)をクリックする

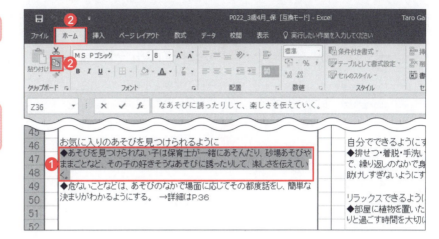

③ 貼り付けたい枠の中をクリックして選択する

④ 貼り付けたい場所をダブルクリックして、｜(カーソル)を表示する

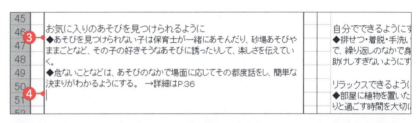

⑤ (貼り付け)をクリックすると、文章がコピーされる

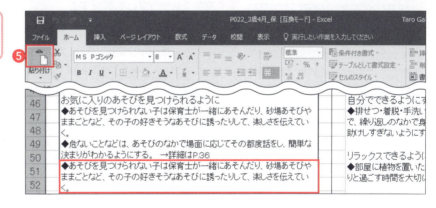

困った！ 枠から外れて入力された！元に戻したい！

間違った場所に入力してしまったり、誤って操作をしてしまったときは、元の状態に戻し、作業し直しましょう。

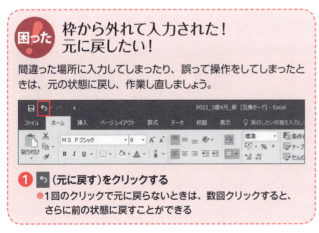

① (元に戻す)をクリックする
● 1回のクリックで元に戻らないときは、数回クリックすると、さらに前の状態に戻すことができる

困った！ 枠内の文字が切れている！

枠内に文章を入力中、入力した文字すべてが表示されますが、確定すると一部が隠れることがあります。文字サイズを小さくして、すべてを表示させましょう（148ページ参照）。

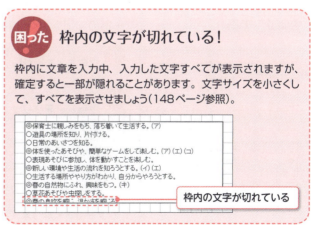

枠内の文字が切れている

147

■ 編集のヒント

必要に応じて下記の内容を参考にし、編集しましょう。

文字を小さくする

枠内の文字すべてを小さくすると、入力できる文字数を増やせます。

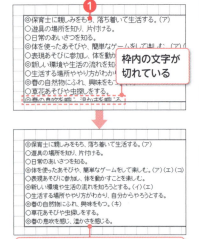

① 文字をクリックして枠を選択する
- 一部の文字を小さくする場合は、ドラッグして選択する

② ホーム をクリックし、8 (フォントサイズ)をクリックする

③ 文字サイズを入力する。
ここでは、「**7**」を入力する
- 右横の ▼ をクリックして、一覧から選ぶこともできる

➡ 文字が小さくなります。

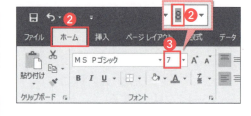

書体を変える

書体(フォント)を変えてみましょう。

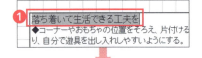

① 文字をドラッグして選択する

② ホーム をクリックし、MS Pゴシック ▼(フォント)の ▼ をクリックする

③ 変えたい書体をクリックする。
ここでは、MS P明朝 をクリックする

➡ 書体が変わります。

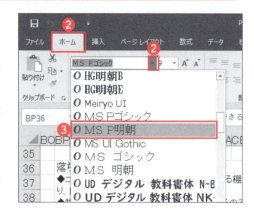

太字にする

一部の文字を太くしましょう。

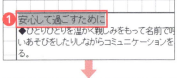

① 文字をドラッグして選択する

② ホーム をクリックし、B (太字)をクリックする

- 太字をやめたいときは、もう一度、B (太字)クリックする
- U (下線)では、文字に下線が付く

➡ 文字が太くなります。

CD-ROMの使い方

文字の色を変える
一部の文字の色を変えてみましょう。

① 文字をドラッグして選択する

② ホーム をクリックし、A▼（フォントの色）の ▼ をクリックする

③ 変えたい色をクリックする
- 元の色に戻す場合は、自動 をクリックする

➡ 文字の色が変わります。

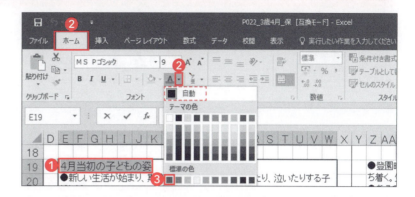

枠をつなぐ
枠（セル）をつなげて、広く記入できるようにしましょう。

枠をつなぎ、はみ出ている線を消す

① つなげたい枠をドラッグして選択する

② ホーム をクリックし、▦▼（セルを結合して中央揃え）の ▼ をクリックする

③ セルの結合(M) をクリックする

➡ 枠がつながります。

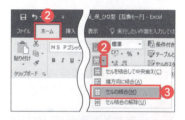

④ ▦▼ [下罫線]の ▼ をクリックし、罫線の削除(E) をクリックする

➡ カーソルが ✎ になります。

⑤ ✎ で、消したい線をクリックする。消し終えたら、✐ をクリックして ✎ にし、解除する

➡ はみ出ている線が消えます。

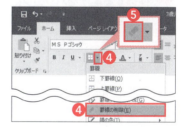

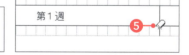

⚠ **文章が入ったままの枠同士をつなげない！** 文章が入っている複数の枠をつなげると、左上端の枠の内容だけが残り、ほかの枠の内容は消えてしまいます。枠内は空白の状態でつなぎ、あとから文章を入力しましょう。

枠内の記入スペースを広げる
記入枠の周囲にあるマスをつなげて、枠内の記入スペースを広げましょう。

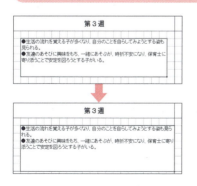

① つなげたい枠をドラッグして選択する。
ここでは、記入枠の右側、下側を含めて選択する

② 上記の「枠をつなぐ」の手順 ② ～ ③ と同じ手順で枠を結合し、広くする

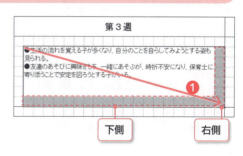

下側　　右側

149

「ひな型」を使おう

記入欄が空白になっている「ひな型」のファイルを活用してみましょう。

空白の記入欄に、自由に文字を入力できる

ファイルを保存する

作ったファイルを保存して、パソコンに残しましょう。

① ファイル をクリックする

② 名前を付けて保存 をクリックする

➡ [名前を付けて保存] 画面が表示されます。
● Windows 7 … 手順 ④ に進みます。

③ 保存する場所をパソコンに指定し、保存の画面を表示する

● Windows 10 … この PC → 参照 をクリックする
● Windows 8.1 … コンピューター → 参照 をクリックする

➡ [名前を付けて保存] 画面が表示されます。

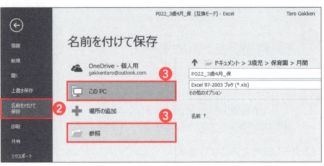

④ 保存する場所を確認する。
ここでは、「ドキュメント」に保存する

⑤ ファイル名を確認する

● ファイル名を変えることもできる

⑥ 保存(S) をクリックする

➡ ファイルが「ドキュメント」に保存されます。

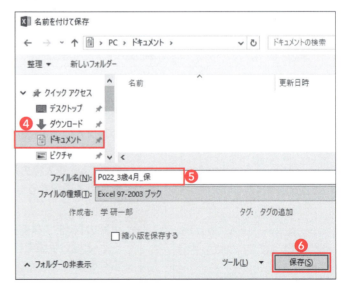

> **ヒント** 保存したあとで、編集した！
>
> 画面左上の 🖫（上書き保存）をクリックしましょう。最新の状態に更新されます。編集の合間に 🖫（上書き保存）をクリックすると、それまでの作業が保存され、作業内容が消えてしまうことを防げます。

CD-ROMの使い方

ファイルを印刷する

作ったファイルをA4用紙（2枚）に印刷しましょう。画面に表示されている薄いグレーの区切り線は、印刷されません。

❶ 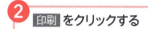 をクリックする

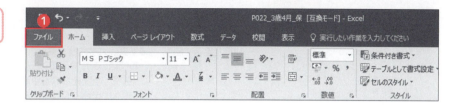

❷ 印刷 をクリックする

❸ プリンター名を確認する
- プリンター名は使用しているものによって異なる

❹ 用紙サイズを確認する

❺ （印刷）をクリックする

➡ A4サイズの用紙2枚に印刷されます。

印刷プレビューで、印刷される内容を確認できる

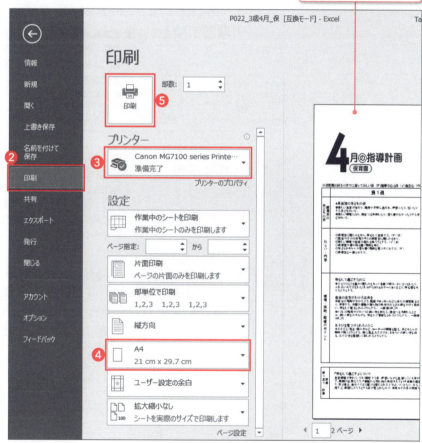

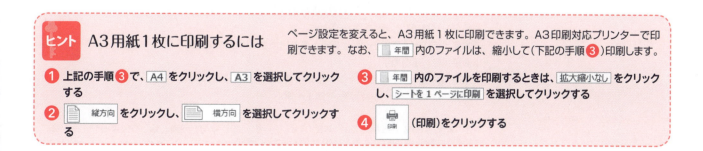

ヒント　A3用紙1枚に印刷するには

ページ設定を変えると、A3用紙1枚に印刷できます。A3印刷対応プリンターで印刷できます。なお、 年間 内のファイルは、縮小して（下記の手順❸）印刷します。

❶ 上記の手順❸で、 A4 をクリックし、 A3 を選択してクリックする

❷ 縦方向 をクリックし、 横方向 を選択してクリックする

❸ 年間 内のファイルを印刷するときは、 拡大縮小なし をクリックし、 シートを1ページに印刷 を選択してクリックする

❹ （印刷）をクリックする

151

監修・執筆

総監修

秋田喜代美 ●学習院大学教授、東京大学名誉教授。
専門は、保育学、発達心理学、学校教育学。主な著書に『保育の心理学』（編著　全国社会福祉協議会）、『保育の温もり』（単著　ひかりのくに）、『育み支え合う保育リーダーシップ』（監訳　明石書店）、『学校教育と学習の心理学』（共著　岩波書店）など。

「保育に生かすエピソード記録」（P.139～143）監修

増田まゆみ ●元東京家政大学・大学院教授。
現在、湘南ケアアンドエデュケーション研究所所長。
専門は保育学。長年保育者養成に携わる。主な著書に『乳児保育』（編著　北大路書房）、『保育者論』（編著　全国社会福祉協議会）、『自己評価につながるMYふりかえりノート』（学研）など。

「0～5歳児の姿」（P.12～13）、「3歳児の姿」（P.14～18）執筆

高辻千恵 ●こども家庭庁成育局成育基盤企画課　教育・保育専門官。
専門は、保育学、発達心理学。主な著書に『保育者のストレス軽減とバーンアウト防止のためのガイドブック』（共訳　福村出版）、『大学1・2年生のためのすぐわかる心理学』（共著　東京図書）など。

「年間指導計画」（巻頭）、「指導計画・保育資料」（P.22～119）執筆

社会福祉法人 種の会　はっと保育園（兵庫県）
※2015年4月より、幼保連携型認定こども園はっとこども園

学校法人 自由ヶ丘学園　第二自由ヶ丘幼稚園（愛知県）

STAFF

- 編集協力／小林留美　小杉眞紀　佐々木智子
- デザイン／長谷川由美　千葉匠子
- DTP（P.144～151）、CD-ROM検証／株式会社コスモメディ
- CD-ROM製作／蟻末 治
- 本文イラスト／原裕子　西片拓史　長谷川まき　中小路ムツヨ
- 表紙撮影／田口周平
- 表紙撮影協力／矢村央希（セントラル子供タレント）、黒田芙美
- 校閲／佐々木智子　小林留美（巻頭Ⅰ～Ⅷ）

※この本は、月刊誌『こどもと』（2011年度4月号～3月号）、2011年4月号別冊付録、2010年4月号別冊付録に掲載したものを再構成し、新たなページを加えたものです。
※第2版刊行（2018年）に当たり、各執筆園において、記述の見直し・確認、加筆等を行いました。